中国商业的整体再造

赵尔烈 著

中国财富出版社

图书在版编目（CIP）数据

中国商业的整体再造/赵尔烈著．—北京：中国财富出版社，2015.1
ISBN 978-7-5047-5284-0

Ⅰ.①中…　Ⅱ.①赵…　Ⅲ.①商业经济—经济体制改革—研究—中国　Ⅳ.①F721

中国版本图书馆CIP数据核字（2014）第158359号

策划编辑	寇俊玲	**责任印制**	何崇杭
责任编辑	张冬梅　宋宪玲	**责任校对**	梁　凡

出版发行	中国财富出版社		
社　　址	北京市丰台区南四环西路188号5区20楼	**邮政编码**	100070
电　　话	010-52227568（发行部）		010-52227588转307（总编室）
	010-68589540（读者服务部）		010-52227588转305（质检部）
网　　址	http://www.cfpress.com.cn		
经　　销	新华书店		
印　　刷	中国农业出版社印刷厂		
书　　号	ISBN 978-7-5047-5284-0/F·2192		
开　　本	787mm×1092mm　1/16	**版　　次**	2015年1月第1版
印　　张	31.25	**印　　次**	2015年1月第1次印刷
字　　数	648千字	**定　　价**	98.00元

序

赵尔烈同志将他的书稿《中国商业的整体再造》送到我面前，请我写几句话，对此，我是十分乐意的。翻阅这些书稿，我们在一起共事十多年的情景又历历浮现在眼前。他在写作的过程中，大多征求过我的意见，其中有些调查报告还是经过共同讨论后，由他执笔完成的。所以，我不仅对他本人十分熟悉，对文章的内容也比较熟悉，并且对写作的背景也很熟悉，可谓“三熟悉”。

今天重读这些文章，我觉得有三个特点比较突出。

一是勤奋努力，研究广泛。在10多年的时间内，作者的研究领域几乎涉及了当时商业改革的各个重要方面。例如，从国营商业的承包制，到批发零售改革；从商业集团、连锁经营、股份制，到期货市场；从中心城市商业改革，到商业行政管理体制改革。其中既有一般性的理论探讨，也有深入实践的调研报告，还有一些被政府采纳了的对策建议。所收入的80多篇文章，60多万字，反映了作者的辛劳，凝结了作者的心血。

二是观点鲜明，勇于探索。例如，作者在1986年提出了“对商业要实行整体再造”，曾引起了业界较大的关注；在1988年提出了“商业改革的思路和模式：市场经济化”，更引起了广泛的讨论；在1993年提出“市场经济与我国社会主义市场经济商业体制的构想”，并进行了较为全面系统的论述，特别是强调要“创立新的公有制理论，重新构造一个适应市场经济的公有制商业”等。这类观点，书中颇不少见，都或深或浅地触及了当时的一些传统观念和理论禁区，为推动商业的改革，起到了一定的破冰斩棘作用。

三是注重调研，深入实际。书中收入的多篇调查报告，直接反映了作者对实践的重视，这也是当时商业经济研究所的一个良好风气和传统。书中的其他大量文章也都是从商业改革的实践中选题研究，有感而发，针对性强，而非凭空议论。这种理论与实践紧密结合的文风，成为了作者治学的一个重要特点，延续至今。

当然，受时代的局限，书中的许多文章也深深地打下了时代探索的烙印，也反映了作者不断学习、突破自我的努力，这或许更使本书具有了一定的商业改革史的资料价值吧。

赵尔烈同志1981年刚到原商业部商业经济研究所工作时，是一位风华正茂、出类拔萃的中青年学者，较早地被评为高级职称和享受国务院政府特殊津贴的专家，研究硕果累累。而今他虽已到了古稀之年，但仍然奋斗在商业企业工作的第一线，并充分利用自己丰富的实践经验，继续进行理论研究，笔耕不辍，2013年还出版了一本30多万字的农产品流通方面的专著——《为了百姓的绿色餐桌》，受到了业界的广泛欢迎，十分难能可贵。几十年来，他一直视我为师友，我衷心地希望他在身体健康的前提下，能取得更好的工作成绩和更多的研究成果。

万典武

2014年10月

（万典武，著名经济学家、首批享受国务院政府特殊津贴专家、研究员）

自　序

我属于“文革老五届”那批大学生，1964 年我入吉林大学经济系学习，读了两年书，闹了四年“革命”，临毕业时，父亲又被打成了“现行反革命分子”，我也“顺理成章”地被分配到了长白山尖的一个小县城，当了一名中学教员，一干就是八年多。“文革”结束后，1978 年国家恢复了研究生招生，父亲也恰好获得了平反，于是，我又考回了母校，师从著名经济学家关梦觉和蔡铃两位老师，又读了三年书，1981 年毕业后，我被分配到原商业部商业经济研究所工作，直到 1994 年离开。

这 10 年多的时间，恰逢从农村开始的改革发展到了城市，而商业又是城市改革的“突破口”。我所在的原商业部商业经济研究所（以下简称商经所）也成为商业改革探索的前沿。当时的商经所汇集了“老中青”三代研究人员，在肖帆、陈大鹄、万典武等老同志的指导和带领下，大家满怀激情地投入到商业改革的理论探讨、政策研究和实践调研之中。当时，人到中年的我，正值年富力强之时，也和大家一起，不知疲倦地学习、调研、讨论、写作，一心想为商业改革做出一点贡献，也想把“文革”中损失的时间“抢回来”。这本书中汇集的文章主要是在这一时期写成的。

这些文章从一个侧面大体反映了中国商业改革初期艰难探索的轨迹。现在不分良莠、不避谬误、不加修饰地照收在这里，一是想为商业改革史的研究者们提供一点史料素材，告诉他们：我们曾经这样走过；二是想为与亦师亦友的领导和同事们共同奋斗过的历程留作一个纪念，请大家记得：我们曾经这样一起工作过；三是也想为自己那段逝去的年华，留下一点回忆，提醒自己：生命曾经这样度过。

是为序。

2014 年 10 月

目 录

第一章　商业改革的理论探讨

第一节　商品经济与商业改革

对商业要实行整体再造①

商业体制改革的指导思想是改造原来非商品经济的分配式商业，重建一个商品经济的商业。因此，必须对原有体制进行根本性、整体性的再造。其要点是：建立实行间接控制、统管全社会商业活动的行政管理体制；实行国营商业的非国有化、非国营化和管理上的非标准化；以同业公会为中心建立中层传递体制。

这里说的商业整体再造，包含两方面的意思：其一是对旧的商业要进行根本性的改造，要重建中国的商业；其二是这种改造和重建的对象不是个别的部分、环节和层次，而是从整体来讲的全部。

一、为什么要对商业进行整体再造

首先，从理论上看，原来的商业是基于对社会主义经济是非商品经济性质的认识基础之上的，是以自然经济和产品经济为前提条件的分配式的商业。它是旧的国家经济体制的一个严密的组成部分，是与旧经济体制的组织构造和运行方式相适应的。现在，我们在理论上已经明确，社会主义经济是有计划的商品经济，这就必须按商品经济的要求，根本改造原来非商品经济的分配式商业，重建一个商品经济的商业，以适应新的经济体制构造和运行的需要。

其次，从目前经济的发展阶段看，就总体和主导方面而言，我国的经济已经从求温饱阶段过渡到求小康阶段。在求温饱阶段，社会供给和需求的特点是单一化、选择性弱，因而可以在一定程度上适于用分配式的商业形式，虽然这不是必然的形式。但在求小康阶段，社会供给和需求的特点是向多元化、选择性强转变，因此用分配式的商业已不能满足生产和消费的需要，适应这种新形势的只能是商品经济的商业，即以市场为基础的商业，这种商业在我国改革前是不存在的。

①发表于1986年8月10日《经济学周报》第32期，曾引来了一些争议。

最后，从前一时期商业体制改革的效果看，虽然商业改革起步早，出台措施多，但收效甚微，多是一些“半截子工程”。而流通堵塞、商业效益降低、服务水平下降，则有所发展。究其根本原因，就是前一段改革没有从整体上否定旧的商业，而总试图在保持旧商业基础的条件下进行一些修补性改革，缺少彻底性。实践证明，旧商业不适应新的经济体制和经济形势的要求，不是某一个或某几个部分不适应，而是全部商业机器陈旧了；也说明，在新旧经济体制和新旧商业之间，没有可以替换的通用件，只能是整机再造。

二、商业整体再造设想的要点

（1）改革商业上层行政管理体制。将目前政企不分、多层次、实行直接控制、分散管理的商业行政管理体制改革为政企分开、少层次、实行间接控制、统一管理全社会的商业活动的商业行政管理体制。经过合并精简建立的政府新的商业行政管理机构，要同企业割断直接的经济利益关系，其职责要从分配商品、插手经营和干预企业内部管理，转为主要是对全社会商业搞好统筹规划、制定法规、掌握政策、组织协调、提供服务、运用经济调节手段和加强监督检查。根据责权统一的原则，新的商业行政管理机构，要同有关部门配合，掌握有关商业活动的必要的法律手段、行政手段和经济手段。

（2）改革商业下层企业基础体制。首先，在所有制上推行非国有化，大力缩小独立的国有商业企业的范围和职责，将目前国家所有制形式的全民所有制商业企业，通过小企业的私有化、集体化、租赁化，大中型企业的股份化等形式，打破实际上的部门所有制和地方所有制，为企业微观再造奠定基础。其次，在经营上推行非国营化。要用企业的自主经营代替目前许多方面存在的国家经营。为此，必须明确规定企业行为目标就是经济效益，保持市场的活跃和安定则是政府的责任。政府主要运用各种间接手段诱导控制企业行为，实现期望的市场行为目标。同时也可明确少数企业承担国家的指令性责任，但国家要给这些指定企业相应的经济条件，并严格区分企业承担政府指令行为带来的经济效益同企业正常经营的经济效益。再次，在管理上推行非标准化。商业企业差别大，“一刀切”地推行一种管理形式（如承包），效果并不好。改革的方向应是企业适于采取什么样的管理形式，就采取什么样的管理形式，完全由企业做主，不要标准模式化。当前，最重要的是要用企业工资制、企业用工制和企业定价制，逐步代替统一工资奖金制、统一招工制和统一定价制，并采取配套措施。最后，在企业组织上推行非条块化。通过各种形式的横向联合和纵向联合，建立以公有制为基础的新的跨部门、跨地区的商业联合集团，摆脱条块束缚，成为新的商业组织系统的骨干和基础，辅之其他形式的商业组织形式，形成新的商业组织格局，放弃国营商业为主的过时的观念原则。

（3）改革商业中间层次的传递体制。按行业组织企业自愿参加的行业公会或行业协会、商会，成为企业自我管理服务的民间组织，同业公会主要是受企业委托，同政府对话，反映企业的要求；同时也可以受政府委托做一些组织货源、报估税额、调整价格及监督管理等方面的工作。这样，一方面将过去政府同企业间的联系，由“政府→半官半民的公司→企业”这样的单向控制的硬联系，改变为“政府—民间组织—企业”的控制反馈的双向软联系，使管理中的传递系统适合商品经济运行的要求。对于个别的重要商品经营，可以成立商品流通协会之类的半官半民组织，即通过协商由民间组织贯彻官方意图。

商业体制改革与商业经济理论研究①

商业改革，从1979年算起，已经有七个年头了，七年来，随着商业改革的深入发展，商业经济理论的研究也日趋活跃。改革的实践，向我们提出了重新审视旧的商业经济理论、创建新的社会主义商品经济的商业理论的历史任务，并提供了完成这一任务的极好时机。可以说，商业改革的实践，正前所未有地推动着商业经济理论研究的繁荣。在这里，我想仅就当前商业改革中面临的一些问题，同大家一起探讨。

一、商业改革的进展情况

商业改革是整个经济体制改革的一个组成部分，因此，商业改革的进程，是同整个经济体制改革的进程安排相一致的。同时，由于商业又有其相对独立的特殊性，因此，商业改革又有自己的一些特点。

近年来，商业进行了哪些改革呢？

第一，调整和改革商业的所有制结构。

改革前，我国的商业基本上是国营商业独家经营。在社会商品零售总额中，各类经济成分所占比重：1978年，全民所有制占90.5％，集体所有制占7.4％，个体商业占0.1％；1981年，全民所有制占80％，集体所有制占14.5％，个体所有制占1.6％，合营商业占0.1％；到1985年，全民所有制占40.5％，集体所有制占36.7％；个体所有制占15.7％，其他商业占7.1％。在批发领域，集体和个体商业也从无到有，开始发展起来了。尤其值得注意的是，在大力发展集体和个体商业的同时，一大批小型国营零售商业企业、饮食服务业企业，转为集体所有制，开始了商业全民所有制内部的经济形式变革。同时，又出现了各种不同所有制之间的工商、农商、商商企业部门的相互渗透和联合，人们称为混合所有制

①发表于1987年《商品流通论坛》第1期和同年《北京商学院学报》第2期。

企业。最近，各种股份商业也已经开始出现，并有进一步发展的趋势。此外，还有外资企业和中外合资企业。这样，我国目前的商业所有制结构，就呈现了多种多样的形式，多种所有制商业的发展，对于促进商品流通、繁荣经济、活跃市场、有利生产和方便人民生活，都起了积极的作用。

第二，扩大企业经营自主权，改革分配制度。

经济改革的中心环节是增强企业活力。在这方面，商业主要进行了两点改革：一是扩大企业自主权。国务院下达了一系列扩大企业自主权的有关文件，商业部也做了许多具体规定，各地商业行政部门都普遍实行了简政放权。目前，企业在经营、计划、财务、物流、劳动人事、奖罚等方面，权限都有了不同程度的扩大，试行经理负责制的企业，放权的力度更大一些。这样，企业的责、权、利开始逐渐明确统一起来。二是分配制度有所改革，首先是通过利改税，明确了国家同企业之间的关系；其次是大中型企业内部实行经营承包责任制，明确企业同职工之间的关系；此外，对小型零售商业企业和饮食服务业企业，实行了“国家所有，集体经营”，转变为集体所有制和租赁给经营者个人经营，即改、转、租三种形式，到 1985 年上半年，放开的小企业已达 64000 多个，占小企业总数的 75％以上。上述改革，都不同程度地加强了企业内在的动力和活力。

第三，改革批发体制，建立贸易中心。

批发体制改革是商业改革的关键。这项改革从下放企业开始，从 1986 年 1 月 1 日起，商业部已摘掉各总公司的牌子（农业生产资料公司除外）。58 个企业已有 55 个下放到所在市。随着一级站的下放，各省二级站也已基本下放到市，多数实行了站司合一，省公司也正在陆续撤销。同时，各批发机构都实行了专业划细，组建不分层次的多头批发网络，在经营上打破了过去固定供应对象、固定供应区域和固定作价办法的“三固定”体制。减少了流转环节和实行批量作价。而工业经营批发和工商、农商联合批发等新形式的发展，更从根本上改变着旧的批发体制格局。批发改革另一个大的动作是建立贸易中心。目前全国商业部系统已有各类贸易中心 1640 多个，其中工业品贸易中心近 1000 个，农副产品贸易中心 640 多个（其中包括粮食贸易中心 100 多个）。贸易中心作为一种新的商业组织形式，给我国的批发企业组织结构带来了新的变化，增添了新的形式，发挥着特有的功能和作用。总之，整个批发改革使得以中心城市为依托组织商品流通开始走步。

第四，改革旧的购销制度，逐步放开价格。

近年来，逐步减少了国家计划直接管理、按条块分配调拨商品的品种数量，取消了农副产品的统购派购和工业消费品的统购包销制度，扩大了市场调节的范围。商业部管的计划商品已由过去的 188 种，减少到 21 种，其中指令性计划管理剩 10 种，指导性计划管理剩 11 种。在改革购销制度的同时，根据国务院的规

定，日用工业品小商品价格已放开，农副产品除少数几个品种外，其余价格也已放开，特别是去年大中城市又进一步放开了主要副食品的价格，走出了价格改革的重要一步，这些都为建立一个城乡统一的、开放的社会主义商品市场体系创造着前提条件。

第五，改革农村商品流通体制。

除了前面谈到的国家产品购销制度方面的改革以外，农村商品流通体制的改革，主要是三个内容：一是改革供销社体制，改官办为民办，恢复供销社的集体所有制性质。前一段主要是增强供销的“三性”（群众性、民主性、灵活性），实现“五突破”（吸收农民入股、扩大经营、价格管理、财务和劳动工资制度改革）。目前，又把改革的重点进一步转到为农村商品生产服务的轨道上来，抓“六个发展”，即发展为商品生产的系列化服务，发展横向经济联合，发展农副产品加工工业，发展多种经营方式，发展农村商业网点，发展教育和科技事业。二是大力发展各种形式的农民商业，除了乡办商业企业外，农民的个体商业、合伙商业、新集体商业都有了发展。农民在流通领域的联合已露出大发展的趋势。三是恢复了各种传统的市场交易方式，出现了遍布全国乡村的各类集市。

第六，进行粮食企业的改革。

长期以来，粮食企业实际上就是一个统购分配机构，这几年的改革，就是在逐渐变分配型为经营型。各地试点的主要措施有：①城市粮店实行批零差价试点；②粮油加工企业实行利改税，调拨加工；③仓储企业实行栈租制试点；④小粮食企业改为集体经营试点。

第七，实行政企职责分开，探索统管社会商业的路子。

这项改革，除了前面提到的中央、省下放商业直属企业取消全国总公司和省公司，减少直接管理的商品、改变计划管理方式外，最重要的是改革商业行政管理，其中包括职能的转变和机构的调整。各地前一段试点，大体有五种形式：一是武汉市、哈尔滨市撤掉商业局，成立商委统管社会商业；二是天津市、广州市保留商业局，成立商委；三是沈阳市不成立商委，而是成立日用工业品商业管理局和饮食服务业管理局，由局来统管社会商业；四是郑州市将原财办扩大管理范围，变为商委，保留商业局；五是河南省政府及许昌等市，撤掉商业厅（局）、建商委，将粮食局降半级并入商委，并由商委负责协调其他有关商业部门。这些不同的模式各有利弊，但总的来说，都是在摸索统管社会商业的路子。此外，有的市成立了行业协会，也试图解决政企分开后社会商业管理的问题。

回顾七年来的商业改革，大体上是做了上述这么七方面的事情。

二、商业改革中提出的理论问题

上面谈到的七项改革，在方向上讲是对的，但从全国来看，进展极不平衡，多数是处于“卡壳”状态。是一些“半截子工程”，有的改革刚开个头又退了回来。造成这种状态的原因是多方面的：有经济发展的因素，有财政税收等分配的因素，有商业改革同其他改革不配套的因素，有政治的因素，有传统观念没打破的因素，有政策不稳定的因素，有措施不得力、工作失误的因素，等等。但所有这些因素的背后，无不潜藏着理论模糊这样一个根本的因素。由于理论上对许多问题没有搞清楚，所以在确定改革目标、设计改革方案、制定改革政策和措施时，就往往不那么明确坚决。因此，加强改革中的商业经济理论研究，从理论的高度来总结和回答改革中提出的一系列问题，用正确的理论来指导实践，是摆在我们面前一个十分重要的任务。

当前，有哪些理论问题迫切需要研究解决呢？

1. 有中国特色的社会主义商业的模式问题

经济改革，总要有一个目标模式，这就是对要改到哪里去，改成个什么样子，要大体胸中有数。《中共中央关于经济体制改革的决定》可以说从总体上解决了整个经济体制改革的模式问题。但商业改革的具体模式是什么还要落实。现在我们对商业改革的模式是否清楚了呢？我觉得是“草色遥看近却无”。有人讲“三多一少，开放式”是中国商业改革的模式，有人讲“一主三多”是模式，也有人讲“建立社会主义国家宏观控制下，自由交换等价交换的商品市场”是商业改革的目标模式。到底是不是，值得研究，比如“一少”是指减少流通环节，“一主”是指以国营商业为主。这在目前的城市蔬菜体制改革中就很难一律行得通。因为，大城市不能像小城市那样依靠产销甚至产消（消费者）直接来解决供应，而小城市也不需要像大城市那样都要以国营菜店经营为主。再比如“等价交换”只是一个理论上的抽象，现实的交换要受供求规律的影响，往往是不等价的，加上“国家的宏观控制”就更会如此，所以要按照理论的抽象来建立一个现实中的“等价交换的商品市场”，实际是办不到的。

所以，我认为，商业改革的模式，既不能搞“一刀切”，也不能单纯地从理论上去推导。而应该从我国商品经济发展不平衡的实际出发，先区别研究不同地区、不同行业、不同商品的不同流通模式，然后再进行高层次的概括表述。在模式上，与其搞得单一化，不如搞得多元化。另外，在研究商业改革的目标模式时，以社会主义公有制基础上的计划商品经济为理论基础，这无疑是正确的。但是只到这一步，似乎还不够，因为商品经济是一个很长的历史发展过程。在商品经济的发展过程中要经历一些不同的阶段，在不同的商品经济发展阶段上，流通的规模、结构、方式、管理等，也是各不相同的，也就是说，不同的商品经济发展阶段存在着不同的商业模式，这从资本主义发达国家的商业史中可以看得很清楚。中国由于商品经济发展的不平衡，这些不同的阶段，往往交织存在，因此必然带来商业模式的复杂化。而这一点，恰恰是目前研究得不够或被忽视了的。前

一段，由于对商业改革的总模式概括得不那么科学，又没有具体模式，所以当用总模式来套各项具体的改革时，往往套不上。改革失去了目标模式，只好“摸着石头过河”，结果七年了还摸不到对岸。所以，深入研究商业改革的目标模式，是指导商业改革的迫切需要。

2. 商业的所有制问题

所有制问题，从来是马克思主义经济学一个最基本的问题。马克思和恩格斯在《共产党宣言》中曾经指出：“共产党人可以用一句话把自己的理论概括起来：消灭私有制。”但是从社会主义的实践看，消灭私有制以后怎么办？在社会主义社会，私有制能消灭到什么程度？这些问题并没有完全解决。过去，由于教条主义的片面性，我们在所有制问题上趋于极端，搞“穷过渡”、“割尾巴”，搞单一的全民所有制，吃了苦头。商业上由于没有听陈云同志的一再警告，后果就更为严重。这些年商业改革，正是由于突破了所有制问题上的禁区，发展多种经济成分的商业，才使得市场和流通又恢复了生机。但改革发展到今天，又一次面临着所有制的问题。主要是：

（1）如何实现商业所有制结构的合理化。例如：发展多种经济成分的商业，各种经济成分各多到什么程度？集体和个体商业的发展，目前出现了速度减慢，有的还有所回降，这是因为集体和个体商业的发展已经度过了高峰发展期，进入了调整期，还是仍然处于发展不足时期，需要进一步放宽政策？国营商业退缩阵地，实行部分非国有化的政策，目前退到底了没有？是要继续退下去，还是到此为止稳定政策？还有，不同所有制的商业，在不同的行业、不同规模的企业、不同的流通环节、不同的商品和不同的地区，是否要有不同的分工？起不同的作用？还是都要并驾齐驱？前边提到的国营商业的主导作用、主渠道作用，还存在不存在？如何存在？有人提出，要在整个流通领域实行商业私有化或非国有化，行不行？这些都需要予以回答。

（2）小企业改、转、租中的所有制问题。小企业改、转、租搞不下去，除了前一段时期间财政改革不配套、价格没理顺和社会心理观念等因素外，在理论上也存在一个所有制问题。如普遍易行的租赁制，就存在着在租赁企业中职工还是不是生产资料的主人的问题。如果还是，就要干预管理，但这又同承租者的自主经营权相矛盾；如果不是，生产资料所有权的性质是否变了呢？对工人的辞退处罚等问题也是如此。此外，承租者的收入，是按劳分配所得，还是有非劳动所得？如果有凭借租赁来的国家的生产资料的使用取得较多的收入，那其中是否含有剥削的因素？如果全民所有的生产资料租给了个人，个人又借以来剥削了生产资料的主人——职工，那又如何讲得通？这样一来，承租者同职工之间是什么关系？还有，承租者经过若干年的个人追加投资，个人所有部分超过了原来国家所有的资产比重，企业还是全民所有制性质的吗？这些问题不解决，租赁的推行就受到限制，如有的不敢长期租赁，怕当资本家；有的承租不敢多得，积极性不高；有的甚至出现职工把承租者给撵跑了的现象。

（3）全民所有制商业内部的所有制问题。商业实行政企分开以后，面临的第一个问题，就是谁代表国家来行使对生产资料的所有权？目前的全民所有制采取了国家所有制的形式，国家所有又是由各政府部门具体来管，实际是商业部门所有制。政企分开割断了商业主管部门同企业的经济关系，企业的财产就失去了过去的监督者。尤其是实行经理负责制，企业自负盈亏，经营成果同企业利益和职工利益直接挂钩，都促使本来代表国家的经理更多地代表企业和职工了。怎么办？有人提出设立国家各级财产部门，统一管理监督企业国家财产的保管和使用，但这又容易搞成新的政企不分；有人提出实行银行参与制，由银行行使国家对企业财产的监督权，但目前我国银行的体制，可能在短时期还达不到这一步，有人提出向企业派驻国家代表，但人们担心派出去怕也难真正监督得了，也有人建议学南斯拉夫，实行企业所有制，这样一来全民所有制也就不存在了，我赞同多数人提出的实行股份制，这样做的好处是由股东来监督经理，既可以摆脱企业隶属一个部门的部门所有制，又不失去监督作用，同时也会适应商品经济的要求，创立一个资金流动的市场，资本主义的大商业企业都是实行股份制的，社会主义的商业大企业也可以搞公有制为基础的股份制。问题是必须相应地制定出法律制度，防止股票投机交易。总之，不论采取什么形式，可以肯定地说，原来意义上的全民所有制，必将随着改革的深入，代之以新的社会主义公有制的形式。

3. 商业改革中的分配问题

商业改革的一个重要目的，就是要增强企业的活力和动力，活力又是由动力推动的，没有动力就没有活力。经济利益的分配，则是最基本的动力基础。前几年搞承包三起三落，一个最主要的原因，就是利益分配没处理好，实行利改税之后，问题仍没得到解决。主要表现在如何评价商业企业的经济效益。改革后，企业的利益同经营成果挂钩，经营成果主要是利润。但国营商业企业的利润受两方面因素影响：一是客观因素，如自有资金数量、设备和面积、所处地段（市口）、行业、价格、商品供应结构和数量、社会购买力变化、消费水平等级。奖金作为整体劳动成果和个别突出成果的报酬。即主要靠工资差别调动个人积极性，靠奖金调动集体积极性，一揽子解决，当然这样做的前提，一是要创造一个企业平等竞争、自负盈亏的条件；二是要有相应的社会保障制度，使被辞职工有饭吃，在目前，可以先在系统内或企业内搞下岗职工劳动预备队制度，不好的退下来干辅助工作，少给钱。总之，在商业分配上，一要创造企业的平等竞争机会，二要从工资上打破职工的“大锅饭”，才能真正调动起企业和职工的积极性。

4. 商业行政管理和宏观控制问题

这些年，商业管理面临的第一个变化，是市场上的商业经营者结构多元化。

表现在：①工业自销已成体系；②新集体商业举足轻重；③个体商业迅猛发展；④农民商业方兴未艾；⑤部门商业各立门户；⑥国营商业化整为零；⑦县供销社转向实体化；⑧外地商业涌入本地市场；⑨新型商业初露端倪；⑩外资合资商业已非鲜有。这使得过去国营商业垄断城市市场，供销社在农村市场独家经营的单一的商业经营者结构发生了根本的改变。商业管理面临的第二个变化，是市场上商品经营者行为复杂化。旧的一套管理体制和办法正在失去功能，新的一套又没建立起来。使市场行为失去约束。主要是：①商法不明，违法现象严重；②政策不统一，企业难于平等竞争；③规划不统一，各业不能协调发展；④培训教育跟不上，队伍素质差；⑤统计不全，信息分散，宏观控制难以奏效；⑥部门所有政企不分，企业权小活力弱。

解决这些问题的出路，在于改革商业行政管理体制，将目前政企不分、多层次、实行直接控制和分散管理的商业行政管理体制，改革为政企分开、少层次、实行间接控制和集中统一管理全社会商业的商业行政管理体制。为此，一方面要研究如何调整商业行政管理机构，另一方面要研究如何确定新的商业行政管理机构的职责和权限。

调整机构的试点情况，现在大体是前边讲的那么几种。现在遇到的难点是局这一级怎么办？保留局，建商委，等于增加一个层次；撤掉局，一是国营商业这一块怎么组织，尤其是强调公司改成经营型之后，企业都独立了，国营商业“梳不成辫子”，怎么个抓法？要不要抓？国营商业所有权由谁实现？二是目前其他各项改革不配套，企业不能直接对社会各个部门，原来局的一些社会关系交往责任，都要由商委来承接，商委又成了一个大商业局，会穷于应付，不得超脱出来管社会商业管大事。从长远看，国营商业通过这种股份联合，成立企业集团等，可以打乱重新组织起来，但目前阶段恐怕还要找出一个过渡形式来，免得出现管理上的真空而造成损失，可以考虑暂时保留局，但要大力精简人员机构，缩小权限。对于全社会的商业，还是要通过组织行业协会（或同业公会）来“梳成辫子”。行业协会要分得细，要办成企业自愿参加、实行自我管理自我服务的民间组织。协会上边可成立分商会、总商会。可受政府委托做一些组织货源、协调价格、评估税收、监督违法之类的工作。也要反映企业对政府的要求和意见，如新中国成立初期在这方面的一些做法，就很值得借鉴。

确定职责和权限，关键在于实现责权的统一，要给什么责任赋予什么权力。新的商业管理机构的职责是什么？从大的方面讲，应是对全社会商业搞好统筹规划、制定法规、掌握政策、组织协调、提供服务、运用经济调节手段和加强监督检查。从而实现在商业活动中，统一法令，维护国家和消费者利益；统一政策，创造平等竞争环境；统一规划，求得协调发展；统一服务，提高经营服务水平；统一监督，完善社会主义统一市场。为此，当前至少要明确授予以下权限：①法律手段。商业主管部门要会同有关部门，拟定《商业管理条例》等各项商规商法，以法治商。②行政手段。要与有关部门协同掌握商业经营的注册登记及处罚，掌握社会商业统计权和一定范围的市场价管理权。③经济手段。要掌握一定数量的商业专项基金（如补贴金、储备金等），可以考虑筹办并直接管理商业银行或商业金融公司，掌握一定额度的低息商业贷款的分配，要有权向财税部门建议对商业某些行业的税收调整。

确定责权也有一个难点，就是如何同综合经济管理部门进行分工协调问题。从整个经济体制改革的方向上看，要加强综合部门的责权，从商业管理的特点看，商业管理部门又必须掌握一定的控制手段，这是一个很大的矛盾。这两个方面责权划分的原则、办法、根据，都是需要研究的问题，这同两方面机构的配置也密切相关。到底怎么办？现在的意见分歧还很大。

5. 商业发展战略的研究问题

商业发展战略的研究，同商业体制改革是密切相关的，因为改革是为了经济的发展，而发展又离不开改革。当前商业发展战略的研究刚刚开始，存在着一些需要解决的问题。

第一，研究的方式不够科学。首先是由于商业缺少统一管理，所以统计数字资料很不健全，实际上无论到哪一个甚至哪几个部门单位，都拿不到全面可靠的统计资料。其次是封闭式，研究工作往往只在商业内部讨论来议论去，很少同工业、农业、交通运输等生产部门结合起来研究，往往又是就商业谈商业，缺少对生产和消费变化的深刻分析作为根据。如前一段，有人根据经验数字推导，得出结论说，到 2000 年消费水平将达到多少多少数字，可文章还未发表出来，统计局公布的数字说现在已经达到了。最后是研究方法落后。“七五”计划指出：到 1990 年社会商品零售总额将比 1985 年增长 50%，社会消费品零售总额增长 51.5%，而又同时规定，同期网点将增长 1 倍，从业人员也将增长近 1 倍。这两组数字往一起一对照，就会发现到 1990 年商业效益将比 1985 年降一半，出现这种矛盾，就是因为提供数字的单位研究缺少科学方法，是拍脑袋拍出来的。

第二，研究缺少理论指导。一个国家商业的发展，有什么规律性的东西？受什么条件的制约？在不同的国家不同的经济发展时期，商业应有什么特点？这些都研究得很不够，甚至还没真正开始研究。目前的一些研究只是推来倒去算数字，很少研究阶段性变化趋势，缺少指导性和预测性，还是过去制订计划的一套老办法，结果情况一变，就会前功尽弃，文不对题。这样讲，并不是否定计算数字，而是说战略研究中的数字分析一定要得出趋势性变化结论来，如前年有人认为要“鼓励消费”，今年又有人批评“消费早熟”，到底我国现阶段、近期和较长时期，消费水平和消费结构将会出现什么样的变化趋势？与此相适应商业的发展应采取什么样的战略对策？这都需要深入研究。而这种研究没有理论指导是难以

成功的。

第三，课题的确定不够系统，各地的战略研究往往是为地区经济发展战略写上一段商业内容，临时交差出题目。而商业战略研究是一个系统工程，系统性首先要表现在课题的系统严密上，要有内在的逻辑性，商业部商业经济研究所战略组拟定了十个大题目，也不够完整，具体十个大题目如下。

（1）商业在国民经济中战略地位的再认识

（2）商业发展的速度、比例、效益的统一

（3）社会主义统一市场的机制

（4）商业结构合理化与商业体系的形式

（5）消费结构与经营战略

（6）生活服务与劳务流通

（7）技术进步与商业发展

（8）商业劳动生产率与社会就业

（9）商业价格与资金积累

（10）市场控制与商业管理

以下每一个大题又含有一些小题，这里就不一一介绍了。

6. 其他需要研究的一些问题

商业改革提出需要研究的理论问题，可以说俯拾皆是，上面提到的五个方面，是我认为同当前改革关系最为密切的。此外，像批发改革问题、企业管理问题、农产品流通问题、横向经济联合问题、新型商业问题、商业现代化问题、社会主义商品市场体系问题、商业改革中的思想观念变革问题等，都是需要加以研究的理论问题，就不在这里一一讨论了。

流通领域改革的新格局①

商业改革目前的情况和问题主要是：市场上“百家经商”，管理上“政出多门”，法规不健全，宏观控制乏力，市场活而无序；地方封锁，部门分割，渠道通而不畅，统一市场尚未真正形成；商品市场体系不完善，市场运行机制不灵活，国营和供销社商业企业仍然缺乏活力。

因此，今后一个时期的商业改革将组织、领导、促进市场发育成熟，建立以所有权与经营权适当分离为主要特征、责权利紧密结合的企业经营机制，在整体上构造社会主义商品经济的商业体制。

一是建立集中、统一、高效的宏观控制系统。将目前政企不分、直接控制、

①发表于1987年7月9日《经济日报》。

层次重叠和分散管理的商业行政管理体制，改革为政企分开、实行宏观间接控制、层次精简和集中统一管理全社会商业活动的商业行政管理体制。理顺国营商业企业的行政管理关系和资产管理关系，实现所有权与经营权的适当分离。健全法规，约束市场行为。同时，组建以自愿参加为原则的行业协会和商会，作为商业企业和经营者的民间组织，发挥政府与企业间的桥梁作用。

二是建立新的商品市场体系。以中心城市和商品集散地为依托，组建商业组织配套、形式多样、门类齐全、层次有序、功能完备、四通八达、纵横交错的社会主义商品经济的统一市场网络。即，其一由大中城市的贸易中心构成商流枢纽，以大型仓储、运输机构为主体组成物流中心，由各级信息中心联成商业信息网络，以批发市场作为交易场所基地，由众多的厂商结合、批零结合、专业与综合结合等各类批发企业作为批发交易主体，共同形成批发市场体系。其二以大型零售企业集团和综合商社为骨干，建立不同层次的百货公司、自选商场、连锁商店、联营商店和试办若干购物中心及邮购商店等，形成大型零售企业网络；大力发展地区性中型商场、专业商店和众多的集体、个体商业企业和摊群，形成多层次的零售体系。其三建立以劳务经营为主的各类服务市场体系。适当发展代理业务、经纪业务、社会会计事务所、培训中心、商情研究和咨询机构等，提供商品经营的系列化专门服务。

三是建立自主经营、自负盈亏的国营商业企业经营机制。首先，要深化所有权与经营权的分离，大中型企业推行各补承包经营责任制，小型企业大力推行租赁经营和实行国有集体经营及转为集体所有，继续那些已经试办了股份制企业的探索。其次，在经营上要将政府行为同企业行为区分开来，强化企业的经济责任，政府则通过各种间接手段调控诱导企业行为，达到良好的市场状况。再次，以企业为主体确定独立的经营方式。最后，逐步完善企业内部的各项管理制度。

商品流通领域计划经济与市场调节相结合问题的回顾与思考①

在商品流通领域建立一个计划经济与市场调节相结合的运行机制，是整个经济体制改革的重要组成部分，也是商业改革的目标和成败的关键。

党的十一届三中全会确定的改革开放路线，为建立新的商品流通运行机制，开辟了广阔的道路。十多年来，随着整个经济体制改革新运行机制的理论思路探讨，商品流通运行机制改革理论思路也出现了五个不同提法，即计划调节与市场调节相结合；计划经济为主与市场调节为辅；有计划的商品经济；国家调控市场，市场引导企业；计划经济与市场调节相结合。在理论思路上虽然有所不同，

①发表于 1992 年 2 月 1 日《调研资料》第 8 期。

但一个共同点就是在坚持社会主义商业计划性的同时，承认商品经济原则，承认价值规律作用，承认利用市场调节。特别是在实践中，大体上就是努力探索建立计划经济与市场调节相结合的新的商品运行机制。

商品流通新的计划经济与市场调节相结合运行机制的改革探索，除了整个社会经济发展与体制改革的大环境之外，在商业方面有两个重要的改革条件：一是社会商业的所有制变化，形成了新的多种经济形式的社会商业所有制格局，为新的商品流通运行机制奠定了社会商业所有制基础。二是国营商业企业经营机制变化，发展为承包、租赁、国家所有集体经营和全民转集体等多种经营方式，为新的商品流通运行机制提供了动力条件。在此基础上，为建立新的商品流通运行机制，在以下10个方面进行了改革：

(1) 改革商业行政管理体制。1982年商业部、粮食部、供销合作总社合并，组建新商业部。1988年再次进行转变职能的改革，要求由部门管理转向对全社会商业的行业管理；由微观管理转向宏观管理；由政企不分转向政企分开、政事（事业）分开；由直接管理转向间接管理协调。

(2) 改革国营商业企业管理体制。一是重划企业归属，加强行业管理。水产、医药、中药材、石油、烟草、丝绸和盐业等全部或大部分脱离商业部系统独立。二是下放企业，发挥中心城市组织商品流通功能。1984年起到1985年年底，省、市下放二级站518个，占二级站总数86.9%；商业部下放17个工业品一级站、7个粮食机械厂、8个进口货物接运站和1个贸易货栈，只保留农业生产资料公司的5个一级站。三是政企分开，公司经营实体化。要求专业公司削弱管理职能，转向经营管理型，变为自负盈亏的经营实体，有的地方站司合并。一些地方零售企业撤销总店和基层店，划小核算单位。四是试行按商品分工，实行产供销一体化管理。五是试办一批商业企业集团。六是成立行业协会，发挥民间组织管理作用。七是办贸易中心。在批发机构的调整中，曾先后提出批发要分专划细，同城同地同业国营批发不得按行政层次设机构等，实行站司合并。

(3) 改革商品计划管理，首先是改革商品计划形式。1985年首次突破单一指令性计划管理一种形式，规定商业部所管商品分为指令性计划管理商品（10种），指导性计划商品（3种），其余为市场调节，从而建立了指令性、指导性和市场调节三种形式相结合的运行框架。其次是减少计划管理商品数量。到1988年商业部所管计划商品减为23种，其中工业品由1978年的130种减为14种，农产品减为9种。1989年商业部所管计划商品中，指令性计划商品11种，其中工业品6种：食糖、铁丝、元钉、化肥、农药、农膜；农产品5种：粮食、食用植物油、棉花、棉短绒、边销茶。指导性计划商品12种，其中工业品8种：棉布、涤棉布、中长纤维布、呢绒、名酒、洗衣粉、胶鞋、铁锅；农产品4种：生猪、黄红麻、绵羊毛、牛皮。1990年将灯泡增加为指导性计划工业品。各地区根据具体情况有一些调整。

（4）调整购销政策。1979年起，商业在对一、二类工业品仍实行统购包销基础上，对三类工业品试行订购和选购，选订购余下产品工业可自销。1981年起，取消包销，改为四种购销形式：一是统购统销，对11种商品由商业部门统一收购经营，其中新产品工业部门可在一定时期内自销；二是计划收购，对24种商品由工商双方按计划交货和收购，超产部分工业可以自销；三是订购，对58种商品由工商双方签订订购合同，衔接产销；四是选购，对上述三类以外商品可由商业选购，也可工业自销。到1985年，商业部系统实际上已对工业品无统购包销了。

对农产品，一是调整加价收购。1979年起，在提高农产品收购价格的基础上，对于统购的粮、棉、油商品超基数收购部分大幅度加价，1983年又改为统购内按一定比例分牌价和加价收购，1984年对统购任务外不再加价，任务内外一律比例计价收购。对派购商品，各地一度通过临时加价、价外补贴和平议价结合等办法，扩大加价收购，后改为基数加价。二是调整奖售。1979—1981年，各地奖售化肥、粮食的农副产品曾达220多种，1982年后减少，1986年后对非统购派购商品一律取消奖售。三是调整统派购制度。1979年以后统派购品种的范围逐步减少和缩小。1984年对贫困地区取消统派购。1984年，全国统派购商品由1981年的128种减为40种，其中商业部主管的有12种：粮食（只管稻谷、小麦、玉米）、油脂油料（只管花生、菜籽、棉籽）、棉花（只管等内棉、棉短绒）、生猪、黄红麻、苎痳、茶叶（只管边销茶）、牛皮（只管国家屠宰部分）、绵羊毛、毛竹、篙竹、蔬菜。1985年，中共中央和国务院决定，“除个别品种外，国家不向农民下达农产品统购派购任务，按照不同情况分别实行定购和市场收购。”1985年粮食改为合同订购，1990年又改合同定购为国家定购。棉花1985年改统购为定购，1987年又改为由供销社统一收购、统一经营，关闭自由市场，不搞价格双轨制。

（5）发展多渠道流通。改革后，随着多种所有制商业的发展，流通渠道随所有制增加而增加，同时在每一种所有制内部也形成了多种流通渠道，并且开始打破所有制、部门、地区和行业界限，形成了社会流通渠道网。这些流通渠道主要是：国营商业，包括商业部系统的国营商业和商业部系统外的国营商业；集体商业，包括供销社商业、老集体商业和新发展的城镇集体商业和农民集体商业；个体商业；私营商业；合资合营商业；工业自销体系；国营的农场、水产渔业、牧业、林业等生产部门的商业销售体系；城乡集市贸易；各种形式的商商、工商、农商、农工商、产供销一体化联合经营渠道、内外贸结合经营，等等。到1989年年底，在社会商业2737万从业人员中，不同所有制商业比重分别为：全民所有制占29.5%，集体所有制占33.9%，个体占36.4%，合营占0.16%。在

8101.4亿元社会商品零售总额中：全民所有制商业占39.1%，集体占33.2%，合营占0.45%，个体占18.6%，农民直接卖给非农业居民占8.6%，工业自销比重占产值30%～70%。

（6）改革价格管理。一是明确价格管理权限职责。1982年国务院颁布《物价管理暂行条例》，1987年颁布《中华人民共和国价格管理条例》，规定国家和省市的物价部门、国务院和省市的业务主管部门在价格管理方面的各自职责，规定了企业的价格权利和义务。实际上建立了物价部门、业务部门和企业三者结合的物价制定体系。二是确定实行国家定价、国家指导价和市场调节价三种价格形式。目前全国按销售额计算，实行国家指导价（半市场价）和市场调节价的产品，农产品占65%以上，工业消费品占55%以上，工业生产资料占40%以上。三是改变作价办法。工业品作价由过去按对象统一"倒扣"作价，改为不分对象按批量顺加作价。农产品作价也进行了一些调整，如对统购商品由超购加价改为比例计价。四是调放部分商品价格。1979年对18种主要农产品提高收购价；1985年放开城市蔬菜、肉类等主要副食品和除粮、棉、油定购外的主要农产品的收购价，农副产品国家定价收购部分剩1/3，其余2/3为指导价、议价和市价。1986年放开7种主要工业消费品价格，连同前几年连续放开的小商品价格，使工业品的大部分价格放开了。五是加强物价管理监督，稳定物价，制止通货膨胀，在调放价格的同时，采取一系列措施制止乱涨价，控制物价上升总指数。

（7）建立商品市场体系。城乡集贸市场有重大发展，国营商业、供销合作社商业及政府部门也办了一批比较规范的、组织化程度高些的工业品、农产品批发市场、贸易中心。1990年商业部与河南省人民政府在郑州为了规范化的郑州粮食批发市场，以现货交易为主，引进一些期货机制。

（8）进行商业法制建设。1981年商业部首设法律处，1988年设政策法规司。全国各级商业行政部门也陆续建立相应法律机构。全国人大、国务院、商业部和有关部门，先后制定了一批有关商业法规和条例，还颁布了一批有法令规范性效力的政策文件。这些法规文件内容包括商业改革方面、流通秩序和交易规则方面、物价方面、维护消费者利益方面等。各级地方政府部门也制定了一批地方性商业法规条例和规定。

（9）建立宏观调控体系。1988年全国商业厅局长会议正式提出建立中央和省市两级宏观调控体系，发展完备原有的调控手段。主要采取六方面办法：一是明确调控机构职责。二是建立调节基金。1988年国务院批准财政部和商业部联合制定《市场调节基金管理办法》，规定国合商业按1%销售额提取市场调节基金，其中80%由省商业部门和供销社掌握，20%由商业部掌握，用于市场敏感商品贴补。有的地方建立了风险基金、削价准备金制度。同时坚持完善必要的政策性补贴。三是建立重要商品储备。把原有的战备、救灾、特需储备扩大，并与市场调控结合。1990年中央决定成立国家粮食储备局。中央还增加猪肉、食糖的储备量，各地也建立当地市多种商品储备制度。四是加强计划管理、控制货源，发挥国合商业主渠道作用。对重要商品规定了必须由国合商业统一经营，限制私人商业的批发业务范围。同时掌握一部分原材料，根据市场需要加工换货。五是利用外汇进口和易货贸易，补充调剂国内市场供应。六是开展市场预测分析，建立商业信息网络。

（10）治理、整顿并建立流通新秩序。改革以来，对商品流通中的问题，国家多次发布政策法规文件，加强管理。1988年中央提出治理整顿、深化改革方针以来，商业部门与有关部门一起，采取了一系列重大措施：首先是清理整顿各类商业批发公司。其次是稳定物价，再次是进行市场综合治理。再次是整顿各类专业市场。最后是进一步加强商业法制建设，改善商业企业内部管理办法。

十多年来，在商品流通领域为实现计划经济与市场调节相结合而采取的重大改革措施，在总体上收到了明显的效果。产品经济的、分配式的、高度集中统一的、单一的商品流通计划体制已被基本打破，一个商品经济的、计划经济与市场调节相结合的商品流通运行机制正在逐渐生成。

主要表现在：

第一，理论上承认社会主义商品流通是有计划的商品流通，承认商品经济原则在社会主义商品流通中的作用，承认价值规律和市场的调节作用；在实践上，改革的大思路是向计划经济与市场调节相结合方向前进。

第二，计划本身变了。由单一指令性变为指令性和指导性相结合；由脱离市场和价值规律变为开始考虑市场和价值规律调节作用；计划的范围极大地缩小了，特别是指令性计划范围缩小了；计划的制订权限下放了许多。

第三，市场正在发育。一个多层次、多形式的商品市场体系正在逐步形成；市场正在由低级阶段向高级阶段发育过渡；市场调节的范围和作用明显地日益增大；作为市场主体的独立企业正在培育之中；市场管理者也正在实践中提高管理水平，社会整体的市场意识正在加强，生产者、经营者、消费者和管理者都不同程度地在逐渐适应市场。

第四，计划与市场开始结合运行。计划从市场出发，市场接受计划的指导，开始在一些方面有所进展，计划与市场的结合方式，正在实践中不断摸索。

第五，新的商品流通运行机制，虽然还在改革产生时期，但已经对社会经济发展起到很大作用。新旧机制虽然在转换之中，但仍担负起社会商品的流通组织任务，保证了生产和生活的最基本需求的满足，保证了市场和社会的稳定；新机制带来的活力，促进了市场的繁荣，改善方便了人民生活。

第六，新机制不断克服发展中的阻力障碍，克服自身成长中的弊端，表现出旺盛的生命力，展示了商品流通改革的希望和前途。

十多年商品流通运行机制的改革，同改革前相比，变化和成绩是巨大的，但从改革的目标要求来看，还仅仅是初步的，改革中尚有许多问题需要解决。经济体制改革的理论基础，是承认社会主义经济是公有制基础上的有计划的商品经济，深化商品流通体制的改革，也必须以此为指导。所以，传统的产品经济的计划经济理论，或者私有化的市场经济的理论，都不能成为深化疏通体制改革的理论依据。

因此，深化改革，必须坚持在商品流通领域建立计划经济与市场调节相结合运行机制这个大思路、大目标。近年来，当市场平稳时，出现过偏重市场调节，否定或削弱计划调节；当市场波动时，又出现过偏重计划调节，否定或限制市场调节。这两种倾向都是偏离了建立计划经济与市场调节相结合运行机制大目标的，我们应该不为市场和经济形势变化所动，在改革的目标选择上始终如一。

在改革的实践上，不能脱离现实的市场和经济形势，不能无视新机制不完善之处和弊端，而必须努力及时去加以解决。通过一个一个解决具体矛盾，来一步一步探讨新的运行机制的具体的方式。近年来，在这方面曾出现过脱离现实问题，去追求理想目标模式的倾向，也出现过放弃大目标去头痛医头，脚痛医脚，为了眼前不惜牺牲长远、退回老路上去的倾向。

所以，深化改革近期应该向以下几个方面努力：

第一，结合方式多样化。前一个时期，设计商品流通中计划经济与市场调节相结合的方式，搞通用方案多，个性方案少，往往适合此时此地此种商品，却不适应彼时彼地彼种商品。今后应该充分认识中国经济发展的不平衡性，认识到商品流通领域的复杂性和差别性，针对具体内容搞个别方案。为此要注意七个区别：①区别不同的经济发展时期，包括商品经济的不同发展阶段；②区别不同的所有制性质的商业，看到其不同的地位和作用；③区别不同的商业行业，宜放则放，宜管则管；④区别不同的地区，做到城乡有别，内地与沿海有别；⑤区别不同的商品，根据新的历史条件，进行新的分类排队管理；⑥区别不同的流通环节，原则上批发要严，零售可宽；⑦区别不同的企业，抓住大的，放开小的。

第二，计划管理科学化。做到计划与市场相结合，首先要改造原来的计划。这就要把计划建立在市场的基础上。一是要按市场需要组织生产和流通计划。二是要按价值规律和供求规律制订价格计划。三是要通过市场机制的作用来实现计划，除个别情况外，绝大部分的商品流通计划，是应通过商品在市场上自由流通和企业在市场上平等竞争来实现。四是计划要覆盖整个市场，不仅要计划国营商业，还要计划其他社会商业；不仅要计划指令性商品，还要计划到非指令性甚至放开的商品。只是计划方式和执行上有所不同。五是计划要多样，重点是使指导性计划真正起到指导作用。六是计划要严肃，不能形同虚设。总之，要改变目前商品流通计划存在的失准、失全、失严，努力做到准、全、严。

第三，市场发育成熟化。目前的商品市场还处于初级阶段。初级阶段的市场是无法与计划相结合的，只有成熟的市场才具备与计划调节相结合的必要性和可能性。促进市场发育成熟是实现两个结合新机制的基础。近期应着手进行：①建立一批按商品经济一般原则运行的、有组织的、规范化的、有中国特色的批发市场。批发市场是商品流通中计划经济与市场调节相结合的最基本的结合点。特别是农副产品，更要通过批发市场把小生产组织成大流通，才能适应消费大市场的需要。②逐步建立不同内容、不同层次、不同形式的商品市场体系。③加快市场法制建设，改变没有市场法的条件下进行市场整顿和管理的状况。④加快培育市场主体，把企业推进市场中去，使其独立经营，自负其责。⑤市场活动纳入到计划调控的轨道。

第四，两个结合有机化。无论是指令性计划、指导性计划，还是市场调节，它们的纯粹形态都是计划经济与市场调节相结合运行机制的独立元素，其中任何一种孤立形式，都不能单独成为两个结合的一种形式。必须经过改造，使计划与市场有机地结合起来。这有两层意思：第一层是计划要融进市场因素，市场要纳入计划之中，使各个元素本身是两者结合的；第二层是计划调节与市场调节的运用，要互相配合呼应，不能各行其是，两张皮。前一时期在这方面的问题，主要就是两个调节脱离，讲计划抛开市场，讲市场调节又忽略计划，造成两个调节打架。

第五，市场主体独立化。企业既是市场活动的主体，又是执行计划的主体。在政企不分的情况下，企业不能根据市场变化灵活经营，也不能真正承担市场竞争的行为后果，市场调节对企业就会失去约束力。同样，如果政企不分，企业执行计划就没有自觉性和主动性，对计划就要讨价还价打折扣，计划就缺少严肃性。所以两个调节相结合，首先要真正做到政企分开，实现企业独立。在企业独立的前提下，还要加强企业的组织化程度，众多分散无组织的企业，既无法计划调节，也无法有效地进行市场调节。前一时期改革中，国合商业原来的组织系统拆散了，有必要用新的方式，在商品经济和社会化大流通的原则下重新组织起来。有计划地发展一批商业企业集团、商业总公司、农商一体化或工商一体化的大型联合企业，这应是改革的一个方向。这些大型企业集团，将成为国家实行计划和市场两个调节的物质基础、经济依托。在零售企业也可组织各种形式的集团、连锁和联合体。同时要强化经营机制特别是加快股份制进程。

第六，环境协调化。两个调节相结合的新运行机制，需一定的环境才能正常生长和运行。首先是经济环境要宽松。像前几年一度出现的建设过热和消费膨胀，就无法使计划得到正常执行，市场调节也会走样，甚至会造成轩然大波。在“紧运行”中是不会孵化出两个结合的运行新机制的。其次是改革要配套。经济改革是个系统工程，要用系统工程的管理办法去领导，如果继续由各个部门各提各的改革方案，就还会出现方案出大门，见面就吵架，互相掣肘的情况。所以流通改革要左顾右盼，求得各方支持，要与其他部门的改革协调并进，不能自己闭门造车。中央对改革也要统一规划。最后，研究气氛要融洽。两个调节相结合运行机制，是史无前例的探索，缺点、失误和回头路不可避免。对此要正确对待，有自由化纠正自由化，有僵化克服僵化，但不要把不是自由化的说成是自由化，把不是僵化的说成僵化，我们对广大流通领域的干部和工人，跟着党坚持四项基本原则和进行改革开放的信念，应有一个最基本的估计。

第七，管理正规化。新的运行机制，也需要正确的操纵，这就要求不断提高管理水平。当前，首先要理顺政府部门管理体制。国务院要求商业部统管社会商业，但实际上商业部只能管商业部系统的商业，仅占社会农副产品收购额的44.2%，占社会商品零售总额的37.5%。对系统外的国营、集体、个体商业不能计划，更不能管理。在管理职能上，商业行政部门只管商品流通业务，不管物价和工商行政，因此，不能根据商品流通需要利用价格杠杆，也不能根据商业发展规划管理商业企业登记和市场行为。结果是全国的商品流通管理不统一，商品流通管理与价格和市场管理相脱离。所以，必须理顺这个关系。其次要强化调控能力。随着市场作用的加大，国家对市场的调控力也必须相应加强。速度越快的车，车闸越要灵敏有效。目前市场调控严重乏力，除了政策上政出多门外，物资力量也不足。应该增加物资储备，特别是市场敏感商品的储备和保证相应的资金信贷；要增加市场调节基金，把征收范围由国营和供销社扩大到全社会商业；要保证主渠道的货源，理顺工业自销和商业批发的关系；要保证市场调控的货款和优惠利率，建立风险基金和市场专项基金。最后，管理和调控都要制度化，克服随意性和临时抱佛脚。

国营商业企业参与市场调节的条件①

在社会主义社会，市场调节作为价值规律运动的一种形式，在条件运用得当的情况下，会促进经济发展。在另一种情况下，则可能产生不利于经济发展的盲目性和破坏作用。

一般来说，国营商业企业开展市场调节，应具备外部和内部两方面的条件。

就外部条件来说：

（1）要有商品经济的发展，有越来越多可供调节的商品。因为商品是调节的物质基础，国营商业可能投入市场的自由流通的商品越多，它的调节才会发挥更大的作用，这就要求在增加市场上的商品绝对量的条件下，增加参与市场调节的

①发表于1985年4月14日《经济学周报》。

商品相对量。

（2）要有商品经济的市场机制，市场调节首先是价值规律及其他商品经济规律作用的调节，为此，必须有适合这些规律作用的市场机制。当前，一是要逐步将价格理顺，并适当放开价格管理权限，给企业一定范围的定价权。二是要实行政企分开，减少不必要的行政干预，扩大企业自主权。三是要建立社会主义统一市场，打破封锁，反对垄断，保护竞争，实行开放式流通。

（3）建立合理的物质利益分配办法，保证市场调节的动力。经济调节机制和经济动力机制是紧密联系的，离开动力机制，再好的调节机制也不能运转。从商品经济的角度来说，市场调节机制运行的动力首先是企业的经济利益。因此一是要使国营商业企业能在参与市场调节中获得更多的经济利益。二是要给国营商业企业参与市场调节以优惠，使其在按指令经营而减少利润或亏损时，能够得到补偿，如可以实行专项的补贴，低息和无息贷款，也可以减免税收或增拨利大紧俏商品等。

（4）国家要有一定专门的财力、物力作为保障。要国营商业参与市场调节，实际上就是要求国营商业在新的经济形势下仍然担负起市场的责任，发挥其主导作用，就单独一个企业来说是没有这个经济力量的。所以，国家要做国营商业参与市场调节的后盾。依靠国家的财力、物力，经过国营商业企业的经济活动，来调节市场，促进流通和经济的发展。所以，要有专门商品储备基金、专门的商品储备和专项贷款。

（5）要有宏观的经济平衡。我国的商品经济是社会主义的、有计划的商品经济，宏观的经济平衡，大的方面还要靠国家的计划安排。市场调节，只能是在宏观经济基本平衡的正常情况下，才能发挥积极作用。因此，在宏观经济一时出现了不平衡的情况下，对企业自发开展的市场调节，要控制得紧一些；而这时国家直接插手的市场调节则可以放开一些。

（6）要有足够的宏观控制手段，如法律手段、行政手段、计划手段等，把企业的市场调节引导到计划的轨道上来。

从企业内部的条件来说：

（1）企业经营思想要有一个根本改变。要突破自然经济的分配式经营思想，树立商品经济的市场观念；突破独家经营思想，树立在竞争中发挥优势的观念；突破在“三固定”、封闭式的模式中经营的思想，树立在开放式的经济关系中做买卖的观念；突破“等、靠、要”当行政机关附属物的思想，树立独立自主开展经营的观念。当然，也要明确开展市场调节的目的、原则和要求，避免企业走到邪路上去。

（2）企业管理人员素质要有一个根本改变。参与市场调节就是把企业投入到激烈的市场竞争的旋涡之中，没有较好素质的企业管理人员是不行的。为此，必

须把那些掌握现代商品经济管理知识、训练有素、有胆有识、反应机敏、头脑灵活、善于开拓、敢于进取的新型经济人才，提拔选用到企业各级领导岗位上，并加快对原有干部的培养。

（3）企业的经营管理制度要有一个根本改变。在商品经济中，企业管理成熟的重要标志之一。就是要有一套适应市场要求的经营管理制度。当前，大中型企业内部的经营承包责任制，要考虑到企业参与市场调节这个因素，同时权力要下放，要有利于鼓励各个环节积极参与市场调节。

（4）企业内部机构设置要有新的改变。建立一个围绕市场调节的企业机构体系。最重要的是建立一个信息通量大、反应灵敏准确的信息机构，配备现代化的通信等信息设备和使用人员，并使企业的信息机构与整个社会的信息网络的横向、纵向联系紧密，融为一体。

试论建立商品流通新秩序①

一、建立商品流通新秩序势在必行

改革开放以来，商品流通领域同整个经济领域一样，出现了前所未有的生机和活力，带来了市场的繁荣；但是，流通领域的无序现象也日益严重，影响了经济和社会的稳定，妨碍了改革的进一步发展。这主要表现在：

1. 市场活而无序。流通搞活以后，市场上的商品经营者结构多元化，行为复杂化，但政府对市场的组织管理没有相应跟上，出现了相当严重的市场行为失去约束现象。如“官倒”横行不止、无照经营、偷税漏税、投机倒把、欺行霸市、哄抬物价以及销售伪劣商品等。

2. 渠道多而不畅。多种经济成分商业和多渠道流通，发展成了以各级政府为后台的“百家经商”，地方政府从本地利益出发，对地方重要产品设立关卡严密封锁，对外地紧销农产品则抬价抢购挑起“大战”。商品经济颇有成为封建诸侯经济之势。

3. 竞争烈而不公。商品经济要求公平竞争，但我国目前的流通领域，由于政策不统一，法律制度不健全，往往是紧此宽彼，竞争失去公平。如物价、税收管理对国营、集体商业紧，对个体和私人商业宽；在货源和资金上，往往是国营业集体商业优惠，个体和私人商业受歧视，加上政府部门背后插手支持，结果企业在竞争中劣者不汰，优者难存。

4. 发展快而不稳。近年来商业有了很大的发展，但由于统计不全信息分散，

①发表于1989年《江苏商专学报》第4期。

规划协调无人管，培训教育跟不上，结果出现了发展失调、素质下降、个体商业什么赚钱干什么、集体商业有什么门路办什么、国营商业让卖什么就卖什么等问题。有计划成了无政府。影响了资源合理配置，带来社会浪费，也不能满足生产和人民生活需要。

5. 管理杂而无力。目前对商品流通的管理，政出多门，各自为政，不仅缺少统一协调，往往各自从部门利益出发，下达一些互相矛盾的指令，使企业莫衷一是。尤其是监督管理部门自身某些腐败现象的发展蔓延，把对企业的管理服务变成了敲诈勒索，贿之者昌，拒之者亡，包庇违法，“逼良为娼”，已屡见不鲜。

上述流通秩序混乱，不是局部的、个别的混乱。也不仅仅是商业行为的混乱，而是局部性的混乱，特别是政府行为的混乱，如再不加以纠正，不仅会断送十年改革的成果，还将引起政治的不安定和社会的动荡。因此，整顿商品流通市场，建立一个新的社会主义商品流通秩序是改革的当务之急。

二、商品流通新秩序的含义和基本内容

商品流通新秩序是社会主义商品经济新秩序的一个重要组成部分，它从组织和规范社会主义商品流通为目的，由保障商品流通正常进行的企业制度、市场制度、交易制度及政府管理制度等法规所构成。

1. 企业制度。商品流通以商品经营者为主体，商品流通行为的规范，首先是商品经营者行为的规范。商品经营者从广义上讲，是包括个体商贩在内的商业企业。因此，建立商品流通新秩序的基础是建立商业企业制度。商业企业制度的核心是商业企业法，通过法律来明确规范商业企业的法律地位、责任、权限、组织、领导制度等。目前，我国仅有一个《全民所有制工业企业法》，没有全民所有制商业企业法，更没有集体商业企业、个体和私人商业企业法。所以造成了“百家经营”无所约束。

2. 市场制度。商品流通是通过市场进行的。随着商品流通规范的扩大，市场也在不断发育成熟，由无序的初级市场，逐步发展成制度严格的现代商品经济市场。现代市场制度包括：市场的组织、市场开办、市场参加者、市场交易方式和原则、市场交易内容及市场管理等。商品经济发达国家的《批发市场制度》和《期货市场制度》构成了市场制度的基本框架。我国的市场尚处于一种没有统一法律制度的原始状态，商品流通无序的重要原因之一就是市场组织无序。所以，要抓紧建立社会主义商品经济的市场制度，把商品流通，尤其是批发流通环节纳入有组织、制度化的市场中来。

3. 交易制度。商品流通必须按商品经济的基本原则进行，才能买卖两利，货畅其流。

商品经济的基本原则，一是公平竞争，二是等价交换，三是自愿让渡。所

以，为了保证交易的顺利进行，现代商品经济制定了一系列保护公平竞争，维护等价交换和确保自愿让渡的法律制度。我国目前价格没理顺，企业地位既不独立又不平等，政府不必要的干预多，商品经济的交易制度远未建立起来。所以，逐步理顺价格，实行真正的政企分开，在此基础上建立起公开、平等、自由竞争的交易规则，是改革的一项基本任务。

4. 政府管理制度。我国商品流通秩序的混乱，主要在于政府管理行为的混乱。一方面政府对不该管的企业和市场行为，横加干涉，乱施管理；另一方面对应该管理的企业和市场行为，又放任自流，听之任之。政府在管理中无法可依或有法不依，带有极大的主观随意性，流通管理者本身失去监督和约束，流通焉能不乱？所以，建立商品流通新秩序，首先要建立商品流通管理行为的新秩序，通过立法建立制度，调整机构、转变职能、整肃腐败，建立一个真正精干、高效、廉洁的商品流通行政管理体系。

三、建立商品流通新秩序的几个原则

建立商品流通新秩序，是一项艰巨和复杂的工作，为保证其顺利进行，应注意坚持以下几项基本原则：

第一，社会主义原则。我们要建立的商品流通新秩序是社会主义的经济秩序，其目的是为了更好地发展社会主义经济。因此，这个新秩序应该有利于社会主义公有制商品的发展，而不是束缚或削弱公有制商品的发展，同时也要有利于社会主义商品流通计划的实行，而不是妨碍商品流通的计划性。西方商品流通的某些制度应该成为我们的借鉴，但绝不能完全照搬，要从中国的国情出发来制定具有中国特色的商品流通新秩序。

第二，改革开放的原则。我们要建立的是新秩序，而不是恢复旧秩序。经济体制（包括流通体制）的改革已进行十年，现在的商品流通状况已不是十年前那种封闭的、高度集中的分配式的商品流通，也不是国营和供销社商品独家经营的垄断式商品流通。在多种经济成分多条流通渠道和多种经营方式的开放式商品流通体制初步形成的新形势下，不能把旧的商品流通秩序捡起来重新使用的。即使某些老办法在一定范围迫不得已还要利用一个时期，也必须清醒地认识到它的暂时性和过渡性。而在总体目标上必须明确，我们要建立的是一个适应深化改革开放的商品流通新体制的新秩序。

第三，从实际出发的原则。商品流通新秩序是一个秩序体系，它由许多具体秩序系统构成。我国幅员辽阔，经济发展很不平衡，地区之间、城乡之间、各行业之间，以及流通的各个环节之间的差别很大。所以新秩序一方面要具有大的方面的统一规定性和通用性，另一方面在具体方面又要具有必要的差别性和灵活性。大的方面不统一，就会出现制度与制度打架，建不起新秩序；小的方面不灵活，就会出现既有的制度行不通，秩序形同虚设。所以，要建立的应是一个“大统小分”的商品流通新秩序。

第四，逐步完善的原则。商品经济的发展是一个历史过程，在不同的发展阶段，商品流通的规模、方式都有所不同。所以商品流通新秩序的建立也要有一个过程，从简单不完善到逐步系统完善起来。我们建立新秩序不能超越商品经济发展的历史阶段，只能是成熟一个搞一个，一开始不能贪多求全。同样，因为新秩序的建立是一个过程，我们也不可能等一切都成熟了再来建立新秩序，只能是在边发展商品经济边建立秩序，超前不可，滞后也不行。并且秩序的具体规定也是可以修改变化的，其关键是秩序一旦建立，就要严格依序行事。

把流通作为一个产业来发展①

合理协调的产业结构，是经济发展的必要条件，也是我国实现现代化目标的前提。但是，长期以来，在产品经济观念的影响下，在“左”的教条主义的束缚下，我们重生产、轻流通，重加工、轻基础，重生产、轻消费，带来我国产业结构的多方面不合理性。本文拟就“重生产、轻流通”的弊端，对发展流通产业，特别是商业流通产业，提出一点看法。

改革前，我国的商业流通十分落后，买难卖难、吃难住难，成为长期困扰政府和人民生活的一大难题，也是制约经济发展的一个瓶颈。改革以来，商业流通有了较大发展，出现了市场繁荣、流通活跃的局面。1979—1990年社会商品零售总额年平均增长8.2%，达8300亿元，是1978年的2.6倍。商业流通的发展，促进了经济的发展，方便了人民的生活。

但是，从经济发展的总体结构来看，商业流通仍然严重滞后，流通渠道不畅，工农业产品买难卖难的问题尚未真正解决。这不仅因为这些年商业流通的发展带有很大“还欠债”的成分，还因为我们在很大程度上，还仅仅把商业流通作为生产和消费的一个纯粹服务部门，而不是作为一个产业来发展的。但是，从世界经济发展的经验和我国的实际来看，我们要实现第二步、第三步发展战略目标，跨入现代化国家之列，必须把商业流通当作一个产业来大力发展。

从国外的经验看，经济要发展，必须处理好三个产业之间的关系。经济越发达，第三产业也越发展，占国内生产总值的比重也越大。20世纪80年代中期，第三产业所占比重，高收入国家在60%以上，中等收入国家为40%，低收入国家为30%。我国目前只占27%，低于低收入国家80年代中期的平均数。到20世纪末要达到小康水平，在21世纪中期达到中等发展水平，我国的第三产业必

①发表于1992年《商业研究》第12期，作者赵尔烈、孔繁芬。

须有一个大发展才行。商业流通是第三产业的主体行业，1990 年，在第三产业中，商业从业人员占 34.5%，产值占 20%，分别居第一位和第二位。所以，发展第三产业，又必须把商业作为重点。

商业流通在发达国家之所以得到迅速发展，是由商品流通在商品经济中的地位和作用决定的。大家都知道，商品生产是以商品流通为前提，没有商品流通，商品的价值就得不到实现，商品生产就无法进行下去。所以，马克思讲“流通和生产本身一样必要”。资本家懂得这个道理，他们像重视生产一样重视流通，投资办商业，获取平均利润，甚至垄断利润，赚钱发大财，推动商业流通产业的发展。

但是，在我国由于长期自然经济条件下产生的“重本抑末”的轻商思想根深蒂固，后来又在产品经济理论下，“重生产、轻流通”，把商业当成一个花钱的福利部门。到了“文化大革命”期间，更进一步把经商与资本主义挂上了钩，当成资本主义来割。直到近两年，也还有人把“流通在一定条件决定生产”这一马克思的观点，当成资产阶级自由化来批。这些“左”的、陈旧的观点，阻碍、压抑着我国商业流通的发展，使国家的经济蒙受损失，给人民生活带来困苦。

长期以来，还有一种观点，认为商业劳动不是生产劳动，流通不创造价值。这个话马克思确实讲过，但是，马克思讲的商业劳动和流通，是一种纯粹理论上的抽象了的概念，同现实经济生活中的商业劳动和流通，并不完全一样。在我们的商业里，商品的一买一卖，同运输、加工、分拣、包装是分不开的。而这些劳动，马克思都认为是创造价值的生产性劳动。并且他还认为，服务有一定的使用价值和交换价值，为资本家劳动的歌女也创造价值。并且马克思讲的是资本主义商业劳动，是为了分析剩余价值源泉提出来的，他并没有讲社会主义商业。所以，对马克思的话，应当全面理解，应当结合中国的现实来运用，而不能当成教条。这里，也有一个实践是检验真理的唯一标准的问题，并如邓小平同志所说的：“我们改革开放的成功，不是靠本本，而是靠实践，靠实事求是。”

改革开放的实践，也越发证明，商业劳动不仅是创造价值的生产性劳动，商业流通是社会再生产发展的必要环节，而且正如有的同志说的，越来越认识到“无商不活，无商不富”，认识到，没有商业，人民就无法生活，更无法生活得更好；没有商业，商品不能流动，商品“惊险的跳跃”不能实现，生产企业也活不下去；没有商业，整个经济就会死水一潭，国民经济发展就会失去活力，停滞不前。我们搞开放，引进来，走出去，搞的是什么？就是商品大流通，是广义的商品的大商业、大市场、大流通，所谓“无商不富”，就是商业不仅实现价值、创造价值，而且可能发财致富。这一点，外国资本家懂得，我国的小商贩、私商懂得，现在农民懂得的也多起来了，他们也积极参加经商。现在全国的有照个体商贩有 1000 多万人，无照的就更多了，就是要经商致富。不仅有国内“倒爷”，而且还有国际“倒爷”。

有人会说“无商不富”，为什么国营商业不富，甚至一年还亏损1.5亿元？这里恐怕有一个统计误会。说国营商业年亏损1.5亿元，是没有把财政对食品、蔬菜应补未补的政策性亏损部分算上，如果补贴到位，国营商业还是赢利的。具体数字是：1990年国营商业补贴前的盈亏相抵亏损1.58亿元，其中食品和蔬菜政策性亏损为45.24亿元，如果财政补贴到位，补贴后应为赢利43.66亿元。政策性亏损数额这么大，从根本上讲，正是长期不把商业当成产业来发展经营，而是作为社会福利部门的政策体制造成的恶果。政策就是要解决这个问题，只要真正把政府行为与企业行为分开，把价格关系理顺，培育起市场价格形成机制，转换国营商业企业的经营机制，使企业真正成为自负盈亏、自主经营、自我约束、自我发展的“四自”企业，国营商业企业就同样会创造更多的财富“富起来”。即使在目前体制下，1981—1990年，国营商业和供销社商业向国家上缴利税累计达1541亿元，占国家全部税收9%，相当于同期国家财政收入的7.6%，高于农业、交通运输业、建筑、纺织、机电、能源、化工等部门。商业部系统，1990年上缴利税181.58亿元，人均贡献1210元。

流通作为一个产业来发展，还有一个新的趋势，就是经济越发达，科技越发展，跨行业的合并、联合和经营也越普遍，这些年国外的企业集团无一不是多角化经营。如世界最大的百货店企业集团——美国西尔斯集团，投资金融、房地产、保险业和工业，拥有股份的工厂达278个，提供西尔斯集团销售商品的28%左右。所以，流通作为一个产业，已经不是传统狭窄意义的流通，而是渗透到其他行业和产业的大流通。我国商业部系统，1990年的工业产值达1414亿元，在国务院各部委中占第5位。随着商业企业进一步放开，实现集团化、股份化，流通和生产会更加渗透结合，所以发展流通产业就更是直接发展生产了。

在我国发展流通产业还有一个十分重要的作用，就是安排就业。据预测，到2000年，我国农村年平均新增劳动力将达1300万人，即使按前10年年平均560万人的较高速度转移，剩余劳动力20世纪末也将达2.3亿人。而城镇在“八五”期间，即使把待业率控制在3.5%以内，也有3200万劳动力需要安排。第三产业作为劳动密集型产业有着很大的潜力接纳就业。1988年，商业就业人员占社会就业人员比重，美国为21%，日本为23%，巴西为12%，我国为5%，所以我国商业就业发展余地广阔。并且，通过商业扩大就业，不仅成本低，投入少，收益快，发展易，而且符合我国产业发展战略方向。

从整个经济发展来看，到20世纪末，国民生产总值再翻一番，商品流通量也必将成倍增长，人民消费水平要实现小康，不仅消费数量会大幅度增加，消费质量和水平也要发生巨大变化。所以，经济发展对流通的发展要求，也必然数量大、能力强、水平高、质量优、领域宽。这将为流通产业的大发展提供新的机遇和挑战。发达国家先后出现的“流通革命”，必将在我国出现，我们应该迎接这场“流通革命”。

我国的《十年规划》、《“八五”计划纲要》、中央《关于发展农村商品流通的决定》，特别是《关于加快发展第三产业的决定》，为商业流通的发展，提出了战略任务和政策保证，我们只要扎实工作，狠抓落实，继续解放思想，不断清除“左”的干扰，坚持在投资上倾斜、政策上放宽、形式上多样、目标上明确、措施上可行，真正做到按市场经济规律办事，我国的商业流通产业就一定会发展起来。

商品经济发展阶段论与商业体制改革①

我国的商业体制改革，从根本上讲，就是要将自然经济、半自然经济和产品经济的商业，转变为社会主义商品经济的商业。深入地探讨商品经济的发展规律，对于商业体制改革十分必要。本文仅就商品经济发展的阶段性同商业改革的关系，谈一点粗浅的看法。

一、商品经济的发展可划分三个历史阶段

商品经济是人类社会经济发展的一个历史过程，它既存在于不同的社会经济制度之中，又存在于同一社会经济制度下的不同经济发展阶段。商品经济不能离开一定的社会经济制度而存在，但又有独立于社会经济制度之外的自身的发展规律。商品经济又是一个漫长的经济发展过程，同任何具有长时期发展过程的事物一样，商品经济在其自身的发展中，必然呈现出若干不同的历史发展阶段。从理论上讲，只有把不同社会制度下的商品经济，抽象为商品经济一般，并根据历史发展的顺序划分为不同的阶段来加以研究，才有可能切实地把握商品经济发展的历史脉络和具体的规律性特征，才能帮助我们更深刻地认识我国现阶段的商品经济。从实践上看。近年来的商业改革，在确定了要建立一个社会主义的商品经济的商业之后，一时又找不到建立一个什么样的具体的商品经济的商业目标，出现了政策上的犹豫和行动上的反复。例如，前一段产生的关于西方某些商业组织形式和运行方式是否适于中国的争论，其中的一个重要原因，就是离开了对商品经济发展阶段性的具体分析，而仅仅停留在区分资本主义商品经济和社会主义商品经济的异同上。所以，深入研究商品经济发展的一般阶段性理论，是有着重要的理论和实践意义的。

对于如何划分商品经济发展的阶段性，目前尚未见到专门性论述。不过有一

①发表于 1998 年 1 月 22 日《调研资料》第 6 期。

种流行的观点认为，可将商品经济划分为简单商品经济、资本主义商品经济和社会主义商品经济三个阶段。这种划分指出了人类社会迄今实际已出现了的三种商品经济，但不能作为对商品经济发展阶段的十分科学的划分。因为，第一，将简单商品经济同资本主义商品经济、社会主义商品经济相提并论，存在着划分标准不一致的逻辑矛盾。划分资本主义商品经济和社会主义商品经济，是以社会制度属性为根据的，而简单商品经济却不是。第二，当代社会主义的实践告诉我们，社会主义商品经济并不一定就比资本主义商品经济发达，同样发展水平的商品经济可以存在于资本主义社会，也可以存在于社会主义社会。因为社会主义社会比资本主义社会更高级，就认为社会主义商品经济是比资本主义商品经济更高级的发展阶段，是一种简单化的替代推论。第三，简单商品经济、资本主义商品经济、社会主义商品经济的阶段划分，没有将不同社会制度下的商品经济抽象为商品经济一般，不能揭示出商品经济自身相对独立的发展规律和阶段性特征。

还有一种观点认为，可以用不发达（或初级）的商品经济和发达（或高级）的商品经济来划分商品经济的发展阶段。我觉得这样划分过于笼统含混，没有概括出所谓不发达的商品经济和发达的商品经济的质的规定性和阶段特征的不同，仅仅是一种模糊的量的描述。至于有的主张划分为简单商品经济和复杂的商品经济，则是望文生义了。

我认为，划分商品经济的发展阶段，首先，要跳出社会制度的局限，将不同社会制度下的商品经济抽象为商品经济一般，把商品经济作为一个相对独立的对象来划分其发展阶段；其次，划分的依据应是反映商品经济发展阶段本质特征的东西。商品经济是以商品生产和商品交换为基础的社会经济组织方式或社会经济关系体系。商品经济的发展阶段，就是商品生产和商品交换发展的阶段。衡量商品生产和商品交换发展水平的最明显标志，是社会经济生活的市场化程度。具体表现在四个主要方面：一是用来进行商品生产和商品交换的物质手段、社会分工状况；二是社会商品生产和商品交换的产品数量、市场的范围；三是商品生产和商品交换的组织、形式、规模及运行方式和原则；四是其他社会生活卷入商品原则的广度和深度。

根据上述标准考察商品经济发展的历史过程，并结合列宁分析资本主义社会发展的历史阶段的启示，可将商品经济的发展大体划分为简单商品经济阶段、自由竞争的商品经济阶段和垄断的商品经济阶段。

在简单商品经济发展阶段，商品生产和商品交换的手段落后，规模狭小，商品数量少，市场范围狭窄，交换的目的是满足直接消费而不是追逐利润。交易偶然，商品生产者、经营者相互关系松散，虽有竞争但非激烈，商品价格基本按价值形成，市场规则尚未真正建立，政府极少干预。社会生活大部分未曾卷入商品经济之中，人们的商品原则观念淡薄。另外，应顺便指出的是，传统的理论认为

简单商品生产是建立在私有制和个体劳动基础之上的，这一观点现在看来需要加以修正，因为实践说明在公有制基础上的某些小规模合作经济，也是可能从事简单商品生产的，如我国现阶段农村的某些承包经济就是这样。

在自由竞争商品经济发展阶段，商品生产和商品交换摆脱了以手工劳动为主要手段的状况，比较普遍地采用了机器，社会分工细致，生产和交换规模扩大，社会产品绝大部分采取了商品形式，建立了统一的国内市场并开辟国际市场。商品生产和交换的目的是追求企业利润，商品生产者、经营者相互之间建立了相对稳定的依赖关系，交易频繁，数量大。自由竞争是普遍遵循的经济原则，商品价格以市场生产价格为基础形成，市场规则普遍建立并得到不断完善，政府干预限于制定法规监督市场规则的执行和提供经济活动条件。社会生活普遍卷入了商品活动之中，商品经济观念在社会树立起来。

在垄断商品经济发展阶段，商品生产和商品交换手段日趋自动化、信息化，社会分工极细。建立了一大批垄断企业集团组织，控制了商品生产和商品交换的绝大部分，中小商品生产者和商品经营者被纳入到垄断经济体系。自由价格被垄断价格代替并为企业带来垄断利润，自由竞争被垄断基础上的新的更高层次的竞争所代替。为了保持经济的活力和生机，限制和控制垄断组织的发展及其活动已成必要。政府对社会经济生活的管理，在立法、监督等职能之外越来越加强宏观调控干预，制订社会经济发展计划的必要性迫切，并具备了物质条件。不仅国内商品生产者和经营者之间关系极其密切联为一体，而且国内市场和国际市场也融为一体，商品是社会产品的唯一形式，商品关系是联系经济活动的唯一原则和纽带。维护消费者利益，是这个阶段商品经济观念中占有突出地位的重要内容。

二、我国目前商品经济的发展阶段

上述商品经济发展的三个历史阶段，对于任何国家的商品经济的发展都是必然要经历的，在顺序上也是不可逾越或颠倒的。因各国历史条件的不同，有的国家可能这个商品经济的发展阶段长一些，有的国家可能那个发展阶段时间长一些。但一般来说，在同一个国家的一定历史时期内，一般是以某一个商品经济的发展阶段为主导，同时也会存在一些其他商品经济发展阶段的某些典型形式。这是商品经济发展阶段的连续性和渗透性。

在特殊的历史条件下，一个国家在一定的历史时期内，也可能出现商品经济的三个历史发展阶段普遍交织存在的局面。当今的中国就处于这样一种商品经济的状态下。详细地分析中国商品经济的现状，不是本文所能容纳得了的，这里只能做一些简要的抽象描述。

首先，从产业上来看，农业在总体上还是处于自然经济、半自然经济向简单商品经济过渡的阶段。主要表现在生产方式十分落后，集约化、专业化水平很低，劳动生产率低，产品数量少。尤其是农产品的商品率很低，如农产品的最主要品种——粮食的商品率仅在20%左右。农产品的市场范围狭小，生产和流通的经营规模很小，管理落后，农业经济的运行近年来虽然渗入了一些市场机制的作用，但总的还是以行政推动为主，农民的商品经济观念刚刚萌发。某些经济作物，如棉花、麻、糖、茶、水果等，其商品经济的发展程度可达到简单商品经济向自由竞争商品经济过渡的阶段，但由于整个农业商品经济发展的落后，经济作物的生产和流通，也不可能单独达到成熟的自由竞争的商品经济发展阶段，且不说经济作物的生产流通目前仍有相当多的非商品经济因素。

工业经济比较复杂。大体说来，可分为三种情况：一是刚刚兴起的城乡私人个体加工业，其资金少，生产规模和数量有限，绝大多数处于比较典型的简单商品经济阶段，只有少数个别的发展到了自由竞争的商品经济阶段。二是乡镇企业，其生产初具规模，分工专业化程度不断加深，产量很大，市场范围不断扩大，商品经济意识强，市场机制正在成为企业运行的主要推动力，自由竞争原则正在普遍实行，所以乡镇企业大体上处于自由竞争的商品经济发展阶段。国营的中小型工业企业和原有集体工业企业，就其生产力发展、分工专业化程度、产量和市场范围等，应该说具备了达到自由竞争的商品经济发展阶段的物质条件，但经济体制尚未完成由产品经济向商品经济的转换，待这一部分工业经济完成体制转换后，也大体会处于自由竞争商品经济阶段。三是国营大型工业企业，其中有相当一部分的生产力发展水平、分工专业化程度、产品数量和市场范围等，已达到了垄断商品经济的物质条件，只是体制仍然处于由产品经济向商品经济的转换过程中，待其完成了这个转换，应大体处于垄断商品经济的发展阶段。

从我国不同地区的经济整体来看，在完成经济体制改革后，东部沿海地区大体会处于自由竞争的商品经济发展阶段；中部地区大体会处于简单商品经济向自由竞争商品经济过渡或混合阶段；西部地区将处于简单商品经济发展阶段。当然，这些地区又有其本身产业之间、地区之间和城乡之间商品经济发展的阶段水平差异。

从城乡目前状况看，农村大体处于自然经济、半自然经济向简单商品经济过渡阶段，少数地区开始由简单商品经济向自由竞争商品经济过渡阶段；城市处于或应当处于自由竞争的商品经济发展阶段。

这种在产业间、地区间、城乡间商品经济发展的多重多阶段交织，是我国近期商品经济发展阶段结构的基本框架。在经济体制改革完成后，在多重多阶段商品经济发展结构中，将大体会以自由竞争的商品经济发展阶段为主。

产生目前我国这种多重多阶段商品经济交织的原因是多方面的。其中主要有三条：①中国商品经济发展的曲折性。我国过去漫长的封建社会带来生产力的长期停滞落后，简单商品经济没有得到充分的发展，当自由竞争的商品经济刚刚萌

芽的时候，帝国主义的侵入又打断了它的正常进程，新中国成立后，在“左”的路线下进一步全面扼杀了商品经济的发展，直到近几年才得以恢复；②生产力发展的多层次性。旧中国半封建、半殖民地的经济，使中国经济的生产力发展处于一种严重的畸形状态，工农业之间、城乡之间、地区之间生产力极不平衡。新中国成立后在片面强调发展重工业的方针下，在一定程度上又加重了这种不平衡。生产力发展的不平衡带来了社会分工发展的不平衡，这是造成今天商品经济发展阶段差异状态的物质基础；③改革时期的经济复杂性。改革中在商品经济问题上面临着双重任务：一方面要按经济发展的自然进程，有秩序地大力发展商品经济，即促进商品经济本身的自然的正常发展，另一方面还要将产品经济的体制转变为商品经济的体制。不论是商品经济的自然发展，还是转变为商品经济，在改革中都会出现捷足先登的现象，会打破原来商品经济发展阶段性的格局，带来新的不平衡。所以，我国商品经济发展多重多阶段交织的局面，短时期内不会消失。

商品经济多重多阶段交织的状况，对我国经济的发展将产生长期影响，其对经济体制的改革将是一个不可忽视甚至十分重要的制约因素。因为，第一，它将向我们提出到底应建立一个什么样的社会主义商品经济的新体制。是简单商品经济的体制，还是自由竞争商品经济的体制，抑或垄断商品经济的体制？我觉得近期应建立一个以自由竞争的商品经济为主导的、简单商品经济与垄断商品经济并存的社会主义商品经济新体制。第二，当我们具体筹划要发展某一产业、行业和地区的商品经济时，应该明确是由商品经济的哪一个阶段向哪一个阶段发展；当我们决定要将某一产业、行业和地区的产品经济体制转变为商品经济体制时，也必须明确是应该转入到商品经济哪一个发展阶段的体制上去。这里都需要恰当地“对号入座”，否则就会脱离实际而失败。第三，要具体研究商品经济不同发展阶段的组织形式、运行规则、调控方式，建立起相应的协调配套的商品经济阶段系统，避免组织形式、运行规则和调控方式的脱节。第四，要根据商品经济发展阶段的更替，适时循序引导人们建立和不断更新商品经济观念。

需要顺便指出的是，商品经济发展的阶段性，同社会经济发展，尤其同其中的生产力的发展，有着密切关系，但是并不一定任何时候都是一一对应的同步关系，有时也会产生局部“错位”。例如，同样是手工劳动的生产力水平，一般情况下应产生自然经济和简单商品经济，但也可能与自由竞争的商品经济甚至垄断商品经济相联系，并成为其中的一个组成部分，还可能被人为地塞进产品经济的体系中去。商品经济发展的阶段性，同社会制度也有着密切的关系，并如前所述，不能认为社会主义制度下的商品经济就一定比资本主义商品经济处于更高的发展阶段。但同一社会制度的不同发展时期与商品经济的发展阶段，应大体上处于同步对应状态。我认为，只有在垄断商品经济的基础上，才能建立起完善的有计划的商品经济。

三、商品经济发展阶段性对商业体制改革的启示

伴随着商品经济发展的三个历史阶段，商业也相应经历着简单商品经济的商业、自由竞争商品经济的商业和垄断商品经济的商业三个阶段。在每个发展阶段上，商业都显示出其阶段性的主要特征。

例如，在简单商品经济商业阶段，商人先于商品生产——专为市场销售进行的生产而产生，商业活动不断分化着自然经济，产生着商品生产。商业经营者一部分是独立经营的包买商，来往于城乡之间贩运；一部分是生产者兼经营者。商人以其资金，货源、原材料和渠道、经验等优势，控制着商品生产者。这时的商业经营规模狭小，集市贸易、长途贩运、地摊店铺是其主要经营方式，行商和坐商构成了商业基本队伍。商品经营者同商品生产者及其相互之间联系松散，交易的偶然性大，商人之间的普遍组织是行会。批发商业与零售商业分工不明显，批发商业和零售商业内部分工也不细，除少数商品、行业和前店后厂外，零售业主要是综合性店铺。商业经营者主要是用自己的钱做生意，是所有权与经营权统一的。由于生产规模小、数量少，商品市场狭小，主要是地区性市场。商业经营尚无健全的法规，欺诈投机等非正常经营十分普遍。无论是生产者、经营者还是消费者，都没有建立真正的商品经济观念。政府对商业很少管理，一般仅限于税收和维持交易秩序。

在自由竞争商品经济的商业阶段，现代商业从商品生产者中独立分化出来，某些商品生产赶不上市场的急剧扩大，形成短缺，为生产控制流通提供了机会。商业本身分工日益细化，不仅批发与零售分离，批发和零售业内部也出现行业、部门的分离。批发由简单商品经济时众多分散的采集商，逐渐转变发展为中转批发商和分散批发商；零售业则随着城市化的发展，产生了百货店和商店街，并发展成主要形式，明码标价代替了讨价还价。商品生产者、经营者及其相互之间的关系密切而稳定，交易合同化、制度化，出现了期货市场。围绕着商品交易，产生了中间商、经纪人、证券交易、商业金融组织、专门的商业储运机构等，形成了现代商业系统。市场范围不断扩大，打破了地区界限，形成了统一的国内市场，并延伸到国外。商品经营规模和交易数量的增大，促进了商业信贷的发展，商人用自有资金和借贷资金经营，实际上带来部分商业资金所有权与经营权的分离。自由竞争成为普遍接受的商业原则，并产生了自由的市场价格，带来市场的不断波动，以往为满足消费进行的商品交换已为追逐商业利润所代替。平等交易成为众所遵循的商业道德观念。自由商品经济商业时期是商业法规建立健全时期，市场规则逐步完善并严格执行，政府对商业活动的管理主要就是立法和执法。

在垄断商品经济商业阶段，一是产生了商业垄断集团。垄断集团资金雄厚规模庞大，垄断商品货源，控制市场，形成垄断价格，取得垄断利润。商业垄断集团采取超级市场集团、百货店集团等形式，大规模进货、大批量销售。商业垄断集团逐渐由商业经营向生产、金融领域融合，形成金融、生产、流通一体化的集团，并发挥着越来越大的金融职能作用。二是生产垄断集团向流通领域延伸，排斥独立的商业，通过工厂销售、展销会、邮购、上门推销、办分店和办事处等方式建立自己独立的销售体系，实现产销一体化。三是专业化与综合化并行发展。一些行业、部门出现新的专业化经营，另一些则进行跨行业跨部门的综合经营。四是交易方式手段社会化。随着商品的标准化生产，交易规模极大，交易集中人数减少，商品交易名义化加强，即实际商品运动与交易过程分离，商业服务系统更现代化、信息化。五是零售方式变化迅速，企业形式生命周期缩短，如超级市场、连锁店、购物中心、无人销售、邮购等应接不暇，经营档次分明，商业区由市中心逐渐移向郊区。六是独立的中小商业企业走向联合，成立连锁店、商店街等，以对抗垄断集团，但又不断被纳入垄断商业体系，七是消费者联合起来维护自身利益，成立各种组织，消费方式和观念转变，购买活动同娱乐相结合。八是政府加强宏观控制，除立法、行政管理外，采用经济手段干预商业活动，社会有了流通计划管理的可能性和要求。九是市场扩大到全世界，国内外市场融为一体。十是股份公司普遍，商业资金的所有权与使用权分离成为主要形式。

根据上述对商品经济阶段的分析，结合我国商业的现状，对商业改革提出以下几点构想。

从总体上看，我国中近期商业改革，应以建立一个社会主义的、以自由竞争商品经济商业为主体的、兼有部分简单商品经济商业和垄断商品经济商业的、多重多层次商业体制。具体可分为三个层次：

(一) 简单商品经济商业层次

主要是大多数的农产品、部分日用工业品、饮食服务行业的大部分，县以下农村商业和城市的一部分商业，要以小规模分散的个体、合作、集体商业经营者为主，发展集市贸易、长途贩运、摊群店铺、前店后厂、流动商贩等为主要组织形式，重点发展区域市场和建立区域性商业规则，严格监督管理打击投机诈骗行为，开办交易场所并逐渐规范化。目前像北京这样的大城市农贸市场的蔬菜供应占社会销售量的三分之二左右，可见简单商品经济的商业形式在大城市也有存在的必要。

(二) 自由竞争商品经济商业层次

这应是我国商业的主要层次，包括部分重要农产品。如粮、棉、麻、糖、水果、烟等，大部分日用工业品，少数饮食服务行业部门，大中城市商业都应逐步发展具备一定规模的商业经营企业。建立独立的商业批发系统并分工专业化，在主要产区和集散地设置采购机构和批发市场，并配以相应储运系统。在零售业还要以发展百货公司和专业商店为主，兼搞其他形式。为支持乡镇工业发展和适应集体企业、国营中小工业企业及军工企业转民产等发展需要，可以贸易中心为基础建立新的商流批发交易中心。建立现代化物流中心和信息中心，提供高层次服务。发展中间商、代理商、经纪人业务。打破地区部门封锁，建立统一的国内市场，并与世界市场逐步联系起来，促进企业的自由竞争和各种联合，优胜劣汰。大力建立健全商业法规，维护生产者、经营者、消费者和国家的利益。国家对这个层次的商业更多采用间接管理手段，以指导性计划为主。

（三）垄断商品经济的商业层次

少数日用工业品和部分生产资料，建立一批产销一体化的垄断企业集团，试办若干生产、销售、金融三位一体的商业集团，同时制定相关垄断法规。零售企业可试办若干百货店集团，开分店设分号。大城市也可办一些超级市场集团，引导中小企业的联合。试办少量期货市场、商品交易所、股份公司，开办一些风险业务。在这个层次中加强计划的宏观控制，指令性计划要占有相当比重。

在改革中，要建立相应的商业行政管理体系，将目前政企不分、多层次、分散管理和直接管理企业的商业行政管理体制，改革为政企职责分开、少层次、集中统一、间接管理全社会商业企业的商业行政管理体制。建立高层次集中统一决策系统和低层次执行系统分开的结构。可按商品划分农产品和工业品大类，将产销管理分别归口，并建立相应的国营、非国营专门管理机构，但也要执行政企分开。彻底转变现有商业行政部门的职能。在初始阶段可将行业管理和市场管理的统筹、规划、监督、协调等职能合留在新的商业行政部门，逐步再将行业管理职能移交计划部门，在改革的同时建立各类商业行业协会、商会等民间组织。

商业改革的理论根据不是单一的，这里只是从商品经济发展阶段论角度谈的一些想法。改革还要根据社会主义初级阶段理论，发展多种经济成分商业、建立企业经营机制，改进分配动力机制和调节方式等。还要根据经济发展阶段论的理论，建立适合国情的消费结构及相应的销售方式，以及其他一些制约商业改革的原则。这里就不一一论述了。

第二节　市场经济与商业改革

再论商业的整体再造[1]

一、商业改革的思路和模式：市场经济化

1986年，我曾在《经济学周报》发表一篇短文，题为《对商业要实行整体再造》，提出“旧的产品经济的商业已不适应改革和经济发展的需要，必须重建一个商品经济的商业”，引起了一些议论。这里想结合深化商业改革的思路和模式问题，作进一步的探讨。

商业改革以来，虽然要求确立一个改革的长期目标模式的主张一再受到否定，但实际上，却一直存在着许多不同的基本思路和模式的争论。争论的深层，既反映着对商业改革趋向的不同选择，也反映着对新中国成立以来传统商业体制的不同评价，既反映着对社会主义商业特征的不同认识，更反映着对社会主义经济本质特征的不同看法。由于争论的各方在所提出的不同思路和目标模式背后，都以不同的理论为基础，逐渐形成了不同的学派观点。因此，在争论中，作为社会整体的认识不断提高深化，作为个人的代表性学术观点也经常有所变化，但作为商业改革的不同思路和目标模式，却是越来越明朗化、系统化了。当理论转化为行动方案并着手实施的时候，思路和模式之争也就成了“商业改革向何处去”的根本问题之争了。

商业改革思路和模式，虽然各执一词，众说纷纭，但概括来看不外乎三大思路：

第一种思路：主张建立一个“计划经济为主，市场调节为辅”的计划经济的商业。这一思路认为，社会主义经济本质是计划经济，改革要坚持社会主义方向，就必须体现以计划经济为主，即要“以国营商业为主，以国营商业为主导，以国营商业为主渠道，以计划为主要调节手段”。同时又认为，社会主义商业也要发展多种经济成分、多种经营方式、多条流通渠道，并利用市场调节。但是集体和个体商业只能作为国营商业的助手和补充，其他渠道只能在国营商业主渠道控制下有限利用，市场调节只能限于国家放开的次要商品、行业和自由市场，市场只是一种辅助的调节手段。持这种主张的同志认为，对于我国的商业市场体

---

[1]发表于1988年10月3日《调研资料》第88期，又见同年《经济纵横》第11期，本文因首提商业改革的“市场经济”和“非国有化”观点，曾受到某些人的激烈批判。

制，我们在 1956 年就已经提出了正确的设想，只是由于后来左的干扰未得实现。因此，商业改革首先是纠正 1958 年以后的“左”的做法，回到 1956 年正确主张的道路上去，然后再根据当前的实际，加以补充完善。

上述思路在 1985 年前，尤其是在 1982 年前后，曾是占主导地位的主张。这是因为，改革之初，缺少理论的准备，在没有产生新的理论突破、缺少新的思想武装的情况下，人们只能从旧的传统理论中去寻找一切可以利用的武器。当时，国家正面临着从“文革”中“左”的一套束缚下解脱出来、进行拨乱反正的战略转变，因此追忆历史上比较好的经济时期的做法，并把它理想模式化，也是很自然的事情。况且，当时为了挽救处于崩溃边缘的国民经济而进行的调整，也需要强调计划管理的重要作用。所以，上述改革思路，在当时产生并流行，是有其客观必然性的，对商业拨乱反正、冲破左的束缚、推动改革的起步是起了积极作用的。

但是，由于历史的局限，上述商业改革思路，是以旧的理论为思维前提，以传统的经济体制为再生的基础，以 20 世纪 50 年代初的实践为参照的物质根据，所以从根本上讲，只是在改革的名义下的一种历史复归的愿望，不可能给改革提供新的思路和目标。并且随着商品经济的发展，随着改革的冲击力的加强，特别是随着 1985 年中央关于经济体制改革决议的发表，提出社会主义经济是有计划的商品经济的论断以后，这种建立一个“以计划经济为主，市场调节为辅”的计划经济商业的思路，也就逐渐失去了初始的地位。但是，作为这一思路的基本思想或某些传统观念，直到今天，仍或多或少时隐时现地影响着相当一部分商业理论和实际工作者的思想，成为深化商业改革的重要思想障碍，应该予以清理。

第二种思路：主张建立一个“计划调节与市场调节相结合”的双轨制的商业。认为有计划的商品经济，就是要对社会经济活动的一部分实行计划调节，对另一部分实行市场调节，体现在商业上，就要区分不同商品、不同经营环节、不同行业、不同所有制、不同企业、下同时期，分别采取计划调节与市场调节，即实行双轨制的管理方式。例如，主张对重要商品和市场敏感商品实行计划调节，对其他商品实行市场调节；对大批发环节实行计划调节，零售环节实行市场调节；对一些商品购销经营行业实行计划调节，对饮食服务行业实行市场调节；对大型国营企业实行计划调节，对国营中小型企业和非国营企业实行市场调节；在市场供应紧张、市场波动时实行计划调节，供求平衡、市场稳定时实行市场调节，等等。

双轨制思路在实践上对于突破原来旧的商业体制、打开僵化局面，与计划单轨制思路相比无疑是个进步。在理论上以承认社会主义商品经济为前提，探求在商品经济基础上解决商业改革的模式问题，也是一个前进。

但是，双轨制观点从一开始，就存在着理论上的弱点，即用“板块论”来理

解有计划的商品经济，把“有计划”与“商品经济”对立起来，把计划调节与市场调节对立起来，不承认它们之间的内在统一性，不是把计划调节和市场调节看成是都覆盖全社会经济活动的。理论上的不彻底，带来了实践决策选择的动摇和退让，面对部分商品短缺和市场波动，不是从发展商品经济，加快培育组织市场，推进商业改革中找出路，而是回头到旧体制中去寻求庇护。双轨制脚踏新旧商业体制两只船，但身子和重心是在旧体制那条船上，并随时准备把另一只脚从新体制船上抽回来。特别是当双轨制的思想被理论化、系统化和目标化以后，就把改革中有时不得不采取的某些双轨制的过渡性措施，当成了商业体制改革的追求目标，从而失去了真正的目标，偏离了经济体制改革的总思路和总模式，因而也就成为改革深化的路障了。从实践来看，双轨制做法弊端甚多，不是一个好办法。即使改革中有时不得已而为之，也应如有的同志所说的那样：“双轨的范围越小越好，双轨的时间越短越好。”

第三种思路：主张建立一个以公有制为主体的商品经济或市场经济的商业。这也是我所持的观点。所谓市场经济的商业，就是商业活动（主要是商品流通活动），以市场为媒介，并根据市场交换的一般规则来进行，商业企业主要由自由而独立的商业经营者进行管理。

进一步讲，建立市场经济商业，有三个基本原则或前提条件：第一是财产自主权原则。市场经济商业是财产独立自主的商业。它要求商业经营者的财产不可侵犯，并有权自由处置。如果财产不能受到有效保护，就无人敢投资经商；如果投资者无权自由支配财产，则无法进行有效经营。第二是契约自由原则。市场经济的商业是自由的商业、契约的商业。它要求自由交换、自由流通，并主要通过自由签订交换契约来实现。签约的双方要有互相选择对方的自由、平等的地位和履行契约的信用。第三是自我负责的原则。市场经济的商业，是自食其果的商业。它要求在自主经营、自由交换的基础上，商业经营者要对自己的经营后果，不论盈亏一概自我负责。实行市场经济商业的改革，最基本的任务就是要实现上述三原则。

按照市场经济商业三原则来改造原来的商业体制，具体有以下四项主要内容：①微观重造。以调整资产关系（主要是所有权和使用权关系）为核心，重新构造商业企业的经营机制，实现财产自主、独立经营、自负盈亏。②市场重组。以实现自由流通为目的，重新组织商品流通市场体系，打破旧的行政分配式商业体系，建立新的开放的市场体系和商业组织形式。③规则重立。以维护正当交易和公平竞争为主线，废止和修改旧的不适宜的商业清规，重立市场经济行为的共同规则，建立商品经济新秩序，实现依法经商。④宏观重建。以转变政府职能为重点，重建商业行政管理体制和宏观调控体系。将目前政企不分、直接管理、层次重叠、各自为政的商业行政管理体制，改革为政企分开、间接管理、精简高效、集中统一的商业行政管理体制，并确立相应的法律、行政和经济等调节手段。

建立一个市场经济的商业，并不背离或削弱商业的社会主义性质。因为，社会主义经济是一种商品经济，商品经济就是市场经济。社会生产和流通的计划性，不是社会主义经济的本质特征，它是社会化大生产的要求。实践证明：计划性既可以存在于传统的计划经济体制，也可以融于市场经济的体制。社会主义经济的本质特征是公有制，但公有制不能改变商品经济或市场经济运行的基本规律。当然，在我国实行商品经济或市场经济原则，不应该也不必要毁掉社会主义公有制的基础。改革需要探求的正是如何实现社会主义公有制与市场经济运行方式的有机结合。所以，商业改革就是要建立一个在所有制上是以公有制为主体，而在商业活动、商品流通的组织形式和运行规则及管理方式上，是市场经济原则的新的商业体制。在公有制为主体的原则既定的前提下，也可简称为市场经济的商业体制。

建立市场经济商业的改革思路，核心是要实现商业和商品流通的市场化，改革就是要不断推进商业市场化的进程，按照市场经济的要求重新组织商业、规范商业、调控商业和评价商业。由于这个思路在理论上更为彻底，在目标上更加明确，它的实现可望建立起一个完全不同于旧商业的崭新的商业体制，为实现商业流通领域现代化开辟广阔的道路。

商业改革不同思路和模式的提出及其争论，是商业改革实践和理论探讨的产物，也必将随着商业改革实践的发展和理论探讨的深入，继续不断地得到补充修正和完善，并成为商业改革深化发展的先导。

二、商业改革的关键：企业非国有化

商业改革的最终目标是建立市场经济商业。市场经济商业的前提，是商业企业资产自主权的确立。目前商业的所有制结构不适合市场经济商业的要求，必须进行重大调整。

社会经济的所有制结构，可分为宏观所有制结构和微观所有制结构两个层次。前者是指整个社会的所有制构成，即社会全部生产资料中，全民（或国家）所有多少，集体所有多少和私人所有多少。后者是指企业的所有制构成，即全民（或国家）、集体和私人所占有的生产资料，在一个具体的企业中是如何组成的。社会的宏观所有制结构状况，决定着一个国家经济的社会性质。在我国，只要社会宏观经济结构是以公有制为主体，国家的经济就是社会主义经济。企业的微观所有制结构状况，决定着该企业的经济性质，但单独的企业微观所有制结构不影响国家整个经济的性质。所以，为保证我国商业的社会主义性质，只要控制商业的宏观所有制结构，而不必具体控制每一个企业的微观所有制结构。

坚持商业宏观所有制结构以公有制为主体，就是坚持了商业的社会主义性质。但是，公有制有多种形式，如全民（或国家）所有、集体所有和企业所有等。究竟在商业采取什么样的宏观公有制主体形式，应以有利于商业生产力的发展为根据，从商业的特点出发。首先，商业作为社会再生产的中间环节，具有两头开放性，生产和消费任何一头的变化，都会给商业经营结果带来重大影响。其次，商业企业作为市场的细胞，具有市场依存性，市场环境和条件，是商业企业的生存基础；再次，商业活动作为实现商品价值的行为，具有极大的风险性，“惊险的跳跃”时时威胁着企业；最后，商业经营作为买卖行为，具有强烈的机会性，千金得失在于瞬间。所以，商业比其他产业和行业，要求企业有更大的自主权、灵活性和对经营后果的自我负责。这就要求，商业企业必须对企业资产有尽可能大的使用自主权；企业利益（尤其是企业职工利益）必须与企业资产有尽可能大的相关度。在公有制的范围内，集体所有制比全民所有制（或国有制）更具备上述特点。所以，商业以公有制为主体，应以集体所有制为主体。

具体地说，集体商业比国有商业有五大优势：①企业资产直接归本企业劳动职工所有，使用自主权大，利益关切度强；②采取按劳分配与按股分红相结合的双重分配机制，职工动力大；③企业是完全独立的商品经营者，经营独立性和灵活性高；④民主性管理程度高于国营商业，更体现职工的主人翁地位；⑤集体商业的社会资金总额增长，一面靠原有集体资金的积累生聚，一面靠从社会集资，化私为公，是双渠道资金增长机制，比国营商业仅能靠自身积累的单渠道增长机制更快，而国营商业搞股份制，并不增加原有国有资产数额总量。

从国家经济发展战略来看，发展集体商业，一可以节省国家对商业的投资；二可以将消费资金转化为生产资金，既开辟生产资金来源，又抑制消费资金的过速增长；三可以达到更快发展商业的目的，取得一石三鸟的功效。从近年来商业发展的实践来看，集体商业也明显快于国营商业。1985—1987 年，社会商品零售额，集体商业平均每年比国营商业增长速度高 3.1%。1987 年供销社系统的纯购进额和纯销售额都已达到与国营商业持平。而目前国营商业的资金雄厚、设备先进、渠道广泛、企业规模大等优势，都是过去在国营商业独家垄断条件下，由政府特殊扶持形成的。只要放开集体商业的政策，同等条件，平等竞争，集体商业要不了多久也完全可以达到同样甚至更高的水平。从改革的过程来看，集体商业旧框框较少，易于启动加速。国营商业则束缚多、旧观念多，难于迅速启动，更难于彻底改革。九年多的商业改革实践一再说明，不触动国营商业的全民所有制，商业改革是难于走出困谷的。

实行以集体商业为主体的所有制战略大调整，要破除一系列旧的传统观念。首先，要破除把社会主义公有制分为两等的观念，其认为国营商业是高级的社会主义公有制商业，集体商业是低级的社会主义公有制商业；其次，要破除把公有制商业分为“永存”和“暂存”两种的观念，其认为国营商业万古长青，集体商业要向国营商业“过渡”，是“过渡商业”；再次，要破除不同的公有制适应不同的生产力水平的观念，其认为国营商业适应社会化、现代化程度高的生产力水平，集体商业只能适应低水平的生产力；最后，要破除把社会主义商业完全等同于国营商业的观念，其认为社会主义就是国营商业独家垄断，就要以国营商业为主体，以国营商业为主渠道。

在确立商业宏观所有制结构以集体商业为主体的前提下，对商业企业的微观所有制结构要进行非国有化的调整。主要包括：

（一）将大多数国营商业企业资产集体化

一是将国营商业企业资产直接拍卖。例如：卖给集体商业企业或其他集体经济组织；卖给原店职工或其他国营商店职工集体，职工同时转为集体职工；卖给社会群众新集资组织的集体经济组织。二是平稳转制。通过集体企业或职工集体租赁、承包国营商业企业。在租赁、承包中逐步增加承租者投资和积累，减少或停止追加国家投资，经过若干时期实现企业资产转为集体所有。

无论是国营商业转制的集体商业企业，还是原有的或新发展的集体商业企业，本身也要进行改革，真正按集体经济的本质特点去办。集体经济的本质特点就是“生产资料归企业职工直接所有，企业生产资料的所有者要共同劳动”，即“合资合劳”，只合资不合劳可能办成股份或合伙企业，只合劳不合资可能办成“二国营”，只有合资又合劳才是集体企业。所谓“合资”，不仅是带股进店，还要将企业新增积累量化到每个职工个人，改变过去企业有一块无具体所有者的公共积累的“二国营”式的大集体所有制。这不仅可以避免产权模糊带来的随意平调等侵权行为，更重要的是强化了职工利益同企业资产的关切度，有利于资产的有效使用和监护。在改革集体企业资产关系的基础上，健全企业内部的民主管理等经营机制，实行各种联合，发展企业集团。

（二）将一部分中小型国营商业企业资产私有化

在社会主义初级阶段，适当发展私人商业是社会商业发展的需要，是一项基本政策。在商业的宏观所有制结构以集体所有制为主体的前提下，适当发展私人商业不会改变国家商业的社会主义性质。发展私人商业除了靠私人直接投资办新店之外，将一部分国营商业企业卖给私人经营，是个一举多得的办法。这样做可以甩掉一些经营不善的国营商业企业的包袱，减轻国家财政负担；可以加快商业所有制结构调整，增强不同所有制之间的竞争力，促使公有制商业的改革和发展；可以充分利用私人商业的活力，满足生产和人民生活需要；可以变国营商业企业的低效率为私人商业的高效率，提高整个社会商业的效率；可以为社会私人消费资金转为生产发展资金开辟广阔的机会和投资市场；可以将一部分由国家承

担的商业经营风险负担，转到私人商业由社会承担；可以促进私人商业、个体商贩向正规化和规模经营发展，有利于提高其经营效益，稳定私商企业；可以方便市场监督管理，有利于组织市场新秩序。

（三）将大型国营商业企业股份化

国营商业企业的主要弊病，一是政企不分，企业缺少自主权，没有活力；二是分配制度僵化，职工缺少积极性。其根本原因是企业没有资产权，只能听凭主管行政部门摆布；职工没有资产权，经营好坏与己无关。在不改变原有企业资产国家所有的条件下，解决的最好办法是实行股份制。将原来单一部门所有的国营商业企业资产，通过其他国有部门或企业参股、集体企业参股、本企业和本企业职工参股、向社会公开发行股票等方式，变为多家所有，公私共有等多种形式的混合所有制。

企业实行股份制，就可按股份制原则进行经营管理，任何一个单独的行政部门，都不能再直接干预企业合法的经营管理。即使是股东部门也只能通过董事会发挥作用。企业增加了职工股，不仅可以提高职工对企业资产的利益关切度，也可以为企业劳动、分配等制度改革打开道路。国营企业吸收新股金，原来资产仍为国家股份，并不减少国有资产原额，也就不会改变这一部分国有资产所有制的性质和数量。国家可以根据需要决定对企业投资所占的比重，决定对企业资产控制的程度，确定非国有股份发行数量和对象。国家可以成立商业国有资产投资公司，统一掌管商业的国有资产。公司实行企业化经营，由政府商业行政部门聘任董事会成员。

实行国营商业企业资产非国有化，要与组建新的商业企业集团相结合，逐步由新的商业企业集团代替原来的国营商业，承担起流通主渠道和主导的作用。国家可从采取委托、代理或公开招标方式，选择有能力的企业集团，通过吞吐平抑市场，稳定物价，保障重要商品的购销活动。

国营商业企业非国有化是一个重大的系统工程，要周密组织，有计划地分步进行。可以先小后大，先少后多，先易后难并实行政策配套。

用市场经济观点再造商业整体①

商业部商业经济研究所副研究员赵尔烈认为，邓小平南行讲话，是对市场经济的解放，打破了一些理论家对市场经济的“左”的解释和束缚，为深化改革指明了方向。

---

①发表于 1992 年 5 月 8 日《中国商报》。

赵尔烈论述了商品经济与市场经济的统一性与差异性，认为要突破目前经济运行机制的混乱与改革的停滞徘徊，必须以制度化的市场经济为目标来发展与完善我国现已发育成长起来的商品经济；商业要深化改革，亦必须以市场经济体制为商业体制目标。

历史证明，商品经济的充分发展，是社会主义社会经济发展不可逾越的阶段。随着商品经济的不断发展，逐步培育出的以市场为基础、以市场为中心、以市场为导向的一整套系统化的、规范化的、制度化的经济制度，这就是市场经济制度，故言商品经济是市场经济发展的基础，市场经济是商品经济发展的成熟阶段，是商品经济以市场为核心的制度化。这就是商品经济与市场经济的统一性与差异性。

明确这种统一性与差异性，对我国经济体制改革有着重大意义。

改革前期，我们以商品经济为理论指导和目标，在实践上引入了一些实现商品经济发展的市场经济体制，如放开一部分价格、培育市场、扩大市场调节范围和把企业推向市场等，在一定范围内突破了旧的僵化的计划体制，为社会经济注入了活力。但随改革的深入，仅以商品经济理论为指导就显得不够了。一方面，因为商品经济的概念所包容的经济历史阶段过于漫长，从简单的商品经济到现代商品经济差别很大。另一方面，商品经济理论缺少整体化、具体化与制度化目标，我们在改革中将市场经济的一些零部件“偷运”到改革中来，同原来的计划经济体制相结合，组装新的经济体制，这样的结果或是以旧体制为基础进行修补，或是拼凑一个计划经济体制与市场经济部件结合的双轨体制，这不可避免地带来改革的停滞徘徊和经济运行的混乱，反而成了进一步改革的障碍。这就需要用市场经济的理论进一步解放思想，用市场经济目标深化完善商品经济的目标。

市场经济既然是商品经济的制度化，改革由发展商品经济深入到建立市场经济，即是题中应有之义，是必然的顺理成章的事。提出市场经济的目标，就可从整体上而非局部上、从具体制度形式上而非抽象关系上来进一步明确改革的目标；西方市场经济长期发展中形成的带有普遍意义的原则、制度、形式等，就可更广泛地供我借鉴。

今后深化商业改革，也就要相应地明确市场经济的新商业体制目标，并把近年来商业改革中市场经济方向零散的改革，从整体上规划设计、组织实施，在市场经济方向上对商业整体再造。

建立以公有制为主体的市场经济新体制[①]

“计划经济不等于社会主义，资本主义也有计划；市场经济不等于资本主义，社会主义也有市场。”邓小平同志这一重要论断，是对人类社会经济发展实践的科学概括和总结，它丰富和发展了马克思主义的经济学理论，同时也突破了西方经济学长期广为流行的观点，因而也是对世界经济理论的一个重大贡献。这一理论的提出，为我国经济体制的改革提供了新的理论基础，为深化改革进一步指明了方向。

从历史上看，“市场经济”这个概念，并不是马克思主义经济学的概念。到目前为止，尚无人发现或指出马克思、恩格斯使用过“市场经济”这一概念，列宁只是在极个别的地方用过“市场经济”这个词，但那是作为商品经济的同义语运用的，虽然他们都曾广泛深入地论述过市场和与市场有关的经济规律问题，但是没有把“市场经济”作为一个专门的经济概念和理论问题加以论述。“市场经济”作为一个专门的经济概念和理论，是西方资产阶级经济学家首先提出的，后来社会主义社会的一些经济学家接受并沿用了这一概念。

西方经济学中“市场经济”的概念，一方面是根据资本主义在私有制的基础上排斥计划搞自由竞争的市场经济，另一方面是根据当时社会主义在公有制基础上，搞排斥市场的计划经济这两种经济实践概括出来的。因此，它一开始就有两个局限性：一是把市场经济与私有制挂钩，与公有制对立；二是把市场经济与计划对立。随着资本主义经济中计划作用的逐步加大和社会主义经济中引入市场作用，东、西方的理论界对“市场经济”概念的内涵也有所变化发展，开始探讨公有制与市场的结合和市场经济与计划的结合。但是这种探讨从总体上始终没有突破把市场经济整体同私有制挂钩这个局限。一些马克思主义的经济学家接受了这个局限，把市场经济与资本主义等同起来。在我国，一些人则把向市场经济方向的改革，说成是搞资本主义，市场经济成了改革的理论禁区。

邓小平同志的论述，突破了这些局限性，把“市场经济”和“计划经济”、“主义”脱了钩，指出市场经济可以与公有制挂钩，可以与计划统一。这就把“市场经济”必然与私有制相联系，把市场经济与计划对立的观点推翻了，从而赋予市场经济以新的内涵，丰富发展了市场经济的概念和理论，打破了一些理论家对市场经济的“左”的解释和束缚，同时也为我国市场经济的发展开辟了广阔的前途，进一步指明了深化改革的方向。

从人类社会经济发展进程看，商品经济早于资本主义经济，商品经济的发展

①发表于1992年7月《江苏商论》第7期。

促进了资本主义经济的产生和发展，反过来资本主义又使商品经济的发展达到了一个新的阶段。同时历史也证明，商品经济的充分发展，也是社会主义社会经济发展不可逾越的阶段。商品经济的发展离不开市场，商品经济的发展不断开拓市场领域，促进市场的发展，而市场的发展又反过来促进了商品经济的发展。随着市场的发展，商品经济逐步转到以市场为基础，以市场为中心，以市场为导向，从而围绕着市场建立起一整套系统化的、规范化的、制度化的经济制度，这就是市场经济制度。所以说市场经济是商品经济发展的成熟阶段，是商品经济以市场为核心的制度化。市场经济自身的发展，也可分为不同的阶段。需要提出的是：随着市场经济由低级阶段向高级阶段发展，计划也越来越成为必要和可能，并由企业内部和微观计划，发展到社会宏观计划。所以，计划也是市场经济的题中应有之义。

商品经济是市场经济发展的基础，市场经济是商品经济发展的成熟阶段，是商品经济的制度化，这就是商品经济与市场经济的统一性与差异性。从理论上讲，商品经济的概念更多的或主要的是注意分析社会的经济关系及其规律，而较少关注其实现的制度形式，而市场经济概念则更多地研究商品经济实现的形式制度。

商品经济与市场经济的统一性和差异性，对我国的经济体制改革，有着重大的意义。就统一性而言，在改革的前期，我们以商品经济为理论指导和目标，在实践中就必然要引入一些实现商品经济发展的市场经济机制，如放开一部分价格、培育市场、扩大市场调节范围和把企业推向市场等。这些市场经济机制的引进，在一定范围内取得了突破旧的僵化的计划体制、为社会经济注入了活力、促进了经济发展的积极效果。但是，随着改革的深入发展，仅仅用商品经济理论来指导，就显得不够了。一方面因为商品经济的概念所包容的经济历史阶段过于漫长，从简单的商品经济到现代的商品经济差别很大，我们到底要发展和建立什么阶段的商品经济呢？另一方面如前所述，商品经济的理论缺少整体化、具体化、制度化的目标，使人看不清到底要建立什么样的商品经济体制，而在实践中，我们是将市场经济的一些零部件“偷运”到改革中来，同原来的计划经济体制相结合，组装新的经济体制。这样做的结果，或是以旧体制为基础进行修补，或是拼凑一个计划经济体制与市场经济部件结合的双轨体制。这就不可避免地带来改革的停滞徘徊和经济运行的混乱。开始时起积极作用的商品经济理论，反而成了进一步改革的障碍。这就需要用市场经济的理论来进一步解放思想，用市场经济的目标来深化完善商品经济的目标。

之所以要以市场经济来深化经济改革，首先，因为市场经济同商品、货币、市场等一样，是“人类社会创造的一切文明成果”之一，反映了“现代社会化生产规律”，搞社会主义经济同样不能不吸收这一重要的文明成果；其次，市场经

济既然是商品经济的制度化，那么，改革由发展商品经济深入到建立市场经济，也就是必然的顺理成章的事；再次，提出市场经济的目标，可以从整体上而不是局部上，从具体制度形式上而不是抽象关系上，来进一步明确改革的目标；最后，西方市场经济长期发展中所形成的、带有普遍意义的原则、制度、形式等，都可以更广泛地供我借鉴。所以，市场经济的理论和目标，比商品经济更具有彻底性、整体性和实践性。

有人担心搞市场经济会葬送掉社会主义，并以苏联和东欧国家为证。事实正好相反，因为这些国家直到今天也没有建立起真正的市场经济，东欧有的国家虽然讲市场经济而做的仍是双轨体制。所以，苏联和东欧国家的教训，与其说是市场经济造成的，不如说正是市场经济没建立起来，经济被窒息而死造成的。而我国则因为在市场经济方向上迈出了实质性的步伐，带来了经济的发展，人民生活的改善，得到了人民的欢迎和拥护。所以说，如果是真正热爱社会主义，真正要发展社会主义经济，就应该毫不迟疑地推进市场经济的改革。

当然，我国进行市场经济的改革，一要有计划、有组织、有领导和有步骤地进行；二要结合中国的国情，具有中国的特色。在西方国家中，同是以私有制为基础的市场经济，美国、日本、法国、瑞典等国家，表现形式上都各有千秋，在我国就更应有自己的特色。这里，最大的特色就是我国的市场经济是以社会主义公有制为主体、为基础。由此将派生出在市场经济的组织形式上、活动主体上、运行方式上、管理方式上，具有中国自己的特点。但是，这些特点应该不违背作为市场经济普遍性的原则、形式和制度。什么是市场经济普遍性的原则、形式和制度，在我国公有制基础上市场经济应有什么样的变化，这需要理论的专门探讨，更有赖于改革实践的回答。

建立社会主义市场经济的商业新体制①

过去的 14 年商业改革，在社会主义商品经济理论的指导下，对于冲破旧的商业体制的束缚，放开搞活，取得了历史性的成就。但是，离新商业体制的形成，还有很大的距离。今后 10 年的改革，就是要在社会主义市场经济理论的指导下，建立一个有组织的、规范化的、全面的市场经济商业的整体框架。主要应包括以下八个方面：

①发表于 1992 年 10 月 29 日《中国商报》，又见《商业经济研究》1993 年第 2 期。

一、以产权明晰为基础，建立商业企业经营机制，培养市场主体，调整所有制结构

市场经济是企业以拥有自己的财产权为基础的经济，从根本上讲，商业企业表面上经营的是商品，实际上是经营企业所拥有的商业资本，即财产。企业没有自己的财产权，就不能真正成为市场活动的主体，这也是前期国营商业改革长期走不出困境的根本原因。改革国营商业的产权制度，途径有三个：①大中型国营商业企业实行股份制。组建一批实力强、影响大的商业企业股份有限公司，股票公开上市；多数大型商业企业和一部分中型商业企业，办有限责任公司，大力发展职工入股。通过股份制实行商业资本社会化。②中型商业企业实行集体化。逐步通过职工入股，把中型商业企业转为集体所有，撤出国有股资产。集体商业也要办得名副其实，办成合作性质的商业企业，而不要走“二国营”、大集体之路。③将一部分中型商业企业和小型商业企业卖给个人，转为私营企业。同时进一步发展个体、私营和外资商业，发展社会各种集体、合作商业。在企业机制转换的基础上，建立新的商业组织形式，调整商业组织结构。

二、以契约合同为纽带，建立企业间、企业与政府间的新型关系

市场经济是契约经济，传统的企业间的行政联结纽带、企业与政府间的行政性联结纽带应被契约纽带所代替。一方面，要培养契约观念代替行政观念，使企业和政府都重合同讲信誉，尊重双方的自由选择权，把商品交换关系真正建立在当事人自愿互利的基础上；另一方面，要建立商品交换的契约制度，包括契约标准、契约体系、契约法规、契约监督仲裁机构和契约管理办法等。要严肃契约的责任，做到签必履、违必究，使契约成为商品交换关系的基本联系形式和运行的基础。特别是国家在企业的财产权及相应的利益、企业对国家的责任义务、企业的责权利以及政府对企业的间接调控，也都要在法律的基础上，通过契约形式来实现。

三、以公平竞争为动力，建立市场的进步和选择机制

公平竞争是市场经济永恒的动力，是市场始终充满生机与活力的源泉，也是社会经济进步的有效手段。建立市场经济公平竞争制度：第一，要普及竞争观念，鼓励竞争，投入竞争，维护竞争，接受竞争的结果。第二，要创造公平竞争的环境。反对地方保护主义，打破地区封锁，建立统一市场，使货畅其流；打破行业垄断，保持必要的竞争企业和竞争程度；排除不必要的行政干预，使企业间平等竞争。第三，建立公平竞争的规则，限制非正当交易行为，如倾销、假冒、侵权、欺骗等。第四，防止过度竞争。

四、以自由价格制度为手段，建立市场供求的平衡机制

价格是市场经济运行的杠杆，是市场配置资源的力量所在。市场经济的价格必须是自由价格。建立自由价格制度，一是放开市场价格，将目前的三种定价方式，过渡到单一或基本上是单一的市场自由定价制度；二是开放资本、劳动力、技术和商品自由流通的市场，否则价格无法合理配置资源，也无法调节市场供求的平衡，市场就会失去繁荣与稳定；三是保持公平竞争，以利合理市场价格的实现；四是在正常情况下，政府对价格的干预只能是间接的，只有在极其特殊的条件下，才实行直接干预；五是制定必要的价格法规。

五、以商品市场体系为依托，建立市场经济商品流通的枢纽

从一定意义上讲，市场经济就是市场体系的运行。市场经济的商业，就是商品市场体系运行的商业。商品市场体系的建设，包括两个方面：一是宏观的商品市场体系。有按市场经营客体即商品划分的体系，有按空间地域划分的全国性市场、区域性市场、地方性市场；有按发育程度和功能划分的市场，如集贸市场、批发市场、期货市场；等等。二是微观的市场要素系统。即每一个具体的商品市场，都应建立起：①市场主体系统；②市场客观系统；③市场组织系统；④市场运行规则系统；⑤市场管理调控系统。商品市场体系的建设，要有统筹规划，多种形式，调动各方积极性，可以中央政府办、地方政府办、企业办、民间办，也可以联合办。但不论谁办，都要办成开放的市场，而不是新的地方封锁和部门割据的市场。要把目前众多的低层次的市场，逐步引导到规范化、组织化的层次上来，形成多层次。

六、以信息和金融为重点，建立市场经济商业的服务系统

现代市场经济是信息经济、信贷经济。建立市场经济商业离不开这两大服务系统。目前商业的信息系统，一是覆盖面窄，仅限于商业部系统的国营商业的一部分企业；二是利用率低，无论是政府还是企业，利用信息尚处于原始阶段；三是信息的系统不健全；四是商业信息与社会其他信息系统联网不普遍；五是手段参差不齐。为此，必须建立一个覆盖面广阔、内部系统完备、联网广泛、手段先进、利用效率高的信息系统体系。把商品流通和商业管理建立在信息科学的基础上。同样，要建立起一个完备有效的商业信贷金融系统，开办商业银行，广开商业信贷资金渠道，实现各专业银行的通汇，建立大型商业企业集团内部的金融公司，推行信用卡制度，实行银行与企业信贷的双向选择，鼓励商业银行的正当竞争，改革信贷方式。

七、以转变政府职能为主要内容，建立市场经济商业的行政管理和宏观调控体系

①调整商业行政管理机构。把目前按社会再生产环节设置的生产和流通分离管理的政府职能机构，改革为按产品的生产、流通和消费一条龙管理体制，农产品生产流通划归农口，日用工业品流通划归经贸委系统。②转变政府职能。由管企业经营，转为管理市场交易规则和行为，这种市场行为管理必须是依法进行的直接管理，而不能是间接管理。而对企业的经营行为则是通过调控手段主要是间接管理。③建立宏观调控体系，包括制度、手段、办法和执行系统。④大力发展和充分发挥商会、行业协会、同业公会等民间组织作用。作为沟通政府和企业的桥梁，成为企业自我管理和服务的组织。

八、以商业法规为保证，建立市场经济商业的运行制度

目前迫切应当建立的法律是：商法、公司法、批发市场法、公平交易法或禁止非正当交易法、反垄断法、维护消费者利益法、有关的商业企业组织法（如百货店法、连锁店法等）、市场安定基金法、商业行政管理法等。

市场经济与我国社会主义市场经济商业体制的构想①

将市场经济的一般原理运用于我国的商业改革，应从商业所有制关系、商业企业经营机制、市场竞争机制、价格形成和运作机制、商品市场体系、商业服务体系、商业行政管理体系、宏观调控体系、商业组织体系、商业法规制度体系等方面来再造社会主义市场经济商业体制。同时，应充分考虑到商业体制改革的环境条件及有关问题。

一、市场经济的一般原理和基本特征

社会主义市场经济就是社会主义的基本制度与市场经济的基本原理相结合。在坚持社会主义基本政治制度的前提下，建立社会主义市场经济体制，则集中表现在公有制为主体和按劳分配为主要分配形式的社会主义基本经济制度与市场经济一般原理的结合。为了实现这一结合，我们首先应该探讨什么是市场经济的一般原理。

概括地讲，市场经济是以市场为资源配置主要手段的经济。而市场，则是商品交换的场所、区域和反映商品交换关系的总和。所以，市场经济又是以市场为

①发表于 1993 年《财贸研究》第 5 期。

基础的商品经济发展的产物，是发达的、规范化的、制度化的商品经济。

市场经济有三个基本的原则：

一是财产权原则。它要求市场主体的产权必须明确，除了最终所有权关系明确外，更为重要的是企业法人产权关系明确，建立法人财产制度，企业的法人财产不可侵犯，企业法人有权拥有、占有、使用和处置自己的财产。

二是契约原则。它要求以契约为基础建立社会经济组织相互关系和运行的纽带，使社会经济成为一种契约经济。缔约双方是平等的，签约是自由的，而一经签约就必须遵守，并为之承担法律责任。与之相应要建立一套契约制度和道德、文化观念。

三是自我负责原则。它要求市场主体对自己在市场上的行为完全自我负责，既拥有自我负责的权利，又承担自我负责的义务；既享受自己行为所带来的利益，又承受自己行为所造成的损失。

市场经济有四个基本特征：

（1）自由公平的竞争。这是市场经济存在的基础和活力的源泉。所谓自由公平的竞争，主要是指在法律制度规定的前提下，市场主体有进入市场和退出市场的自由；有选择交易对象和交易方式的自由；有独立自主经营的权利和自负其责的义务；市场对每一个参与交易者一视同仁，不加歧视；市场上没有过分集中的经济权力垄断市场；没有超经济的权力干预市场的正当竞争；竞争采取公开、公正和平等的方式进行。市场交易中的这种反干预、反垄断、反欺诈和实行自由化、公开化、平等化，是市场经济的一个基本特征。

（2）通过市场形成价格。这是市场经济通过市场配置资源的主要方式和力量所在。通过市场形成价格，要求社会的经济主体，包括生产者、经营者和消费者，都要进入市场。并在市场上进行经济活动；众多的买者和卖者，在市场上通过自由、公开、公正和平等的竞争，产生市场价格；市场则包括有形的市场体系和无形的市场关系，市场是规范有序的；价值规律、竞争规律和供求规律是形成市场价格的基础；原则上反对政府对价格的直接干预，同时也反对垄断对价格的操纵。

（3）政府间接干预。这是市场经济中政府与企业关系的主要特征。所谓间接干预，是指政府对企业在市场上的经营活动：通过法律、政策、税收、信贷、财政预算、货币发行、指导性计划、信息发布、经济形势分析、补贴和政府采购吞吐等手段，进行间接的干预和影响，诱导企业的投资方向和发展战略。而对企业合法的经营活动，则不加直接的行政干预，不下达指令性计划。政府的责任是创造并维护公平竞争的环境，提供企业自由发展的条件，规范市场经营行为，规划国家社会经济发展的战略方向，协调总体经济关系。

（4）企业优胜劣汰。这是市场经济运行的必然结果，也是市场经济生命力之所在。市场的竞争是自由公平的，但也是激烈无情的。只有适应市场变化的经营强者，才能在市场上生存发展，而弱者只有被淘汰抛弃，出现企业破产和职工失业，都是市场经济必然的现象。市场经济与保护落后是格格不入的。伴随着优胜劣汰，将会产生资本的集中和垄断。而市场经营的风险性，则是市场经济对企业永存的压力和推动力。

市场经济的上述一般原理，是与自然经济和计划经济或统制经济相比较而言的，是本质的抽象的理论概括。在现实经济生活中，并不以纯粹的形式表现出来，它的实现是极为复杂多样的，在不同的国家、不同的经济发展阶段都有所不同。市场经济本身也要经历不同的发展阶段。在市场经济发展的高级阶段，随着社会化大生产的发展所带来的社会经济日益一体化，随着科学技术的进步所带来的人类管理经济能力水平的提高。市场经济的固有特点，越来越同政府干预和计划手段的运用相结合，产生出新的表现形式。这是我们按照市场经济的一般原理，改造我国经济体制和建立社会主义市场经济商业体制时，应该十分注意。只有坚持市场经济的一般原理，又紧密结合我国实际，才能建立社会主义市场经济的商业新体制。

二、建立社会主义市场经济商业体制的构想要点

将市场经济的一般原理，运用到我国的商业改革，从总体上再造社会主义市场经济商业体制，应从以下几个方面着手：

（一）构造新的社会主义市场经济的商业所有制关系

市场经济企业经营的实质是资本经营，实现资本的保值和增值是市场经济企业经营的根本要求，所以，财产关系是市场经济运行的基础。改革 14 年来，私营商业蓬勃发展，国合商业出现每况愈下的趋势，说明原有的“左”的一套社会主义公有制理论、观念和形式，旧的企业财产关系与市场经济不相容。继续坚持旧的公有制，我们将失去社会主义商业；抛弃公有制，我们也将失去社会主义商业。所以，历史给我们的选择只有一个：创立新的公有制理论，重新构造一个适应市场经济的公有制商业。就实践而言：

（1）调整商业宏观所有制结构。一是公有制为主体只体现在社会商业资本总额中。公有资本占多数，而不要求在每个行业、部门、企业中占主体；二是公有制中集体、合作商业为主体，缩小国有商业资本比重；三是彻底打破集体、合作商业的“二全民”的模式，将资产最终所有权采取多种形式明确到职工人头上。

（2）重新构造企业微观所有制形式。对大型国有商业企业，实行股份化，除少数公开上市外，多数采取法人入股，并大力发展本企业职工持股，实行“工者有其股”。对中小型国有商业企业，一部分通过职工持股转变为集体企业，另一

部分直接卖给私人、转为私营商业企业。对供销社，首先是通过职工持股转为职工集体所有，然后因地制宜地转为职工和农民共同集体所有，排除职工所有而直接转为农民所有是不现实的。对社会各类集体所有商业，也都要在明确职工最终产权关系的基础上，带资带劳。总之，对公有制商业企业，就是要如同马克思所说的，在承认劳动者个人所有的基础上，重建社会主义公有制。在最终所有权明确的前提下，在企业中实现新的“公私合营”的混合所有的财产关系，即企业财产的非单一国有化。通过“以公带私”，走社会主义道路；“以私促公”，提高资产经营效益。

（二）重建市场经济的公有制商业企业经营机制

公有制商业企业和公有制为主的商业企业的大量存在，是社会主义市场经济商业与资本主义市场经济商业的一大区别。如何使公有制商业企业适应市场经济，是建立社会主义市场经济商业体制的最大难点，也是改革成败之所在。目前进行的“四放开”的改革，是向市场经济方向转换企业经营机制迈出了重要的一步。但是，要彻底实现这种转变，则必须从根本上抛弃旧的企业经营机制，从企业制度上建立新的企业经营机制。

我们认为，在实现了公有制商业企业上述所有制结构重构的基础上，①对股份制企业实行股份制管理。即由股东大会决定董事会，董事会根据股东意图决定企业战略决策和总经理人选，总经理贯彻执行董事会决策，负责全权处理日常经营和下属人事，同时设立监督机构。政府只能以国有资产所有者的身份，通过股东大会、董事会来体现其意图，不能以行政手段干预企业内部经营。政府对企业不是给多少权力的问题。②对集体企业要实行合作制管理。在贯彻民主管理原则的基础上，切断政府对企业内部经营的干预，企业内部则通过社员大会决定理事会，由理事会做出战略决策并聘任总经理，由总经理全权负责贯彻理事会决策和下属人事，进行日常经营。③对于少数单一国有制企业，可采用模拟股份制机制。与企业财产中职工持股比重增加相适应，扩大股份制和集体、合作制企业中职工的分红比例，使之占职工全部收入的相当大的比重。把单一的工资奖金动力机制，改造为工资、奖金和分红的双重动力机制，并充分认识肯定其社会主义的分配性质。至于前期改革中普遍采取的承包制和目前试行的不触动财产关系的“国有民营”，从根本上讲，不是公有制商业企业改革的方向，因为它同市场经济基础的财产制度原则相背离。

（三）建立自由、公平、有序的市场竞争机制

自由竞争是市场经济的本质特征，公平、有序的竞争是市场经济成熟的表现。把排斥竞争的计划经济商业，转变为自由竞争的市场经济商业，当前要着重进行以下改革：一是反封锁。排除行政干预，打破分割和封锁。确保商业企业进

出市场的自由，建立自由统一的全国市场，要把条块封锁当作违法行为给予处罚和打击，制定反封锁法。二是反垄断。在市场经济条件下，产生垄断是必然的，但是为了保证有效竞争，又必须反对非正当的垄断行为。为此，要通过立法限制交易中利用垄断而产生的如操纵市场、控制价格、限制交易、非正当兼并等妨碍有效竞争的行为，同时采取相应的保护中小商业企业的政策措施。三是规范行为。用法律明确规定公平的竞争方式，如规定企业只能通过提高质量、改善服务、非倾销降低价格等正当手段进行竞争，限制那些不合理、不正当和不正常的交易行为，如采取欺诈、歧视、倾销、不平等交易等行为。四是维护消费者利益。保护消费者的选择权和在质量、安全、价格、服务、信息等方面的权利，健全消费者组织。五是进行环境保护，维护社会公众利益。六是成立专门的公正交易委员会，负责维护自由、公平和有序的市场竞争。在这方面要以强化法律与直接的行政管理为主，不能间接管理。

（四）建立市场经济的价格形成和运作机制

通过市场形成价格，通过市场价格调节资源配置，这是市场经济的机理所在。建立我国的社会主义市场经济价格机制，首先要创造市场价格的形成条件。即继续放开价格，除个别商品和服务外，把绝大部分价格由政府决定改为市场决定。同时，要保证市场竞争的充分性和公正性，让众多的买卖双方参与交易，提供充分公开的交易信息。其次要建立完善的价格体系，即保持少数个别的指令性价格，必要的指导性价格，普遍的自由市场价格。重点是建立指导性价格系统，可根据经济发展状况和对社会的重要性，区别不同商品。分别实行收购保护价、销售最高限价、价格安全带、价格浮动幅度等制度。再次要建立价格管理组织体系。市场经济对价格不是不要管理，而是要按市场经济性质进行管理。可考虑成立政府和人大常委会的物价咨询机构负责决策，保留精干的政府专门物价部门，与行业部门协调管理物价，不应取消物价机构。改变物价管理方式，把重点放在预测、公布信息、控制指导性价格和监督保证市场价格形成条件的实现上。最后要建立物价法规和保持物价稳定的宏观调控手段，包括重要商品的价格安定基金。

（五）建立完备的商品市场体系

从一定意义上讲，市场经济就是市场体系的运行，市场经济的商业就是商品市场体系运行的商业。商品市场体系的建设，包括两个方面：一是宏观的商品市场体系，有按市场经营客体即商品划分的体系；有按空间地域划分的体系，如全国市场、区域市场、地方市场等；有按发育程度划分的体系，如初级市场和规范化的有组织的市场；有按功能划分的体系，如现货集贸市场、现货批发市场、远期贸易市场和期货市场等。二是微观的市场要素系统，即构成每一个具体市场的主要因素，包括：①参与市场交易的主体系统，即买卖参加者；②市场客体系统，即买卖的商品对象体；③市场组织系统；④市场运行规则系统；⑤市场管理和调控系统。目前，我国市场体系的宏观和微观两个方面的发育都远远不够，要在立法的基础上，由一个国家政府部门统一规划、合理布局、严洛规范，有领导有步骤地组织培育。特别是对批发市场的建设，既要多种形式，调动各个方面的积极性，又要统一规划，加强指导；对期货市场的发展，要坚持试点，十分慎重、严密组织，不能遍地开花。当务之急是逐步把大量低层次的不规范的集贸市场，筛选一批向高级规范化水平提高。在市场建设上，一定要坚持开放原则，不能搞成新的地方封锁和部门分割，把计划经济老一套带到市场建设中来。政府对市场应是管法制、管开办者，而不应管到市场内部运行事务中去。

（六）建立市场经济商业的服务体系

从广义上讲，商业是市场经济中的服务产业，但商业本身又需要有自己的服务体系，而这后者却是常常被人们忽略的。建立商业服务体系，当前最重要的是信息体系和信贷体系。因为，现代市场经济是信息经济、信贷经济，没有这两大服务体系，商业就不会成为现代市场经济的商业。目前我国的商业信息系统，一是覆盖面窄，主要限于商业部系统的商业，同整个社会商业联网不够；二是利用率低，无论是政府还是企业，重视信息、利用信息尚处于低水平，限于近期一时性和个别性，缺少在产业发展战略、市场供求趋势和企业发展战略上运用信息；三是信息系统不健全；四是商业信息与社会其他信息系统联网不普遍；五是手段参差不齐；六是缺少制度化。为此，应建立一个覆盖面广、内部系统完备、联网广泛、手段先进、利用率高和制度化的商业信息体系，把商品流通和商业管理、企业经营，建立在信息科学的基础上。

同样，要建立一个完备有效的商业信贷金融系统。要开办商业银行，广开商业信贷资金渠道。实现各专业银行的通汇，广泛利用各种现代化信贷手段，推行信用卡制度，实行银行与商业企业的双向自由选择，引入竞争，强化效益，在大型商业企业集团组建财务公司，增强其金融功能。

最近的机构改革，将原商业部与物资部合并，成立国内贸易部，将生产资料流通和生活资料流通统一管理，这是向大商业、大流通、大市场的行政管理体制迈出的重要一步。但是，仍有三大问题有待解决：一是对内贸部系统外的商业尚未统起来；二是仍未摆脱计划经济按再生产环节设置管理部门的旧框子；三是内外贸管理尚未统一。今后的改革目标，应是建立一个按工业品和农产品分工的、统管社会商业的、内外贸统一的商业行政管理机构。

（七）转变政府职能，建立新的商业行政管理体系

①调整商业行政管理机构。②转变政府职能。由过去管行业、管国合商业企

业经营和商品调拨，转向面向全社会管流通产业政策、法规建立、市场行为、服务、监督和调控、协调。目前有三种倾向应注意：一是组织上“以企代政”，用企业集团代替政府商业行政管理部门，把过去政府中的“政企不分”，搬到企业中来，搞新的企业化政企不分；二是职能上“以弃代转”，不是转变政府职能，而是放弃政府职能，大撒手；三是曲解间接管理，把对企业内部经营活动的间接管理，曲解为对企业市场行为搞间接管理，放弃弱化了必要的、严格的直接行政管理手段。③建立健全民间组织。要通过行业协会、同业公会、商会等组织，来对企业自我管理、自我约束、自我服务、自我教育，同时也作为沟通政府与企业的桥梁和纽带，要改变目前此类协会的官办性和封闭性，实现民间化和社会化。④供销社一要退出政府序列，二要保持组织的系统性，不能“以企代社”，即用企业集团代替供销社，搞“企社不分”，但可以“以社带企”，组建企业集团经营实体。

（八）建立商品流通的市场经济宏观调控体系

市场经济不是不要宏观调控，不要计划。相反，市场经济越发达、越成熟，对流通的宏观调控与计划，就越成为必要和可能，只是这种宏观调控与计划，是建立在市场基础上，以市场为出发点和落脚点，通过市场来实行。在我国：首先是要改造重建商品流通计划体系。主要是实现三个“主辅结合”，即时间上以中长期为主，近期为辅；内容上以商业产业发展规划为主，商品流通为辅；形式上以指导性为主，指令性为辅。除个别情况外，政府对企业不下达商品流通的指令性计划。计划改革的关键是建立起行之有效的指导性计划系统和机制，改变目前把指导性计划当成指令性计划和使指导性计划形同虚设的两种倾向。指导性计划的要害是以承认企业利益为前提，以信息为导向，以政策为保证，以经济手段为诱导，使企业行为选择符合社会发展整体利益。其次是要建立市场供求和商品流通的宏观调控体系。一是制定市场安定的有关法规，依法调控。二是设置国家对市场和流通的宏观调控机构，负责制定政策和组织调控，除已有的专项商品储备机构外，要逐步组建全国集中统一的宏观调控机构，协调管理。三是设立重要商品专项调控基金，可分三类：一类是纯政府行为由政府独家出钱；一类是政府行为与企业行为相结合，由政府、生产者、经营者三方出钱；还有一类是生产者和经营者为减少风险，自愿结合自出资金，无论哪类基金的设立和使用，都依法按章办事。四是培育一批有实力接受政府委托承担市场调控任务的商业集团，作为市场宏观调控的物质基础和载体。宏观调控资金的使用，一定要讲究效益，要选优弃劣，不能撒出不管。总之，宏观调控要做到“六有”，即有一个项目，有一个政策，有一项法律，有一笔基金，有一个组织，有一套办法。

（九）改造旧的商业企业组织，发展市场经济的现代化商业组织体系

旧的商业组织，是在短缺条件下，适应计划经济体制建立的，基本上是一套

产品分配机构，与市场经济格格不入。适应市场经济需要就必须重建新的商业组织。对批发组织来说，一是要改造旧的国有批发机构，将大而全、衙门化的官商分配机构，分别改造为多层次的企业集团、综合商社、专业公司，分专化小，大小结合。二是在适应的行业和产品范围，发展产销一体化的批发组织，可以由生产单位办批发，也可以让独立批发企业依附加入到生产集团，还可以采取多种方式的产销联营。三是组织发展新的中间商业组织，包括经纪公司、代理商、拍卖行、典当行等。四是建立批发市场、配送中心、期货市场、商品交易所、长期展览销售中心等。五是发展新的批发方式，如送货批发、自选自运批发、无店铺批发、邮购批发等。六是发展物流与商流合一的批发组织。对零售商业，则要适应消费发展，开办连锁店、超级市场、超级商场、购物中心、商城、商店街、方便店、邮购店、无人售货，改造现有百货店，引导其向超级商场或专业店、连锁化发展。

（十）建立健全商业法规制度体系

市场经济商业是法制化的商业，成熟的市场经济商业一定要建立起完备的商业法规制度体系。其主要结构应包括：①保证公平竞争、规范市场流通秩序的法规；②调整市场组织和商业产业结构的法律；③促进商业现代化发展的法规；④安定市场、物价的宏观调控的法规；⑤维护消费者和公众利益的法规；⑥规范商业行政管理的法规。近期我们应抓紧制定以下主要商业法规：商法、公司法、反垄断法、保证公正交易法、维护消费者利益法、批发市场法、市场安定基金法、商业行政管理法、商业企业组织法（如百货店法、拍卖行法、连锁店法）、私营和个体商业法、外资外商法、供销社法、消费合作法、粮食等重要商品流通法等。对于暂时尚不具备立法条件的，要及早制定出暂行规定。立法要有实施细则，要有法必依，执法必严。此外，在法律的前提下，要通过民间组织形式，建立商业行业、企业组织之间的公约、职业道德规范等民间的商约商规。作为法律的补充，成为商业经营者自我约束的规范，培养社会主义市场经济的商业习惯、商业传统、商业道德和商业文化。特别要重视商业文化的建设工作。使商业法规与商业文化相辅相成。

三、建立社会主义市场经济商业体制的环境条件和注意的问题

（一）保持社会总供给与总需求的基本平衡

商业是联结供给与需求的中间环节，是联结生产和消费的桥梁。在社会供求大体平衡的情况下，商业经营平稳，竞争正常。市场形成的价格合理公正，更接近价值规律。市场依据这样的正常价格波动来配置资源，时空协调，效果良好。但在总供给与总需求严重失衡的情况下，商业经营紊乱，价

格严重失真，竞争扭曲过度，这时市场配置资源则会造成严重的时空错位，脱离社会经济发展的正常轨道。所以，商业作为市场的基本活动，商业体制作为市场机制的重要实现形式，要想在市场配置资源中发挥积极作用，就需要社会总供给与总需求的基本平衡。这种平衡如果仅靠市场自身调节，不仅难以奏效，而且会带来破坏性的严重后果，所以要在市场的基础上，更多地依靠政府的计划和宏观调控来实现。

（二）商业体制改革要与经济体制总体改革相协调

市场经济的商业体制，是整个市场经济体制的有机组成部分，它必须与整个经济体制相协调，而不能孤立地单独建立。14 年来的改革实践证明，市场商业体制的建立：一要有国有资产管理体制改革的配合，为建立所有权与经营权分离基础上的国有商业企业资产机制提供前提。二要有财政体制改革的配合，打破财政包干下强化了的地方封锁，建立全国统一市场，同时也进一步完善商业承包制。三要有银行体制改革的配合，没有银行商业化和金融市场化，就没有市场经济商业。四要有劳动人事体制改革的配合，真正放权于企业。五要有外贸体制改革的配合，实现内外贸结合，国内外两个市场对接，等等。当然，商业改革也必须适应整个经济体制的要求，既不能游离于外，也不能孤军深入过于超前。

（三）商业体制改革要与商业发展相结合

商业改革的根本目的是为了解放流通生产力和发展流通生产力，所以，发展是改革的出发点和落脚点，改革则是发展的根本途径。这就要始终把改革与发展统一起来，结合起来，做到在改革中求发展，为发展搞改革。这里有两种倾向要加以克服：一种倾向是离开发展搞改革，为改革而改革，在选择一种改革措施时，没有首先考虑到对商业发展是否有利，对经济发展是否有利，对人民生活改善是否有利，只是片面求新立异。热热闹闹而到头来事与愿违、收场了事。另一种倾向是离开改革讲发展，不是从改革中探求商业生产力解放的动力和出路，总想从老办法中找出路，寄希望于政府的照顾、优惠，或限制别人发展自己。商业改革与发展结合，还要注意及时把改革解放了的生产力，引导落实到商业发展中来，进行现代化建设，上水平、上档次，强化改革中的发展机制。在改革中实现我国商业流通的现代化，用商业现代化发展来巩固改革成果，推动改革深化。

（四）建立市场经济商业体制，要不断解放思想，清除“左”的和陈旧观念的影响

建立我国社会主义市场经济商业体制是前所未有的事业。改革要想取得成功，就必须解放思想。一是摆脱姓“社”还是姓“资”的束缚，树立生产力标准，以是否有利于社会生产力发展、有利于综合国力的提高、有利于人民生活的

改善，作为商业改革的唯一标准。二是破除政企不分、独家经营、分配式、封闭式的产品经济商业观，树立政企分开、多家竞争、自由流通、开放式的商品经济和市场经济的商业观。三是破除求稳怕乱和因循守旧的思想，勇于大胆探索实践，不在空洞理论上纠缠。四是把社会主义初级阶段理论落实到国有商业改革内部，而不仅仅在社会范围实行公有制为主、多种经济商业并存和按劳分配为主、允许其他分配方式。

第三节　社会主义统一市场

关于社会主义统一市场的几个问题①

在流通体制改革中，如何正确理解和逐步完善社会主义统一市场，是一个值得继续研究的问题。先将近年来讨论的情况综述如下，供参考。

一、社会主义统一市场的含义

多数同志赞同“社会主义统一市场”这个提法，但在两个问题上理解有所不同。

（一）如何理解“社会主义统一市场”的社会主义性质

一种观点认为，其社会主义性质是由构成市场主体的商品的性质来决定的。我国市场上流通的商品百分之八九十是社会主义经济生产的，因此可以是社会主义市场。

另一种观点认为，其所以是社会主义性质的，是因为这个市场在党的领导下，实现了三大改造，消灭了剥削。

还有的同志指出，我国市场是社会主义性质的市场，其理由有三：首先，市场上流通的商品，绝大部分是社会主义全民所有制经济和集体所有制经济的产品；它们之间的商品交换构成了国内市场交换关系的主要内容。其次，在市场上进行交换活动的成员，主要是社会主义商业企业；经营的目的又是为了满足社会主义生产和广大劳动人民的物质文化生活需要。最后，这个市场是有计划的市场。全国和各地区的商品流通总量、主要商品的流通量以及主要商品的价格等，都是由国家计划规定的，消灭了资本主义自由竞争和无政府状态。

（二）如何理解“社会主义统一市场”的统一性

一种观点认为，社会主义统一市场，主要统一于市场的社会主义性质，是相对于资本主义的自由市场而言。适合我国情况的、人民需要的社会主义市场，就是社会主义统一市场。虽然社会主义市场包括国家市场和自由市场两个部分，但是自由市场是在国家市场的领导下，作为国家市场的补充而存在的，它与国家市场是一个统一的市场，而不是两个分割开来的市场。

另一种观点认为，所谓社会主义统一市场，主要是对国内市场而言。这是一

①发表于 1982 年 4 月 4 日《调研资料》第 42 期和同年《经济研究资料》第 5 期。

个没有外国侵略的、独立自主的民族市场。在这个市场上不存在封建割据、画地为牢以及其他各种束缚商品流通的封建性限制，因而是全国统一的。

还有一种观点认为，统一性主要是指全国经济统一，人民币在全国通行无阻，物资交流可以达到一切地方，而不是地区分割的。进一步说，统一性表现在：流通统一，计划统一（对重要商品），政策统一，管理统一。

在强调我国市场的统一性的同时，不少同志指出：①不能把统一市场理解为单一的社会主义公有制经济的市场，因为参加这个市场的除了社会主义经济以外，还有少数个体经营者；②不能把社会主义统一市场理解为社会主义计划市场，因为城乡集市贸易和社会主义经济市场内部的自由贸易（指社会主义经济的不直接纳入计划的部分的交易）仍然客观地存在着；③不能把社会主义统一市场理解为国营和供销社独占的市场，要允许多头经营，商业部门固然要组织商品流通，非商业部门也可以经商（如工业自销）。

少数同志不赞成“社会主义统一市场”的提法。他们认为，我国的市场是社会主义的市场，但不必加“统一”二字，因为有了“统一”这个词，就容易产生排斥其他经济形式的倾向。

二、我国社会主义统一市场的形成和完善

绝大多数同志认为，我国的社会主义统一市场，是在社会主义改造已经取得决定性的胜利、资本主义的自由市场已经不存在的基础上，适应我国的情况和人民的需要，逐步在全国范围内建立起来的。但在形成和发展的过程中由于受“左”的指导思想的影响和工作缺乏经验，曾产生了一些失误，因而不很完善。这些不完善之外主要表现在：①过去不承认生产资料是商品，“使得统一的社会主义市场变得残缺不全”；②地方搞独立的经济体系，企业搞“小而全”、“大而全”，农业强调自给性生产，使社会分工受到很大限制，不利于社会主义统一市场的扩大；③一度取消集市贸易，把它当作资本主义来批；④国营商业“统”得过死、“包”得过多，形成独家经营的局面，并在思想上认为社会主义统一市场就是由国营商业包办的市场。

少数同志则认为，我国的社会主义统一市场是冒进的产物。过早地取消小商小贩，把供销合作社变成国营经济，实质是盲目的强过渡，是用行政手段造成的高度垄断的市场。

多数同志认为，党的十一届三中全会以来，社会主义统一市场进一步完善，主要表现在：①在巩固发展国营商业的同时，恢复和发展了多种经济成分，多种流通渠道；②扩大了商品流通的范围，生产资料开始进入市场；③发展了多种购销形式和多种经营形式。

但也有不少同志指出，这一段时间，社会主义市场的统一性在某些方面有所

削弱或遭到破坏。表现在：①商品流通由单一渠道变成多渠道之后，各渠道对紧俏利大的商品争相抢购，对量大利微的商品推靠、等待，致使国营商业的主渠道受到冲击和破坏，从而使国家的计划渠道得不到坚实的保障；②个别地区，为了推销质量低劣的本地产品，采取地区封锁手段，不准其他省、市的优质产品进入他们管辖的范围；③一些地方，一些商品的价格混乱，冲击社会主义统一市场的计划价格，引起某些商品涨价；④由于法制不严，打击不力，一些专区投机倒把、走私贩私活动猖獗，破坏了社会主义统一市场。

三、社会主义统一市场的基本特征

一种观点认为，社会主义统一市场的基本特征是：第一，要以计划生产为主，以国家计划许可范围的自由生产为补充；第二，以国家市场为主体，同时允许多渠道流通，并附有一定范围的国家领导的自由市场为补充；第三，打破市场割据封锁，货畅其流。

关于“以国家市场为主体，附有一定范围的国家领导的自由市场为补充”这一点，有的同志又进一步表述为：①以国家计划直接调剂的计划市场为主体，附以国家允许的、有组织、有领导但不直接纳入计划的自由市场为补充；②以计划购销为主体，坚持统购统销和派购政策，充分发挥议购议销和集市贸易的补充作用；③以计划价格为主体，辅以包括自由议价在内的价格形式；④以国营商业、集体商业为社会主义流通的基本形式，以个体商业为补充，发展多种形式的经济联合，开展必要的竞争，做到渠道多样化；⑤坚持“统一领导，分级管理”的原则。重要商品的计划、经营方针和价格由中央统一制定，其他商品则由各级商业行政管理部门和业务部门管理。

还有的同志认为，社会主义统一市场的基本特点是：①以生产资料社会主义公有制为基础的市场；②以计划调节为主，同时充分发挥市场调节作用的市场；③独立自主的市场；④有着广阔农村市场的国内市场。

四、社会主义统一市场的结构

（一）关于社会主义统一市场的概念

总的来说，大家都赞同陈云同志在1956年提出的意见，即：“这种社会主义经济的市场，绝不是资本主义的自由市场，而是社会主义的统一市场。在社会主义的统一市场里，国家市场是它的主体，但是附有一定范围内国家领导的自由市场。这种自由市场，是在国家领导之下，作为国家市场的补充，因此，它是社会主义统一市场的组成部分。”

但在进一步具体分析时，又有几种不同的说法：

(1) 把社会主义统一市场分成计划市场与非计划市场。国家市场就是计划市场，包括按照计划分配的生产资料和消费品；自由市场也可以是非计划市场，包括集市贸易，企业之间、部门之间、地区之间完成计划任务以后互相交换的议价商品，其中有消费品也有生产资料。计划市场实行计划价格（包括固定价格和浮动价格），非计划市场实行自由价格（包括议价和集市价格）。

(2) 把社会主义统一市场分为直接计划市场、间接计划市场和自由市场。认为，所有制的性质不同，各种产品的重要性不同，交换的形式也应有所差别。直接计划市场是指按国家计划生产、计划收购和调拨的商品。随着生产的发展，商品的丰富，直接计划市场将越来越小。间接计划市场是指国家不直接下达指令性的分配指标，只下达指导性计划和规定价格浮动幅度，并通过各种经济政策和经济杠杆加以引导的各种商品的交换活动。间接计划市场是社会主义统一市场的主体。自由市场是指国家对一部分商品，既不下达指令性计划，也不发布指导性的计划，不规定它们的固定价格和价格的浮动幅度。这些商品的生产供销和价格形成完全由市场自由调节。

(3) 社会主义统一市场由全民所有制商业、集体所有制商业以及集市贸易三条渠道构成。国营商业是主体和领导力量，集体所有制商业是国营商业的助手，集市贸易是社会主义商业的补充。但也有同志认为，过去关于国内商品流通三条渠道的提法偏窄。应改为：①以国营商业、供销社为骨干的商业系统；②生产部门自己的购销系统；③集体商业和个体商业；④城乡集市贸易。以上组成我国社会主义统一市场的多渠道的商品流通。

（二）国营商业的主导作用

多数同志都认为国营商业作为社会主义统一市场的主体和领导力量，是社会主义市场区别于资本主义市场的最根本的标志。我国的商品流通不以国营商业为主导，就不可能有社会主义统一市场，也谈不上计划经济。

但是许多同志不同意“领导”的提法，主张提国营商业的“主导作用”。理由是：①“领导”是上下级关系，而“主导”则不是上下级关关，是主次关系，主辅关系；②“领导”主要是运用行政手段，“主导”主要是运用经济手段，辅之以必要的行政手段；③“领导作用”的提法是在20世纪50年代“一化三改”时期提出来的，当时是正确的。在社会主义改造早已完成的阶段，用“主导作用”比用“领导作用”要更确切，更能够恰当地表达在多种经济成分并存的新形势下，国营商业应起的作用。

国营商业起主导作用的客观根据，有三种意见：①是由国营商业所处的地位和所担负的职责决定的。它是全民所有经济在流通领域里的主要代表，是专门化商品流通的主要组织者；有雄厚的物资力量，经营几乎全部的批发业务，左右商业经济；有优越的经营条件，有比较丰富的经商经验；②是由生产力的发展水平决定的。现阶段，在多层次的经济结构中，在流通领域里，全民所有制的国营商业代表社会的发展方向，能够更多的代表国家利益和全民的利益，因此理所当然的要发挥主导作用；③是由社会主义计划经济决定的。只要实行计划经济，必然要求国营商业起主导作用。

如何发挥国营商业的主导作用，大家提了六个方面：①促进工农业生产发展的桥梁纽带作用；②掌握有关国计民生的重要物资，保证市场供应，稳定物价，繁荣市场和物资的作用；③进行地区间、季节间的商品余缺调剂；④支持集体商业、个体商业的发展，起指导促进作用；⑤运用经济手段，协同有关部门，打击投机倒把，起配合作用；⑥以模范经营和优质服务，对各种经济成分起表率作用。

另外，有的同志还对市场结构这一概念进行了探讨。指出，市场结构是指某一市场的组织特征，也就是构成市场买卖的双方以什么样的形式和方法去实行商业交换活动。市场结构模式决定于社会的生产方式和国家经济结构。具体表现在：①交换对象；②交换形式；③交换手段。

五、社会主义统一市场中的几个关系

（一）计划经济和市场调节

有的同志认为，为了进一步活跃市场，必须大大缩小商品计划管理范围，扩大自由购销比重。并且指出，过去每当出现商品不足、供不应求的时候，往往不采用调整价格的办法来促进生产和控制需求，而是采用统购、派购和限额限价供应的办法，称之为“计划收购”、“计划供应”，似乎它就是社会主义计划经济本质的一种体现。殊不知，凭票限额供应，这是任何一个被围困的城防司令都会想出来的办法，同社会主义计划经济毫无本质联系。其实，国家管制，限购统配，并不是什么新发现。在历史上早已有之，尤其在第一次和第二次世界大战中许多国家都实行过，德意等法西斯国家还曾以实行“统制经济”来炫耀。它同社会主义计划经济并不存在必然的因果关系。“计划收购”、“计划供应”，不是流通过程中的正常交换形式。

另外一些同志认为，我国是以计划经济为主体的经济，我们的市场也是有计划的市场，对关系国计民生的重要商品实行计划收购和计划供应，正是社会主义制度优越性的表现。片面强调市场调节，摆脱国家计划的控制，会造成盲目的强大的冲击力量，破坏社会主义统一市场。同样，在目前市场供不应求仍然存在的情况下，如果过分强调市场调节的作用，就难以统筹安排市场，保障社会主义生产和人民生活的需要。

（二）独家经营和多家经商

大家一致认为，要改变商业独家经营的局面，实行多家经营。但是对于其中的“家”是指什么？理解很不一致。

有的同志认为，改变独家经营，就是要改变商业部门一家经商的局面，允许工厂、社队、机关、学校、部队等单位经商。主张批发商业也不要由国营商业一家经营，而要实行多渠道、多种经济成分经营；除短缺商品由商业部门统购包销，计划分配外，其他供需基本平衡的商品不存在由谁为主负责的问题。

另外一些同志认为，改变独家经营，是要改变国营商业一家经营的局面。在社会主义统一市场上，允许多种经济成分、多渠道流通，并不意味着“大家经商”。现在出现的“党政军民学，大家都经商”的现象，违背了社会分工的原则。不符合社会主义统一市场的要求。并指出，我国社会主义批发商业是社会主义市场的领导力量，负有安排好市场的重大责任，批发商业必须同国营商业一家经营。

（三）经济办法和行政手段

有的同志认为，依靠各级领导的权威，用指令性的计划任务和行政法规、命令的办法来管理经济，是产生官僚主义的主要来源，行政办法压抑了经济机制和经济手段对经济过程的“自动化”作用的发挥，丧失了经济活动的时机，造成人力、物力和财力的浪费。应当用经济办法管理经济，以企业的经济利益为准则进行活动。

另外一些同志则认为，在社会主义经济管理中，经济办法必须同行政手段相结合，不能片面强调经济办法而不要任何行政手段。无论在任何时候，国家都必须对市场进行必要的行政管理。只有这样，才能保证市场活而不乱，使社会主义统一市场健康地发展。

第二章　国营商业的改革

第一节　大中型国营商业企业的经营承包责任制

国营大中型企业内部积极推行经营承包责任制①

《中共中央关于经济体制改革的决定》（以下简称《决定》）指出："这几年城市改革的试验充分表明，农村实行承包责任制的基本经验同样适用于城市。"这个论断，完全符合商业战线的改革实际。大家知道，在农业联产承包责任制的启发下，在中央领导同志的亲自关怀下，从1981年夏季开始，国营商业逐步实行经营承包责任制。三年来，虽然由于各种原因几起几落，有过一些曲折，但它还是以顽强的生命力，显示出其产生和发展的客观必然性。现在，中央进一步明确决定："为了增强城市企业的活力，提高广大职工的责任心和充分发挥他们的主动性、积极性、创造性，必须在企业内部明确对每个岗位、每个职工的工作要求，建立以承包为主的多种形式的经济责任制。"1984年国务院92号文件规定的，商业要在利改税第二步的基础上，在把小企业转为集体经营或租赁给经营者个人经营的同时，要在大中型国营零售商业、饮食服务业企业内部，实行经营承包责任制，是符合《决定》的精神的。这项决定对商业企业管理体制的改革，必将产生深远的影响。

一、为什么大中型企业内部要实行经营承包责任制

《决定》指出："增强企业的活力，特别是增强全民所有制的大、中型企业的活力，是以城市为重点的整个经济体制改革的中心环节。""围绕这个中心环节，主要应该解决好两个方面的关系问题，即确定国家和全民所有制企业之间的正确关系，扩大企业自主权；确立职工和企业之间的正确关系，保证劳动者在企业中的主人翁地位。"这是非常正确的。过去国营商业在僵化的经济模式下，在管理方面权力过分集中、政企职责不分；在分配方面吃"大锅饭"、平均主义。企业经营好坏一个样，缺少应有的动力、压力和活力；职工干多干少、干好干坏一个

①本文是1985年中国商业出版社出版的《城市商业体制的重大改革》一书的部分内容。

样，缺少应有的主人翁责任感，严重地束缚了企业和职工的积极性，致使国营商业管理落后，经营呆滞，服务质量低下，服务态度不佳，经济效益不高，远远不能适应工农业生产的发展和人民生活提高的需要。

为了消除这些弊端，一方面，要扩大企业的经营自主权，使商业企业能够自主经营、自我调节、自我完善、自我发展，成为相对独立的经济实体，成为自主经营、自负盈亏的社会主义商品经营者。另一方面，要贯彻马克思主义的物质利益原则，改革分配办法，把企业的利益同企业的经营成果联系起来，把职工的报酬同个人的劳动成果联系起来，使企业不再吃国家的“大锅饭”，职工不再吃企业的“大锅饭”，调动企业和职工的积极性。但是，由于国营商业企业是全民所有制性质的企业，使用的生产资料是国家的财产，企业要对生产资料的保管和使用负责。又由于国营商业是社会主义计划经济的重要组成部分，企业的经济活动要受国家计划的制约，要对国家计划负责。还由于企业的干部和职工是全民所有制经济组织中的一员，要对国家的委托和劳动组织的统一要求负责。因此，扩大企业经营自主权和调整利益分配，必须有一个前提，这就是首先要明确企业对国家、职工对企业应承担的经济责任，然后再根据所承担的责任赋予相应的经济权限和应有的经济利益。这就要求在体制改革中建立起责、权、利相结合的管理制度，即经营承包责任制。

实行利改税、扩大企业自主权和奖金不封顶等项改革措施，从责、权、利的结合上，初步解决了国家同企业的关系，开始改变了企业吃国家“大锅饭”的问题。但是，这些措施还没有解决企业内部职工同企业的关系，没有解决职工吃企业“大锅饭”的问题。而如果不解决企业开“大锅饭”的问题，国家对企业开“大锅饭”的问题也不会得到彻底解决，调动企业和职工积极性的目的还是难以达到。因为，商业企业不是抽象的，它是由企业内部一个个具体的部门和若干职工组成的经济组织，企业的经营活动是以企业内部各个部门和职工的经营活动为基础，企业的经营目标和计划要由企业的各个部门和职工来实现和完成，所谓企业的积极性归根结底还是职工的积极性。同样，企业的利益也不是抽象的，职工个人利益是企业利益的重要组成部分，企业利益最终也要落实到职工劳动集体和个人的头上。因此，企业从国家那里承担的责任，接受的权限和分享的利益，还必须在企业内部进一步分解，根据实际情况，分别由各个部门（劳动集体）和职工个人来具体承担、使用和分享。也就是说，要在企业内部的各个环节和个人，层层建立起责权利相结合的经营承包责任制，严格规定职工必须完成的任务，严格按照职工劳动成果给予相应的报酬，把职工收入的高低同企业的经营好坏和个人贡献大小紧密联系起来，打破企业内部分配上的平均主义，从而调动职工个人的积极性，不断提高服务质量和经济效益。所以，企业内部实行经营承包责任制，是打破“大锅饭”的必然要求，是经济改革顺理成章的发展。

马克思主义告诉我们，企业管理的方式要同企业经济活动的特点相适应。那么，具体说来，国营商业的大中型企业有些什么特点，需要和适于搞内部经营承包责任制呢？

首先，从商业经营的一般特点来看，需要实行经营承包。第一，商业经营具有多样性。商业企业不仅网点星罗棋布，规模大小不一，而且在大中型企业内部也是商品部、柜组林立，经营的商品更是成千上万，花色繁多，规格各异。第二，商业经营具有灵活性。商业是联结生产和消费的中间环节，不论是生产还是消费的变化，都要求商业企业做出及时的反应；商业企业经营的环境是开放式的市场，市场供求瞬息万变，随时都影响着企业的经营；商业服务的对象是具有充分自主权的千家万户和个人，他们的需求更是千差万别。第三，商业经营具有服务性。商业经营不是生产商品，而是通过买卖活动实现商品的转移，买卖双方都由人进行，只有通过人与人的交往，才能完成商品的买卖过程。同时，买卖过程必须伴随着以手工劳动为主的销售服务来进行，否则就不能顺利成交。但是，销售服务的好坏，基本上取决于商业劳动者的自我支配，这是目前由机器和他人所取代不了的。商业经营的上述特点，随着工农业生产的发展和人民消费水平的不断提高，将变得越来越突出。因此，要求商业企业的经营也要相应地有越来越灵活的应变能力和更大的经营自主权，必须充分调动起企业、企业内部的各个环节和职工本人的内在积极性，使企业和职工能够自主、灵活、自觉、主动地去开展经营。实行企业内部经营承包责任制，就可以较好地适应商业经营的这些特点。

其次，从大中型国营商业企业本身的情况来看，也需要搞内部经营承包。因为：①大中型企业组织规模大，需要把管理上的“统”与“分”更好地结合起来。例如，北京西单百货商场，有职工 2800 多人，13 个商品部，89 个柜组，179 个售货片，15 个科室，3 个后勤部门，3 个党委部门，还附设有一个服装加工厂。显然，要管理好这样一个大企业，必须一方面加强企业一级的集中统一领导，搞好企业经营决策和计划，密切协调各个部门和各个环节的工作；另一方面又要适当放权，注意发挥各个部门和各个环节的作用，还要明责联利，充分调动每个职工的积极性。②大中型企业经营规模大，企业内部潜力也大，提高经济效益的可能性大。北京天桥百货商场是全国大中型企业中经济效益比较先进的一个，1983 年该商场百元资金利润为 111.18 元，人均销售劳效全年为 10.1 万元。据商业部对全国重点城市的 29 个大中型百货商店统计：这 29 个企业资金利润率全都低于天桥，平均低 55.48%；有 86%的企业劳效低于天桥，平均低 3.1 万元。如果加强管理，调动职工积极性，使多数大中型企业经济效益达到先进水平，那么全国商业企业的贡献就会大大增加。③大中型企业服务范围大，应该更好地提高服务质量，满足群众需要。例如，在北京一个大型百货商场，要经营 3 万多种商品，每天接待 10 万多名顾客，日销售额几十万元；一个中型商场也要

经营几千种商品，每天接待五六万名顾客，日销售几万元的商品。因此，大中型企业改善服务态度，提高服务质量，对满足人数众多的消费者广泛的需求，有着重要的意义。所以，实行企业内部经营承包责任制，改善企业管理，调动职工的积极性，对大中型企业尤其重要。

最后，从大中型企业的地位和条件看，适于搞内部承包。一方面，大中型企业由于资金多，规模大，人员多，管理复杂，是零售市场的骨干企业，对市场供应和国家资金积累负有重要的责任，影响较大。为了合理配置社会商业中国营商业的比重，一般大中型企业不适宜像小型企业那样租赁给个人或转为集体经营。另一方面，一是由于大中型企业内部分工较细，协作严密，岗位职责相对明确而稳定；二是企业经营比较正常稳定，便于实行定额管理；三是商品部和柜组的规模较大，设专门人员进行监督考核在经济效益上也比较合适；四是过去各级商业部门对大中型企业抓得比较紧，企业的领导班子和管理水平较高，基础工作比较好。所以，大中型企业有较多的条件采取内部经营承包责任制。

二、商业经营承包责任制的内容和特点

商业经营承包责任制是在国家政策法令和国家计划指导下，以促进流通，满足需要，提高服务质量和经济效益为目的，使职工个人的经济利益与企业的经营成果、个人劳动贡献相联系的经营管理制度。它的基本原则，正如《决定》指出的，是“责、权、利相结合，国家、集体、个人利益相统一，职工劳动所得同劳动成果相联系。”这些原则都体现在商业经营承包责任制的具体内容和特点中。

企业内部经营承包责任制包括岗位经营承包责任制和专业经营承包责任制。岗位经营承包责任制是以企业内部的各个岗位为主体，以明确岗位职责、权限和考核奖惩办法为内容的经营承包责任制。企业根据国家的法令政策、计划规定和社会需要、市场供求状况，制定出企业经营的总目标，然后按照责权利相结合的原则，把总目标层层分解，在各个岗位层层落实，逐级逐岗逐人建立起经营承包责任制。专业经营承包责任制是按企业经营需要，以各项专业为内容，明确本专业应做的各项业务工作、工作程序、应达到的标准、各级责任者应负的责任和协作关系、考核办法等，逐专业建立起来的经营承包责任制。岗位经营承包责任制以块块为中心，专业经营承包责任制以条条为内容，通过岗位经营承包使企业的各项专业要求在各个岗位得到落实，通过专业经营承包使岗位责任的内容明确充实。两个经营承包责任制互相结合，把全体职工的积极性调动起来，使职工在企业内部整体与局部、局部与个人、个人与个人的经济关系上，都承担起经营责任，关心经营成果。

承包指标是经营承包责任的具体化，它引导着职工发挥积极性的方向，是经营承包责任制的核心。具体的承包指标要根据不同行业、企业的实际情况来确

定。但就商业经营的一般情况来说，经营承包的指标应该包括经济指标和社会服务效果指标两大方面。承包的经济指标：零售商业主要是销售额、资金定额和周转次数、经营品种、经营损耗、某些大型企业独立核算的商品部也可包括利润和费用；饮食服务业主要是营业收入、毛利率、经营品种（服务项目）、劳动效率等内容。社会服务效果指标主要包括：执行政策、服务态度、服务质量、清洁卫生和柜台纪律等。承包指标的分解要从实际出发，能分解到哪一级就分解到哪一级，一般要上粗下细，上边的商品部、柜组要以承包经济指标为主，下边的职工个人要以承包社会服务效果指标为主。有些经济指标不能或不宜包到职工个人，就不要一律包到人。

根据各地实行商业经营承包责任制的经验，参照工业上首钢的做法，企业内部经营承包责任制要抓住三个环节，即包、保、核。

“包”，是每个人对自己所承担的任务完全负责。把企业对国家承担的经营责任，分解为各项承包指标和业务要求，落实为每个职工的岗位经营责任和专业经营责任。“包”是科学地、严密地组织劳动，使每个职工明确自己承担的任务和经营责任。“包”是经营指标和业务工作的统一。每个职工通过履行自己所在岗位的职责，保证企业经营目标的实现。

“保”是组织企业内部共同劳动中人与人的协作。在“包”的基础上，各个岗位和个人，要对有业务关系的其他单位、个人，承担提供数据、信息、计划、商品供应和其他经营管理所需要的条件，互相配合，密切协作。这样，把整个企业的各部门、各环节、各岗位和每个人，都组织在一个统一协调的经营有机体系中，有条不紊、井然有序地工作，从而避免各干各的互不配合的现象，达到减少内消耗，增加协作带来的高效率和高效益。

“核”，就是严格考核，奖勤罚懒，奖功罚过。根据每个部门、环节、个人所承担的经营责任，考核劳动效果，根据考核结果进行分配。考核要全面，不能只考核利润和销售，要考核承包的经济指标和社会服务效果的全部指标。考核要注意科学性，尽量以数据为基础。考核要制度化，有章程、有机构、有程序。考核要严格，不讲情面，不迁就。可采取百分考核，超过承包按比例加分，完不成承包按比例扣分，实行“死分活值”或“活分活值”，按商店统一奖励分值，按考核结果计算发放。

通过承包、保证、考核，使责、权、利分明，形成上下结合，纵横交错的企业内部经营承包责任制体系，逐步做到企业管理业务指标化、管理工作程序化、协作关系规范化、专业管理系统化。所以，包、保、核既是经营承包责任制的重要内容，也是经营承包责任制的基本工作方法。

经营承包责任制的内容是很丰富的，上面谈到的只是其中的主要内容。随着经济体制改革工作的开展，经营承包责任制的内容也不断充实和变化。值得注意

的是，有些改革虽然不直接是经营承包责任制的内容，但只要与经营承包责任制有关系，或其中的某些内容可以纳入到经营承包责任制中来，就要结合着经营承包责任制一起来做，使经营承包责任制更加完善。

从上述经营承包责任制的内容中可以看出，商业企业内部经营承包责任制，有三个显著的特点：

第一，同以往的各种制度相比，由责权利相分离，变为责权利的紧密结合。过去的企业管理也制订过许多制度，如岗位责任制、营业员守则、经理条例、计划制度、财务制度、物价制度、劳动工资制度等，这些制度的内容有的也很详尽具体。但是，往往由于有的责权不符，难以施行；有的虽然有责有权，但不与个人利益挂钩，得不到认真的施行。结果使企业管理的许多制度执行起来缺少必要的手段（权力），又缺少内在的动力，往往流于形式。企业里说是大家负责，实际是大家都不负责，“大锅饭”越开越大。经营承包责任制把责权利结合了起来，其结合的紧密程度要求必须在规定的范围和限度内，对各自承担的责任完全负责，同时要以责定权、以责定利，实行“承包”。这就第一次在国营商业企业管理中实现了责权利的统一，从而为解决吃“大锅饭”问题创造了条件，为企业管理提供了源源不断的动力。

第二，同岗位责任制相比，增加了经济的内容。商业企业是经济组织，必须出经济效益。经营责任制的承包把提高经济效益作为目的之一，围绕着提高企业的经济效益来建立责权利相结合的制度，就是要人人讲核算，个个当家理财。由于经济指标与个人利益挂钩，经济核算成了职工自觉的行动，大家都找生财、聚财、节财之道，使经济核算有了广泛的群众基础，越做越细。过去商业企业中吃、拿、送、损的老大难问题开始得到解决，生意也越做越活。经营承包责任制是岗位责任制的发展，是提高经济效益的有效制度。另外，经营承包责任制不仅在过去孤立的岗位责任之间加进了协作的内容，要求互相“保证”，同时要求这种保证也要与各自的经济利益相联系，为提高协作的效益和效率服务，从而使提高经济效益的管理系统化、经常化。

第三，同工农业的生产责任制相比，商业经营承包责任制把提高服务质量放在首位。农业生产单位内部和工业企业内部的经济活动，是在一个封闭式的环境中独立进行的；农民和工人的劳动成果主要是凝结在生产的产品中；社会主义的生产目的，在工农业生产单位是通过其生产的产品是否符合社会需要来实现。而商业企业内部的经济活动，从商品部、柜组到营业员，都是直接对社会开放的；商业营业员的劳动成果是凝结在商品的买卖过程的结果及其相伴随的服务之中；社会主义生产的目的在商业企业是通过商品经营及其服务来实现的。因此，商业企业内部经营承包责任制，必须把提高服务质量，维护消费者利益放在首位，作为承包的主要内容。这就要求商业企业内部经营承包，不仅要处理好企业内部职工之间的相互关系，还必须同时处理好同企业外部广大消费者的利益关系。这与工农业生产责任制是一个很大的不同。

综上所述，商业经营承包责任制，虽然十分强调利益分配问题，并把它作为一个重要的内容和特点，但是它绝不仅仅是利益分配上的承包，而是包括责任、权限和利益三个方面并把三者紧密结合在一起的综合性承包。同时对责任的承包也不仅仅是经济指标，而是包括经济指标和社会服务效果两个方面。所以，我们在谈到经营承包责任制时，不能把责权利割裂开来，不能把经济指标承包和社会服务效果承包割裂开来，也不能用其中的某一方面的承包来代替整个经营承包责任制。

事物的特点是事物的本质反映，抓住事物的特点，就是抓住事物的本质。在商业经营承包责任制中，只有抓住了它的特点，才能真正理解商业经营承包责任制是怎样一种制度，是为了解决什么问题而建立的一种制度；才能在实行经营承包责任制时，不迷失方向，不左右摇摆，在工作中抓住重点；也才能在学习农业、工业和其他兄弟单位改革的经验时，密切结合本地区、本行业、本企业的实际情况，因地制宜，因事制宜。

三、商业实行经营承包联什么计酬

关于这个问题，前面我们已经谈到了一些。但是因为它特别重要，所以有必要再做进一步的阐述。商业经营承包联什么计酬，是经营承包责任制的重要环节。因为一方面它关系到按劳分配能否得到正确的贯彻实现，“大锅饭”能否真正被打破。另一方面，它又关系到经营承包责任制的方向，把职工和柜组的积极性向哪里引导。所以联什么计酬，体现着方向和政策。从总的原则来说，商业经营承包的计酬方式应该有利于正确处理国家、企业、职工个人的利益，有利于贯彻按劳分配，有利于促进企业经济效益的提高，有利于提高服务质量，维护消费者利益，调动企业和职工的积极性。

如前所述，商业的经济效益，不仅表现在企业的经济效益，还表现在社会的服务效果。作为企业的经济效益和劳动成果，不仅取决于职工主观努力的程度，同时还受客观因素的较大影响。商业活动零散、标准化程度低，使得弄虚作假、转嫁负担等现象容易在经营中发生。此外，商业自然行业多，不同行业特点迥异，业务复杂，等等，这都使商业经营承包的计酬，远比农业和工业生产责任制的计酬方式要复杂得多。所以，商业承包的计酬方式，应该区别不同行业、不同企业的实际情况，采取多层次、主辅结合的多指标的综合性考核办法和分配方式，而不宜照搬农业上单层次、单指标的“直来直去不拐弯”的分配方式。在坚持综合考核的原则下，各个环节可以各有重点。具体来说：

（一）上级企业管理单位（或大企业）对独立核算的企业（或大企业的内部单位）的承包，以联利为主

企业利润是国家财政收入和资金积累的重要来源，也是经营承包责任制中企业利益和职工奖金的主要来源。利润是反映企业销售、费用水平、资金周转等经济效益的主要综合性指标。经营承包把提高经济效益作为主要目的之一，不能不抓住利润这个重要指标。另外，经营承包要联系企业的经营成果和个人的劳动成果进行分配，但是在商品经济的条件下，不仅企业的经营成果要表现为利润，个人的劳动成果也不能如同马克思和恩格斯所设想的那样，采取直接的社会劳动形式来计算，而必须通过价值的迂回形式，在价值规律的作用下，最终表现为利润。

然而，由于以相对独立的商品经营者身份在市场上进行经济活动的是企业，而不是企业的职工个人，也不是柜组，因此，形成利润的劳动成果，也就不是直接单独的职工个人的劳动成果，也不是单独的柜组集体的劳动成果，而只能是作为全企业职工集体的劳动成果。所以，经营承包联利润分配，一般来说，以联到企业这一级比较合适。当然，一些大企业，下边的独立核算的单位（如商品部、附属工厂）等规模较大，并且相对独立地直接对外开展经营，也是可以联利润分配的。所以，在税利并行的条件下，对企业要联利分配；在实行利改税第二步之后，在企业内部对某些部门联税后利润也是有着重要意义的。

商业利润受价格、经营品种、资金、地理位置、供求变化等客观因素的影响较大。利润作为主要考核指标，必须先把这些客观因素对企业经营成果带来的那些影响排除掉，从而使各个承包单位处于大体相等的条件之下。但是，由于这些客观因素的排除不会十分彻底、准确，又由于商业经营的过程中，企业有某种机会用违反法令政策、违反国家计划，用损害国家和消费者利益等不正当手段来增加企业利润。因此，利润作为经营承包的考核指标虽然十分重要，但并不能是唯一的指标，为了全面衡量企业的经营成果，保证企业的社会主义经营方向，除了把利润作为企业考核的主要指标外，还应该同时把费用水平、资金周转、销售额等其他经济指标，特别还要把社会效果的主要指标，作为企业考核的辅助指标。

（二）企业对柜组劳动集体的承包以联销计酬为主

经营承包责任制的核心，是柜组对商店的承包。柜组承包联什么计酬，对上影响企业的经营成果，对下关系职工个人的按劳分配，因此十分重要。对于零售商业来说，销售劳动是职工的主要劳动，职工个人的劳动成果，主要表现为销售额。同时，销售额也是影响企业经营成果的最主要因素。在其他条件相同的情况下，销售额越大，说明职工的劳动成果越大，企业的经营成果也越大，利润越多。但是，销售劳动要靠柜组内所有成员、各个环节的密切配合协作，离不开进

货、商品陈列、店内搬运、清洁卫生等辅助性劳动，所以销售额作为衡量劳动成果的尺度，以企业内部的基本相对独立的劳动单位——柜组——为单位，比较合理。这样做还可以减少职工之间的矛盾，便于柜组内的劳动统一安排调配，加强协作，提高劳动效率。所以企业对柜组劳动集体承包以联销为主较为适宜。

如同利润不能完全反映企业经营成果一样，销售额虽然重要，也不能完全反映柜组职工集体的劳动成果。如蔬菜、食品等行业，同千家万户日常生活关系密切，交易零星繁杂，大多数商品不那么规格化、标准化，有些又是季节性较强和鲜活易耗的商品。由于损耗没有严格的规律，稍有偏差就容易在斤两、等级、质量等方面损害消费者利益。因此对这些行业在确定柜组指标时，不仅要考虑到销售额，还要考虑到费用、劳效、溢余、损耗等辅助性经济指标，当然还要考虑到社会服务效果指标。

如同对企业经营成果利润的考核要排除客观因素的影响作用一样，对柜组销售额的考核也要尽量排除客观因素的影响。如日用工业品零售商业，经营品种繁多，规格花色庞杂，大中型商店各柜组经营分工较细较严。有的柜组经营的商品值大价高，适销对路，销售额就大；有的柜组经营的商品值小价低，又销售稳定或销路不畅，销售额就少。其他诸如货源供应，价格调整等因素，也都影响柜组的销售额。所以在联销计酬中也要考虑到这些客观因素的影响，合理确定定额，使销售额能够比较准确地反映柜组职工劳动的成果。

至于饮食、服务行业，一是职工劳动基本属于手工操作，劳动量大，工序复杂；二是毛利率基本稳定；三是在费用总支出中，基本工资和政策性开支所占比例较大，固定费用比重大。在控制和节约不变费用的前提下，企业收入可以基本反映部组职工劳动成果。因此在这些行业可以实行部组承包以营业收入为主，辅以毛利率、费用、损耗，劳效、品种（项目）等指标。当然，也要区别情况，排除客观因素的影响，把定额确定得科学合理先进，使各营业部组处于大体平等的条件下，都是“跳起来摘桃子”。

（三）柜组对个人以联责计酬为主

经营承包责任制中承包的就是责任，企业所有的责任，最终都要落实到一个个职工个人的头上，由每一个职工来承包，职工的劳动，就体现在完成这些责任上。所以，对职工个人要以联责计酬为主。职工的责任一般可分为两大类：一是劳动定额，二是服务态度和服务质量。

定额管理是商业企业管理行之有效的经验，在经营承包责任制中，经过进一步地丰富和发展，使之成为企业内部责任制的基础。劳动定额既是衡量劳动消耗数量的尺度，又是有计划地衔接企业内不同岗位工作的有力杠杆。要使职工的物质利益同所担任的工作职责、同整个企业工作的运转协调地直接联系起来，必须

紧紧抓住劳动定额，并制定出正确的劳动定额。从这个意义上说，企业内部经营责任制是把按劳分配办法，通过劳动定额同岗位责任制结合起来的一种企业管理制度。职工明确承担劳动定额，并以定额完成情况作为劳动付酬尺度，这也是一种承包。

把服务态度和服务质量作为对职工个人计酬考核的主要指标，有着特别重要的意义。长期以来，特别是近十多年来，服务态度、服务质量不好，已经成为商业管理上的一个老大难问题，不仅人民不满意，党和国家不满意，企业职工自己也不满意，甚至影响到社会主义商业的信誉。问题的症结，除了“文化大革命”这场浩劫的破坏影响之外，在企业管理上就是对服务态度和服务质量也采取了吃“大锅饭”的办法。职工服务好坏与个人利益毫无关系，自然就缺少改善服务的动力和自觉性。另外，在实行承包以后，有可能为改善服务创造条件，但也有可能出现为了多卖钱而不顾服务质量的问题。把服务态度和服务质量作为承包的内容，就是把社会服务效果落实到人，就是为了从与职工个人的物质利益结合的制度上，解决商业管理中的这个大难题，同时防止经营承包责任制出现偏差，更好地满足人民的需要。

从道理上讲，服务态度和服务质量也是商业劳动质量的重要体现。好的服务态度和服务质量，不仅要以高水平的业务知识、熟练的业务能力为基础，还要付出辛勤的劳动。而“服务有一定的使用价值……和一定的交换价值。”[①] 所以，把服务态度和服务质量作为商业职工劳动成果的重要内容，并考核计酬，是符合按劳分配原则的，并有利于促使企业和职工坚持社会主义经营方向，提高服务水平，提高社会效益。

除了劳动定额和服务态度服务质量之外，对职工个人考核，还要考虑到其他一些辅助性指标，如安全卫生、差错率、柜台纪律等。要注意把承包的要求与“五好”企业、“六好”职工的要求结合起来。

四、商业实行经营承包要维护消费者的利益

商业体制改革一定要保证消费者利益不受侵犯，要使人民群众叫好，这是改革的一条根本原则，是社会主义国营商业的性质和宗旨所决定的。因为，国营商业是社会主义全民所有制商业，生产资料是全体人民的财产，人民自己出钱办商业，就是要为人民自己的利益服务。所以，国营商业的一切经营活动，都要从促进城市物资交流、繁荣经济、促进生产、引导生产、方便生活、服务消费出发，都要体现最大限度地满足人民日益增长的物质和文化需要的社会主义的生产目的。诚然，商业体制改革也必须提高经济效益，并且经济效益本身也是人民根本

①《马克思恩格斯全集》第26卷（Ⅰ），第49页。

利益之所在。但是，社会主义商业企业的经济效益，必须通过扩大销售、降低费用、加快资金周转、提高劳动效率、减少损耗等改进经营、加强管理的正当手段来取得，要在满足人民需要的前提下来提高经济效益。这同资本主义商业为了攫取最大限度的利润，不择手段地进行欺诈，是有着本质区别的。

进一步讲，商业用欺诈手段来损害消费者利益，本身是私有制经济的产物，正是社会主义商业活动必须摒弃和铲除的丑恶现象。马克思曾经指出，在前资本主义社会，“只要商业资本是对不发达的共同体的产品交换起中介作用。商业利润就不仅表现为侵占和欺诈，而且大部分是从侵占和欺诈中产生的”。[①] 因此“交换中的欺诈是以独立形式表现出来的商业的基础。”[②] 在资本主义时期，“对单个资本家来说，由他本人实现的剩余价值，既取决于对劳动的直接剥削，也取决于互相诈骗的行为。”[③] 欺骗“在零售商业方面，特别是在大城市里，已经成为卖主维持生活的真正条件了。”[④] 因此，“商业日益变成欺诈。”[⑤] 在当代资本主义的商业经营中，虽然由于竞争的激烈，商业资本家不得不打出“信誉第一”，“顾客至上”的招牌，但是，欺诈行为仍然是资本主义商业经营的影子，须臾未曾离开，改变的只不过是欺诈的手段罢了。

社会主义的国营商业是建立在生产资料公有制的基础上，在消除了私有制的同时，也就消除了商业企业、职工的利益同消费者利益的根本对立，因而也就从根本上铲除了商业用欺诈手段损害消费者利益的基础，使商业企业维护消费者利益真正成为可能。我国社会主义的国营商业，正是以其“货真价实，童叟无欺”的经营活动，在人民群众中赢得了崇高的信誉，这是有目共睹的事实。

但是，我们也应该清醒地看到，由于社会主义社会是从资本主义社会脱胎出来的，旧社会商业的投机欺诈，唯利是图的作风和思想，难免要对国营商业某些干部和职工带来或轻或重的影响。由于商业仍然处于生产和消费的中介地位，商业活动一买一卖的特点仍然有可能给用欺诈手段损害消费者利益者以“可乘之机”。由于目前一方面某些地区或行业商业网点仍然不足，竞争压力不大，垄断经营局面没有根本打破，另一方面有的虽有竞争，但法制不够健全，管理约束不力，这两个方面都有可能不同程度地助长损害消费者利益现象的发生。最后，在社会主义社会，仍然存在着物质利益上的差别，国营商业企业和职工在同消费者根本利益一致的基础上，仍然有差异的一面，而差异就是矛盾。所以，在社会主义的现阶段，商业经营中损害消费者利益的现象，仍然有可能发生，并且事实上

---

①《马克思恩格斯全集》第 25 卷，第 369 页。

②《马克思恩格斯全集》第 46 卷（下），第 389 页。

③《马克思恩格斯全集》第 25 卷，第 52 页。

④《马克思恩格斯选集》第 2 卷，第 471 页。

⑤《马克思恩格斯全集》第 3 卷，第 298 页。

也在发生。值得特别注意的是：商业实行经营承包以后，由于企业职工的利益和企业的经营成果（主要是利润）挂钩，这就有可能刺激那些觉悟不高的干部和职工，用欺诈的非法手段，损害消费者利益增加利润，从而使自己增加收入。这种现象在国营商业的经营活动中，在实行经营承包的企业中，虽然是少数，是与资本主义普遍存在的商业欺诈，无论在程度上和范围上都是不可同日而语的。但是，在性质上都是一种不劳而获的剥削行为，是同社会主义商业的性质和宗旨格格不入的，是同商业体制改革的目的背道而驰的，它必然要遭到广大消费者的强烈反对。因此，在商业体制改革中必须采取有效措施来维护消费者利益不受损害，保证改革沿着正确的方向健康发展。前一个时期，某些地区和企业的经营承包所以出现了挫折和反复，没有认真解决维护消费者利益问题，是一个重要的原因，这个教训是应该认真吸取的。

维护消费者利益，首先要明确消费者有哪些利益需要维护。概括来说，消费者利益就是消费者在购买商品和接受服务的过程中，应该享受的各种利益。从大的方面来说，消费者的利益受社会生产力发展水平，从而受社会物质文化发展水平，以及与此相关的消费水平的制约；同时还要受到社会制度的制约。一般来说，较高的消费水平，消费者必然要求较高的利益；而社会主义社会的消费者，在相同的消费水平，理应比资本主义的消费者享有更多的利益。在一定的社会条件下，消费者又总有一些基本的共同的利益要求。从具体方面来说，消费者的利益又受消费的具体内容、生活习惯、消费方式等因素的影响，表现出差异性。所以维护消费者利益，既要维护消费者共同的基本的利益，又要注意维护消费者个别的特殊的合理利益。

就我国目前的情况来说，需要特别注意维护消费者哪些利益呢？

（1）安全利益。顾客购买商品和接受服务，是为了生活得更美好，保证顾客在购买和使用商品，以及接受服务时身心健康，是最基本的要求。身心健康和安全包括两方面：一是身体不受损害；二是精神不受损伤。如商店出售不合国家规定的腐烂变质、有毒有异物的食品，出售引起爆炸、刺伤扎伤人身的商品，有放射性的商品，或营业设施服务设备不安全，危及顾客安全等都会对消费者身体带来损害。另外，营业员服务态度不好，斥责、顶撞、打骂顾客都会给消费者带来精神上的痛苦，造成精神上的损害。

（2）经济利益，消费者的利益是商品购买者的利益，商品交易必须遵循等价交换的原则，不能使顾客在经济利益上吃亏。因此，首先要计量准确，不能短斤少尺克扣群众；其次要质价相符，不能变相涨价；最后广告说明要正确准确，不能引起顾客购买错误，造成浪费。

（3）时间利益。一切的节省归根结底都是时间的节省。随着现代化工作节奏的加快，人们要求在购买、挑选商品上用的时间越来越少，要求用最短的时间，最快的速度，买到最需要的商品和接受最好的服务。因此节省顾客时间，是维护消费者利益的重要内容。

（4）方便利益。顾客购买商品接受服务的一个最大特点，就是要求方便，因此方便成为消费者的一种特殊的不可缺少的利益。方便，包括多方面的内容，如购买地点就近，时间随时供应，花色品种齐备，购买方式灵活多样，商品销售前销售后的服务周到，等等。

消费者利益是随着商品经济的发展，商品交换过程的增加而逐步增加，维护消费者利益的斗争也是随之发展起来的。这种斗争在资本主义社会带有阶级斗争的性质，在社会主义社会由于商业企业干部职工和广大消费者根本利益的一致，维护消费者利益问题基本上是人民内部的矛盾问题。新中国成立以来，由于党和政府的重视，通过长期的思想教育和制定一系列监督措施，维护消费者利益曾经取得了许多行之有效的经验。但是在目前商品生产和商品交换大发展的新形势下，在人民消费水平不断增长，要求越来越高的情况下，商业实行内部经营承包一定要积极维护消费者的利益。当然，维护消费者利益不仅仅是商业一个部门或一个企业可以完全办得到的，需要全社会的协同配合，共同行动，但商业部门和企业是负有首要责任的。

从当前来看，维护消费者利益应该采取以下几项措施：

（1）制定消费者利益保护法。维护消费者利益要提高到法律的高度，要以法律为准绳。经济发达的资本主义国家大都有保护消费者利益的专门法律，如美国从 1906 年起先后颁布了 23 个，英国从 1893 年起先后制定了 8 个，日本也在 1968 年通过了《保护消费者基本法》。这些法令虽然不能消除资本主义商业所固有的欺诈，并在实质上是保护资产阶级利益，但是，它们毕竟是广大消费者（特别是其中的劳动者）长期斗争的结果，对于维护消费者利益还是有一定作用的。

我们是社会主义国家，完全能够从广大人民的根本利益出发，制定一套严格可行的惩治商业欺诈行为、维护消费者利益的专门法律，使生产经营者明确自己对消费者应承担的法律责任，使消费者知道自己在购买、使用商品和接受服务时拥有的权利。目前我国在这方面的工作还很薄弱，最近已颁布《食品卫生法》，贯彻执行得还很不够。在大多数情况下，对损害消费者利益现象，处罚很轻，一般只采取思想教育、行政处分、扣罚奖金、少量罚款等办法，实际效果不大。所以，非常有必要从法律高度来研究解决损害消费者利益的问题，从根本上改变目前惩治不力的软弱状态。

（2）建立健全维护消费者利益的机构。目前，对商业经营的监督检查，主要是由工商行政管理部门、党政领导部门和商业经营单位本身来进行的。这当然是十分必要的。但是由于商业网点多，职工多，情况复杂，而工商等部门机构人员有限，管不过来；党政领导部门工作忙，顾不过来；经营部门利益所在，有时认

真不起来。因此，在加强和改进上述部门的管理工作的同时，有必要把消费者组织起来，参照国外的做法，结合我国的实际，成立消费者协会，协助有关部门来维护自身的利益。广大消费者是商业服务的直接对象，也是商业欺诈的直接受害者，他们自己组织起来向商业欺诈行为作斗争，会更加准确、及时、坚决而有效。并且我国工会历来有维护群众利益的传统，又有街道居民委员会这种独特的深入群众生活之中的组织，在此基础上吸收一些退休职工（特别是退休的商业、工商、物价等部门的职工）参加，成立消费者协会，秉章依法，在党和政府的领导下，用各种方式与有关部门配合，是会收到好的效果的。维护消费者利益没有消费者参加，就缺少最基本的动力和依靠力量。

（3）进一步放宽政策，大力发展城乡商业。据 1983 年统计，我国每千人口占有商业网点 2.1 个，而苏联是 3.8 个，匈牙利 5.2 个，西德 5.6 个，美国 7.5 个，英国 9.2 个，法国 10.5 个，日本 14.3 个。① 这里虽然有消费水平等不可比因素，但我国网点不足，是十分明显的。不仅如此，在现有商业网点中，在许多行业国营商业所占比重过大，集体和个体商业比重过小。无论是社会商业之间，还是国营商业内部，竞争仍然不能在许多行业充分展开，因此促使企业维护消费利益的外部压力还不够大。所以，要继续有计划地、按不同地区、不同行业的实际情况，发展集体商业和个体商业，增加国营商业网点，同时把一批小型国营企业改为集体或租赁给经营者个人经营，增加市场竞争方。

（4）在国营企业内部不断完善经营承包责任制。这里最主要的是完善考核办法。把过去只考核利润或销售指标的做法，改为考核经济指标与社会服务效果两方面的指标，特别是对职工个人的考核，要大大加强社会服务效果指标在分配中的比重，实行综合性全面考核，在维护消费者利益上坚持严查重罚。江苏省常州市商业系统在维护消费者利益上，采取领导与群众相结合；店内与店外相结合；定期检查与不定期抽查相结合；自查与互查相结合；经济处罚与思想教育相结合，取得了较好的效果，可供借鉴。

（5）加强政治思想工作。解决商业欺诈问题，最终还要依靠商业职工提高政治思想觉悟，在经营活动中自觉地不去搞欺诈，并同欺诈行为做斗争，维护消费者利益。为此，应该通过宣传、学习和教育，使职工分清什么是社会主义商业，什么是资本主义商业；分清什么是社会主义正当的合法利润，什么是资本主义的非法商业利润；什么是社会主义商业的正当经营途径，什么是资本主义商业的投机取巧、欺诈行为；分清什么是社会主义的商业道德，什么是资本主义的奸商作风；分清什么是社会主义的按劳分配，劳动致富，什么是资本主义的不劳而获，剥削他人。使职工树立起全心全意为人民服务的思想，自觉抵制资产阶级思想的

①参见《文摘报》1983 年 8 月 12 日。

腐蚀。在工作中要注意把开展“文明礼貌月”等集中性的活动，同经常性的思想教育结合起来，形成制度化；要加强政工干部的思想工作责任制，做到事前有人抓，事后有人管；要注意把表扬好人好事同批评坏人坏事结合起来；要把思想政治工作结合着经济工作一道去做，改变思想政治工作的软弱无力和形式主义的毛病。

五、管理者和劳动者分工结合问题

随着社会主义有计划的商品经济的大发展，随着经济体制改革（包括商业体制的改革），商业企业将面临着一个生产和销售日新月异，需求和消费瞬息万变，国内外竞争十分激烈的开放的市场。它要求商业企业的管理人员，必须在短时间内，做出准确的判断，采取正确的对策，利用有效的手段，来灵活地开展经营适应变化。要求企业内部必须既组织严密、协调一致，又机动灵活、富于创造。这就要求，实行经营承包责任制，必须要有一个如同《决定》所要求的那样一个人才卓越、门类齐全、成龙配套的领导集体，加强内部的管理工作。这一方面要认真实行经理负责制；另一方面要加强对企业计划、统计、财务、会计、进货、劳动人事、监督检查等工作的管理。企业扩权，主要是扩给经理；企业内部各个环节、部门扩权，主要是扩给各个职能部门的管理人员，尤其是商品部主任、柜组长。

企业实行经理负责制，就要实行经理由上级任命，副经理由经理提名报上级批准，科室和部柜组负责人由经理任免。企业在主管部门核定的人员编制内，可以按经营的特点和实际需要，自行确定内部机构和人员配备。经理有权对职工进行奖惩，包括给予晋级、奖励和开除处分。在扩大企业计划管理权、业务经营权、物价管理权、资金使用权、财务管理权、企业内部机构配置和网点设置权、劳动人事权、工资奖金权、劳保福利管理权等权限的同时，要把一部分权力下放给商品部和柜组，如规定柜组长有权决定开辟进货渠道，直接对外组织货源；有权组织经销、试销、展销、代销等多种业务方式；有一定权限调配柜组内部资金，采购经营范围内的商品，批准零星设备、生产用具购置和费用开支；有权根据工作需要对本柜组人员安排班次，合理调配，批准一定期限内的假期；有权根据商店制度对职工进行考核和奖惩；有权处理一定范围的有问题商品、残次品；等等。

对营业片负责人、营业小组负责人也要规定一定的相应权限。

这样，经理对上级负责，部主任对经理负责，柜组长对部主任负责，营业片负责人对柜组长负责，营业小组长对片负责人负责，一级管一级，层层分工负责，企业内部管理形成一个高度集中、组织严密、令行禁止、机动灵活的有机体。

在加大各级管理人员责任和增加权限的同时，还要相应增加他们的报酬，以调动其积极性。对管理人员要实行重奖重罚的原则，分级考核。上级主管部门对商店经理、副经理，考核执行政策、购销业务、管理水平。对各项任务完成好的经理、副经理，其奖金可以高于职工的奖金；对完不成任务或违反政策等，应区别不同情况，扣发奖金，进行罚款，直至处分。经理对部主任和科室负责人，也根据承包内容，考核执行政策、经济包干指标和服务效果，奖优罚劣。部主任和科室负责人的奖金，也可以高于本部组职工的奖金，完不成任务或违反政策，要加重处罚。另外，还要对经理、部主任、柜组长以及科室负责人等，实行职务津贴，分级考核发放。

有的同志觉得，这样做不是违反了社会主义企业管理的原则，照搬资本主义企业管理的一套办法吗？这是一种误解。首先，马克思主义从来认为，资本主义的企业管理具有二重性。由于资本主义“管理的生产过程本身具有二重性：一方面是制造产品的社会劳动过程；另一方面是资本的价值增殖过程”，因此，资本主义的企业管理，一方面是“共同的劳动过程的性质产生的管理职能”，另一方面是资本主义“对抗性质产生的管理职能”。[①] 而作为“共同劳动过程的性质产生的管理职能”，则是社会主义进行经济建设，实行企业管理所必须学习的。列宁曾经批评说，有人主张“不向资产阶级学习也可以建成社会主义，我认为，这是中非洲居民的心理。我们不能设想，除了以庞大的资本主义文化所获得的一切经验为基础的社会主义以外，还有别的什么社会主义。”[②] 他还指出：“只有那些懂得不向托拉斯的组织者学习就不能创造或实行社会主义的人，才配称为共产主义者。因为社会主义并不是一种空想，而是要已经夺得政权的无产阶级先锋队去掌握和采用托拉斯所造成的东西。我们无产阶级政党，如果不去向资本主义的第一流专家学习组织托拉斯大生产的本领，那么这种本领便无从获得了。”[③] 毛泽东同志也曾明确指出：“外国资产阶级的一切腐败制度和思想作风，我们要坚决抵制和批判。但是，这并不妨碍我们去学习资本主义国家的先进的科学技术和企业管理方法中合乎科学的方面。工业发达国家的企业，用人少，效率高，会做生意，这些都应当有原则地好好学过来，以利于改进我们的工作。”[④] 所以，那种一提学习外国企业管理的某些做法，就不加分析地认为是“搞资本主义那一套”，是“左”的流毒没有肃清的表现，是在企业管理上无知愚昧的反映。

当然，在经营责任制中学习西方某些管理办法，并不是毫无选择的兼收并

①《马克思恩格斯全集》第 23 卷，第 368－369 页。

②《列宁全集》第 27 卷，第 285 页。

③《列宁全集》第 3 卷，第 555 页。

④《毛泽东选集》第 5 卷，第 287 页。

蓄，而是结合我国社会制度和企业的具体实际，有选择有分析地运用、借鉴。特别重要的是，我们加强管理人员的负责制，加强监督检查在企业管理工作中的作用，目的是为了改善社会主义的经营管理水平，提高经济效益，更好地满足人民需要，并且是伴随着企业的民主管理，发挥职工代表大会的作用等措施同时进行的，是以职工更好地当家做主为前提的。正如《决定》所指出的："在实行厂长负责制的同时，必须健全职工代表大会制度和各项民主管理制度，充分发挥工会组织和职工代表在审改企业重大决策，监督行政领导和维护职工合法权益等方面的权力和作用，体现工人阶级的主人翁地位。这是社会主义企业的性质所决定的，绝对不容许有任何的忽视和削弱。"可见，我们实行经理负责制与资本家为了掠夺剩余价值和压制职工是根本不同的，不能混为一谈。

至于有的同志拘于过去"干部参加劳动，职工参加管理"的老经验，而否认经理负责制等新方法，也有某种片面性。因为过去的"两参"的办法，就增加干部的感性知识和通过职工代表大会增强职工当家做主来说，是对的，有着积极的意义。但是，不能理解为干部和职工不必分工，不必各司其事，各尽其责，一块"大呼隆"卖货。因为"凡是生产过程具有社会结合过程的形态，而不是表现为独立生产者的孤立劳动的地方，都必然会产生监督劳动和指挥劳动。"① 如果一个企业的经理或商品部主任甚至班组长，不动脑子钻研管理科学，不善于计划、组织和决策，而终日忙忙碌碌，把自己也变成一个普通的劳动力，是管不好一个企业或部组的。

与此相联系的一个问题是，有的同志总觉得给管理人员报酬高，是违背按劳分配的。这也是片面地看问题。这些同志忘记了或不懂得，在现代化的企业管理中，管理劳动不仅是"一种生产劳动"，是"必须进行的劳动"②，而且是一种水平很高的复杂劳动。能够从事现代化企业管理的人员，要受较高的教育，掌握丰富知识，不仅要有管理知识，还要有商品知识、技术知识；要有了解情况、驾驭经济活动和善于用人的能力，不仅要了解本企业内部情况，还要随时掌握市场变化，要在激烈复杂的竞争环境中，及时做出正确的经营决策。资本主义的企业家经营破产要自杀跳楼，社会主义的经理虽不致如此，但也越来越必须对经营承担更大的风险；管理人员要进行繁重的脑力劳动，他们的劳动作为简单劳动的倍增，实现更多的价值，给企业带来更大的经济效益。

所以，在经营承包责任制中，必须尊重管理人才，重视管理劳动，给管理者以较高的报酬。不仅要清除把社会主义的企业管理等同于资本主义剥削的糊涂观念，还必须抛弃认为管理不是劳动和轻视管理劳动的错误思想。只有这样，才能

①《马克思恩格斯全集》第 25 卷，第 431 页。

②同①。

培养造就出大大小小的“企业家”，也只有这样的“企业家”领导的企业，才能称得上是真正的企业，才能大大有利于四个现代化的建设。当然，企业管理劳动的多少，要与企业的生产力发展水平相适应，要与企业的经营业务实际需要相适应，不能不顾实际需要和企业负担能力，盲目地增加管理人员。另外，也不要不适当地过高增加管理人员的报酬。酬不符劳，不论是多是少，都同样不利于调动管理人员的积极性。在这方面的片面性是应当避免的。但目前主要的倾向，还是要在管理问题上继续清“左”。

六、经营承包符合国营商业的性质

有的同志提出，集体所有制的农业可以承包，国营商业这样做是否符合它的全民所有制性质呢？回答是肯定的。因为，决定企业性质的是生产关系，大中型国营零售商业、饮食服务企业实行内部承包，只是生产关系的局部调整，而不是生产关系的根本改变。

第一，经营承包没有改变企业生产资料的全民所有制性质。因为：①企业对主管部门、职工对企业，承包只是确定使用国家的生产资料应负的经济责任，而不是把生产资料分掉。“……生产资料所有者——国家，把生产资料交给某一个企业，丝毫不失去对它们的所有权，相反地，是完全保持着所有权的。……企业的经理从国家手中取得了生产资料，不但不会成为这些生产资料的所有者，相反地，是被确认为受苏维埃国家的委托，依照国家所交下的计划，来使用这些生产资料的。”[①] 企业和职工只是占用国家的生产资料，但是“占用还不是占有。占用是一种暂时的措施，而且年年发生变化。”[②] 国家对企业和职工占用的生产资料，仍然拥有最后处理权。②企业和职工对生产资料的使用权，也是国家赋予的有限权力，承包的生产资料在数量上和大的使用方向上都要受国家的控制，国家仍然掌握着对这些生产资料在全社会范围内的统一分配管理权。③企业使用承包的生产资料所得的收益，除按国家规定留用一小部分外，大部分仍要通过各种形式上交国家，归全社会占有。所以，在经营承包中存在生产资料使用权限在国家和企业之间以及企业内部的调整，存在所有权与经营权在一定程度上的分离，但是并没有引起所有权的根本改变。这种所有权与经营权分离而不改变所有制性质的现象，马克思在分析资本主义经济时就曾指出过，他说，随着股份公司的发展，资本所有者和使用者产生分离，使“实际执行职能的资本家转化为单纯的经理，即别人的资本的管理人，而资本所有者则转化为单纯的所有者，即单纯的货

①《斯大林文选》（下）第612页。

②《列宁全集》第24卷，第456页。

币资本家。"① 资本主义的资本所有权与经营权的分离，培养造就出一个专业化的经理人员阶层，提高了资本的使用效率和企业管理水平。社会主义根据生产力的发展水平，将全民所有制生产资料所有权与经营权适当分离，同样会调动企业和职工的积极性，有利于经济的发展。

正如事实所告诉我们的那样：由于实行了经营承包，企业和职工对国家的生产资料的保管和使用的责任和权限更明确了，并且同企业和职工的利益直接挂钩，这就进一步加深了劳动者与生产资料的直接结合，从而有利于生产资料全民所有制性质的进一步实现。这一点在国营商业是十分明显的。因为商业企业的生产资料主要表现为商品和货币，不仅财产分散、种类繁多、性能各异，而且人人经手，十分不便于管理和监督。过去由于管理上吃"大锅饭"，或是责任不明，或是有责不负，财产损失十分严重，国家财产的保护成为国营商业长期得不到解决的一个老大难问题。实行经营承包以后，"包给谁，谁心疼；包给谁，谁操心"，职工人人争当生产资料的主人，不仅国家的财产得到有力的保护，并且使用效率提高，经济效益增加。毫无疑问，这种企业的劳动者把企业真正当成自己的企业来加以爱护，并以此来履行自己对全体人民的责任，正是国营企业全民所有制性质的生动体现。

第二，经营承包没有改变国营企业在社会主义计划经济中的地位和作用。企业在社会经济生活中的地位和作用，是衡量企业性质的重要标志。国营商业承包后，有人认为这是把统一协作的国营商业企业给分散了，企业摆脱了计划的约束，国营商业的主导地位和作用也削弱了。这是一种误解。过去，在商品供应不足的条件下，国营商业的计划性是建立在分配式的自然经济基础上的，企业间的协作关系是按行政区划和上级命令建立起来的，国营商业的主导地位和作用也是靠独家经营来维持的。党的十一届三中全会以后，随着商品经济的发展和"三多一少"开放式流通体制的逐步推行，国营商业原来的一套计划管理办法已经越来越不适应，需要加以改革。

改革的关键在于：寻求一个既能保证国家计划在企业顺利执行，又能调动企业自主经营积极性的办法。经营承包责任制，通过一个"包"字，使国家的计划在企业和企业内部层层落实，同时又使企业和职工得以在规定的权限内，放开手脚进行经营；通过一个"保"字，在企业之间和企业内部各柜组、单位、职工之间，在经济合理的基础上，建立了一套新的严密的协作关系；通过一个"核"字，来严格监督计划和协作的执行。这样，承包就把国家计划的集中统一管理，同企业的分散自主经营结合起来了，做到"统而不死，活而不乱"。国营企业在社会主义的计划经济中，内有动力，外有压力，就会依靠自身的生命力，在社会

①《马克思恩格斯全集》第25卷，第493页。

主义的商业竞争中，自己去争得主导地位和发挥主导作用。

第三，经营承包给企业一定的经济利益，符合马克思主义的物质利益原则。按照传统的看法，国营企业是全民所有制的企业，企业不是独立的经济实体，企业的利益只能融合在国家的利益之中，企业自身是不存在什么独立的经济利益，因此企业是不应该同国家分利的。实践证明，这种观点是陈腐的。国营企业除了有同国家利益融为一体的经济利益之外，还同时存在着自己独立的经济利益。这是因为：一方面，国营企业是相对独立的商品经营者，企业对国家承担着一定的经济责任，要独立地开展商品经营，发展购销业务，企业必须有与经济责任相适应的经济利益。如果没有这种利益，企业就会缺少履行这种经济责任的动力，并且在企业内部行使经济权力时也会缺少物质基础和力量。另一方面，在社会主义阶段，劳动还是谋生的手段，企业作为社会联合劳动的一个层次，劳动集体付出的劳动在企业之间是有差别的，这种差别在国家对待企业劳动集体的利益分配上应该得到承认，以便使付出不同劳动的劳动集体，在生活条件上有所不同，从而鼓励先进鞭策落后。

第四，经营承包把企业的利益和职工的报酬，同企业的经营成果和职工个人的劳动成果联系起来，是国营企业按劳分配方式的发展。企业从国家分得的利益，有一部分作为消费基金分配给职工，这实际是属于按劳分配范畴，这里说的企业利益是专指这一部分而言。三十多年国营商业沿用的工资形式，是采取全国统一的工资标准，国营商业职工不论本企业经营状况和本人劳动成果如何，一律按等级按月领取工资。这种分配上的“大锅饭”的弊端是人所共知的。实行这种工资制度的根据有两条：一是按职工潜在形态的劳动衡量劳动支出，而不考虑流动形态和凝固形态的劳动，也就是只考虑可能付出的劳动，不考虑实际付出的劳动和付出劳动的实际效果；二是把全国的国营商业企业看成是一个统一的经济实体，职工的劳动直接采取社会劳动的形式计算，不需要经过价值的迂回形式。因此，职工的报酬不需要与企业经营成果和个人劳动成果挂钩。

但是，这种理论是建立在产品经济基础上的，而现实中的社会主义经济只有计划的商品经济。如前所述，在商品经济的条件下，企业职工的劳动不能作为直接的社会劳动来计量，而必须通过价值的迂回形式表现出来。这样，职工的劳动就只有通过物化的劳动成果，并进而通过企业经营的成果，才能得到社会承认，并加以衡量。所以，按劳分配，就不仅要考虑到全国国营商业职工劳动的总成果，还必须同时考虑到职工个人的劳动成果和所在企业的经营成果。另外，从实践来看，无论是企业的利益，还是职工的报酬，其分配的财富的来源，都是由一个个职工的劳动成果和企业经营成果集聚的。如果分配不和企业的经营成果和个人劳动成果挂钩，不鼓励企业改善经营管理和职工个人增加劳动成果，到头来就会使分配成为无源之水、无本之木。

问题在于，企业的经营成果和职工的劳动成果，除了与企业职工主观努力、所付劳动多少有关之外，还受到对生产资料的占用、资金多少、商店位置、价格政策的调整、经营商品的分工，尤其是市场供求的变化等客观因素的影响。有的同志正是据此认为经营承包联系两个成果进行分配，是违反国营商业职工在生产资料面前人人平等和同工同酬的原则的。其实，通过利改税第二步，用产品税、各种调节税，把客观因素对企业经营带来的影响，在分配中基本排除掉，即剔除各种级差收益，是可以把企业放在同等条件下加以比较的。在企业内部通过合理确定定额，类似的问题也可以大体得到解决。因此，联系两个成果进行分配，并不违背按劳分配的原则。正如《决定》指出的："随着利改税的普遍推行和企业多种形式经济责任制的普遍建立，按劳分配的社会主义原则将得到进一步的贯彻落实。""今后还将采取必要的措施，使企业职工的工资和奖金同企业经济效益的提高更好地挂起钩来。"

实行经营责任制的条件①

国营商业企业实行经营责任制，有着客观的必然性和深刻的意义。那么，是不是所有的企业，在任何条件下，都可以随意实行经营责任制？是不是在任何条件下，经营责任制都能够健康地发展，取得预期的效果呢？实践证明，不是这样。实行经营责任制是离不开一定的条件的。这里准备讲三个问题：实行经营责任制必须具备一定的条件；实行经营责任制需要哪些条件；实行经营责任制与企业整顿的关系。

一、实行经营责任制必须具备一定的条件

大家知道，任何事物总是在一定的条件下存在、发生和发展的。这里说的条件，从广义上讲，就是指制约事物存在变化的各种因素。条件不同，事物的存在、发生和发展的情况也不同。所以，从根本上说，实行经营责任制也和任何事物一样，必须要有一定的条件。

第一，这是客观存在的现实。商业经营责任制早不产生，晚不产生，偏偏在20世纪80年代初的经济改革中产生，就是因为在这个时候具备了它产生的条件。比如，从社会方面来说，经过党的十一届三中全会以来的拨乱反正，在思想上纠正和清除"左"的错误，这才有可能正确地总结三十年来商业经营管理方面的经验教训，冲破旧的框框，提出商业经营管理改革的正确方向，为商业实行经

①本文及后面的两篇均是1983年10月光明日报出版社出版的《商业经营责任制讲话》一书中的部分内容。

营责任制的改革提供了思想理论条件。同时，也只有在这个时候，国家政治上安定团结，人心思改，经济上发展繁荣，财政好转，为商业实行经营责任制的改革，提供了社会政治和经济条件。而整个经济体制的逐步改革，特别是农村改革的成功和工商企业扩权试点的推行，为商业实行经营责任制，提供了改革的宏观方面的某些条件和具体的经验、启示。这样，商业经营责任制就应运而生了。没有这些条件，商业搞经营责任制是不可想象的事情。因此，商业经营责任制从产生那天起，就没有离开一定的条件。同样，在今后的发展、完善过程中，也离不开一定的条件。

第二，是商业经营责任制改革方向性的要求。商业实行经营责任制的改革，不是一项可以不问目标和方向的随意变动的改革，而是一项有着十分明确的目标的改革。就是说，这项改革必须按照既定的方向前进，达到既定的目标，取得预期的效果。这个方向、目标和效果，就是本书前面各讲多次谈到的：在党和政府的统一领导下，根据国家计划的要求，通过实行企业管理上的责权利相结合，克服平均主义，调动企业和职工的积极性，提高服务质量，改善服务态度，提高社会经济效益，满足生产和消费的需要。这个目标达到了，经营责任制就获得了成功，否则就成功很小甚至失败。

十分明显，这是一个严格的社会主义商业企业管理改革的目标。要实现这个目标，单凭良好的愿望和工作热情是不够的，单凭经营责任制自身的长处也是不够的，还必须有一定的客观条件。因为只有一定的条件，才会保证经营责任制向一定的方向和目标发展。这就如同我们只能在孵小鸡的温度条件下，从鸡蛋里孵出小鸡来，而不能在煮鸡蛋的温度条件下，从鸡蛋里孵出小鸡来一样。我们的改革，必须要有保证改革向既定方向发展的一定的条件。这些条件具备了，实行经营责任制的目标就有可能达到，这些条件不具备，实行经营责任制的目标就无法达到，甚至会偏离所希望的方向。这是事物发展的规律，也是被实行经营责任制的实践所证明了的。

第三，是商业经营责任制改革整体性的要求。有的同志打过一个比喻，说我们的各项经济改革，好像一筐螃蟹，你抓着我，我抓着你，想把哪一只单独拿出来都不容易。商业经营责任制也是这样。它与其他改革互相联系，互为条件。从横的方面来说，与计划、财政、劳动工资、价格等管理体制的改革密切相连；从纵的方面来说，它与国家、企业、职工个人和消费者的利益息息相通；同时，它还与企业内部的一系列情况互相依存。这些纵横交错的关系，构成了制约经营责任制存在和发展的各方面的条件，经营责任制就在这些条件中存在和发展。

另外，商业经营责任制的改革，又是整个经济管理体制改革的一个组成部分。它的每一项措施，每一个环节，都必须服从整个经济管理体制改革的总体方案的要求，闹不得独立性。比如，在处理国家与企业利益分配关系问题上，在初期，可以实行各种形式的利润留成、利润分成或利润包干；在国家实行利改税之后，就要采取征收所得税和税后利润包干的形式，而在整个利改税彻底完成之前，大中型企业又要在一定时期内实行税利并行。可见，企业实行经营责任制的形式和内容，并不是可以由企业任意选择的，而必须受各种客观条件的限制。这种局部改革要服从全局改革的要求，反映了商业经营责任制改革对整个经济体制改革的依存。商业经营责任制可以在经济体制改革的整体条件下创新、探索，并促进整体条件的成熟和完备，但是不能脱离整个经济体制改革条件的限制。

第四，是商业经营责任制改革复杂性和艰巨性的要求。商业实行经营责任制的改革是比较复杂和艰巨的，本书前面已多次谈到，不再重复。这里要指出的是，正因为有这种复杂性和艰巨性，所以，为了保证经营责任制的顺利进行，就必须强调条件的重要性。因为讲条件，就是对具体问题进行具体分析。就是研究在什么条件下，企业可以实行经营责任制；在什么条件下，企业暂时还不宜实行经营责任制。就是研究在什么条件下，可以采取哪种形式、步骤和措施，会取得怎样的效果；在什么条件下，不可以采取什么样的形式、步骤和措施，否则又会怎样。然后根据这些分析，做出合乎实际的决定来。只有讲条件，才能避免一哄而起，防止“一刀切”。相反，如果不讲条件，不做具体分析，就发号施令，强制用一个步调、一个模式推行，必然要出问题，要给工作带来损失，这也是被实践反复证明了的。

总之，我们强调实行经营责任制中条件的重要性，就是强调尊重客观实际，尊重经济改革的规律性，就是为了在改革中减少盲目性，增强自觉性，避免来回折腾。在这方面，我们应该牢牢记取历史上不顾客观条件的要求，单凭主观上的良好愿望进行经济改革和经济建设，造成严重损失的教训。

有的同志觉得强调条件的重要性，会束缚大家改革的积极性，会给经营责任制泼冷水。这是一种误解。首先，改革的积极性要立足于现实的可能性，离开这一定条件要求的积极性，只能是一种盲目的积极性，而盲目的积极性只会把事情搞糟。其次，我们强调条件在实行经营责任制中的重要性，并不是排斥各方面的积极性。因为我们讲的条件不是绝对化的条件，我们对条件也要采取分析的态度。对于基本的必不可少的条件，一定要具备，不能含糊；对于次要的条件，可以边干边创造，逐步使之完备。对于已经具备了条件的地方和企业，就要把经营责任制及时地实行起来；条件发展了、完备了，经营责任制也要随之发展和完善。对于一时还不具备条件的地方和企业，要积极创造条件，一旦条件具备就适时实行。这种对待条件的态度，就是我们经常讲的有条件论，又不唯条件论。

至于某些在“左”的束缚下还没有摆脱出来的同志，他们以尊重条件为借口，反对改革或等待观望，则是另外一种情况，是不应该与我们这里讲的尊重客观条件混同起来的。

二、实行经营责任制需要哪些条件

制约经营责任制存在和发展变化的条件是多方面的，一般来说，可分为主要条件和次要条件，企业内部条件和外部条件。在这里，我们要着重谈一下企业内部和外部的主要条件。

（一）实行经营责任制需要的企业内部条件

实行经营责任制以改善企业经营管理为主要目的，企业是实行经营责任制的主体，所以，在整个社会经济改革条件具备的前提下，企业内部的条件如何，是经营责任制存在和发展的决定性因素。从各地实践的情况看，这些条件主要是：

（1）要有一个比较强有力的领导班子。首先，这个领导班子革命化的程度要比较高一些。由于实行经营责任制是一项开创性的改革，困难多，阻力大，因此，这就要求领导班子成员必须有胆有识，立志改革，能够坚定不移地沿着党中央指出的改革之路，使经营责任制在企业顺利地开展起来，坚持下去，并取得好的成效。又由于经营责任制是一项政策性很强的改革，矛盾多，情况复杂，因此，这就要求领导班子成员必须对经营责任制有比较正确的认识，在改革中能够保证企业的社会主义性质，坚持社会主义经营方向，正确处理国家、企业和职工个人利益，维护消费者利益。其次，这个领导班子知识化、专业化的程度要比较高一些。实行经营责任制以后，一方面，企业将成为相对独立的经济实体；另一方面，企业的责任加重，权限扩大，利益增多。因此，要求企业的领导班子必须改变过去那种经营管理上单纯听命上级的依赖性，能够在错综复杂的经济环境中做出正确判断，进行独立经营。这就要求企业的领导班子成员，必须是一些具有较多的现代科学知识和管理本领的内行。最后，这个领导班子必须年富力强，以适应实行经营责任制以后企业领导任务重、时间紧、工作量成倍增加的繁忙情况。此外，在企业的领导班子中，特别要有比较精明强干，能打开局面的一把手、二把手。

当然，我们也不能把对领导班子的这些条件加以绝对化，而是相比较而言，也就是要有一个各方面比较好，比较强的领导班子。这是实行经营责任制必须具备的一个重要条件。

（2）要有企业职工群众的广泛支持。职工是社会主义企业的主人，也是企业经营管理的主人。企业经营管理上的任何一项重要改革，只有得到职工真心实意的欢迎和拥护，才能充满生机，才能有经久不衰的前进动力。所以，群众条件是实行经营责任制的重要条件。所谓群众条件，主要包括三点：一是本企业的职工确实有了实行经营责任制的愿望和要求。这个愿望和要求，应该是他们发自内心的，是经过学习教育自觉产生的，而不应该是从外界强加在他们身上的。二是职工的愿望和要求变成自觉的行动。他们以主人翁的姿态积极主动地投入到经营责任制的改革中去，发挥自己的创造性和聪明才智，而不是被动地奉命行事，随大流。三是职工代表大会制度比较健全。在充分发扬民主的基础上，职工参加民主管理，参与决定经营责任制的改革，而不是无权干政。

当然，上述的群众条件不是每一个企业一下子都可以具备的，也不是可以自然形成的。它需要做深入的思想教育工作，做细致的组织工作。但是，实行经营责任制必须努力创造这种群众条件。只有当企业基本具备了这个条件的时候，才可以说，经营责任制在这个企业能扎上根。

（3）要求企业财会人员齐备，制度健全，基础账目清楚。实行经营责任制以提高经济效益为中心，企业财会工作必须具备一定的条件。因为，一方面，企业要与国家算账，确定经济责任；同时国家也要通过财务工作，来监督、检查和控制企业的经济活动，避免企业滥用经济权限。另一方面，企业内部的财会工作加大，不仅要通过经济核算检查企业的经济效益，确保对国家承担的经济任务的完成，还要通过各种统计核算工作，确定班组和个人的承包定额，并检查监督承包任务的完成情况，搞好收益分配等。可以说，没有健全的财会条件，就没有企业的经营责任制。

所谓健全的财会条件，就是要人员齐备，会计、出纳、统计人员成龙配套，各在其位，各司其职；就是要财会制度健全，有章可循，照章办事；就是要账目清楚，笔笔有凭有据，而不是一笔糊涂账。只有具备了这些条件，企业实行经营责任制才能胸中有数，才是名副其实的经济责任制，才有可能达到提高经济效益、克服平均主义的目的。

（4）要有较好的企业管理基础。企业实行经营责任制不仅经济责任重大，而且要以责定权，以责定利。为了正确确定企业对国家应负的责任，确定企业内部柜组和个人应负的责任，并保证这些责任的完成，一个前提条件，就是企业必须经营正常，管理工作要有一定的基础。这里所谓经营正常，特别重要的是购销渠道通畅正当，业务经营相对稳定，库存适量，资金来源有保证并使用合理。所谓企业管理工作有一定基础，是指在计划管理、定额管理、企业管理、物价管理、储运管理、财务管理、劳动管理以及政治工作等方面，都有一定的基础条件。实践证明，这些工作的基础条件越完备，实行经营责任制就越顺利，问题越少，效果也越明显。

实行经营责任制对于企业内部来说，还需要一些其他条件，但上述四个方面的条件是最基本的，也是必须具备的。

（二）实行经营责任制需要的企业外部条件

商业企业实行经营责任制，不可能在一个企业中孤立地进行，企业内部经济

关系和管理制度上的变革，必然牵动社会的其他经济部门和单位，需要各方面的协同配合。因此，搞经营责任制光有企业内部的条件是不够的，还要有企业的外部条件。这些条件主要是：

（1）国家要采取措施，适当扩大企业权限，使企业成为相对独立的经济实体。为了使企业有能力承担起所负的各项责任，国家应该在购销调存、人财物等方面，给企业以相对独立行使职能的权力。这里包括：一定的业务经营权（如自由选择进货渠道，到外地采购），财务管理权（如企业对利润留成和超额分成的使用权，财产损失处置权等）；干部任免权（如确认民主选举班组长的结果，任免企业内部管理干部等）；劳资管理权（如企业择优招工，实行浮动工资、企业内部工资和岗位津贴等）；物价调整权（如残次冷背商品削价处理，实行优质优价、各种差价等）。

（2）宏观经济体制要进行相应的同步改革。如前面谈到的，对于计划制度、财税制度、劳动工资制度、物价制度、人事制度等，都要改变过去建立在吃“大锅饭”基础上“统”得过多、过死的一些办法，为企业实行经营责任制提供通路。同时，整个商业体制的改革，如批发体制、政企分开等，也要相应地同步进行，互相配合。

（3）各级领导部门，特别是商业行政主管部门，既要解放思想，敢于打破旧框框的限制，站在改革的前面去指导经营责任制的推行；又要充分地了解情况，对于需要改革的具体内容以及如何改革的正确方针，做到胸中有数，而不能任意地以打破旧框框为借口，造成群众咋说就咋办的无组织状态。领导者要深入第一线，调查研究，搞好试点，摸索规律，给企业实行经营责任制以正确、及时、具体的指导。

（4）要建立相应的经济法规，推行合同制，使企业实行经营责任制有法可依，有章可循，并能够得到法律上的保护。

总之，实行经营责任制既要有一定的内部条件，又要有一定的外部条件。没有内部条件，实行经营责任制就失去了根据；没有外部条件，经营责任制也会寸步难行。内部条件和外部条件是相互依存，相辅相成的。我们在重视内部条件的同时，也不应忽视外部条件的作用。

另外，还要指出的是，对待实行经营责任制的上述条件，还要有辩证的观点。我们讲这些条件是必要的，这是就总的一般情况而言。而对于具体情况来说，还要承认这些条件的相对性。比如，在实行经营责任制的不同阶段，对这些条件的要求是不同的。在初期的起步阶段，条件的标准要相对低一些，而在后来的发展完善阶段，条件的标准就要逐渐高一些。又比如，对于不同的地区，不同的行业和企业，条件也不能完全一样，有的要高一些，有的要低一些，这都要因情况而异。此外，条件本身也是变化的。随着经营责任制的发展和整个经济体制改革的进行，有些条件可能不再成其为条件，而同时又会出现新的条件。所以，对待条件，既要看到肯定性一面，不能忽视；又要看到其相对性一面，因事制宜。

三、实行经营责任制与企业整顿的关系

实行经营责任制和企业整顿，是当前企业正在同时进行的两项重要工作。正确地认识和处理好两者的关系，对于企业实行经营责任制和搞好整顿，有着重要的意义。

从表面上看，实行经营责任制和企业整顿是两项不同的工作，各有各的任务。但从实际上看，这两项工作却是密切相关，互相配合的。因为，经营责任制和企业整顿的目的是一致的，最终结果都是为了改善经营管理，提高服务质量，把企业引导到提高经济效益的轨道上来。两者的内容交织在一起，互相补充，互相充实；两者的任务和采取的措施互相配合，相辅相成。经营责任制和企业整顿这样互相促进的一致关系，具体来说，可以从两个方面来看：

（一）经营责任制推动着企业整顿

首先，经营责任制是企业整顿的突破口，给企业整顿带来了内在的动力。企业整顿过去曾经进行过多次，但由于种种原因，使企业整顿不是无从下手，就是走过场，收获不大。提出实行经营责任制以后，由于企业经营管理的好坏与职工的切身利益直接挂钩，职工作为企业主人翁的地位得到提高，管理企业的责任感显著加强，所以，他们主动要求对企业的混乱现象进行整顿。经营责任制首先调动起来的就是职工要求进行企业整顿的积极性。由于职工群众积极参加企业整顿，一些上级感到棘手的老大难问题，也比较好解决了，一些靠少数干部不容易发现的问题，也容易发现了。这就使得企业整顿可以搞得比较深、比较透。过去搞企业整顿的后期，也制定过一些比较好的规章制度，但往往不能长期坚持下去。实行经营责任制以后，因为任何人违反规章制度都不仅直接影响他本人的利益，而且还要影响柜组乃至企业全体职工的利益，所以出现了制度大家订，大家自觉遵守、互相监督的新局面。这就使企业整顿的成果能够得到巩固。经营责任制把企业整顿变成了职工自己的事情，使企业整顿有了文学的群众基础和内在的动力，从而保证企业整顿更加扎实有效。

其次，经营责任制使企业整顿和改革联系在一起，充实了整顿的内容。过去的企业整顿，主要是针对企业存在的问题进行的。实行经营责任制以后，企业整顿与改革密切联系在一起，边改革边整顿，整顿与改革同时进行，不仅充实了整顿的内容，也提高了整顿的质量和标准，使企业整顿工作发展到一个新阶段。比如，过去整顿企业领导班子，单纯靠上级改组任命，现在搞经营责任制，领导班

子的强弱、好差同企业和职工的利益有直接的联系，同时又有了民主选举干部、招聘干部等新形式。这就大大充实了整顿领导班子的内容，不仅减少了用人不当的可能性，也增强了整顿后的新班子的群众基础，促进了干部队伍的革命化、知识化、专业化、年轻化。其他方面的整顿也大体是这样。所以，可以说，经营责任制不仅给企业整顿带来了动力，也给企业整顿带来了生气。

（二）企业整顿为实行经营责任制提供了必要的条件

（1）提供了企业领导班子的条件。实行经营责任制能够促进企业领导班子的整顿，但是不能代替企业领导班子的整顿。因为，有的企业领导班子已经瘫痪，失去了领导实行经营责任制的起码条件，必须通过整顿，用行政手段撤换或改组原来的班子；有的企业领导班子虽未瘫痪，但存在严重的软、懒、散等情况，单靠民主选举已经难以解决问题，也必须先整顿班子，后实行经营责任制。对领导班子比较好的大多数企业来说，既可以把实行经营责任制进行民主选举和整顿领导班子结合在一起进行，也可以单独先整顿班子。上述无论哪种情况，企业整顿都将为实行经营责任制，提供领导班子方面的有利条件。

（2）提供了职工队伍的条件。实行经营责任制把职工个人的劳动态度和劳动成果，同他们的切身利益直接挂钩，有利于调动职工的积极性，同时对于职工队伍的政治素质和业务素质的要求也相应提高了。企业整顿为满足这些新要求，提供了有利的条件。一方面，通过对职工队伍的思想整顿，进行各种形式的思想教育工作，如表彰先进，批评落后等，提高职工的自觉性，有利于在经营责任制中正确处理国家、企业和个人的利益关系，维护消费者利益，遵纪守法，坚持社会主义的经营方向。另一方面，企业整顿中通过对职工进行文化补习培训，使他们提高业务技术水平，学会当家理财，有利于提高职工实行经营责任制的本领，从而使经济效益更加显著。企业整顿的行政措施同经营责任制的经济手段结合起来，互相配合，就为建立一支新型的商业职工队伍创造了良好的条件。

（3）提供了财务管理的条件。财务整顿是企业整顿的一项重要内容，为实行经营责任制提供了财务管理条件。首先，通过盘点查账，揭露问题，打击贪污盗窃分子，狠煞“吃、拿、送、损”等歪风，堵塞“跑、冒、滴、漏”的漏洞，严肃国家财经纪律，有利于恢复和建立正常的财经秩序。其次，通过整顿财务人员队伍，提高业务水平，建立健全企业财务管理制度，使财务管理有组织上的保证。这样，在企业家底和账目比较清楚，财会队伍比较强，制度比较严明的基础上，就为实行经营责任制搞好经济核算、分析经济效益、贯彻按劳分配等，提供了必要的财务条件。

（4）提供了企业经营管理基础工作的条件。企业整顿不仅加强了财务管理的基础工作，而且在企业管理基础工作的其他方面，也为经营责任制创造了有利的条件。比如，通过加强定额管理，为经营责任制实行岗位经济责任打下了基础；通过劳动组织和劳动纪律的整顿，为实行经营责任制创造了良好的劳动秩序；通过物价整顿，为实行经营责任制进行物价监督检查提供了方便；等等。

总之，企业整顿从经营责任制中吸取了内在的动力，经营责任制又从企业整顿中获得实行的条件。两项工作有时有先有后，交替进行，有时交织在一起，同时进行；有的就是同一项工作的两个方面，融为一体。从近期来说，经营责任制是企业整顿的突破口，是企业整顿的一个重要环节和组成部分，经营责任制搞好了，企业整顿工作也完成一大部分。从长远来说，企业整顿又是经营责任制的一个基础准备工作，企业整顿越彻底，经营责任制的实行、巩固和发展就越有保证。企业整顿和经营责任制，对于企业的经营管理来说，如同鸟之两翼，车之两轮，相辅相成，共同把社会主义的商业企业管理推向前进。我们要反对那种把两者割裂开来、对立起来的形而上学观点，在实际工作中更自觉地把企业整顿和经营责任制结合起来。

实行经营责任制的步骤

商业实行经营责任制的改革比较复杂。商业同工业、农业、交通等战线互相联系，改革涉及计划体制、财政收入等一系列问题，并且和人民群众的生活密切相关。因此，经营责任制的改革必须从实际出发，有领导、有计划、有步骤地进行。既不要犹豫观望，等待不办；也不要一哄而起，搞“一刀切”。从前一个时期各地的经验来看，实行经营责任制大体要分下列几个具体步骤：学习动员，提高认识；调查研究，确定基数；制定协议，签署合同；在企业内部层层落实经营责任制；建立健全科学而严格的考核制度。在这一讲里，我们就依次讲讲这些步骤。

一、学习动员，提高认识

实行经营责任制是一场重大的改革，涉及内部职工和广大群众，必须依靠商业战线广大干部和职工同心协力来做，才能做好。毛泽东同志说过：“凡是需要群众参加的工作，如果没有群众的自觉和自愿，就会流于徒有形式而失败。”①实行经营责任制也是这样。因为，首先这场改革十分深刻。比如，实行了三十多年的“大锅饭”，现在一下子要打破，这虽然是经济建设的客观需要和群众的要求，但它确实触动了商业战线每个干部和职工的切身利益，因此不能不在职工中引起强烈的反响，带来各种各样的思想问题。同时，由于商业工作联系着千家万

---

①《毛泽东选集》合订本，第913页。

户、亿万群众，商业上的任何一项改革必然引起人们的普遍关注和各种不同的反映。这些反映又会反过来影响商业职工的思想认识。其次，这场改革是一项全新的工作。搞经营责任制不仅基层干部和职工没有经验，上级领导部门也没有经验，因此，广大干部和职工对实行经营责任制会产生各种不同的认识，这是完全可以理解的。但是，这样一场深刻的变革又不能在人们思想波动很大、认识混乱的情况下进行。所以，我们第一步必须通过组织学习动员，来提高干部职工的认识，统一大家的思想。不仅要把大家实行经营责任制的积极性调动起来，更重要的是从一开始就应把这种积极性引导到正确的轨道上来，为顺利推行经营责任制打下良好的基础。因此，我们要克服那种认为学习和思想动员可有可无的错误思想。

学习要抓住重点，着重解决主要问题。各地区、各行业、各单位的情况不同，学习的内容和要解决的思想问题也不尽相同。但对于那些带有普遍性和原则性的问题，应该抓住不放，经过反复的学习和充分的讨论，力求使大家认识明确，思想一致。比如：①提高对实行经营责任制客观必然性及其深远意义的认识，增强干部和职工做改革的促进派的光荣感；②提高对实行经营责任制目的的认识，树立努力提高经济效益、把微观经济效益和宏观经济效益统一起来、微观经济效益要服从宏观经济效益的思想；③提高对实行经营责任制要坚持责权利的统一，把责任放在首位，坚持国家、企业和个人利益三兼顾，首先保证国家利益等原则的认识，增强干部和职工的主人翁责任感，防止“钻钱眼”；④提高对实行经营责任制必须遵守国家法令，执行国家计划，维护消费者利益的认识，增强干部和职工坚持社会主义商业经营方向的自觉性，反对违反财经纪律和规章制度，搞歪门邪道。当然，在着重解决主要问题的同时，对于次要的问题也要给予应有的注意，做到防微杜渐。学习要理论联系实际，要努力用马克思主义的理论和党中央、国务院的指示精神，来武装干部和职工的头脑，力求使大家从理论上提高认识，解决问题。这样做虽然要多花一些气力，但是能使思想问题解决得比较透彻一点，认识比较深刻一点。大家都站得高看得远了，行动上就会更加自觉和坚定，不致因实行经营责任制中可能会出现的一些问题而动摇或迷失正确的方向。学习还要密切联系本单位职工的思想实际，从大家最关心的问题入手，展开议论，回答和解释他们提出的问题。要防止那种只是把上级文件拿来念一遍了事的形式主义学习方法。

学习的形式可以灵活多样。一些地方采取领导动员、请人报告、培训骨干、群众讨论等办法，都取得了较好的效果。学习的过程是群众自我教育提高的过程，一定要发动广大职工都来参加，避免那种单纯“领导台上讲，群众台下听”的注入式方法。学习中要让大家畅所欲言，对于不同意见，包括反对的和错误的意见，都让大家讲出来，然后展开讨论，引导大家通过学习求得比较正确的认识。既要提倡群众提问题，领导来回答，更要提倡群众提问题，群众自己来回答的做法。为了保证对于学习的正确领导，干部必须先学一步，多学一点，不然“以其昏昏、使人昭昭”是办不到的。学习阶段是实行经营责任制的第一步，这一步走得如何，对以后的工作关系极大，一定要扎扎实实地做好，使广大干部和职工心情舒畅，方向明确，满腔热情地以主人翁姿态投入到这场重大的变革中去。

二、调查研究，确定基数

从前一个时期的经验来看，正确地确定基数是实行经营责任制的重要一环。在实行利改税之后，在相当长的一段时期内，大中型企业还要实行税利并存，小型零售企业要实行税后承包，企业内部有的也要搞承包，这些仍然都有一个基数问题。因此，基数的确定仍是十分重要的。首先，基数集中地体现了国家、企业和职工个人三者的利益关系。它既是企业和职工对国家承担的经济责任的集中反映，也是企业和职工利益分配的基础。只有基数定得合理，才能做到“国家得大头，企业得中头，个人得小头”，使三方满意。其次，基数又是落实国家计划的基础。企业实行经营责任制以后，计划管理的方法将有所改变，但计划经济不能削弱。只有柜组、职工个人的基数与企业计划相统一，企业的基数与国家计划的要求相统一，才能使国家的计划得到保证。再次，承包基数还是企业和职工的一个奋斗目标。确定基数的一个目的，就是要充分调动企业和职工在一定时期内向这个目标努力奋斗，使他们在经营活动中不断用这个目标来衡量和督促自己，发挥出最大的积极性。如果基数定得不合理，偏低了，企业和职工不需出多少力气就可以达到，那自然无须努力奋斗；偏高了，企业和职工出了很大的力气也达不到，就容易泄气，不去努力奋斗。这两种情况都会挫伤职工的积极性，也会带来企业之间和职工之间的苦乐不均，因此，在实行经营责任制中，一定要舍得花力量把确定基数这一步走好。

怎样才能使基数确定得合理一些呢？

第一，要坚持按平均先进水平来确定基数，这是一条重要的原则，所谓平均先进水平，是指在经过努力以后才能够达到的水平。这里一要先进，二要平均。只有坚持基数水平的先进性，才能使企业和职工感到身上有压力，促使他们努力提高经济效益，从而使整个社会主义商业的经营水平不断提高，充分发挥商业在促进生产、引导生产、保障供应、繁荣经济中的作用。也只有这样，才能使国家、企业和职工个人增加收益、有物质上的保证。另外，也只有坚持先进基数水平的平均性，才能使基数定得合理，既防止“鞭打快牛”，保护落后，也使落后者经过努力有利可得，使企业和职工的心中都有一种经过努力可以达到的目标，起到鼓励先进，鞭策后进的作用。

第二，要调查研究，使基数定在科学的基础上。过去由于吃“大锅饭”，主要靠行政手段发号施令，上上下下都不太注意算账，企业管理缺少完整科学的数据资料。现在实行经营责任制就要讲究算账，账算清楚了，数字和事实摆在那里，基数应该如何定，定多少，大家心中比较有数。为了得到可靠的数据和事实，就要对本行业、本企业的经营状况，进行一番全面的调查和研究。既要调查企业经营的现状，把握住现实情况，又要调查企业经营的历史，把握住发展的趋势和实在的潜力。要特别注意调查影响企业经营的客观因素，如行业的差别；国家对企业的投资、设备的差别，不同企业的经营场所、地段和市场容量的差别，企业经营商品品种、价格的差别，货源供应、运输条件的差别，等等。还要注意调查企业内部主观因素的情况，如领导班子水平，职工队伍构成，业务技术程度高低，职工劳动态度和服务质量状况，企业规章制度，劳动纪律宽严，劳动效率高低，等等。在调查研究的基础上，要进一步研究这些客观因素和主观因素，是怎样影响和在多大程度上影响企业的经营效果。还要考虑到国家整个生产和消费状况变化的作用，然后在确定基数时把这些因素都一项一项考虑进去。总的来说，对于客观条件好、主观努力差的企业，基数应该定得相应高一些；对于客观条件差、主观努力好的企业，基数就应该定得相应低一些，不能“一刀切”。

第三，各方反复协商，确定基数。先是要在上级主管部门和下面企业干部、职工之间进行上下协商。上级要把调查的数据事实交给群众，并提出自己对于基数的意见，然后发动大家讨论。也可以上级先不提出意见，由群众自己先议论，然后再参考群众的意见提出上级的意见。议论要几上几下，不要草率从事，也不要找几个干部商量一下就定下来。下级和群众要认真听取上级的意见和要求，以国家利益为重，努力多挑重担。对于上级的要求确实达不到的，可以如实反映情况，但不能寻找各种借口片面强调客观条件，想方设法压低基数，损害国家利益。上级对于下级和群众的意见和要求，其中合理的要及时采纳，不合理的应该进行解释说明，做耐心的思想工作。还要进行左右协商，即定基数时，一方面要吸收同行业其他企业参加，通过公评公议，搞好企业之间平衡；另一方面要吸收财政、银行、物价和工商管理等部门参加，听取他们的意见，以便更好地保证国家利益和搞好部门、行业之间的平衡。

目前，确定基数的具体办法各地区各单位很不一样，概括起来说大体有四种：

1. 实绩基础法：以企业经营中的某一年或某几年平均实绩为基础，加一定的递增率（或不加递增率），作为基数。

2. 计划任务法：以上级给企业下达的某一年或某几年计划平均数，加一定的递增率（或不加递增率），作为基数。

3. 实绩基础和计划任务结合法：把上述两种办法结合起来。

4. 劳效法：根据企业实有人员按行业平均（或平均先进）劳效计算，再加一定递增率（或不加递增率），作为基数。

前三种办法都是以本企业利润考核为基础的，是用历年递增“环比”平均法，简便易算，但体现行业的平均先进水平不够；用平均劳效的办法比较科学，但掌握起来比较困难一些。各单位可以参照这些办法，根据自己的实际情况，通过调查研究，不断实践，逐步摸索出既有原则性、科学性和群众性，又简单易行、便于掌握的办法来。

三、制定协议，签署合同

在基数确定之后，要通过进一步协商，制定协议，签署合同。经营承包合同是经济合同的一种新形式。它把国家和企业、企业和职工（包括职工集体和职工个人），在经营过程中，双方应承担的经济责任，拥有的经济权限和应获得的经济利益或应承担的经济制裁，用合同的形式固定下来，具有法律的效力。合同是进行经营责任制的依据。企业（或职工）按合同规定进行承包经营，国家（或企业）根据合同规定提供必要的经营条件，并检查经营活动，工商管理部门将根据合同，依法监督双方履行合同的情况。

经营责任制合同的种类，按发生联系的对象划分，有国家与系统，系统与行业，国家与企业，行业与企业，企业与职工之间建立的合同；按经营承包的内容划分，有全面承包合同（目前多数是这种），多项承包合同和单项承包合同；按承包的时间长短划分，有多年合同、年合同和临时合同。企业可以根据本单位经营责任制的不同情况，同上级协商选择适合自己条件的合同形式。

经营责任制的内容不同，合同的具体内容也不同。但一般来说应该具备下面几项：①合同的名称和签署的甲乙双方；②乙方承担的各项经济指标责任；③甲方按有关规定保证乙方行使的独立经营的自主权；④乙方在实现合同规定的经济任务时，应遵守的经营原则；⑤甲乙双方在实现经济指标后的利益分配和未完成的惩罚办法；⑥合同的有效时间；⑦合同的呈报部门；⑧合同制定双方和监督机关的签字。

为了搞好经营责任制合同，应该注意做到：

第一，订立合同要充分体现双方平等互利的原则。签订合同的双方处于平等的法人地位，合同要经过双方协商同意。作为上级，要注意听取下级的意见，在不违反国家法令、政策规定的条件下，企业和职工有充分的发言权，既要保证国家利益，也要从实际出发，因地制宜，使规定的各项经济指标尽可能切合实际。作为下级，要有全局观点，不能光站在本单位和个人立场上向国家争利。

第二，要把合同内容同落实国家计划结合起来。合同要以国家计划为根据，以有利于完成国家计划，接受国家计划指导为前提，不能抛开国家计划的要求去

制订合同。合同并不能完全代替国家计划，在履行合同的同时，仍要执行合同中没有包含的国家计划的内容。同时企业和职工可以根据合同的要求，制定自己的具体经营计划。

第三，订立合同的出发点要放在有利于调动企业和职工的积极性，改进商业工作，提高经济效益，满足社会生产和人民生活需要上。上级领导部门要在业务经营、财务处理、干部任免、劳动工资、职务津贴等方面扩大企业的自主权。

第四，合同要体现兼顾国家、企业、职工三者利益和注意维护消费者的利益。既要有利润、品种等项指标，又要有服务质量等要求，要充分体现责权利的完整统一。

第五，合同要有奖有罚。不能只奖不罚，不能赢利了企业和个人有份，亏损了算国家的。奖罚的规定要具体可行。

第六，合同要经过上级批准，一经签订，必须严格信守。对合同规定的各项内容，双方都要保证履行，对于单方面违反合同者，无论是企业、职工还是国家有关部门，都要予以经济制裁，后果严重的要追究行政责任以至刑事责任。

第七，在合同执行的过程中，如果出现了不可抗拒的客观原因，使合同无法履行下去，或者发现继续执行原合同内容，将会给国家或企业、职工利益造成重大损失，经上级干预和双方协商同意，可以修改合同。修改的合同要经过上级批准方能生效。要防止上级部门随意修改合同，也要避免下级借口信守合同给国家造成损失。

四、在企业内部层层落实经营责任制

实行利改税和企业同上级有关部门签订了承包合同，只是解决了企业同国家之间的经济关系，还没有解决企业内部的企业和职工之间、职工和职工之间的经济关系。同时，企业向国家承担的经济责任，最后还要通过职工的经营活动来实现，否则就要落空。所以，在企业内部要层层落实经营责任制，这是整个经营责任制的基础。

在企业内部落实经营责任制，首先要调整核算单位、领导班子和职工队伍。原来的核算单位是为了适应统收统支、“大锅饭”的体制的，一般都偏大，不适应实行经营责任制的新情况。只有适当划小核算单位，才能把企业的承包指标落实到门点、柜组。划小的范围和核算的形式可以因地而宜，比如可按门点完全独立核算或半独立核算，按柜组（或承包小组）实行企业内部独立核算或半独立核算，等等。核算单位划小以后，经营权力也要不同程度地相应下放，如商品经营、费用开支、资金使用、残次商品处理和人员调动等。划小核算单位要考虑到经济合理，要有利于经营，提高经济效益，方便消费者，还要考虑到会计人员情况等条件，并不是划得越小越好。要注意防止在实行利改税的单位为了减少纳税

负担，片面划小核算单位的错误做法。按划小了的核算单位实行经营责任制，经营成果与职工切身利益紧紧相连，有利于调动职工集体和个人的积极性，但同时职工也必然要求本单位的领导是业务上的明白人，职工是能干人。这就提出一个调整领导班子和职工队伍的问题。一些地区和单位采取干部民主选举，职工自愿组合的办法，取得了较好的效果。他们的做法是：先是“兵选将”，按核算承包单位所需干部名额，由职工大会民主选出，报经上级批准，然后再“将点兵”，被选出的干部上任就职，根据职工自报，挑选本单位的人员，组织成本单位的干部职工队伍。在民主选举、自愿组合的过程中，上级要加强领导，对于选什么人，怎样组合，可能出现的问题，都要心中事先有数。要提前做好干部和职工的思想政治工作，讲清目的和意义，规定选举注意事项和纪律。对于落选干部和没有被组合进去的职工要注意做好他们的工作，并根据情况尽量妥善安排。上级领导也要尊重民主选举的结果，不要把自己的意见强加于群众。

在企业内部落实经营责任制，特别要注意建立健全岗位经济责任。这是在企业落实经营责任制的核心工作。因为，只有建立健全了岗位经济责任制，才能把责任落到底，落到实处，做到层层落实，人人落实；才能把企业经营活动中人与人的经济关系用制度的形式固定下来；才能明辨功过，奖勤罚懒，使责利结合更紧密、更科学；才能有利于用高标准、严要求来培养有知识、懂管理的商业干部和有理想、有道德、有文化、守纪律的新一代商业职工队伍，开创商业工作的新局面。

企业内部的岗位经济责任要以原来的岗位责任为基础，但又是原来岗位责任的充实和发展。原有岗位责任的内容主要是经营业务方面的要求，而对经济责任、经济效果方面的要求和考核不够明确，与按劳分配结合不紧密。建立岗位经济责任可以弥补原有岗位责任的这些不足。因此企业在层层落实经营责任制时，不能只按原来的模式建立责任，而应该建立新的岗位经济责任。

如何建立岗位经济责任？从试点单位的经验来看，大体有如下几项：

第一，责任落实到人，逐级明确经济责任。就是包干本职工作应当承担的各项经济责任，将企业承包的经济指标中凡是适宜分解的指标，都要层层分解，落实到企业的每一个班组和柜台，落实到每一个干部和职工。内容要全面，不仅要有利润，还要有销售、库存、品种、费用、资金等多项指标；不仅要有绝对数，还要有相对数，如费用水平、资金周转次数、人均劳效、销售利润率、资金利润率、长短款公差率、商品损耗率、包装物料回收率等。在横向的方面，企业的科室和后勤人员，都要承担本职工作范围内经济指标实现的责任。

第二，要包、保结合。在包的基础上，抓好保。保，就是要岗定责、人定岗，确保本职岗位承担的全部经营责任，就是对企业内部有关业务环节和不同岗位之间，对有业务联系的兄弟单位之间，应当承担提供数据、信息、计划、商品

供应和其他工作要求等方面的职责。通过包、保达到人人包本职，保全局，协同作战，千斤重担大家挑，把经营责任制建立在广泛、扎实的群众负责的基础上。

第三，岗位经济责任的内容，一般可包括：包保指标、工作职责、协作职责三大项。每大项内容还可划分为责任内容、考核标准、考核时间和办法、奖惩办法、提供考核数据等项具体内容。

第四，制定评分计奖（付酬）办法。这是在企业内部打破“大锅饭”，落实按劳分配的关键一环。从某种意义上说，它关系到经营责任制的成败。现在一般都采取百分计奖的办法。这里最重要的是，要根据责任大小和完成情况，拉开档次。在确定底分时，对于不同的岗位，要责任大的分多，责任小的分少；对于同一岗位要看作用大小、业务技术高低、劳动态度好坏、劳动条件优劣等，实行因岗因人分等定分。在确定违反责任扣分时，也要视情节和后果程度，分别做出具体明确的规定，对号入座。做到“底分大小看责任，得分多少看尽责，报酬多少看分值”，使职工个人完成经济责任的结果和他本人的报酬紧紧挂起钩来。

第五，岗位经济责任的标准，要以国家要求为根据，适当考虑企业现状。如果单纯迁就现状降低标准，就会不求上进，少做贡献，与实行经营责任制的目的背道而驰；不考虑企业的现状脱离实际，标准难于达到，又会变成一纸空文。为了处理好这个关系，可以考虑岗位职责按国家要求定，奖罚幅度根据企业实际适当放宽尺度。岗位经济责任公布之后，要严格遵照执行，并在实践中不断补充修改，充实完善。

五、建立健全科学而严格的考核制度

科学而严格的考核制度，是贯彻经营责任制的保证。没有严格的考核，经营责任制订得再完善仍然是一纸空文，奖金发得再多，仍然是平均主义。要考核严格，首先考核办法要科学，只有科学才能使考核有根有据，才能使被考核的人心服口服。为了建立健全科学而严格的考核制度，应该做到：

第一，考核要全面。这有两层含义，一是说，考核的内容要全面。经营责任制是企业经营管理的全面的责任制度，责的范围不仅包括经济责任，还包括政治责任和工作责任。因此就不能仅仅考核经济责任的完成情况，还要同时考核政治责任、工作责任的完成情况，如执行政策、服从计划管理等。对于经济责任也不能只考核利润一个指标，还要考核其他指标。二是说，考核的过程要全面。同一个经营成果可以是用不同的手段和途径达到的，这是商业经营活动的一个特点。实行经营责任制要保证企业的社会主义经营方向，必须在考核经营成果的同时，考核取得经营成果所采取的手段和过程，比如是否投机倒把、克扣群众等。所以，考核应该根据经营责任制中规定的责的全部内容，根据承包合同和岗位经济责任的全部内容，进行全面的考核。

第二，考核要科学。考核要科学的关键是要加强数据管理和考核标准的具体化。企业里的一切经济关系，都表现为一定的数量关系。在实行经营责任制的过程中，对于基数的定额、指标的制定和执行，都要有准确、全面的数据。这是建立科学考核的基础和根据。为此，要建立一套严密系统的经营数据统计制度，对于考核的标准，要努力做到具体化。要化抽象为具体，化质量为数量，化大指标为小指标。比如对执行政策的要求，就可以化为不压级压价，不缺斤少两，不以次充好，不变相涨价，按规定收票证，等等；再比如对服务质量的要求，可以化为接待顾客有“三声”，不与顾客争吵口角，包扎商品要牢固美观，不出售变质商品，群众需要的小商品和必备商品不脱销，顾客表扬批评的次数，等等。

第三，考核要制度化。一些试点单位的做法是要有“三定”：

(1) 定考核的具体制度。如《物价检查制度》、《服务态度和服务质量检查制度》、《群众监督制度》等。

(2) 定考核机构。如商业系统、公司系统和本企业设考核领导小组，柜组设考核员，并使他们有职、有责、有权。实行专人考核和群众考核相结合，加强相互之间的制约作用。

(3) 定考核程序。如先由考核责任者根据要求，对每个考核对象的尽职尽责或违章违制情况，逐笔逐项按期按卡登记，做出考核原始记录；然后再由考核小组根据记录复核汇总，算出记奖分数，做出“汇总考核”；最后由计奖单位会计人员根据考核汇总情况，算出奖金报酬，定期公布颁发。

第四，考核要严格。要坚持按照合同和各级经济责任，逐岗逐人一项一项地严格考核，并以考核的结果作为是非功过、贡献大小和按劳分配的尺子。在考核中不能强调客观原因，只要国家没得到经济实惠，企业和职工就不能得到经济利益。有的工业企业提出考核要坚持“三个百分之百”，即规章制度必须百分之百地执行，违反规章制度必须百分之百地登记，违反规章制度不论是否造成损失都必须百分之百地扣发本人当月全部奖金。这种严格考核的精神也值得在商业经营责任制中大大提倡。严格考核的大敌是“好人主义”，一定要打破情面，坚持在考核面前人人平等，特别要注意从干部自身严格考核起。

第五，考核要与按劳分配和奖罚挂钩并真正兑现。按劳分配是经营责任制不可缺少的经济动力，考核必须与按劳分配挂钩。考核结果与按劳分配挂的钩如果不兑现，考核就没有威信，以后想要再严起来也困难。所以，考核的结果要成为职工调整基本工资和浮动工资的主要依据，成为奖罚的主要依据。在奖罚中，要注意做到，企业和职工应该得多少利益，就给多少利益，应该罚多少就罚多少。不能用随意压低或提高考核标准来改变考核结果，影响按劳分配。

总之，各地区、各单位的情况不同，采取实行经营责任制的步骤也会不同，先走哪一步后走哪一步都要因地制宜。但是无论采取哪些步骤，都必须坚持典型引路的原则。每个地区、每个行业、每个企业都应该区别不同类型，进行试点，取得经验，然后逐步在面上推广。我们对于改革不应该看得很神秘，不敢迈步，但也不能把改革看得太简单，操之过急。还是要坚决地、有领导地、有步骤地、有秩序地进行。

在实践中不断完善经营责任制

商业实行经营责任制以来，时间虽然不长，但取得了显著的效果。我们一定要把这项商业经营管理上的重大改革，坚定不移地进行下去。但同时我们也要清醒地看到，目前的经营责任制的许多做法还不够成熟，需要在实践中不断完善。这里准备谈三个问题：为什么要不断完善经营责任制；认真对待经营责任制中出现的问题；调查研究，总结经验，不断完善。

一、为什么要不断完善经营责任制

从长远的观点来说，整个社会主义就是一个不断改革、不断完善的过程。毛泽东同志曾经说过："社会主义生产关系已经建立起来，它是和生产力的发展相适应的；但是，它又还很不完善，这些不完善的方面和生产力的发展又是相矛盾的。除了生产关系和生产力发展的这种又相适应又相矛盾的情况以外，还有上层建筑和经济基础的又相适应又相矛盾的情况。"① 我们要建设具有中国特色的社会主义，就要不断注意调整生产关系不适应生产力发展的某些方面和环节，注意调整上层建筑不适应经济基础的某些方面和环节，使生产关系和生产力协调地向前发展，使上层建筑同经济基础协调地向前发展。因此，社会主义经济体制改革，包括商业体制改革，不能一劳永逸，一成不变，而必须使改革不断完善。

从我国商业管理体制来说，改革任务十分艰巨。长期以来，商业经营管理体制同整个经济体制一样，受了外国的某些影响，严重地束缚着我们的手脚，禁锢着大家的头脑，不利于调动企业和职工的积极性，不利于发挥商业促进生产、引导生产、繁荣经济、满足人民需要的作用。实行经营责任制，就是要从改革经营管理入手，以打破"大锅饭"为突破口，推动整个商业的改革，逐步建立起一个适合我国国情的具有中国特色的社会主义商业体制来。这不仅需要摆脱长期以来的旧思想、旧框子的束缚，而且必须同整个经济体制改革，同整个商业体制的改革协调地进行。很显然，这绝不是一朝一夕可以完成的，而必须经过长期的摸索和不断的完善。商业的改革要比农业复杂得多，而农业实行生产责任制用了五年时间才逐步推开，并需要今后继续完善，商业实行经营责任制就更是这样了。

---

①《毛泽东选集》第 5 卷，第 374 页。

从商业经营责任制本身存在的问题来看，更是迫切需要抓紧完善。商业实行经营责任制的成绩和方向是必须肯定的。但是，由于商业改革比较复杂，加上工作缺少经验，确实出了一些问题，有的还比较严重。这说明我们现在实行的一些改革方案，一些具体做法，有的还不成熟，有的还要进一步完善，有的还要改动，这是毫不奇怪的。但是由于商业工作联系着工农业生产，牵动着千家万户、亿万群众的生活，所以商业实行经营责任制出现的问题，不仅关系到商业战线的广大职工，而且影响到整个社会。这就要求我们对于商业经营责任制中出现的问题，必须及早解决，尽快抓紧完善，不然问题拖得时间长了，经营责任制就会在广大消费者面前失去威信，得不到欢迎和支持，就有失败的危险。所以，我们不仅要勇于改革，还要善于在改革中进行完善，不仅要有改革的紧迫感，还要有在改革中不断完善的责任感。

对于商业经营责任制，怎样才叫完善？是否需要有一个标准呢？我们认为，首先，完善是一个过程。既然经营责任制本身就是一个不断发展变化的事物，它要随着社会经济条件的变化而变化，随着整个社会经济体制改革的发展而发展，那么经营责任制的完善的内容和标准，也要不断发展变化。所以，完善的标准只能是相对的，完善的要求也是有阶段性的。我们通过一个阶段一个阶段的不断完善工作，使经营责任制逐步由不成熟向比较成熟，由低水平向比较高的水平不断发展。其次，完善要有针对性。完善首先是对不完善而言的，是针对存在的问题说的。因此，我们要在不同的阶段上，针对存在的问题，提出完善的任务和要求；并且要抓住最普遍的、最有影响的关键性问题，进行分析研究，提出解决的办法。从这个意义上说，完善就是解决问题，完善的过程就是不断解决问题的过程。因此，为了完善经营责任制，我们必须在改革的实践中善于学习，不断研究新情况，解决新问题，总结新经验，创立新章法，从而推动商业经营责任制不断前进。

二、认真对待经营责任制中出现的问题

那么，在前一个时期实行经营责任制的过程中，都出现了哪些问题需要加以研究和解决呢？

（一）在经营中出现的问题

分两类情况：一是个别企业和职工，在经营中直接违反法令和政策规定，搞歪门邪道。如偷税漏税，截留利润和销售款，转手倒卖等不法行为，特别是涨价和变相涨价等损害消费者利益的现象，一度有所增加。例如，东北某市一个副食店的承包小组，卖猪下水样样提价，共得非法利润 172 元，被五个营业员私自分掉，中南某市一家百货店，将河南产的海军呢冒充天津产品，并将二等品、三等

品、四等品全部按一等品出售，获利10000多元，一家餐馆做糊米酒1600斤，不按规定投料，少用食糖206斤，多用糖精3斤，多收入120元；一个城市的区饮食系统，一年内克扣消费者粮食20000多斤，等等。二是个别企业和柜组，不按国家计划经营，片面追求利润。所谓“利大大干，利小小干，无利不干”的现象时有发生，造成企业乱跨行业经营，柜组不按分工经营，争快货，抢大件，卖大号；面对群众需要的利小价低的小商品不愿经营，甚至减少品种，断档脱销。如有的副食商店卖电视机，饮食店卖被面；有的百货店实行经营责任制不到半年，小商品品种减少近25％；等等。

应该说明，商业经营中这类现象，过去就存在，并不完全是实行经营责任制以后才有的。但是，我们不能不看到，这些问题并没有因为实行经营责任制而消除，反而在一些地方和单位有所发展。这就告诉我们，商业经营责任制在解决这些问题方面，还很不完善，还有许多工作需要我们去做。这些问题从根本上来说，都涉及商业经营的方向问题。因此，它又向我们严肃地提出，实行经营责任制的过程中，如何更好地坚持商业的社会主义经营方向，更好地完成国家计划，更好地维护消费者的利益。所以，在完善经营责任制的工作中，首先要针对上述问题，不断端正经营责任制的方向。

（二）利益分配中的问题

实行经营责任制要打破商业企业与企业之间、职工与职工之间存在的两个平均主义的“大锅饭”。这就需要正确处理国家、企业和职工个人三者的利益关系。但是在前一个时期，一些地区和单位在这方面没有处理好，出现了一些问题。

(1) 国家与企业之间利益分配有的不当。在这方面的主要问题是一些企业向国家争利。如在确定基数时，有的企业不想多挑重担、多做贡献，而是想方设法压低基数。有一个市的38个试点单位，确定的基数1983年比1982年增长0.83％，但1月实际完成就达到增长32.2％，显然这是原来定的基数偏低了。有的企业虽然基数定得合理，但由于主观不努力没有完成任务，不仅不按规定扣罚奖金和浮动工资，反而用压低基数来“超额完成任务”，照拿全部工资和奖金。另外，也有的单位基数偏高，企业职工虽经努力，也得不了多少好处，影响积极性。

由于国家与企业之间利益分配不当，直接造成企业与企业之间的收益不合理。目前在一些企业确定基数时，只考虑同本企业经营的历年实绩纵向比较，不考虑同不同行业、不同企业之间的横向比较；只有本企业经营的经验数字，没有对经营中客观条件和主观条件的科学分析；只计算企业承包任务的总账，不算企业按个人劳效应负担的“分账”。这样在企业的收益上，或是仍然没有拉开距离，还是变相的“大锅饭”，或是虽然拉开了距离，但不是由于企业和职工主观努力的结果，而是占了客观条件的便宜。

(2) 企业内部的利益分配不当。首先，有的地区和单位，奖金发放量的增长超过了劳动效率的增长速度。某市 1983 年 1 月比上年同期奖金发放增长了一倍，而劳动效率只增长了 20%，利润只增长 10%。其次，企业内部奖金分配不合理。一些单位承包后，内部岗位责任制没有建立起来，没有明确的经济效益考核办法，只好按柜组销售额占企业总销售额的比例，确定奖金分配比例，然后在柜组职工之间均摊。这样产生两个后果，一是同一柜组内职工照样吃“大锅饭”，二是不同柜组之间出现苦乐不均。如某市一个菜市场，1983 年 1 月，水产蛋禽组每人得奖 73.8 元，大肉组每人得奖 19.5 元，青菜组没有完成承包任务。如按规定扣罚要扣全组职工六七个月的浮动工资。显然，这主要不是由于三个组职工劳动效率和服务质量差别带来的，而主要是由于经营不同商品带来的结果。再次，企业分得的利润使用不当，有分光吃净的现象。一些企业利润分到手，不留或少留企业生产发展基金、公共福利基金，而是全部或大部分给职工，出现了“企业穷，职工富”的不正常现象。

这些利益分配方面存在的问题，是与实行经营责任制的目的相背离的。因为，实行经营责任制，就是要解决过去商业经营中缺乏活力，企业缺乏应有的主动性、灵活性，职工缺乏应有的积极性和责任感。解决这个问题的关键在于，通过经营责任制把企业的经营成果和职工的劳动成果，同他们的利益直接挂起钩来。这个钩挂得越合理、越科学、越紧密，问题就解决得越彻底、越好。反之，就会换汤不换药，或者表面上打破了“大锅饭”，而实际上是变换了个方式，在继续吃国家、吃别的企业、吃其他职工的“大锅饭”。毫无疑问，这样的做法是没有生命力的，也是我们所不需要的。从前面谈到的情况来看，在一些地区和企业，这种偏向是存在的。所以，不断纠正在处理国家企业和职工个人三者的利益上出现的偏差，探求其科学合理的处理办法，是完善经营责任制必须紧紧抓住的又一个重要问题。

（三）在改革同步协调上的问题

社会主义的企业是整个社会经济肌体的细胞，企业的任何一项改革，都不能不牵动整个社会经济机体，不能不同旧的经济体制发生矛盾。完善经营责任制，就是要不断解决这些矛盾。当前，商业经营责任制在这方面遇到的主要矛盾是：

(1) 与价格体制的矛盾。目前由于有的价格不合理，经营不同商品的利润率差别过于悬殊，不仅影响企业和职工之间的收益，带来“苦乐不均”，也促使企业“重大轻小”。实行经营责任制客观要求更多地利用经济杠杆，价格要更灵活一些，但由于各种原因，目前价格管理反而只能趋于集中管死。这是一个很大的矛盾。

（2）与工资制度的矛盾。承包后，企业要求工资上下浮动，个人奖金不封顶，实行职务、岗位、技术、工龄等各种津贴。但目前工资制度改革尚未完成，难以上下浮动，奖金要封顶，各种津贴无明文规定，并且实行浮动工资又与劳保福利条例相矛盾。这样，按劳分配原则的贯彻就仍然不彻底，“大锅饭”只能打破一块。

（3）与劳动人事制度的矛盾。对于企业普遍实行干部民主选举，国家并无明确的具体规定；对于企业要求在社会上自由招聘录用所需人员、调出辞退不用的职工，都仍然受到限制，难以实现。这使民主管理与人员统一调配的矛盾很大。

（4）与财政制度的矛盾。实行经营责任制以后，企业财务管理和财务状况变化很大，如核算单位增加，企业支配资金扩大，利润和税收上缴形式多样，购销结算方式变化等，财政、银行的现行制度和业务能力不相适应。特别是实行利改税以后，税后利润的分配如何确定，企业亏损包赔不起如何处理等，都带来一系列新问题，需要加以研究解决。

（5）与批发体制的矛盾。实行经营责任制以后，有权直接外出进货的单位增多，使批发部门的工作量加大；同时企业要求自由选择进货渠道，又给批发部门有计划地安排市场供应，发挥“蓄水池”作用带来新的课题。在供货方式、结算方式、包装托运等方面，批发都有许多不相适应的地方。

（6）与其他方面的矛盾。比如企业经济责任增大，要求自主经营权力也相应扩大，但与上级行政干预容易产生矛盾；企业的经济利益相对独立与公司、中心店提取管理费用、调剂资金之间也产生分歧；经营分散与原来“支部建在核算单位”的党、团群众组织的建制很不协调；等等。

总之，随着经营责任制的发展，企业逐渐向相对独立的经济实体方向转变，它与原来旧的集中统一的经济管理体制的矛盾逐渐加大。这说明实行商业体制改革，推行经营责任制，需要同整个经济体制的改革同步进行。但是从我国目前的实际情况来看，这种同步改革的条件并不能完全具备，甚至在相当的一段时间和范围内，只能分步进行。解决好这种同步要求与分步进行的矛盾，是完善经营责任制的重要内容之一。

以上，我们谈到在实行经营责任制的过程中存在的一些问题。对待这些问题，应该有一个正确的态度。有的同志只看到实行经营责任制以后，销售额上升，利润增加，积极性提高，就盲目乐观，对出现的问题没有引起足够的重视，不注意抓紧完善工作，这对经营责任制的发展是十分有害的。另外，又有的同志看到经营责任制中出现了一些问题，就忧心忡忡，怀疑经营责任制的方向是否对头。这种态度也是不对的。我们应该既充分肯定经营责任制的改革方向，看到取得的成绩，看到出现的这些问题是前进中的问题，是可以通过实践，通过不断地完善工作加以解决的；同时又要认真地对待这些问题，绝不可掉以轻心，要努力在实践中不断总结经验，探求解决问题的正确途径，使经营责任制不断发展，日臻完善。

三、调查研究，总结经验，不断完善

经营责任制在企业经营、利益分配和改革同步等方面出现的问题，主要来自两个方面：一是宏观协调不够。实行经营责任制的改革，虽然由于客观条件的限制，不能同整个经济体制的改革完全同步进行，但是一些目前能够同步进行的改革，还有许多没有同步跟上去，一些能够由宏观协调的事情没有及时协调。二是微观控制不够。前一段主要是解决企业和国家的关系问题，对于企业内部如何加强管理，把经营责任制层层落实，还做得很粗糙，很不深入。因此，经营责任制的完善工作，总的来说一要加强宏观协调，二要加强微观控制。

加强宏观协调，首先有赖于国家制定经济体制的总体方案，对于流通体制改革提出总的设想；有赖于各个部门对于价格制度、财政制度、劳动工资制度、人事制度、分配制度、工商管理制度等一系列问题，拿出改革的具体办法；还有赖于建立健全经济立法，特别是要有一套关于经营责任制的条例；等等。这样，才能为经营责任制的推行开辟前进的道路。

加强宏观协调，关键在于各级商业领导部门要担负起领导改革的责任。首先要加强对不同地区、不同行业、不同企业改革的协调和指导。对于大的问题看准了，就要根据上级的有关规定，及时定出必要的条条来，使企业有所遵循；对于一时还看不准的事情，对于一些具体的做法，要积极支持下边搞试验。领导部门要改变工作作风，深入基层调查研究，总结经验，分类指导，不要满足于一般号召。要把学习外地的经验和总结本地的经验结合起来，尤其要注意抓好本地的典型，加以推广。有的地方及时总结了不同类型企业的典型经验，在面上交流推广，有力地推动了经营责任制的完善工作。他们还和科研教学单位等部门密切配合，定期召开经营责任制改革的理论座谈会，针对出现的主要问题，从理论上加以研究，总结经验，探求完善工作的正确途径，大大提高了完善工作的自觉性和水平。其次要加强监督检查。实践证明，实行经营责任制决不能放任自流，不能以为合同和制度定下来就万事大吉。相反，它要求上级机关必须负起监督检查的责任来，并一定要形成制度。只有领导部门的监督检查工作抓得紧，抓得细，抓得经常，才能及时发现问题，纠正偏向，从而保证经营责任制健康发展。

加强宏观协调，还要注意发挥企业的作用。宏观协调的目的是为了使企业经营责任制沿着健康的道路前进，宏观协调要靠企业不断完善内部的经营责任制来实现。所以企业在宏观协调面前不能消极等待，不能采取“你什么时候协调好了，我什么时候完善”的态度，而要积极主动地去促进宏观协调，去配合宏观协调。这至少有两方面的工作要做：一是企业要向宏观协调提供信息。把本企业在

实行经营责任制中遇到的问题，及时、准确、全面地反映给上级部门。反映情况一定要真实，有一说一，有二说二，既不要为了迎合某种口味而不全面反映客观情况，也不要为了本单位的利益而隐瞒打埋伏。二是企业要努力去实现宏观的协调。企业对于宏观决策要执行，不能合自己利益的就执行，不合自己利益的就不执行。执行宏观决策要结合本单位实际，在原则上要坚决，在方法上要灵活，要有创造性。在执行中发现宏观决策确实是错的，要负责任地向上级反映。

当前，完善经营责任制的重点在于加强企业内部微观经济的控制，在落实企业内部责任制上下工夫，正确处理国家、企业和职工三方面的关系，正确处理同消费者的关系，使商业经营责任制不仅有好的经济效益，还要有好的社会效果。如何落实企业内部的经营责任制，是一项十分复杂细致的工作，本书在前文已经做了详细说明，这里不再重复。这里仅就当前完善企业内部责任制需要特别注意的几个问题，再做一点进一步的说明。

第一，要进一步加强对干部、职工进行实行经营责任制的目的和意义的教育，不断端正经营方向，维护消费者的利益。有的市提出，商业改革必须坚持社会主义经营方向，更好地为人民服务，并且做出了具体规定：经营承包单位，必须根据群众需要，确定明确的经营范围；认真执行物价政策，不准变相涨价；原有的群众欢迎的服务项目、服务方式和便民措施，不得擅自减少；等等。北京天桥百货商场针对实行经营责任制不同阶段，职工出现的思想问题，进行深入细致的思想教育工作，都收到了好的效果。

第二，要在企业内部层层落实责任制，建立健全各项规章制度。特别是企业内部的承包责任制，经济利益分配、服务质量奖惩等主要制度，更应尽快地完善起来。有的县商业系统，根据上级有关规定，学习一些先进经验，结合本地实际，对全县上至局长下至营业柜组每个成员，一一制定了明确具体的岗位经济责任，并建立了相应的考核制度，初步形成了一套企业内部的经营责任制度体系，收到了显著的效果。

第三，要坚持对企业和个人的全面严格考核。对于企业违反经营的非法收入要全部上缴，并对主要责任者处以罚金，严重的要按党纪国法惩处。对职工违反政策和店规店章，侵犯消费者利益，发生服务事故等，要同经济指标一起考核，以保证经营承包责任制健康发展。有的市规定，经营责任制要考核两个责任：政治责任和经济责任；要考核两个效果：社会服务效果（包括执行政策、经济作用、柜台纪律、店容店貌、安全卫生），经济效果（包括销售额、利润额、费用水平、资金周转天数、事故损失）。同时，他们规定对于两个责任、两个效果的考核并重，对违反者施以重罚。为了严格监督检查，该市还实行了企业、职工、消费者三结合的自检、互检和监督检的“三检查制度”，并从有经验的商业退休老职工中选聘一批物价员，随时巡回检查，很受群众称赞。

第四，要正确处理国家、企业和职工个人三者利益关系。企业在保证国家税收和上缴以后的利润，留在企业要作为扩大经营、兴办集体福利基金和职工分配基金合理使用。职工分配要按经营成果和服务质量，拉开档次，多劳多得，少劳少得。奖金的分配要坚持瞻前顾后、淡旺调节和年终统算。有的地方在保证国家得大头的前提下，通过规定奖金发放行业不突破，企业不拉平，个人不平均，在个人分配上实行“以岗定人，以人定责，以责计分，以分计酬”，并把奖金和浮动工资结合起来的做法，效果较好。他们还规定企业留利部分要分为联合调剂基金、职工分配基金、集体福利基金和经营发展基金的四项基金使用制度，防止分光吃净，保证企业收益的正当使用。

完善经营责任制是一项十分艰巨复杂的工作，不仅需要上下协调，还要内外配合，不仅要有勇于改革的创新精神，还要有扎扎实实的工作态度。为了使完善工作顺利进行，还要注意处理好几个关系：

（1）完善与改革的关系。完善是改革的一个组成部分。一方面，完善要为整个改革服务，要有利于整个改革的进行，不能离开改革去另搞什么“完善”，要防止以完善为借口否定改革，又回到老路上去。另一方面，改革也离不开完善，要边改革边完善，使改革的成果得到巩固，使改革不断深入提高。当前要特别注意处理好方向和动力的关系问题，即在采取措施端正企业经营方向的时候，不要挫伤企业和职工的积极性，不要把改革带来的动力挫伤掉了，而要有利于进一步调动积极性，产生更大的动力；在采取措施调动积极性的时候，也要防止产生偏离社会主义的经营方向。要努力做到端正方向和调动积极性的统一，在改革中前进，在前进中完善。

（2）全局与局部的关系。完善要有全局观点，要站在经济改革全局的高度去指导企业的完善工作。企业微观经济的完善工作要服从宏观经济的改革，一些做法在企业看来是可行的，但在宏观改革看来是不可行的，就要服从宏观改革的要求。同时，全局的指导和宏观的改革，也要给局部、给企业的完善工作必要的活动余地，给企业一定的机动处理权，使完善工作该统一的统一，该分散的分散。

（3）长远和眼前的关系。完善要有发展观点，要看到经济改革的发展趋势，看到经营责任制的发展趋势，有长远的眼光。要把解决眼前的工作，同解决长远的改革工作联系起来。要尽量使现在的完善工作成为今后进一步改革的基础和组成部分，而不要设置新的障碍。要防止头痛医头、脚痛医脚的盲目性。同时，完善工作也要注意从实际出发，分阶段分步骤地循序渐进，眼前办不到的事情不要勉强去办。

完善商业经营责任制是一个过程，要逐步完善，不断提高，但是完善又要有阶段性和针对性。在现阶段，企业经营责任制的完善工作做得如何，可以着重看以下几个方面：

①企业是否有一个强有力的领导班子；②是否做到了责、权、利紧密结合，调动了企业和职工的积极性；③是否建立健全了切实可行的责任制度和有关制度，并层层落实到班组个人；④是否认真执行方针政策，全面完成国家计划；⑤是否提高了经济效益，提高了服务质量和维护消费者利益；⑥是否正确地处理了国家、企业和职工个人三者利益关系，特别是保证了国家利益和克服了平均主义，打破“大锅饭”。

商业实行经营责任制和工业的经济责任制一样，是继农业生产责任制的改革之后，商业战线的广大干部和职工的又一创新，是建设具有中国特色的社会主义商业的重要组成部分。它的深远影响和历史意义将随着改革的深入越来越显示出来。商业战线立志于改革的每一个干部，每一个职工，应该积极投身到这一变革中去，做改革的促进派，为我国社会主义商业体制的改革和完善贡献自己的力量。

第二节　批发商业和小型商业企业的改革

城市国营批发商业企业的改革①

一、城市国营批发企业在商品流通中的地位和作用

批发商业是在流通领域中从事大宗商品买卖的经济活动，其购销的对象主要是从事生产、批发和零售的企业。我们这里讲的国营批发企业，主要是指专营或主营批发业务的全民所有制商业企业。

批发商业是社会再生产的直接流通过程，属于马克思所说的“资本的第一次循环”。在第一次循环中，生产企业把商品卖给批发商业企业取得资金，就可以开始新的生产循环。所以批发商业是整个社会再生产的中间环节，离开批发商业，商业就不能发展，社会再生产就会中止或受到阻碍。

批发商业从生产单位购进商品销售给零售企业，通过零售企业来满足市场供应，为消费者服务，所以，批发商业又是商品流通自身的中间环节，是商品流通的大动脉和总枢纽。批发商业搞得好，就会货畅其流，市场繁荣，物价平稳，生活安定。反之，就会流通阻塞，市场呆滞，物价波动，生活需要得不到保证。

国营批发商业是社会批发商业的主体，消费品的绝大部分是通过国营批发商业收购起来并批发出去的，在多种经济成分并存、多种批发形式并存的情况下，国营批发商业仍然是商品流通的主渠道。它凭着雄厚的资金、巨大的储运设备能力、遍布全国各地的批发网络、广泛的经济联系、众多的人员、齐备的技术力量、丰富的经营经验和多年的信誉，在我国的商品流通中仍然担负着开辟货源、储备商品、组织商品供应调运的职能。由于国营批发商业的优势，所以国营批发商业的主渠道作用、总枢纽作用、“蓄水池”作用、促进和引导生产的作用、安排市场的作用以及指导消费的作用等，也是其他批发商业所难以完全代替的。所以，在新的形势下，对国营批发商业不是取消和限制，而是要通过改革使之大大发展，更好地发挥其在商品流通中的主渠道作用。那种把国营批发商业的发展同其他批发商业的发展对立起来的观点是片面的。

①本文及后两篇文章是1985年6月，中国商业出版社出版的《社会主义商品流通专题讲座》一书的部分内容。

二、城市国营批发企业迫切需要改革

我们讲国营批发企业在商品流通中有着重要的地位和作用，并不是说它就不需要改革了，恰恰相反，必须抓紧对国营批发企业的改革，否则它的重要地位和作用就得不到巩固和发挥。

首先，这是生产和消费发展变化新形势的需要。多年来，在“左”的思想影响下，我国农业生产长期徘徊不前，农副产品的商品率很低，工业强调“以钢为纲”片面发展重工业，轻纺工业落后，日用消费品生产严重不足。在物资匮乏的条件下，人民的消费还主要是为了解决基本的温饱问题。而作为流通总枢纽的批发商业，终年也只是为把有限的商品收购上来，再分配出去而奔忙，实际上类似社会生活的总后勤部。党的十三届三中全会以来，由于实行了正确的政策，工农业生产发展迅速，物质逐渐富裕些了，日用消费品大量增加，人民收入提高，生活得到改善。这给市场带来了一系列根本性的变化：1983 年，商业部系统农产品收购总额达 921 亿元，比 1978 年增长 1.1 倍；工业品收购总额 1235 亿元，比 1978 年增长 27.4%；社会商品零售总额 2849 亿元，比 1978 年增长 83%，增加的绝对额相当于 1978 年前 27 年的增长额。人民消费也发生了重大的变化。这就要求批发商业要适应新的经济变化，一方面扩大推销，把生产出来的大量产品迅速收上来卖出去，满足生产和人民需求变化的需要；另一方面要加强对生产和消费的引导，促进生产结构和消费结构的协调，以利于国民经济的良性循环。显然，过去那种后勤部式的批发企业是不能适应这个新的要求的。

其次，这是经济体制改革的需要，原来的批发商业，不仅是适应商品匮乏而建立的，而且是以苏联为模式建立在所谓“产品经济”的理论基础之上的。而在我国生产很不发达的情况下产品经济的模式难免成为自然经济的模式。它的主要特点是以一级、二级、三级站为主体，实行固定供应区域、固定供应对象、固定倒扣作价率的所谓“三固定”的经营方式，是一种单一的、多环节的、封闭式的流通体制的主要组成部分。现在，我们已经明确认识到，社会主义经济是有计划的商品经济，经济体制改革是为了“建立起具有中国特色的、充满生机和活力的社会主义经济体制”。要建立这样一个经济体制，必须按照商品经济的要求，相应建立一个充满生机和活力的流通体制，搞活流通。而要搞活流通，建立新的流通体制，就必须首先使国营批发企业这个流通的主动脉活起来，只有它活起来，生产企业、零售企业、集体和个体商业，才能一齐活起来。不然流通的总枢纽关得死死的，或开得不大，流通的各个环节想活却活不起来，增强企业活力这个改革的中心环节就得不到解决。

最后，这是国营批发企业自身发展的需要。过去，在分配式、独家经营和吃“大锅饭”的经济体制下，国营批发企业的经济效益虽然不高，但还能混得下去。

实行改革以来，工业准许自销。而且比重越来越大，推销机构已逐渐自成体系；商业多种经济成分并存，集体和个体的批发正在发展，形势逼人；零售商业企业扩权之后，采购进货有了自主权，不受“三固定”的限制了；同时，实行利改税之后，批发企业的经济责任加重，经济效益要求提高，企业职工的利益同经营成果联系也紧密了。所有这些变化，都给国营批发企业以巨大的冲击和压力，一方面，企业旧的经营形式已经严重不适应了，例如分配式分不下去了，完全靠大型订货会货源安排不上，“三固定”固定不住了，坐门待客待不来了，“衙门”式官商架子无人理了；另一方面，企业旧的管理方式也严重不适应了，不足以充分调动各部门、环节和职工的经营积极性。

总之，不改革，国营批发企业就难以维持下去，本身的生存和发展就要受到威胁。

三、国营商业批发企业改革的原则和内容

总的来说，国营批发企业的改革，要符合国家经济体制改革总的要求和商业体制改革的要求，建立一个开放式的批发体系，实行责权利相结合的高经济效益、高服务质量的企业管理体制。为此，应该从国营批发企业的实际出发，遵循以下几项原则：

（1）要有利于建立和发展开放式的社会主义统一市场。发展商品生产，按商品经济规律办事，是我国经济发展和体制改革面临的一项重大任务。市场是商品经济的产物，也是商品经济不断发展、商品经济规律赖以发挥作用的场所。没有一个开放的社会主义统一市场，我国的商品经济就发展不起来，商品经济规律就不具备发挥作用的必要条件。国营批发企业是社会主义市场的主要组成部分和市场活动的主要参与者，只有它的改革冲破了地区和部门的分割，冲破了国营批发企业内部各系统相互间的束缚和对零售企业的束缚，才能为建立社会主义统一市场奠定基础。

（2）要有利于商业实行计划管理和开展市场调节。计划管理和市场调节，是社会主义有计划的商品经济两个不可偏废的调节手段，社会主义商品流通的计划性，首先体现在全民所有制的国营批发企业要按国家计划开展经营活动。只有控制住了流通的主渠道，整个流通的计划性才会得到基本保证。同时，国营批发企业又必须是市场调节的积极参与者，只有这样，整个流通才会真正活起来，市场调节的盲目性一面才会受到制约，被引导到计划经济的轨道。

（3）要有利于发展国营商业，充分发挥多种经济形式和多条流通渠道的作用。全民所有制经济的发展，是全国人民利益之所系。批发商业的改革必须使国营批发企业得到进一步发展，而不是使之削弱，更不是要把它取消。同时，在批发领域发展集体和个体商业，实行工业自销等多种经济形式和多条流通渠道，也

是我国现阶段经济发展的客观需要，国营批发商业的改革应该为这种发展开辟广阔的道路，而不能以改革之名设置新的障碍，重走“统”“卡”的老路。

(4) 要有利于调动企业和职工的积极性，提高经济效益。国营批发企业都是大、中型企业，它们在流通中具有重要的地位，为了增强这些企业的活力，除了创造必要外部条件外，要着重改革企业内部经营管理制度，实行责权利相结合，调动企业职工的积极性、智慧和创造力，提高经济效益。

国营批发企业改革的原则，还可以列举许多，但上述四项是基本的。近年来，正是根据这样一些原则，选择了一系列改革的内容并采取了许多重要措施。其中主要有：改革一级、二级、三级站的多层次批发体制，使各批发企业部成为自主经营的经济实体，相互之间是平等的业务关系；改变层层分配的商品的供货办法，准许企业自由选择进货和销售对象；改变按行政区划设置批发机构，按中心城市和经济区进行必要的调整；改革企业内部机构设置过粗的状况，并将专业划细；改变分层次倒扣的作价办法，实行以批发牌价作基础，按批量作价或协商作价；把批发站下放到市，同市公司合并，组成批发公司，并逐步实行政企职责分开；实行自营与联营结合，开展代购、代销、代储、代运、代加工等灵活经营方式；试行经营承包责任制；等等。这些改革突破原来的旧框框，取得了较好的效果。特别是各地举办贸易中心以后，流通体制改革有了重大的突破，国营批发企业积极参加贸易中心，发挥着重要的作用，更使得自身的改革增加了新的内容，有了新的发展。

增强企业活力是城市国营商业改革的中心环节

一、城市国营商业企业是商品流通的主要承担者

企业是在社会分工的条件下从事社会经济活动的独立的基本单位。从历史上看，企业是社会化大生产的产物，是伴随着资本主义商品经济的发展而发展起来的一种经济组织形式。现代社会庞大、复杂、联系紧密的社会经济系统，是由一个个企业为基本单位组织起来的；社会经济活动连续不断地运行，也是由一个个企业的经济活动汇聚而成的。所以，企业是现代社会经济机体的细胞，企业是否有旺盛的生命力，直接关系着社会经济机体的状况。

在企业这种现代经济组织形式中，从事物质生产的是生产企业，从事商品流通活动的是商业企业。由于我国现阶段的社会经济是有计划的商品经济，因此，社会经济单位之间的经济联系，经济单位同消费者之间的经济联系，必然要采取商品货币的形式，通过商品交换来进行。商业作为社会再生产的中间环节，是联系生产和消费的桥梁和纽带，而商业企业则是这个桥梁和纽带的基本经济形式。

正是成千上万的商业企业组成了商业行业；正是成千上万的商业企业在直接承担着购、销、调、存等最基本的、大量的商品流通活动；也正是通过成千上万的商业企业的经营活动，才把生产企业的经济活动同成千上万消费者的经济活动联系起来，实现社会的物质变换，从而把一个孤立的经济细胞联结成为一个统一的社会经济有机体。如果商业企业缺少生命力，整个社会商业这个社会再生产的桥梁和纽带就不会宽阔通畅，商品流通就要受到堵塞，经济联系就要受阻，从而导致整个国民经济的窒息和枯萎。所以，要建立一个充满生机的社会主义商品经济的机体，不仅要使生产企业成为活的经济细胞，也要使商业企业成为生命力强盛的经济细胞。

国营商业企业是生产资料全民所有制的商业企业。我国的商品经济是建立在生产资料社会主义公有制基础上的，所以，国营商业企业是社会商业企业中的主体，国营商业在社会商业活动中发挥着主导的作用。在经济改革的新形势下，国营商业的主体地位和主导作用是否仍然存在呢？回答是肯定的。第一，这是我国商业生产力现状决定的。商业实行多种经济成分并存，是为了按照社会生产力的多层次结构，合理地配置所有制的结构。经过新中国成立三十多年的建设发展，从总体上说，国营商业企业所拥有的生产力的社会化水平，是集体商业和个体商业所不可比拟的，这种状况即使经过部分国营商业企业的转让、租赁和集体，个体商业的进一步发展，也不会根本改变。所以，国营商业企业的地位和作用也不会改变。第二，这是我国的社会主义经济制度和改革本身的要求。巩固和发展社会主义的全民所有制经济，是我国人民根本利益之所在，也是改革的目的和原则之一。因此，在集体商业和个体商业大发展的同时，国营商业也必须大力发展。尤其是在放开搞活的新形势下，一方面要求国营商业企业要带头活起来，另一方面还要求国营商业企业发挥自己的优势，通过储备来预防各种不测，通过商品吞吐来平抑物价，通过灵活经营来保证市场供应。通过好的经济效益来增加国家收入，通过优质服务来树立社会主义商业的新风。所以，实行改革，国营商业企业的地位和作用不是削弱了，而是通过积极参与市场调节等新形式，来继续发挥主导作用。第三，在现实经济生活中，国营商业企业仍然是社会商品流通任务的主要的直接的承担者。据统计，1983 年，国营商业（不包括饮食服务业）共有企业 32.6 万个，其中农副产品采购机构 9.5 万个，工业品批发机构 1.9 万个，分别担负了农副产品收购量的 75%，轻纺工业品批发量的 70%；共有从业人员 437.7 万人，占社会商业企业人员总数的 30.3%；全年商品零售额 1338.4 亿元，占社会商品零售总额的 47%。可见，随着商业体制的逐步改革，仍应十分重视调动这个队伍庞大、实力雄厚的国营商业企业主力军的作用。

二、国营商业企业是社会主义全民所有制经济的基本组织

马克思主义的基本原理告诉我们，人类社会为了进行生产，必须建立两个方面的关系：一是人和自然界的关系，即生产力的组织；二是人与人之间的相互关系，即社会生产关系。现代经济中的企业，则是组织生产力和反映生产关系的最基本组织或单位。

社会主义的国营商业企业，也是这样的基本组织或单位，也具有组织生产力和反映生产关系的两重性质。从生产力角度来说，国家在商业上的资金、店铺、仓库、柜台、货架、运输工具等各种生产资料，最终都是拨归企业一级掌握使用；国家分配的劳动力也落实到企业支配。正是在企业这一级，社会主义全民所有制商业的生产资料和劳动者才直接结合起来，分工协作，进行商品经营，从而使国家所有的可能的生产力转变成现实的生产力。劳动者同生产资料的结合，是生产得以进行的前提，也是商品经营的前提。劳动者同生产资料的结合有多种方式和层次。但只有那些最直接、最紧密的结合才最有利于生产力的发挥。同时，这种结合还需要根据生产力的要求具备一定的规模，才最有利于独立开展商品经营。在国营商业中，正是在企业这一级，劳动者同生产资料的结合才是最直接、最紧密的，而又具备相应的独立经营规模。所以，要充分发挥国营商业的作用，就必须把重点放在挖掘和调动国营商业企业的生产力上。

从生产关系的角度来说，首先，国营商业企业的生产资料是全民的财产。但是，社会全体人民不可能都来直接管理、使用和保护这些财产。所以，在我国是通过国家来代表全体人民占有、支配和管理全民所有制的财产的。这当然是十分必要和正确的。但实践证明，仅仅靠国家这一头来体现全民所有制还不够，因为全民所有的生产资料总是要具体落实到一个一个企业的劳动者手中来使用、管理。如果不能使生产资料的直接管理、使用者，充分体会到自己是这些生产资料的主人，生产资料的作用就不会得到最有效的发挥，也不会得到最好的管理和爱护，劳动者是生产资料的所有者也得不到充分的体现。所以，必须使国营企业的劳动者，一方面是在代表全体人民对本企业的生产资料行使所有权，另一方面也代表他们自己直接行使自己对企业生产资料所应拥有的一部分权力。就是说，要使企业的劳动者真正成为企业的主人，并根据国家的规定，来行使主人的所有权。其次，社会主义的分配原则是按劳分配。“劳”在哪里呢？首先是在企业，劳动力的组织、劳动力的使用都是在企业里进行。离开了企业，对劳动的衡量和评价，就失去了实际的根据和科学的标准。供按劳分配的成果又在哪里呢？首先也是在企业，离开了企业的劳动成果、经营成果，分配就会变成无源之水，无本之木。所以，国营商业的按劳分配，必须在企业里得到最充分的体现。最后，生产中人与人平等互助的社会主义协作关系，也要体现在企业的经营活动中。可见，要体现和发挥全民所有制生产关系的优越性，必须抓住企业改革这个中心环节。

三、国营商业企业迫切需要改革

根据以上所述，社会主义的国营商业企业应该具备以下特点：①应该是相对独立的经济实体，而不是行政管理机构的附属物；②是能够自主经营、自负盈亏的社会主义商品经营者，而不是权责不明、权责脱节的产品分配机构；③是有同自己所承担的义务和拥有的权力相适应的独立利益的劳动集体，而不能端着铁饭碗吃“大锅饭”；④是具有自我改造和自我发展能力的活的经济细胞，而不是一块没有生命力的机器部件；⑤它的地位应该是受到法律承认、保护和约束的经济法人。

但是，在过去，由于理论上的片面认识和政策上的“左”的影响，在旧的企业管理办法上，一方面，把企业当成了各级商业行政管理部门的附属物，不承认国营商业企业只有相对独立的商品经营者的地位；另一方面，企业的责、权、利严重脱节，造成企业吃国家的“大锅饭”，职工吃企业的“大锅饭”。这就严重的束缚了企业的积极性，束缚了企业职工的积极性，带来一系列弊病。如：①企业财产损失严重，每年因火灾、保管不善损失的商品数以亿元计；②企业经济效益低下，经营性亏损企业面达10%以上，亏损金额一二十亿元；③劳动生产率低，绝大多数企业人员过剩三分之一以上；④服务质量不高，广大消费者和国家批评责备甚多。

但是，面对这些问题，企业一是无心解决，因为它与企业和职工自身的利益关系不大，问题不解决，大家照样可以混下去。二是企业即使有心也无力解决。因为购、销、调、存等具体经营业务，上级都要直接干预，如卖不出去的东西要强令收购积压在仓库里，好销的商品不到日子不准卖，所谓“三固定”的商品分配供应办法，使企业无法把生意做活。至于人、财、物的管理使用，企业更很少有权。要从根本上改变国营商业浪费大、效率低、服务差的状况，就要从根本上改变国营商业企业的管理体制，真正把企业放开搞活。所以，中央体制改革《决定》指出“增强企业活力是经济体制改革的中心环节”，对国营商业也是完全适用的，城市国营商业的改革也必须从这里入手。

小型国营零售商业、饮食服务业转为集体经营或租赁给个人经营

将一些小型国营零售商业、饮食服务业企业转为集体经营或租赁给经营者个人经营，这是商业企业改革的又一个大的方面。现在规定放开的小型零售商业企业的标准是：以独立核算的自然门点为单位，京、津、沪三大市年利润在20万

元以下的企业，省会所在地和重庆市年利润在 15 万元以下的企业，其他城市年利润在 8 万元以下的企业。放开的具体做法，现在初步规定了三种：

第一种，实行国家所有、集体经营、照章纳税、自负盈亏。这样的企业按国家对集体企业的政策和办法管理。企业原有的财产和资金属于国家所有，新增财产和资金归集体所有。企业占用国家的固定资产，仍按规定提取折旧基金，减半上交，维修和更新由企业负责。企业占用国家的流动资金，原则上应按银行利率交纳使用费。国家对企业实行八级超额累进税制，税后余利较多的，可交纳一定数额的承包费。

第二种，直接转为集体所有制。这样的企业，国家的固定资产按现值计价，连同国拨流动资金，实行有偿转让，分期归还。要明确规定偿还年限，还清以后即可归集体所有。国家对企业实行八级超额累进税制。企业可以自行吸收入股。

第三种，租赁给经营者个人经营。一些小店铺实行招标方式，占用国家的固定资产，国家向经营者个人收取租金，由招标单位负责维修。经营者个人除缴纳租金外，还要缴纳退休统筹保险金。其税后收入由经营者个人支配，职工工资、奖金、福利等，都由经营者决定。

照上述三种办法的企业，在完成各项纳税后实行公积险、公益金制度。职工的分配应在维护消费者利益、提高服务质量的前提下，同企业的经营成果挂钩，多收入多分配，少收入少分配，多劳多得、少劳少得，不封顶，不保底。这些企业的职工，现在是国家职工的身份不变。企业需要多招收的人员，一律从优录用和招聘，实行劳动合同制，能进能出，不再固定工制。任何单位不得违反国家规定向企业安插人员。退保险金，在实行社会保险之前，一律暂由市、县商业局组织统筹。

把一部分国营商业企业转为集体和租赁给经营者个人经济，是彻底纠正“左”的错误，正确吸取历史经验的重大调整。专项改革牵动城市上百万商业职工，影响甚大。改革尚在摸索实践之中。这里讲一下这样做的根据。

一、正反两方面经验教训给我们的启示

从新中国成立到资本主义商业的社会主义改造中期这一段时间里，我们把商品流通领域的所有制结构的合理配置，作为一项重大政策来抓，各方面都十分重视。当时多种所有制并存，国营商业发挥了主导作用。商业网点较多，相互竞争，消费者选择余地大，群众称便。这个时期的经验是丰富的、成功的。

然而，从 20 世纪 50 年代中期到党的十一届三中全会以前的二十多年里，在商品流通领域内，搞单一的全民所有制的“左”的思想反复出现。直到 1978 年，不仅集体所有制的供销合作社变成了全民所有制的商业，其他集体商业也改成了变相的国营商业。个体的商业、饮食服务业更是所剩无几。在社会零售额中集体

商业只占7.2%，个体商业只占0.1%，都降到了历史的最低点。形成了实质上的国营商业独家经营的局面，社会商业、饮食服务业网点大批减少。

党的十一届三中全会以来的五年多里，由于进行了所有制结构的调控，城乡商业、饮食服务业，特别是集体和个体的商业、饮食服务业有了较大的恢复和发展。对增加网点，搞活市场，改善供应，安置待业青年等，都发挥了重要的作用。

但是，从整个社会商业状况来看，零售商业、饮食服务业落后的局面，仍未得到根本的改变。一方面，商业网点仍然不足，服务面窄，群众急需的许多事情无人去办。另一方面，集体和个体商业所占比重还不大，1983年，在社会商品零售额中，集体和个体商业仅为23%；在社会商业经营总额中，集体和个体饮食也只占56.9%。同时，一批国营零售商业的小企业、饮食服务业的服务质量差，经济效益低，更使得消费者的需求难以得到满足。这些情况告诉我们，进一步调整所有制结构仍然是一项需要继续进行的工作。根据三十多年正反两方面的经验，解决这个问题，一方面要继续发展集体和个体商业、另一方面要从实际出发，把一些本来不适于国家经营的小型零售企业和饮食服务业转为集体和个体。

二、小型零售商业和饮食服务业企业目前的特点

马克思指出："人们在自己生活的社会生产中发生一定的、必然的、不以他们的意志为转移的关系，即同他们的物质生产力的一定发展阶段相适合的生产关系"①。这就是我们通常所说的生产关系一定要适合生产力性质的规律。我国现阶段小型零售商业和饮食服务业企业采取哪种所有制形式更为合适，也要从它的生产力水平和劳动特点出发。

首先，从生产条件来看，目前小型零售商业和饮食服务业使用的生产工具，以手工工具为主，设备比较简陋，小型零售商店除了店铺、货架、柜台和一些普通量具外，几乎没有什么机械化工具和现代化设备。在小型饮食服务企业中，除少数企业有一些机械化生产工具外，大量使用的是手工工具，有些劳动主要靠手工技艺。这些企业生产劳动的分工与协作程度低。有些小店铺几个人经营，连简单的劳动分工也说不上。

其次，从劳动特点来看，零售商业和饮食服务业的劳动，不同于一般物质资料生产劳动，这些行业的劳动主要是或兼有服务性劳动，其特点正如马克思所说的，"这种劳动的特殊使用价值在这里取得'服务'这个特殊名称，是因为劳动不是作为物，而是作为活动提供服务的"②。这种劳动特点决定了这些行业的劳

①《马克思恩格斯选集》第2卷，第85页。

②《马克思恩格斯全集》第26卷（Ⅰ），第435页。

动者一般是与消费者直接接触，劳动者的服务态度、服务质量如何，成为影响消费者身心健康和利益的重要构成部分，也是这些企业经营成果好坏的重要因素。这种特点在这些行业的小型企业表现尤为明显。

最后，从经营特点看，由于小型零售商业、饮食服务业企业的店堂，除了少数设在繁华的商业区外，大多数主要是设在居民区，从而决定了这些企业经营的分散性，因而也就不便于集中统一管理，而更适于独立经营。

总之，小型国营零售商业和饮食服务业企业，采取租赁、转让等形式转为集体商业后，由于设备资金等生产资料归集体所有，在经营上能够做到自主经营，自负盈亏，应变能力强，在分配上能与企业经营成果更直接挂钩，彻底打破“大锅饭”；在管理上更能实行企业民主；等等。这些集体所有制企业的固有特征，可以使企业具有更大的活力，有利于进一步提高企业和职工的积极性，改进服务态度，提高服务质量，方便广大消费者。

至于一些小企业租赁给经营者个人经营，则是解决历史上造成的“左”的后果的一种新的办法。早在1956年陈云同志就曾经指出：“小商店、摊贩、挑贩中的广大部分是散布在居民区中间的，这些分散在居民区中的小商贩是我国商业中今后长期需要的一种经营服务形式、如果把他们统统收缩起来，合并组成集中的公私合营商店和合营商店、合作商店，那就不便于居民的消费。如果仍让他们分散经营，而由国家给以固定工资，那就不能保持他们经营的积极性”①。现在，我们通过租赁这种形式，回到这条正确途径上来，就可以使这些小企业重新焕发出经营的积极性，延长营业时间，降低费用，灵活经营，方便群众。

三、建设具有中国特色的社会主义商业的需要

国营商业的优越性是不可否认的。在新中国成立初期，它对打击投机倒把、稳定市场物价、保障人民生活基本需要以及对资本主义工商业的社会主义改造起了重要的作用，而后在促进工农生产的发展和为人民生活服务等方面，也继续起着积极的作用。这是众所周知的。同时，国营商业在执行国家政策、采用先进技术、设备、提高技术和文明经商等方面，也曾对集体和个体商业起过重要的示范作用。

但是，我们不能不顾及商业、饮食服务业的生产力水平的多层次及其劳动特点等情况，把小型商业企业、饮食服务业也统统办成国营企业。而必须从实际出发，建立多种所有制形式的商业，求得商品流通领域所有制结构的合理配置和协调发展。

按照马克思主义的观点，全民所有制是与生产的高度社会化相联系的。马克

①《陈云文稿选编》（1646—1956年），第288页。

思深刻地揭示了资本主义社会的基本矛盾，是生产的社会化与生产资料私人占有的矛盾，从而提出了无产阶级在夺取政权后，应该以生产资料全民所有制代替资本主义私有制，促进生产力的发展。但是，我们是半殖民地、半封建的基础上搞社会主义建设，就要从中国的实际情况出发。长期以来，我们把单一的全民所有制结构视为社会主义的唯一模式，认为越大越公才是社会主义，其实这是对社会主义的一种误解。马克思并没有否定社会主义社会存在集体所有制的必要性。他在《巴枯宁〈国家制度和无政府状态〉一书摘要》中曾经指出，无产阶级革命胜利后，对小农不能实行剥夺，而应采取措施"促进土地私有制向集体所有制的过渡"①。

列宁对社会主义条件下的集体所有制经济作过充分的论述，这主要表现在对合作社问题上。1923 年列宁口授《论合作制》一文时，提出了"合作企业是集体企业，但它与社会主义企业没有区别"的著名论断②。

斯大林在《苏联社会主义经济问题》一书中，对集体所有制也是肯定的，他明确地把社会主义公有制分为全民所有制和集体所有制两种形式，并得出了发展苏维埃商业，"必须利用所有的孔道：合作社网、国营商业网、集体农庄商业"③的结论。

可见，过去我们总想把集体所有制企业过渡到全民所有制的做法，并不符合马列主义关于社会主义经济所有制形式的观点。现在，事实告诉我们，必须根据马列主义关于社会主义多种经济形式的观点，结合我国生产力水平多层次结构的特点、建立多层次的所有制结构的社会主义商业，以国营商业为主体，多种经济成分并存，各尽其长，各得其所，这应该是我国现阶段社会主义商业的一个重要特征。

---

①《马克思恩格斯选集》第 2 卷，第 635 页。

②《列宁选集》第 4 卷，第 686 页。

③《斯大林全集》第 13 卷，第 183 页。

第三节　国营商业改革的若干理论探讨

商业利润与经营承包责任制①

国营商业实行经营承包责任制，其基本原则是：责、权、利相结合，国家、集体、个人利益相统一，职工劳动所得同劳动成果相联系。这里都涉及一个利益的分配问题。而利益的分配，首先是通过利润的实现和分配体现出来的。所以，企业都把利润作为承包的主要内容和考核的主要指标。但是，在实践中，这种做法带来了双重的结果：一方面，总的来说确实增强了大多数企业的活力，提高了广大职工的责任心并充分发挥了他们的主动性、积极性、创造性；另一方面，也产生了某些损害消费者利益的现象，在国家、企业、职工个人之间的利益分配上也有许多不合理的情况。所以，正确地认识和对待利润，就成为当前完善商业经包责任制的一个重要问题，本文仅从对商业利润质和量的分析上，谈谈对完善商业经营承包责任制的看法。

一、商业利润的质与经营承包责任制

马克思在分析商业利润的实质时，曾经指出，“不管怎样，利润仍然表现为一种社会关系的产物，而不是表现为单纯的物的产生”②。他进而指出，在资本主义社会，在商业资本从产业资本独立出来以后，“商业资本会按照它在总资本中所占的比例，参加决定一般利润率”③。“因为商人资本本身不生产剩余价值，所以很清楚，以平均利润的形式归商人资本所有的剩余价值，只是总生产资本所生产的剩余价值的部分”④。“正如工人的无酬劳动为生产资本直接创造剩余价值一样，商业雇用工人的无酬劳动，也为商业资本在那个剩余价值中创造出一个份额”⑤。因此，资本主义商业利润是由产业工人的剩余劳动创造的，由商业劳动者的剩余劳动实现的，而被商业资本家无偿占有的剩余价值。它反映了产业资本家和商业资本家对无产阶级的剥削关系。

在社会主义社会，由于资本主义生产关系的消失，商业企业有的成了社会主义的企业（国营和集体商业），有的成了社会主义商业的必要补充（合法的个体

①发表于 1985 年黑龙江省商业经济学会内部刊物。

②《资本论》第 3 卷，第 440 页。

③《资本论》第 3 卷，第 318 页。

④《资本论》第 3 卷，第 314 页。

⑤《资本论》第 3 卷，第 328 页。

商业），因此，从根本上讲，商业企业获取马克思所说的作为剩余价值一部分的资本主义商业利润的情况，已经不存在了；就国营商业企业来说，获得的只应是社会主义的商业利润。

所谓社会主义的商业利润，是指社会主义商业企业经营中，进销差价减去费用和税金后的余额。其中一部分是物质生产部门的劳动者为社会创造的剩余产品的价值，在商业部门实现的部分形成的；另一部分是商业部门的职工的生产性的劳动，为社会创造和增加的价值形成的。因此，社会主义的商业利润，反映了在生产资料公有制的基础上，商业企业、职工同国家之间，同其他部门企业和劳动者之间，以及同消费者之间，在根本利益一致基础上的社会主义的经济关系。社会主义商业利润是国家积累、企业发展和职工增加收入的重要资金来源。所以，社会主义商业利润与马克思指出的资本主义商业利润，在依赖的所有制基础上，在反映的社会关系上，在利润的来源上，在获取利润的手段上，以及在获取利润的目的和使用上，都存在着本质的不同。

长期以来，在“左”的思想的影响下，特别是“四人帮”一伙混淆社会主义商业利润与资本主义商业利润的区别，把社会主义商业利润当成资本主义的东西来批判，说什么“企业赢利越多越有罪”，结果不仅严重地影响了国家的财政收入和资金积累，也破坏了商业的经营管理；另外在过去旧的经济体制下，商业企业的利润全部或大部上交，企业的盈亏与企业和职工的利益没有直接的关系。这种对待利润的“大锅饭”的做法，也束缚着企业和职工的积极性，不利于商业的发展。

党的十一届三中全会以后，在理论上为社会主义商业利润恢复了名誉，在实际工作中提高了商业利润的地位，开始取得了好的效果。也正是基于对社会主义商业利润本质的上述认识，所以在商业经营承包责任制中，有的企业实行利润承包，有的企业把利润作为主要的考核指标，并且都把利润的多少与企业和职工的利益直接挂钩。这种做法在许多搞得好的地区和企业，确实收到了促进企业加强经营管理、提高商业经济效益、增销增收、改进服务态度、提高服务质量、进一步满足生产和生活需要的效果。

据对北京、上海、天津、兰州、张家口、常州、沙市等十三个大中小城市的调查，1983 年 1—6 月，与上年同期相比，销售额增加 12.4%，利润增长 4.8%，费用水平下降 0.78%，资金周转加快 12 天，服务态度和服务质量也有所改善，如北京市东四人民商场，服务项目由承包前的 93 项，增加到 198 项；西城区百货公司，经营品种比上年同期增加 7921 种；仅东风、西单、东四三大商场，1983 年第一季度就收到群众表扬信件十万余份。

所以，肯定社会主义商业利润和资本主义商业利润质的根本区别，是实行商业经营承包责任制并在承包中突出利润的地位和作用的一个重要的理论根据，这

是一方面。

另一方面，我们也看到，商业实行利润承包或把利润作为主要考核指标以后，有相当一部分企业和职工，采取短斤少两、以次充好、提等提价、掺杂使假等手段欺骗消费者；用压等压价收购欺骗生产者（主要是农民）；甚至偷税漏税，转嫁负担欺骗国家；等等，以此牟取非法的利润。

例如西安市有个果品店，1983 年第 1 季度，通过自行抬高零售价格非法牟利 17496 元，其中从国营批发部门购进 41477 斤苹果，国家规定零售价是每斤五角七分，而这个店的平均零售价是六角三分七厘，高出规定零售价 11.7%。他们还将从农民手中购进的一批无霜柿饼，撒上面粉冒充有霜柿饼出售，非法获利 1530 元。由于用欺诈手段获得了大量的非法利润，这个店 1 月，职工平均收入 573 元。有三人超过了 900 元，经理个人收入达 1230 元。又如沈阳市一个副食店的承包小组，卖猪下水样样提价，得非法利润 172 元，被五个营业员私人分掉，再如武汉市，一家百货店将河南产的海军呢冒充天津产品，并将二等品、三等品、四等品全部按一等品出售，获得非法利润一万多元，一家餐馆不按规定投料，做糊米酒 1600 斤，少用食糖 206 斤，多用糖精 3 斤，获得 120 元。一个区的饮食系统，一年内就克扣消费者粮食两万多斤，等等。

这种用欺诈手段获取非法利润的现象，不是实行经营承包责任制以后才有的，以前就已经存在；但是在实行经营承包责任制以后，不仅没有消除这种现象，反而在许多地区和单位有了急剧的发展。据调查，即使在全国实行经营承包责任制比较好的地区，短斤少两率一般也达到 10%到 30%左右。正因如此，1981 年在全国试行的商业经营承包责任制，曾在一些地区和单位被迫停了下来。在目前，也仍然是商业经营承包责任制中一个令人十分焦虑和必须认真解决的问题。

这就在理论上提出一个问题：既然如前所述，社会主义商业利润同资本主义的商业利润有着本质的区别，那么，现在某些商业企业和职工用不正当手段取得的利润，又是一种什么性质的利润呢？

为了说明这个问题，有必要先重温一下马克思、恩格斯对商业利润的另一些论述。首先，他们在分析前资本主义社会的商业利润时，曾经指出，“只要商业资本是对不发达的共同体的产品交换起中介作用。商业利润就不仅表现为侵占和欺诈，而且大部分是从侵占和欺诈中产生的”①。因此，“交换中的欺诈是以独立形式表现出来的商业的基础”②。其次，马克思和恩格斯在分析资本主义商业利润的过程中，在批判资产阶级学者用欺诈来说明整个资本主义商业利润来源的错

①《资本论》第 3 卷，第 369 页。

②《马克思恩格斯全集》第 46 卷（下），第 389 页。

误观点的同时，还多次讲到，个别商业资本家除获得平均利润外，仍有可能用欺诈手段，从其他资本家和小生产者、消费者身上，再获得一部分追加的商业利润。这就是人们所说的资本主义商业附加利润。因为，“对单个资本家来说，由他本人实现的剩余价值，既取决于对劳动的直接剥削，也取决于互相诈骗的行为”[①]。欺骗“在零售商业方面，特别是在大城市里，已经成为卖主维持生活的真正条件了”[②]，因此，“商业日益变成欺诈”[③]。这种用欺诈手段获得的商业利润，同作为剩余价值一部分的一般意义上的资本主义商业利润，虽然有所不同，但是，就其性质而言，毫无疑问，同样是资本家对广大消费者的一种剥削行为的结果，反映的主要是私有制条件下一种剥削与被剥削的经济关系。

在社会主义的商业经营中，某些企业和职工用欺诈手段牟取的商业利润，虽然与资本主义作为剩余价值一部分的商业利润也有所不同，与资本主义商业欺诈获得的利润在数量上也不可同日而语，但其性质同样是对广大消费者的一种剥削行为的结果，是资本主义商业经营在社会主义商业经营中的遗痕，是同社会主义商业利润有着本质的区别的。因为，①欺诈获取的利润同国营商业性质不相容。国营商业的生产资料是人民的财产，人民（即广大消费者）是商店的主人，即使实行经营承包，人民也没有放弃对商店生产资料的所有权，企业职工虽然也是商店主人之一，但他们首先是受人民委托承包了办好商店的责任。如果商店反过来欺诈消费者，无疑是在欺诈商店的主人，这是不能允许的。②欺诈获取的利润同社会主义的分配原则相违背。商业利润是让渡利润，在社会主义有计划的商品经济的条件下，让渡的商业利润多少，在宏观上受计划规律的约束，在微观上要遵循价值规律的原则，即企业要在国家计划规定（如价格）的范围内，通过等价交换的正当买卖活动来取得。而用欺诈手段获得利润，既违反计划规律的要求，又违反价值规律的要求。至于职工再从欺诈获得的利润中分得一部分利益，则更是明显地违背了按劳分配的社会主义原则。③欺诈获取的利润同社会主义商业的宗旨格格不入，同商业改革的目的背道而驰。社会主义的宗旨就是为了最大限度地满足生产和人民生活的需要，而不是取得利润；商业改革的目的是为了进一步解放生产力，发展生产，丰富生活，也不是为了个人多捞一点钱。趁改革之机不择手段地攫取利润，不仅把利润放在了第一位，而且必然导致坑害国家，损害消费者利益，扰乱市场，破坏流通，妨害生产，不利消费。它败坏了社会主义商业和改革的名誉，是对社会主义商业和商业改革的一种破坏。至于商业欺诈对人们思想的腐蚀，对建设社会主义精神文明的恶劣影响，更是不言而喻的了。所以，用

①《资本论》第3卷，第52页。

②《马克思恩格斯选集》第2卷，第471页。

③《马克思恩格斯选集》第3卷，第298页。

欺诈手段获得的商业利润，是社会主义商业经营中一种不合理的经济现象，是应该逐步消灭的资本主义商业的残遗。

那么，为什么在社会主义商业经营中会存在这种欺诈利润？为什么在商业经营承包中又会一度有所发展呢？

这是因为，在社会主义社会，我们虽然消除了资本主义的私有制，进而也就消除了产生一般意义上的资本主义商业利润的基础，但是，由于社会主义社会是从资本主义社会脱胎而来的，它不可避免地带有旧社会的某些遗痕。这种遗痕表现在商业经营上，就是存在着某些企业和职工仍然有用欺诈手段获取非法商业利润的可能性和现实性。具体来说，这是因为：

第一，社会主义买卖双方仍然存在利益上的矛盾。恩格斯曾经指出“在私有制的统治下”“商业和其他一切活动一样，必然是商人收入的直接来源。这就是说，每个人必然要尽量设法贱买贵卖。所以在任何一次买卖中，两个人在利害关系上总是绝对彼此对立的；这种冲突带有完全敌对的性质”[①]。社会主义社会消除了生产资料的私有制，社会主义商业企业与消费者买卖双方的根本利益是一致的。但是，由于劳动者消费资料的分配仍然主要采取商品和货币的迂回形式，在买卖活动中，一方之所得仍然是另一方之所失。所以，买卖双方在根本利益一致的基础上，仍有不一致的一面。这种不一致在从前主要是表现为国家和消费者的利益矛盾上。实行经营承包责任制以后，企业和职工的利益同企业获得的利益直接挂上了钩，这样买卖双方利益上的矛盾，就又表现在企业、职工和消费者的关系上，并集中地反映在商业利润上。因此，商业企业和职工用欺诈手段获取非法的商业利润，就具有一种潜在的经济动因了。

第二，商业经营的特点为欺诈提供了客观的“机会”。由于“贱买贵卖，是商业的规律”[②]，所以，“‘G—W—G’的形式，为贵卖而买，在真正的商业资本中表现得最纯粹”[③]。因此，商业经营利用其处于生产和消费的中介地位，利用买进卖出的方便条件，进行欺诈获取利润，比别的部门有更多的“机会”。社会主义商业改变了资本主义商业的性质，但是没有也不可能改变商业的经营特点和中介地位，因此也就不能消除这种欺诈的“机会”。

第三，在目前条件下的商业竞争和垄断，在许多地区和单位，同时在加剧着欺诈的发展。竞争的压力从来都是私有制商业欺诈的推动力。资本主义社会的商人“必须投机倒把”，因为“竞争迫使他这样做”[④]。尤其是“小商人由于本钱

---

①《马克思恩格斯全集》第1卷，第600页。

②《马克思恩格斯全集》第46卷（下），第387页。

③《马克思恩格斯全集》第23卷，第133页。

④《马克思恩格斯全集》第1卷，第615页。

小，营业费用大，一样的货色却不能像大零售商卖得那样便宜；而人们要求他们的却是价格低廉，再加上别人的竞争，于是他们就只好有意无意地备办掺假的货物了"①。社会主义的商业竞争，在我国近几年来随着商业体制改革的进行，有了新的发展。这种竞争产生的压力，有可能把企业推向两个不同的方向：在引导得当，约束有力的情况下，会使企业沿着社会主义商业的方向，改善经营加速发展；在引导不当，约束不力的情况下，就会促使企业去搞歪门邪道。在前一个时期的商业经营责任制中，在许多地区和单位，这种引导和约束是不够的，有的甚至是撒手不管的。因此，竞争的压力就成了一些企业用欺诈手段牟取非法利润的动力。

从另外一方面来看，我国的商业很不发达，网点严重不足，加上"左"的思想的影响，在城市消费品市场上，长期以来由国营独家垄断经营，具体到一个居民供应区，就由那里的一家商店垄断经营。商业体制改革以来，实行多种经济成分并存，这种局面开始打破，但是仍没有根本改变。国营商业的这种经营垄断，就同"任何垄断一样，必然要引起停滞和腐朽的趋向"②。它在商业经营承包责任制中则表现为：给用欺诈手段获取非法的利润开了方便之门，同时这种垄断带来的欺诈又因某些商品的短缺而加重。

第四，社会上存在着使上述商业欺诈的可能性变为现实行动的因素。这主要是：社会主义社会还存在着阶级斗争，资本主义商业经营作风的影响还存在，特别是在实行对外开放后，法制更是十分薄弱；党风和社会风气还没有根本好转，政治思想工作还比较软弱；经济体对内搞活的经济政策后，资产阶级思想的侵蚀有所增加；目前法制还不够健全，执法还不够严格，商业立法体制改革正在进行，各方协调配合都很不够；商业经营承包责任制本身还在试验，各种做法还很不完善；等等。因此，在商业经营和经营承包责任制中，出现某些用欺诈手段牟取非法利润的现象，在一个时期内将是难以避免的。

总之，由于在社会主义社会，客观上存在着社会主义的商业利润和资本主义残遗的商业欺诈利润，这样两种性质截然不同的商业利润，所以，在实行经营承包责任制时，一定要把它们严格地区分开来。

但是，在前一段实行的经营承包责任制中，对此没有给予充分的注意，考核的往往只是利润的量，而不注意利润的质。这就使得两种不同性质的利润，同样在货币形态上，作为同一利润总量的组成部分而存在，并且同样作为企业经营成果好坏的标志，共同影响企业和职工的利益分配，即只要利润总量大，对企业和职工的利益就大，反之则小。在这里，利润量上的差别，掩盖了利润质的差别。

---

①《马克思恩格斯全集》第 2 卷，第 354 页。

②《列宁选集》第 2 卷，第 818 页。

因此，当企业和职工通过追求社会主义商业利润来增加利润总量的时候，一般来说，利润越多，对国家的贡献越大，对人民越有利，利润指标就起到积极的作用；反之，当企业和职工通过追逐欺诈的非法利润来增加利润总量的时候，利润量越大，对国家和人民的危害也就越大，利润指标就起消极的作用。因此，当我们没有分清两种不同性质的商业利润的时候，商业利润的作用必然给经营承包责任制带来二重的结果。

当然，由于我们是社会主义国家，办的是社会主义商业，如前所述，在商业经营承包责任制中，绝大多数企业和企业获取的绝大多数利润，只能是社会主义商业利润，获取非法的欺诈利润只能是少数。因此，在商业经营承包责任制中，社会主义商业利润的作用是主要的，非法的欺诈利润的作用是次要的。不过对这种次要的作用如果不加限制或限制不力，它就会在一个企业、一个地区甚至更大的范围里变成主要的作用，使社会主义的商业蜕变为资本主义的商业。所以，我们面临的任务，就是要探求在发挥社会主义商业利润积极作用的同时，如何最大限度地削弱和减少（因为在实际中还难以完全消灭）非法的欺诈利润的消极作用，不断完善经营承包责任制，使商业经营承包责任制沿着健康的道路向前发展。

二、商业利润的量与经营承包责任制

在商业经营中由于存在社会主义的商业利润和非法的欺诈利润，因而商业企业的利润中，有可能存在两种不同来源的利润量，这是十分明显、无须多说的。这里要进一步研究的是，企业获取的社会主义商业利润本身的量，也有两种不同的构成部分，需要加以区分。这就是客观因素影响实现的利润量和主观因素影响实现的利润量。

我们知道，商业经营都是在一定的客观经济条件下，通过人的主观活动进行的。因此，作为个别企业经营结果的商业利润量，不论对于资本主义商业还是社会主义商业，总是由客观因素和主观因素这两方面影响决定的。不过，在不同的社会经济制度下和同一经济制度下的不同所有制的企业，其客观因素和主观因素的内涵是不一样的。对于我们这里研究的社会主义全民所有制的国营商业企业来说，客观因素是指企业的经营管理和职工的劳动以外的一切因素，主观因素是指企业的经营管理和职工的其他各种活动。

影响国营商业企业利润量的客观因素是多方面的。其中主要的有：

（一）价格因素

商业利润是“让渡利润”[①]。这种让渡是通过企业在商品经营中的进销差价

①马克思《资本论》第3卷，第440页。

实现的。在税金、费用和销售额一定的条件下，经营进销差价大的商品，利润就大，反之则小。进销价格，在资本主义经济中，是以生产价格为基础由买卖行为中的竞争决定的；在我国的社会主义经济中，过去是由国家统一规定的固定价格，体制改革后，实行固定价格的商品仍由国家规定，实行浮动价格的商品也要按规定的品种在允许的范围内浮动，实行自由价格的商品是少量的，并且仍要接受国家的统一管理。因此，总的来说，价格因素对企业获得利润来说，是一个外在的客观因素。另外，由于目前商品价格严重背离价值，在工商、农商、商商之间的价格中都有许多不合理的地方，更使得价格因素对企业利润的影响，不仅大而且悖。例如全毛毯和棉毯的批零差率都是7%，珍珠霜和雪花膏的批零差率都是25%，卖一条毛毯比棉毯多赚九元，一瓶珍珠霜比雪花膏多赚三角钱，而且目前毛毯和珍珠霜更畅销。

（二）经营品种因素

经营不同的商品，不仅存在进销差价上的差异，并且在资金占用、周转快慢、费用高低、损耗多少等方面也各不相同。这都直接影响利润的多寡。资本主义商业是通过资本在行业间和企业经营品种上的转移，使得用等量资本经营不同的商品，在经营相同的情况下，可以获得相同的利润率。在社会主义商业中，国家根据人民生活的需要，投资办各类商店并规定其商品经营范围和供应对象，企业不得自行改变。这样一来，经营水平相同的企业，会因为商品经营分工的不同，带来经营利润率的不同。如1983年第一季度企业销售利润率，北京市经营小百货的西单第二百货商店为5.7%，西四布店为6.1%，西四五金交电商店为9.1%，西单文化用品商店为13.1%。

（三）资金因素

资本主义商人是拿私人的钱做买卖，资本对于他来说是个主观因素。社会主义国营商业企业的资金，是由国家投资和贷款。固定资金多，意味着设备好，营业面积大，库房大，经营条件就好。如北京市珠市口百货商场人均营业面积7.4平方米，前门百货商场人均只有2.9平方米。商业企业资金绝大部分是流动资金，企业拥有的流动资金越多，商品的吞吐量越大，带来的利润也越多。尤其是企业自有流动资金占的比重大，就可以少贷款少付利息，反过来就是增加利润。国家给不同企业拨发的自有流动资金是很不相同的。如1982年北京市西城百货公司自有流动资金占全部流动资金的比重为70%，百货大楼占38.2%，西单百货商场占23.7%。仅此一项，西单百货商场一年要比百货大楼多付利息（即减少利润）31.8万元，比西城百货公司多付利息（减少利润）71万元。

（四）地理位置因素

企业所处的地理位置不同对其利润影响极大，这是商业的一大特点。由于位

置不同会带来：①客流量不同。如地处繁华闹市区的北京西单百货商场，日均客流量达 10 万多人次，而供应地区性的地安门百货商场，只有 5 万人次，相差一倍。②周围同类商店网点密度不同。③供应区内消费水平和消费结构不同。如在文化体育等公共场所附近的食品店生意好做，在学校科研单位聚集区的文化用品商店买卖兴旺。所以商店的位置特别优越，会作为一种客观的自然条件给企业带来超额利润。社会主义国营商店的位置是由国家统一规划设点布局的，企业不能自由选择，因此由于位置不同对企业利润的影响是一种客观的因素。

（五）供求因素

微观经济活动离不开宏观经济状况的制约。商业企业的经营要以社会商品供应的需求为基础。社会提供的适销商品越充裕，有支付能力的社会需求越大，企业经营就越活跃，赢利的机会和条件就越有利。从商品供应方面来说，首先取决于社会生产发展水平，特别是作为消费资料主要生产部门的农业和轻工业提供的产品数量和质量；其次决定于社会产品的分配情况，如农副产品的购留比例，社会产品在市场和非市场供应之间的比例，进出口商品的品种和数量的变动，以及国家掌握的主要商品货源在全国各地、城乡之间的分配比例等。从需求方面来说，主要决定于社会购买力水平，它由居民购买力、社会集团购买力和农业生产资料购买力组成。这三方面的购买力又受生产的发展水平和国民收入的分配和再分配的制约。同时，购买力还要受人民需求变化的影响，按不同的需求结构，投向不同的商品。

上述因素在不同时期变化是很大的。例如，近年来由于实行了新的经济政策，农业和轻纺工业有了较大发展，提供的商品量大大增加。商业系统 1983 年农副产品收购额比 1978 年增加 111.6%，达 921.38 亿元，工业收购增长 55%以上，达 1.235 亿元。就适销情况看，1983 年下半年对 249 种主要工业品调查，供不应求的占 20.1%，供求基本平衡的占 43.4%，供过于求的占 36.5%。另一方面，由于国家采取多项政策提高人民生活水平，社会购买力大幅度上升，1983 年全国农民家庭平均每人收入比 1978 年增长 132%，城市职工家庭每人每年可用于生活费的收入增长 66.45%。随着购买力的增长，社会消费结构也发生很大变化，这不仅表现在消费品中吃、穿、用的比重变化很大，而且高、中档商品需求大幅度上升，对吃和穿的品种花色要求也越来越高。所有这些变化，都使得那些商品适销对路货源充裕的企业，利润大幅度上升；而那些货不对路或货源不足的企业，利润大幅度下降。

（六）费用因素

企业利润是收入对于费用的扣除，费用负担大，利润就要减少。行业不同，企业大小和新老不同，都会引起费用结构上的变化和数量上的差异。以 1982 年上海零售业为例，百货行业的费用率为 2.22%，纺织品行业为 2.18%，五金交电行业为 1.33%。按商店规模看，大商店费用率低于小商店，如 1982 年大型的北京西单百货商场为 2.26%，南京新街口百货商店为 2.58%，而小型的北京燎原百货商店为 2.72%，上海勤风缝纫用品商店为 3.41%。按新老企业看，南京新街口百货商店是个老企业，有退休职工 59 人，负担退休金每年 4.5 元；红塔百货商场是个新企业，只有 4 名退休职工，一年退休金 6000 元，在职职工负担退休职工工资，新街口商店人均 140 元，红塔商场人均 30 元，相差 4.5 倍。

影响企业经营赢利的客观因素还有许多，但仅从上述所举各项已经可以看到，客观因素作为企业经营的基础，是十分重要的。当相同的经营管理水平和劳动效率与有利的客观因素相结合时，就会提高企业的经济效益，带来更多的利润；反之，与不利的客观因素相结合，就要降低经济效益，减少利润。所以，客观因素会以自己的差异，在企业之间造成级差收益，这种级差收益亦即客观因素影响实现的利润量。

随着社会经济和政治形势的变化，客观因素也是时常发生变化的，在一个时期有利于企业赢利的因素，在另一个时期会成为不利的因素，如某些经营品种会由热销变冷背；有些客观因素同时包含着有利的一面，又具有不利的一面，如地处繁华区的商店既有顾客盈门的喜悦，又有竞争激烈的烦恼；对于同一个行业，可能同时具有许多有利的客观因素，也可能同时处于许多不利的客观因素之下，还可能利弊得兼。但无论哪种情况，客观因素对企业利润的影响，都是实实在在存在的。

如同影响企业利润的客观因素是多方面的一样，影响企业利润的主观因素也是多方面的，在相同的客观条件下，企业可以围绕着扩大商品流通、加速资金周转、降低流通费用等途径，充分地发挥主观因素对利润的影响作用，增加企业收益。这些主观因素主要表现在三个方面：

（一）经营水平

商业不同于工农业生产部门，它的主要经济活动是从事商品经营，即通过买卖行为实现商品从生产领域到消费领域的转移。因此，商业利润不仅总是伴随着商品经营来实现，并且要随着企业经营水平的高低而增减。所以主观因素对利润的影响，在经营方面反映最为明显和重要。

首先是能否组织好进货。进货是扩大商品销售的物质前提，企业如果能够正确地进行市场预测，扩大进货渠道，组织充裕的货源，使所经营的商品适销对路，花色品种规格齐全，进货适时，批量得当，就会防止脱销、滞销和积压，加速商品流转，增加赢利，不然就会带来相反的后果。如北京西城百货公司，1982 年上半年，仅削价处理商品就损失 47 万元，而 1983 年上半年改善经营后，只损失 4.6 万元，下降 98%。

其次是能否组织好销售和服务。销售和服务是商业经营的中心环节和最终目的。在利润率一定的条件下，销售额与利润成正比。而服务好既可推动销售，本身也可增加收入。企业通过搞好商品的宣传展示，改进销售方式，提供优质服务，取得顾客信誉等，都会促进扩大销售增加赢利。如北京天桥百货商场，在经营品种上注意以小商品带动大商品，小商品占全部经营品种的 43%，每天吸引大批顾客，有的来买商店自剪红喜字顺便也买了结婚用品或礼品；他们还以优质服务，特别是不歧视外地顾客而誉满全国，每天顾客中有 80%是慕名而来的外地人，一年卖给外地顾客的商品可获利润 50 多万元，占利润总额的 1/3 左右。

（二）管理水平

商品经营的基础是企业管理，只有通过对人力、物力、财力实行有效的计划、组织、指挥、监督和调节，才能保证商品流通过程的顺利进行，实现以最少的劳动消耗取得最大的经济效益，增加利润。企业可以通过坚持政治和业务的统一，保证企业的社会主义经营方向；制订科学的经营计划，提高成功率减少盲目性；实行严格的经济核算制，加速资金周转，降低费用水平；建立明确的岗位责任制，提高工作效率，减少财产损失；实行民主管理，严明奖惩办法，调动职工的积极性；等等，都会直接和间接地从开源和节流两个方面，来增加企业利润。以北京市规模条件相近的天桥和花市两个百货商场为例，由于管理水平不同，1982 年，资金周转，天桥商场为 26 天，花市商场为 38.8 天；费用水平，天桥商场为 1.54%，花市商场为 2.02%；财产损失，天桥商场为 3.2 万元，占利润的 2.2%，花市商场为 4.59 万元，占利润的 2.7%。如果按天桥商场的水平来衡量花市商场，仅上述三项，花市商场一年减少利润 80 多万元。

（三）劳动效率

在资本主义社会，商业雇用工人的剩余劳动，是商业资本“利润的源泉”①。在社会主义社会，虽然这种剥削关系已经消失，但是提高商业劳动效率，仍然是增加企业利润的最终途径。因为，不论是产业部门劳动者为社会创造的那一部分剩余产品的价值，还是商业劳动者在商业生产性活动中为社会创造的价值，都要靠商业职工的劳动来实现。企业的经营决策和管理目标，最终也都要落实到提高劳动效率上来，并通过提高劳动效率来实现。商业劳动效率是销售额与劳动时间相比。劳动效率的提高对于职工来说，意味着劳动数量的增加和质量的提高。在其他条件一定的情况下，劳动效率与企业的赢利成正比。

①马克思《资本论》第 3 卷，第 328 页。

所以，企业通过加强政治思想工作和正确地贯彻物质利益原则，调动职工的积极性；通过文化技术培训，提高职工的业务素质；通过加强劳动管理，合理组织劳动；通过建立健全岗位责任制，明确职责权限；通过开展社会主义竞赛，激发职工的创造性；等等，来提高劳动效率，降低费用，增加利润，就都是发挥主观因素的结果。商业企业在这方面的差别很大，潜力也很大。如北京市规模相近的五家中型百货商场，1982 年人均劳效，天桥为 10.3 万元，花市为 8.57 万元，前门为 6.2 万元，珠市口为 5.1 万元，红桥为 3.2 万元。如按天桥劳动效率为标准，其余四家中劳效最高的花市，其利润实际水平也应再提高 16.7%，增加 30 万元。

上述及其他影响利润的主观因素，都是企业自己可以控制的内在因素，较少受外界的影响。因此具有相对的稳定性。主观因素与客观因素相比，最大的特点在于它是劳动的因素。无论是企业的经营水平、管理水平还是劳动效率的提高，都是企业的干部职工付出脑力和体力劳动的结果。因此，从实际上讲，主观因素也可以说是企业职工的劳动因素，主观因素影响实现的利润量是职工劳动带来的利润量，在其他条件一定的情况下，这一部分利润量同职工劳动支出成正比。所以主观因素影响实现的利润量，可以作为衡量职工劳动情况的间接尺度。而客观因素对于企业来说则是非劳动因素，虽然它可能是其他部门过去劳动形成的，它发挥作用也离不开活劳动的作用，但其本身并不包括企业职工活劳动的支出。因此，客观因素影响实现的利润量，反映不了企业职工劳动的情况，也就不能作为衡量企业劳动好坏的标志。

这就产生一个问题，国营商业实行经营责任制，是通过利润把企业的经营成果与企业和职工的利益挂钩的，那么这个钩应该挂在哪种利润上呢？是挂在客观影响实现的利润量上？还是主观因素影响实现的利润量上？抑或挂在包括这两种利润量的企业利润总量上呢？我以为，应该只挂在主观因素影响实现的那一部分利润量上，而目前采取的挂在利润总量上的做法是不合适的。

因为，这是巩固国营商业全民所有制的性质和正确扩大企业自主权的需要。经济体制改革，一定要有利于巩固和发展社会主义的全民所有制，这是一个原则。国营商业实行经营承包责任制，不能削弱和放弃国家对生产资料的所有权。所有权的一个重要体现，就是国家对企业经营成果的占有权。实行经营承包责任制以后，企业的权利扩大，也要对经营成果拥有一部分占有权。这对于搞活经营，调动企业和职工的积极性，无疑是有利的。但是，如何使国家的占有与企业占有统一起来，正确地划分两个占有的界限，是一个大问题。不然企业占有了应该归国家占有的部分，久而久之，全民所有制就会受到削弱；反之，国家占有了应该归企业占有的部分，又会回到过去统得过死的老路上去。

利改税之前，企业的占有损害了国家的占有是主要倾向。表现在两个方面：

一是在确定利润承包基数时，一些企业夸大了不利的客观因素的影响，缩小和隐瞒有利的客观因素的影响，压低承包基数。据对北京 49 家百货商店的调查。1983 年的承包基数比国家要求的前三年平均数低 9.4%，少承包 238.9 万元。二是超过承包基数的利润（企业叫超额利润是不恰当的）分配不当，在有的地区和企业，国家没有得大头，如北京市一商局规定，这部分收入国家和企业五五分成，国家已经得不了大头，实际执行中有的企业是倒三七分成，还有的是全部留归企业。一家文化用品商店，第一季度超基数利润 4 万元，国家分文不得。利改税之后，在对一些利润大的企业确定税后承包费时，也仍然有类似的现象存在。

这种做法，实际都是在企业利润的形成中，缩小甚至否认了国家的生产资料等客观因素的作用，夸大了企业主观因素的作用，进而挤掉了国家凭借对生产资料的所有权占有企业经营成果的一部分权利。为了纠正和避免这类现象，就要如实地区分客观因素影响实现的利润量和主观因素影响实现的利润量，使企业对经营成果的占有，主要同真正的主观努力所增加的利润量挂钩，并且根据全民所有制的分配原则，在进行各种扣除之后，只占有其中的一少部分。第二，这是坚持社会主义计划经济和利用市场调节的需要。国营商业是社会主义计划经济的重要组成部分，社会主义商业利润首先是一种计划利润。国家从国民经济发展的全局出发，根据经济规律的要求，为了满足生产和人民生活的需要，有计划地制定出不同行业、不同企业的利润任务，规定经营不同商品的利润率。企业则通过执行国家下达的销售计划、费用计划和劳动工资计划等一系列计划指标，以及各项政策规定，经过正当经营来完成利润任务。但是，如前所述，由于各种客观因素的影响，往往不同的企业或同一企业在不同的时期，同样按计划要求经营，利润差别却很悬殊，过去吃“大锅饭”，大家都不去计较这种影响和差别，企业仍按计划要求进行经营，社会主义的计划市场也能得到保证。但是这样做又不利于调动企业和职工的积极性，不利于活跃市场。

商业体制改革以来，一方面，扩大了企业的自主权，允许利用市场调节的作用搞活经济；另一方面，又在经营承包责任制中利用利润的刺激作用调动积极性。这从长远来说是对的，目前也取得了许多好的效果。但是现在的问题是，有许多企业和职工在利润的刺激下，利用开展市场调节的方便条件，去“利大大干，利小小干，无利不干”。例如：①有的企业跨行业、柜组打乱分工经营。食品店卖被面，日杂商店卖服装，有的商店甚至卖钢材和水泥，还有的要求卖拖拉机。②有的企业和职工争快货、抢大件成风。有个省的百货、五金、日杂三家公司争着卖洗衣机，各讲各的理由，官司打封省常委会。③有的企业内外勾结卖大号。如把紧缺蔬菜和水果卖给商贩投机倒把，企业职工从中分利。④有的企业不经营价低利微的小商品和放弃群众需要的经营项目。如一个百货店承包半年，小商品品种减少 25%，有一个市三分之一的饮食网点停止了早点供应，等等。

出现这样问题，除了管理不善等原因外，一个重要原因就是在对企业利润指标的考核中，没有区分客观因素影响实现的利润量和主观因素影响实现的利润量。企业觉得按计划经营吃亏，就利用市场调节去冲击计划。长此下去，市场调节不仅起不到辅助作用，还会起严重的破坏作用，社会主义的统一计划市场，也要变成无政府状态的自由市场，其后果是不堪设想的。所以，当我们决定改革要利用市场调节的辅助作用，并运用利润的刺激作用时，必须区分企业两种不同的利润量，并采取不同的办法，使企业只要执行国家计划并在计划要求的范围内利用市场调节作用，都会得到大体相同的好处，从而乐于执行和遵守计划的要求，把利润调动起来的积极性引导到计划的轨道上来。

第三，这是进一步贯彻按劳分配，克服苦乐不均的需要。按劳分配是社会主义的基本原则之一。过去由于“左”的影响，对这个原则坚持贯彻不够，在企业职工之间存在干多干少，干好干坏一个样的平均主义倾向。实行经营承包责任制就是要解决这个问题。但是从前一段的实行效果看，有些地区和单位问题并没有解决好，反而出现了许多问题。一是职工奖金的增长速度超过了劳动效率的增长：如北京市前门大街 142 家企业，1983 年 1—2 月比上年同期，奖金增长 72.1%，劳动效率增长 27%，还出现了一些职工奖金成倍地超过基本工资的不正常现象，如西安市一个果品店，第 1 季度平均每人每月工资 312 元，最高达 966 元。二是不同企业和同一企业内部职工之间，出现了许多严重苦乐不均的现象。企业间，如北京市西单春雷电讯器材商店，1983 年第 1 季度，每人每月奖金平均 91.3 元，同期白塔寺百货商场只有 11 元，相差 8 倍多。同一企业内的职工间，如通化市第二百货商店，1 月，化纤呢绒布组人均奖金 230 元，而食品组只有 2 角 5 分，相差 920 倍。

十分明显，出现这种情况，主要不是职工劳动上的差异造成的，不是执行按劳分配的结果，而是由于分配的过程中，没有区分客观因素和主观因素影响实现的不同的利润量。一方面，从企业来说，把超基数利润中理应归国家所有的客观因素影响实现的那一部分利润量，当作超额劳动的报酬给分掉了，并且有的对于真正超额劳动增加的那一部分利润量，也没有作必要的扣除，而采取了分光吃净的错误做法；另一方面，从职工来说，在衡量其劳动成果时也同样没有排除客观因素的影响，使一些职工占了客观因素有利的便宜，另一些职工吃了客观因素不利的亏。

而根据马克思主义的观点，按劳分配是以“全体公民在同整个社会的生产资料的关系上处于同等的地位”① 为基础的，它要求对于个人消费品的分配，要对所有的劳动者“以同一尺度——劳动——来计量”，“生产者的权利是和他们提供

①《列宁全集》第 20 卷，第 147 页。

的劳动成比例的”，并且“每个生产者，在做了各项社会扣除之后，从社会方面正好领回他所给予社会的一切。他所给予社会的，就是他个人的劳动量”①，这里要求排除一切客观因素的影响。在现阶段的社会主义时期，我们虽然还难以完全做到这一点，但是作为以进一步贯彻按劳分配为重要目标的商业经营责任制改革，必须清醒地认识到这一点，并在实践中向这个方向努力，否则就会南辕北辙。

三、正确对待商业利润的质和量，完善商业经营承包责任制

通过以上对商业利润的分析，可以得出三点结论：

第一，由于国营商业企业的利润在质的方面，既有社会主义的商业利润，又有可能存在非法的欺诈利润；在量的方面，既有主观因素影响实现的利润量，又有客观因素影响实现的利润量，因此，我们不能一般地笼统地肯定或否定，在经营承包责任制中把利润作为主要考核指标和内容，同企业和职工的利润挂钩是否可行。

第二，由于在两种不同性质的商业利润中，社会主义商业利润是主要的、基本的，它反映了社会主义的经济关系，非法的欺诈利润是少量的、次要的；又由于在社会主义商业利润量中，主观因素影响实现的利润是企业职工劳动的结果，可以反映职工劳动的好坏，并作为间接的尺度来衡量职工所付出的劳动，因此，在经营承包责任制中把这部分社会主义商业利润同企业和职工的利益挂钩是可以的。

第三，但是挂钩的前提，是要区分开企业利润中两种不同的质和量。挂钩形式和紧密程度，取决于我们在实际工作中进行这种区分和控制的能力和水平。区分得越清楚，控制得又纯熟的，可以把钩挂得紧一些，反之，就要相对松一些，因此，在经营承包责任制中，通过利润把经营成果同企业和职工的利益联系起来，应该区分不同的行业和企业，采取多形式、分层次的办法，如对饮食、服务、修理行业要同销售业有所区别，而对销售业中的批发与零售，专业店与综合店，大企业与小企业，等等，也都要有所区别，不要搞“一刀切”。利润承包，作为一种责权利挂钩的形式，有其一定的适应范围，不应一概否定，但也不能不分条件地当成一般的或唯一的形式，普遍推行。

这里需要顺便指出的是，在实行经营承包责任制之初，有的地方和单位片面地强调企业和职工的利益，忽视了应负的责任，出现了“以利代责”的现象，因而过分地突出利润的地位和作用，这是错误的。现在，出了问题之后，有的同志走到另一个极端，又要否定企业和职工实现利润的重要性，试图“以责代利”，

---

①《马克思恩格斯选集》第3卷，第10－11页。

因而又不适当地贬低和削弱利润的地位和作用，也是不对的。我们还是应该坚持经营承包责任制中责权利相结合的正确原则，恰当地估计和发挥利润在这种结合中的地位和作用，使经营承包责任制不断发展完善，而不要采取简单化或走回头路的办法。

正确地区分企业经营中两种不同性质的利润和两种不同因素影响实现的利润量，并用适当的办法通过利润把经营成果同企业和职工的利益联系起来，是一个十分复杂的问题。这里只能就其原则方面，提几点不成熟的看法，供有关方面参考和大家讨论。

（一）严格区分两种不同性质的商业利润，维护消费者利益，坚持企业的社会主义经营方向

（1）制订消费者利益保护法，维护消费者利益要提高到法律高度，要以法律为准绳。经济发达的资本主义国家大都有保护消费者利益的专门法律，如美国从1906年起先后颁布了23个，英国从1393年起先后制定了8个，日本也在1968年通过了《保护消费者基本法》。这些法律虽然不能消除资本主义商业所固有的欺诈，并在实质上会保护资产阶级利益，但是它们毕竟是广大消费者（特别是其中的劳动者）长期斗争的结果，对维护消费者利益还是有一定作用的。我们是社会主义国家，完全能够从广大人民的根本利益出发，制定一套严格可行的惩治商业欺诈行为、维护消费者利益的专门法律。使生产经营者明确自己对消费者应承担的法律责任，使消费者知道自己在购买、使用商品和接受服务时拥有的权利，目前我国这方面的工作还很薄弱，最近已有一个《食品卫生法》出台，但贯彻执行得还很不够。在大多数情况下，对损害消费者利益现象，处罚很轻，一般只采取思想教育、行政处分、扣罚奖金、少量罚款等办法，实际效果不大。所以，非常有必要从法律高度来研究解决损害消费者利益的问题，从根本上改变目前惩治不力的软弱状态。

（2）建立健全维护消费者利益机构。目前，对商业经营的监督检查，主要是由工商行政管理部门、党政领导部门和商业经营单位本身进行的。这当然是十分必要的。但是由于商业网点多、职工多、情况复杂，而工商等部门机构人员有限，管理不过来，党政领导部门工作忙，顾不过来；经营部门利益所在，有时认真不起来。因此，在加强和改进上述部门的管理工作的同时，有必要把消费者组织起来，参照国外的做法，结合我国的实际，成立消费者协会，协助有关部门来维护自身的利益。广大消费者是商业服务的直接对象，也是商业欺诈的直接受害者，他们自己组织起来同商业欺诈行为作斗争，会更加准确、及时、坚决而有效。并且我国工会历来有维护群众利益的传统，又有街道居民委员会这种独特的深入群众生活之中的组织，在此基础上吸收一些退休职工（特别是退休的商业、工商、物价等部门的职工）参加，成立消费者协会，秉章依法，在党和政府的领

导下，用各种方式与有关部门配合，是会收到好的效果的。不然，像现在这样，维护消费者利益没有消费者参加，就缺少最基本的动力和依靠力量。

（3）进一步放宽政策，大力发展城乡商业。据1983年统计，我国每千人口占有商业网点2.1个，而苏联是2.3个，匈牙利5.2个，西德5.6个，美国7.5个，英国9.2个，法国10.5个，日本14.3个。这里虽然有消费水平等不可比因素，但我国网点不足是十分明显的。不仅如此。在现有商业网点中，在许多行业国营商业所占比重过大，集体和个体商业比重过小。因此无论是社会商业之间，还是国营内部，竞争仍然不能在许多行业充分展开，因此促使企业维护消费者利益的外部压力还不够大。所以，要继续有计划地按不同地区、不同行业的实际情况，发展集体商业和个体商业，增加国营商业网点，同时把一大批小型国营企业改为租赁或承包给经营者个人经营，增加市场竞争力。

（4）在国营企业内部不断完善经营承包责任制。这里最主要的是完善考核办法。把过去只考核利润或销售指标的做法，改为考核经济指标与社会服务效果两方面的指标，即不仅要考核利润、费用、销售、资金周转等指标，还要考核遵纪守法、执行政策和计划、服务态度和质量多项指标，建立一套完整的考核指标和体系，使考核系统化；不仅要考核企业的经济效益，还要考核企业经营带来的社会效益，把两个效益的考核统一起来；不仅要考核利润的量，还要考核利润的质；不仅要考核作为经营成果的利润，还要考核取得利润的手段和过程，把对利润质与量的考核统一起来。从而使企业和职工如果用欺诈手段取得非法利润，不仅得不到任何好处，反而要受到严厉的惩罚遭受损失，特别是对职工个人的考核，要大大加强社会服务效果指标在分配中的比重，实行综合性、全面性的考核。在维护消费者利益上坚持严查重罚。江苏省常州市商业系统在维护消费者利益上，采取领导与群众相结合，店内与店外相结合，定期检查与不定期抽查相结合，自查与互查结合，经济处罚与思想教育相结合，取得了较好的效果，可供借鉴。

（5）加强政治思想工作。解决商业欺诈问题，最终还要依靠商业职工提高政治思想觉悟，在经营活动中自觉地不去搞欺诈，并同欺诈行为做斗争，维护消费者利益。为此，应该通过宣传、学习和教育，使职工分清什么是社会主义商业，什么是资本主义商业；分清什么是社会主义正当的合法利润，什么是资本主义的非法商业利润；分清什么是社会主义商业的正当经营途径，什么是资本主义商业的投机取巧、欺诈行为；分清什么是社会主义的商业道德，什么是资本主义的奸商作风；分清什么是社会主义的按劳分配、劳动致富，什么是资本主义的不劳而获、剥削他人。使职工树立起全心全意为人民服务的思想，自觉抵制资产阶级思想的腐蚀，在工作中要注意把开展“文明礼貌月”等集中性的活动，同经常性的职业道德等思想教育结合起来，形成制度化。要加强政工干部的思想工作责任制，做到事前有人抓，事后有人管。要注意把表扬好人好事同批评坏人坏事结合起来。要把思想政治工作结合着经济工作一道去做，改变思想政治工作的软弱无力和形式主义的毛病。

（二）努力区分两种不同因素影响实现的利润量，把企业放在同等的条件下考核和竞争

现在越来越多的同志赞同，在评价商业企业的经营成果时，要排除客观因素对利润的影响，把企业放在同等的条件下，这是正确处理企业和国家的利益关系的基础，也是克服企业和职工之间苦乐不均的前提，但是至于如何做到这一点，存在着不同的意见。

一种流行的意见认为，主要靠调整价格，只要使价格合理化就可以解决了。这是片面的。因为，一方面，如前所述，目前价格不合理固然是影响商业企业利润量的一个十分重要的因素，但不是唯一的因素，调整价格解决不了价格以外的其他客观因素对利润量的影响，因此也就不能解决由此引起的企业收益差异问题。另一方面，所谓价格合理化，一是指在生产环节定价时，使价格符合价值或生产价格；二是指在流通环节定价时，使价格与该商品经营中的周转快慢、资金占用、费用支出和损耗程度等相适应，使各种购销差率合理。但这并不是要消除经营不同商品购售差率上的差别，相反，正是以这种差别为前提的。这样，经营不同种类的商品，在市场供求不断变化的情况下，价格因素对企业利润的不同影响，总是要存在的，因此，价格因素给利润带来的差异是商品本身固有的差异，指望通过价格的调整，在商品经营（即利润的实现）的过程中，就排除了客观因素给企业带来的利润差别，这是难以实现的，而由此带来的苦乐不均和不按计划经营等问题，也就不能得到解决。

还有一种意见认为，实行利改税第二步办法后，已经排除了客观因素对企业的不同影响，并解决了由此产生的苦乐不均和确保国家得大头等问题。实际并非如此。利改税第二步办法对商业大中型企业规定，企业实现的利润，先征55%的所得税，然后再征调节税；小型企业赢利多的在按八级超额累进税征收所得税后，再征收承包费，这里主要是以征所得税为基础，以调节税或承包费为补充调节企业留利差异。

但是，由于所得税是以企业实现的利润总量为征收对象的，并且税率一律。它虽然对于在实现利润中确定国家和企业的收入比例有作用，可是因为同样没有区分开客观因素和主观因素对企业利润的不同影响，因此会带来两个后果：一是对企业来说，不同的企业，只要实现的利润总量相等，留利就一样多，客观条件好的企业仍然占便宜，客观条件差的企业仍然吃亏，表面上机会均等，而实际上仍然掩盖着苦乐不均，“鞭打快牛”和“养肥懒牛”的可能仍然存在。二是对国家来说，国家是按企业实现的利润总量拿大头，这只有在企业实现的利润增加

时，国家的“大头”的实际额才会大；如果企业实现的利润减少或没有利润，国家的“大头”的实际额就会减少或落空。另外，还很有可能出现，对客观条件好而主观努力差的企业，会把一部分理应归国家占有的客观因素带来的利润量，留给了企业；而对客观条件差而主观努力好的企业，国家又拿走了主观因素带来的利润量中理应留给企业的一部分数额。这些情况都会给国家的“大头”带来虚假性和不合理性，至于在所得税基础上征收的调节税和承包费也存在同样的问题。所以，目前利改税的具体做法，在解决国家与企业的关系，以及企业之间的关系方面，仍然存在许多不足的地方。

正确地处理这些关系，在目前的情况下，我赞同有的同志提出的主要通过进一步完善税制来解决。结合商业的情况，应该：

首先，要增加调节级差收益的税种，把客观因素影响实现的利润量，用税收形式消除掉，如：①改进和完善商品经营税，一方面，适当提高那些利润大的商品的经营税率，降低那些利润小的商品的经营税率，以解决不同行业和企业，由于经营不同商品因价格不同带来的利润差别；另一方面，也要同时考虑国家对消费的控制和引导的需要，考虑到人民生活的实际需要，在不同时期对某些商品经营提高或降低税率。②征收国营商业企业级差地租税，以解决不同企业因地理位置不同带来的收益差别。③征收资金占用税。解决企业因国家拨给的自有资金不同带来的利润差异，增加企业提高资金利用效益的压力。（现在规定的资金有偿使用，没解决过去已拨资金问题）④征收供求调节税，在出现影响市场供求变化的重大客观因素时，如国家调整工资或价格，工农业生产受人为调整或自然界变化影响使货源大量增加或减少，等等，应相应地调整某些商品经营的税率。

其次，在解决了客观因素对利润影响造成的差异之后，再根据不同行业、不同类型和规模的企业，分别设计合理的税率，征收所得税，来解决国家和企业之间的利益关系，这也是解决企业同职工利益关系的基础。一般来说，不同行业间的税率，要以平均利润率为基础；行业内的企业，以同类型、同规模的中等偏上的企业经营状况的利润水平为基础，来确定税率较为合适。

另外，通过改革创造一个计划指导下的社会主义市场调节的机制，用市场调节来自动补充有计划的税收调节的不足，也是排除客观因素影响实现的利润量对企业利润分配的一个重要方面。如准许企业在适当范围内的交叉经营，准许偏僻地区企业到繁华区开设分店和联营，准许自由进货，扩大企业价格权限，等等。

总之，只有这样，才能真正区分开商业企业经营中，客观因素和主观因素影响实现的不同的利润量，从而使企业的责权利更紧密合理地结合起来，并在基本相同的条件下开展竞争，以便更好地提高企业素质，改善经营管理，提高劳动效率，最大限度地发挥主观因素的作用。

（三）根据商业劳动的特点，改进经营承包中的计酬方式

在解决了国家和企业的利益分配问题之后，在企业内部如何实现“把职工的利益同职工个人的劳动成果联系起来”，是经营承包责任制的一个重要问题。这里关键是用什么来衡量职工的劳动成果，即联什么计酬。我认为，鉴于商业的特点，商业经营承包的计酬方式，应该采取多层次、多指标的综合性考核办法，而不能照搬农业上单层次、单指标的“直来直去不拐弯”的办法。在坚持综合考核的原则下，各个环节要有所侧重：

（1）对企业内独立核算的经营单位劳动集体，以联利为主。如前所述，社会主义的商业利润是国家财政收入的重要来源，也是企业利益、职工收入分配的重要资金来源，在排除了客观因素作用影响实现的利润量之后，利润是反映企业经营成果的综合性指标，也是反映企业职工劳动成果的综合性指标，因此承包计酬必须抓住利润这个指标。但是，在企业内部，职工个人和非独立核算的经营单位，都不是相对独立的商品经营者，因此这些劳动者个人和集体的劳动成果不能单独表现为利润，所以联利计酬只能实行到企业内部独立核算的劳动集体，如分店、大的商品部。

（2）对非独立核算的经营单位（如柜组）劳动集体，以联销为主。销售劳动是商业职工最基本、最主要的劳动。商业职工的劳动成果主要表现为销售额。同时，销售额也是影响企业经营成果——利润的主要因素。因此，联劳动成果计酬，主要表现为联销计酬。但是，销售劳动要靠柜组内所有成员、各个环节的密切配合协作，离不开进货、商品陈列、店内搬运、清洁卫生等辅助性劳动，所以，销售额作为衡量劳动成果的尺度，以企业内部基本相对独立的劳动单位——柜组——为单位，比较合理。这样，便于加强协作，提高劳动效率，也可以减少矛盾，好管理。当然，对柜组联销，也要在核定指标时注意排除客观因素的影响结果。

（3）柜组对个人以联责为主。这主要体现在两个方面：一是联劳动定额（如销售额、交易笔数、差错率等）。因为劳动定额既是衡量劳动消耗数量的尺度，又是有计划地衔接企业内不同岗位工作的有力杠杆。要使职工的物质利益同所承担的工作职责、同整个企业的工作运转发生直接的联系，必须紧紧抓住劳动定额，并合理地制定劳动定额。二是联服务态度和服务质量。服务态度和服务质量是商业劳动质量的重要体现，对于以满足人民消费需要为重要目的的社会主义商业来说，尤其重要。好的服务态度和服务质量，不仅要以高水平的业务知识、熟练的业务能力为基础，还要付出辛勤的劳动，而“服务有一定的使用价值……和

一定的交换价值”[①]。所以，把服务态度和服务质量作为商业职工劳动成果的重要内容，实行承包考核计酬，是符合按劳分配原则的，它有利于促使企业和职工坚持社会主义经营方向，提高服务水平，提高社会效益。

总之，商业实行经营承包责任制是一项新的改革，牵扯的问题十分复杂。本文只是从商业利润的角度谈一点看法，很不成熟。正确地认识和回答商业经营承包责任制中出现的新问题，还有待于实践的发展和理论上的深入探讨，这方面还有大量的工作等待我们去做。

试论商业经营责任制中利润的二重性[②]

在商业经营责任制中利润的地位和作用十分突出。正确地认识和对待利润，不仅是实行经营责任制的一个重要理论问题，也是完善经营责任制的关键之一。本文仅就商业经营责任制中利润的二重性问题，谈一点粗浅的看法。

一、在一些实行经营责任制企业的经营活动中，存在两种不同性质的利润

大家知道，马克思在《资本论》中曾经指出，在资本主义条件下，个别商业资本家不仅能通过竞争从产业资本那里获得平均利润，即资本主义的商业利润，而且还有可能通过不等价交换等欺诈手段剥削消费者，从消费者那里再捞取一种资本主义商业的附加利润。资本主义的商业利润和资本主义商业的附加利润，都是资本主义剥削关系的反映。

在社会主义社会，由于资本主义生产关系的消失，商业企业成了社会主义的企业，获取资本主义商业利润和资本主义商业附加利润的问题已不复存在。因此，从根本上讲，社会主义商业只应取得一种利润，即社会主义商业利润。它是进销差价减去费用和税金后的余额，是物质生产部门为社会创造的而在商业部门实现的一部分剩余产品的价值形成的，还有一部分是由商业职工通过物质生产在商业部门的延续的劳动，为社会增加和创造的价值形成的。它反映了在社会主义生产资料公有制的基础上，商业企业、职工同其他部门企业、劳动者之间，同国家以及消费者之间，在根本利益一致基础上的社会主义经济关系。社会主义商业利润是国家积累、企业发展、职工收入增加的重要资金来源。这是社会主义商业利润的质的规定性。

另外，我们也看到，在社会主义社会里，由于阶级斗争的存在，由于资本主义思想影响和资本主义商业经营作风影响的存在，加上目前法制不够健

---

①《马克思恩格斯全集》第 26 卷（Ⅰ），第 149 页。

②摘要发表于 1983 年 1 月中国商业出版社出版的《论商业经营责任制》一书。

全，政治思想工作软弱等原因，在社会主义商业企业的经营活动中，仍有可能出现少量的不等价交换等欺诈手段，损害消费者利益，获取类似资本主义商业附加利润即非法商业利润的现象。在某些社会主义商业企业的经营中，客观存在的极少量的这种非法利润，是资本主义商业的遗痕，是资本主义不劳而获剥削意识的反映。它与社会主义商业利润有着本质的区别，与社会主义商业的性质和宗旨是格格不入的。在社会主义商业企业的经营活动中，必须严格区分这两种不同性质的利润。

但是，在经营责任制中，目前考核的往往只是利润的量，而不是利润的质。这就使得两种不同性质的利润，同样在货币的形态上，作为同一个利润总量的组成部分而存在，并且同样作为企业经营成果好坏的标志，共同影响企业和职工的利益分配，即只要利润总量大，对企业和职工的利益就大；反之则小。在这里，利润量上的差别掩盖了利润质的差别。因此，当企业和职工通过追求社会主义商业利润来增加利润总量的时候，一般来说，利润越多，对国家的贡献越大，对人民越有利，利润指标就越起到积极的作用。反之，当企业和职工通过追逐非法利润来提高利润总量的时候，利润量越大，对国家和人民的危害也就越大，利润指标就起消极的作用。

二、在一些实行经营责任制的企业中，社会主义商业利润存在两种不同的获取手段

前面谈到的非法商业利润，其获取手段也是非法的，这是不言而喻、无须多言的。这里需要特别分析的是社会主义商业利润本身的获取手段。

我们知道，社会主义商业利润是计划利润。国家从国民经济发展全局出发，从有利于生产发展和满足人民生活需要出发，经过科学的测算，有计划地规定不同行业、部门和企业的利润任务，规定经营不同商品所应获得的不同利润率。国家通过给企业下达销售计划、费用计划、劳动工资计划等一系列计划指标，并通过颁布各项方针政策、法令、规章制度，来保证企业通过有计划地正常经营取得正当的利润，完成和超额完成利润任务，并保证企业分得的利润的正当使用。

在经营责任制中，企业在全面完成国家计划的基础上，在社会主义计划经济允许的范围内，利用市场调节的辅助作用，通过积极扩大购销业务，加快商品流转，改善经营管理，降低流通费用，提高劳动效率等手段增加赢利。在这种情况下，企业取得社会主义商业利润的手段是正当的，赢利越多，说明国家计划完成得越好，社会主义计划经济的正当手段运用得越得当，因而企业的经营活动对提高整个社会经济效益就越有利。

但是也存在另外一种情况。由于扩大了企业经营自主权和开展市场调节，企业有可能不是通过全面完成国家计划，根据政策规定去进行计划经营获得利润，

而是只完成对自己赢利和利润分成特别有利的计划指标，或者通过违反国家规定、破坏国家计划的手段去获取利润。所谓“利大大干，利小小干，无利不干”就是其中突出的表现。企业离开计划轨道去取得利润，虽然一般来说，在性质上与非法利润有所不同，但是由于企业在获取利润的过程中，打乱了国家的统一计划，冲击了社会主义计划经济，这就给整个宏观经济带来损害，对满足人民长远和整体的需要不利。因此，这是一种获取利润的非正当手段。当企业用这种非正当手段去获取利润时，利润越多，对社会经济效益越不利，利润指标就起了消极的作用。在经营责任制中，由于人们往往只考察利润的结果，而不考查取得利润的手段，所以利润的结果就掩盖了两种不同的取得利润的手段。这也正是前一个时期在经营责任制中产生某些自由化倾向的重要原因。

三、在经营责任制中，利润的实现与分配具有不同的作用

商业经营责任制的基本特征是责权利的结合，实质就是在企业经营管理中运用了物质利益原则，或者叫利润原则。利润原则的最大长处在于，在企业的经营过程中，即利润的实现阶段，国家、企业和职工的利益达到了高度的一致。在经营的每一个环节上，企业和个人要想为自己多谋取直接利益，都必须同时为国家多谋取更大的利益。否则企业和个人的利益也不会实现。这就保证在利润的实现阶段，国家、企业和职工容易做到“心往一处想，劲儿往一处使”，利润的积极作用得到充分的发挥。

利润原则的短处却在于，在经营过程结束以后，到了利润的分配阶段，国家、企业和职工的利益，虽然从根本上讲还是一致的，但这时它们不一致的一面却突出出来了。利润总量已经固定，就是那么多，国家拿多了，企业和个人就要少拿；相反，如果企业和个人拿多了，国家就要少得，这时三家争利的局面将有可能发生。如何正确地处理三者的利润分配，不仅是个重要的原则问题，而且涉及许多具体的方法和技术，情况十分复杂。如果处理得好，国家利益受到保护，企业和职工的积极性也得到发挥；如果处理得不好，就有可能或者损害了国家的利益，或者挫伤了企业和职工的积极性。在这里，利润的消极作用表现就比较明显了。在经营责任制中，利润在其实现阶段所反映的国家、企业和职工三者利益的一致及其在分配阶段所反映的三者利益的矛盾，是产生经营责任制促进了增产增收，而在增收以后又容易处理不好三者利益关系的重要原因。

四、在经营责任制中，利润所反映的价值实现与使用价值实现存在着一致和矛盾

社会主义的生产目的是为了最大限度地满足社会和人民群众日益增长的物质文化需要。满足需要，就要生产和实现更多的使用价值。在存在商品生产和商品

交换的条件下，除了赊销，使用价值的实现首先要依赖于价值的实现，东西只有卖出去，或买回去才可以使用。商业作为生产和消费的中间环节，它的任务主要是实现价值。它的经济效果，主要是看是否用最少的费用实现了最多的价值。因此，利润作为一个价值指标，它的实现情况，可以在一定程度上反映出使用价值的实现程度，即社会需要的满足程度；同时，利润作为一个综合性指标，在同等的条件下，又最能够反映费用和实现价值的比率，从而反映企业经济效果的好坏。所以，一般来说，以利润作为主要考核指标所反映出来的价值与使用价值的实现，从而反映出来的社会主义生产目的和商业经营目的的实现，基本上是一致的。

另外，价值实现毕竟又不等于使用价值的实现，对于社会主义经济来说，价值实现只是使用价值实现的手段。因此，利润作为满足社会需求程度的反映，只是间接的，因而是不完全的。同时，在经济条件不正常的状况下，如价格和税收不合理，企业的级差收益没有排除，计划指标定得不够科学，等等，由社会主义计划经济制度所决定，企业不能像在资本主义条件下那样开展自由竞争，价格不能自由涨落，资金和劳动力不能自由转移，因此，利润指标便不能准确地反映企业的经营效果。可见，在经营责任制中，利润既能在正常条件下比较准确地反映价值与使用价值的关系，又有可能在不正常情况下歪曲地反映这一关系。利润的这种二重性是使利润指标成为经营责任制考核的重要指标，但又不能是唯一指标的重要原因。

综上所述，利润在商业经营责任制中，是作为对立统一体而存在的，它有积极的一面，又有消极的一面。因为我们是社会主义国家，实行的是社会主义计划经济，办的是社会主义商业，这就决定了商业企业获取的绝大部分利润只能是社会主义商业利润，而个别企业和职工牟取非法利润只能是极少数；也决定了商业企业获取利润的手段，绝大部分只能是靠计划经济的途径，个别企业用违反计划的手段牟取利润也只能是极少数；还决定了国家、企业和个人之间的根本利益是一致的，争利问题是可以通过适当办法加以解决的。而随着体制改革的深入进行，价格税收等不合理现象的调整，利润作为反映企业经营效果的综合性指标将发挥较大的作用。因此，可以说，在利润的二重性中，积极性是主要的、基本的方面；消极性是次要的、局部的方面。

在前一时期推行经营责任制的过程中，由于缺少经验，没有把握住利润的二重性，所以在发挥利润积极作用的同时，也带来了较大的消极作用。这主要表现在：

第一，利润作为主要考核指标，促进了增产增收，同时也刺激了某些损害消费者利益现象的增加；

第二，利润作为一种经济动力，调动了企业和职工的经营积极性，同时也带

来一定程度的盲目性；

第三，利润作为企业和职工收入的一个重要来源，有利于克服平均主义，同时也带来某些苦乐不均和挤占国家利益等现象。

有的同志只看到利润的积极性一面，片面地认为“利润包干，一包就灵”，主张在完善经营责任制中只要进一步发挥利润的作用就行了。这些同志没有看到利润的消极作用和这种消极作用的危害性，因而必然会使经营责任制迷失前进的方向。也有的同志只看到利润的消极性一面，片面认为“利润包干，有弊无利”，主张在完善经营责任制中要削弱以致取消利润的作用。这些同志被利润一时一事的消极作用所吓倒，看不到利润的积极性是主要的、发展的，消极作用是可以限制的，因此对经营责任制产生怀疑和动摇，要取消经营责任制，再重新回到老路上去。我们认为，在完善经营责任制中对待利润的正确做法是：紧紧把握住利润的二重性，创造条件进一步发挥利润的积极作用，同时限制其消极作用，并努力使消极作用向积极作用方面转化。就是说，要在不削弱并进一步加强利润调动起来的积极性的条件下，坚持社会主义商业的经营方向；在不失去经营责任制基本特点的前提下，去完善经营责任制。这无疑是一个十分困难而艰巨的工作，但是若不如此，我们的商业工作就难以改进和提高。而一旦我们在实践中真正掌握了利润的二重性，利润就会成为完善了的经营责任制的有力杠杆，发挥出更大的积极作用。

商业承包后的按劳分配①

国营零售商业企业实行承包后，如何进一步贯彻按劳分配原则，是一个在理论和实践上都迫切需要研究的问题。

一、国家对企业实行联利计酬

按劳分配实质上是“等量劳动相交换”，进行交换的劳动必须是同质的社会必要劳动。由于在现实的社会主义经济中，仍然存在商品生产和商品交换，所以，个别企业职工的劳动，只有通过价值规律的作用，才能转化为同质的社会必要劳动，然后进行互换，这样，企业职工的劳动，不仅在价值规律的作用下物化于本企业的经营成果中，而且只有对该企业经营成果进行衡量，才能间接地表现出来。所以，按劳分配的原则要在价值规律作用的基础上得以实现，职工的劳动报酬要同企业的经营成果相联系，这是存在商品生产和商品交换的社会主义经济的客观要求。

①发表于 1984 年 8 月 20 日《经济学周报》。

由于作为相对独立的商品生产者在社会经济中出现的，不是商业企业的个人或柜组，而是企业本身。因此，在价值规律作用下转化为经营成果的社会必要劳动，也不是以分散的职工个人或柜组为单位，而是整个企业职工的集体劳动。这样，国家在以经营成果为尺度来实行按劳分配时，分配的直接对象就不能是职工个人或柜组，而只能是企业职工劳动集体。因此，联系经营成果计酬，只能实行到企业这一级，或扩大到独立核算的以相对独立的商品生产者身份参与社会经济活动的经济单位。

反映企业经营成果的综合性指标是利润，国家对企业联系经营成果计酬，可以集中地表现为联利计酬。但是，商业企业的利润除了受职工劳动因素的影响以外，还要受企业占有国家资金的多少、设备的好坏、营业面积的大小、商店地理位置的优劣、经营商品的分工、价格的变动，尤其是市场供求的变化等非劳动因素的影响。因此，联利计酬的前提条件是国家要首先通过税收、价格、收费、信贷等手段，排除非劳动因素对企业利润带来的那一部分影响。

二、企业对柜组实行联销计酬

在企业内部，职工个人之间和柜组之间，不是商品生产者关系，他们的个别劳动不能如同企业那样通过价值规律的作用，表现为个人或柜组的经营成果。因此，企业从国家获得的企业职工集体劳动报酬，也就不能再采取等价交换的形式联利计酬分配给个人或柜组。

但是，企业内部的分配，一方面，也必须首先把职工的个别劳动转化为同质的企业范围内的必要劳动，然后才能在量上加以比较；另一方面，作为分配根据的劳动，必须是与企业经营成果直接相关的有效劳动，因为企业用来分配的消费基金总量是与企业的经营成果相联系的。合乎上述两方面条件的劳动衡量尺度，是职工的有效劳动成果，在商业企业主要是销售额。这是因为销售劳动是商业职工最基本的、经常性的、大量的劳动，销售额是商业企业经营成果最主要的影响因素。

由于商业劳动协作性强，不仅要以柜组集体为单位来进行，并且只有以柜组为单位的劳动集体密切配合，才能取得最好的有效劳动成果，扩大销售额。所以，企业内部联系劳动成果（销售额）计酬，都以联到柜组较为合适。当然，对柜组的集体劳动实行联销计酬，如同对企业的集体劳动联利计酬一样，也需要排除非劳动因素对不同柜组销售额的影响。这里关键是要经过科学的测算和实践的摸索，确定出在正常情况下，不同的柜组付出相同的企业必要劳动，所应实现的标准销售额，并在此基础上确定销售承包基数。

三、柜组对个人实行联劳计酬

在柜组内部，职工个人劳动分为两类：一类是直接的销售劳动，通过商品买卖的交易实现商品的价值；另一类是销售的辅助性劳动，通过如取货、陈列商品、清理卫生等，来促进商品销售。在前者，劳动是直接转化为有效劳动成果，可以用销售额来衡量；在后者，劳动不能直接转化为有效劳动成果，所以不能用销售额来衡量。另外，由商业劳动性质和特点所决定，在直接的销售劳动中，职工付出的实际劳动量也并不都同其所实现的商品价值量成正比，因此，柜组对个人的分配，一般不宜采取联销计酬，而以联劳计酬较为合适。

联劳计酬是直接联系职工个人的实际劳动支出计酬。柜组通过对职工的劳动时间（如出勤）、交易笔数、劳动强度、劳动技术复杂程度、劳动服务态度等方面的考核，来衡量职工个人付出的劳动多少，付给相应的报酬。这样做，一方面，有利于柜组统一协调组织集体劳动，减少职工之间的矛盾，提高集体劳动的有效劳动成果；另一方面，也仍然体现了多劳多得的原则，有利于调动职工个人的积极性。由于一个柜组范围较小，人员也少，直接衡量职工个人的劳动支出也较易于实行。

在商业经营承包责任制中，通过百分计奖把定额管理和岗位责任制同劳动报酬结合起来，从而使联劳计酬更加明确化。

建议成立消费者协会[①]

目前商业经营的监督检查工作，主要是由工商行政管理部门和经营单位本身来进行。但是工商管理部门人员有限，管不过来。因此，为了使企业真正做到消费者第一，有必要在加强政府部门和企业内部的监督检查的同时，把广大消费者组织起来，成立消费者协会，协助有关部门来维护消费者自身的利益。广大消费者是商业服务的直接对象，也是商业违法经营的直接受害者，他们自己组织起来同商业违法经营现象做斗争，会更加坚决、及时、准确和彻底。为了使消费者协会工作得好，一定要由国家制定出维护消费者利益的专门法律，使协会工作有法律为后盾。

①发表于 1984 年 7 月 16 日《人民日报》，为国内首倡建立消费者协会。

全国商业经营责任制讨论综述提要①

一、商业经营责任制的含义

关于名称，大致提出五种：“商业经营责任制”、“商业经营管理责任制”、“商业经营承包责任制”、“商业盈亏责任制”。较多的人称：“商业经营责任制”。理由：它反映了商业处于流通环节，主要职能是组织商品经营；可以区别于农业生产责任制和工业经济责任制；使用一年多了，广大职工和群众已经习惯和接受，多变易造成混乱。

关于商业经营责任制的概念，多数人认为：它是在国家计划指导下，坚持社会主义经营方向，以提高经济效益和服务效果为目的，实行责权利相结合的一种商业企业经营管理的重要制度。这种表述的特点：①体现了社会主义性质；②既体现了商业经营责任制同工业、农业经济责任制的共性，也体现了它的个性；③说明了是一种重要的企业经营管理制度。

关于商业经营责任制的内容，绝大多数人认为，实行责、权、利相结合是经营责任制的基本内容。理由：在经营责任制中，责、权、利是统一的整体，互相依存，缺一不可。没有责就失去了意义，没有权就失去了条件，没有利就失去了动力，过去在企业经营管理上也实行过某些责任制度和利益分配制度，但是三者没有紧密结合。三者结合，使企业逐渐成为相对独立的经济实体，体现了经济体制改革的方向和目标。

个别人认为，内容只是责任制，不包括权和利的问题。不能把经营责任制看作是企业唯一的、无所不包的万能制度。它只是立责、明责、履责、检责的制度，权和利的问题应当由扩权和利益分配等制度去解决。

人们一致认为，责任是核心。对于责任的范围又有两种意见：一种是企业要承担全面的责任。不仅要有经济责任，还要有政治责任、工作责任、岗位责任、经营责任、社会责任、法律责任等。因为这是企业经营管理的一项基本制度，应该包括企业经营活动中的一切责任；企业只有承担全面责任，才能体现出社会主义商业的性质和特点，企业不承担全面责任，经营责任制就会走到邪路上去；不能因为有些责任难考核就不让企业承担。

另一些人认为，企业要承担的主要是经济责任。因为经营责任制实际上就是流通领域的经济责任制；政治和经济是统一的，企业的政治责任应该贯穿在经济责任之中，通过完成经济责任来实现。实际所说的政治责任，有的是社会主义商

①发表于1982年《财贸经济》第9期，署名商业部商业经济研究所理论室。

业企业必须遵循的方针，并不是因为实行经营责任制才有的，有的本身就是经济责任问题，把经济责任定得全面恰当就能坚持社会主义方向。内容搞得太多太杂，不易考核和检查，易流于形式。

经济责任的内容，又有两种意见：一种主张结合商业特点，建立全面的经济责任，成为一个体系，如：执行方针政策，全面完成国家计划；保护和管理使用好企业财产和资金；扩大经营，提高服务质量，努力满足生产和人民生活需要；改善经营管理，节省流通费用，增加收入，提高经济效益；保障国家利益和维护消费者利益；等等。另一种主张只要有几项主要经济指标就可以了。个别人认为主要是一个利润指标。

权和责的关系：责、权协调，互相适应。多数人认为，要以责定权。因为责任制的核心是责，权要为责服务。原则上是有什么责，就给什么权，不要集中过多，又要防止企业盲目扩权。个别人认为，要以权定责。因为责任制中的权限不是由责任制本身产生，而是作为责任制的前提存在的，企业有多大权限是国家根据经济管理全局需要事先确定的，国家让企业负的责任要量权而定，但也不排斥互相调整。

责和利的关系：利是履行责的结果，又是完成责的经济动力。利的大小不仅要看规定的责的大小，更要看实际完成的责的大小、好坏。一定要责、利挂钩，对企业联责定利，对职工联责定酬。要兼顾国家、企业、个人三者利益。

商业经营责任制的由来和特点。（略）

二、商业实行经营责任制的根据

人们一致认为，应当从经济规律运动的要求和经济实际发展的需要去探求经营责任制的客观必然性，并用实践的结果加以证明。

1. 多数人认为，是社会化大生产的客观要求。我国社会主义商业现实的管理水平很低，“粗”、“乱”、“松”，很不适应这种客观需要。因此，商业企业实行严格的经营责任制是势在必行。

2. 是社会主义公有制的要求。社会主义生产资料是公有制的，劳动者是生产资料的主人，但它的所有权、使用权、管理权是分离的。企业和劳动者对生产资料的占有和使用缺乏自主权，对经营的成果缺少应有的支配权，生产资料在劳动者心目中仍会产生“异化”的错觉；有的人不爱护生产资料或经营资料，不关心企业的生产经营活动。经济责任制则通过责、权、利的结合，协调和密切生产资料的全民占有同企业的具体占有、支配和使用之间的关系，使生产资料使用的成果同企业和职工的物质利益挂钩，巩固和发展社会主义公有制。

有的人认为，实行经营责任制是全面调整、完善社会主义生产关系的需要。

不仅使生产资料的三权结合，完善巩固公有制，还要改善生产经营中人与人的互助合作关系，增强职工的责任感，对本职工作完全负责，各个环节分工协作，共同搞好企业经营管理：使责、利挂钩，提高企业经济效益，增加国家收入，并相应地扩大企业和职工的直接经济利益，调整完善分配关系。

3. 有的人指出，实行经营责任制是贯彻按劳分配原则的客观要求。

4. 有的人认为，商品经济的存在是实行经营责任制的一条根据。

5. 人们一致认为，整个经济的发展和流通体制的改革，是实行经济责任制的重要原因。①根据马克思主义流通方式决定于生产方式的基本原理，在生产领域，农业普遍实行了生产责任制，调整了生产关系；工业也正在实行经济责任制，使企业内部责权利结合起来。这样，势必要求处在“媒介”地位的流通领域，也要实行经营责任制，改善企业的经营管理，适应工农业生产的需要。②流通体制初步改革以后，商业经营有了竞争，打破了过去国营商业独家经营的局面。这就促使国营商业企业必须通过实行经营责任制，加强经营管理。在竞争中处于有利地位，更好地发挥主导作用。

实行经营责任制一年多的实践证明，绝大多数试点企业做到了国家增收，企业、个人多得；扩大了经营活动，改进了服务，进一步满足生产和人民生活的需要；改善了经营管理，节约费用开支，提高了经济效益；开始改变了两个平均主义，调动了企业和广大职工的积极性，受到企业和职工的欢迎；等等。

三、实行经营责任制的条件

多数人认为，实行经营责任制需要条件。经营责任制，是商业企业管理体制的一项重大改革，必须有计划、有步骤地进行，应当让具备条件的企业先搞。如果不讲条件，一哄而起，可能适得其反，达不到预期的效果。

少数人认为，从有些省、市试行的情况看，并没讲什么条件，相反，有些往往是从亏损、落后的企业开始推行的，效果较好；既然是对商业管理体制的一项改革，就应与企业整顿同时推行。有的实行，有的不实行，不能从全局上解决问题。

实行经营责任制要具备五个条件：①企业领导班子比较好；②干部和职工认识比较清楚，愿意搞；③企业有一定的管理基础；④企业经营正常；⑤有关部门协同配合。

上述条件应该达到什么程度，有三种意见。①只要达到起步条件就可以，把条件定得很高、很全，会束缚手脚，难以推行。②这是一项重大的改革，应该慎重。与其搞不好再停下来，不如起步时条件高一些，步子慢一些，成熟一个搞一个，搞一个巩固一个，一批一批地取得成效。出现偏差再纠正，会挫伤干部和职工的积极性。③应该有同步条件，即推行经营责任制与创造条件同步进行。各种

条件可以在运动中形成和完善，既要有条件，又不能“等条件”；不能把推行经营责任制与创造条件，在时间上纵向割裂开来，要看到两者之间的联系，有些条件只有在实行过程中，才得以逐步具备；看条件要从我国目前的经济现状及大多数商业企业的实际出发。看到整个经济体制改革还正在试验当中，经营责任制的条件只有伴随整个经济形势的好转和体制改革的进行，才能逐步完善、提高。

四、实行经营责任制应该遵循的原则

1. 坚持计划经济为主，市场调节为辅的原则。（略）
2. 坚持社会主义经营方向，维护消费者利益的原则。（略）
3. 坚持国家、企业、职工个人利益三兼顾的原则。（略）
4. 坚持各尽所能按劳分配的原则。（略）

此外，有人提出，物质利益原则以及权、责、利相结合的原则等也是经营责任制应该遵循的基本原则。

五、如何看待实行经营责任制出现的问题

前一段出现的主要问题：①有的企业向国家争利，职工向企业争酬，如偷税漏税、截留利润、谎报收支等违反财经纪律的现象有所增加；②“向钱看”的思想有所滋长，缺斤少两、变相涨价等损害消费者利益的现象比过去增多；③单纯追逐利润，违反政策，不全面完成国家计划；④在企业和职工之间出现苦乐不均和新的平均主义等现象；等等。多数人认为，有的问题是严重的，但与取得的成绩相比，毕竟是第二位的，对经营责任制应予肯定，对问题要足够重视，问题是可以逐步解决的。

个别人认为，经营责任制是否可行，值得怀疑。

问题产生的原因主要有：①片面性。认为经营责任制就是“利润包干”，是盈亏责任制。只注重利益的分配，而忽视了责任的落实，出现了片面追求利润等现象；②仓促上阵，一哄而起。没有充分准备和认真试点，如责任不明确、考核不全面、监督不严格、分配不合理、定额不准确等，给实行经营责任制带来许多困难和问题；③改革没有同步进行，如价格、税收不合理，基数确定缺少科学根据，经济法制不健全，加上财政有困难，等等。都使经营责任制不能正常推行，而不得不带有歪曲了的形象。

另一种观点则认为，除了这些外在的因素以外，还要从经营责任制本身找原因，主要是：①企业权限扩大，必然产生分散主义倾向；②责利结合，难免产生“向钱看”的弊病；③利润分成，产生与国家争利的分散主义现象。

六、经营责任制的完善问题

现阶段主要看六个方面：

①企业是否有一个强有力的推行经营责任制的领导班子；②是否做到了责、权、利紧密结合，调动了企业和职工的积极性；③是否建立并实行了全面的、切实可行的责任制度及有关制度，并且层层落到实处；④是否认真执行方针政策，全面完成国家计划；⑤是否提高了经济效益，提高了服务质量和维护消费者利益；⑥是否正确地处理了国家、企业和职工个人三者的利益关系，特别是保证国家利益和克服平均主义。

同完善问题相联系的还有个如何考核的问题。（略）

第三章　流通组织的改革

第一节　零售业的结构与业态改革

中国零售业的结构①

1949年以来，中国零售业的发展，经历了两个主要的历史时期：1949—1978年，是改革前的建立和实行计划经济的时期；1979年到目前，是改革与建立社会主义市场经济的时期。在这两个不同的历史时期，零售业的发展状况，包括零售业的结构与组织情况，存在着极大的不同。在这里，我们先简要叙述一下改革前的状况，然后着重分析改革以来的发展变化。

一、改革前中国零售业的概况

1949—1978年，中国零售业是在极其特殊的社会经济环境下生存和发展的。

首先，是在短缺经济的条件下运行。1949年新中国成立时，继承的是十分薄弱的经济基础和崩溃了的国民经济。经过3年的恢复工作，从1952年到1978年的26年间，经济得到了很大的发展。但是，由于起步太低和政治运动频繁，加上“左”的经济工作指导思想路线带来的失误。经济发展几经波折，农业生产屡受损害，轻工业生产不受重视，所以，主要消费品的供应一直处于严重不足的紧张状态。见表1。

表1　　1952—1978年人均主要工农业产品产量　　单位：千克

年份	粮食	棉花	油料	糖料	水果	猪牛羊肉	水产品	布（米）
1952	288.13	2.29	7.37	13.35	4.29	5.95	2.94	6.73
1978	318.74	2.27	5.46	24.91	6.87	8.96	4.87	11.54

①本文为1996年7月中国社会科学出版社出版的《中日流通业比较》一书的部分内容。本文数字和分析范围，均不包括中国的台湾省和香港、澳门地区。

由于商品匮乏，为保证快速增长的全国人口对生活用品的最低需求，零售业普遍采取了对商品凭票证供应的分配方式，从粮食、布匹到肥皂、火柴，几乎覆盖了全部生活资料，有的地区在这期间累计发票证的商品达170余种。

其次，是在低收入消费水平条件下经营。由于经济发展的缓慢和高积累、低消费的政策，在这一期间，居民收入增长缓慢，消费水平低下，消费领域狭窄，消费方式简单，绝大多数居民是为维持最基本的温饱而奋斗。消费水平在总体上是处于饥饿型阶段。1978年同1952年相比，全国居民消费水平，由76元增加到175元。26年间增长99元，平均每年增加3.86元。其中，农民由62元增加到132元，非农业居民由149元增加到383元，平均每年分别仅增加2.69元和9元。在这种情况下，社会商品零售总额和社会消费品零售总额均增长缓慢。见表2。

表2　社会商品零售总额及消费品零售总额　单位：亿元

年份	社会商品零售总额	社会消费品零售总额	食品类	衣着类	日用品类	文娱品类	书籍报刊	医药类
1952	276.8	262.7	148.3	50.8	39.5	6.7	2.0	6.8
1978	1558.6	1264.9	655.8	278.5	156.3	42.2	12.1	64.7

注：按当年价格

资料来源：《中国统计年鉴》1993年版

从表2中可见，26年社会消费品零售总额仅增加3.8倍，尚未剔除物价因素。

最后，是在计划经济的体制束缚之下。1956年，国家实现了社会主义改造，消灭了资本主义商业企业，后来又基本消灭了个体商业，并将集体商业过渡为全民所有制商业，零售业到了1978年已是国有商业的单一所有制结构。与此同时，1956年确立了完整的计划经济体制，以后逐渐强化。在计划体制下，商品流通按国家计划统一分配调拨，商业机构实质是一个商品分配系统，零售企业则是这个分配系统的末梢，其职能就是将有限的商品，有计划均匀地分配给全国居民，而商品的买卖只是一种表面的形式。到了1978年，仅由商业部分配的计划商品就多达391种，适应分配制的需要，零售店的数量、规模、分布、结构等均由政府统一安排。零售企业没有经营的自主权，对所经营的商品范围、品种、数量、价格以及销售方式等，基本是由政府下达指令。

在上述这种供应短缺、消费低水平和计划体制下，中国零售商业的发展缓慢，总量不足，结构单调，经营呆板，不仅与现代商业无缘，就是按计划经济的要求，也处于萎缩状态。

1978年同1952年相比，全国零售商业机构，由420万个减少到104.8万个；从业人员由709.5万人减少到447.4万人。分别减少37.5%和37%。在这一时期，由于零售业机构减少和人员减少，而居民人口大量增加，导致了零售业总体服务状况水平大幅度下降，给人民生活带来极大不便。见表3。

表3　　1952—1978年零售业服务情况　　单位：人

年份	平均每一机构服务人口	平均每一从业人员服务人口
1952	137	81
1978	914	214

资料来源：《中国商业外经统计资料》

由于采取了消灭私人商业的政策，并发展和合并了国有零售商业企业。在这一期间，零售商业的企业或网点规模扩大了，每一机构平均拥有职工，由1952年的1.7人，发展到4.3人。

作为具有中国社会主义商业特点的所有制结构，发生了复杂的变化，从总体上讲，公有制零售商业机构和人员大幅度增加，个体和私人零售业机构和人员大量减少。在公有制商业中，最初的集体商业和供销社商业，相继实际上过渡为全民所有制，失去了集体商业的特点，后来为安排城镇待业青年就业，又发展了一批新的集体商业。所以，在统计资料上集体商业比重、数量都很大，但实质上与全民所有制商业无异，零售业的所有制结构到1978年单一化了。在做了这些说明之后，我们按统计名义上的集体商业项目，仍将所有制结构变化列表见表4。

表4　　1952—1978年零售业所有制结构

年份	机构（万个）			人员（万人）		
	国有	集体	个体	国有	集体	个体
1952	2.9	10.1	407.0	43.3	70.7	589.5
1978	4.9	89.1	10.8	97.6	336.2	13.6

注：集体中含供销社

资料来源：《中国商业外经统计资料》

1978年，零售商业分城乡结构来看，在机构总数中，城市占26.5%，乡村占73.5%；从业人员中，城市占58.8%，乡村占41.2%。这与同期中国城乡人口结构分布很不适应，1978年城镇人口占17.9%，农村人口占82.1%，说明农村零售业更欠发展。

1978 年，缺少行业的结构统计数字。1979 年按行业划分的零售业的机构与人员结构中，从机构结构来看，综合商店、副食品商店和百货店占前三位；从人员结构来看，也是如此，详见表 5。

表 5　1979 年社会零售商业分行业结构

商店类型	粮油商店	副食店	其他食品商店	百货店	纺织品店	五金交电化工店	医药店	书店	煤店	石油店	杂品店	农业生产资料店	综合店	个体店	合计
机构（万个）	3.1	16.3	8.1	18.3	2.0	1.4	1.7	1.1	1.2	0.2	6.3	5.3	31.8	12.0	113.9
人员（万人）	32.8	108.9	55.7	118.6	10.8	12.1	12.6	5.0	13.1	2.3	21.8	23.8	105.3	15.1	562.7

资料来源：《中国商业外经统计资料》

二、改革以来中国零售业的发展

1979 年中国改革开放以来，零售业发展的环境发生了重大的变化。

（一）经济的高速发展，供求关系由卖方市场转入买方市场

1979—1993 年，国内生产总值年平均增长 9.3%，是世界经济发展最快的国家。主要工农业产品产量大幅度增加（见表 6），全国日用消费品供应基本取消了票证。

表 6　1978—1993 年人均主要工农业产品的产量变化　单位：千克

年份	粮食	棉花	油料	糖料	水果	猪牛羊肉	水产品	布（米）
1978	318.74	2.27	5.16	24.91	6.87	8.96	4.87	11.54
1993	387	3.2	15.3	64.70	25.6	27.1	15.4	16.2

资料来源：《中国统计年鉴》

（二）居民收入水平大幅度提高，消费结构模式基本实现了温饱并向小康型过渡

1993 年，全国城乡居民消费水平为 1148 元，比 1978 年增加 973 元，按可比价格计算增长 1.8 倍，15 年间平均每年提高 7%。全国城乡居民储蓄存款年底余

额，由1978年的210.6亿元，增加到1993年的14763.8亿元，增长69倍。家庭主要耐用消费品普及率迅速提高。(见表7和表8)

表7　　城镇居民每百户家庭耐用消费品拥有量　　单位：台

年份	彩电	电冰箱	洗衣机	录音机	照相机
1982	1.1	0.7	16.1	18.0	5.6
1993	79.5	56.7	86.4	75.5	26.5

资料来源：《中国统计年鉴》

表8　　农民居民百户家庭耐用消费品拥有量

年份	手表	自行车	缝纫机	收录机	电视机
1982	68.1只	51.5辆	32.8架	4.3部（1985年）	1.7台
1993	170.6只	133.9辆	62.3架	24.3部	69.6台

资料来源：《中国统计年鉴》

全国城乡居民的消费观念、消费水平、消费领域、消费结构、消费方式等，都发生了极大的变化，形成了一个多元化、多层次消费的大市场。

（三）计划经济的商业体制，正在被市场经济的商业体制所取代

如前所述，改革15年来，经过调整所有制结构，实行经营承包责任制，建立现代企业制度，调整购销政策，放开价格，建立市场和市场机制，建立政府新的宏观调控体系，建立市场经济商业法制，对外开放在流通领域引进外资等一系列改革，原来的单一所有制的计划调拨分配式体制，已被多种所有制、多条流通渠道，以市场为主要机制的新的市场经济流通体制所代替。市场越来越成为中国商品流通的主要形式。

在改革开放不断深化，经济持续高速发展，消费水平大幅度提高的大环境中，中国的商业有了重大的发展。

（一）商业机构和从业人员大幅度增加

1978—1992年，社会商业饮食业，服务业的机构由151.7万个增加到1421.4万个，增加1269.7万个，增长了8.37倍，其中商业机构由131万个增加到1063.2个，增长了7.1倍。详情见表9。

表 9　　1978—1992 年社会商业机构[①]　　单位：万个

年份	总计	企业管理机构		企业经营机构					仓储运输业
		合计	兼营业务的	合计	农产品采购	工业品批发	零售	其他	
1978	131	7.0	2.9	122.1	12.1	3.7	104.8	1.5	1.9
1992	1063.2	10.7		1049.8	18.3	12.1	1006.3		2.7

资料来源：《中国市场统计年鉴》1993 年版

14 年间，社会零售商业机构由 104.8 万个增加到 1006.3 万个，增加了 901.5 万个，增长了 8.6 倍。

同一时期，社会商业、饮食服务业的从业人员也有了迅速的发展。由 1978 年的 937.8 万人，增加到 1992 年的 4131.4 万人，增加 3193.6 万人，增长了 3.41 倍。其中商业从业人员由 777.4 万人，增加到 3199 万人，增加了 2421.6 万人，增长了 3.1 倍。

表 10　　1978—1992 年社会商业从业人员　　单位：万人

年份	总计	企业管理机构人员	企业经营机构人员					仓储运输业人员
			合计	农产品采购人员	工业品批发人员	零售机构人员	其他人员	
1978	777.4	118.3	608	88.5	69.7	447.4	2.4	51.1
1992	3199.0	165.3	2959.4	217.2	195.3	2434.5		74.3

资料来源：《中国市场统计年鉴》1993 年版

14 年间零售商业从业人员由 447.4 万人，增加到 2434.5 万人，增加了 1987.1 万人，增长了 4.4 倍以上。

（二）零售业的服务状况大为改善

1978—1992 年，社会零售业每一机构平均服务人口数，由 214 人减少到 116 人；每一零售从业人员平均服务人口数，由 214 人减少到 48 人；平均每一机构年销售额由 13 万元减少到 1.78 万元；平均每一从业人员的年零售额由 3 万元增加到 3.25 万元。零售业的发展，给人民生活带来了方便。

（三）零售业的销售大幅度持续增长

1978—1993 年，社会商品零售总额由 1558.6 亿元，增加到 13592.6 亿元，

① 表 9、表 10 中 1992 年的农产品采购和工业品批发的机构和人员仅包括国有商业和集体商业，不包括合营和个体。

增加12034亿元，按当年价格，增长了7.7倍。其中，社会消费品零售总额，由1264.9亿元，增加到12237亿元，按可比价格，增长了3.8倍，平均每年增长9.2%。详见表11、表12。

表11　1978—1993年社会消费品零售额　单位：亿元

年份	1978	1985	1990	1992	1993
金额	1264.9	3801.4	7250.3	9704.8	12237

注：按当年价格
资料来源：《1994年统计提要》

表12　1978—1993年社会消费品零售总额的指数和平均每年增长速度

1993年为下列各年（%）				平均每年增长（%）	
1978年	1985年	1990年	1992年	1979—1993年	1986—1993年
376.1	161.3	137.4	111.6	9.2	6.2

注：按可比价格计算
资料来源：《1994年统计摘要》

同商业销售扩大相一致的，社会消费品零售量也同步大幅度增加。1978年到1993年，消费品零售量，猪肉由467.5万吨增加到1448.7万吨，增加了2.1倍；鲜蛋由45.9万吨增加到402万吨，增长了7.8倍；水产品由219万吨增加到484.2万吨，增长了1.2倍；电视机由55.1万台增加到2137.8万台，增长了38倍；录音机由8万台增加到1203.7万台，增长了149倍。

改革以来，伴随着经济的高速增长和商业的巨大发展，我国也出现了严重的通货膨胀，成为影响商业和零售业发展运行的一个重大问题。以1978年全国零售物价总指数为100，1993年全国零售物价总指数达254.9，15年间上升了1.5倍；其中，消费品物价指数256.8。详见表13。

表13　1978—1993年全国零售物价指数

年份	总指数	消费品	食品类	衣着类	日用品类	文化用品类	药、医疗用品类	燃料类	农业生产资料
1978	100.0	100.0	100.0	100.0	100.0	100.0	100.0	100.0	100.0
1993	254.9	256.8	322.0	167.4	175.2	113.3	239.9	338.4	237.2

资料来源：《1994年统计年鉴》

为了抑制通货膨胀，政府采取了一系列措施，包括缩紧银根，控制总需求，扩大有效供给，疏通流通渠道。控制消费基金增长过快，以及直接颁布限价措施，许多地方政府发布了《反暴利条例》，整顿流通价格，规定指导价格和进销差率，使通货膨胀趋势暂时得到一些缓解，但远未从根本上解决问题。零售业在通货膨胀中既受其害，又获其利：既推波助澜，又承担一定的责任和义务，在矛盾中运行。

商业流通秩序严重混乱，是改革以来出现的另一重大问题。首先是市场进行缺少审查监督。为了打破过去国有商业独家垄断经营的局面，采取了放开渠道多家经营的政策，但对于经营者的道德品质资格、资金场所条件、专业技术知识等，没有严格具体的规定，致使商业从业人员和经营企业混杂，如有诈骗前科者可以经商，无资金场地者经营批发，无专业知识者经营药品，等等。其次是交易行为失控。各种非正当竞争行为充斥流通领域，欺诈行骗、强买强卖、欺行霸市、虚假广告、假冒伪劣商品经营等，比比皆是，成为一大公害。最后是商业信用受毁，拖欠货款、毁约违反协议、不遵守合同等行为严重，经济纠纷案件急增。为了规范流通秩序，保证公平竞争和维护消费者利益，政府陆续颁布了《反不正当竞争法》、《维护消费者权益法》等一系列法规和条例，但是由于执行不严，打击不力，使这一工作的进展不大，看来中国的流通市场走上法制化轨道，还有漫长的路途。

总之，改革，为中国商业，包括零售业的发展，提供了前所未有的机遇，带来了重大的繁荣与发展，同时也出现了许多新的风险和困难。中国的零售业则是在这样新的历史条件下，开始了一场改革与发展的双重革命。一方面，从改革的角度来考察，它是由计划经济体制向市场经济体制过渡的零售业；另一方面，若从发展的角度来考察，它是由传统零售业向现代化零售业变革中的零售业。新旧体制交替，新旧发展阶段交叉，是中国目前零售业的基本特征，当然，也是我们这里要着重考察的中国零售业结构和经营方式变化的主要特点。

三、中国零售业的结构变化

中国零售商业的理论研究，目前基本上还是一片空白，因此，研究中所运用的概念很不成熟，往往是计划经济理论与市场经济理论的混合运用，缺少准确性、科学性和体系性。同时，适应市场经济惯例的零售业统计体系也没有建立起来，统计的范围、种类内容、方式概念，都很不完善。这样，就给中国零售业的研究，尤其是进行国际比较性研究，带来很大的不便和不可比性。然而，我们的研究工作又不能等待，只能在现状下去探索进行。这就需要阅读本文时，多加谅解，并进行自己独立的分析。

（一）零售业所有制结构的变化

所有制的不同，是中国零售业同西方国家零售业的最大不同，所有制结构的变化，也是改革以来中国零售结构的根本性变化。

如前所述，改革前中国零售业的所有制结构，在名义上有全民所有制和集体所有制两种经济成分，而在实际上集体所有制零售业企业在所有制方面已视同全民所有制企业，在经营管理上也同全民所有制企业一样，两者已无实质性区别。改革以来，政府采取了以公有制为主体，发展多种所有制商业的政策，零售业企业的所有制结构由实质上的单一全民所有，向全民、集体、合作、个体、私营、合资、股份制等多元化所有制的企业主体转变。

在这里，需要说明的是，所谓零售业的所有制结构，包括两层意思，一层意思是就宏观和终极财产所有而言，即以全国零售业财产总和为单位主体，在其中国有、集体、私人所占比重结构，由于缺少统计数字，这方面的研究难以得出直接的数字量化结论，而只能从间接方面得出结论。再一层意思是指以零售业企业主体而言，即每一个企业内的财产结构形式，可以称之为微观所有制结构。两层所有制结构，有区别又有联系，我们以可收集到的资料为前提，结合（或交织）着来进行考察。

1. 零售业机构的所有制结构变化。1978—1992 年，中国社会零售商业机构由 104.8 万个，增加到 1006.3 万个，增长 8.6 倍，增加 901.5 万个。其中国有商业结构由 4.9 万个，增加到 32.4 万个，增加 27.5 万个，增长 5.6 倍；集体商业机构由 89.1 万个，增加到 122.6 万个，增加 33.5 万个，增长近 0.38 倍；考虑到 1978 年的集体商业机构实际上是国有商业机构，则 1992 年的集体商业机构发展是很快的；各种合营零售商业机构，由 1980 年的 0.03 万个，增加到 1992 年的 0.2 万个，增加 0.17 万个，增长近 5.7 倍；个体机构由 1978 年的 10.8 万个，增加到 1992 年的 851.1 万个，增加 840.3 万个，增长近 78 倍。从不同所有制商业零售机构发展来看，最快的是个体商业，最慢的实际上是国有商业。详见表 14。

表 14　　1978—1992 年零售业机构发展状况　　单位：万个

年份	1978	1980	1985	1987	1988	1989	1990	1991	1992
零售机构合计	104.8	146.3	778.3	881.4	928.1	841.3	871.0	924.1	1006.3
国有	4.9	12.7	22.9	24.8	26.1	26.7	28.0	29.0	32.4
集体	89.1	95.8	136.2	128.8	131.2	125.1	119.5	117.6	122.6
合营		0.03	0.3	0.2	0.3	0.2	0.2	0.2	0.2
个体	10.8	37.8	618.9	727.6	770.5	689.2	723.2	777.3	851.1

资料来源：《中国统计年鉴》1993 年版

社会零售商业机构的所有制结构发生了重大变化。见表 15。

表 15　　1978—1992 年零售机构所有制结构　　单位：%

年份	1978	1988	1992
社会零售机构总数为	100	100	100
国有占	4.7	2.8	3.2
集体占	85	14	12.2
合营占	(1980 年) 0.02	0.03	0.02
个体占	10.3	83	84.6

资料来源：据《中国统计年鉴》1993 年版计算

从表 15 中可以看出：国有商业和集体商业机构由 1978 年占近 90%，下降到 1992 年的 15.4%；而个体商业机构则由 1978 年占 10.3%，上升到 1992 年的 84.6%。说明在网点数量结构上，由改革前以公有商业为主体，转变为以私有商业为主体。

2. 零售业从业人员的所有制变化。伴随着改革的深化商业从业人员的所有制结构也发生了重大变化，由过去的单一全民所有制商业职工，变为全民、集体、个体私营、合营等多种所有制企业机构就职身份的多元化结构，尤其是私营个体职工急速大量增加，详见表 16。

表 16　　1978—1992 年零售商业从业人员所有制状况　　单位：万人

年份	1978	1980	1985	1987	1988	1989	1990	1991	1992
合计	447.4	637.4	1790.0	2012.5	25164.6	2033.0	2091.5	2198.7	2434.5
国有	97.6	193.7	290.8	323.5	342.3	351.7	370.7	388.3	435.8
集体	336.2	396.4	665.4	667.3	711.7	684.6	668.7	672.3	734.3
合营		0.3	2.9	3.5	4.4	3.1	3.4	3.6	4.3
个体	13.6	17.3	836.9	1018.2	1106.2	993.3	1048.6	1134.5	1260.1

资料来源：《中国统计年鉴》1993 年版

从表 16 中可以看出，1979—1992 年，各种经济成分的零售业从业人员大量增加。但比重结构变化很大。见表 17。

表 17　1978—1992 年零售业从业人员所有制结构　单位：%

年份	1978	1988	1992
社会零售业从业人员总数为	100	100	100
国有	21.8	15.8	17.9
集体	75.1	32.9	30.2
合营		0.2	0.18
个体	3.0	51.1	51.8

资料来源：据《中国统计年鉴》1993 年版计算

3. 零售商业社会商品零售额的所有制结构变化。与零售业机构和从业人员结构变化相适应，作为经营结果的商品零售额的所有制结构也发生重大变化，各类不同所有制零售业销售额状况，见表 18。

表 18　1978—1993 年按所有制分的社会商品零售总额状况　单位：亿元

年份	1978	1988	1992	1993
社会商品零售总额	1558.6	1440.0	10993.7	13592.6
国有	851.0	2935.9	4539.8	5398.8
集体	674.4	2557.9	3068.2	3572.0
个体和私营	2.1	1324.0	2228.0	3070.2
联营		27.2	80.3	116.4
其他	31.1	595.0	1077.4	1434.3

注：表中联营经济包括：股份制、外资投资

从表 18 中可见各种经济成分的零售业销售额都全面增长，但所占比重结构变化很大。见表 19。

表 19　1978—1993 年社会商品零售总额所有制结构　单位：%

年份	1978	1988	1992	1993
社会商品零售总额为	100	100	100	100
国有	54.6	39.5	41.3	39.7
集体	43.3	34.1	27.9	26.3

续表

年份	1978	1988	1992	1993
个体和私营	0.1	17.8	20.3	22.6
联营		0.4	0.7	0.81
其他	0.2	8.0	9.8	10.6

从表 19 中可以看出，1978 年到 1993 年，公有商业零售额所占比重，由占 97.9%下降到 66%，减少 30 个百分点，其中国有比重由 54.6%下降到 39.7%，集体由 43.3%下降到 26.3%；相反，个体和其他非公有成分比重上升，其中个体由占 0.1%上升到 22.6%。

上述所有制结构的变化，是中国零售业改革以来结构变化中最具有实质性的变化，其意义和影响均是十分重大的，是由传统的计划经济向市场经济转化的重要标志之一。另外，公有制比重虽然有大幅度的降低，但仍然保持着一定的比重，尤其是 1992 年以来大型国有零售商店增加较多，在零售业中起着骨干作用。成为中国零售业社会主义性质的特征。

（二）零售业规模结构的变化

长期以来，在中国的统计中，对零售业没有规模结构的统计标准和数字，所谓大、中、小型企业只是一个相对习惯说法。1984 年为适应国有商业推行承包制改革的需要，在有关文件中首次按利润额规定了小型国有零售商店标准：“以独立核算的自然门、点为单位，京、津、沪三大市年利润在 20 万元以下的企业；省会所在地和重庆市（当时为改革综合试点城市）年利润在 15 万元以下的企业；其他城市年利润在 8 万元以下的企业。”1987 年按上述标准，国有小型零售企业共有 107170 个，占国有零售企业 43.1%，大中型企业占 56.9%；1991 年，国有小型零售企业共有 97632 个，比 1987 年减少 9538 个，占国有零售企业比重为 33.7%，比 1987 年减少 23 个百分点。这是因为国有小企业有的合并，有的破产，有的转卖，而大中型国有商场则发展较快。

从社会范围零售业不同所有制按人员规模考察，变化见表 20。

表 20　　1978—1992 年社会零售业不同所有制人员规模结构　　单位：人/机构

年份	社会平均	国有	集体	合营	个体
1978	4.3	19.9	3.8	10.0（1980 年）	1.3
1992	2.4	13.5	6.0	21.5	1.5

资料来源：据《1993 年中国统计年鉴》计算

从表 20 中可见，14 年来社会零售业平均人员规模在缩小，原因是个体网点迅速增加，而个体网点平均规模仅为 1.5 人。规模扩大的是集体商业和合营商业，每一机构平均人员分别增加 2.2 人和 11.5 人，其中合营机构规模扩大最快，是因为股份制的零售商店和合资商店投资大型商店的结果。

在商店人员规模有关的变化中，值得注意的是出现一批大型商场，1991 年全国有 500 人以上的商店 314 个，1992 年增加到 398 个，增加了 84 个，其中绝大部分是增加在城市。1992 年县城 500 人以上大商店仅有 3 个。

在中国的统计数字中，缺少零售业不同销售规模和利润规模结构的系统数字，近年来，由国内贸易部和国家统计局，公布当年全国销售额最大的 100 家零售商店和 50 家副食商店的名单，可以从一个方面提供销售规模的状况。表 21 和表 22 分别列出前 10 名数字。

表 21　　1993 年前 10 家销售最大的零售商店

企业名称	排序	商品销售总额（万元）	实现利润总额（万元）	人均商品销售额（元）
上海市第一百货商店股份有限公司	1	195824	9024	396967
天津立达国际商场股份有限公司	2	152143	3288	1268918
北京西单商场（集团）股份有限公司	3	137174	6549	421426
上海华联商厦	4	121989	6825	499953
北京王府井百货大楼（集团）股份有限公司	5	110212	7424	339219
中兴—沈阳商业大厦	6	103397	4386	295505
武汉商场股份有限公司（集团）	7	100703	4877	308905
南京新街口百货商店	8	96206	4040	415577
广州南方大厦集团股份有限公司	9	96032	2562	224953
上海豫园旅游商城股份有限公司	10	94095	7002	329694

表 22　　1992 年 10 家大型副食零售企业经营情况排序

序号	商店名称	商品销售额（万元）	序号	商店名称	实现利润（万元）
1	哈尔滨市道里菜市场	10126.75	1	北京市崇文门菜市场	499.83
2	成都市红旗商场	8931.50	2	沈阳市广州副食商场	352.82

续表

序号	商店名称	商品销售额（万元）	序号	商店名称	实现利润（万元）
3	哈尔滨奋斗路副食品商场	8057.49	3	哈尔滨市道里菜市场	334.52
4	北京市崇文门菜市场	7925.10	4	哈尔滨奋斗路副食品商场	330.04
5	北京市西单菜市场	6987.39	5	北京市西单菜市场	285.85
6	沈阳广州副食商场	6721.81	6	成都市红旗商场	170.00
7	大连市民勇商场	6672.65	7	广州市十甫商店	127.46
8	上海市宁海东路菜场	6298.96	8	杭州市食品商店	123.80
9	上海市福州路菜场	5216.29	9	大连市民勇商场	112.30
10	上海市三角地菜场	4676.89	10	南京市鼓楼食品商店	111.60

（三）社会零售业行业结构的变化

中国零售业行业统计分 15 个大类，分别是：粮油商店、副食品商店、其他食品商店、纺织品商店、百货商店、医药商店、书店、日用杂品商店、煤炭商店、石油商店、五金交电化工商店、农业生产资料商店、其他专业商店、综合性商店、个体有证商业。其中纺织品商店中包括有服装商店，没有对服装店的专门统计；家具业是近年发展起来的，也没有对这个行业的专门统计。在 15 类零售业的统计中列入了“个体有证商业”，严格地讲是不科学的，因为个体有证商业不是经营特定大类商品的行业，但是由于在改革的过渡期，个体有证商业经营行业不稳定，而数量发展又极为迅速，所以在统计中列为一类，这一点在考察时是要特别注意的。

1. 社会零售业行业机构结构状况。从 1980 年到 1992 年，15 种统计行业零售机构变化很大，除去个体有证商业增加 21.5 倍外，其余 14 个行业中，机构增加的有 11 个行业，减少的有 3 个行业，增加最多的是五金交电化工行业，增加了 5 倍，减少的是日用杂品店和副食品店、其他食品店。五金交电化工店增加迅速，是因为建筑、装修业发展快，对五金、化工品需求增长很大，以及居民收入消费水平提高对家电、自行车需求急速增长。日杂店减少是这类商品需求减少了，同时个体商贩经营杂品的竞争也是一个原因。副食品店、其他食品店减少，则是因为城乡集贸市场发展迅猛，在城市居民的蔬菜等食品供应中占 1/3～1/2，使副食店、其他食品店难以生存。行业机构结构变化见表 23。

表 23　　**1980—1992 年零售业行业机构状况**　　单位：万个

行业	粮油店	副食品店	其他食品店	纺织品店	百货店	医药店	书店	日用杂品店	煤炭店	石油店	五金交电化工店	农业生产资料店	其他专业店	综合性商店	个体有证店
1980 年	3.4	18.8	13.4	1.9	16.4	1.8	1.2	8.7	1.2	1.26 (1991 年)	1.6	5.1	7.2 (1991 年)	32.1	37.8
1992 年	8.1	17.1	12.0	4.0	17.4	3.2	2.8	7.1	1.6	1.9	9.6	10.0	8.9	51.5	851.1
增减	4.7	—1.7	—1.4	2.1	1.0	1.4	1.6	—1.6	0.4	0.6	8.0	4.9	1.7	19.4	813.3

资料来源：《中国统计年鉴》1993 年版

从表 23 中可见，到 1992 年，零售店最多的行业前 3 名依次是：综合店 51.5 万个，百货店 17.4 万个，副食店 17.1 万个。

2. 社会零售业行业人员结构状况。14 年来，同口径的 15 个行业的从业人员普遍增加，除个体有证商店由 1980 年的 47.3 万人增加到 1992 年的 1260.2 万人，增长 1212.9 万人以外，行业中增长最快的前 3 位依次是：百货店业由 109.7 万人增加到 212 万人，增加 102.3 万人；综合性商店由 131.4 万人增加到 312.1 万人，增加 180.7 万人；五金交电、化工商店由 14.4 万人增加到 93 万人，增加 78.6 万人。另外，石油店和其他专业店也发展很快，从业人员 1992 年分别为 19.9 万人和 77.8 万人。到 1992 年，从业人员最多的行业前 5 位依次是：综合店 312.1 万人，百货店 212 万人，副食店 121.3 万人，五金交电化工店 93 万人，其他食品店 82.4 万人。增长最慢的是副食店，14 年增加 5.1 万人。详见表 24。

表 24　　**1980—1992 年零售业分行业人员结构**　　单位：万人

行业	粮油店	副食品店	其他食品店	纺织品店	百货店	医药店	书店	日用杂品店	煤炭店	石油店	五金交电化工店	农业生产资料店	其他专业店	综合性商店	个体有证店
1980 年	34.3	116.2	64.7	11.6	109.7	13.4	5.4	28.4	13.3	14.4 (1991 年)	14.4	24.3	63.0 (1991 年)	131.4	47.3
1992 年	78.3	121.3	82.4	28.8	212.0	25.1	15.1	37.7	20.0	19.9	93.0	50.8	77.8	312.1	1260.2
增减	44	5.1	17.7	17.2	102.3	11.7	9.7	9.3	6.7	5.5	78.6	26.5	14.8	180.7	1212.9

资料来源：《中国统计年鉴》1993 年版

3. 社会零售业行业的机构人员规模结构。从表 23 和表 24 可得出行业机构的人员规模分析表 25。

表 25　　1980—1992 年零售业行业机构人员规模结构　　单位：人/机构

行业	粮油店	副食品店	其他食品店	纺织品店	百货店	医药店	书店	日用杂品店	煤炭店	石油店	五金交电化工店	农业生产资料店	其他专业店	综合性商店	个体有证店
1980 年	10.1	6.2	4.8	6.1	6.7	7.4	4.5	3.3	11.4	11.4 (1991 年)	9.0	4.7	8.8 (1991 年)	4.1	1.3
1992 年	9.7	7.1	6.7	7.2	12.1	7.8	5.4	5.3	12.5	10.5	9.7	5.8	8.7	6.1	1.5
增减	—0.4	0.9	1.9	1.1	5.4	0.4	0.9	2.0	1.1	—0.9	0.7	1.1	—0.1	2.0	0.2

资料来源：据《中国统计年鉴》计算

1980 年到 1992 年，14 个行业中，人员规模增加的有 11 个，减少的 3 个，增加最多的是百货店，每一机构平均增加 5.4 人，说明大商场增多了；减少最多的是石油店，每一机构平均减少 0.9 人，因为设备越来越先进自动化了。1992 年，人员规模最大的是煤炭店，平均 12.5 人，因为有加工车间在一起，其次是百货店 12.1 人，石油店 10.5 人，粮油店和五金交电化工店均为 9.7 人。从统计中看，中国零售业行业人员规模有着明显的趋同性，没有鲜明地反映出行业特点，与发达国家现有的规模结构呈相反方向。这说明计划经济和传统手工业式商业影响很深，要实现现代化合理的行业人员规模结构，还有很长一段过程。

（四）社会零售业地区结构的变化

中国幅员辽阔，人口众多，经济发展在各地区表现极不平衡，改革 14 年来，不同地区的零售业状况差别拉大，成为零售业的一个新的结构问题。

各地区社会零售业机构和人员状况。我们先看一下统计数字。见表 26。

表 26　　1980—1992 年零售业地区机构和人员结构

	机构（万个）			人员（万人）		
	1980 年	1992 年	指数（1980 年为 100）	1980 年	1992 年	指数（1980 年为 100）
全国总计	146.3	1006.3	678.8	637.7	2434.5	381.8
北京	1.1	12.3	1118.2	16.0	42.7	266.9
天津	0.8	6.7	837.5	11.1	26.6	239.6
河北	7.9	51.4	650.6	31.9	128.3	402.2
山西	3.8	24.9	655.1	14.7	61.2	416.3
内蒙古	2.3	16.2	704.3	14.1	51.4	364.5
辽宁	5.1	41.3	809.8	38.9	126.8	326.0
吉林	2.8	22.6	807.1	22.0	73.5	334.1
黑龙江	3.4	29.8	876.5	32.2	102.4	318.0
上海	2.4	9.8	408.3	27.3	50.0	183.2
江苏	8.0	57.4	717.5	44.1	147.3	334.0
浙江	5.5	62.0	1127.3	27.9	111.4	399.3
安徽	8.0	45.2	565.0	27.2	112.7	414.3
福建	5.0	28.0	560.0	15.7	59.4	378.3
江西	4.1	28.8	702.4	15.3	79.3	518.3
山东	13.3	87.5	657.9	37.0	219.4	593.0
河南	10.7	51.3	479.4	35.5	129.9	365.9
湖北	6.1	41.3	667.0	26.1	102.6	393.1
湖南	7.3	50.7	694.5	25.7	115.4	449.0
广东	11.8	84.2	713.6	48.8	211.6	433.6
广西	4.2	43.2	1028.6	16.2	77.2	476.5
海南	7.0（1990 年）	7.5	107.1	14.2（1990 年）	15.6	109.9
四川	16.0	103.4	646.3	54.4	171.4	315.1
贵州	4.4	19.4	440.9	10.9	32.7	300.0
云南	3.4	24.0	705.9	10.6	43.4	409.4

续表

	机构（万个）			人员（万人）		
	1980 年	1992 年	指数（1980 年为 100）	1980 年	1992 年	指数（1980 年为 100）
西藏	2.2（1985 年）	2.5	113.6	3.4（1985 年）	4.2	123.5
陕西	3.9	21.1	541.0	17.2	64.4	374.4
甘肃	2.2	14.3	646.8	8.3	33.0	397.6
青海	0.5	3.0	600.0	2.1	6.9	328.6
宁夏	0.4	3.2	800.0	1.8	7.2	400.0
新疆	1.5	13.2	880.8	5.7	26.9	471.9

资料来源：据《中国商业外经统计资料》、《中国统计年鉴》1993 年版计算

从表 26 中可以看到，社会零售业按地区看，到 1992 年年底，机构最多的前 5 位依次为：四川 103.4 万个，山东 87.5 万个，广东 84.2 万个，浙江 62 万个，江苏 57.4 万个；人员最多的前 5 位依次是：山东 219.4 万人，广东 211.6 万人，四川 171.4 万人，江苏 147.3 万人，河南 129.9 万人；机构增长最快的前 3 位是北京、浙江、广西，都达到 1980 年的 10 倍以上；人员增长最快的前 2 位是山东、江西，达到 1980 年的 5 倍多，另有 9 个省达到 4 倍。

从总体上分析，全国各地区发展普遍呈现高速态势，并且大体均衡。其中发展最快的地区原因有三：一是改革开放较早，如广东、浙江；二是经济发展速度快，如江苏、山东；三是人口多并且经济也有较快发展，如四川、河南。此外，一些沿边境地区，如广西、新疆等地发展也很快。所以，改革以来，中国零售业发展结构变化，是同各地区的改革开放、经济发展和人口条件等因素相协调的。

1992 年，各地区零售业网点的规模结构见表 27。

表 27　　1992 年各地区零售网点人员规模结构　　单位：人/机构

地区	规模	其中 500 人以上大商场（个）	地区	规模	其中 500 人以上大商场（个）
全国	2.42	398	山东	2.51	29
北京	3.46	20	河南	2.53	26
天津	3.97	11	湖北	2.48	26

续表

地区	规模	其中 500 人以上大商场（个）	地区	规模	其中 500 人以上大商场（个）
河北	2.50	27	湖南	2.27	15
山西	2.46	10	广东	2.51	16
内蒙古	3.18	9	广西	1.79	3
辽宁	3.07	55	海南	2.08	
吉林	3.25	21	四川	1.66	8
黑龙江	3.43	29	贵州	1.68	2
上海	5.10	20	云南	1.81	2
江苏	2.27	24	西藏	1.68	
浙江	1.80	11	陕西	3.05	9
安徽	2.49	5	甘肃	2.30	5
福建	2.12	4	青海	2.28	1
江西	2.75	3	宁夏	2.26	
新疆	2.04	7			

资料来源：《中国统计年鉴》、《中国市场统计年鉴》、《中国商业年鉴》1993 年版

我们从表 27 中可以看出，按人员划分网点，规模最大的前几位地区是：上海、北京、天津三大市和东北三省及内蒙古，500 人以上大型商场则集中在辽宁、山东、黑龙江，河北、河南、湖北及三人市。相比较，沿海商业网点多，从业人员多的地区，零售业网点规模则相对小一些。这是因为三大市及东北三省和山东等地，原有网点规模较大，而近年来大型商场发展得多，沿海则以私营个体商业发展为主，所以规模相对小一些，这也与改革进度及商业历史和传统习惯有关。

大型商场多的地区，提高了零售网点的档次，形成的是以大商场为中心的集中商业区。网点多而小的地区，则有利于居民购物。从统计中我们可以看到，各地区平均每万人拥有的零售业网点状况。见表 28。

表 28　　　　1992 年地区每万人拥有零售网点及位次

地区	机构（个）	位次	地区	机构（个）	位次
北京	112.0	3	河南	57.9	27
天津	72.2	22	湖北	74.0	18

续表

地区	机构（个）	位次	地区	机构（个）	位次
河北	81.9	15	湖南	80.9	16
山西	83.4	12	广东	129.0	2
内蒙古	73.3	20	广西	98.6	8
辽宁	102.9	6	海南	109.6	5
吉林	89.4	11	四川	94.0	9
黑龙江	82.7	14	贵州	57.8	28
上海	72.9	21	云南	62.6	25
江苏	83.1	13	西藏	110.7	4
浙江	146.4	1	陕西	62.0	26
安徽	77.5	17	甘肃	62.0	26
福建	90.0	10	青海	65.0	24
江西	73.6	19	宁夏	65.1	23
山东	101.6	7	新疆	83.4	12

资料来源：《中国市场统计年鉴》1993 年版

从表 28 中可以看到，每万人拥有网点最多的前 8 位依次是：浙江、广东、北京、西藏、海南、辽宁、山东、广西。从原因分析，西藏、海南人口稀少，浙江、广东私人个体网点发展快，北京、辽宁、山东则与经济发展关系更多相关。同样是特大城市的上海、天津，位次分别在 21 位、22 位，说明网点发展明显不足，也说明发展的潜力是很大的。

在分析地区结构时，我们不应忽视城乡的零售业机构和人员的分布特点。到 1992 年年底，市的机构合计为 259.1 万个，从业人员 953.3 万人，分别占全国零售机构和人员总数的 25.8%和 39.2%；县的机构 146.6 万个，人员 387.7 万人，分别占全国的 14.6%和 115.9%；县以下机构 600.4 万个，人员 1093.0 万人，分别占全国的 59.7%和 44.9%；县和县以下合计，机构和人员分别占全国的 74.3%和 60.8%。这种状况，大体与我国市镇人口占总人口 27.6%，乡村人口占 72.3%的结构相协调。随着城市化和城市人口郊区化趋势，郊区和集镇商业正呈现新的发展势头。

（五）社会商品零售额的结构变化

上述零售业的所有制结构、行业结构、规模结构和地区结构的变化，通过企

业的经营活动，最终表现为社会商品零售额的结构变化。现在，我们就来考察一下改革以来的社会商品零售额的结构变化。

1. 社会商品零售总额按对象、用途和城乡区分的结构变化。按照中国的统计口径分类，社会商品零售额按用途分为消费品和农业生产资料两部分，其中对消费品又可按销售对象分为对居民销售和对社会集团销售。按地区又分为对城镇销售和对乡村销售。1978—1992 年，上述分类的各个方面的销售额都是全面增长，其绝对额如表 29。

表 29　　社会商品零售总额按对象、用途和城乡区分的结构变化　　单位：亿元

年份	社会商品零售总额	按城乡分		按对象和用途分			
		城镇	乡村	消费品	对居民	对社会集团	农业生产资料
1978	1558.6	748.2	810.4	1264.9	1121.2	143.7	293.7
1992	10993.7	5286.5	5707.2	10993.7	8621.4	1083.5	1288.9

注：按当年价格

资料来源：《中国市场统计年鉴》1993 年版

值得注意的是，1978—1992 年的 14 年间，上述分类的结构比重却保持相对稳定，变化不大。见表 30。

表 30　　社会商品零售总额按对象、用途和城乡区分的比重结构　　单位：%

年份	按对象和用途分				按城乡分	
	消费品	对居民	对社会集团	农业生产资料	城镇	乡村
1978	81.2	71.9	9.2	18.8	48.0	52.0
1992	88.3	78.4	9.9	11.7	48.1	51.9

资料来源：《中国市场统计年鉴》1993 年版

14 年来，消费品在社会商品零售总额的构成中，增加了 7.1 个百分点，农业生产资料减少了 7.1 个百分点，说明消费品的经营额增加快于农业生产资料，其中对居民销售增长 6.5 个百分点，对社会集团销售增长 0.7 个百分点，居民的购买增长很快，社会集团购买在政府的一再强力控制下虽然绝对额仍增长较大，但所占比重增长不大。城乡结构在社会商品零售总额中相对稳定。

2. 社会商品零售总额按经济类型区分的结构变化。1978—1992 年，社

会商品零售总额增长6倍，不同经济类型（所有制）的商业商品零售额全面增长，其中增长最快的是个体商业的社会商品零售额，由2.1亿元增加到2228亿元，增长1059倍，其次是农民对非农业居民销售增长33.6倍，合营商业从无到有，1992年比1980年增长200倍，而国有和集体商业分别增长4.5倍和3.5倍。如此悬殊的增长速度，必然给不同所有制商业的社会商品零售总额结构构成带来重大变化，其中国有商业由1978年占54.6%，下降到41.3%，集体由43.3%下降到27.9%，分别减少13.3和15.4个百分点，两项合计由占97.9%下降到69.2%，下降28.7个百分点，其中集体商业是逐年一直下降，而国有商业由于近两年增加了一批大型商场和国家加强了利用国有商业主渠道作用，从1990年起所占比重比1989年前略有回升。而同期，合营商业则从无到有，由1981年占0.1%达到1992年的占0.7%，个体商业由1978年占0.1%发展到1992年占20.3%，农民对非农民居民零售由占2%发展到占9.8%，三者分别增长了0.6个、20.2个和7.8个百分点，合计由占2.1%发展到占30.8%，增长了28.7个百分点。详见表31。

表31　1978—1992年社会商品零售总额按经济类型区分的结构变化

	1978年		1992年	
	绝对额（亿元）	比重（%）	绝对额（亿元）	比重（%）
总计	1558.6	100	10993.7	100
国有商业	851.0	54.6	4539.8	41.3
集体商业	674.4	43.3	3068.2	27.9
合营	0.4（1980年）	0.1（1981年）	80.3	0.7
个体	2.1	0.1	2228.0	20.3
农民对非农业居民	31.1	2.0	1077.4	9.8

资料来源：《中国市场统计年鉴》1993年版

在社会商品零售总额中，按大的销售行业区分，1978—1992年，商业销售占的比重由87.5%下降到72.1%，饮食业由占3.5%上升到占51.4%，工业直接零售由占4.7%上升到占8.5%，其他行业由占2.3%上升到4.2%，农民对非农业居民销售由占2%上升到占9.8%。这其中除了饮食业发展很快之外，工业企业和农民等生产者直接销售份额加大也很快，这导致了专业商业作用在降低。但是从总体上看，1992年专业零售商业零售额仍占到72.1%，在零售中起着主体作用。

3. 社会消费品零售额按商品分类结构。随着改革带来的居民消费水平的提高，必然引起消费品销售结构的变化。首先，从分类总额变化来看，见表 32。

表 32　　1978—1992 年社会消费品分类零售额　　单位：亿元

年份	合计	食品类	衣着类	用品类	其中				住房和建材	燃料
					日用品	文娱品	书报刊	医药品		
1978	1264.9	655.8	278.5	275.3	156.3	42.2	12.1	64.7	83.6 (1983)	55.3
1992	9704.8	5376.5	1581.9	1926.7	784.5	553.9	160.2	428.1	543.9	275.8
1992/1978	767.2	819.8	568.0	699.9	501.9	1312.6	1324.0	661.7	650.6	498.7

资料来源：《中国市场统计年鉴》1993 年版

在消费品零售额中，14 年来增长最快的是文娱品和书报刊，分别增长了 12 倍以上，其次是食品类增长了 7 倍多。增长幅度小的是日用品和燃料，但也达到 4 倍上下。

消费品零售额不同大类商品零售额的不同增长，带来了结构的变化，其中统计的 9 类商品中，所占比重上升的有食品、文娱品、书报刊、住房建材等大类，食品增长 3.6 个百分点，住房建材增长 2.2 个百分点。这其中的原因，食品除了消费增加较大外，主要是由于价格上涨过大，住房则是一个新的消费领域出现带来的。详见表 33。

表 33　　1978—1992 年社会消费品分类零售额结构　　单位：%

年份	合计	食品类	衣着类	用品类	其中				住房和建材	燃料
					日用品	文娱品	书报刊	医药用品		
1978	100	51.8	22.0	21.8	12.4	3.3	1.0	5.1	3.4 (1983)	4.4
1992	100	55.4	16.3	19.9	8.1	5.7	1.7	4.4	5.6	2.8
增减百分点	100	3.6	−5.7	−1.9	−4.3	2.4	0.7	−0.7	2.2	−1.6

资料来源：《中国市场统计年鉴》1993 年版

改革以来中国零售业的业态变化①

“业态”一词，是20世纪80年代初由日本传入中国的。根据日本经济学界的一般定义，业态“是指零售业、饮食业的营业形态”。② 目前，中国的官方统计仍沿用传统的行业分类。而没有按业态分类的科目，因此缺少这方面的系统资料。但是，改革以来，随着经济的快速增长，中国的零售业的业态，正在发生着深刻的变化，预示着一场零售业革命的到来。这种变化主要反映在以下几个方面。

一、传统业态的变革和新业态的产生

（一）百货店

中国最早的百货店是1917年开办的“上海先施百货公司”和1918年开办的“上海永安百货公司”。1949年以来，百货店一直是中国零售业的主要业态。根据中国《国民经济行业分类和编码》（国家标准）的定义，“百货店是指经营日用百货、服装、鞋帽、钟表、眼镜、文化体育用品为主的综合商场和以经营以上某种商品为主的专业零售”。

但是，在阅读下文时需要注意的是在中国被称作“百货店”的商店中，只有大型店才接近符合国际通行的百货店定义。改革以来，中国百货店的变化，主要表现在6个方面：

1. 发展迅速。1980—1992年，全国百货店由16.4万家发展到17.4万家，年平均增长833家；人员由109.2万人增加到212万人，12年增加102万人。按零售业传统行业分类，百货店在15类商店中，商店总数和人员总数均占第2位。③

2. 规模大型化。原有的大型百货店普遍进行了改造扩建，同时一批新的大型商场已经建成或正在建设，估计全国营业面积超过1万平方米的商场已经超过100家，20世纪末将达到200家至300家。1994年，年销售超过1亿元的百货店超过200家，其中96家的年销售超过3亿元，7家超过10亿元。④

3. 组织集团化。1988年起，北京东安市场百货店，经过成立子公司、投资、控股、参股、兼并、联营等多种形式，发展成为中国第一家以百货店为主体的、

①发表于1995年《财贸经济》第10期，又见《中日流通业比较》一书。

②〔日〕《流通用语词典》，日本经济新闻社1990年版。

③据《中国统计年鉴》、《中国商业年鉴》计算。

④据国内贸易部有关文件和《中国商业年鉴》。

实行多角化经营的、多层次结构的零售商业集团。进入20世纪90年代，大型百货店集团化趋势有增无减，先后产生了如武汉商场集团、武汉中南商场集团、广州南方大厦集团、郑州亚细亚集团等一批百货店集团。

4. 经营多角化。大型百货店普遍实行了批发与零售相结合的业务，多数批发营业额比重占到35%左右。随着集团化的发展，一批百货店集团逐步向生产、加工、餐饮、娱乐、储运、广告、房地产、服务等领域渗透，上述东安集团1994年已发展为跨9个行业和70多家企业的规模。

5. 企业机制和经营管理、设施现代化。过去计划经济下的单一的国有大型百货店，正逐步向股份制改造。继1984年北京天桥百货商场试行股份制以来，到1994年全国已有29家上市的百货店，实现了投资主体的社会化。同时，按现代企业制度要求，百货店逐步改革内部经营管理机制，在经营方式上越来越多地采取自选方式代替柜台销售，并在店内实行计算机管理系统控制，店面、店堂和陈列也向现代化发展。

6. 国际化趋势。1992年，国务院批准在北京、天津、上海、大连、青岛、广州6市和5个特区试办中外合资零售企业，到1994年年底已批准12家，并有几家相继开业。此外，通过其他合作方式，全国约有几十家中外合资、合作的百货店已经开业经营，其中绝大多数效益颇佳，如北京燕莎友谊商城，1994年销售额达9.117亿元。一批百货店也相继取得外贸经营权，开展进出口贸易，有的还到国外办分店，开始了中国百货店国际化的第一步。

在百货店的发展中也出现了一些值得注意的问题：①脱离当地实际，片面追求大型化、高档化，带来经营不善；②人才、管理工作跟不上，“硬件过硬，软件过软”；③选址过多集中在中心闹市区，交通不便，将来发展会受到限制；④孤立的店铺多，连锁化经营少，难以发挥整体优势和规模效益。虽然如此，中国的百货店目前仍处于一个上升期，如果能兴利除弊，吸取世界百货店发展中的经验教训，是有可能获得一个较长的持续发展期的。

（二）超级市场

根据国际通行的业态分类定义，超级市场是指“经营食品为主，并采取自选方式经营的食品店”，有时也叫食品超级市场，以区别经营日用品或其他非食品为主的自选商店。中国目前对超级市场的概念很不统一，有时泛指自选商店，有时专指食品超级市场，本文按国际惯例，专指经营食品为主的自选商店。

中国第一家食品超级市场是“北京京华自选商场”，开办于1984年9月。同期全国共开办了十几家。但是由于当时商品紧缺，超级市场上销售的多是政府特别批准计划分配销售的稀缺品种，价格很高，费用成本又大，所以不久相继关闭，只有京华商场维持下来了。

到20世纪80年代后期，随着经济的发展，供求关系出现了买方市场，计划经济体制已逐渐向市场经济体制过渡，超级市场在深圳、广州等开放城市再次兴起，并向全国扩展。其中尤以上海发展最快，1991—1992年，平均每3天开一家超级市场，到1994年全市已有400多家，营业总面积15万平方米，年销售额14.5亿元，超市供应的食品及小日用品占居民购买量的40%左右。每个超市的营业面积平均在750平方米左右，经营2500个品种，价格比市场同类商品低2%到10%。上海目前形成了“联华”、“华联”等5大超市公司，其中“华联超市公司”拥有24家连锁店铺。营业面积共1.3万平方米，年销售1.9亿元。①

目前，超级市场的发展还主要在大城市和沿海发达地区。政府部门把发展超市作为一项商业改革与发展的重要措施，给以资金、税收等方面的扶持。其中多数是将计划经济下的副食品公司和菜店加以改造成为超市，如北京的“希福超市连锁店”，也有一些是由大型商业企业另行开办的。在发达的大城市，发展超市所必要的加工配送中心、加工储运分拣系统、POS系统、规范化包装、商品条码化和连锁化经营，正逐步发展起来。目前存在的问题是：总体上看连锁化程度低，加工配送不足，管理人员水平低，地区和部门分割的计划体制仍妨碍连锁化进程。此外，居民的消费水平和消费习惯，以及集贸市场的廉价竞争，都增加了食品超市的发展困难。但尽管如此，超级市场在中国大规模发展态势，正在大城市和发达地区迅速展开，无论是独立超市、连锁超市还是大型百货店内超市，都在发展。

（三）专业店

根据《国民经济行业分类和编码》（国家标准）规定，专业店是指“专门经营某一类，或以某一类商品为主，兼营几类商品的零售店”。统计上分为13类：粮油商店、副食品商店、其他食品商店、纺织商店、百货商店、医药商店、书店、日用杂品商店、煤炭商店、石油商店、五金交电化工商店、农业生产资料商店、其他专业商店。把百货商店也作为一种专业商店，是中国统计分类不同于其他国家的一个特别的地方，研究时需要加以注意，本文中提到的专业店均把百货店排除在外。

改革以来，中国专业店的变化有如下特点：

1. 发展迅速。据1980年统计口径，专业店数字中不含“石油店”和“其他专业店”两类，再去掉百货店，则1980年全国10大类专业店机构总数为57.1万个，1992年达84万个，增加26.9万个，平均每年增加2.24万个。加上石油和其他专业店，1992年共有专业店86.3万个。按10类专业店的同比口径，人

①有关数据见《全国连锁店工作会议》材料。

员数由 326.1 万人增加到 552.5 万人，增长 226.4 万人。按 12 类专业店统计，1992 年全国专业店从业人员达 650.2 人。①

2. 结构发生变化。在 12 类专业店中，副食品店、其他食品店和日用杂品店三类机构减少，原因是个体摊贩和集贸市场发展给这三类专业店以极大冲击，迫使其关闭或转业经营。其他 9 类专业店均呈现上升势头，其中尤以五金交电化工专营店增长最快，网点增加了 5 倍，由 1980 年的 1.6 万个，增加到 1992 年的 8 万个。规模结构变化不大，10 类专业店同比计算，1980 年每一机构平均为 5.7 人，1992 年为 6.7 人，增加 1 人。②

3. 专业细化，经营形式多样化。近年来，专业店细分化越来越明显，服装店、鞋店、家具店、金店、眼镜店、玩具店、自行车店、化妆品店等专业店从原来的百货店、五金交电化工店中分离出来，同时出现了新的商品专业店，如钓具店、鲜花店、草帽店等。从经营方式上看，有专门经营某一档次的专业店，如各类专业精品店，有专营某一品牌系列的专业店，有大商场中设店中店，有特许连锁店，有厂家自营店，也有厂店联营店，也有外资开的专营店。在一些大城市和主要专业商品产区，还出现了某类商品专业店一条街。

专业店在中国的发展方兴未艾，有着极其广阔的市场前景。当前需要解决的问题：一是人才和管理跟不上，多数是新的专业店，旧的经营管理方式；二是连锁化低，多数是独立的店铺，没有形成连锁经营规模，所以成本降不下来，价格就过高，妨碍了自身的竞争力和发展。

（四）方便店

在中国传统的零售业态中，没有现代意义上的方便店，20 世纪 50 年代曾有过一些夫妻杂售店，后来被取消了，80 年代以后又有了恢复和发展，但仍是一种旧的业态。90 年代，一方面，新的城市居民区发展迅速，分散的商业网点不足；另一方面，原有国有大型商场增多，而小粮店、小副食店经营不善，不适应市场经济的竞争。于是，在上海、广州等大城市。由政府进行干预引导，相继将一批国有小食品店、小副食店、小粮店进行连锁化改造，转变为经营小日用品的方便店，达到既方便消费者购买，又提高国有零售业小门店经济效益的双重目的。

例如，由上海粮店改造组织的“上海宏粮便利连锁经营公司”于 1993 年成立，到 1995 年上半年发展到 82 家店铺，总营业面积 1.2 万平方米，每个店平均 150 平方米，除经营粮油外，还经营小百货用品、小五金、小杂货、小医药品和小文化用品，经营品种在 700～1000 种，营业时间从早 7 时至晚 9 时，并设有一

---

①据《中国统计年鉴》（1993 年版）计算。

②同①。

些服务项目。其中较早改为方便店的47家粮店，1994年销售总额达6860万元，平均每店销售146万元，利润总额24.8万元，平均每店0.53万元，扭转了过去亏损的局面。47家共有职工347人，每店平均7.4人，每一职工月收入754元。这个方便店公司正向更大规模和更加规范化的连锁店发展。1994年年底，上海市共有方便店连锁公司14家。

类似的方便店，在北京、广州、武汉和深圳等城市也已经产生。但就全国来看，只是刚刚试办，并且仅仅限于国有小企业的改造转型，民办企业和企业自行主动试办的方便店为数极少，把中国城镇大量存在的国有、集体小商店，尤其是私营夫妻店改造成连锁化的正规方便店，还需要很长一个时期，这不仅存在经济体制上的问题，还存在消费习惯、资金筹划和人才管理等一系列问题。但是，方便店在中国同样是前景广阔的。

（五）其他零售业的业态

改革以来，尤其是进入20世纪90年代以来，发达国家已有的零售业态，在中国大多数可以找到它们的雏形，但是发育和规范尚有很大差距。

1. 仓储式商场。中国第一家仓储式商场是广州南方大厦集团于1993年8月8日开办的“广客隆”，营业面积2.3万平方米，开业4个月销售8520万元。由于通货膨胀加剧，以物美价廉为主要特征的仓储式商场，适应广大工薪阶层消费的需要，在大城市有了迅速的发展。如深圳市1994年就开业30家，北京、上海等地也开办一批，并生意红火。目前中国的仓储式商场大体分三类：第一类是接近国外模式，设在郊区，规模大，面积在5000平方米左右，品种在2万种左右；第二类是中等模式，面积在800～2000平方米，有3000多种商品，在二级商业区，实行连锁经营；第三类是400平方米的小店，设在居民区，品种2000种以内，后两种也被称为“仓储式”，主要是价格低，开架销售，店铺装修简单。上述三类的代表店分别是：广州的“广客隆”、深圳的“百姓购物俱乐部”和北京的“顺天府”。

2. 无店铺销售。在中国还处于萌芽状态。目前主要有3种形式：一是邮购公司。改革前，中国的一些书店、药店和商场，对某一专门商品开展邮购业务。改革以来，其中分离出单独的邮购门市部或分支机构，有的工厂也设有经营自家产品的邮购机构和业务，邮政部门也开办了专门的邮购公司。但是不够规范，业务不大。1994年，法国最大的“拉—和独特商品速递邮购公司”在北京王府井大街开设了第一家跨国邮购公司，为中国消费者邮购法国商品。经营方式是国际通行的按图册订货。二是上门直销。包括工厂直销和直销公司直销，采取直销上门访问销售方式。多数是化妆品的名牌系列产品，这类公司在中国第一家是1990年11月于广州开业的中美合资“广州雅芳公司”，美国的雅芳公司是全美

最大的化妆品直销公司。三是无人售货机。只是在南方发达城市宾馆、机场有很少的数量。当前，妨碍中国无店铺销售业发展的主要障碍在于：消费者不习惯，市场上诈骗行为严重。商品质量不稳定和包装不适合，以及邮政运输系统落后。无店铺销售要在中国推开，还需要一段漫长的路。

二、城市商业区的变化与发展

商业区是指城市商业网点集中的地区、在大城市，商业区一般分3级：①以全市居民和大量流动人口为主要供应对象的市级中心商业区；②以较大地区居民为主要供应对象的区级商业区；③以较小地区居民为主要供应对象的小区商业区。有时也叫一级商业区、二级商业区和三级商业区。在中小城市一般只分两个级别。传统的商业区多是历史自然形成的，并以一条主要商店街为中心扩散形成。改革以来，出现了政府部门通过有组织地建设商店街或购物中心，按规划发展而形成的新的商业区。不论哪种形式，商店街和购物中心，都是商业区的核心，它们的变化反映了商业区的变化。

（一）商店街

中国传统的商店街，都处在城市的中心区，历史上交通方便，人口稠密，店铺集中林立，行业齐全，并以若干大商场为核心店，众多的老字号名店比邻为伴。例如，上海的南京路，被称为“中华商业第一街”，街长近10千米，每天客流量达180万人次，1993年成交额为100多亿元，平均每分钟成交5万元。以南京路为中心，联结周围32条商店街，600多家老字号名店，形成全国最大的市中心商业区，每天客流量共约300万人次，年销售超过140亿元。此外，上海的淮海路，北京的王府井、西单、大栅栏等都是全国著名的商店街，是历史上最繁华的商业区。

但是，近年来，随着经济的发展，大城市居住向城郊发展，汽车迅速增加带来中心地区交通拥挤，加上传统商店街基础设施落后，道路狭窄又缺少停车场，商店多是老企业，经营结构和方式陈旧，所以逐渐出现衰退的苗头。而新的商业区的形成，更加剧了这一趋势。

为了重新振兴传统商店街，各地政府采取了一系列措施改造商店街，主要做法有：①拓宽道路，修建停车场并改善基础设施；②改建扩建旧店铺，如北京将东安市场拆掉重建，将原来6900平方米的面积，扩大到20万平方米，并在整个王府井新改建33个万米以上的商业设施；③调整店铺结构，增加餐饮、娱乐、服务等行业；④调整经营结构，以大型商场为核心，引进专业店，开展连锁化经营，区别不同商店街采取不同的商品经营档次结构；⑤推进现代化，在大商场建立计算机管理系统，并对商店的设施进行改造装修。

在对传统商店街改造振兴的同时，各地或是自发形成，或是由政府规划建设，出现了许多新的商店街，这些商店街有的是在旧市区街道上产生，多数是在新建城区形成，其中有的是综合性经营的商店街，但更多的是经营某一类商品的专业商店街，例如武汉的汉正街是全国最著名的小商品一条街，北京的中关村电子一条街是全国高新电子产品荟萃之地，至于服装、鞋帽、家具、装修材料、家电等几乎每个大中城市都有一条甚至几条专业商店街。这些专业商店街上的店铺，有国营店、集体店、工厂销售门市部，但更多的是私营和个体经营者，也有一批是国外特许连锁店。专业商店街上商店多数是批发和零售兼营，有的以批发为主，有的以零售为主。其中许多专业商店街与集贸市场融为一体。

（二）集贸市场

也叫集市，是自发形成并经过政府批准设立或直接由政府部门开设的具有一定规模，有生产者、转卖者、消费者直接参加的进行商品交易的场所。广义的集贸市场包括批发市场和零售市场。集贸市场按所在地分类，有设在城市市区和近郊区的城市集贸市场，有设在县和县以下农村地区的农村集贸市场。按市场交易的商品分类，又分为综合集贸市场和专业市场，其中专业市场又分为工业品专业市场、农副产品专业市场、废旧品专业市场。

集贸市场是中国商业一种传统的集散交易场所和形式，改革以来发展迅速，主要有如下特点：①数量增加。1978 年全国有集市 33302 个，1993 年达 83001 个，15 年增加 49699 个。②城市增长快于农村。1993 年同 1980 年相比，城市集贸市场由 2226 个增加到 16450 个，增长 6.4 倍，农村由 36767 个增加到 66551 个，增长 81%。③专业市场和批发市场发展快。1993 年，全国有各类专业市场 17000 个，其中工业品专业市场 4866 个，农副产品专业市场 8221 个，废旧品及其他专业市场 3923。个在集贸市场中批发市场约 2700 个，其中工业品批发市场 600 多个，农副产品批发市场 2100 多个。扣除 2700 个批发市场，全国 8000 多零售集贸市场成为城乡零售业的重要交易形式。④作用增大，交易增加。1993 年全国集市贸易成交额达 5343 亿元，集贸市场商品零售额占社会商品零售额 28%，据抽样调查，北京市居民在集贸市场中购买农副产品比重达 90%以上。⑤东部地区发展快于西部地区。1993 年，东部 12 个省市集市 34707 个，比上年增加 1909 个，占全国比重为 41.1%，成交额占 63%。⑥市场规模扩大，档次提高。由过去的露天市场发展了一批市内市场和有顶棚的市场，供应范围扩大，年成交额超亿元的市场达 611 个，虽以批发为主，但也兼营零售。①

中国集贸市场的发展方兴未艾，它以商品丰富，交易自由，价格低廉，网络

①有关数据《中国统计年鉴》、《中国商业年鉴》、《中国市场统计年鉴》计算。

密布，渠道畅通，适应了当前中国经济的发展和消费者的需要。今后应针对存在的问题，加以完善提高，这主要是：①提高组织化程度，将分散无组织的交易者组织起来进入市场；②加强规范化管理，通过建立健全法规制度，消除交易中的无序混乱现象；③提高现代化水平，增加投资改善设施，采用现代化管理；④调整结构，使市场的规模、性质、布局和功能，更适合经济发展的需要。

（三）购物中心

到目前为止，中国还很少有已投入运营的欧美和日本式的标准意义上的购物中心。称为购物中心的地方，实际上仍是一个大型商场，甚至是小型商场。但是，国际上通行意义的购物中心，即以一两个大型商场为核心店，众多专业店为成员，伴以娱乐、餐饮、服务等多种功能，集购物休闲为一体的综合性购物中心，近一两年正在全国大城市兴建之中，在名称上有的叫购物中心，但更多的称为“××广场”、“××商城”。建筑面积一般在 5 万～20 多万平方米不等。选址有的是结合旧城区改造而建在市中心区，有的建在城乡结合部或新开发的居民小区。投资开发者有房地产开发商，有商业集团，也有外商。据初步估算，全国此类购物中心，正在建设的有 200 处左右。例如北京，规划到 2000 年前，建成 10 个 10 万平方米以上的综合购物城（购物中心）。

三、连锁店的产生与发展

100 多年来连锁店的产生和发展，给世界现代零售业带来了一场深刻的、革命性的变化。它既包含着零售业企业组织形式的变革，也包含着企业经营方式的变革。这场变革正在中国大陆悄然兴起，预示着中国零售业一个新时代的到来。

（一）中国连锁店的产生与发展

在中国古代商业发展史上，曾出现过一家店铺开多家同一字号分店的情况，但是，在封建经济的大环境下，它不可能发展成为现代意义上的连锁店。现代意义上的连锁店，在中国的台湾和香港出现于 20 世纪 50 年代和 60 年代，在中国大陆则产生于 90 年代。中国大陆第一家连锁店是开办于 1992 年 1 月的“北京希福连锁店”。它是由原来计划经济下的西城区副食品公司经过改革发展起来的。由开办之初的 6 家店铺，发展到 1994 年的 30 多家店铺，总营业面积 3.1 万平方米，经营品种近 40 个，职工 800 人，年销售额 1.25 亿元。继北京希福连锁店之后，相继开办了广东省东莞超级商场连锁公司、深圳市华润超级市场连锁店公司、上海华联连锁店公司、上海新亚快餐连锁公司等。到 1994 年，全国据不完全估算，有连锁公司 150 多家，连锁经营店铺超过 2500 多家。其中发展最快的上海约有 30 家连锁公司，店铺 1500 家，年销售额在 14.5 亿元；广东省有连锁公司40多家，店铺300多家。[1] 1995年3月，国务院的有关部委在上海召开了连锁店工作座谈会，连锁店的发展正在形成一个新的高潮。

（二）中国连锁店的类型和特点

根据连锁店的联结纽带之一的联结方式进行分类，可分为国际上通行的直营连锁（正规连锁）、特许连锁（加盟连锁）和自由连锁（合作连锁）3种类型在中国均已出现。其中尤以直营连锁为最多。这是因为中国连锁店的产生在很大程度上是伴随着原国有商业企业的改革发生的，在法律上，国有商业企业属于同一国家资本，政府通过划归产权经营和企业重组、改造，将原来计划经济下的副食品公司、国营粮店等改组为连锁店；另外，因为国有大型商场实力和管理水平相对要强，因此，有条件和能力另外开办连锁公司。特许连锁则首先是在一些外资和合资企业开始，这些企业凭借拥有的产品、技术等特许经营权，在中国发展特许连锁店，如皮尔·卡丹等名牌服装店和繁育系列产品专营店等。而自由连锁目前还仅在沿海发达地区，有少数自发形成的连锁式。

从连锁的业态来看，主要有：①超级市场连锁店。它是目前发展最多的。如北京希福连锁店、上海华联超市连锁店、广东东莞美佳超市商场连锁店。其中，上海华联超市有24家店铺，职工850名，营业面积15万平方米，1994年销售达1.96亿元。②方便店连锁店。多数由原有粮店改造形成，上海有方便店连锁公司14家。其中宏粮便利连锁公司已有店铺82家，总营业面积1.2万平方米。③专业店连锁店。在服装行业最为普遍，尤其是国际和国内名牌，其次是鞋类专业店。但比较早的是福州市对外供应公司于1991年10月办的“999金屋”连锁店，专营金银首饰，1994年发展到6家店铺。④百货商场连锁店。第一家百货店连锁店是河南省的郑州亚细亚集团股份公司开的连锁店。从1993年9月至1994年，先后开了5家店，并从省内逐渐向全国发展，1995年年底可增加到10家。每个商场面积均在1万平方米以上。⑤其他行业、业态的连锁店。在仓储式商场、餐饮业等行业出现了一批连锁店，如肯德基、麦当劳、上海新亚快餐店等都是著名的连锁店。

目前，中国连锁店的发展，还是处于初期的探索阶段。除少数逐步实现了规范化管理外多数都不够规范。总的特点是：①政府推动为主要因素，企业自发形成较少；②国有企业为主要企业，个体、私营、集体企业少；③直营连锁多，自由连锁少；④沿海发达地区和大城市多，不发达地区和中小城市少；⑤不规范的多，规范的少；⑥小规模的多，大规模的少。但是，从发展的势头来看，这种情况正在逐步变化之中。

---

①据1995年1月、3月《中国商报》。

从近期来分析，中国发展连锁店尚需要解决好以下几个问题：一是体制因素。旧的计划经济体制形成的部门分割和地方封锁，限制连锁店的自由选址和自由加盟，影响向大规模和合理布点发展。二是管理水平。连锁店的概念传入中国大陆是近几年的事，理论上还没有搞清，操作管理更是空白，急需引进外国经验，总结自身经验，提高管理水平。三是人才不足。要抓紧培训连锁店经营管理的专门人才，同时培训职工。四是资金不足。现代化的连锁店，要有现代化的设施装备，尤其需要集中配送系统和计算机订发货系统，而这都是过去没有的，国家和企业都应通过多种途径增加连锁店的建设投资，解决这一基础问题。总之，中国的连锁店在经济发展和体制改革的推动下正在兴起，只要加强引导和支持，不断总结自身的经验并吸收国外有益的经验，是一定会迅速发展起来的。

连锁经营的产生和发展①

在今天的世界上，无论是驱车在欧美、日本的高速公路或繁华闹市，还是漫步在中国香港、新加坡的购物中心或居民小区，都会有人们所熟悉的同一字号、同一标志的商店、餐馆或加油站，不时映入你的眼帘。这就是连锁店。

连锁店，以其创造性的连锁经营方式，彻底改变了世界零售业的经营理念和面貌，并经过 130 多年的发展，成为发达国家和地区零售业的主宰，因而被经济学界称为现代零售业的又一次革命。

那么，连锁店或连锁经营是怎样产生和发展起来的呢？这里就来谈一下这个问题。

一、连锁店的产生和确立

首先，需要做一点说明，连锁店和连锁经营，是我们研究“连锁”问题时，经常使用的两个概念，但从实际上讲，它们是同一个问题的两个方面，即从企业组织形式的角度讲，是连锁店问题，从经营方式的角度讲，又是连锁经营问题。因为不可能有不采取一定经营方式的企业组织形式，也不可能有脱离一定企业组织形式的经营方式，所以，当我们讲连锁店时，就包含着它所采取的连锁经营方式，当我们讲连锁经营时，也包含着它们采取的连锁店组织形式。在本讲座中，由于叙述问题的角度不同，有时会采用连锁店这个概念，有时又会采用连锁经营的概念，但实际上都包含着组织形式和经营方式这样不可分割的双重含义，是同一个问题。

①发表于 1996 年《财贸研究》第 2 期。

（一）连锁店产生的经济背景

流通是联结生产和消费的桥梁和纽带，在不同的经济发展阶段，必然会产生与这个阶段的生产和消费相适应的流通组织形式和经营方式。从历史上看，连锁店或连锁经营，正是近代产业革命所带来的经济高速发展的产物，是社会化大生产的产物。

在 19 世纪 30 年代，英国经过 80 年的经济变革，完成了资本主义产业革命，机器大工业代替了工场手工业。随后，法国、德国和美国等主要资本主义国家也在 19 世纪下半叶先后实现了产业革命。伴随着产业革命的高涨，经济也进入了高速发展期，自由竞争的资本主义达到了顶峰，并出现了垄断的萌芽。

欧美主要国家经济的高速发展，对流通领域的变革提出了迫切的要求，同时也提供了重要的物质条件：

第一，消费品的生产，由工场手工业转变为机器大工业，产品的数量猛增，供求也随之由卖方市场转入了买方市场，同时，品种增多，质量提高；

第二，农业革命使大量农村人口流入城市，推动了城市化的进程，美国等主要国家产生了一批百万人口以上的大都市，购买力向城市集中，不断迅速扩大集中采购的城市市场；

第三，城市有了大量廉价的劳动力，尤其是适合做商业售货员的妇女劳动力；

第四，铁路在这个时期迅速发展起来，为商品在广大区域的流通运输，提供了条件，加上资产阶级政治革命的实现，推动了全国统一市场的形成；

第五，通信事业发达起来，报纸成为重要的传媒，为通过广告招来大批顾客，传播供求信息，扩大商品交易，提供了条件；

第六，商业信贷发展了，股份制也产生了，为大规模筹集商业设施建设所需要的资金，以及进行大规模交易的结算，创造了条件；

第七，产生了以新生资产阶级为代表的中等收入阶层，同时带来了新的消费水平、消费方式和消费观念；

第八，建筑技术和建筑材料发展了，使大型商业设施的建设成为可能。

所有这一切变化，都呼唤着一场流通革命的到来，要求抛弃过去那种与手工业小生产相适合的，以杂货店和衣料店为代表的传统商业方式，代之以与社会化大生产相适应的现代商业组织形式和经营方式。

这场现代流通革命，首先从法国开始。1852 年，A. 布西哥在巴黎开办了叫“邦·马尔谢”的世界第一家百货店。它一改传统杂货店和衣料店的经营方式，采取在一个大屋顶之下，公开陈列销售众多的商品，实行明码标价、自由进出选购、允许退换、现金交易、薄利多销的经营方式。这些在今天习以为常的经营方

式，在当时，却带来了现代零售业的第一次革命，获得了极大的成功，成为产业革命所带来的经济高速发展的第一个流通变革的成果。百货店迅速在欧美国家传播开来，从19世纪后半期到20世纪20年代，这半个世纪是世界百货店发展的黄金时期。

在法国诞生第一家百货店的同一时代，在大洋彼岸的美国，一场流通变革的探索也开始了。

美国作为一个在欧洲之后发展起来的资本主义国家，产业革命完成得虽然迟一些，但是，它凭借着本国得天独厚的自然资源，加上大量吸收欧洲国家的资本和先进技术，经济发展后来居上，实现了跃进式的超高速发展。从19世纪50年代到19世纪末，在50年间，工业总产值增长了12倍，比1913年增长了20倍，并于1894年就跃居世界第一位。

超高速发展的美国经济，对流通变革和发展的要求更为强烈，而传统商业在美国又不像欧洲那样年深日久，所以，美国商业流通界更少保守势力，有更多的革新探索精神。于是，在世界第一家百货店诞生7年后的1859年，在美国纽约诞生了世界第一家连锁店——大西洋和太平洋茶叶公司。这是另一种崭新的现代商业组织形式和经营方式，它比百货店传入美国早了4年。所以，连锁店和百货店一样，都是产业革命所带来的社会化大生产发展的产物，也都是现代流通业的革命变革的产物。所不同的是：百货店以其自身的特点，更适应当时经济发展的环境，所以得到迅速的发展，首先成为零售业的主导业态，占据了50多年的统治地位；而连锁店，因其自身的复杂性和经济环境的关系，却首先经历了一个较长的成熟期，只是在后来经济发展又发生了更新的变化之后，得以更迅速地发展，并同后来产生的超级市场相结合，逐步取代了百货店而成为零售的主宰形式。人们从发展成熟的角度，尤其是从成为零售业主导业态先后的角度，把百货店称为第一次零售革命，而把连锁店称为排在超级市场之后的第三次零售革命，这种排列是可以的。但是，如果从产生的背景来看，则是同一时代的产物。

（二）连锁店的创立时期（1859—1900年）

1859年，美国人乔治·F. 吉尔曼和乔治·亨廷顿·哈特福特在纽约创办了大美国茶叶公司，10年后更名为大西洋和太平洋茶叶公司，该公司由同一资本开设分店，实行统一管理、统一进货、分别销售，以低于其他同类茶叶店三分之一的价格销售，很快取得了成功。1865年发展到25家分店，1880年进一步达到100家分店，1900年猛增到200家分店，销售额达560万美元，经营品种扩大到咖啡、可可茶、糖和各种浓缩果汁等。作为第一家连锁店的大西洋和太平洋茶叶公司（A&P），是同一资本自己开办分店，进行连锁经营，这种形式后来又被称为正规连锁。

1865年，美国南北战争结束了，国内统一市场进一步形成，美国胜家缝纫机公司为了在全国进一步扩大推销产品，在全美各地设置了有销售权的特约经销店，公司凭借产品特许经营权，把一批店铺组织起来，实行连锁经营，这就是世界第一家特许连锁店，为连锁店的发展创立了第二种形式。

1887年，美国又有130家独立的食品零售商自愿联合，共同投资开办了一个共同进货的食品批发公司，对参加者实行联购分销，成为美国的第一家自由连锁店。

在这一时期，美国相继于1879年由伍尔沃兹兄弟，开办了廉价杂货连锁店；1887年开办了巴尔的摩杂货批发公司和纽约曼哈顿药品联合公司连锁店；1898年开办了辛辛那提杂货批发公司等一批连锁店，到1900年，全美连锁店（公司）已发展到58家，完成了美国连锁店从1859—1900年的创立时期。

连锁店在美国诞生后，即同百货店形成对流，于19世纪60年代开始传于欧洲。欧洲第一家连锁店是英国伦敦开办的无酵母面包公司；后来于1876年创办的利普食品公司到1890年已拥有245家店铺；1895年英国本土殖民地贸易公司创立，15年后达到600家分店。欧洲有着深厚久远的合作制传统，连锁店传入后很快与合作制结合起来，1883年瑞士创办了共同进货合作社，实行联购分销，这一般被认为是世界最早的自由连锁（或合作连锁）的组织。它比美国的第一个自由连锁店还早5年，比世界第一个连锁店（也是第一个正规连锁店）晚18年。在德国1888年建立了一个共同进货合作社，后来于1898年经过进一步改组，成为“艾德长”自由连锁组织，到目前已经发展成为世界最大的自由连锁集团。

综上所述，可以看到，在产业革命所带来的经济高速增长的推动下，连锁店紧随百货店应运而生，它产生于美国，又传播到欧洲，经过正规连锁、特许连锁、自由连锁和合作连锁等不同形式的创新，终于作为一种现代流通业的新的企业组织形式和经营方式，站稳了脚跟，并争得一席之地，获得了初步的发展，最后，在机会到来的时候，迅猛发展而不可收。

二、连锁店的发展

（一）连锁店的初期发展期（1900—1930年）

1873年，世界资本主义爆发了一次大规模的经济危机，在危机中大批企业倒闭，企业兼并加剧，产生了一批卡特尔垄断组织。1880年开始，美国开始了从自由竞争的资本主义向垄断资本主义的过渡。1900—1903年，世界又一次爆发了大规模的经济危机，在新一轮企业破产和兼并中，卡特尔组织成了社会经济的基础，托拉斯也在美国产生并迅速发展起来，资本主义实现了自由竞争到垄断的过渡。垄断和集中虽然是从生产领域开始，但马上发展到了流通领域。这一方面，因为生产的垄断与集中，必然要求流通领域也要实现垄断与集中与之相适应；另一方面，流通领域同样激烈的破产和兼并，以及生产领域的垄断资本向流通领域加紧渗透，为商业流通领域垄断组织的发展，提供了机会和条件。

在流通领域实现垄断化的过程中，连锁店与百货店相比显示出了更大的优势和适应性，因而也就得到了更大的发展机会。这是因为，百货店的发展要求一次性投资规模大，商店必须设立在人口和购买力集中的繁华区，这样，就首先从资金和选址上，限制了百货店迅速膨胀发展。而连锁店，一是可以通过连续的较小规模的投资，形成较大规模的效果；二是可以通过特许权经营方式，实现生产和流通领域的大资本对小零售商的控制，形成垄断规模；三是在核心大店的带动下，通过自由连锁方式，形成规模化经营，虽然自由连锁的初衷是对抗垄断，但结果却促进了新的垄断；四是众多分散的零售商，可以通过合作连锁发展成为大型垄断组织，所以，在1900—1930年垄断资本主义发展的初期，连锁店也迎来了自己的第一个发展时期。

在这一时期，连锁店发展的主要特点是：

（1）发展速度加快。如美国，1910年连锁店已发展到9900个，到1920年增加到36100个，1920年猛增至159000个，1929年比1910年增长15倍。

（2）产生了一批国内的连锁集团。如美国的大西洋和太平洋茶叶公司，到1930年已拥有15737家店，经营食品的克罗格公司拥有5165家店，德国的艾德卡公司拥有250个成员，英国的马莎百货公司1914年已拥有170家店铺。

（3）行业扩大。由初期的食品、衣料行业，扩展到汽车配件、加油站、软饮料、医药品、服装、杂品、鞋业等行业，如美国著名的经营杂品的F. W. 伍尔沃斯公司，经营药品的沃格林公司等，都是在这一时期发展成连锁集团公司的。

（4）业态扩大。由初期的食品、杂品专业店，向百货店和邮购店发展，如当今世界上最大的百货店连锁集团——美国罗巴特·西尔斯公司，就是由邮购连锁化发展起家，进而成为百货连锁公司。

（5）类型多样化。除正规连锁、特许连锁、自由连锁和合作连锁都得到发展外，还产生了工厂主导型连锁、批发企业主导型连锁和零售企业主导型连锁，连锁化向垂直和横向两个方向发展。

（6）分布区域化。由开始在地区范围的连锁，逐步向较广泛的区域发展，进而向全国发展，如美国的汽车配件联合连锁组织，1924年已可控制全美45个地区的销售。

（7）走向成熟。在这一时期，美国的连锁店在集中采购配送、统一管理、集中信息、共同经营战略开发等方面，从组织机构到内部制度都日渐成熟，1924年英国的马莎公司曾专门派团学习考察。

（8）在斗争中发展。连锁店的崛起，威胁了独立店的生存，受到强烈反对，美国曾围绕着限制与反限制，进行了多年的法律斗争，最终连锁经营获得合法发展权，但立法斗争一直持续了下来。

（二）连锁店的调整发展期（1930—1955 年）

1929—1932 年，爆发了世界资本主义历史上持续时间最长、破坏力量最严重的经济危机，整个资本主义世界工业产量倒退了 30 年，其中钢铁和煤炭产量分别下降了 30.6%和 64.8%，1/2 的工业设备闲置，2600 万工人失业，农产品大量过剩，价格猛跌，信用崩溃，货币贬值一半以上。危机中，尤以美国经济受打击最为严重。经济危机沉重打击了商业流通领域，百货店由于在几十年发展中变得成本越来越高，价格越来越贵，在危机中首先开始走向衰落。另外，在 1930 年美国产生了世界第一家超级市场，它以商店装修简陋、成本低、自选销售、价格低廉，为零售业带来了又一次革命变革，与此同时，其他形式的廉价店也产生发展起来。但是，就在零售业因产生了新的变革而出现生机之时，1939 年爆发了持续 6 年之久的第二次世界大战，整个世界资本主义经济陷入战时体制。在经济危机和战争的双重阴影里，连锁店的经营者经过艰苦的改革调整，探索新的生存发展之路。

在 1930 年到 1955 年的 20 多年期间，连锁店的发展有以下 4 方面的特点：

（1）合并收缩分店，扩大店铺规模。在经济危机和战争的环境下，资金和劳动力严重不足，民用建筑也受到限制，连锁店不能通过急速增加分店的数量来扩大规模，而是采取适当收缩分店数量，扩大单个店铺规模的发展途径。如美国，1948 年同 1929 年相比，连锁店的店铺总数由 1929 年的 159638 个，减少到 105109 个，减少了 34%；但销售额却由 10740 百万美元，增加到 29736 百万美元，增长了 177%；连锁店铺由占社会零售业店铺总数的 10.8%下降到 5.9%，但销售额比重却由占 22.2%上升到 22.8%，这其中除了物价因素外，主要是店铺规模扩大了 1～4 倍。

（2）向新的行业发展。到 1948 年，美国连锁店已经发展到 30 多个行业，包括：综合食品业、一般食品业、鱼肉业、乳酪业、点心业、果蔬业、药品业、杂品业、餐饮业、衣料业、服装业、鞋业、家具业、家电业、汽车业、汽车配件业、酒业、五金业、木材业、加油站业、百货店业，等等。其中，尤以综合食品店业为最多，连锁店铺达 504439 个。

（3）同超级市场相结合。1930 年在美国经济危机中，以开架自选、价格低廉为特征的第一家超级市场诞生后，到 1939 年美国超级市场已发展到 5000 多家，销售额占到食品杂货店销售额的 20%以上，并发展到一般商店和大型商场。连锁店很快与超级市场相结合，形成了遍布各地区各行业的连锁超级市场和连锁超级商店，两者如同一对天然的盟友，携手共同发展。连锁店与超市结合，是这

一时期连锁店发展最重要的特点。

(4) 连锁店传入日本。日本在20世纪初实现了产业革命，并进入垄断资本主义阶段，在赶超和学习发达国家的过程中，于1929年开始引入连锁经营。这一年，在东京成立了大东京洋品商联盟，成为日本和亚洲第一家连锁店。但它选择的不是正规连锁，而是自由连锁。1937年在战时为了对抗大垄断资本，又相继成立了大东京文具连锁店、大东京瓷品连锁店、大东京鞋业连锁店等30多家自由连锁店。由于当时经济条件恶劣，大资本压制，加上战争影响，日本从自由连锁起步的连锁经营没有发展起来，但是，连锁经营却从此开始传入了亚洲。

(三) 连锁店的全面发展期（1955年至今）

第二次世界大战后，经过10年的经济恢复，从20世纪50年代中期开始，世界经济发展出现了重大变化：一是美国、日本、德国、法国等西方主要国家，出现了新的经济发展和繁荣，如日本经济从1955年起持续高速发展达15年。二是出现了新技术革命，以电子技术为基础的技术革命，推动了发达国家产业结构的大规模调整，第三产业成为主导发展产业。三是垄断竞争更加激烈，兼并、收购、合并更加普通，垄断进一步强化，垄断组织国际化，垄断经营多角化。四是居民收入大幅度提出，出现了高收入水平的中产阶层，推动大众消费革命的到来。五是以高速公路为代表，现代化交通网络更加发达。六是由于计算机的广泛应用，通信信息现代化，改变了经济联系和交往的时间、空间和方式。七是城市化发展出现了郊区化现象，城市人口向郊区分散，中心商业区出现了衰落。八是20世纪70年代后的日本以外，以中国香港、中国台湾、新加坡、韩国等为代表的亚洲经济快速发展起来。

以科学技术革命为基础所带来的经济新发展、新变化，为连锁经营提供了新的机遇和挑战。连锁经营抓住了机遇，战胜了挑战，终于使连锁经营成为发达国家零售业最主要的经营方式，连锁店成为最主要的组织形式。在这一时期，连锁店的发展呈现以下主要特点：

(1) 超速发展，成为零售业的主导。在美国，1975年连锁店发展到291000个，比1954年增加74.3%；1979年，连锁店已占百货业的94.2%，占杂货店的79.7%；到20世纪80年代，零售业连锁化达88%；1993年连锁店销售额占零售总额60%以上。在英国，1984年大型连锁系统销售额占零售额的69%。在日本，经过20世纪60年代以后的快速发展，到20世纪90年代初连锁店销售额已占到零售额的30%。

(2) 特许连锁异军突起。在美国，20世纪80年代特许公司由50年代的29家，猛增到1200家，40年间增长40倍，1988年加盟店达50.9万个，营业额达6390亿美元；在英国，1984—1994年，特许公司发展到2.5万家，从业人员25

万人；在法国，1971年特许连锁公司只有7500家，到1982年增至2.2万家，增长近2倍；在日本，20世纪60年代自由连锁曾一度迅速发展，但70年代后特许连锁发展极快，1990年特许公司由1966年的13个增至666个，销售额占社会零售额30%以上。在这一时期，特许连锁向广泛的领域发展，成为连锁经营的主要类型。

（3）形成了世界级超大型连锁集团。例如：美国的沃玛特公司，1962年创立，30年间发展成为世界第一大零售企业，1994年营业额达到834亿美元，商店2400多家，职工52万，按营业额排名在美国500家大企业中排第2位，仅次于通用汽车公司，在世界排第12位；凯马特公司，销售343亿美元，有4700多家店铺；日本大荣公司销售3200亿美元，有1万多店铺，10万多职工。其他如美国的西尔斯、德国的艾德卡、法国的家乐福、英国的马莎等公司，都是世界级大垄断性连锁零售集团。

（4）向国际化发展。大型连锁公司纷纷在世界各地开展业务，或设直营店，或办特许店，形成跨国公司。如美国的麦当劳，在世界66个国家和地区，开设了13000多家店，成为一个遍及全球的王国。美国目前有海外店铺的连锁公司有400多家，店铺达3万多家，从1971年到80年代的10年多时间，海外店铺增加10倍。在欧洲、日本甚至亚洲后发展起来的连锁公司，也纷纷向国外发展，如英国的马莎公司在世界就开了700多个店铺；日本的伊藤羊华堂，开始是接受美国7－11方便店在日本建子公司，后来反过来购买了总公司的控股权，向世界发展，拥有海外8700多店铺，超过了本国内的店数。

（5）向更加广泛化方向发展。一是地区广泛化。伴随亚洲“四小龙”的经济起飞，连锁店在这些国家和地区生根，开始是美国等公司渗入，后来产生土生土长的连锁公司，继而又向外发展。如香港的“惠康”、“百佳”，新加坡的“宜康”，台湾的“统一”、韩国的“乐喜”等公司。中国从20世纪90年代起，连锁店也迅速发展起来了。二是行业和业态的广泛化。连锁经营如水银泻地，向着一切可能的行业和业态发展。就行业而言，已达80多个行业，其中尤其以服务业的连锁化发展最快，1986年后新开业的服务业加盟店占本行业加盟店总数96%。美国的假日饭店集团，在52个国家经营1700多个饭店。就业态而言，包括了百货店、超级市场、方便店、廉价店、专业店、折扣店、邮购店、无人销售等几乎所有的新老业态，并且渗入到商店街、购物中心等商业集聚的地区之中。

（6）向现代化发展。第二次世界大战后的科学技术发展，为连锁店的发展提供了现代化手段和装备，连锁经营摆脱了手工操作，进入了电子化、信息化、自动化时代。大连锁公司普遍采用了EOS（时点销售）系统、POS（电脑控制）系统、条码化系统等，在采购、检验、分货、储运、送货、信息、结算、商品开发、店铺发展，以及经营管理等领域和环节，越来越多地实现了计算机化，极大

地提高了管理的科学水平和流通、经营效率。

(7) 实现了制度化和规范化。一是许多国家相继制定了关于连锁店和连锁经营的法律，如美国 1979 年颁布了《联邦贸易局 FTC 法规》，法国颁布了《特许连锁义务法典》，日本 1973 年制定的《中小零售商业振兴法》中专列有连锁店方面的条款。二是一些国家的政府制定了对连锁店的支持政策，如日本、马来西亚、新加坡等。三是成立了一批连锁行业协会自律组织，如美国的国际连锁加盟协会（IFA）、法国的特许连锁联合会（EFF）、日本的连锁协会、特许连锁协会、自由连锁协会等。这些协会还制定了《道德规范》和各种公约，实行行业自律。四是连锁企业和组织内部规章制度、经营管理越来越规范化、系统化、科学化；连锁经营的人员培训、业务咨询、理论研讨、宣传出版等，也日益活跃，甚至本身也发展成为新的连锁行业。

世界，已经进入了一个连锁的时代！

三、几点启示

130 多年的世界连锁史给我们带来了哪些启示呢？

（一）连锁店的产生是必然的

连锁店在美国产生后，很快传遍了世界，它一不受国家和地区的限制；二不受民族的限制；三不受文化传统的限制；四不受商业习惯的限制；五不受行业的限制；六不受零售业态的限制，在一切具备条件的地方和领域，都产生了连锁店。这个事实说明，连锁店的产生是必然的，是不可抗拒和阻止的。我们面对兴起的连锁事业，必须准备迎接它的到来，不论是政府、企业，还是消费者，都应如此。

（二）连锁店的产生和发展是有条件的

连锁店产生 130 多年才发展成发达国家零售业的主宰，说明它需要生长的条件，这个条件就是社会化大生产的发展、市场制度（体制）的发展、消费水平的发展、科学技术的发展、商业行业和业态创新的发展。没有这“五大发展”，连锁店是不能产生和生存发展的，而当这五个方面每向前发展一步，连锁店的发展都会得到新的生长机会和条件，使自己进入一个新的时期。

（三）连锁店是有效的

在激烈的市场竞争条件下，在资本主义经济周期性危机，在世界大战炮火中，连锁店顽强地发展起来，并成为零售业的主导，这本身就说明了它对满足生产和需求的有效性，对满足企业自身发展的有效性，对满足社会发展的有效性。这其中最根本的原因，就是它有效地把社会化大生产对流通的规模化要求，同高水平多样化大众消费对流通经营的分散性、多元性、灵活性要求，有机地结合起来了，克服了传统商业“大而死”、“小而低”的弊端，有效地把企业的效益与流通的社会效益结合起来了，做到了“双有效”。

（四）连锁店的形式是多样的

连锁店之所以能在广泛的领域得到发展，说明它有广泛的适应性，这种广泛的适应性来源它的多样性和不断地创新。前面已经谈到，从不同的角度，可以将连锁店划分为不同的类型，如按联结纽带划分的正规连锁、特许连锁、自由连锁、合作连锁；或是按主导企业划分的工厂主导型连锁、批发主导型连锁、零售主导型连锁；或是按业态划分的百货店连锁、超市连锁、方便店连锁、廉价店连锁、无店铺销售等不同业态连锁；或是按地区划分，按行业划分的各类连锁。

（五）连锁店是共同的、又是本土的

连锁店不论是产生在哪里，只要是连锁经营，就必然要遵循其基本的一般的特征和规律要求，而不同类型的连锁，又要遵循其特殊的基本要求，否则，“走了样”，不仅名不副实，也达不到连锁经营的目的。所以，连锁店和连锁经营的一般规律是共同的、不可违背的。另外，连锁店作为零售形式，又必须是本土化的，即要同当地的社会、经济、文化、传统和消费特点结合起来，才能生根发展，如日本的自由连锁、欧洲的合作连锁，都与美国有很大的不同。即使是同一个国际连锁公司，在美国、日本、中国台湾、欧洲的店，也会有所不同。近年来连锁企业组织内，出现的多种形式连锁互相渗透结合，就是这个原因。

综上所述，我们可以看到，连锁店和连锁经营，从稚嫩到成熟，从小到大，从少到多，从单一到多样，从一国到全世界，终于改变了流通业，改变了生产和消费，也改变了社会生活。它今天已经跨入了中国的土地，并开始生根、发展起来了。我们无法回避它，无法拒绝它，只能积极地去研究它、学习它、吸收它、驾驭它，并结合中国的实际去发展它，让它为中国人民造福。

连锁经营的定义、分类和基本特征①

经过 130 多年的发展，连锁经营形成了多种多样的类型和形式。人们根据不同的依据，从不同的角度，对连锁经营进行过各种不同的分类，下过不同的定义。例如，一些国家的政府为了管理的需要，一些连锁协会组织为了自律的需要，都曾做出过不同的分类和定义。至于专家学者们的概括和表述，更是仁者见仁，智者见智，众说纷纭。这里，我们根据国外一些比较公认的看法，结合自己的研究体会，做一点介绍，其中的一些见解也只是一家之言。

①发表于 1996 年《财贸研究》第 2 期。

连锁经营和非连锁经营的最大区别，首先在于实行连锁化，即通过一定的联结纽带，按着一定的规则，将众多分散孤立的经营单位联结在一起，并按照规则的要求进行运作。所以，根据联结纽带和联结运作方式的不同，对连锁经营所进行的分类，是连锁经营最基本的分类，其类型也是最基本的类型，而其他的分类和类型则是衍生的。

那么，连锁经营有哪些基本类型呢?

一、正规连锁（Regular Chain，RC）

正规连锁又称直营连锁、公司连锁、联号商店、多店铺商店、多支店商店。

世界上第一家连锁店是美国的大西洋及太平洋茶叶公司，这家公司是由同一个资本开设多家分店，实行统一管理和经营。在连锁店发展的初期，最早出现的连锁经营就是这种类型。所以，正规连锁在美国，有时也泛指狭义的连锁店或连锁经营。美国商务部对正规连锁的定义是：以单一资本直接经营 11 家以上商店的零售业或餐饮业的企业形态。这个定义后来被在美国发起产生的国际连锁店协会所接受采用，流行比较广泛。英国对正规连锁店的要求是要有 10 个以上分店。日本通产省对正规连锁下的定义更为具体一些，规定是："连锁商店的实质，是处于同一流通阶段，经营同类商品和服务，由同一资本经营并在同一总部集中性管理机构统一领导下，进行共同经营活动的（由两个以上单位店铺组成的）零售企业集团。"

从上述美国和日本的定义内容，可以得出正规连锁有以下主要特征：

1. 同一资本开分店。这是正规连锁与后面将要介绍的特许连锁、自由连锁、合作连锁比较最大的区别，即正规连锁各个成员店之间是以资本为主要联结纽带，资本又必须属于同一个所有者，归一个公司、一个联合组织或一个人，是由同一个投资主体投资开办分店。

2. 组织上设总部。分两类情况：一类是母公司与连锁公司的总部合二为一，另一类是设置独立的总部。前者多存在于创立初期，分店少的情况，后者是在分店发展多了的时期普遍采用的。大型连锁公司在总部内设有专门事业部，在一个地区设有地区事业部，最基层是销售店铺。

3. 管理经营集中统一。正规连锁的经营管理权完全集中在总部，由总部根据统一的事业规划方针，负责连锁公司的人事、财务、投资、分配、采购、促销、物流、商流、信息等方面的高度集中统一管理与经营，店铺只负责销售业务。

4. 在人事关系上，正规连锁各分店的经理人员是公司的雇员，不是所有者，不是老板。

5. 处于同一流通阶段。就零售业而言，各连锁分店应都是经营零售业；就批发业而言，则各分店应都是经营批发业。不能有几个零售店与几个批发店连锁。至于自由连锁、合作连锁以批发店、生产商为核心，则是另一回事。

6. 经营同类商品和服务。连锁经营要达到规模效益，为此必须实行统一化、标准化，只有经营同类商品和同类服务，才能做到这一点。不同类的商品和服务不能连锁经营。同类，可以是个广义的概念，如日用消费品类、餐饮类；也可以是个狭义的概念，如服装类、汉堡包类等。但不能跨大类连锁，如经营鞋的专业店和经营珠宝的专业店连锁。同类，是指各分店经营的商品和服务是同一类。

7. 进行共同经营活动。是指人们常讲的实行多个统一或同一，如：同一管理、同一经营、同一字号、同一形象、同一服装、同一促销，有的还可以加上同一陈列、同一服务、同一价格等。

在连锁经营初创期，正规连锁主要限于零售业和餐饮业，后来的发展突破了这个限制，但它仍然主要是流通业、商业服务业的组织和经营方式。

正规连锁的同一资本、集中管理、分散销售的特点，其优点在于：可以更有效地统一调动财力、物力和人力，统一经营战略，统一开发和运用整体性的事业。作为同一资本所有者的实力雄厚，有利于同金融界、生产部门打交道，在人才培养使用、新技术和产品的开发推广，以及信息、物流和管理现代化等方面，也更容易发挥整体优势，而众多分散的分店则可深入到消费者腹地扩大销售占有市场。

正规连锁的不利之处在于：需要庞大的自有资本开店，发展速度和规模会受到限制；分店的自主权很小，分店经理不是所有者，利益关系不那么紧密，分店经营的积极性、创造性和主动性会受到一定限制；大型正规连锁公司管理系统庞大，容易产生官僚化，也必然会提高管理成本。

正规连锁是欧美国家连锁经营的一种基本形式，在日本、亚洲近年也有较大发展。对于公有制为主体的中国，会有更大的适应性。

二、特许连锁（Franchise Chain，FC）

特许连锁，又称合同连锁、加盟连锁和契约连锁。美国商务部的定义是：“合同连锁指的是，主导企业把自己开发的产品、服务的营业系统（包括商标、商号等企业形象的使用，经营技术、营业场合和区域），以营业合同的形式，授予加盟店在规定区域内的经销权或营业权。加盟店则交纳一定的营业权使用费，承担规定的义务。”国际特许连锁协会的定义与之相仿，只是更简单一些。日本政府一般是沿用日本特许连锁协会的定义，日本特许连锁协会的定义也是按美国的定义发挥出来的，并经过多次修改，其定义是：“特许经营权是指特许者同其他事业者之间缔结合同，特许者特别授权特许加盟者使用自己的商标、服务标记、商号和其他作为营业象征的标识和经营技巧，在同样的形象下进行商品销

售。此外，加盟者要按销售额或毛利的一定比例，向特许者支付报偿，并对事业投入必要的资金，在特许者的指导及支持下开展事业，双方保持着持续性的关系。”

从上述定义和实际中可以看到，特许连锁有以下主要特点：

1. 特许连锁首先要有一个特许权拥有者，它是特许连锁的主宰或盟主。

2. 盟主拥有特许权，特许权可以是产品、服务、营业技术、商标、商号、标识，以及其他可带来经营利益的特别权力。

3. 盟主与加盟者以特许权授权合同为主要联结纽带。合同是由盟主制定的定式合同，即非双方议定合同。加盟者以接受盟主所制定的合同内容为条件加盟，盟主也承诺相应的授权和义务。合同是盟主与每个加盟者一对一签订的。

4. 加盟者对其店铺拥有所有权，店铺经营者是自己店铺的老板。

5. 经营权高度集中在盟主的总部，加盟者必须完全按照盟主总部的一系列规定进行经营，自己没有经营自主权。

6. 总部（盟主）有义务教给加盟店完成事业所必需的所有信息、知识、技术等一整套经营系统，同时授予加盟者使用其店名、商号、商标、服务标记等在一定区域的垄断使用权，并在合同期限内不断进行经营指导。

7. 加盟者要向盟主交付一定报偿，通常包括一次性加盟费、销售额或毛利提成等。

8. 特许连锁的盟主与加盟者之间是纵向关系，各加盟者之间无横向关系，这与自由连锁与合作连锁不同。

特许连锁在自身的发展过程中，又产生许多具体的形式。从特许权内容的角度划分有两大类：一类是属于“商品和商标特许权连锁”，即盟主将其拥有的某一专门商品或商标的经销权和使用权，授给加盟者；另一类是“经营公式（或系统）特许权”，即盟主将其拥有的可获利的经营诀窍系统，授给加盟者。前一类是初期特许连锁普遍采用的形式，后一类则是现代特许连锁广泛采用的形式，当然，有时也有交叉。

从加盟者或特许权承受方经营的角度来看，又可分为5类：一是投资性特许经营体系，即承受商投入大量资金获得一个特许经营权体系，本人控制整体营业策略，同时雇人经营分店。二是职业性特许经营体系，即承受商投入较少资金，获得特许权后自己以职业者身份，亲自从事业务，如维修、服务、清洗、保安等。三是零售式特许经营体系，承受商大量投资商业产业设施，利用所获特许权亲自经营零售业，而在自己经营不便时，可以转卖所获特许权和投资产业。四是管理式特许经营体系，即承受商利用所获特许权亲自经营管理业务，多在财务、人事、咨询服务或工程、物业管理行业进行。五是销售与分销式特许经营体系，即在获得授权地区对授权产品进行分销业务。

特许连锁，目前是发达国家中发展最快、覆盖面最广的连锁类型，所占营业额比重也最大。这是因为，特许连锁有着十分明显的优势。对于盟主（或特许权授予方）来说：①可以用较少的资金和有限的人员，迅速开展事业，占领市场，扩大经营；②可以获得连锁经营体系所带来的规模效益；③可以以经营技术、商标、形象标识等无形资产等作为特许权，一次开发投入，多次长期获利；④可以用加盟金和经营额提成等方式获得回报，收益有保障。

而对于加盟者来说，则可以：①可利用盟主总部成功的经验，经营受到市场欢迎认可的商品和服务，成功机会大，风险小；②可获得盟主总部持续的业务指导；③可享受连锁系统的广泛信息，共同性促销活动及总部的信誉和支持，获得规模效益带来的低成本好处。

当然，特许连锁也同样存在弊端，一是加盟者失去经营自主性，有碍积极性的发挥；二是标准化的经营要求，限制经营的灵活性，如进货的渠道受限制等。

三、自由连锁（Voluntary Chain，VC）

自由连锁，又称自愿连锁、志同连锁、任意连锁。美国商务部的定义是："由批发企业组织的独立零售集团，即所谓批发企业主导型任意连锁集团。成员零售店铺经营的商品，全部或大部从该批发企业进货。作为对等条件，该批发企业必须向零售企业提供规定的服务。"日本通产省的定义是："分散在各地的众多的零售商，既维持各自的独立性，又缔结着永久性的连锁关系，使商品的进货和其他事业共同化，以达到共享规模利益的目的。"在法律中还规定"自由连锁主要是指对中小零售业，依照一定的合同条款，持续地销售商品，并开展有关经营方面的指导事业。"

自由连锁在发展中形成了两种类型：一类是以批发企业为核心实现连锁，这主要在欧美国家比较多；另一类是以大型零售企业为核心组成连锁，这主要在日本较为普遍。

自由连锁的基本特点可概括如下：

1. 拥有一个或几个核心企业作为主导企业，核心企业是已经存在了的企业。可以是批发企业，也可以是大型零售企业。

2. 有众多分散的零售商加盟成为成员，这些零售商一般是小型的，但是独立的，商店资产归业者所有，经营者就是所有者。

3. 核心主导企业与各加盟的成员企业，是通过合同作为纽带联结在一起的，合同是各成员之间通过民主协商制定的，而不是特许连锁那样的定式合同。

4. 加盟的成员企业，在所有权、经营权和核算方向，都仍保持着自主性和独立性。在此前提下，在统一进货、统一管理、联合行动等方面，按合同规定的内容执行连锁总部的要求，包括交管理费、接受指导和从总部进货等。

5. 自由连锁组织的总部分两类：有的是单独设置，有的是由核心主导企业兼行总部职能。

6. 在美国，自由连锁总部的职能，有的规定有12项之多：①制订大规模销售计划；②组织共同进货；③联合促销；④业务指导；⑤组织物流；⑥教育培训；⑦信息利用；⑧资金融通；⑨开发店铺；⑩财务管理；⑪劳保福利；⑫协助成员劳务管理等。

自由连锁的优点在于：成员店独立性强，自主权大，利益直接，有利于调动积极性和创造性；连锁系统的集中管理指导，有利于提高成员店的经营水平；统一进货、促销等共同事业，有利于成员店降低成本，享受到规模效益和整体组织化的好处；总部系统投资少，布网快。

自由连锁的缺点在于：联结纽带不紧密，凝聚力弱；成员企业独立性大，总部集中统一运作的作用受到限制，组织不够稳定，发展规模和地域有局限性；过于民主，决策迟缓，竞争力受影响。

为了克服自由连锁的弱点，日本自由连锁协会提出了所谓“四原则”：①成员间的“非竞争原则”；②成员间的“平等性原则”；③总部对成员实行的“经济利益性原则”；④全系统的“共同合作原则”。就是要在维护成员利益的前提下，强化集中统一的一面，克服松散的弊端。

四、合作连锁（Cooperative Chains）

所谓合作连锁，是指一些独立分散的零售商，通过自愿协商，共同出资开办一个或几个批发企业，并通过合同组成连锁组织，为各成员店提供整体的共同事业服务。

按流行的分类方式，一般是把合作连锁作为自由连锁的一种形式，因此，国外的官方或协会组织没有对合作连锁下单独的定义。这里，我们把它单独作为一种连锁类型加以介绍，一是因为它同定义中的自由连锁确有所不同，二是因为它对目前的中国或许会有特别的借鉴意义。

事实上，被人们广为引用，又被美国政府所认可的美国第一家自由连锁组织，是1887年由130家食品零售商共同投资兴办的巴尔的摩杂货批发公司。而这个自由连锁组织，严格来讲正是一个合作连锁组织。世界上的第一个合作连锁组织，是1883年产生于瑞士的一个共同进货合作社。世界上最大的合作连锁组织，是德国的艾德长连锁集团，它的前身是1888年产生的一个共同进货合作社。

人们把自由连锁和合作连锁经常混在一起，是因为两者之间有着重要的共同点，即都是一些独立的零售商，在自愿协商的基础上，组织成连锁组织。但是，细加研究，就会发现两者的区别。

总的来看，合作连锁具有以下特点：

1. 由众多独立的零售商组成（这一点与自由连锁一样），但是，它不存在一个已存的核心企业，而是由成员共同投资新开办一个批发企业作为核心企业，并以此为依托组成连锁总部及组织（这一点是与自由连锁的重大不同）。

2. 因之而来的是合作连锁有双重联结纽带：一是共同出资的资本纽带，二是自愿协商的合同纽带。资本纽带是自下而上各家出资形成，与正规连锁正相反；合同纽带是自愿协商产生，与自由连锁相同，又与特许连锁不同。

3. 成员单位共同投资开办的新的批发企业及总部，同自由连锁一样，为各成员单位服务，推动共同进货等共同事业的开展，成员单位则享有连锁组织的整体和规模效益带来的好处，接受总部的指导，承诺相应的义务。另外，成员单位又是联合批发公司和总部的股东，以股东的身份，参与并影响批发公司和总部的经营运作。成员与总部这种双向的作用关系，是合作连锁的又一重要特点。

4. 合作连锁建立在合作制的基础上，既有横向合作，又有纵向合作，凝聚力更强；组织内部的民主性，也更有利于调动成员的积极性；合作制的利益返还原则，也有利于鼓励成员对共同事业的利用。

所以，合作连锁实际上是将连锁制、合作制、股份制三者结合在一起，具有独特的功能和作用。

以上，我们介绍了连锁经营的四种基本类型及其定义、特征。这四种类型在实际中，有时是采取单一形式，有时又采取交叉组合形式。这都要从企业、业态和行业的实际出发。

1. 按分布范围划分。①国际连锁集团。成员网络遍布全世界、实力异常雄厚，最多的是特许连锁经营组织，也有相当一批正规连锁经营组织。②全国性连锁集团。多数是正规连锁组织，在全国各地开直营店；也有许多是特许连锁组织。③国内地区连锁。各类基本连锁类型在发展初期，都会采取从一个地区发展的战略，实力大了后再发展到全国和世界，实力小的就在一两个地区发展，而自由连锁和合作连锁受到自身特点限制，多数是地区性连锁。至于全国性和国际性连锁集团，在内部组织上也大多是划分成一个一个地区性连锁，以方便管理和供货。所以，地区连锁虽小，但它是连锁经营组织划分、管理和起步的基础。

2. 按业态划分。“业态”是指零售企业的经营方式或经营形态。在发达国家，绝大多数业态都有连锁组织，其中最主要的有：①百货店连锁。多为正规连锁，按日本的规模（欧美国家普遍要比日本规模大，下同），营业面积在1万～2万平方米，经营十几万个品种，以服装、家电、家具、日用商品为主，优质高价。②综合超级市场。多为正规连锁，是百货店的改造形态，自选销售，面积在万米以上，经营十几万品种，经营综合性日常高频率消费品为主，低价低利率，快周转。③超级市场连锁。正规连锁、自由连锁都有，面积在2000平方米左右，自选销售，经营食品为主，低价位快周转，品种在5000种以上。④方便店连锁。

有正规连锁，也有自由连锁和合作连锁，规模在 100～300 平方米，24 小时营业，经营快销的日用品和食品，品种在 3000～4000 个左右。价格比超市要高，自选销售。⑤廉价店连锁。正规连锁为多，普遍实行低价格。廉价店规模不等，大者上万平方米，小者 1000 平方米左右。品种不一，有综合性廉价店，商品种类多，也有专业性廉价店，品种比较少。⑥仓储式商场连锁。多为正规连锁，也是一种廉价店连锁。一般采取会员制，店库合一，经营大量消费的日用品，品种上万种，中档低价，营业面积 1 万～2 万平方米及以上。⑦专业店连锁。特许连锁居多，也有其他连锁类型，经营某一类商品，或经营某一品牌系列商品，品种不多，规模一般较小。⑧无店铺销售连锁。以特许连锁为多，也有其他形式。无店铺销售又分通信销售（邮购）、访问销售（上门销售）、自动销售（如自动售机销售）三种形式，三种形式均有连锁经营。

3. 按行业划分。在发达国家，几乎绝大多数的行业都有连锁经营，每个行业按商品和服务，分为不同的连锁，这里不一一列举了。

五、连锁经营的本质特征

上面，我们介绍了连锁经营四种基本类型各自的特征，那么，作为连锁经营所共同的本质特征是什么呢？如何才能真正把握住它的一般性实质呢？下面就来谈一下这个问题。

我们知道，社会化大生产要求流通领域必须实行规模经营，以大量流通来适应大量生产；另外，大众消费时代又要求流通领域必须实行灵活经营，以方便化的流通来适应个性化的消费。这是一个很大的矛盾。流通规模过大，必然产生呆板，带来不方便；流通规模过小、过散，必然产生高成本，带来低效率。连锁经营的成功，就在于它很完善地解决了流通中规模与灵活，效率与方便之间的矛盾。

简言之，连锁经营的本质特征就是：把现代社会化工业大生产的基本原理，结合商业的特点，运用到流通领域，即在专业化分工的基础上，实现了流通的系统化和规模化，达到了规模效率与灵活方便的统一。

连锁经营的本质特征集中表现在四个原则上，即经营上的分工原则；管理上的 3S 原则；物流上的集中配送原则；信息上的网络化原则。

（一）经营上的分工原则

连锁店与孤立的单店、普通的分店相比，最显著的不同就在于总部与分店（成员店）的专业分工及功能不同。总部专门负责经营管理，分店专门负责销售。具体讲，总部负责：①制定经营规划；②统一采购商品；③组织物流运转；④负责财务核算；⑤开发新产品、新店铺、新系统；⑥培育人员；⑦业务指导；⑧广告促销；⑨资金融通；⑩信息收集利用；⑪企业的整体设计。总部集中了一切经营管理之大权。而分店则按规定，专司销售和直接相关的辅助业务，如商品销售及促销；按销售向总部订进货；在总部指导下陈列商品和管理；店内库存管理；经营中的信息、统计反馈；为顾客提供连带性服务，如邮信、收电话费等。

（二）管理上的3S原则

①简单化（Simplification）。即将作业流程尽可能地“化繁为简”。连锁系统整体庞大而复杂，必须将财务、货源供求、物流、信息管理等各个子系统简明化，去掉不必要的环节和内容，以提高效率，使“人人会做，人人能做”。为此，要制定出简明扼要的操作手册，职工按手册操作，各司其职务尽其责。②专业化（Specialization）。即将一切工作都尽可能地细分专业，在商品方面则突出差异化。这种专业化既表现在总部与店铺的专业分工，也表现在各个环节、岗位、人员的专业分工；既表现在纵向系统，又表现在横向网络。③标准化（Standardization）。即将一切工作都按规定的标准去做。例如：企业整体形象的各项内容，商品规格包装等各项指标，经营管理的运作流程等，都一一制定出标准要求，每一个部门、环节、职工、店铺，都按统一的标准执行运作。3S原则是连锁经营的核心，没有3S就不能完满实现连锁运营。3S之间又互相配合，互为条件，缺一不可，要作为一个整体来实行。

（三）物流上的集中配送原则

专业化分工表现在物流上，就是集中配送，只有集中配送才能降低成本，提高效率，取得规模效益。集中配送主要表现在建立3C系统：①TC系统（Transfer Center）。即商品转运中心，或粗分货系统。对于那些各分店要求大批量供货的商品，工厂根据总部的订单，按各分店需求量分店别打捆包装，运送到商品转运中心（TC），由TC进行检验验收，然后再分货装运到各分店，因为是整批整捆验收、分货、运送，所以叫粗分货。②DC系统（Distribution Center）。即商品发货中心，或细分货系统。对于各分店一次所要数量较少的商品，由工厂按总部订单总量供货运到DC，DC接货后有的再按各店要货量开捆分货，配好货后，发运到各分店，所余部分商品则暂时储存在DC，供持续供货之用。因为DC是开装细分商品，所以也叫细分货系统。DC与TC的不同，一是有粗细分货之别，二是DC有暂时储存商品功能。在实际中，两者往往设置在一起。③PC系统（Process Center）。即生鲜食品加工配送中心，将各分店所订的生鲜食品，由总部大批集中采购至PC后，进行检验、加工、解冻、分割、包装后，运送至各个分店。其机能与DC类似，区别在于处理的是生鲜食品，且要加工处理。上述3C系统是连锁经营的支柱。

（四）信息上的网络化原则

信息是连锁经营的神经，在初期信息手段比较落后的条件下，连锁经营的效益、规模、布局和发展都受到限制。进入信息时代以来，现代化电子计算机技术，为连锁经营插上了翅膀，把连锁经营带进了现代化时代。连锁系统的信息要求全面网络化，要建立起商品管理系统、财务系统、人事管理系统、店铺开发系统、连锁集团数据库系统等。

中国的流通革命与特许经营①

特许经营在中国还是一个新生的事物，但是它有着十分广阔的发展前景。中国的流通业正在进行着一场深刻的革命，这场革命包括两方面的内容：一方面是流通体制的革命，即由旧的计划经济的流通体制，向社会主义市场经济流通体制的转变；另一方面是发展的革命，即由传统落后的商业，向现代化商业的转变。这场流通革命，为特许经营在中国的发展提供了前所未有的机遇和条件。

一、中国流通革命的背景

中国发生的流通革命同世界其他国家和地区发生的类似变革相比，有着相近的因素，又有着中国特有的背景。

1. 中国的流通革命是在整个国家改革开放不断深入发展中发生的。1978 年中国开始实行改革开放的方针，15 年来，沿着建设有中国特色的社会主义的道路，进行了广泛而深刻的改革，中国的经济体制格局和运行机制都发生了深刻的变化。尤其是在国家经济中的所有制结构、企业制度、市场体系和市场机制作用、政府对经济的管理方式、收入分配形式，以及农村的经营方式等方面，都发生了深刻的变化，目前改革正处于从总体上建立社会主义市场经济新体制的阶段。同时，中国由闭关锁国，开始打开国门走向世界，通过兴办特区、开放沿海城市和部分内地城市、引进外资、逐步开放中国市场、扩大国际合作和贸易，使中国经济正在逐步与世界经济融为一体。

2. 中国的流通革命是在经济高速发展中发生的。1978—1993 年，经济平均每年增长 9.3%，主要产品大量增加，其中粮食增加近 50%，猪牛羊肉增加 76.6%，水产品增加 2.9 倍，电视机增加近 4.6 倍，洗衣机增加 8.8 倍，电冰箱增加 6.2 倍。日用消费品除少数品种外，基本上由卖方市场转变为买方市场，中国市场供求关系发生了历史性的转变，结束了长期处于短缺经济下运行的状态。

---

①本文系作者在新加坡亚洲特许经营国际研讨会上的发言，发表于 1995 年《商业经济研究》第6 期。

3. 中国的流通革命是在居民收入大幅度增加的条件下发生的。1979—1993年，全国居民消费水平，平均每年增长7%，其中农民1978—1992年消费水平每年平均增长9.6%，非农居民增长11.4%。1993年，全国城乡居民消费平均每人为1148元人民币，比1978年增加973元，按可比价格计算，增长了1.8倍。中国居民平均消费水平的绝对额虽然仍然很低，但是增长速度快，它使中国12亿人口的绝大多数的消费水平，由过去的饥饿型达到了温饱型阶段。由于经济发展的不平衡，其中约有1亿人口实现了小康水平，开始向富裕阶段过渡，经济处于起飞时期；10亿人口处于温饱型向小康阶段过渡；另有8000万人口尚在解决温饱之中。居民收入消费的变化，形成了一个多层次的消费大市场，新一代的消费主体、消费观念、消费方式、消费领域、消费内容和消费水平正在形成，一个大众消费时代正在逐步到来。

中国的流通革命，就是在这样一个社会和经济深刻变革的背景下产生并发展起来的，方兴未艾。

二、中国流通革命的进程和内容

从体制改革方面来看，中国流通革命大体经历了三个阶段：

第一阶段，1979—1983年，是对旧的计划流通体制局部突破的阶段。主要是调整购销政策，由政府按计划统一收购和分配销售，由国有商业独家经营，改变为采取多种购销方式，实行国有商业、集体商业和个体商业多渠道经营。

第二阶段，1984—1988年，是流通体制改革全面展开的阶段。主要进行了：①价格改革。由国家统一定价，改为国家定价、国家指导价和市场定价；②企业经营机制改革。实行承包、租赁、国家所有职工集体经营和将国有企业改为集体企业，以及将一部分小型企业拍卖给私人；③改革批发体制。把过去按行政区划设置的批发企业，下放到所在的中心城市，同时改变批发企业固定供应区域、固定供应对象、固定作价办法的经营方式；④改革企业组织。兴办贸易中心、批发市场和商业企业集团，试办股份制企业等。

第三阶段，1989—2000年，是全面建立社会主义市场经济流通体制的阶段。主要任务是：①建立完备的商品流通市场体系；②建立现代商业企业制度；③调整商业企业组织结构和所有制结构；④加强政府对流通的宏观管理；⑤完备法律体系；⑥推进流通现代化；⑦扩大流通领域的对外开放，与国际市场接轨。

从商业发展方面来看，首先是数量的快速增长。1978—1992年，社会商业机构增长8.4倍；从业人员增长3.4倍；社会商品零售总额由1978年的1558.6亿元人民币，增加到1993年的13592.6亿元，增加12034亿元，平均每年增长8.5%左右，按当年价格计算增长了7.7倍。

其次是质的深刻变化。①初步形成了以公有制为主体，多种经济成分并存发

展的格局。1993 年在社会商品零售总额中，不同所有制商业所占比重状况是：国有商业占 39.7%，集体商业占 26.3%，个体和私营商业占 22.6%，外资合营商业占 0.8%，其他成分占 10.6%；②市场机制代替计划机制成为主要调节手段，中央政府管的计划品种由 1978 年的 391 种，减少到 1993 年的 23 种，其中指令性计划品种只有 9 种。几乎全部日用工业消费品价格和绝大部分农产品价格已经放开；③新的流通观念正被接受。如市场观念、利润中心、竞争意识不再被当作资本主义的东西受到批判，而是越来越深入人心；④一批新的商业企业家正在成长，一大批年轻人接受了现代商业教育，并在实践中成为高级管理人才；⑤新的商业企业组织迅速产生发展，连锁店、超级市场、专业店、购物中心、商店街、快餐店、邮购店、方便店、批发市场、货仓式商店等在发达国家已有的商业企业形态，在中国也都产生了，虽然还很不成熟，但却带来一股现代商业的春风；⑥新的经营方式产生了，如购物卡、分期付款，邮购、直销、拍卖、上门销售、有奖销售、开奖销售、总代理、总经销、特许经营等，在今天的中国商业中都可见到；⑦出现了新的商业消费领域，如国内外旅游、卡拉 OK 娱乐、外食就餐、家庭服务、家庭教育、保龄球、桑拿浴、咨询、美容保健、游戏机、游乐场等日渐发展，甚至被称为贵族消费的高尔夫球，也在中国落地生根；⑧新的流通设施手段有了发展，一大批规模宏大装修豪华的购物中心、商场、饭店建设起来，计算机 POS 系统开始在一些商业企业中采用；⑨外资外商大量进入中国市场。1992 年中国吸收外商直接投资项目和金额，相当于前 13 年的总和，1993 年又相当于前 14 年的总和。累计使用外商直接投资超过 600 亿美元，项目达 17 万多个。近年来，外商投资领域不断扩大，重大项目增加，来华投资的国际财团和大企业增多。其中商业、服务业、餐饮业的投资也逐年增大。

当然，在中国流通革命蓬勃发展的进程中，也出现了一些困难和问题，一是通货膨胀居高不下，15 年来物价指数上升 1.5 倍；二是流通秩序出现混乱，非正当竞争交易严重；三是经济发展不平衡，收入差距拉大；四是社会上出现了严重的腐败现象。政府采取了一系列措施来解决这些问题，已经收到一定的成效，但是任务仍然是十分艰巨的。

三、中国发展特许经营的时机正在成熟

中国的流通革命，为特许经营开辟了广阔的前景，奠定了深厚的基础。

对特许经营方式的需求，首先是来自生产者和经营者。中国改革开放 15 年来，涌现出一批有独特的先进生产管理技术或名牌产品的厂家，出现了一批经营有方的商业企业，其中有国有企业、乡镇企业，也有三资企业和私营企业，它们需要利用特许经营的方式扩大生产、增加店铺、开拓销售网络。但是，它们不了解特许经营，不掌握特许经营的技术，需要提供咨询、指导和帮助。中国还有许

多工厂的设备、产品都比较先进，有许多铺面、位置都比较理想的商业和服务企业。仅仅由于经营管理不善而濒临困境。对于这两类企业，国外先进的同行，就有可能通过合资、合作联营等多种方式，用特许经营联合起来共同发展。对于中国独有的一些老字号企业如北京烤鸭店，也可用特许经营方式，把它们推向全国和世界。

其次是来自消费者的需求。1987 年在北京繁华的前门地区，美国肯德基在中国开了第一家分店，它伴随着美国文化，以中国人从未见过的全新形象和内容，吸引了大批顾客。门前排起了长龙。不久，这个店创造了肯德基在全世界分店中年销售额第一的纪录，目前在全国已开了 50 家分店。接踵而来的是麦当劳、皮尔·卡丹专营店、假日饭店、蒙妮纱美容院，以及名目繁多的海外超市连锁店等，相继在中国获得了成功。其中富士彩扩可谓遍布大街小巷，康师傅方便面、可口可乐、雀巢咖啡、力士香皂等更是家喻户晓。中国广大消费者欢迎特许经营方式，因它能给中国消费者带来物美价实、品质可靠、优质服务和消费方便的实惠。这同目前中国普遍存在的商品伪劣、漫天要价、服务恶劣等现象，形成了鲜明的对比，获得了消费者的信任。

最后，是中国政府管理流通的需要。在流通改革的过程中，如何提高商业企业的组织化程度，发挥规模优势；如何规范商业企业行为，整顿流通秩序；如何制止企业随意滥涨价，保持市场价格平稳；如何引进国外先进的商业经营管理技术和设施，推进中国流通的现代化；如何规范外商的行为和维护其正当合法的利益；等等，都一直是中国政府十分关心并要努力解决的重要课题。特许经营以其自身独有的特点和功能，对上述问题的解决，提供了一种有用的方式。所以，近年来，政府采取了一系列措施，保护知识产权，提倡扶持连锁店，鼓励发展特许经营。

中国的改革开放和流通革命，不仅为特许经营在中国的发展创造了经济条件和体制条件，开拓了企业、消费者和政府的广泛需求，同时，中国在改革中也建立起一系列有利于特许经营发展的法律体系。这主要包括保护外商投资的《中外合资经营企业法》、《外资企业法》、《中外合作企业法》及其他鼓励外商投资的法规政策，还包括维护知识产权的法规政策体系，如《商标法》、《专利法》、《著作权法》、《技术合同法》、《科学技术进步法》、《民法通则》、《反不正当竞争法》、《商标印制管理办法》、《商标使用许可合同备案注意事项》、《全国人大常委会关于惩治假冒注册商标犯罪的补充规定》等。同时，中国加入了一系列国际保护知识产权的有关协议，相应承担履约的国际义务。中国政府为贯彻这些法律，采取了严厉的行动措施，取得了明显的效果。所以，拥有特许权的组织机构，在中国授权发展特许经营，其权益是有保证的。

当然，作为一个特许经营者，要在中国获得成功，也必须付出巨大的努力。

在这里，我想对有志者提几点建议供参考。

1. 要了解中国的有关法律政策。行动之前心中应该清楚，在中国哪些事是可做的，哪些事是不可做的；哪些利益是应该和能够得到的，哪些利益是不能获得的。除了中央制定的法规政策外，还应了解地方政府制定的法规政策。

2. 要进行市场调查，选准目标。中国幅员辽阔，人口众多，经济发展极不平衡，这是最大的国情特点。由于人口多，所以在多层次消费市场的每一个层次上，都潜藏着巨大的机会。所以进入者应根据自身的特点，调查选择好中国市场的目标位置，不要随波逐流。这里要特别注意地区间、产业间、行业间和阶层间的差异性。

3. 要选择最适当的方式。大家知道，特许经营有多种方式，如开办特许连锁店、生产加工授权、商标授权、销售授权、技术授权等，进入中国市场者应该从实际情况出发，选择最适合的一种形式。需要注意的是，为了打开市场站稳脚跟，在最初并不一定采取完全正规化的特许经营方式，而是采取一些变通办法先做起来，然后条件成熟了再规范化。当然，开始的变通做法不应该成为将来规范化做法的障碍。比如，为了让人们了解自己，可以先开直营店，然后再开特许店，就容易成功。也可以先进行有限合作，然后再发展成特许经营关系。

4. 要选择好合作对象。在改革发展的大潮中，中国的企业可谓泥沙俱下，特许经营进入者要谨慎考察选择合作对象，在我看来，不论国有企业、集体企业、乡镇企业、三资企业，还是私营企业，也不论是经营条件好的企业，还是经营不善的企业，都可以从中选择出合适的伙伴。这方面需要具体问题具体分析，需要向行家咨询调查，既要考虑到国际通行的伙伴标准，又要考虑到中国的实际。

5. 要充分考虑到中国的文化传统。中国是一个文化悠久的国家，同化外来文化是民族特点，反之，不能被同化的外来文化就很难在中国生根。特许经营不仅是一种现代经营方式，也是一种西方文化，只有使它中国化，才能得到最广泛的发展。

流通业发展的新趋势①

——郊区购物中心

一、郊区购物中心是世界流通变革的新潮流

20世纪50年代以后，世界经济的发展进入了一个新的历史时期，以美国、

①发表于1995年《商业现代化》第4期，作者赵尔烈、于淑华、罗桔芬。

日本为代表的发达国家的经济高速增长，推动流通业进行了一场深刻的革命。在这场流通革命中，一些过时的传统的商业组织形式和经营方式，逐渐衰落和消亡，而另一些适应经济发展新形势的有生命力的商业组织形式和经营方式，则应运而生并获得迅速的发展。购物中心就是一种迅速发展起来的新的商业组织形式和经营方式。

购物中心的最初雏形是 1907 年美国官方创办的一个综合性购物建筑物。1922 年在美国得克萨斯州，当时有人有计划地在广阔的市区土地上，建设起协调配套的多店铺商业区，并与停车场等服务设施相结合，试图取代日渐萎缩的传统商业区。但是，由于受当时经济发展的限制，并没有发展起来。到 1949 年，全美国的同类购物中心仅有 75 处。然而，进入 20 世纪 50 年代，伴随经济的高速增长，美国的购物中心迅猛地发展起来了，到 1956 年达 1800 家，1960 年为 4500 家，到 90 年代初已经发展到 32500 多家，销售额占全美商品零售总额的一半以上。在日本，虽然受到土地条件、消费购物习惯、商业传统等多种因素的限制，但是在经济发展的强力推动下，近 20 年来购物中心也以迅猛的势头发展起来，由 60 年代末全国的 172 家，发展到 90 年代初的 1581 家，销售额已占全日本商品零售总额的 10.8%。在这一时期，除美、日之外，在欧洲、北美的其他发达国家以及亚洲的中等发达国家和地区，购物中心的发展，都是商业变革中最有生机和活力的主导力量，反映了世界流通发展的新潮流和方向。

从各国的经验来看，购物中心迅速发展的直接原因主要有以下几个方面：

（一）城市郊区化的新趋势

经济发展必然使大量农村人口涌入城市，不断扩大城市的规模推动城市化的发展。但是，在城市化发展到一定程度以后，传统城市中心区将不可避免地出现地价越来越昂贵、交通越来越拥挤、生活环境越来越恶化等一系列“大城市病”。这样，就会出现城市人口大量向郊区转移，形成新的郊外开发区、居民生活区和商业购物区。据统计，第二次世界大战后美国新增人口的 80%为郊外开发区所吸引，成为郊区购物中心发展的第一要因。

（二）交通发展的重大变化

第二次世界大战后，在发达国家，公路运输逐渐取代了铁路运输的主导地位，形成了以高速公路为主干线的四通八达的公路网。1979 年美国公路总里程达 625 万千米。日本 1979 年公路里程达 110 万千米。与此同时，私人汽车的普及率迅速提高，为郊区购物中心的发展提供了重要条件。例如，美国 1962 年私人汽车每百人普及率为 35.4%，同年购物中心数为 660 家；到了 20 世纪 80 年代末，私人汽车普及率为 56.5%，购物中心达 32563 家。日本 20 世纪 60 年代中期私人汽车普及率为 3.6%，购物中心为 76 家；到了 80 年代末，私人汽车普及率

为35%，购物中心发展到1344家。

（三）消费观念和消费方式发生重大变化

第二次世界大战后，经济的发展，在发达国家产生了一个收入颇高的中产阶层，同时新一代高文化水平的年轻人成长起来，组成了新一代家庭作为消费主体。他们已不满足于过去单纯的生活需求购物，而是将购物与旅游、消闲、娱乐融为一体。旧有的商业中心和设施，不能满足新型的消费需求，代之而起的就是融购物、旅游、消闲、娱乐等多种活动为一体的购物中心。在美国，购物中心已经成为社区活动、文化娱乐、聚会、演出的中心点，成为人们生活的一部分，有2/3以上的顾客是到购物中心去，并在那里逗留2小时以上。

（四）零售业多样化的变革

购物中心不是独立发展起来的，它是与战后连锁店、超级市场、廉价店、专业店、仓库式零售店、方便店等新型零售商业相结合，互相协调发展起来的。一个大的购物中心，一般要有2～3个大型核心商店，并辅以各种类型的商店群和相关服务设施，满足消费者多样化、综合性消费的需要。

经过40多年的发展，购物中心的形态日渐成熟，功能也越来越完善。根据美国城市土地协会的定义，购物中心是指"一个单位所进行的有计划地开发、管理并拥有的商业设施的集合体，并达到一定的商圈范围和规模，拥有足够的停车场，实现相关商店的协调，开展整体服务。"购物中心一般有4种类型：①近邻型。面积1万平方米，商圈人口1万～3万人，停车200辆，有10～20家商店，以销售日用品为主，车程15分钟。②社区型。面积2万平方米，商圈人口5万人以上，停车800辆，有20～40家商店，销售必需品和选择品为主，车程20分钟以上。③区域型。面积6万平方米，商圈人口50万人以上，停车3000辆，销售选择性商品为主，有50到120多家商店，车程在30分钟以上，多数设在高速公路附近。④越区域型。面积在10万平方米以上，商圈人口超过100万人，停车5000辆，有180家以上商店，其中要有2～6个大型核心店。近年来，美国又出现了以家庭娱乐为对象，将消费者的生活方式和价值观结合起来的"主题公园"式购物中心。在这些大型购物中心中，除有配套的商店群以外，还有娱乐场、电影院、博物馆、展览厅、儿童乐园、健身房、运动场、音乐厅、度假村、旅馆、餐厅、办公楼、公寓、人工湖泊、瀑布、美容院、培训学校等，总体上就是一个城市的缩景。一些购物中心还在街道上空架上透明顶棚，成为全天候林荫公园。它从根本上改变了传统的购物行为和消费观念，成为世界商业发展的新方向，为广大投资者所青睐。

二、中国有计划地发展购物中心的时机已经到来

从总体上讲，中国还是一个发展中国家，无论是从经济发展的水平、国民收

入，还是从消费水平、城市化程度，以及汽车拥有率，都与发达国家相去甚远。但是，如果从中国的发展速度、趋势和结构特点来看，再加上中国特殊的国情，在中国有选择地发展一批郊区购物中心，时机和条件正在具备。具体来看，主要有以下几点：

（一）中国经济持续快速发展

1978—1993年平均每年增长9%，特别是1992年和1993年，GDP分别比上年增长12.8%和13.4%，成为世界经济发展最快的国家。其中1977年到1987年的10年中，人均国民收入增长了一倍，这一成就美国花了50年，日本在高速发展期也花了35年。

（二）居民消费水平增长迅速

1979—1993年，全国居民消费水平年平均增长7%，1993年比1978年增长了177.5%。农村居民家庭人均纯收入增长138.6%，城镇居民家庭人均生活费收入增长了151.6%。城乡居民存款年底余额由1978年的210.6亿元，增加到1993年的14763.8亿元。

（三）商业急速发展

社会商品零售总额由1978年的1558.6亿元，增加到1993年的13592.6亿元，其中社会消费品零售总额由1264.9亿元增加到12237亿元。1978—1992年，零售商业机构由116.5万个发展到1180.3万个；从业人员由447.4万人发展到2914.7万人。出现了一批大型零售企业、连锁店、超级市场、城市购物中心、批发市场、集贸市场、专业店等组织形式。尤其是私人和个体商业发展迅猛，并涌出一批外资和合资、合作的商业组织。

（四）城市化进程加快

市镇人口占总人口的比重，由1978年的11.7%，增加到1993年的28.1%。1980—1990年，全国10万～30万人口的城市由80个增加到87个，30万～50万人口城市由50个增加到113个，50万～100万人口城市由36个增加到154个，100万～200万人口城市由22个增加到78个，200万以上人口城市由13个增加到17个。1992年，全国有集镇14539个，1993年建制市发展到570个。在城市化的发展中，也出现了人口郊区化转移的趋势，在大城市兴建卫星城、郊区住宅和环城公路。

（五）公路交通发展进入新阶段

北京—天津、沈阳—大连、广州—深圳、济南—青岛等首批高速公路已经建成通车，更多的高速公路正在开工建设。遍布全国主要城乡的高等级国道公路网已经形成。公路里程由1978年的89万千米，增长到1993年的108万千米，增

长21.3%。民用汽车由1980年的178.3万辆，增加到1992年的619.74万辆，增长247.6%。其中私人汽车从无到有，1992年达118.2万辆。全国小汽车达100万辆。政府已将私人家庭适用的小汽车生产列为汽车工业发展的重点，中国私人小汽车的普及将在20世纪末提到日程。

（六）新一代消费主体成长起来

中国每天有2.6万对人结婚组成新的家庭。新一代家庭平均规模由1982年的4.43人，减少到1990年的3.97人，在全国27906万户家庭中，4人以下户数占到66.9%，过去普遍存在的三代以上户减少到17%。新一代年轻人文化水平普遍提高，全国总人口中初中以上文化程度人口比重由1982年的25.3%，增加到1990年的32.7%。在改革的特殊条件下，年青一代的收入水平普遍高于老一代人。这样新一代相对高收入、高文化、小规模并抚养一个独生子女的家庭，在消费水平、消费观念、消费领域、消费方式和消费内容等方面，都带来了一场消费革命。

（七）经济发展的不平衡性突出

中国由于地广人多，历史久远，各地经济基础差别很大，改革以来，各地区经济发展的不平衡性愈加突出。1992年，人均国内生产总值在3000元以上的有5个省市，不足1500元的有11个省市，其中最高的上海市8276元，最低的贵州省为1009元。1992年，以东部为主的12省市经济增长为13.3%～27%，中部为主的11省市为10.2%～11.9%，西部为主的6省区为6%～9.1%。沿海14个开放城市、省会城市经济发展明显高于全国平均水平，据分析，约有1亿多人口的地区经济处于起飞阶段，成为流通改革发展的龙头地区。

（八）居民收入差距拉大

1992年，城镇居民中最高收入户平均每人全年全部收入是最低收入户的3.3倍；在农村，人均收入不足400元的农户占16%，收入400～1500元的占75.12%，收入在1500元以上的占8.88%。全国约有1亿人口生活实现了小康，开始向富裕型过渡；约8千万人口尚未解决温饱，其余9亿人口实现了温饱向小康过渡。另据统计，全国高收入者已经形成了一个高收入阶层，他们是新型消费方式的带头者。

（九）改革趋势不可逆转

中国的改革现在已经进入到全国建设社会主义市场经济体制的新阶段。市场正在取代计划成为资源配置的主要手段，到1993年，80%以上的生产资料价格、85%以上的农产品价格和95%以上的工业消费品价格已经放开。初步形成了以公有制为主体，国有、集体、个体、私营经济和外资等多种经济成分并存、平等竞争、共同发展的新格局。在工业总产值中，国有工业占 48.3%，集体工业占 38.2%，个体、私营和外资工业占 13.5%；在社会商品零售总额中，国有商业占 41.3%集体占 27.9%，合营、个体和私营商业占 30.8%。国家在计划、投资、财政、金融、外贸等各个方面全面向市场经济体制推进。这一切，为建立新型的流通体制和形式，为兴办郊区购物中心，都提供了体制上的条件。

综上所述，可以得出以下结论：

改革开放使中国这个世界上最有潜力的大市场，正在逐步成为现实的最大市场，成为商业，尤其是零售业投资的最有前途的地区；

中国现代化的发展进程和市场化的改革进程，都要比人们所预想的速度快得多，有胆识的战略家，应该打破常规，抛弃俗见，抓住这一千载难逢的大好时机；

中国的流通变革也将以跃进的态势推进，在发达国家经过上百年或几十年发展起来的商业形式，在中国则不会需要那么长的时间；

利用中国经济发展的跳跃性和不平衡性，有选择地开发郊区购物中心，其宏观经济条件正日益成熟，只要微观决策运作得当，就会取得成功。

第二节　商业企业集团的改革

商业企业集团与连锁店①

一、什么是企业集团，它有哪些基本特征

企业集团这个概念，是20世纪60年代在日本广泛使用起来的。但是，企业集团作为一种企业联合组织形态，则是20世纪20年代在欧洲首先产生的，后来在西方发达国家有了广泛的发展。

大家知道，19世纪末到20世纪初，资本主义生产社会化有了迅速的大发展，同时激烈的竞争加剧了生产和资本的集中，产生并发展了垄断组织。最初，是1865年德国出现了卡特尔，即生产同类产品的企业，通过协议组成联盟，来划分市场和控制价格。随后出现了辛迪加，即同行业企业通过协议组成总部，统一控制销售和原材料采购。卡特尔和辛迪加都不是总体上的法人实体，成员企业各自是独立的法人，联合的纽带是契约不是资产，联合体不够稳定。1882年，在美国产生了第一家托拉斯，它将成员企业组成一个大公司，统负盈亏、统一交税，成为总体法人，而成员企业则失去独立法人资格。到了20世纪20年代，在德国产生了一种新的垄断组织——康采恩，即多企业集团，它以一家或几家巨型企业为核心，通过持股、控股方式，以资本为纽带，把众多企业联合为一个企业联合体，核心企业与成员企业成为母子公司关系，彼此又各是独立的企业法人。这就是企业集团，或者说是欧美模式的企业集团。日本第二次世界大战后，家族财阀的控股公司被依法解散，若干独立的核心企业集体代替了控股集团公司的地位，核心企业间环状互相参股代替了纵向控股，核心企业的经理会成为最高决策机构。这样，就出现了以六大企业集团为标志的日本企业集团模式。后来，随着法律的放宽，日本又出现了欧美式的所谓新兴企业集团。在实际经济生活中，两种模式的企业集团也常有交叉和渗透。

我国引入企业集团的概念，开始是偏重日本模式，后来又吸收欧美模式。目前，作为企业集团组建和发展规范的改革意见，则是兼收了欧美和日本两种模式的企业集团特征，结合我国的实际，不断探讨中国特色的企业集团规范。大体说来，我国的企业集团应具备的基本特征，可概括为："一大二多"，"统分结合"。

所谓"大"，是说企业集团必须规模庞大。在理论上可以讲企业集团是多个

①本文为1992年科学普及出版社出版的《商业体制改革的新格局》一书的部分内容。

法人的联合体，但在实践上，在发展上，企业集团一定是大规模的。没有一定的大规模，就形不成规模优势，就失去了企业集团的主要特征。

所谓“多”，主要表现在五个方面：

一是多企业。企业集团的“大”，是由众多企业组成的，并且这些企业应是独立的法人。一个企业规模再大，也只是总公司，构不成企业集团。企业集团是法人联合体，但本身并不是一个总体法人。

二是多层次。企业集团规模扩大，是依靠多种不同层次的企业间结合形成的。一般应包括：核心企业（集团公司），是具有母公司性质的主导企业；紧密层企业，是核心企业的资金或控股企业（子公司）；半紧密层企业，是核心企业参股或紧密层企业全资或控股的企业，或核心企业长期承包、租赁的企业；松散层企业，是紧密层或半紧密层企业参股，并承认集团章程，与企业集团内的企业有互惠性稳定协作关系的企业。

三是多纽带。企业集团的联结纽带主要是资产纽带，这是不同于卡特尔和辛迪加的重要区别，也是形成成熟的企业集团的必要条件。但除资产纽带外，还可以有技术纽带，产品纽带、生产纽带、经营纽带、人员纽带、信息纽带、契约纽带和管理纽带等。多纽带联结，使企业集团成员间联结得更加紧密而灵活。

四是多功能。企业集团至少应具有：投资中心、利润中心和成本中心的多功能结构。并应逐步发展其他金融功能、经营战略功能、信息中心功能、物流功能、服务功能、技术开发功能、教育培训功能等多种功能。

五是多角化经营。企业集团应打破行业界限，实行全方位多角化经营，在坚持发展主业的前提下，向一切法律允许和社会需要，而自己有能力又有利可图的领域发展，以实现最有效的配置资产，回避风险，壮大实力。

所谓“统分结合”，是说企业集团在经营管理上，既有统一集中的一面，又有成员企业独立灵活经营的一面，做到集中发挥规模优势，分散以适应市场竞争变化，做到统一决策，分散经营，调动企业集团整体和成员企业两个积极性。作为法人联合体的企业集团，在统分管理上，既不同于托拉斯，也不同于松散联合体。

二、什么是商业企业集团，为什么要发展商业企业集团

商业企业集团是企业集团的一种，它除了具备上述企业集团的一般性特征外，还具有自身的特点，这主要是：

第一，商业企业集团要以商业企业为核心企业。非商业企业为核心的生产性、金融性等企业集团，也可以有商业企业参加，或自办商业销售公司，但因核心企业不是商业企业，所以不能视为商业企业集团。

第二，商业企业集团要以商业经营为主业。商业企业集团也要实行多角化经

营，但是商业经营（包括服务业），应是经营的主要行业，商业营业额应占企业集团各类营业额的主要份额。

根据上述特点，商业企业集团，可定义为：以商业企业为核心，以商业经营为主业，多层次、多纽带、多功能、多角经营的若干独立法人组成的稳定的企业联合体。

我国理论界曾有一种观点，认为既然企业集团是多角化经营，经商也是必然的，所以就不存在独立意义上的商业企业集团。我认为，这种看法是有失偏颇的。实际上，商业企业集团，是社会化大生产在流通领域的反映，即流通社会化的产物，是商品经济条件下，流通领域竞争发展到集中垄断的必然结果。商业企业集团实质上就是流通领域的一种新型商业垄断组织形式。欧美的大型商业公司和日本的综合商社等，就都是这样的商业企业集团。

在我国，改革前在产品经济条件下，商业的垄断是一种非经济的行政性垄断，在组织形式上采取国营行政公司的形态。改革以来，产品经济的国营商业行政性垄断体制被打破，出现了商品经济的分散独立的商业企业竞争新格局。随着流通领域社会化水平的提高和竞争的加剧，我国商业走向经济性的集中和垄断是必然趋势，商业企业集团作为一种高级形式的商业垄断组织，其产生和发展也就是顺理成章的了。

具体来说，目前在我国组建商业企业集团，至少有以下几点必要性和意义：

第一，适应社会化大生产发展的需要。改革头十年，我国的国民生产总值翻了一番，工农业生产规模扩大，专业化水平提高，商品可供量大幅度增加，带来了一个买方市场的历史性变化。后十年，国民生产总值将再翻一番，经济以更快的速度发展。生产的社会化大发展，要求流通组织也必须集中化、大型化。

第二，适应多层次消费大市场发展的需要。20 世纪 80 年代，我国人民生活的总体水平越过了温饱阶段，90 年代开始向小康水平迈进。同时，收入和消费的层次日渐明显，消费主体素质提高，消费领域拓宽，消费观念和方式改变，消费自主性、选择性加强，一个大众消费时代正在到来。面临多层次的消费大市场，发展一批大而活的商业企业集团是十分必要的。

第三，适应多元化大流通发展的需要。改革使我国商业的所有制结构、流通渠道、市场结构、企业形式和经营方式等，都向多元化发展，并不可逆转，旧的产品经济的高度集中、独家经营、封闭式的商业体制，正在被新的市场经济的多元化、开放式、竞争的商业体制所代替。在这种市场经济的多元化大流通竞争下，产生出一批商业企业集团是必然的。

但是改革十年来，一方面由于国营商业走了一条下放和划小企业规模的路子；另一方面由于大量集体和个体商业的发展，我国商业企业的组织规模结构，在向小型化发展。这对于活跃流通、繁荣市场、方便生活，带来了积极作用；对国营商业“放开搞活”，也起到一定作用。但是，由于整个社会商业，特别是国营商业企业过于小型化，对于组织大流通、开拓主渠道、稳定大市场、服务大生产、进行宏观调控、提高商业流通效益和优化商业资源配置，都带来了不利的影响。特别是国营商业整体优势的丧失，后果更为严重。

为了克服上述弊端，在继续发展商业中小企业的同时，要大力发展大型商业企业，组建商业企业集团，就是一种战略性选择。

在当前，组建商业企业集团，还有以下几点特殊作用：

第一，通过组建以国合商业为核心企业的商业企业集团，壮大国合商业实力，更好地发挥国合商业的主渠道作用。

第二，通过发挥企业集团的群体效益、规模优势、多角经营等功能特点，提高企业素质，降低成本，趋利避害，提高商业经济效益。

第三，国家利用企业集团规模大、实力强、市场占有率大、经营灵活的特点，作为实现对市场流通进行宏观调控的依托和承担者。

第四，企业集团通过股份制发展资产联结纽带，有利于突破地区、部门和所有制界限，促进政企分开，培育新的企业经营机制，构造市场经济商业的微观基础。

三、商业企业集团的类型和组建

西方的商业企业集团大体上有两类：一类是欧美式的联合商业公司。这类商业企业集团，以商业企业控股公司为核心，以商业为主业，同时多角经营，向生产、金融、服务等一切可能的领域发展，除了纵向、横向和混合合并外，往往采取连锁式扩张。如美国的西尔斯·罗巴克百货店集团，拥有800多家商店，1600多家分销店，投资31个生产性公司，所属J. 威特金融公司在华尔街金融企业排名第三。1980年西尔斯公司销售额达230亿美元，可与美国工业公司前十位相比肩。而西尔斯公司本身又是更大的企业集团的成员。

另一类是日本的综合商社。日本有三菱、三井等九大综合商社，它们是规模巨大的综合商业公司，经营商品种类繁多，企业活动范围和职能多种多样，以自己为中心形成企业集团，同时又是更大企业集团的核心企业。综合商社的职能包括：商品购销、进出口、金融、信息、物流、商品开发和组织等。综合商社分为营业、营业辅助和管理三大部门，并按地区或产品，以总部、部、课、支店、事务所等为单位，统一或分别核算。总公司统管企业的利润、财务、大规模投资、公司高级职员人事方面，其他由各公司总部自定。综合商社的金融职能十分突出，多角经营则达到无所不干的境地，号称“从导弹到方便面”都经营。综合商社一般都有100多家关系公司，从100%持股到50%、10%参股。九大综合商社经销的商品量占日本全国商品产量的四分之一，经营国内批发贸易的四分之三，对外贸易的一半以上，其贸易量相当于世界贸易总量的十分之一。

我国的商业企业集团刚刚起步，规模和成熟性都不可与西方国家相比。从核心企业和经营范围来看，我国的商业企业集团，大体可分为以下几类：①批发企业集团。它是以大型批发企业为核心，联合众多的批发企业，在较大经济区域内，甚至在全国范围内，开展以批发经营为主的业务活动。②零售企业集团。是以大型零售商业企业为核心，联合或发展新的零售企业，通过办分店、连锁、合作等多种形式，开展零售业务，并向批发和生产延伸。③产销一体化的商业企业集团。目前主要是在食品行业，以食品公司、肉联厂为核心，向生产、加工、贮藏、销售和外贸一体化发展。④饮食服务企业集团。以大型饭店为核心企业，以餐旅业为主业，多角化发展，组建企业集团。⑤综合性商业企业集团。开始就集批发、零售、饮食、服务、加工于一体的商业企业集团。从经营行业看，有单一行业的企业集团，有单一商品的企业集团，也有跨行业、多商品的商业企业集团。

从实践来看，我国商业企业集团的组建，主要有以下几种途径：一是由母体企业分裂独立出若干直属企业，作为核心企业的全资企业，形成母子企业关系，然后向其他层次发展；二是国家划抽一部分资产，组成核心企业，然后由核心企业向相关企业投资，形成资产纽带关系；三是多个独立的商业企业，出股集资办一个新的联营公司，作为企业集团的核心企业，出资的企业作为成员企业；四是由行政性公司转轨变型，改造成核心企业，接受国家授权经营原所属企业资产，原所属企业改组独立成为核心企业子公司；五是商业行政部门，主要是县商业局转轨变型，成为核心企业，将原所属公司变成成员企业。上述五种途径形成核心企业、紧密层企业之后，再通过控股、参股、兼并、承包租赁、契约协议等形式，发展新的各层次的成员企业。

无论经过什么途径，选择什么类型来组建商业企业集团，都应注意遵循以下原则：

第一，要有利于流通领域生产要素的合理组合，增强企业自我发展能力，提高竞争力，发挥整体效益，实现企业组织结构的优化。

第二，按照社会经济发展需要，在坚持自愿互利的基础上，由企业自主组建，政府部门可以给予必要的指导和协助，但不应用行政手段强行组建。

第三，提倡发展跨地区、跨部门、跨所有制的企业集团。在一个行业内，一般不搞全国性独家垄断企业集团，提倡同行业公平竞争。

第四，坚持以公有制商业为主体，确保国有资产和集体资产的主导地位和保值增值，防止流失。

第五，坚持政企分开，转变企业经营机制，集团不得兼有行政职能，企业实行“四自”。

第六，坚持企业集团的一般规范，同时又因地制宜，从行业特点出发，不搞“一刀切”。

四、商业企业集团的组织与管理

商业企业集团的内部组织结构，最重要的是要通过资产纽带，形成核心企业与紧密层企业的母子公司关系，作为集团的主体，然后实现前面提到的多层次结构。这里需要明确的有三点：一是企业集团本身不是总体法人，不能进行企业法人登记，那种把企业集团作为“一级法人”、成员企业作为“二级法人”的做法是不对的。企业集团不能作为企业总体法人登记，但可以作为非企业法人申请登记，申请登记要符合国家有关企业集团的政策法规规定，由核心企业提出申请，并提交规定文件，依法进行工商登记。二是企业集团一般不必另外单独设立总部，但要成立一个协调机构，名称一般不宜叫董事会。形成母子公司的企业集团，集团的核心企业，通过股权关系，以成员企业全资、控股股东身份，通过控制其董事会，行使控制权，并进而影响整个企业集团的活动。但这不同于行政性公司或总公司对下级的直接行政管理。核心企业的总部，亦可视为企业集团“总部”。三是尚未形成母子公司关系的企业集团，可由核心企业对紧密层企业在主要经营活动方面，实行“六统一”管理，作为过渡。

根据国家政策规定，“六统一”的内容主要是：

1. 发展规划、年度计划由核心企业统一对政府的计划主管部门；

2. 实行承包的紧密层企业，由核心企业实行统一承包，紧密层企业再对核心企业承包；

3. 重大基建、技改项目的贷款，由核心企业统贷统还，目前实行有困难的，要创造条件逐步实行；

4. 进出口贸易与相关的商务活动，由核心企业统一对外；

5. 紧密层企业国有资产的保值和增值，由核心企业统一对国有资产管理部门负责；

6. 紧密层企业的主要领导干部，由核心企业请示上级主管部门或有关地区党委后统一任免。

实行“六统一”之后，核心企业与紧密层企业，要逐步创造条件向以资产为纽带的母子公司关系过渡。

企业集团内部在“六统一”基础上，实行统一决策、分散经营的管理体制。在管理方式上按照集权和分权相结合的原则，体现民主化、科学化的要求。企业集团的战略经营决策、重大投资项目、重要人事任免等方面，必须由核心企业负责，集中统一，其他企业具体经营活动、劳动人事、收入分配等则由成员企业自主负责。做到既要充分发挥企业集团的整体优势，又要有利于发挥成员企业的积

极性和创造性。核心企业的董事长或总经理，负责协调企业集团的重大决策和经营活动，但要接受企业集团监督机构的监督。

核心企业的主管部门，即为企业集团的主管部门。企业主管部门通过核心企业管理成员企业，本身不再直接管理企业集团内的成员企业。从事多种产业、经营和生产的企业集团，同时接受几个行业主管部门的业务指导和行业管理。

企业集团的组建和成立，按照其地位和规模情况，要经过国家、省、自治区、直辖市、计划单列市分级审批。

政策规定，具备建立企业集团的条件，并符合以下标准之一者，须报国家审批：①核心企业和紧密层企业合计达到特大型企业标准的；②核心企业和紧密层企业的生产经营额，在全国同行业中有举足轻重的地位和作用的。

报国家审批的企业集团，由筹建牵头单位提出申请，经企业集团的核心企业行业主管部门审核同意后，报国家计委、国家体改委、国务院经贸办公室联合审核，由国务院经贸办负责具体审批手续。

省、自治区、直辖市、计划单列市企业集团的审批登记，按各地人民政府规定办。

组建企业集团，在其核心企业进行集团公司企业法人登记注册时，除按《中华人民共和国企业法人登记条例》及其《施行细则》规定提交必要文件外，还必须提交企业集团的名称、简称、标志、章程、各层次成员名单等文件。核心企业完成集团公司企业法人的登记注册，企业集团即成立。核心企业进行集团公司企业法人登记时，可继续使用原有名称，也可改为集团公司。紧密层、半紧密层企业可使用企业集团的字号。

企业集团的名称经批准登记后，可以在宣传和广告中使用，并由企业集团的核心企业决定使用，但不能以该企业集团名义签订合同和从事经营活动。

企业集团组建登记后，独立自主依法活动。

五、商业企业集团发展的外部环境条件

商业企业集团的发展，只靠企业自身的力量是不够的，政府主管部门要创造条件，提供必要的外部发展环境。当前主要是：

第一，突破“三不变”，强化资产纽带。过去在发展横向经济联合时规定的“三不变”，即企业的隶属关系不变、上缴财政渠道不变和所有制关系不变，已不适应企业集团的组建和发展。政府有关部门应允许企业，通过兼并、持股、划转、控股、参股等形式，强化资产纽带，建立母子公司关系，发展紧密层。

第二，建立新的利益关系。在发展跨地区、跨部门的企业集团时，可采取分计和分享投资、利税、产值、产量、产品，营业额的办法，协调各方面的利益。

第三，给予必要的资金扶持，商业企业自有资金很少，这是难以形成核心企

业的重要原因。可以通过国家直接拨款、利润返还、税前还贷、提高折旧和扩大留利等方式，充实核心企业自有资金，也可以通过资产划拨建立母子公司关系。同时在贷款上给予倾斜，对国家宏观调控任务所需资金信贷要配套专项下达。对重点企业集团要投资改善设备设施。

第四，扩大企业权限。集团在资产使用、经营范围、发展规划、购销业务、技术改造、设备更新、劳动工资、人事任免等方面，都应享有充分的自主权，除有规定者外，政府不再干预。要特别允许集团发展跨地区、跨行业的多角化经营，对参加外地集团的企业保证享有当地有关政策。允许有条件的企业集团经过批准向社会和企业内部集资或股票上市。

第五，经中国人民银行批准，企业集团可以成立集团的财务公司，以加强运用资金的手段，强化投资中心功能。

第六，经经贸部批准，企业集团可以成立集团的外贸公司或赋予核心企业外贸经营权，包括进出口权、与外商合作签约权、合资经营项目权、海外开店办厂权、技术引进开发新产品权，同时给予相应的外汇条件。经外事部门批准，可适当简化成员企业人员商务出国审批手续。

第七，经国有资产管理部门和有关部门批准，核心企业可进行国有资产授权经营的试点，以利于强化资产联结纽带，建立国有资产经营管理新体制。

第八，分级计划单列。根据不同规模、不同行业和不同商品的特点，对一批重点商业企业集团，实行中央和省两级计划单列。政府在资金来源、货源保证、原材料供应、流通计划、企业改造、商品储备等方面，都单立户头，给予保证。集团则要相应承担国家赋予的调控市场和组织流通的任务。

第九，各地方、各部门政府机构，要积极支持企业集团工作。商业行政部门应对商业企业集团的发展，做出统筹规划，帮助创造条件发育成型，结合商业的特点，会同有关部门制定出适合商业行业实际的相关政策。要抓好商业企业集团的试点，鼓励探索新路，摸索经验，推动商业企业集团的健康发展。

关于发展商业企业集团的意见①

企业集团是适应我国社会主义有计划商品经济和社会化大生产的客观需要而出现的一种新型经济组织。近几年来，随着流通体制和商业企业改革的逐步深入，各地积极发展横向联合，组建了一批商业企业集团，对发挥国合商业和其他集体商业的设施、资金、人员、管理、服务等方面的优势，搞活流通，调控市场，起了一定作用。商业企业的经营活动，直接关系到工农业生产和人民生活，

①本文是1991年8月原商业部起草的内部文件稿。

如何提高流通的组织化程度，优化流通企业内部结构，突破地区封锁，增强竞争能力，更好地发挥主渠道和多种商业成分的互补作用，组建商业企业集团是一种重要的选择。为贯彻落实党中央、国务院“积极发展企业集团。要抓紧制定具体政策和措施，推动企业的改组和联合，促进企业结构的合理化。在平等、互利、自愿的基础上，组建一批跨地区、跨部门的竞争性企业集团，提倡和鼓励组建紧密型企业集团”的要求，结合商业的特点和实际情况，提出以下意见：

一、组建商业企业集团的指导思想、原则和要求

（一）指导思想

我国实行社会主义有计划的商品经济，商业企业集团要以公有制商业企业为主体，以资产联合、资金融通和经济协作为纽带，以组织商品流通为基本职能，联合多种经济成分的企事业单位，进行经营、生产、服务活动。以改善企业经营机制，获取最大市场和经济效益、社会效益为目的。在体现国合商业主渠道作用的前提下，推进市场发育，促进商品经济发展，实现计划经济与市场调节的有机结合，建立符合我国国情的流通秩序。

（二）要坚持的原则

1. 从实际出发，务求发挥实际作用；
2. 企业自愿与政府引导相结合；
3. 保护竞争，防止垄断；
4. 政企职责分开。

在集团成立之前，要对必要性、可行性、实效性和发展前景进行充分论证，提出研究报告，并经必要程序，依法建立，防止一哄而起。

（三）主要目的和要求

1. 调整和优化结构，提高组织化程度。针对当前市场形势，要着重解决两个问题：一是在百业经商、竞争激烈的情况下，解决商业企业各自为战、分散经营、重复经营、组织化程度低的问题，形成合理的经营结构及规模优势，提高市场占有率，增强调节市场的能力，充分发挥主渠道作用；二是推动生产经营要素合理配置。通过组建商业企业集团，突破地区、部门封锁和所有制界限，实现企业之间生产经营要素的合理流动、优化组合，依靠群体优势，积极参与国内外市场竞争。

2. 促进流通与科研、生产、服务结合。通过组建商业企业集团，使科研、产供销一体化，内外贸相结合，逐步形成企业的多功能经营、多层次服务，更好地发挥引导生产、指导消费的作用。用集团具有的功能和实力，不断开发新产品、新市场，适应和满足工农业生产的需要和不同层次的消费需求。

3. 增强宏观调控能力。通过组建集团，以大型骨干企业为龙头，把生产、经营相关的中小企业组织起来，国家通过调控企业集团公司，引导众多的集团成员企业开展经济活动，提高宏观调控的有效性。

二、商业企业集团应具备的条件

商业企业集团是以实力雄厚的企业为核心，通过相应的组织形式和经济活动中的责、权、利关系，把众多企业联合在一起的多层次的法人联合体。它的核心可以是大型批零企业，也可以是与商业相关的储运、加工、服务企业等。

商业企业集团应该具备下列条件：

第一，必须由若干独立的企业和事业单位所组成，而不能只是一个大企业。成员企业都各自具有独立的法人地位，企业集团则是这些法人的联合体。企业集团须有明确的章程规定成员企业之间的责任、权利、义务关系，并作为共同遵守的准则。

第二，有多层次的组织结构。一是集团核心层，即具有母公司性质的集团公司，核心层企业应实行资产经营一体化；二是紧密层，由集团公司对购销存（也可以是产供销）、人财物统一管理的企业或被集团公司控股的企业组成；三是半紧密层，由集团公司参股企业或与集团公司有一定联营关系的企业组成；四是松散层，由承认集团章程、与集团公司有互惠性稳定协作关系的企业组成。四个层次中，至少要有核心层和紧密层。

第三，集团公司（核心层）必须具有法人地位，不兼有政府行业管理职能（国家专门批准授权的除外）；必须有较强的经济实力、经营能力或产品、技术、服务、管理等优势；必须具有投资中心的功能。

第四，企业集团成员之间要有一定的联结纽带。集团公司与紧密层、半紧密层企业原则上应形成资产联结纽带，一些已由行政部门指定形成的集团，要逐步通过国有资产管理部门委托经营、投资、联营等多种途径，形成以资产为纽带的经济关系。集团公司与松散层企业联结纽带，主要是集团章程和具有法律效力的互惠性合同、协议等契约。

三、商业企业集团的组织与管理

商业企业集团的发展仍处在初创阶段，为保证集团健康发展，必须严密组织，正确引导，明确程序，强化管理。

（一）申报程序和手续

属于全国性集团并拥有跨省、区、市紧密层企业的，由筹建单位提出申请，同时提出可行性研究报告，经集团公司所在省、区、市政府签署意见，送商业部

初审后，报国家体改委、国家计委审批，凭批准文件到国家工商局登记注册；属地区性商业企业集团并拥有跨省、区、市紧密层企业的，由筹建单位提出申请和可行性研究报告，所在省、区、市商业主管部门初审，经省、区、市政府签署意见后，由国家体改委会同商业部审批，凭批准文件到省级工商局登记注册（以上两类均属重点商业企业集团，由中央或省、区、市政府实行计划单列，在资金来源、货源保证、原材料供应、流通计划、企业改造、商品储备等方面单立户头，集团则相应承担国家赋予的调控市场任务）；省、区、市范围内区域性的商业企业集团，由筹建单位提出申请，省级商业主管部门初审后，报省计委、体改委审批，并在集团公司所在地办理工商登记。可在省、区、市实行计划单列。

集团公司在进行企业法人登记注册时，要提交集团章程和各层次成员企业的名单。集团公司一经登记，取得法人资格后，即可行使集团的各项功能，进行经营活动。

（二）商业企业集团内部管理

集团公司的主管部门即为企业集团的主管部门。集团不单设管理机构，成员企业之间的组织、协调以及为集团的服务工作等，由集团公司的管理机构承担。集团公司的领导体制可实行董事会领导下的经理负责制，也可以建立管理委员会，实行经理负责。

商业企业集团内部管理，要体现民主化、科学化的要求。各成员企业的责权利关系要在集团章程中明确规定，经济往来要遵循平等互利原则，做到利益共享，风险共担。内部经营管理活动，要逐步达到规范化管理要求，各环节、各工种岗位都要制定管理规范，使各项经营管理活动按程序、按标准运行。同时，要不断引进和运用现代化管理办法提高管理水平，向管理要效益。

四、促进商业企业集团发展的政策措施

为使商业企业集团在整个流通领域真正起主导作用，有效调控市场，各级政府要切实执行《企业法》的有关规定，落实企业自主权；商业企业集团要用足用活已有的政策和各项权力，改进和完善经营机制，强化内部管理；同时，各方面要为集团的发展创造必要的外部环境和内部条件。

1. 要根据国家体改委的要求，采用多种形式壮大集团核心层和发展紧密层企业，特别是发展跨地区、跨部门的紧密层企业。为增强集团公司（核心层）实力，可以采取企业兼并、划转等办法。发展跨地区、跨部门紧密层企业，可采用合股经营、承包经营、租赁经营等方式。

2. 扩大自主权。商业企业集团在资产使用、经营范围、发展规划、购销业务、业务定价、技术改造、设备更新、劳动工资、人事任免等方面，享有充分的

自主权。国家要求集团承担的政策性调控任务，要提供必要条件。集团对国家指令性商品流通计划，要坚决执行。

3. 具备一定条件的集团公司，可以申请成立财务公司，以利于增强投资中心的功能；具备一定条件的集团公司，可以申请自办进出口权，以利于参与国际市场竞争，实现“以内促外，以外补内”的良性循环；具备一定条件的集团公司，可以进行国有资产授权经营的试点，以利于强化资产联结纽带。

4. 对于与集团公司同一隶属关系的紧密层企业，可由集团公司对有关部门承包，紧密层企业再对集团公司分包。对于不同隶属关系的，可由集团公司向紧密层企业属地政府承包，然后紧密层企业再对集团公司分包。

5. 经人事部门、主管部门或所在地政府的委托，集团公司对紧密层国营和集体企业的经营者有任免权。

第三节　工业消费品批发业的改革

在改革探索中发展的工业消费品批发业①

改革开放20多年，我国的工业消费品批发业在改革与发展中不断探索创新，发生了革命性的变革。旧的计划经济的批发体制已经被市场经济的批发体制所取代；传统的批发组织和经营方式，逐渐向现代化的批发组织和经营方式转变，显现出新旧二元批发结构的显著特征。进入21世纪以来，工业消费品批发业的改革与发展，开始迈入了一个新的历史时期。

一、工业消费品批发业的背景因素

商品流通业，作为联结生产和消费的中间产业，其发展离不开社会经济发展的宏观形势；工业消费品批发业，作为主要是为生产和零售服务的中介行业，更要不断地适应生产和零售业发展的需要。20多年来，除了社会经济和行政体制改革的因素外，直接影响我国工业消费品批发业发展和变革的主要经济因素是以下几个方面：

（一）工业消费品生产因素

1979—2000年，我国经济持续快速发展，国内生产总值年平均增长9.4%。工业消费品产量大幅度增长，见表1，实现了由卖方市场向买方市场的历史性转变，主要工业消费品总量连续多年供大于求，见表2。

表1　　主要工业消费品产量表

年份	合成洗涤剂（万吨）	自行车（万辆）	家用洗衣机（万台）	家用电冰箱（万台）	彩色电视机（万台）	房间空调器（万台）	服装（亿件）
1978	32.4	854.0	0.04	2.8	0.4	0.02	6.7
2001	330.4	2902.3	1341.6	1351.3	4093.7	2333.6	228.4

资料来源：据《中国统计年鉴》2002年版，服装数字据中国纺织工业协会

①本文是2003年9月为一本年鉴写的文章。

表 2　　2002 年下半年 10 大类工业消费品供求排队

商品大类	每类种类	供过于求	占该类（%）	供求平衡	占该类（%）	供不应求	占该类（%）
纺织品	12	12	100	0	0.00	0	0.00
针棉织品	26	25	96.2	1	3.8	0	0.00
服装、鞋	45	45	100	0	0.00	0	0.00
日用百货	71	71	100	0	0.00	0	0.00
文化用品	94	79	84	15	16	0	0.00
家用电器	68	63	92.6	5	7.4	0	0.00
家具	10	10	100	0	0.00	0	0.00
五金商品	24	24	100	0	0.00	0	0.00
交电商品	19	19	100	0	0.00	0	0.00
化工商品	14	14	100	0	0.00	0	0.00
合计	383	362	94.52	21	5.48	0	0.00

资料来源：根据中华全国商业信息中心资料整理

在工业消费品生产总量急速增长的同时，从总体上看，企业的生产规模、生产集中度和品牌市场占有率仍处于较低水平，只有少数产品程度较高，在不同行业、不同产品和不同地区之间，存在很大的差异，呈现出显著的低水平基础上的二元结构，见表 3。

表 3　　2001 年部分工业消费品分行业生产规模

行业	日用化学品	文教体育用品	日用杂品	塑料制品	照明器具品	日用金属制品	服装及其他纤维制品	主要家用电器制品
企业数（个）	1482	2024	548	6884	1140	2242	8037	1460
平均每企业产值（万元）	6012.8	3363.2	2466.8	3103.7	3463.6	3049.6	3230.4	27923.8

资料来源：据 2002 年《中国统计年鉴》、《中国轻工业年鉴》、《中国电子工业年鉴》和 2001 年《中国纺织工业统计年报》数字整理

表 3 中的统计口径仅为全部国有及年销售收入 500 万元以上的规模企业（下

同），如加上大量存在的规模以下小企业，工业消费品生产企业的平均规模则更小。例如，全国乡镇集体轻工企业达 223586 个，每个企业年平均产值只有 770 万元；服装行业规模以上企业的产量仅占全国全行业总产量的 35%左右，其余 65%为小企业生产。另外，也有少数行业的产品生产规模和集中度较高，如彩电业，近 20 家企业产量占全行业总产量的 90%以上，电冰箱业 7 个品牌的产量占行业总产量的 74%以上。从地区布局来看，东部集中了多数的大企业或小企业的集中产区，而西部所占比重很小。如在轻工业的总产值中，东部的广东、山东、浙江、江苏和上海，就占了全国的 63%；在全国服装总产量中，东部、中部和西部地区的产量，分别占 88.3%、8.2%和 3.5%。

（二）居民消费水平因素

1978—2001 年，全国居民消费水平大幅度提高。由每人每年平均 184 元增加到 3611 元，按可比价格计算增长了 6 倍以上。城乡居民家庭人均收入及恩格尔系数，也在总体上实现了从追求温饱到实现小康的转变，见表 4。

表 4　城乡居民家庭人均收入及恩格尔系数

年份	农村居民家庭人均纯收入		城镇居民家庭人均可支配收入		恩格尔系数	
	绝对数（元）	指数（1978 年=100）	绝对数（元）	指数（1978 年=100）	农村居民家庭	城镇居民家庭
1978	133.6	100.00	343.4	100.00	67.7	57.5
2001	2366.4	503.79	6859.6	416.30	47.7	37.9

资料来源：《中国统计年鉴》2002 年版，本表指数按可比价格计算

但是，全国居民收入水平差距却持续拉大。城镇有下岗失业人口约 1400 万人，农村按人均年收入 825 元的标准计算，全国则有 9000 万农民处于较贫困水平。西部城镇居民平均每人全部年收入只有全国平均水平的 0.88，平均每人消费性支出是全国平均水平的 0.91，若与东部地区相比，差距就更大了。全国东、西部地区居民和城乡居民的家庭收入、消费性支出，显示出不同消费主体追求温饱、小康和富裕的不同水平，层次化十分突出，见表 5。

表 5 **2001 年全国城镇居民家庭收入消费支出状况** 单位：元

项目	全国	按城市规模分				按收入等级分		
		特大城市	中等城市	小城市	县城	最低收入户	中等收入户	最高收入户
平均每人全部年收入	6907.08	9225.03	6469.30	7281.40	5667.96	2834.70	6406.16	15219.98
平均每人可支配收入	6869.58	9148.64	6430.21	7230.25	5030.10	2802.83	6366.24	15114.85
平均每人消费性支出	5309.01	7277.61	4929.56	5761.30	4205.34	2690.98	5131.55	9834.20

资料来源：据《中国统计年鉴》2002 年版整理

（三）零售业变化的因素

2001 年全国社会消费品零售总额达到 37595 亿元，比 1978 年的 1558.6 亿元增长了 23 倍，其中批发零售贸易业达到 25510.8 亿元，比 1978 年的 1363.7 亿元，增长了 17.7 倍，见表 6。

表 6 **历年社会消费品零售总额** 单位：亿元

年份	1978	1985	1990	1995	2000	2001
社会消费品零售总额	1558.6	4305.0	8300.1	20620.0	34152.6	37595.2
其中：批发零售贸易业	1363.7	3272.2	6127.4	13801.3	23042.3	25510.8

资料来源：据《中国统计年鉴》2002 年版整理

但是，在社会消费品零售总额增长中，近年来城市明显快于农村；在城乡所占比重中，农村市场逐年减少，城市市场比重逐年增加，见表 7、表 8。

表 7 **1999—2001 年社会消费品零售总额（按销售单位所在地分）** 单位：亿元

		1999 年	比上年增长（%）	2000 年	比上年增长（%）	2001 年	比上年增长（%）
全国社会消费品零售总额		31134.7	6.8	34152.6	9.7	37595.2	10.1
其中	市	19091.6	7.1	21110.3	10.6	23543.4	11.5
	县	3892.5	5.7	4217.2	8.3	4583.2	8.7
	县以下	8150.6	6.6	8825.1	8.3	9468.6	7.3

资料来源：据《中国统计年鉴》2002 年版数字计算

表 8 **1999—2001 年城乡市场占社会消费品零售总额比重** 单位：%

年份	1996	1997	1998	1999	2000	2001
农村市场	39.6	39.0	38.9	38.7	38.2	37.4
城市市场	60.4	61.0	61.1	61.3	61.8	62.6

资料来源：据《中国统计年鉴》数字整理

零售业态更是发生了革命性的变革。从 20 世纪 80 年代中期开始，经过了 90 年代后期的快速发展，中国用了 15 年左右的时间，走完了欧美发达国家 150 多年的零售业态创新之路。到 2000 年前后，除了原来已有的百货店之外，如超级市场、专业店、专卖店、方便店、仓储式商场、综合超级市场、折扣店、廉价店、家居中心、目录销售店、无店铺销售、电视购物、邮购销售、网上商店等现代零售业态，都在中国落地生根，现代化的商店街、购物中心等商业集聚中心区，也陆续发展起来。尤其是连锁经营的快速发展，无论从连锁形式、行业领域、地区分布和业态、规模，都呈现出了潮涌之势，见表 9、表 10。

表 9 1994—2000 年中国连锁业发展情况

项目 \ 年份	1994	1995	1996	1997	1998	1999	2000
连锁企业（个）	150	400	700	1000	1150	1800	2100
店铺数（家）	2500	6000	10000	15000	21000	26000	32000
销售额（亿元）	30	80	300	420	1000	1500	2200
占社会消费品零售额（%）	0.18	0.38	1.21	1.54	3.43	4.82	6.5

资料来源：《中国连锁经营年鉴》2001 年版

表 10 2000—2001 年中国连锁百强情况

年份	2000	2001	比上年增长（%）
门店数（个）	8406	13117	56.0
百强销售总额（亿元）	1093	1620	48.2
占社会消费品零售总额（%）	2.9	4.3	48.3
每店平均销售总额（亿元）	10.93	16.2	48.2

资料来源：《中国连锁经营年鉴》2001 年版

传统百货店经过集团化、连锁化和经营方式等各项改革，仍占据着零售业的第一位，销售约占全社会消费品零售总额的15%。零售百强企业规模也越来越大，2001年销售总额达2342.36亿元，比上年的百强增长42.3%，零售总额达1903.38亿元，比上年百强增长42.3%，占社会消费品零售总额的5.06%。外商和港澳台商投资批发零售贸易业企业的零售总额占全社会商品零售总额约4%。

当零售业主要在大城市和发达地区开始现代化变革的同时，传统的商品交易市场，也在全国城乡蓬蓬勃勃地发展起来，并成为我国商品流通的一条重要渠道。其中工业消费品市场的发展，更为我国流通业所特有，具有了强烈的经济发展时代性。

到2001年，全国消费品市场达到86454个，比1978年的33302个，增长了1.6倍，成交额24949.4亿元，是1978年125.2亿元的199.3倍。其中，工业消费品市场从无到有，2001年达到10163个，成交额9386.4亿元。在消费品市场中，零售和以零售为主的市场79060个，占91.4%，是全国规模以上零售业法人企业10285个的7.7倍。2001年，全国已有工业消费品市场10163个，成交额9386.4亿元，见表11、表12。其中，工业消费品零售市场7783个，成交额约为3242.7亿元。

表11　　1978—2001年消费品市场情况

年份	市场数（个）	其中		成交额（亿元）	其中	
		城市（个）	乡村（个）		城市（亿元）	乡村（亿元）
1978	33302	无统计数	33302	125.2	无统计数	125.2
1979	38993	2226	36767	183.0	12.0	171.0
1985	61337	8013	53324	632.0	120.4	511.6
1990	72579	13106	59473	2168.2	837.8	1330.4
1995	82892	19892	63000	115901	6176.4	5413.7
2000	88811	26395	62416	24279.6	13800.3	10479.2
2001	86454	26699	59755	54949.4	14319.7	10629.6

资料来源：《中国市场统计年鉴》2002年版

表 12　　2001 年消费品市场情况

项目		市场数（个）	其中		成交额（亿元）	其中	
			城市（个）	乡村（个）		城市（亿元）	乡村（亿元）
消费品市场		86454	26699	59755	24949.4	14319.7	10629.6
其中	消费品综合市场	47152	8402	38750	7107.5	2868.8	4238.6
	工业消费品市场	10163	6662	3501	9386.4	6444.8	2941.5
其中	工业消费品综合市场	5566	3315	2251	3788.0	2746.5	1041.5
	工业消费品专业市场	4597	3347	1250	5598.3	3698.3	1900.0

资料来源：《中国市场统计年鉴》2002 年版

（四）改革开放的因素

经过 20 多年的改革，国有商业和供销商业大量退出重组，私营、个体、商业和外商大力发展进入，批发零售贸易业实现了经济成分多元化。现代企业制度改革的不断深化，有力地推动了企业组织形式的多元化，形成了一批有一定规模的企业法人实体，在流通中起到骨干作用，见表 13、表 14。

表 13　　限额以上批发贸易业基本情况（2001 年按登记注册类型分）

		法人企业（个）	产业活动单位（个）	从业人员数（人）
批零总计		29675	53485	4825325
批发合计		15258	25227	1892927
其中国有及国有控股		9797	16099	1479265
内资企业		15058	24971	1963164
其中	国有	7736	12509	1124343
	集体	1859	2806	274613
	股份合作	363	589	28830
	联营	206	252	19449
	有限责任公司	2671	5134	270770
	股份有限公司	949	2302	197366
	私营	1262	1367	47116
	其他	12	12	677

续表

	法人企业（个）	产业活动单位（个）	从业人员数（人）
港、澳、台投资企业	84	112	7212
外商投资企业	116	144	12551

资料来源：据《中国市场统计年鉴》2002年版整理

表14　　　　限额以上零售贸易业情况（2001年按登记注册类型分）

		法人企业（个）	产业活动单位（个）	从业人员数（人）
批零总计		29675	53485	4825325
批发合计		10285	21872	2063028
其中国有及国有控股企业		5013	11227	1225765
其中	企业	10075	21486	1963366
	国有	3839	7191	707606
	集体	2041	3439	218322
	股份合作	449	698	62627
	联营	139	179	17028
	有限责任公司	1691	5263	377403
	股份有限公司	742	2975	427033
	私营	1161	1560	149972
	其他	13	181	3375
港、澳、台投资企业		100	134	44054
外商投资企业		110	252	55608

注：限额以上批发企业指：年末从业人员20人及以上，年销售额2000万元及以上；限额以上零售企业指：年末从业人员60人及以上，年销售额500万元及以上。

资料来源：据《中国市场统计年鉴》2002年版整理

从表13和表14中可以看到，限额以上批发企业中，国有及国有控股企业占33%，私营企业占8.3%，港澳台及外商企业占1.3%；在限额以上零售企业中，国有及国有控股企业占48.9%，私营企业占11.3%，港澳台及外商企业占2%。

若从全国全行业的范围来看，国有以外的乡镇企业、私营企业和个体工商户从事批发零售贸易业的单位和人员，以及实现的社会商品零售总额，则是一个十分庞大的数量，见表15。

表 15　　从事批发零售贸易业的乡镇企业、私营企业和个体工商户情况

	单位或户数（个）	从业人员或雇工人数（人）	社会消费品零售总额或现价总值（万元）
乡镇企业	6141689（单位）	16437365（从业人员）	116134764（现价总值）
私营企业	665100	5161171	29735195
城镇私营企业	498214	3707706	20149195
个体工商户	11006926	19046710	66253042
城镇个体工商	5416104	9391914	39179222

资料来源：据《中国商品交易市场统计年鉴》2002 年版数字整理

二、工业消费品批发业，在不断地改革探索中，求得新生和发展

工业消费品批发业是我国流通体制改革的突破口，其启动最早，受冲击最大，竞争也最为激烈。20 多年来，在初步实现了由计划经济体制向市场经济体制的转换中，在艰难地探索从传统批发业向现代批发业的变革中，求得了行业的新生和重大发展。

（一）工业消费品批发业的发展

我国的批发行业，经历了 20 世纪 80 年代的全民经商刺激，又受到 90 年代前期经济过热的拉动，批发机构的数量在单体小型化的基础上曾急速膨胀。到 1996 年年底，全国有批发企业法人机构 354475 个，网点 4613732 个。进入 90 年代后期，随着经济发展速度减缓和批发行业的竞争重组，全国国有和限额以上批发企业数量减少产业活动单位（网点）增多，销售总额持续增长，开始步入规模化发展的新阶段，见表 16。

表 16　　1999—2001 年限额以上批发业机构情况

年份	法人企业（个）	产业活动单位（个）	销售总额（亿元）
1999	16382	23720	22055.8
2000	15393	23956	25977.9
2001	15258	53485	28935.5

资料来源：据《中国市场统计年鉴》数字整理

从表 16 中可见，2001 年比 1999 年，批发产业活动单位（网点），增长了近 1.3 倍；销售总额增长了 31.2%；每一批发法人企业的销售规模平均由 1.35 亿元增加到1.89多亿元。

其中，纺织品、服装和鞋帽类、日用百货类、日用杂品类及五金、交电、化工品类等4大类批发业，销售总额由1999年的3190.7亿元，增加到2001年的3921.1亿元，增长了22.9%，见表17。

表17　　1999—2001年限额以上批发企业主要工业消费品销售总额　　单位：亿元

行业 \ 年份	1999	2000	2001
纺织品、服装和鞋帽批发业	1520.0	1932.6	1961.8
日用百货批发业	612.4	588.7	675.1
日用杂品批发业	74.0	70.6	62.3
五金、交电、化工批发业	984.3	1029.8	1221.9
合计	3190.7	3621.7	3921.1

资料来源：据《中国统计年鉴》数字整理

在4大类工业消费品批发业销售总额中，2001年同1999年相比，日用杂品下降了15.8%，其余3大类均呈上升趋势，其中纺织品、服装和鞋帽批发业增长最高，达到29%，见表18。

表18　　1999—2001年限额以上批发企业主要工业消费品销售总额增长情况　　单位：%

行业 \ 年份	2000年比1999年	2001年比2000年	2001年比1999年
纺织品、服装和鞋帽批发业	21.7	1.5	29.0
日用百货批发业	−13.9	14.7	10.2
日用杂品批发业	−14.6	−11.8	−15.8
五金、交电、化工批发业	4.6	18.7	24.1
合计	13.5	8.3	22.9

资料来源：据《中国统计年鉴》数字整理

限额以上工业消费品批发企业，销售的主要是高中档和品牌产品，其中又有较大部分产品（如服装、家电等）是出口。而大量低档产品和部分的中档品牌产品，则是通过批发市场进行销售，因此也推动了工业消费品批发市场的规模化发

展，见表19。

表 19　　1999—2001年工业消费品批发市场情况

	1999年	2000年	比上年（%）	2001年	比上年（%）	2001年比1999年（%）
市场数（个）	2205	2461	19.8	2380	－13.7	7.9
成交额（亿元）	5083.2	5849.4	15.0	6143.6	5.0	20.9

资料来源：据《中国市场统计年鉴》数字整理

从表19中可见，2001年经过整顿以后，批发市场数量比2000年有所减少，但成交额却有所增加，每一个批发市场的成交额由1999年的平均2.31亿元，增加到2.58亿元，增长11.7%。

2001年限额以上4大类工业消费品批发企业的销售总额为3921.1亿元，工业消费品批发市场的成交额为6143.6亿元，远远大于前者。这其中虽有统计口径的不可比因素，但批发市场已经占据了工业消费品批发业的半壁江山，则是不争的事实。这同工业消费品的生产规模结构和零售渠道结构是相符合的。

在工业消费品市场中，产生了一批以批发为主的、年成交额在亿元以上的大型批发市场，成为工业消费品批发市场的骨干，见表20。

表 20　　2001年亿元以上主要工业消费品市场情况

	市场数量（个）	成交总额（亿元）	其中：批发额（亿元）	批发额占成交额（%）	平均每一市场成交额规模（亿元）
纺织品服装鞋帽市场	256	2316.0	1920.4	82.9	9.0
小商品市场	50	367.7	304.8	82.9	7.4
合计	306	2683.7	2225.2	82.9	8.8

资料来源：据《中国市场统计年鉴》数字整理

这两类专业批发市场占工业消费品批发市场个数的12.9%，占成交总额的43.7%。

（二）工业消费品批发业经济成分结构的变化

如前所述，改革开放我国批发零售业实现了由单一公有制向多种经济成分所有制结构的转变。进一步分析可以看到，进入21世纪，国有和集体批发业所占比重的减少和私营、个体批发业所占比重的加大，以及港澳台和外商投资批发企业的比重的增加，都在加快，见表21、表22。

表 21　　2001 年限额以上批发业经济成分结构

	法人企业（个）	占合计比重（%）	产业活动单位（个）	占合计比重（%）	销售总额（亿元）	占合计比重（%）
合计	15258	100	25227	100	28935.5	100
国有企业	7736	50.7	12509	49.6	15377.6	53.1
集体企业	1859	12.1	2806	11.1	1617.1	5.6
私营企业	1262	8.3	1367	5.4	1096.4	3.8
港澳台及外商企业	200	1.3	256	1.0	8970.5	31.0

资料来源：据《中国市场统计年鉴》数字整理

表 22　　1999—2001 年限额以上批发业经济成分结构变化　　单位：%

年份	1999			2000			2001		
项目	占企业法人	占产业活动单位	占销售总额	占企业法人	占产业活动单位	占销售总额	占企业法人	占产业活动单位	占销售总额
合计	100	100	100	100	100	100	100	100	100
国有企业	63.3	65.9	69.8	60.1	60.2	53.1	50.7	49.6	53.1
集体企业	18.0	16.7	10.4	15.6	15.2	8.4	12.1	11.1	5.6
私营企业	2.4	1.6	1.3	3.6	2.4	1.6	8.3	5.4	3.8
港澳台及外商企业	0.6	0.7	0.8	0.7	0.7	0.2	1.3	1.0	31.0

资料来源：据《中国市场统计年鉴》数字整理

从表 22 中可见，国有企业法人单位所占比重由 1999 年的 63.3%，下降到 2001 年的 50.7%；销售总额比重由 69.8%，下降到 53.1%；私营企业法人单位则由 1999 年占 2.4%，上升到 8.3%，销售总额由占 1.3%上升到 3.8%。

上述数字是整个批发业的情况，但由于工业消费品批发业的进入门槛相对较低，加上国企退出比重大，私营企业发展更快，所占比重会更大，如果考虑到为数众多的限额以下企业，再考虑到全国 2380 个工业消费批发市场中的上千万个个体工商户和 6143.6 亿元的成交额，那么在全国工业消费品批发业的经济成分结构中，公有经济成分所占比重会更小，而私营企业和个体经济所占比重就更大了，见表 19。

（三）工业消费品批发业的地区分布

工业消费品批发业发展的地区分布，同我国经济发展的各地区水平，同工业消费品的生产地区分布，以及地区居民收入水平和零售业的地区分布相一致，呈现出城市比农村发达，东部地区比中、西部地区发达，见表23。

表23　　2001年限额以上主要工业消费品批发业分地区销售总额和比重　单位：亿元

	全国	占比（%）	东部地区	占比（%）	中部地区	占比（%）	西部地区	占比（%）
合计	3861.3	100	3395.2	87.9	261.5	6.8	204.3	5.3
纺织品、服装和鞋帽业	1961.8	100	1801.1	91.8	113.9	5.8	46.7	2.4
日用百货业	615.1	100	532.3	86.5	44.0	7.2	38.8	6.3
日用杂品业	62.3	100	50.3	80.7	6.2	10.0	5.8	9.3
五金、交电、化工业	1221.9	100	1011.5	82.8	97.4	8.0	113.0	9.2

资料来源：据《中国市场统计年鉴》数字整理

从表23中可见，4大类主要工业消费品批发业的销售总额中，东部地区占87.9%，中部地区占6.8%，西部地区占5.3%。

在工业消费品批发市场的地区比重中，城市大于农村。其中，市场数量城市是农村的3.4倍，成交额城市是农村的2.2倍，见表24。

表24　　2001年工业消费品批发市场城乡结构

	全国合计	占比（%）	城市	占比（%）	农村	占比（%）
市场数（个）	2380	100	1841	77.4	539	22.6
成交额（亿元）	6143.6	100	4205.1	68.4	1938.5	31.6

资料来源：据《中国市场统计年鉴》数字整理

在全国亿元以上两大类主要工业消费品专业市场数量中，东部地区集中了67.6%，中部地区占25.8%，西部地区仅占6.5%，见表25。

表 25　　2001 年亿元以上主要大类工业消费品专业市场地区分布

项目	市场数（个）	占比（%）	东部地区（个）	占比（%）	中部地区（个）	占比（%）	西部地区（个）	占比（%）
合计	306	100	207	67.6	79	25.8	20	6.5
纺织品服装鞋帽市场	256	100	171	66.8	67	26.2	18	7.0
小商品市场	50	100	36	72.0	12	24.0	2	4.0

资料来源：据 2002 年《中国商品交易市场统计年鉴》数字整理

（四）工业消费品批发业企业组织形式的创新

在计划经济下，工业消费品批发企业主要是国有企业和供销社集体企业这样两种组织形式。改革以来，工业消费品批发企业的组织形式实现了多样化，逐渐向国际通行的市场经济企业组织形式转变。到 20 世纪 90 年代末，按登记注册类型划分，分 8 大类共 18 种类型。表 26 是 2001 年全国限额以上各类批发企业的分类数字，虽然不是专项的工业消费品批发企业的数字，但大体上也可以反映工业消费品批发企业新的组织形式种类和构成。另外港澳台和外商投资企业形式还各有相同的 4 种类型，即港澳台（中外）合资经营企业、合作经营企业、独资（外资）经营企业和投资股份有限公司。

表 26　　2001 年限额以上内资批发业企业类型情况（按登记注册类型分）

		法人企业（个）	占比（%）
合计		15058	100
国有企业		7736	51.4
集体企业		1859	12.3
股份合作企业		363	2.4
联营企业		206	1.4
其中	国有联营企业	136	0.9
	集体联营企业	12	0.08
	国有与集体联营企业	41	0.3
	其他联营企业	43	0.3
有限责任公司		2671	17.7

续表

		法人企业（个）	占比（%）
其中	国有独资企业	638	4.2
	其他有限责任公司	2402	16.0
股份有限公司		949	6.3
私营企业		1262	8.4
其中	私营独资企业	56	0.4
	私营合伙企业	34	0.2
	私营有限责任公司	1105	7.3
	私营股份有限公司	78	0.5
其他企业		12	0.08

资料来源：据《中国市场统计年鉴》2002年版数字计算整理

从表26中可以看到按国有、集体和私营企业这种所有制划分方法的社会制度特点，也可以看到大量各类联营企业的存在所反映的中国经济体制改革过程中的历史阶段性特点，还可以看到有限责任公司、股份有限公司等现代企业制度的新趋势，当然，港澳台和外商企业的发展则标志着中国批发业对外开放所带来的企业组织的国际化特征。

表26中反映出国有和集体类批发企业占限额以上批发企业总数的63.7%，这除了说明公有制企业仍占主体之外，也说明批发业领域国有企业和集体企业向现代企业制度改革的任务还十分艰巨，同时也预示着私营批发业和外资批发业还有很大的发展空间，而有限责任公司和股份有限公司合占比重已达24%，不仅增长速度快，比重也还会进一步扩大。

（五）工业消费品批发业经营类型的剧烈变革

在计划经济下，我国工业消费品批发业的经营类型，主要是国有的一级、二级、三级站批发，实行的是“固定供应区域、固定供应对象和固定作价扣率”的“三固定”经销方式。改革以来，这种批发方式被彻底打破，代之而起的是多种批发经营类型的兴起和多种经营方式的探索，其主要类型是：

1. 商业批发商。这是区别于制造商、零售商和代理商的基本批发商类型，其主要特点是独立经营，以批发业务为主，对商品进行买断经销，拥有商品所有权，独立承担经营风险。商业批发商的投资主体或从业主体，有原来国有批发商改革延续下来的，但更多的是社会其他资本，尤其是私营资本形成的。商业批发商就其经营方式又可大体分为两类：①传统综合批发商。主要是对某一大类商品或某一产品线或几个相关专业产品线，进行买断批发经营。产品主要是中低档服装、小家电、日用小百货、杂品类商品。②特许（或指定）经销商。主要是由国内外知名品牌和畅销商品的制造商，或国际地区特许经销商，对有市场经销能力、信誉好、有资金实力和有较强的销售服务能力的批发商，授予全国或地区特许经销权。特许经销商有经营一个产品系列的，也有经营同类产品若干系列的，形成专业批发。产品主要是著名服装品牌、大家电、知名化妆品品牌。近年来，在中档畅销品牌中也开始普遍流行，已成为高中档大类商品批发的主流类型。这里需要顺便说明的是：一些业内人士和媒体往往约定俗成地把这类特许（或指定）经销商也称为代理商，实际上从严格的经济学分类讲是不准确的。因为这类特许批发商是要买断商品，自行经销，收入体现在进销差价上，并自行承担经营风险，同下面讲的代理商不同。

2. 代理商。分为销售代理商和采购代理商。是指那些不买断商品，不拥有商品所有权，只通过预付押金方式，从制造商或大经销商手中，取得对某一品牌或几个品牌系列商品的代销权；销售后按一定比例收取手续费（或扣点）。目前在我国主要是在新产品、滞销产品实行的比较多。此外，在一些大型综合超市中也有对某个厂家产品设代销专柜代销。此外，还有为用户代为采购商品收取佣金或差价的采购代理商。

表 27　　1999—2001 年限额以上批发业 4 大类商品代购代销收入情况　　单位：万元

年份	1999	2000	比上年(%)	2001	比上年(%)	2001 年比 1999 年(%)
合计	31786	27452	－14	26132	－5	－18
纺织品、服装和鞋帽批发业	19463	15958	－18	15958	0	－18
日用百货批发业	4922	5246	6.6	2365	－55	－52
日用杂品批发业	523	490	－6.4	573	17	9.6
五金、交电、化工批发业	6878	5758	－16.3	7236	25.7	5.2

资料来源：据《中国市场统计年鉴》数字整理

从表 27 中可见，4 大类主要工业消费品的代理批发总收入额 3 年间逐年递减，2001 年比 1999 年降低了 18%，金额也只有 2.6 亿元。在 4 大类商品中，日杂和五交化类是上升的，纺织服装和日用百货类是下降的，尤其是日用百货类下降一半以上。说明代理制在我国现阶段的工业消费品批发业中尚处于启动的初期，很不成熟，有待进一步地探索和发展。

3. 制造商批发商。这是工厂自建的销售自己产品的分销机构，也是对传统

商业批发商冲击最大的批发类型。行业主要分布在大型家电业、高档化妆品、著名品牌服装等。具体又分为批发和零售一条龙体系，或只建立厂家批发体系，或仅设立办事处体系。无论哪种体系，均与工厂的自办物流系统或合作物流系统相结合，并配有完备的销售技术服务系统。制造业是否应该自建销售系统或应该建立什么样的销售系统，往往因行业、产品和企业而别。改革以来，这种制造商批发（直至零售）类型，也是探索磨合变动最大的类型，经历了一个由少到多再到少的过程，这也同商业批发商的成熟度及其对制造商的需求满足度有关。表 28 中可大体从一个侧面看出这一历史探索过程。

表 28　　历年社会消费品零售总额构成　　单位：%

年份	批发零售贸易业	其他	制造业
1980	82.6	13.6	7.7
1985	76.0	19.4	9.3
1990	73.8	21.1	8.4
1995	66.9	25.5	7.5
2000	67.5	21.5	6.4
2001	67.9	20.5	6.1

资料来源：据《中国市场统计年鉴》2002 年版

4. 零售业批发。近年来，商业批发业的很大一部分市场份额被零售业从事的批发机构代替"抢过去"了。零售业从事批发业务的主要有三类：一是大型连锁企业办的批发公司或营业部，其批发业务除自采供应本系统零售外，也多数兼向社会小型零售商、小批发商、团体采购者批发销售，而在企业统计上又往往反映不出来。这类批发机构，既有大型综合超市连锁、大百货店连锁、仓储会员店连锁，也有专业店（如家电）连锁和专卖店连锁。二是未实行连锁的大型零售企业单店或集团也有从事批发业务的。三是出现了少量小型零售企业建立合作批发机构，实行联合采购。零售业涉足批发的情况，从表 29 中可看出一个基本状况。

表 29　　2001 年限额以上零售业从事批发业情况

	销售总额（亿元）	其中		批发占销售总额（%）
		批发（亿元）	零售（亿元）	
全部限额以上零售业	6217.7	1181.5	5036.3	19.0

续表

		销售总额（亿元）	其中		批发占销售总额（%）
			批发（亿元）	零售（亿元）	
其中4大类	日用百货零售业	3603.2	455.7	3147.5	12.6
	纺织品、服装和鞋帽零售业	125.2	14.2	111.0	11.3
	日用杂品零售业	27.8	9.4	18.4	33.8
	五金、交电、化工零售业	501.6	140.8	360.9	28.0
	合计	4257.8	628.1	3637.8	14.8

资料来源：据《中国市场统计年鉴》2002年版数字整理

5. 商品批发市场批发。这是我国改革以来发展最快，影响最大，争议也最大的工业消费品批发类型。批发市场的开办者呈多元化趋势，包括村、乡政府或其经济实体开办、各级政府开办、国有和集体企业开办、社会各类资本开办，近年来私人资本开办增多。市场分为综合性批发市场和专业性批发市场。市场的经营方式基本上是以出租摊位为主，有的兼营自办批发、配送业，有的或开办相关联的储运、信息、服务等机构。市场入住业者，多为中小制造业者、私营和个体批发商。商品多为中低档产品和部分品牌产品。行业以纺织品、服装、鞋帽、小商品为主，几乎覆盖所有工业消费品的各行业的产品。供应对象主要是中小批发商，尤其是面向农村和中小城镇的私营、个体的批发商和零售商。近年来，工业消费品批发市场也出现了提级换代的发展趋势，如：市场大型化、设施现代化、功能完备化、商品品牌化、行业专业化、商户规模化和企业化、秩序管理规范化、内外贸结合化等。这些批发市场为中小制造业的产品销售和信息反馈，为城乡中小零售企业和私营、个体商户的货源供应，为满足城乡中低收入者（尤其是广大农民）的生活需求，都起到了极为重要的不可替代的作用。表30、表31可大略反映工业消费品批发市场的现状。

表30　　2001年亿元以上批发市场主要工业消费品摊位设置情况　　单位：个

	合计	服装鞋帽针纺织品类	化妆品类	日用品类	五金电料类	体育娱乐用品类	电子出版物及音像制品类	家用电器和音响器材类	文化办公用品类
全国	2200662	684021	28923	158320	36607	8540	5968	29872	26974
一、综合市场	1420419	421323	24461	119480	23863	6143	2313	3835	15911

续表

	合计	服装鞋帽针纺织品类	化妆品类	日用品类	五金电料类	体育娱乐用品类	电子出版物及音像制品类	家用电器和音响器材类	文化办公用品类
工业品综合市场	532907	264110	16307	71609	16514	4794	2474	14123	11158
农产品综合市场	526336	46917	2242	19721	1810	259	426	726	920
其他综合市场	361176	110296	5912	28150	5539	1090	935	3692	3833
二、专业市场	772129	262318	4430	38706	12667	2381	2110	11309	11055
纺织品服装鞋帽市场	244317	225862	1136	8496	444	1132	605	139	424
食品饮料烟酒市场	39759	1639	1030	2670	339	156	91	102	450
小商品市场	54830	24873	1330	18268	2639	740	229	1071	1792
文化音像书报杂志市场	9621	182	19	14	62		451	2819	4996
建材装饰材料市场	56609	828	190	766	2348	45	15	335	80
其他专业市场	92096	4872	316	7430	6634	283	676	6746	2345

注：表中全国数包括另外 15 类商品交易市场中数

资料来源：据《中国商品交易市场统计年鉴》2002 年版数字整理

表 31　2001 年亿元以上各类批发市场中主要工业消费品摊位设置构成　单位：%

全国各类商品合计	服装鞋帽针纺织品类	化妆品类	日用品类	五金电料类	体育娱乐用品类	电子出版物及音像制品类	家用电器和音响器材类	文化办公用品类
100	24.1	1.0	4.8	1.4	0.3	0.3	2.2	1.7

注：全国各类合计商品数中还含表中所列商品外的 12 大类工农业生产资料和消费品产品

资料来源：据《中国商品交易市场统计年鉴》2002 年版数字整理

6. 其他类型的批发机构。近年来新发展的还有：邮购批发、物流批发、内外贸结合的批发、网上批发、采购代理批发、经纪人，以及获批准的外商批发或变相批发等众多类型，但尚未成规模，没有在流通中定位生根。

伴随着新型批发业机构类型的增多，工业消费品批发业的竞争更为激烈，制造商和零售商的选择机会增多，对商业批发商压力也不断加大，促使商业批发商和整个批发业转变经营方式，其主要表现为增加和提高为制造商和零售商的服务职能，如：加强市场分销、物流支持、信息反馈、零售指导、技术服务、安装维修、广告宣传等。促进了一批批发商向国外所谓"完全服务批发商"方向发展，同时也促使另一部分批发商根据自身行业类型特点向"简单服务批发商"发展。

（六）工业消费品批发与零售业销售类值及 W/R 值变化

2001 年，限额以上批发零售业的 8 大类主要工业消费品，销售类值合计达 6553.2 亿元，比 2000 年增长 8.7%，其中销售总额增长的有 7 大类，减少的有 1 类（电子音像制品）；具体分行业看，批发类值是 4 增 4 减；零售类值 7 增 1 减（见表 32），反映了不同类商品销售渠道的变化。另外，据国际通用的年批发销售额与零售额的比值，即通常的 W/R 值，作为评估商品流通环节（主要是批发环节）的多少、渠道长短的重要指标。从表 33 中可见，2001 年 8 大类主要工业消费品合计的 W/R 值为 1.37，低于渠道复杂环节多的日本，接近发达国家水平，说明改革以来，流通环节的减少成果显著。其中：服装、鞋帽针纺织品类、化妆品类、日用品类和家电及音响器材类，流通渠道进一步缩短；而五金电料类、体育娱乐用品类和办公用品类的渠道略有增长，总体水平与上年持平。按细分类商品看，流通渠道中化妆品类缩短最大，五金电料拉长最大。这些表中数字，只反映限额以上批发零售业的情况，不含限额以下企业和个体商户的情况，如加上这些小散经营户，渠道应有所拉长，但又由于批发市场的作用，不会有太大的拉长影响。

表 32　2000—2001 年限额以上主要工业消费品批发、零售业商品销售类值

单位：亿元

		分类合计			批发			零售		
		2001 年	2000 年	增长（%）	2001 年	2000 年	增长（%）	2001 年	2000 年	增长（%）
服装、鞋帽、针纺织品类		3043.3	2785.1	9.3	1980.9	1827.4	8.4	1062.4	957.8	10.9
其中	服装类	1660.2	1476.3	12.4	988.1	888.5	11.2	672.1	587.9	14.2
	鞋帽类	392.1	359.6	9.3	197.8	175.8	12.5	194.4	183.8	6.0
	针纺织品类	990.9	949.2	4.4	795.0	763.1	4.2	195.9	186.1	5.3
化妆品类		227.1	217.0	4.7	73.4	85.1	−13.7	153.7	131.9	16.5
日用品类		863.5	842.4	2.5	436.2	439.4	−1.3	427.3	403.0	0.2
其中	洗涤用品类	166.5	147.2	13.1	63.4	66.7	−5.0	103.1	80.5	28.1
	儿童玩具类	51.4	45.0	14.2	30.2	26.2	15.3	21.3	19.8	7.6
五金电料类		277.1	244.6	13.3	207.8	176.1	17.5	69.3	68.4	1.3
体育、娱乐用品类		117.1	113.4	3.3	60.7	61.1	−1.0	56.4	52.3	7.8

续表

	分类合计			批发			零售		
	2001 年	2000 年	增长（%）	2001 年	2000 年	增长（%）	2001 年	2000 年	增长（%）
电子出版物及音像制品类	34.9	39.3	－1.5	13.0	14.7	－1.6	21.9	24.7	－1.4
家用电器和音响器材类	1619.3	1507.5	7.4	787.7	722.9	9.0	831.6	784.7	6.0
文化办公用品类	370.9	282.1	31.5	233.8	165.0	41.7	137.1	117.0	17.2
合计	6553.2	6031.4	8.7	3793.5	3491.7	8.6	2759.3	2539.8	8.6

资料来源：据《中国市场统计年鉴》2002 年版数字整理

表 33　　2000—2001 年限额以上批发零售业主要工业消费品的 W/R 值　　单位：个

	2000 年	2001 年	增减百分点（%）
合计	1.37	1.37	0
服装、鞋帽、针纺织品类	1.90	1.86	－0.04
化妆品类	0.65	0.48	－0.17
日用品类	1.09	1.02	－0.07
五金电料类	2.57	3.00	0.43
体育、娱乐用品类	1.07	1.16	0.09
电子出版物及音像制品类	0.59	0.59	0
家用电器和音响器材类	0.94	0.92	－0.02
文化办公用品类	1.41	1.71	0.30

资料来源：据《中国市场统计年鉴》2002 年版数字计算

（七）工业消费品批发业的资产状况

到 2001 年年底，限额以上纺织、服装和鞋帽批发业、日用百货批发业、日用杂品批发业和五金、交电、化工批发业，资产总计达 2100.6 亿元，负债 1730.6 亿元，所有者权益 370 亿元，分别比 1999 年增长 10.3%、6.4% 和 33.4%；负债率平均 82.4%，比 1999 年下降了 3 个百分点（见表 34）。说明工业消费品批发业的企业资产状况有所改善，但负债仍然较大，这虽同批发业所需资金的特点有关，但也说明企业自有资金严重不足，自我积累发展能力还弱。

表 34　　1999—2001 年主要工业消费品限额以上批发业资产状况　　单位：亿元

年份	1999 年	2000 年	比上年（%）	2001 年	比上年（%）	2001 年比 1999 年（%）
资产总计	1904.1	2061.8	8.3	2100.6	1.9	10.3
负债总计	1626.8	1660.9	2.1	1730.6	4.2	6.4
所有者权益合计	277.3	400.9	44.6	370.0	7.7	33.4
平均资产负债率	85.4%	80.6%	下降 4.8 个百分点	82.4%	上升 1.8 个百分点	下降 3 个百分点

注：数字包括：纺织品服装鞋帽批发业、日用百货批发业、日用杂品批发业和五金交电化工批发业 4 个行业

资料来源：据《中国市场统计年鉴》数字计算

表 35　　2001 年限额以上 4 大类工业消费品批发业资产状况

	资产总计（亿元）	负债合计（亿元）	所有者权益合计（亿元）	平均资产负债率（%）
合计	2100.6	1730.6	370	82.4
纺织品、服装和鞋帽批发业	1070.6	856.1	214.6	80.0
日用百货批发业	391.0	316.6	77.4	81.0
日用杂品批发业	39.2	36.0	3.2	91.8
五金、交电化工批发业	599.9	522.0	77.9	87.0

资料来源：据《中国市场统计年鉴》2002 年版数字计算

从表 35 中可见，纺织品、服装和鞋帽批发业的资产规模最大，所有者权益也最大，负债率也较好；日用杂品批发业和五交化批发业的负债过大，资产状况较差。但全部 4 大类工业消费品批发业尚无资不抵债的情况。

工业消费品批发市场的资产状况，缺少系统的统计资料，表 36 是部分年份的纺织品服装鞋帽市场和小商品市场的营业面积和固定资产投资情况。从表 36 中可见，1999 年 6 月末，两类市场累计固定资产投资达 302 亿元，营业面积 2084.7 万平方米，比 1997 年年末增加了 297.7 万平方米，增长了 16.7%。

表 36　两大类主要商品交易市场营业面积和投资情况

	营业面积（万平方米）			累计固定资产投资总额（亿元）
	1997 年年末	1998 年年末	1999 年 6 月末	
合计	1787.0	2060.4	2084.7	302.0
纺织品服装鞋帽市场	1578.1	1795.6	1786.0	261.4
小商品市场	208.9	264.8	298.7	40.6

资料来源：据《中国商品交易市场》2001 年版

2001 年，全国亿元以上纺织品服装鞋帽市场和小商品市场，营业面积分别为 704.4 万平方米和 99.8 万平方米，分别占全国亿元以上各类商品交易市场营业总面积的 7.5%和 1.1%。每类每个市场的营业面积分别平均为 2.8 万平方米和 2 万平方米，见表 37。

表 37　2001 年亿元以上两大类专业商品批发市场营业面积情况

	市场数（个）	营业面积（万平方米）	每一市场平均营业面积（万平方米）
合计	306	804.2	2.6
纺织品服装鞋帽市场	256	704.4	2.8
小商品市场	50	99.8	2.0

资料来源：据《中国商品交易市场统计年鉴》2002 年版

（八）工业消费品批发业的经营状况

2001 年，限额以上纺织品、服装和鞋帽批发业、日用百货批发业、日用杂品批发业和五金、交电、化工批发业合计，商品销售净额达到 3488.9 亿元，比 1999 年增长了 23.7%；实现利润总额 18.9 亿元，扭转了亏损的局面；毛利率略有降低；费用率降低了 3.5 个百分点。说明行业经营状况有所好转，见表 38。

表 38　1999—2001 年限额以上 4 大类主要工业消费品批发业经营状况　单位：亿元

年份	1999	2000	比上年（%）	2001	比上年（%）	2001 年比 1999 年（%）
商品销售收入净额	2819.9	3217.1	14	3488.9	8.4	23.7
毛利率	7.1	6.7	降低 0.4 个百分点	6.9	增加 0.2 个百分点	降低 0.2 个百分点
费用率	10.5	7.1	降低 3.4 个百分点	7.0	降低 0.1 个百分点	降低 3.5 个百分点
利润总额	−7.1	15.7		18.9	20.4	

资料来源：据《中国市场统计年鉴》数字计算

分行业看，2001 年在 4 大行业中纺织品、服装和鞋帽批发业和五金、交电、化工批发业，分别赢利 23.7 亿元和 2.6 亿元；日用百货批发业和日用杂品批发业，分别亏损 1.9 亿元和 0.3 亿元。4 大行业毛利率水平尚属正常，日用百货批发业和日用杂品批发业费用率偏高，见表 39。

表 39　2001 年限额以上 4 大类主要工业消费品批发业分行业经营状况　单位：亿元

	商品销售收入净额	实现利润总额	毛利率（%）	费用率（%）
合计	3488.9	18.9	6.9	7.0
纺织品、服装和鞋帽批发业	1827.3	23.7	7.6	6.9
日用百货批发业	558.6	−1.9	6.7	8.2
日用杂品批发业	60.8	−0.3	6.3	8.0
五金、交电、化工批发业	1042.2	2.6	5.9	6.4

资料来源：据 2002 年《中国市场统计年鉴》数字计算

在工业消费品商品交易市场的收益中，市场的收入主要是摊位租金，国家收取税金，政府行政主管部门收取市场管理费。1997 年和 1998 年，全国纺织品服装鞋帽和小商品市场的收入状况见表 40。

表 40　　1997—1998 年两大类工业消费品专业市场收益情况　　单位：亿元

	市场管理费总额		税金总额		摊位租金总额	
	1997 年	1998 年	1997 年	1998 年	1997 年	1998 年
合计	16.4	16.8	15.9	17.8	29.1	37.6
纺织品服装鞋帽市场	15.1	15.0	14.0	15.4	26.6	33.8
小商品市场	1.3	1.8	1.9	2.4	2.5	3.8

资料来源：据《中国商品交易市场统计年鉴》2001 年版

2001 年没有工业消费品批发市场经营收益的统计数字。从表 41 中每一市场平均成交额大体可以反映出市场交易经营情况，从每一摊位的平均成交额也可从一个侧面反映市场内从业者的经营情况。表 42、表 43 是全国亿元以上最前排名的工业消费品市场成交情况。

表 41　　2001 年两大类工业消费品专业市场成交额情况

	市场数（个）	摊位数（个）	成交额（万元）	平均每市场成交额（万元）	平均每摊位成交额（万元）
合计	306	399147	26836627	87701.4	67.2
纺织品服装鞋帽市场	256	344317	23159525	90466.9	67.3
小商品市场	50	54830	3677102	73542.0	67.1

资料来源：2002 年《中国市场统计年鉴》

表 42　　2001 年全国百亿元以上工业消费品交易市场　　单位：亿元

排序	市场名称	总成交额
1	浙江中国小商品城集团股份有限公司	212.0
2	中国轻纺城集团股份有限公司	207.5
3	上海物贸中心有色金属交易市场	185.2
4	中国南三条小商品批发城	169.0
5	辽宁沈阳五爱小商品批发市场	167.7
6	辽宁海城市西柳服装市场	165.2
7	广东西樵轻纺城	160.0

续表

排序	市场名称	总成交额
8	河北石家庄市新华集贸中心	147.3
9	江苏吴江中国东方丝绸市场	138.0
10	浙江路桥中国日用品商场	116.0
11	浙江绍兴中国轻纺城钱清轻纺原料市场	115.6
12	江苏省徐州宣武市场	113.7
13	浙江萧山市商业城	108.6
合计		2005.8
每市场平均φ成交额		154.3

资料来源：《中国商品交易市场统计年鉴》2002 年版

表 43　　2001 年全国前 10 位亿元以上工业消费品综合市场　　单位：亿元

排序	市场名称	总成交额
1	浙江中国小商品城集团股份有限公司	212.0
2	中国南三条小商品批发城	169.0
3	石家庄市新华集贸中心	147.3
4	浙江路桥中国日用品商城	116.0
5	江苏省徐州宣武市场	113.7
6	浙江萧山市商业城	108.6
7	上海枫泾商城	95.4
8	南昌市洪城大市场	82.4
9	重庆朝天门综合交易批发市场	80.1
10	浙江永康市科技五金城	70.5

资料来源：《中国商品交易市场统计年鉴》2002 年版

表 44　　2001 年全国前 10 位亿元以上纺织服装鞋帽市场　　单位：亿元

排序	市场名称	总成交额
1	中国轻纺城集团股份有限公司	207.5
2	辽宁海城市西柳服装市场	165.2

续表

排序	市场名称	总成交额
3	广东西樵轻纺城	160.0
4	江苏吴江中国东方丝绸市场	138.0
5	浙江绍兴中国轻纺城钱清轻纺原料市场	115.6
6	杭州四季青服装市场	55.1
7	江苏常熟招商城纺织品交易市场	55.0
8	山东淄川服装城	54.0
9	江苏常熟市招商场	52.6
10	广东普宁市流沙服装专业市场	46.0

资料来源：《中国商品交易市场统计年鉴》2002 年版

表 45　　2001 年全国前 10 位亿元以上小商品市场　　单位：亿元

排序	市场名称	总成交额
1	浙江路桥小商品批发市场	74.8
2	天津大胡同小百货批发商场	39.1
3	杭州汽车东站小商品市场	29.9
4	河北省玉田县鸦鸿桥小商品市场	26.9
5	上海砖桥贸易城	24.4
6	临沂小商品市场	19.4
7	徐州朝阳市场	15.1
8	常熟市招商场万利小商品市场	13.7
9	潍坊小商品城	10.4
10	沈阳小商品大世界	10.4

资料来源：《中国商品交易市场统计年鉴》2002 年版

统计部门没有对私营企业和个体工商户从事工业消费品批发业的经营情况统计数字，表 46 所列为 2001 年从事批发和零售贸易业的私营企业和个体、工商业的业者户数和销售总额，可作为一个资料参考。

表 46　2001 年全国从事批发零售贸易业的私营企业和个体工商户经营情况

	户数（个）	销售总额（万元）	平均每户销售额（万元）
全国私营企业	665100	64957321	97.7
全国个体工商户	11006926	108834402	9.9

资料来源：《中国市场统计年鉴》2002 年版

三、简短的结论和建议

从上述 20 多年我国工业消费品批发业改革和发展的历程中，可以得出三点重要结论：

第一，工业消费品批发业是经济发展的重要行业，不可或缺。20 多年，我国经济以年平均 9.4%的高速度增长，居民消费水平提高了 6 倍多，社会消费品零售总额增长 23 倍，主要工业消费品产量成百倍、成千倍地增长。这其间工业消费品批发业的作用是巨大的。正是因为有了工业消费品批发业的中介、桥梁作用，才使得快速增长的工业消费品得到了快速分销，使得快速发展的零售业货源得到及时供应，使得快速提高的居民大量消费需求得到满足，从而使得国家经济的整体发展得到保证。这 20 多年，批发职能的承担者在不断变化，但批发业的职能不仅未被削弱，反而以各种创新方式得到加强。所以，“批发无用论”、“批发消亡论”、“批发削弱论”等观点都是错误的，是不符合经济发展实际的。我们必须重申工业消费品批发业在国民经济发展中的重要地位和作用。

第二，工业消费品批发业，只有在不断的改革创新中，才能生存和发展。20 多年，计划经济的工业消费品批发体制彻底瓦解了，一批墨守计划经济批发方式的国有、供销社批发企业或破产或退出，但仍有相当一批国有、集体批发企业，因为能够及时地改革为市场经济的批发企业，采用了市场经济的批发方式获得了新生和发展；同时，工业批发业、零售批发业、私营和个体批发业，以及批发市场等新的批发主体，都冲破层层困阻，夺得了在工业消费品批发业中的一席之地，乃至奠定了不可动摇的地位，并展示出广阔的发展前景；而以总经销、总代理等为代表的新型经营方式，在广泛的产品行业领域得到了普及性的快速发展，一改传统批发业的经营方式。在市场经济的激烈竞争中，工业消费品批发业经历了，并仍在继续经历着一个除旧布新、旧衰新盛的充满生机和希望的过程，当然也是一个充满痛苦和反复探索的过程。正是这个过程，昭示着我国工业消费品批发业现代化时代的到来。

第三，立足国情，瞄准国际，是我国工业消费品批发业改革发展的基本原则。20 多年工业消费品批发业的发展，表现出两个显著特点：一方面是工业批发体系、大型零售业批发体系和商业批发商的总代理、总经销方式得到快速的发展。同时，那些加强批发服务职能、满足工业分销需要（如物流）和支持零售企业得力（如资金）的批发企业，那些建立了现代企业制度、采用现代化管理手段和重视提高信息、技术水平的批发企业，大都得到优良的发展业绩，成为我国工业消费品批发业现代化的龙头。另一方面，大量的私营、个体批发业者和工业消费品批发市场，如同雨后春笋般遍地快速发展，撑起了我国工业消费品批发业的半边天。

前者的发展，是因为它们适应了市场经济对批发业的要求，迎合了国际批发业发展的潮流和趋势，在现代化的与时俱进中得到新生和发展；后者的发展，是因为它们适应了中国经济的国情实际，在满足二元结构的生产、零售和消费需求中，找到了自己的生存空间和发展天地。所以，我国的工业消费品批发业，必须坚持现代化的发展方向，才能适应国民经济现代化发展的需要，并从中确立自己的地位和作用；同时，又必须立足于二元经济的国情，肯定和发展私营、个体批发业和工业消费品批发市场，为国民经济发展的现实需要服务，并从中求得自身的生存和发展。坚持“落霞与孤鹜齐飞”，这就是中国工业消费品批发业发展的原则。

在近期，我国工业消费品批发业的改革与发展中，应该正确处理好以下几个热点问题：

一是正确理解和引导流通现代化，包括工业消费品批发业的现代化。流通现代化，是以商品交易为中心的商流、物流、信息流和资金流的整体现代化发展的历史过程，它包含着流通组织、流通方式、流通主体、流通手段、流通职能、流通规则和流通理念等多方面的现代化内容。连锁经营、物流配送、电子商务等固然是流通现代化的重要内容，但远不是其全部内容，不适当地突出强调这几个现代流通方式，而忽略了流通现代化的整个体系建设，必然导致以偏概全的后果，误导流通现代化的大方向。所以，一定要从全局上认识和把握流通现代化，当然也包括工业消费品批发业的现代化，并以此来明确目标模式，规划发展战略，采取措施，引导实施。

二是正确认识和处理工业消费品批发业现代化与物流配送、电子商务的关系。批发业现代化的一个重要方面，就是要重新定位批发业的职能，其中包括强化批发业对生产和零售的服务、支持职能，这是批发业现代化的一个重要趋势和潮流。批发业发展物流配送，是转变批发业职能的一个重要方面，但远不是其全部内容。把发展物流配送作为批发改革发展主要的或唯一的方向，甚至主张用物流配送业代替批发业，这是把批发和物流的关系搞颠倒了，摆错了主辅关系。设想，没有商品交换，何来物流需要？至于电子商务也存在类似的问题，就总体而言，电子网络交易是手段，是为现实的商品交易服务的，至于从中独立出来的网上交易、网上批发，充其量也只能是商品交易、商品批发的一种方式，尽管其手段现代化，但在目前仍看不出其代替现实的商品交易，包括工业消费品批发的可能性，尤其在中国的现阶段更是如此。

三是正确认识和对待工业消费品批发市场。社会主义初级阶段，是我国最基本的国情；经济二元化，是我国经济最大的特点。从这样一个历史现实出发来看工业消费品批发市场，就会发现它是我国改革开放以来，各级政府和千百万流通业者的一个伟大创造，它解决了20多年以来，千百万个中小工业企业、乡镇企业、私营和个体工业生产者的大量产品的分销渠道问题，解决了同样众多的中小零售企业和个体商户的货源供应问题，因而也就从一个十分重要的方面，促进了我国经济持续快速发展，且不说批发市场对安排就业、促进农民增收、活跃市场、保证社会稳定等多方面作用。不能设想，如果中国现在没有了工业消费品批发市场，对我国的经济发展会带来什么样的后果？所以，对工业消费品批发市场，一定要给予充分的肯定，要满怀热情地去加以爱护、支持和引导，包括实事求是地严格规范和管理，帮助它们升级换代、更新改造，引导它们步入流通现代化的轨道。实际上，很多的批发市场正在主要依靠自身的力量向着规范化、现代化的方向过渡，虽然步履艰难。各界人士，不应该把为中国经济发展，尤其是工业消费品生产和流通发展，立下了汗马功劳的批发市场打入另册，采取歧视、排挤，甚至打击，必须除之而后快的错误态度。当然，这并非反对依法，实事求是地对其进行规范和整顿。

四是正确对待工业消费品批发业的国有、私营、个体和外资企业，国有和国有控股批发企业，目前仍是工业消费品批发业的骨干力量，不能简单地提什么“国有资本退出竞争行业”，更不应采取一种消极放弃或令其自生自灭的态度。国家应该如同对待国有工业企业那样，采取有力措施，为它们卸下计划经济时期留在企业身上的各种历史包袱，并通过改制重组令其尽快建立起市场经济的现代企业制度和经营方式，培育成批发业的龙头骨干，这要比由私营、个体批发业者通过原始积累实现规模化、效率化要快得多，也有利得多，可以事半功倍。

私营、个体批发业，是我国工业消费品流通业的新生力量和充满活力的成分。要把政策上的鼓励和支持落到实处，真正给予其与国有企业平等的国民待遇，要扶持、引导其做大做强，并守规依法运作。

要改变那种扶持必对国有企业投资，整顿必向私企、个体开刀的不正常心态和做法。

外资进入批发领域，实际上早已开始，我们不能视而不见。加入WTO给我国全面向外资开放批发业，也只留了5年时间，我们不能掉以轻心。但所谓“不能掉以轻心”，不是指那种无限制的恐惧，无穷的忧虑，并由此产生的无益的“围追堵截”，甚至散布什么“外资控制流通业，就要亡国”的危言耸听，以图掩

盖内资批发业自身的无能，寻求政府的保护。这不仅是杞人忧天，实际也是做不到的。回顾20年的开放史，几乎每开放一个领域不都是有人大喊一通“民族产业要被冲垮了，国家经济命脉要受制于人”了吗？而实际不都是恰恰相反吗？实际上，对外资进入批发业，怕是没必要的，挡是挡不住的，限也是限不了的。正确的态度还是一要利用，二要规范。要借助外资批发业的进入，促进内资批发业的发展，并将两者融为一体，为我国流通的现代化和经济发展服务；同时，也要通过立法来规范外资批发业的经营行为，纳入中国流通法制化的轨道，而不是采取不当的“宠爱”或“歧视”。

五是正确把握当前工业消费品批发业发展的重点。主要有三项内容：①完备现代批发业的类型，并尽快因行业、产品和企业的不同特点，选定各种类型的位置，实现从传统批发业类型向现代批发业类型的历史性过渡；②强化服务职能，由过去单一的商品集中和分销职能，扩展到物流配送、信息利用、金融支持、业务指导、产品开发、销售服务等生产业和零售业所需要的服务领域，并做到因地制宜；③通过合并、重组和协作、联合，实现工业消费品批发业的规模化，效益化；通过加强改善内部管理，转变经营方式，提高企业效益，进而实现社会批发业的总体效率化。

第四章　中心城市商业改革与商业行政管理体制改革

第一节　中心城市商业改革与贸易中心

八大中心城市商业体制改革的几个问题[①]

根据部党组1985年年初交给我所的“中心城市商业体制改革问题”的研究课题，我们先选了北京、天津、上海、广州、武汉、重庆、西安、沈阳八大中心城市进行研究，并派人赴其中的七个城市，就商业在指导思想、经营方式、经营方法、管理体制等方面如何适应中心城市的需要进行了调查。课题组草拟的研究报告初稿，多次征求专家、教授、老同志和八市有关部门的意见，现提出这个研究报告，供参考。

一、八大中心城市商业的地位和作用

八大城市是构成全国经济网络的大经济区的依托和中心。八大城市的商业是该市作为大经济区乃至全国的商品流通中心的主要体现，是联结全国商品流通网络的枢纽，同时又是该城市发挥多功能作用的重要条件。

（一）从历史上看，八大城市商业都占据过重要的地位和发挥过显著的作用

马克思曾经指出：“商业依赖于城市的发展，而城市的发展也要以商业为条件。”[②] 八大市在历史上既是经济发展的产物，又是一定经济区（数省甚至全国）的商品流通的枢纽。八大市的商业都占据过重要地位和发挥过显著作用。因此，解放初期，我们首先紧紧抓住八大市的市场这个关键的环节，稳定了全国的市场和物价。并分别以这八大市为中心，组织了六个大区及以后的六大经济协作区，在促进全国社会主义统一市场的形成和经济的横向联系方面，收到过良好的效果。

但是，后来主要由于采取了条块分割、按行政区分配商品等做法，削弱了八

①本文是1986年2月商业经济研究所课题组，为全国商业厅局长会议提供的参阅文件中本人执笔的部分内容。

②《资本论》第3卷，第371页。

大中心城市商业的地位和作用。近年来虽有所改变，但远没有达到相适应的水平。

例如武汉，1950—1983年，国民经济各部门平均增长速度：工业为12.9%，建筑业为14.3%，交通运输业为8.4%，商业只有6.7%；商业在国民收入中所占比重："一五"期间为10%～20%，"二五"期间下降到7%～8%，"三五"期间和"四五"期间只有4%～6%，1983年虽有回升，也只达到7.1%。再以天津为例，商业服务业从业人员占全市从业人员比重，1950年为24.4%，1983年只有13.9%；商业批发机构，1952年有4800户，1983年只有599户，并且企业专业粗、类型少；1983年同1957年相比，饮食网点减少53%，旅店减少55%，零售网点减少17%。其他几个大市的情况也相类似。

八大市商业发展的相对缓慢和停滞，不仅给城市人民生活带来诸多不便，更给社会经济发展带来重大损失：一是减少了经济发展的自然联系，阻碍了商品经济的发展；二是损害了商品流通的正常渠道，造成流通堵塞，带来"买难"、"卖难"，不利于生产和消费；三是缩小了市场，降低了商业的经济效益；四是削弱了大城市的吸引力和辐射力，不利于社会主义统一市场的形成；五是影响城市多功能作用的发挥。因此，要振兴经济，必须发展商业，要发展商业，必须首先重视发展八大市的商业。

（二）从当前看，八大市商业仍然顽强地发挥作用并蕴藏着巨大潜力

虽然受到"左"的干扰，但是客观经济的发展要求相应地发展商业，而且这些城市各方面的基础相对说还是比较好的，因此在当前的社会经济中，八大市的商业仍然顽强地发挥着重要作用，蕴藏着巨大的潜力。

1. 在商品流通中仍有强大的集聚力和辐射力。城市的向内吸引和向外辐射，首先是商品流通的吸引和辐射。八大市同一般城市相比，一是商业比较发达，商业设施比较先进，企业的经营管理水平比较高；二是工业生产发达，商品可供量大；三是消费集中，社会需求量大；四是交通和信息比较发达。因此，这些城市在商品流通中，有着其他城市所不可比的强大集聚力和辐射力。八大市的商业不仅左右着大经济区的市场，并且在很大程度上影响着全国市场。

2. 在促进全国的横向经济联系、推动工农业生产发展中，起着重要作用。第一，八大市地处交通枢纽，商业在加强横向经济联系方面有得天独厚的条件。如武汉市，位于长江中游，上溯巴蜀，下通苏沪，京广线横贯南北，素称"九省通衢"，1983年货物吞吐量达6969万吨，旅客发送量2340多万人次，是华中经济网络的中心。第二，八大市各有广阔的生产腹地，又是消费中心，商业作为联结生产和消费的纽带，作用突出。1984年，八大市工业生产总值达1587亿元，其中轻工业总产值806亿元，分别占全国的23%和24%左右。这些城市的商业

不仅要为当地的工农业生产部门采购原料推销产品，提供信息，开展产前产后服务，还要为大经济区的生产、销售单位服务。如天津、上海、广州就集中了原来全部一级采购供应站，向全国推销产品，其中仅上海批发商业收购的日用工业品就约占全国收购总额的15%。第三，八大市商业按商品自然流向合理组织商品流通，有利于在大范围内打破“条块分割”和“地区封锁”，促进全国社会主义统一市场的巩固和发展，促进城乡的物质交流和经济联系。

3. 为发挥大城市综合性多功能作用提供必要条件。八大市不仅是工业生产基地、贸易中心，而且还是金融中心、交通枢纽、信息中心，有的还是科技文化中心、旅游胜地或政治中心，发挥这些功能的作用，都离不开商业的发展。如北京，每天有七八十万流动人口，都离不开住宿、饮食和购买等商业服务，否则其作为政治中心和文化中心的功能，就难以充分发挥。

（三）从将来经济发展看，八大市的商业的地位和作用，将越来越重要

1. 商业将成为八大市经济发展的战略重点之一。从经济理论上讲，商业也是产业部门，考核和评价中心城市的工作，主要看它辐射面的大小和吸引力的强弱，不能单纯看它的工农业总产值，要以国民生产总值为主要指标。同时，为了有计划地控制大城市工业的盲目发展，城市经济发展重点要逐渐转向第三产业。而商业则是第三产业的重要部门，所以，八大中心城市必须大力发展商业。从实际工作来看，目前，无论中央和国务院对这些城市发展规划的批示或各城市自己制定的发展战略，都已把商业作为发展重点之一。如武汉市提出流通和交通的“两通”起飞，天津要成为“技术先进、工业发达、文化昌盛、商业繁荣的经济中心和国际性的贸易港口城市”，广州明确提出是一个“商业城市”，北京也按照中央书记处批示的要求，把商业作为发展战略重点之一。可以预料，到20世纪末，八大市将以不同的特点，建成我国现代化的商业中心，成为全国商业的先进地区。

2. 八大市的商业改革是正在进行的城市经济体制改革的重要组成部分。城市经济体制改革中，不论是大企业实行经营承包责任制、小企业放开，还是简政放权、政企职责分开，常常是先由商业大面积展开的。“七五”期间，把经济体制改革放在首位，并以城市为改革重点。我们初步研究了八大中心城市的商业体制改革问题后，进一步认为城市经济体制改革还应当以八大中心城市为重点。因此，商业的改革，最重要是抓好大城市。八大市的商业改革搞好了，不仅可以为其他城市商业改革提供经验和示范，扩大改革的影响，同时也可以为城市其他改革创造必要的环境和条件。在八大市中，重庆、武汉、沈阳已经是我国城市改革的综合试点城市，对全国正在发挥着重要的推动作用。

3. 八大市的商业将成为全国商品流通网络的枢纽。经济体制改革的目标之

一，是要改变过去按行政条块来组织商品生产和流通的状况，代之以按经济区划由中心城市来组织生产和流通。商业在一二级站下放、简政放权、政企职责分开之后，也必须逐步改变过去按行政条块调拨商品的体制，而代之以由中心城市组织商品流通。就全国范围来说，这个责任将主要由八大市的商业来承担。同时，国家对全国市场的宏观控制和调节，也将以八大市为支点，从而左右全局。所以，随着社会主义有计划的商品经济的发展，随着社会主义商品市场体系的逐渐完善，八大市的商业在全国商品流通中的枢纽地位和骨干作用，必将得到进一步的加强。

二、关键在于指导思想的转变

中心城市商业体制改革的关键，在于指导思想的转变。

党的十一届三中全会关于社会主义经济是有计划的商品经济的科学论断，是端正城市工作指导思想的依据。《中共中央关于经济体制改革的决定》提出的关于“要充分发挥城市的中心作用，逐步形成以城市特别是大中城市为依托的、不同规模、开放式、网络型的经济区”的要求，为城市工作的指导思想的转变指明了方向。赵紫阳总理 1984 年 4 月考察武汉时，明确指出，城市的各项经济活动都不应该局限于为本城市服务，而应该为它所辐射的整个经济区服务。城市应该是多功能的。中心城市不仅是工业生产的基地，而且应当是贸易中心、金融中心、交通枢纽、信息中心，有些城市还是科学、教育中心。要大力发展第三产业。第三产业要为整个经济区服务，不仅为本城市服务。考核和评价城市特别是大中城市的工作，主要看它辐射面的大小和吸引力的强弱，不能单纯看它的工农业总产值，而应当以国民生产总值作为主要指标。要把城市改变成为开放型的、多功能的、社会化的、现代化的经济中心。各中心城市应当紧紧把握这个指导思想并据以确定城市社会经济发展的战略目标、战略方针和进行城市经济体制改革。

湖北省武汉市的经济工作者、理论工作者和教学工作者从 1982 年年初开始，在三年多的公开和内部的讨论中，通过回顾武汉市的发展历史，认为武汉早就是华中地区的经济中心和万商云集的商埠。经过多方面的、反复的探讨和论证，使越来越多的同志认识到，武汉市必须作为华中地区的经济中心来发挥作用，这就要求在城市工作的指导思想上来一个大转变，从而提出了把武汉建成“具有多种功能的中心城市”的战略目标。在此基础上，又根据流通和交通是城市的基本功能和武汉的现状，确定了以这两项为突破口，这样不仅能使流通、交通得以发展而且能带动工、农、科技各业的发展，最后达到战略目标的实现。这就是武汉市提出“两通（流通和交通）起飞”战略方针的根据和出发点。武汉市人民政府根据这样的战略目标、战略方针和城市工作的指导思想提出的《关于武汉市经济体制综合改革试点实施方案的报告》，得到中央书记处、国务院的赞许和批准。

1984 年下半年，武汉市以新的城市工作指导思想开始了商业体制改革，这主要体现在两方面。一方面，采取“敞开三镇大门”“让企业见市场的世面，经竞争的风雨”的决策，改封闭性市场为开放性市场，主要是商品经营对象的开放和商品经营场地的开放。另一方面，适应开放性市场的需要，着手实行全社会商业的统一管理。武汉市实行政企职责分开，组建商委会是搞活企业的需要，同时也是实现社会商业宏观管理的需要。

武汉市的商业体制改革的时间虽然不长，但已经取得了明显的效果。商业、饮食业网点大量增加，1984 年市区零售网点比 1983 年增加了 18.4%，农副产品批发市场增加了近一倍，城市生活中吃、住、买“难”的问题得到了明显改善；流通发展，市场繁荣；国家商业行政部门也开始了对社会商业的管理；武汉市的流通中心的作用在一定程度上得到了恢复，焕发了城市的活力。实践表明，武汉市的商业体制改革方向是对的，见效是快的，主要原因在于指导思想的转变，明确地树立了中心城市的观念。

三、八大中心城市商业体制改革的几个主要问题

（一）集聚力、媒介力和辐射力强大的批发网络是八大中心城市发挥流通功能的第一位的重要条件

1. 八大中心城市批发网络应具有的主要特征

（1）集聚力量强、辐射范围广

八大市各自具有不同特点的行业齐全、技术先进、基础雄厚、配套完整的工业体系和发达便利的交通运输条件。生产的社会化程度高，专业分工细，协作联系广泛，必然要求交换有相应的深度和广度，而发达的商品流通又促进了以八大市为依托的经济区的形成。这就决定了八大市的商业应当具有集聚力量特别强、辐射范围特别广的特点。

例如，上海市是我国工业最发达的城市，有 7000 多家工厂，仅从日用工业品来说，针纺织品、手表、缝纫机、自行车、合成洗涤剂等产品中获得国家金质奖、银质奖、名牌产品称号的总数居全国各大城市之冠。上海铁路、航空、内河运输及海运均较发达，上海的日用工业品批发商业收购总值 70%以上供应上海经济区的城乡市场和全国各大中城市，并通过它们向周围辐射。近一年来还有 15 亿元的各地工业品通过上海的集散作用，辐射到全国市场。全国各地也对上海提供了大量的农副产品和原料，丰富了市场，支持了生产。上海市还与 150 多个国家和地区、数万个国外企业有业务及贸易等往来关系，大量的进出口业务在上海实现。目前，上海日用工业品直接供应点已达 800 多个市、县，上海经济区已经扩展到浙江、江苏、安徽、江西四省及十个城市（面积近 50 万平方千米，

人口约2亿)。上海等八大中心城市的批发网络如何适应改革的形势以充分增强和发挥集聚力和辐射力，这是流通体制改革的重大课题之一。

从目前八大市批发商业的情况看，虽然各有程度不同的改革，但都远不能满足上述要求。中心城市批发网络不能只是本地产品的推销部，要积极扩大经销外地产品，不能只对本市市场负责，要通盘考虑经济区的市场。要按商品流通的客观要求组织购销业务，尽力扩大集聚和辐射面，体现流通中心的作用。武汉市发展、扩大了同全国29个省、市、自治区的2万个企业的业务联系，在总购进中，从市外购进的比重上升；在销售总额中，市外销售比重上升；经过武汉市输往各地和省外进入武汉的日用消费品，品种超过5万个，成交额占总成交额的40%以上，武汉的上万种轻工业产品也运往各地，初步显示了“敞开三镇大门”的革新要求。

(2) 经济形式、经营方式的多样性

中心城市批发的商品品种多、流转额大。各类商品在生产、流通、消费等方面各有不同特点，情况极为复杂，瞬息万变。因此，中心城市的批发形式应该具有多样性。必须有大批发、中批发、小批发；专业批发、综合批发；工业批发、商业批发、农商联营批发、工商联营批发、商商联营批发；国营批发和集体批发、小商品的个体批发等多种经济批发形式和多条流通渠道。必须有贸易中心、批发市场、货栈、批发企业等多种批发形式。八大市生产水平高，商品流通发达，商业行业多、分工细，与此相适应，批发企业分工要适当分专划细。以上海为例，新中国成立前批发企业数目众多、星罗棋布，而且专业分工很细。百货业分为小百货、环球百货和洋杂货；文化用品行业，分为文化用品、纸张、体育休闲品、乐器、旗帜五个自然行业。各行业批发企业相对集中在传统地段。现在商品远比新中国成立前丰富，种类繁多，批发企业的划分应当比过去要细。从目前八大市的情况看，都在向着多种批发形式、合理的批发结构的方向发展，但同客观要求还相去甚远。

(3) 物质技术条件好，经营管理水平高

八大市国营批发商业已经有了三十多年的历史，仓储、运输、加工等物质设施具有较大的规模。但是，这种物质技术条件和管理水平远远不能适应作为中心城市批发网络的需要。必须积极进行批发企业的物质技术改造，大力提高经营管理水平，为本经济区提供设施充裕、技术先进、管理科学的批发网络。

2. 中心城市的贸易中心要整顿提高

到目前为止，八大市的贸易中心总数已达240多家，起到了推动批发体制改革的积极作用。现在需要着重研究解决如下问题：

(1) 要为贸易中心“正名”。贸易中心应是为大宗批发交易提供多功能的交易场所。服务性是它的基本特征，也是区别于批发企业的本质属性。因此，在发展有计划的商品经济过程中，贸易中心和批发企业职能不同、作用不同，都是搞活流通所不可缺少的，两者都要发展。目前，贸易中心可以兼营一部分批发业务，作为一种过渡办法。一切单纯经营批发业务的“贸易中心”都应当改为批发公司，做到名实相副。

（2）在批发公司的基础上，翻牌的一身二任的“贸易中心”该摘去贸易中心的牌子，只挂批发企业的本来招牌。

（3）八大市适宜于只各建一个大的综合的工业品或农副产品贸易中心。专业的贸易中心，有条件的可以办，但原则上一个行业或一类商品只能办一个贸易中心。

（4）贸易中心应在计划管理的前提下充分利用市场机制，价格要搞活。

3. 中心城市要积极开办农副产品批发市场

中心城市一般是农产品流通的枢纽。有些农副产品主产地不在大城市，却因通过大城市集散而以大城市命名。驰名中外的天津鸭梨即是一例。上海、天津、武汉、广州、重庆、沈阳等是历史上农副土特产品的重要集散地，前些年这种作用有所削弱，近几年正在恢复。在城市改革的新时期应该进一步恢复和发展。在中心城市开办农副产品批发市场，是中心城市在农副产品流通中发挥集聚和辐射作用的重要手段。中心城市通过与广大腹地建立密切的经济联系，促使经济区的广大农村发展商品生产，合理地调整农村产业结构，促进城乡经济的协调发展。

在中心城市开办农副产品批发市场的重要意义还在于，在粮、油、肉、禽、菜等农产品放开的新形势下，农副产品批发市场对于保证城市居民对主副食品的稳定、均衡、充足的供应起着重要作用。集贸市场、消费者和农民直接挂钩，经营者和生产者直接挂钩等形式在大城市都有明显的局限性。很多大城市蔬菜放开以后的实际情况说明，没有批发市场，大部分菜农不同程度地存在“卖菜难”，消费者却吃高价菜，两头不满意。我们认为，大城市的农副产品流通客观上需要有相应的批发环节。日本人口达一亿一千七百万，其中城市人口九千六百万人，在55个城市中设有经营蔬菜、水果的中央批发市场74个，地方市场796个，通过批发市场流通的蔬菜占总流通量的94%。它们蔬菜批发流通速度快、效益高，并不认为批发环节是多余的。放开较早的广州、武汉的经验也告诉我们，解决大城市居民的吃菜吃肉等问题，积极开办批发市场十分重要。

（二）零售商业、生活服务业的发展、布局和增强企业活力的问题

中心城市应当具有发达的、先进的零售商业和生活服务业。这既是中心城市发挥多种功能的重要条件，也是中心城市物质文明和精神文明的窗口，对本经济区甚至全国起示范作用。

1. 中心城市零售商业、生活服务业的现状与需要很不适应

（1）一级商业群拥挤阻塞，是中心城市商业网点不足的突出表现。八大市现有的一级商业群都是历史上形成的，新中国成立后虽然进行了一些更新改造，但就总规模和商业设施现代化水平来看，没有显著提高。三十多年来，上海市的南京路没设一家现代化大型商店；天津市的一级商业群只有和平路一处；北京市虽然有王府井、前门、西单三个商业繁华区，但由于规模小、店铺少，经常拥挤不堪。近几年，八大市中大的一级商业群的客流量，每天都是十几万人次，节假日高达二三十万人次，远远超过现有网点的接待能力。由于顾客高度集中和拥挤，致使商店的噪声、空气含尘量、含菌量等各项指标超过卫生标准几倍到几十倍，严重损害着广大营业员和顾客的身体健康，导致服务质量下降，影响了我国社会主义商业的声誉。

（2）营业面积不足，设施简陋，个体商业无铺面等问题非常突出。1984 年我国八大市平均每千人口拥有零售商业、生活服务网点 8.3 个，人员 49.4 人，比前几年的情况有了较大改善。但是，新增加的网点中大量的是无铺面的流动摊贩，营业活动范围很小。因此，商业网点的数量看起来增加较多，但营业面积同实际需要仍然相差很远。有些国营和集体企业虽有固定铺面，但是由于年久失修，不仅设施不全，店貌破旧，而且主体结构已经老化，有些已被定为“危险建筑”，处于勉强维持营业的状态。

（3）行业结构和网点布局不合理，是中心城市商业网点应当引起重视的问题。行业结构不合理，突出表现在服装、家电、冷饮行业发展过猛，与人民日常生活密切的蔬菜、副食、理发、浴池等行业严重不足。网点布局不合理，主要新建居民区商业网点少，行业不配套。

2. 中心城市零售商业、生活服务网点的设置，应有明确的原则

（1）要有利生产、方便生活，尤其要方便外来顾客。中心城市既拥有高度集中的固定人口，又有大量的流动人口，他们希望能够方便地买到所需要的商品和获得必要的劳务。因此，中心城市零售商业、生活服务网点的设置，既要方便本市居民，又能满足外来顾客的多种需要，适应城市万商云集的要求。

（2）结构和布局要合理，服务设施要配套。行业、规模和经济结构要得当，既要适应人们的消费需要，又要注意企业的经济效益，同时还要考虑多种经济成分协调发展。商业网的地区分布，要根据人口的分布（包括流动人口）和购买力水平合理安排。中心城市的商店需要拥有比较先进的营业设施和比较好的市场环境，并能提供丰富多彩的优质商品和第一流服务。

（3）在发展多层次商业网的基础上，重点建设好一级商业群。京、津、沪等大城市，外来顾客多，而且有不断增长的趋势。要在发展多层次商业网的基础上，根据地方财力有计划地兴建几个大规模的、设施先进、特色明显的一级商

业群。

(4) 零售商业网的设置和管理要有一定法规。参照罗马尼亚等国的经验，结合我国的情况，中心城市应当带个头，由市人民代表大会常委会或市政府颁发一个《零售商业网组织条例》，对零售商业、生活服务网点的建设和管理做出法律性的规定。

3. 进一步搞好企业内部配套改革，增强活力，提高现有网点的服务功能和经济效益

(1) 大中型商业企业要进一步完善以经营承包责任制为中心的各项企业管理制度，实现企业的管理规范化和服务管理规范化，增强企业活力。大城市是大中型商业企业最集中的地方，搞活大中型商业企业，是搞活大城市商业的重要一环。当前，需要着重解决的问题是：第一，要进一步坚持“责、权、利相结合，国家、集体、个人利益相统一，职工劳动所得同劳动成果相联系”的基本原则，正确处理国家、企业、个人和消费者四个方面的关系。第二，要适当划小核算单位，通过多种形式把经济指标同职工利益密切挂钩，层层分解，落实到班组或个人。大型商场对商品部可以联利计酬为主；商品部对营业组可以联销计酬为主；营业组对个人可以联劳计酬为主。第三，要不断完善考核指标，把改善服务态度，提高服务质量作为考核的一项重要内容。

(2) 小型国营商业企业，可以有步骤地通过“改、转、租”等形式转为集体或个体经营。八大中心城市共有 1.3 万个小型国营商业、饮食服务业，由于相应配套问题没有解决，职工和企业领导还有种种顾虑，许多小企业并没有真正放开。在小型国营商业、饮食服务企业放开的过程中，财政、银行、税收等部门要给予一定的条件，扶持一段时间，使其尽快恢复活力。从实践看，人数不多的小企业可以多搞租赁，有利于调动积极性。

4. 中心城市要敞开城门，实行三个“一起上”，并有计划地利用外资，加快零售商业、生活服务业的发展

要加快商业服务业的发展，必须调动一切积极因素，坚持国营、集体、个体一起上，商办与非商办一起上，本市办与外市办一起上。中心城市要敞开城门，提供各种方便和优惠条件，吸引和鼓励外地商品进入本地市场，吸引和鼓励外地工商企业到本地投资开厂，吸引和鼓励有经验、有技能的农民到本地经商。同时，还要允许和鼓励本地的商业服务企业，进行跨行业、跨部门、跨城乡、跨地区的协作联合，发展横向经济联系，促进商业兴旺发达。

(三) 行政管理和企业管理体制问题

在发展批发网络和零售企业及理顺企业内部关系的同时，为了加强对全市商业活动的宏观控制和领导管理社会主义统一市场，还应当在政企职责分开的前提

下，对行政和企业管理体制进行一系列改革，以建立高效率的、精干的、应变和反馈力强的行政管理和企业管理体系。

1. 实施政企职责分开的做法

政企职责分开是商业管理体制改革的方向。实施政企职责分开，首先要改变商业行政管理部门的职能，要变直接干预企业的经营活动为从宏观上间接控制商业活动。要监督检查党和政府有关商业的方针政策的执行；拟定全市商业工作的战略目标和发展规划，合理安排商业网点；推进商业体制的改革；协助有关部门加强计划、统计和会计监督；运用价格、政策性亏损补贴等经济手段，统筹安排好市场；组织文明经商，提高服务质量；任免下一级单位的行政领导干部等。近两年来，八大市实施政企职责分开有三种不同做法：①武汉市撤销了原市财贸办公室、市一二商局、粮食局，组建了商业管理委员会，作为全市商业的行政管理机构。天津、广州市虽未撤掉商业市局机构，但也成立了商委会，作为市政府领导商业工作的一层管理机构。②北京、上海、西安等市，仍保留市财办和市局商业行政机构，打算先在现有的商业管理机构内加强行政管理的职能，下放权力，增设社会商业处管理社会商业，而后逐步将商业行政机构合并组建为商业管理委员会。③沈阳市在原有商业局存在情况下，分解委办，缺乏一个统一的部门领导管理商业活动。这几种不同的做法都在不断摸索。我们认为，武汉市采取商业管理委员会的形式实行政企职责分开，统管社会商业的方向是正确的，实践效果是好的。当然，武汉市商委会在改革中也出现了一些问题，主要是与市工商行政管理局的关系没有协调好；计划、物价、财政等综合经济部门的有关措施不配套；管理社会商业的经济手段、行政手段、法律手段不完备等。这些问题还需要继续加以研究解决。这里，需要强调的是，八大市商业行政管理体制的改革无论是采取哪种方式，都必须统管社会商业，领导和管理社会主义统一市场，这是考核商业改革成效的重要标志之一。

2. 市公司的去留和改革

据不完全统计，八市目前共有 300 多个市级商业专业公司。这些公司基本上是在 20 世纪 50 年代专业公司的基础上发展而来的，多数属于经营管理型机构。在政企职责分开、简政放权的过程中，原来由各级商业行政管理部门掌握的权力，下放给了企业，有些市公司由管理型转为经营型。市公司转轨变型后，出现了偏重抓经营而削弱行业管理的倾向，致使市商业行政管理部门对全市商业的行政管理，与市公司衔接不上；基层企业也因缺乏必要的行业管理，在经营中出现偏差。这就产生了一个问题：市商业行政管理部门对国营商业企业的领导和管理，还要不要有一个中间管理层次？对这个问题，存在着争议。我们认为，实行政企职责分开后，商业市公司可根据各行业的不同情况，进行改革，但不能撤掉。而且，商业市公司无论怎么改，也不能放弃行业管理职能。这是因为：①管理也是企业本身的一种职责。而且，企业系统内部也需要有一定的行政管理，诸如对下属企业的主要领导干部的任免等。马克思指出："凡是生产过程具有社会结合过程的形态，而不是表现为独立生产者的孤立劳动的地方，都必然会产生监督劳动和指挥劳动。"管理劳动不仅是"一种生产劳动"，而且"是必须进行的劳动"。[①] ②三十多年来，商业市公司主要从事企业管理、行业管理和业务经营，与工业部门近几年刚组建的纯行政性市公司不一样，不能把取消工业行政性公司的做法硬套在商业上。③商业市公司是国家管理全民所有制企业的代表，在全市商业领导体制中，起着承上启下的作用。它的这种管理职能推不出去，也放不下去。④商业企业点多、面广、分散，经营政策性强，没有一个行业性的管理机构的管理监督是不行的；上级商业行政部门也存在一个"抓头发还是抓辫子"的问题。没有市公司，许多宏观控制措施难以落实到基层企业。⑤从前段时间市公司转轨变型后出现的问题看，也不宜放弃行业管理的职能。总之，"婆婆"多了不行，但是没有"婆婆"也不行。至于商业市公司如何改？可采取以下几种形式。①对于经营范围比较窄、专业技术性比较强、所辖的商店或批发部比较少、行业管理的任务历来比较轻的公司，可以办成经营型，由市公司直接经营一部分业务。但不能放弃对行业的管理。②对于必须保留一定的经营业务，行业管理的任务又比较重的公司，可以把市公司与主要批发部、批发商店联在一起，办成经营管理型。但要切实把应该放给企业的权力下放给企业，不能截留。③对于下属单位比较多、经营品种复杂、行业管理任务历来繁重的公司，可基本维持管理型，加强服务功能，进行简政放权。

3. 市、区分工及中心店、基层店的改革问题

一个城市在经济上和市场上是有机的整体，一个城市的商业具有较高的统一性。八大市市下分设有区，区的人口一般是几十万，商业网点也多，存在市、区分工问题。在当前商业体制改革中，由于简政放权下放企业，正确处理市、区分工问题尤为重要。对这个问题，我们认为有两点值得注意。第一，该放给区的商业企业和权限应当放给区，但不能盲目下放，有些商业企业和权限该集中在市的还是要集中在市。市、区要有统有分，统分结合。做到既能发挥市、区两级的积极性，又有利于一个城市商业的统一管理和市场的全面安排。第二，政企职责分开后，市里把一些企业和权限下放给区，区里也要实行政企职责分开。区的商业行政部门只能作为一个行政管理层次管大事，对应放给企业的一些权限，要切实放给企业，不能截留。

八大市现有总店、中心店、区公司等，它们的下面有的还有众多的基层店。应该本着简政的原则，予以改革。一般的行业，可以只保留区公司（总店、中心

---

①《资本论》第3卷，第431页。

店）和门店两个层次。有些行业（主要是粮食、食杂、饮服）点小、面广、分散，为了便于领导和管理，可以在区公司之下分片设基层店，但基层店目前数量过多、人浮于事的状况一定要改变。可以大店带小店，也可以采取天津市副食行业合并基层店的做法，减少机构，精减人员，加强门点，使基层店成为精干的管理机构。

浅谈城市国营商业企业的改革①

党的十二届三中全会通过的《中共中央关于经济体制改革的决定》中指出："增强企业活力是经济体制改革的中心环节"。同样，也是城市国营商业改革的中心环节。

一、城市国营商业企业是商品流通的主要的直接的承担者

企业是在社会分工的条件下，从事社会经济活动的独立的基本组织。从历史上看，企业是社会化大生产的产物，是伴随着资本主义商品经济的高度发展而发展起来的一种经济的组织形式。现代经济是一个庞大的社会经济系统，是由一个个企业为基本单位组织起来的；社会经济活动连续不断的运动，也是由一个个企业的经济活动汇聚而成的。所以，企业是现代社会经济这个活的机体的活的细胞。企业是否有旺盛的生命力和活力，直接关系着社会经济机体的状况。

在企业这种现代经济组织形式中，从事物质生产的是生产企业，从事商品流通活动的是商业企业。由于我国现阶段的社会经济是有计划的商品经济，因此，社会经济单位之间的经济联系，经济单位同消费者之间的经济联系，必然要采取商品货币的形式，通过商品交换（商品流通）来进行。商业作为社会再生产的中间环节，一头连着生产，一头连着消费，是联系生产和消费的桥梁和纽带。商业企业则是这个桥梁和纽带的基本构成元素。正是成千上万的商业企业组成了商业，正是成千上万的商业企业的经营活动，才把生产企业的经济活动同千百万消费者的经济活动联系起来，实现了社会的物质变换，从而把一个个孤立的经济细胞联结成为一个统一的社会经济有机体。如果商业企业缺少活力，整个商业这个社会再生产的桥梁和纽带就不会宽阔通畅、坚固结实，商品流通就要受到堵塞，经济联系就要受到阻隔，所以，要建立一个充满生机的社会主义商品经济的经济机体，不仅要使生产企业成为活的经济细胞，也要使商业企业成为生命力强盛的经济细胞。

国营商业企业是实行生产资料全民所有制的商业企业，是社会商业企业中的

---

①发表于 1985 年《经济问题探索》第 8 期。

主体。国营商业在社会商业活动中发挥着主导的作用。这是大家公认的。在经济改革的新形势下，也仍然如此。首先，这是我国商业生产力现状决定的。商业实行多种经济成分并存，是为了按照社会生产力的多层次结构，合理地配置所有制的结构。经过新中国成立以来三十多年的建设发展，从总体上说，国营商业企业所拥有的生产力的社会化水平，是集体商业和个体商业所不可比拟的，这种状况即使经过部分国营商业企业的转制、租赁以及集体、个体商业的进一步发展，也不会根本改变。因而，国营商业企业的地位和作用也不会改变。其次，这是符合我国的社会主义经济制度和改革本身的要求的。巩固和发展社会主义的全民所有制经济，是全国人民根本利益之所在，也是改革的目的和原则之一。因此，在大力发展集体商业和个体商业的同时，国营商业也必须大力发展。尤其是在放开搞活的新形势下，一方面要求国营商业企业要带头活起来，另一方面还要求国营商业企业发挥自己的优势，通过储备来预防各种不测，通过商品吞吐来平抑物价，通过灵活经营来保证市场供应，通过好的经济效益来增加国家收入，通过优质服务来满足人民需要、树立社会主义商业的新风，等等。所以，实行改革，国营商业的地位和作用不是削弱了，而是要在商品经济的原则基础上，通过积极参与市场调节等新形式，来继续发挥主导作用。最后，在现实经济生活中，国营商业企业仍然是社会商品流通的主要的直接的承担者。据统计，国营商业（不包括饮食服务业），共有企业 32.6 万个，其中农副产品采购机构 9.5 万个，工业品批发机构 1.9 万个，分别担负了农副产品收购量的 75%，轻纺工业品批发量的 70%；共有从业人员 437.7 万人，占社会商业人员总数的 30.3%，全年商品零售额 1338.4 亿元，占社会商品零售总额的 47%。可见，商业体制改革的重点，理应放在如何充分调动国营商业企业主力军的作用上面。

二、国营商业企业是社会主义全民所有制商业经济的基本组织

人类社会为了进行生产，必须建立两个方面的关系：一是人和自然界的关系，即生产力的组织；二是人与人之间的相互关系，即社会生产关系。现代经济中的企业，则是组织生产力和反映生产关系的最基本的单位。社会主义的国营商业企业，也是这样的基本单位，也具有组织生产力和反映生产关系的二重性。

从生产力的角度来说，国家投在商业上的资金、店铺、仓库、柜台、货架、运输工具等各种生产资料，最终都是拨归企业一级掌握使用；国家分配的劳动力是生产力最活跃的因素，也是落实到企业支配。正是在企业这一级，以企业为单位，社会主义全民所有制的商业生产资料和劳动者才最直接结合起来，分工协作，进行商品经营，从而使国家所有的可能的生产力，转变成现实的生产力。我们知道，劳动者同生产资料的结合是生产得以进行的前提，也是商品经营的前提。劳动者同生产资料的结合，有多种方式和层次。但只有那些最直接最紧密的

结合，才最有利于生产力的发挥。同时，这种结合还需要根据生产力的要求，具备一定的规模，才能最有利地独立开展商品经营。在国营商业中，正是在企业这一级劳动者同生产资料的结合，才是最直接最紧密而又具备相应的独立经营规模的。而超出企业的经济组织，劳动者同生产资料结合得就不那么紧密；企业内部的各级组织一般又不具备独立开展经营的规模。所以，要充分发挥国营商业的巨大的生产力的作用，就必须把重点放在挖掘和调动国营商业企业的生产力的作用上面。

从生产关系的角度来说，首先，国营商业企业的生产资料是全民的财产。但是，社会全体人民不可能都来直接管理、使用和监督这些财产。在我国是通过国家代表全体人民管理、使用和监督全民所有制的财产的。这当然是十分必要和正确的。但实践证明，仅仅靠国家这一头来体现全民所有制还不够，因为全民所有的生产资料总是要具体落实到一个一个企业的劳动者手中使用、管理。如果不能使生产资料的直接管理、使用者充分体会到自己是这些生产资料的主人，生产资料就不会得到最有效的爱护、保管、使用，劳动者是生产资料的所有者就得不到充分的体现。所以，必须使国营企业的劳动者，一方面是在代表全体人民对本企业的生产资料行使所有权，另一方面也同时代表他们自己直接行使自己对企业生产资料所应拥有的一部分权力。这就是说要把国家体现的所有权同企业劳动者体现的所有权结合起来，统一起来。使企业的劳动者真正成为企业的主人，并根据国家的委托和规定来行使主人的所有权。其次，社会主义的分配原则是按劳分配。“劳”首先体现在企业。劳动力的组织，劳动力的使用，都是在企业进行的。离开了企业，对劳动的衡量和评价，就失去了根据和标准，按劳分配就必然成为吃“大锅饭”。供按劳分配所分配的成果又在哪里呢？也是产生于企业，离开了企业的劳动成果、经营成果，分配就会变成无源之水、无本之木，分配也就失去了基础。所以，国营商业的按劳分配，必须在企业得到最充分的体现。最后，至于生产中人与人之间平等互助的社会主义协作关系，更是要体现在企业的经营管理活动中，这是十分明显的。可见，要体现和发挥全民所有制生产关系的优越性，就必须抓住企业改革这个中心环节。

三、国营商业企业迫切需要改革

社会主义的国营商业企业，具备以下特点：①应该是相对独立的经济实体，而不是行政管理部门的附属物；②是能够自主经营、自负盈亏的社会主义商品经营者，而不是权责不明、权责脱节的产品分配机构，③是有同自己所承担的义务和拥有的权力相适应的独立利益的劳动集体，而不是依靠“大锅饭”过活的乞讨者；④是具有自我改造和自我发展的能力的活的经济细胞，而不是一个没有生命力的机器部件；⑤它的地位应该是受到法律承认、保护和约束的经济法人。

但是在过去，一方面，把企业当成了各级商业行政管理部门的附属物，不承认国营商业企业相对独立的商品经营者的地位；另一方面，对企业的责、权、利又严重脱节，造成企业吃国家的“大锅饭”，职工吃企业的“大锅饭”。这就严重地束缚了企业的积极性，束缚了企业职工的积极性，带来一系列弊病。如：企业财产损失严重，每年因火灾、保管不善损失的商品数以亿元计；企业经济效益低下，经营性亏损企业面达10%以上，亏损金额一二十亿元；劳动生产率低，绝大多数企业人员过剩1/3以上；服务质量不高，广大消费者的不满日渐增加；等等。然而，这些问题，企业是无法解决的，因为与企业和职工自身利益关系不大；企业在人、财、物和购、销、调、存等方面缺少必要的自主权，例如，无销路的产品上级强迫企业收购，紧俏的商品又规定不到日子不准上市，积压、残次商品商店无权削价处理，年销售几千万元的大商店却无权决定修个厕所，劳动部门分配的精神病患者企业也得接受，等等。在这种情况下，企业哪里还谈得上自主经营？所以，要改变国营商业企业浪费大、效益低、经营死、服务差的状况，必须从根本上改变国营商业的管理体制，确立企业相对独立的商品经营者的地位，把企业真正放开搞活。

四、在有计划的商品经济的基础上，把增强企业活力的改革引向深入

国务院1984年7月批转商业部《关于当前城市商业体制改革若干问题的报告》指出了当前商业体制改革的重点。其主要内容是：实行政企分开，扩大企业权力，加强行政管理，改革批发体制，建立贸易中心；小型国营零售商业、饮食服务业转为集体经营或租赁给经营者个人经营；大中型国营零售商业和饮食服务业实行经营承包责任制等。这些改革为增强企业的活力提供了必要的条件。为了把改革引向深入，这里提几点不成熟的看法，供讨论。

（1）大中型国营商业企业要着重解决所有权的体现问题。实行经营承包责任制和政企分开以后，企业职工作为生产资料的主人这一面得到了充分的体现，但是国家代表全社会作为生产资料的主人这一面却出现了真空，出现了企业只顾本单位职工的局部、个人利益，损害国家整体利益的现象。为了解决这个问题，目前可以在企业中派驻国家代表，监督检查企业的行为；从长远来看可以考虑逐步把国营企业变成股份公司，国家掌握一定数量的可控股份，其余股份卖给集体，少量可以卖给个人。企业的经理对董事会负责，受董事会的监督检查和任命罢免，国家则通过控制可控股份来控制董事会。这样，把国营商业企业由单纯的国家所有制形式，变为国家所有为主的社会所有制形式（不同于南斯拉夫的实际是集体所有的社会所有制）；把对企业的单纯国家监督，变为国家监督为主的社会性监督。这既有利于政企的彻底分开，又不失去对企业经营活动的监督控制。

（2）把一部分小型国营企业卖给集体或个人。小型零售、饮食服务业企业实

行转制、租赁、承包，在财税管理上，职工待遇上，以及同原企业或主管部门的关系上，都有许多不易解决的问题，影响着企业和职工的积极性，因此，除了有条件的可以继续转、租、包下去外，其余可以大部分卖给集体或个人，可以现金出售，也可以合理赊销。这样，会更适合小型企业的生产力的实际状况和经营特点，更有利于进一步解放小企业的生产力，也使国家可以集中力量管好大型企业。由于小企业的生产资料有限，经营额所占比重不大，卖出去并不会动摇国营商业在社会商业中的地位和作用。

(3) 批发改革的重点放在参与市场调节上。在社会主义商品经济的条件下，国营批发企业仍然是流通领域实行计划经济的主要环节和组织者，并且随着零售企业的放开搞活，批发企业的这个地位和作用将越来越突出。但是，在商品经济大发展的形势下，国营批发企业所承担的计划流通组织者的功能，将不能再采取过去商品分配的方式进行，而必须主要通过自觉地参与市场调节来实现。为此，国营批发企业一是在经营思想上要树立商品经济的市场观念；二是要提高管理人员素质，任用和培养掌握现代管理知识的新型人才；三是要建立适应开展市场调节的企业管理制度，四是要围绕开展市场调节改组企业内部机构设置。国家则应在宏观上创造适宜于企业参与市场调节的必要外部条件。

(4) 在搞好主营业务的基础上开展兼营业务，根据生产和消费的变化，及时调整商业结构。过去单纯靠国家计划调整，往往不能做到及时准确。现在应该以国家计划调整为主，同允许企业在一定范围内自行调节。实行主营为主，兼营别业，从而适应生产和消费变化的需要。在目前价格没有理顺、企业级差收益没有妥善解决的情况下，实行主营和兼营结合，更有利于克服考核和分配中的不合理现象，调动企业和职工的积极性。

(5) 要承认和利用破产和失业的压力。商品经济的竞争规律必然产生优胜劣汰的结果，企业的破产威胁和职工的失业威胁，是企业改善管理提高生产率和职工改进服务的压力和动力。不承认国营企业可以破产，国营企业职工可以失业，就不能在国营企业管理中真正贯彻商品经济的原则。所以，要制定国营企业破产法、职工失业法，使企业和职工对国家财产负更大的经济责任。当然，在采取这些措施的时候，要同时采取相应的社会保险制度，以利社会的安定团结。

中心城市商业体制改革理论讨论会综述①

由商业部商业经济研究所召开的中心城市商业体制改革理论讨论会，10 月 9 日至 15 日在武汉举行。来自京、津、沪、穗、渝、汉、沈、西安八市的理论工

①发表于 1985 年 12 月 29 日《经济学周报》。

作者、教学人员和实际工作者，就大的中心城市商业的地位、作用和当前改革中的主要问题，进行了热烈的讨论。现简述如下：

一、要重新认识大的中心城市商业的地位和作用

与会代表一致认为，八大中心城市是历史形成的商业中心，在新中国成立前已经是联结全国商品流通网络的大枢纽。解放初，正是首先抓住这八市的市场，才稳定了全国的市场和物价，为国民经济恢复和对私改造提供了必要的经济环境。现在，应该从社会主义是有计划的商品经济出发，重新认识八大中心城市商业的地位和作用。

大家指出，八大中心城市商业的特殊地位和作用主要表现在：①在商品流通中有强大的集聚力和辐射力；②地处交通枢纽和生产腹地，在促进全国横向经济联系和城乡物质交流中起着中介和组织者的作用；③按商品自然流向合理组织商品流通，有利于在大的范围打破“条块分割”和“地区封锁”；④在中心城市综合性多功能的作用中，商业既是流通中心功能的主要体现，同时又是其他诸功能赖以发挥作用的必要条件。

有人认为，以中心城市为依托建立全国商品流通网络，是由中国经济的特点决定的，因为中国农村人口多、农村市场是我国市场的主体，而农村商品经济又不发达，只好以中心城市为依托组织商品流通网络。

为了更好地发挥大的中心城市商业的作用，大家建议：一是要把商业列入这些城市经济社会发展战略重点之一，发展第三产业要以商业为重点，争取在“七五”期间或更长一点时间内，把八大城市建成全国现代化的商业中心。二是要逐步建立起以八大城市为骨干的全国商品流通网络，国家对全国市场的宏观控制要以八大城市为支点，八大城市也要逐渐担负起组织全国商品流通的相应责任。三是要重点抓好八大城市的商业改革，取得经验，带动全国。

二、建立新的商业行政管理体系和企业管理体系中的问题

有人认为，新的行政管理体系要以加强市政府一级商业管理机构为目标，因为组建商委，撤销局，有利于减少管理层次，便于割断商业行政部门同企业经济利益上的直接联系。

反对的人则认为，当前要重点加强商业局一级的机构，改变局的职能。还是“先撤香火后拆庙”，尽量减少震动为好。

大家一致认为，不论采取哪种形式，都要坚持政企分开，简政放权，同时要明确规定商业行政部门的职责权限范围。

代表们特别着重讨论了市公司的整顿问题。大家认为，①要在概念上分清“行政管理”同“业务管理”的界限。不能一说“管理性公司”，就一律视为行政

管理公司，就要一律“改造”。②商业企业特点是点小、面广、分散，在大城市的同一个行业里，有众多的企业，如果没有公司一级的统一管理，企业在经营、计划、财务、培训、福利等许多方面的问题，目前尚无法解决，国家的宏观控制也难以得到落实。③国营商业政企职责分开后，所有权同经营权分离了，但仍然要有一个机构担负起全民所有制生产资料所有者的责任来，在没有找到新的承担者之前，还是由公司承担为好。④从实践上看，一些市公司转为经营性之后，普遍出现削弱行业管理和同基层企业争经营争利的现象，效果不好。因此，对市公司可从精简机构和人员，下放权限，改革工作方式为基层服务，不能“一刀切”都改成经营性的。

有人提出，可以用行业协会来代替公司。反对的人认为，行业协会是民间组织，它的主要职能是进行行业协调，做政府和企业联系的桥梁，是代表企业说话的，绝不应办成一个官方机构，也不能办成半官半民的机构。

三、要进一步完善大的中心城市批发网络

多数人赞同大的中心城市要建立多元化的商业批发网络。要多种经济形式、多部门、多企业，即①要有国营、集体、个体批发；②要有商业、工业、农业等部门的批发；③要有大、中、小型批发；④要有综合批发、专业批发；⑤要有站、店批发、市场批发；⑥要有专营、兼营、联营批发；⑦要有各类信托、货栈等代理批发业务企业；⑧还要有外地来本市开办批发业务的机构，本市也要到外地办批发分号，等等。

有的人认为，大城市的批发设置也要因城市制宜，需要什么设什么，不一定多就是好。一般还是应以国营商业批发企业为主，以专业批发为主，以大批量批发为主。对集体和个体经营批发业务，要在经营商品范围和规模上有适当规定，不能无限制地发展。工农业部门和外地办的批发机构，应以经营本单位产品为主。

有人认为，大城市农副产品实行产销和产消（消费者）直接挂钩，是购销体制的重大改革，是解决农副产品进城市和保证城市居民供应的好形式，应该大力推广。

反对的人则认为，这是一种小生产的经营方式，不仅在理论上是一种倒退，是社会化大生产和有计划的商品经济的要求的，而且在实践上也无大意义，因为大城市几百万人口的吃菜等问题无论如何是不能靠个体户肩挑车推来解决的，它只能造成社会经济效益的极大浪费，带来市场内的波动，正确的方式是要大力兴办农副产品批发市场，组织农民销售合作组织。

多数人认为，当前必须整顿贸易中心，给贸易中心“正名”。贸易中心在商品流通中的地位和任务应该有个明确规定，同批发企业在职责上要有所区别和分

工。应该把贸易中心办成商品交易场所。

四、零售商业结构要合理，网点设置和管理要法制化

多数人认为，中心城市的零售商业，不仅要为本市居民服务，还要把为外地来本市人员服务放到重要位置。因此，要有计划地重点发展一级商业群，如办好商业街、夜市等，有条件的也可以办些饮食街。要办一些有特色的专业店，经营好外地的名、优、特产品。要花力量办一些设施现代化的大商场，门面店堂要讲究，要能反映出我国经济发展和人民生活状况。要特别搞好优质服务、文明经商，大城市的零售商业、饮食服务业要成为精神文明建设的中心，起到示范带头作用。

大家一致认为，为了保证大城市零售、饮食和服务业的协调发展，有必要在大城市率先制定《商业网组织条例》等法规制度，用法制化的管理代替盲目发展。国营、集体和个体商业，要发挥各自的优势，经营上有所分工，不能一哄而上，一哄而下。当前有的国营商店舍弃本业改营其他去追求利润，应该加以引导。国营商业还应对市场负责，对社会效益负责。

有的人则认为，在商品经济的条件下，企业不存在对市场负责的问题，应负责的是国家的计划管理和宏观控制，企业只要不违法，就应该怎样搞经济效益高就怎么搞，国家应该有办法让企业在追逐利润的同时也对社会消费需求达到满足。

反对的人则认为，企图让“看不见的手”来调节市场满足需要，不仅在我国社会主义经济制度下不现实，就是在资本主义制度下也难以真正完全实现。社会主义的商品经济还要有计划性，这个计划性还要由国营商业企业来承担实现。因此国营商业管理不能放任自流。

五、大的中心城市商业的发展，首先有赖指导思想的转变

大家认为，过去妨碍中心城市商业发展的根本原因在于：①否认社会主义经济是商品经济，因而采取了按行政区划分配商品，按“三固定”原则组织商品调拨的商业管理体制；②从狭隘的地方观念出发，片面强调商业为地方工业和当地市场服务，强迫收购、限制销售等行政干预太多；③否认商业是产业，提出“变消费城市为生产城市”的片面性口号和做法；④“文革”期间更把商品生产和商品交换当成生产资产阶级的土壤，加紧限制甚至打击商业活动；⑤财政“分灶吃饭”的体制，也在一定程度上助长了大城市闭关自守的思想，缺少大生产的观念和眼界，等等。

代表们提出，现在必须对城市工作的指导思想有个根本转变，从小生产和产品经济的观念束缚中解脱出来，用社会化大生产和有计划的商品经济的大流通观

念指导城市工作，把城市真正当成综合性多功能的中心，首先是流通中心来建设、来管理、来考核。同时要排除三种误解：一是把生产和流通对立起来，认为一讲流通就是不重视生产，看不到两者的辩证统一互相促进的关系，二是把经济发展同竞争对立起来，认为要发展地方经济，只能闭关自守，只看到开放的市场对生产的压力，看不到竞争对生产的巨大推动力；三是把社会主义有计划商品经济条件下的“流通”等同于资本主义的“重商主义”，认为讲流通、强调商业，就是为贱买贵卖赚几个钱，追逐商业利润，把社会主义流通搞活是为了搞活企业、搞活整个经济的大前提抹杀了。

关于办好贸易中心发挥中心城市作用问题①

一、贸易中心在中心城市的地位和作用

（一）中心城市是组织商品生产和商品流通的依托

中心城市以商品经济发展为条件。中心城市不仅是工业生产的基地，而且是商业中心、金融中心、交通枢纽、信息中心，有的还是科技文化的中心。从经济方面说，中心城市是各种经济活动的集中点，是一定范围的流通网络的枢纽。中心城市的商业，在发挥中心城市的作用中，有着重要的地位和作用。

1. 在商品流通中有强大的集聚力和辐射力。中心城市同一般城市相比，一是商业发达，商业机构多、门类比较齐全、商业设施比较先进，职工队伍庞大，素质较好，企业管理水平较高。二是工业生产发达，商品可供量大。三是消费集中，社会需求量大。四是交通和信息比较发达。因此，在商品流通中有其他城市不可比的集聚力和辐射力。中心城市的市场不仅左右着本经济区的市场，而且在很大程度上影响着全国的市场。

2. 在促进横向经济联系中，有很广泛的媒介力。中心城市万商云集，经济信息汇聚，四面八方的各类工农业产品在此集散，是商流、物流、信息流的中心，在组织城城之间、城乡之间、各部门、各行业之间的经济联系方面，效率高速度快。同时，中心城市按商品自然流向组织商品流通，有利于打破“条块分割”和“地区封锁”，促进全国社会主义统一市场的形成和发展。

3. 中心城市的商业，为该城市发挥综合性多功能的作用，提供商品供应、饮食住宿、生活服务等多方面的保证，有利于中心城市向开放型、多功能、社会化和现代化方向发展。

---

①本文是 1986 年 2 月商业经济研究所课题组，为全国商业厅局长会议提供的参阅文件中本人执笔的部分内容。

总之，以中心城市为依托组织商品生产和商品流通，是社会主义有计划的商品经济发展的需要，是由中心城市的地位所决定的，也是经济体制改革的战略目标之一。

（二）贸易中心是中心城市发挥商品流通枢纽作用的特殊组织形式

以中心城市为依托组织商品生产和商品流通，关键是要有一套集聚力、媒介力和辐射力强大的批发网络。这个网络的重要特点之一是经济形式、经营方式的多样性。近年来兴办的贸易中心，则是这个批发网络中具有特殊功能的一种形式。从实践中显露的端倪和理论上看，我们觉得，随着商品经济的大发展和经济体制改革的深入，将来的贸易中心在中心城市的商品流通中，会有如下几方面的特殊作用：

第一，贸易中心是我国社会主义商业一种新的组织形式。中心城市大规模的商品交易，是一个复杂的综合性的经济活动过程。它要伴随着市场信息交流、商品性能介绍、购销价格协商、结算和付货方式议定以及商品储运加工等一系列经济活动。这就不仅需要有买卖的双方，还需要有专门提供上述多种服务的经济组织。在资本主义国家，贸易中心、商品交易所等就是这类组织。新中国成立以前的大城市也有类似的经济组织。新中国成立后由于实行了分配式的商品流通体制，各类商品交易场所相继取消。近年来，随着商品经济的发展和经济体制改革的推进，中心城市逐渐感觉到需要有提供综合性服务的商品交易场所一类的经济组织。贸易中心的出现，填补了我国中心城市的商业组织形式上的一个空白，有益于中心城市商品流通网络的完善。

第二，贸易中心是中心城市商品市场体系的新的层次。中心城市完备的商品市场体系，应根据商品经济关系和商品交易规模、方式的不同，有着不同的层次。贸易中心建立后，农副产品市场在国家指令性计划购销之外，开辟了以期货为主、大批发为主和远购深销为主的新的较高的层次，加强了中心城市在组织农副产品流通中的集聚力和辐射力。在工业品方面，目前，贸易中心对于新兴的乡镇企业、军需民用结合的工厂、个体、集体工商业者来说，已是一个比较稳定的交易场所。从发展来看，对中心城市成百的国营批发企业、成千的工业供销部门也将是一个交易广泛的新的层次的商品交易场所。

第三，贸易中心为中心城市的市场价格的形成提供了条件。价格是价值规律作用的形式，离开一个真正反映供求变化的市场价格，利用价值规律就是一句空话。而市场价格的形成，需要有一定的条件，即大量的同一种商品，众多的卖主，众多的买主，灵活的价格，在同一市场上，进行比质比价的激烈竞争，形成“行市”。过去，我国价格管得死，又缺少这样的交易场所，因此难以形成真正的市场价格，不利于准确地反映供求信息，不利于有效地指导商品生产和合理地组

织商品流通。现在随着价格的逐步放开，再建立贸易中心这样的商品交易场所，就为市场价格的形成提供了一个新的条件，有利于正确利用价值规律组织商品生产和商品流通。

第四，贸易中心有利于实现国家对经济管理的间接控制。国家对经济活动的管理，将由直接控制为主转为间接控制为主，这是经济体制改革的重要内容之一。对商品流通领域来说，实行间接管理的主要方式，是国家参与市场调节。为此，需要有一个能对市场带来重大影响作用的、供开展市场调节的交易场所。中心城市的贸易中心会聚了众多的生产者和经营者，贸易中心内价格的波动，供求的变化，直接影响着经济区市场的状况。所以，国家可以充分利用国营商业的各种优势，根据客观经济活动的需要，在中心城市的贸易中心的交易中，大量购进或抛售商品，实现对商品流通的市场调节，达到调剂供求、稳定市场的作用。

二、中心城市需要什么样的贸易中心

1. 贸易中心是区别于批发企业的一种特殊的形式

适应发挥多种经济功能的要求，中心城市迫切需要有能够提供多种服务的、特殊的、高层次的市场组织形式。贸易中心就是在批发体制改革中产生的这样的市场组织形式。

开放性应该是贸易中心的重要特点。我国国营商业一级、二级、三级站不同层次结构的批发体制，是在以往工业按国家下达的指令性计划指标生产，国营批发商业对工业消费品统购包销的格局下形成的。工业基本上被排除于流通领域之外。贸易中心的建立有利于打破这种不适应经济发展的格局。工业企业在扩权的基础上逐渐完成由单纯生产型向生产经营型的转变，进入流通领域，突破了国营商业对于批发的垄断。贸易中心为这种转变积极创造条件。同时，贸易中心也有利于打破国营批发旧的固定供应区域的限制，打破部门和地区的界限和限制，打破封闭式的内部调拨分配的体系。贸易中心提倡众多的买卖双方公开地自由交易。参加者都以平等的商品生产者和经营者的身份出现。它为工业同商业之间、工业企业之间、商业企业之间提供了公开联系、洽谈、较量和竞争的场所，做到“买有买处，卖有卖处”。工业企业便于选择产品销售的最佳方式，批发企业便于选择物美价廉的商品。

服务性是贸易中心区别于批发企业的又一特征。贸易中心应逐步实现为进场客户提供样品展览、洽谈、仓储、运输、业务结算、商情信息、广告咨询及与之相关的其他服务业务和住宿等生活服务。在坚持以服务性为前提的情况下，贸易中心可以开展一些有利于产销各方的自营业务或开发性的自营业务。

国际经验证明，建立开放式的服务型的贸易中心是商品经济发展的需要。美国、英国、日本等发达国家的贸易中心都是在大城市形成的某大类商品的区域的、全国的或者是国际性的商品交易场所。在贸易中心，由于经营同一类商品的大商业资本集中，成交额占国内市场或国际市场的很大比重，因此，其交易结果对国内、国际市场影响巨大。以美国为例，工业品贸易中心共有几十家，分布在纽约、旧金山和得克萨斯等地，均为全国性的或世界性的大宗商品交易场所。各贸易中心拥有几万平方米甚至几十万平方米的展厅及各种服务设施供国内外客商租用。大的贸易中心也是世界性的市场信息中心。他们的经验值得我们借鉴。

2. 我国贸易中心几种类型比较分析

我国的工业品贸易中心的实践，从成立最早的重庆工业品贸易中心算起，到现在已经有了两年多的历史。重庆工业品贸易中心在发展过程中，经历了三个阶段，相应地采用了三种不同的形式。第一阶段，原二级站的七个工业品公司所属的商品部组成经济联合体，贸易中心的七个商品部分别独立核算，各商品部与专业公司共用一套库存，商品部受专业公司和贸易中心的双重领导。采用这种体制，造成了贸易中心与国营批发公司之间的矛盾，也为工商关系增添了不必要的麻烦。第二阶段，把公司全部并入贸易中心，由贸易中心领导各批发企业，试图以贸易中心代替批发企业。采用这种形式，形成了事实上的批发大集中，缺乏贸易中心的特色。第三阶段，贸易中心建成为服务经营型的经济实体，与批发企业是平等的贸易伙伴关系。采用这种形式，贸易中心在组织结构上避免了与批发企业的矛盾。在经营上，欢迎厂家进中心设点经营；出租场地、仓库、车辆；开展多种代理业务；并且积极开展自营活动，广泛开展投资分成联营、工商购销联营、与其他行业合资办点联营等。贸易中心的开放性、服务性、灵活性等都得到比较好的发挥，扩大了同各方面的横向经济联系，在实现中心城市流通功能方面取得了较好的效果。重庆工业品贸易中心采用过的三种形式，在很大程度上代表了各地的不同做法。全国已经建立的工业品贸易中心，可分为三种模式：一是经营性的批发企业，二是以经营为主兼搞服务的经济实体，三是以提供各项服务为主兼搞点自营业务的批发交易场所。我们认为第一种模式的贸易中心，相当于重庆的贸易中心采用过的前两种形式，事实证明是不可取的。第三种模式是朝着特殊的高层次的市场形式发展的，应当予以肯定。

3. 贸易中心的目标模式

贸易中心的建立和发展始终受到社会商品经济发达程度，主要是总供给和总需求相适应程度的制约。表现在市场上，就是受社会商品可供量和社会商品购买力的平衡状况的制约。从经济体制改革的角度看，还要受到逐渐建立的新体制和尚起作用的旧体制的双重体制的矛盾关系的影响，受城市经济体制改革总体规划和有关决策的制约。

总供给略大于总需求的宽松的市场环境，是建立开放式、服务型的贸易中心的基本条件。在商品供不应求的条件下，即使是在经济发达的中心城市，贸易中

心也难以兴旺。

在今后的一个时期内，总供给和总需求的矛盾始终将是比较突出的问题。体制改革是一个复杂的系统工程，要采取渐进式、小配套的方法进行。价格、工资制度的改革刚刚开始，财政体制、计划体制等大的改革还需相当长的时间才能完成。因此，贸易中心的目标模式应当是分阶段而有所不同，应当分为中短期和长期两种。

（1）工业品贸易中心中短期目标模式，应该是过渡性质的服务经营型。在中短期内，贸易中心边自营，边服务，以自营促服务，增强自我完善、自我发展的能力。

（2）贸易中心的最终目标模式，应是建成为开放式的、多功能服务的、物资设备现代化、大宗商品批发的交易场所。作为与批发企业不同的一种特别的、新层次的市场形式，在实现中心城市的流通功能中发挥它的重要作用。

三、贸易中心的成绩和存在的主要问题

近两年来，全国各地大胆实践，创办了多种形式的贸易中心。这些贸易中心，在促进批发体制改革，创建符合我国国情的、经济合理的批发格局，建立以中心城市为依托，纵横交错、四通八达的流通网络等方面，做出了一定的贡献。主要表现在三个方面：

第一，贸易中心的建立，促进了批发体制的改革。近几年，随着国民经济的调整和流通体制的改革，批发体制在打破原来固定供应区域、固定供应对象、固定倒扣作价率等方面，开始进行了改革，有了一些进展。贸易中心以多种不同的形式和做法，跳出了原来批发体制的老框子，突破了按一级、二级、三级批发和零售顺序进行购销的等级制。有些工商行政管理局办的贸易中心，为买卖双方提供了同等条件的多头对多头的直接联系、公开洽谈、自由成交、相互竞争的场所，为推进改革国营商业批发封闭式的、层层分配调拨的老办法做出了尝试。从而，为众多的商品生产者和经营者开拓了市场，使一些滞销商品变为畅销，活跃了市场，促进了商品经济的发展。贸易中心的兴起，也触动了专业批发公司，改变传统的经营方式，实行开放式的灵活经营，促进了批发体制乃至整个流通体制的改革。

第二，贸易中心为各类企业开展业务提供多功能的服务，促进了中心城市发挥流通中心的作用。现有许多贸易中心都比较注重向多功能发展，它既可以出租场地给生产或经营单位，又可以组织各种类型的展销会、交易会。它的经营方式比较灵活，自营、代理，批发、零售，独营、联营，现货、期货都可以做。有些贸易中心特别是中心城市的一些大型综合贸易中心，除了设有交易厅、商品陈列厅、业务洽谈室以外，还可以提供运输、贮藏设备，以及信息、通信、食宿等设

施，努力成为商品集中、交易集中、信息集中的场所。它们通过多种服务，把各行各业、各个地区的商品吸引进来，把各方面、各种经济形式的商品生产者、经营者联系在一起，为发挥中心城市商流、物流、信息流“中心”作用提供了条件，为扩展横向经济联系，建立以中心城市为依托纵横交错的流通网络，展示了广阔的前景。

第三，贸易中心在价格改革上做出了可贵的探索。特别值得提出的是农副产品贸易中心，比较自觉地运用价格杠杆调节供求，随行就市，有涨有落。它实行了批量作价、季节差价、质量差价、优惠价格、浮动价格等多种灵活的作价办法，突破了按固定倒扣率作价的旧框框。从而，吸引了客户，搞活了经营，减少了不必要的流转环节，提高了企业和社会经济效益。

但是，贸易中心在发展过程中，也出现了一些值得重视的问题，需要及时研究解决。这些问题主要是：

（一）概念不清，政策和指导思想不明，造成了盲目发展

贸易中心是商品经济发展的产物，应当建立在工农业生产、商业，交通比较发达的中心城市。然而，我国许多贸易中心并不明确自身的作用。有的为了赶时髦、图声誉，在毫无思想准备和不顾客观条件的情况下，随“风”而起，仓促上马。有的地区贸易中心越办越多，不仅中心城市办了许多，就连小城市甚至县城也办起来了。有的营业额只有几十万元、营业面积只有几十平方米的小批发店甚至零售店，也挂上了贸易中心的牌子。这种行行、业业、层层办贸易中心、一哄而起、遍地开花的做法，不可避免地使一部分“中心”每况愈下，难以为继。这不仅影响了贸易中心的声誉，而且给流通体制改革带来不利影响。

（二）部门和企业办的工业品贸易中心，未能突破单头供货的老框子

我国目前的工业品贸易中心，绝大多数是商业、工业、物资等部门办的和批发企业“翻牌”的。这些部门和企业办的贸易中心，突出缺陷都具有不同程度的排他性。商业部门办的贸易中心，主要是作为所属批发企业的综合批发部，工业部门办的贸易中心主要是作为所属工厂的联合推销点，企业办的贸易中心更缺少应有的特征。部门和企业的经济利益制约它自觉不自觉地产生排他性，难以形成卖方的多边性。同类商品没有实行多家经营，同场竞争，和批发企业没有多少差别，不成为真正的贸易中心。

（三）主客观条件不足，限制着贸易中心的发展

1. 经济形势的变化，是贸易中心由“热”变“冷”的重要因素。我国商品经济还不很发达，市场商品可供量不十分充足，特别是 1984 年下半年以来，部分商品又趋于紧张。这一客观经济条件决定了我国目前不可能较多地建立贸易中心。即使有条件建立的地方，在商品供不应求的特殊情况下，也难以发挥应有的

作用。

2. 价格不活，管理过多、过死，是工业品贸易中心不及农副产品贸易中心兴旺的主要原因。工业品贸易中心建立以后，对固定倒扣作价办法有所改进。但是，实行批量作价、协商作价等，在很大程度上受到价格管理仍然过死的限制，市场机制的作用难以充分发挥。同时，买卖双方缺乏作价自主权，也影响了贸易中心扩大业务和搞活经营。

3. 服务设施不完备，是贸易中心亟待解决的问题。现有许多贸易中心，缺乏适应大规模批发交易的多功能的服务设施和现代化科学管理手段，有的在营业场地、仓储设备、运输工具、信息反馈、食宿条件等方面都有很大困难。服务设施不完备，服务方式不灵活，必然影响对客商的吸引力。同时，由于贸易中心多数是白手起家，自有资金普遍不足，银行贷款又卡得紧、利息高，因此，办服务型交易场所由某个部门或企业承担有困难。

四、中心城市的贸易中心要整顿

为了提高贸易中心的声誉，发挥应有的作用，对中心城市中现有适应流通需要的贸易中心要加强指导、帮助，对滥竽充数的贸易中心要加以整顿。

（一）整顿的原则

要按照发挥中心城市作用的要求进行整顿。这是因为，建立贸易中心的重要原因之一，是为了发挥中心城市的流通作用。经济体制改革之后，我们扩大了工商企业的经营自主权，成千上万的工商企业之间纵横交错的经济联系广泛发展。在这种情况下，它们迫切要求有进行公开买卖的场所，加强介于工业和商业之间的批发枢纽，以便进行多边化、高效率的交易。为了适应经济发展的需要，在有一定工业基础和辐射面大的中心城市兴办工业品贸易中心，既为众多企业提供了商品交换的公开场所，也为今后逐步建成信息化、储运现代化、多功能化的先进批发交易场所打下基础。但从目前所办的贸易中心看，多数并未达到上述要求，不能适应发挥中心城市流通中心作用的需要。我们的意见是：大城市、省会城市、计划单列城市等工业品重要集散城市，可以根据实际需要建立工业品综合贸易中心或专业贸易中心，其他一般城市可搞批零兼营的综合批发市场，不建“中心”。

（二）整顿的标准

各个中心城市的情况不同，对于贸易中心的整顿，可以有不同的要求。但无论是哪种情况都必须做到：一是实行开放经营，以工商企业为进场交易的主要对象，真正做到地不分南北，人不分公私，对计划外和非计划商品灵活经营，自由购销；二是适应中心城市多功能发展的需要，逐步提高为商品流通提供多功能服务的能力，促进产销直接见面，减少环节，加快流通，不断增强贸易中心的作用；三是要具有一定的规模，在发展横向经济联系中，能够形成较大的辐射力和媒介力。通过整顿，对于那些由零售商店、贸易公司、贸易行栈“换牌”而称为贸易中心的，让它们复原；对于那些徒有虚名，不能发挥贸易中心作用，又不符合客观需要的，改为从事其他经营；对于基本合乎标准的贸易中心，由代表政府的主管部门签署意见，工商行政管理局发给执照。今后发展贸易中心要有商业主管部门与工商行政管理局的审批手续。

（三）整顿的内容

1. 要为贸易中心“正名”。贸易中心应是设在经济中心城市的、开放的、为大宗批发交易提供多功能服务的交易场所。服务性是它的基本特征，也是区别于批发企业的本质属性。但是，由于目前受各种因素的影响，贸易中心办成纯服务型尚不具备条件，因此，从实际出发，承认现实，可以确定贸易中心有个过渡性的模式，就是搞服务为主，也搞点商品经营，叫作“服务经营型”。这种模式在目前可以通过自营增加一些收入，逐步增加服务设施的投资。可以说，这是适合当前实际又可以通向未来的一种模式。当然，对于现在有条件把工业品综合贸易中心办成服务型的，要支持它的发展。这里需要指出的是，在发展有计划的商品经济过程中，贸易中心和批发企业职能不同、作用不同，两者都是搞活流通不可缺少的，不存在谁代替谁的问题。

2. 要确定由谁办贸易中心比较适宜。目前，中心城市的贸易中心是多家兴办的。从两年多的实践看，由当地政府或工商行政管理局办的贸易中心，比较能够吸引产销各方参加交易，企业和社会经济效益比较好。因此，我们认为，中心城市的贸易中心由地方政府或工商行政管理局办比较适宜。这是因为：贸易中心是中心城市为本经济区商品流通服务的交易场所，作为一个社会性的公共交易场所，理应由政府部门筹办或者由市政府牵头组织有关部门共同兴办。这样，才能公正地维护买卖各方利益。有利于在平等条件下进行市场竞争。如果由各部门、公司、企业办贸易中心，必然受自身经济利益所限，把维护自身利益放在第一位，难免产生排他性。同时，还会造成重复建设，浪费资金，难以提供先进的、多功能的服务。

3. 贸易中心不宜过多。综合性的工业品或农副产品贸易中心，适宜建在大的经济中心城市或商品集散的主要城市，而且一个中心城市宜于只建一个。专业性的贸易中心，有条件的可以兴办，但原则上同一城市一个行业或一类商品只能办一个。这是因为：第一，我国目前商品经济不很发达，商品还不够丰富，能够进贸易中心交易的商品不是很多。如果“中心”过多，势必互相掣肘，影响企业和社会经济效益的提高。第二，我国现行的批发企业，虽然存在许多弊病，但已

有三十多年的经营历史，是经营商品批发业务的实体，也是批发体系的主渠道。贸易中心虽然具有开放性、服务性、灵活性、集聚性等特点，但它只是批发体系中的一种特殊形式。因此，从贸易中心在批发体系中的地位和作用来看，它的数量不宜过多。

4. 要完善各种服务经营手段。贸易中心作为商流、物流、信息流的枢纽，实行开放经营，必须要树立服务观点，为进场各界提供经营、储运、邮电、信息、生活及其他有关的优质服务。但由于贸易中心是新事物，初创阶段在仓库、运输、通信、食宿等方面还存在许多困难，配套设施跟不上，要通过各种途径，逐步完善贸易中心的各种服务手段，发挥其多功能服务的作用。

5. 要搞活价格。贸易中心是批发交易实行市场调节的集中场所，而市场调节的核心是价格调节，即运用价格杠杆来调节供求，反映市场供求矛盾和市场信息，以引导生产，促进流通，指导消费。因此，贸易中心应在计划管理的前提下，充分利用市场机制，把价格搞活。另外，国营批发商业在贸易中心也应当以比较合理的价格来吞吐商品，调剂供求，平抑物价，稳定市场，发挥主导作用。

五、贸易中心是健全中心城市商品市场体系的重要支柱

完备的商品市场体系，是中心城市赖以发挥商品流通中心作用的基础和前提。贸易中心的建立，为中心城市商品市场体系的形成，注入了新的形式和内容。

（1）贸易中心丰富了商品市场的组织形式，中心城市的大规模的商品交易，是一个复杂的综合性的经济活动过程。它要伴随供求信息交流、商品性能介绍、购销价格协商、结算和付货方式议定，以及储运加工分类包装等一系列经济活动。这就需要专门为买卖双方提供上述多种交易活动服务的商业组织。在资本主义国家，贸易中心、商品交易所等，就是这类组织。新中国成立以前的天津、上海等大城市，也有类似的经济组织。新中国成立后，由于实行了分配式的商品流通体制，各类商品交易场所才相继取消了。近年来，随着商品经济的发展和经济体制改革的推进，中心城市逐渐感到需要有提供综合性服务的商品交易场所一类的经济组织。贸易中心就是在这种情况下产生的社会主义公有制基础上的商品交易场所。它的出现，填补了我国中心城市商业组织形式的一个空白，有益于中心城市商品流通网络和商品市场体系的完善。

（2）贸易中心促进了商品市场的层次化发展。中心城市完备的商品市场体系，应是根据商品经济关系和商品交易规模、方式的不同，有着不同的层次。这在目前我国商品经济发展极不平衡的状况下，更是如此。贸易中心建立后，农副产品市场在国家指令性计划收购销自主外，开辟了以大批发为主、期货交易为主、远购深销为主的市场系统。它比农贸市场和集市交易，无疑是一个很大的发

展，是更高的市场层次。这不仅从根本上改变了原有的农副产品市场体系，而且大大加强了中心城市在组织农副产品流通中的吸引力和辐射力。在工业品经营方面，在目前阶段，贸易中心则在相反的方向，即在满足乡镇企业和成千上万个体商户、集体商业企业的需要方面，开辟了一个新的日用工业品批发的初级市场系统；在将来，随着商品的日益丰富，对各类大的国营商业批发企业和零售企业，贸易中心也将逐渐成为日用工业品交易的高层次市场系统。

（3）贸易中心推动了商品市场机制的运行。市场机制的作用，主要是价值规律的作用。价值规律的作用，首先表现在市场价格的形成及对商品供求的影响。

离开了一个真正反映供求变化的市场价格，利用价值规律就是一句空话。而市场价格的形成是有条件的，即众多的同一商品，众多的卖主，众多的买主，灵活的价格，在同一市场上进行交易，形成比质比价的激烈竞争。过去，我们缺少这样一个条件，缺少一个形成市场价格的场所，所以不能形成真正反映大范围供求变化的市场价格。这样，不仅使“计划价格”扭曲，而且所谓“市场价格”也是扭曲的。生产和消费既不能从“计划价格”，也不能从“市场价格”得到准确的供求信息，无法正确地调节生产和消费。现在，贸易中心在一定程度上，提供了这样一个形成真正的市场价格的市场环境，为发挥市场对生产和消费的调节作用，为市场机制的运行，提供了重要的条件。

第二节　商业行政管理体制改革

商业行政管理体制改革设想①

一、必须全面改革旧的商业行政管理体制

1. 旧的商业行政管理体制，是在战争年代的供给制中萌芽，在国民经济恢复时期和在对私人资本主义工商业的社会主义改造中产生，在传统的计划经济理论基础上发展和完善起来的。它的基本特征是：政企不分、层次重叠、条条分散管理和政府对商业企业的直接控制。维持以分配式为核心的旧商品流通体制的运行，是原来的商业行政管理体制的基本职能。在过去商品严重短缺的经济条件下，这种行政管理体制曾起过积极的历史作用，但是随着经济的发展，已经逐渐显示出其不足和弊端。

2. 旧的商业行政管理体制的不足和弊端，同今天要大力发展的社会主义商品经济，形成尖锐的矛盾，必须进行全面彻底的改革。这种矛盾主要表现在四个方面：

第一，政企不分与企业自主经营的矛盾。商业政企不分表现在三个方面：一是商业行政管理机构本身直接管理和经营商业业务；二是某些商业企业在经营业务的同时拥有一定的行政权力；三是商业企业是行政部门的附属物。这不仅造成商业行政部门同商业企业在机构和职能上的混淆，不得各自专司其职各尽其责，带来市场上商业企业之间不能平等竞争，尤为严重的是使商业企业失去了经营的动力、压力和活力，失去了自我改造和自我发展的冲动和能力，因而也就失去了独立的商品经营者的功能和地位。而商品流通则是以独立的商品经营者为主体进行的，以独立的商品经营者的存在为前提，没有独立的商品经营者，就没有完整意义的商品流通。

第二，层次重叠的行政管理与快速高效商业活动的矛盾。商业活动以市场为中心，市场交易千变万化，千金得失在于瞬间。所以，准确、迅速、高效的决策和行动，历来是商业企业的生命线。然而，我国的商业企业不仅自身缺少经营决策权，而且代其决策的上级管理部门也是一个层次重叠的机关化系统。例如在大城市，上有主管商业的副市长、财贸委员会（或财办）、市商业局，下有主管副区长、区财办、区商业局，还有市公司、区公司、基层店，并且往往一个层次有

---

①发表于 1987 年《经济发展与体制改革》第 2 期，又见同年《天津商业经济》第 2 期。

几个并列的同类机构，一个机构内有众多的科室股组。企业将市场变化要求经此漫长的层层阶梯反映上去，即便不遇扯皮阻隔（这是经常发生的），等到层层决策传回企业，市场情况早已时过境迁。不仅如此，由于上级管理部门远离市场第一线，决策失误在所难免；一齐向下插手，文山会海企业难以应付；清规戒律层层加码，企业难以动弹；工作扯皮互相推诿，企业无所适从。

第三，分散管理与建立国内统一市场的矛盾。国内统一市场的形成，是商品经济发展的必然要求。建立国内统一市场，不仅要打破地区封锁，还必须消除条条分割，使各类商业企业能在市场上按照统一“规则”自由交易、平等竞争、协调发展。为此必须对社会商业活动有统一的政策、统一的法规、统一的管理，否则就不会有社会主义的国内统一市场。但是，旧的商业行政管理体制正与此背道而驰。例如在中央，商业部只负责管理国营商业、粮食、供销社商业，其他如烟草、纺织品、服装、水产、民用煤、石油、丝绸、食盐、医药、药材、工办商业、农办商业、其他各行各部门办的商业，以及个体商业等，都分别由各自的主管部门按条条管理，至于物资流通更是一直放在商业之外。这些主管部门，实际上都在起着一个个独立的商业行政管理部门的作用，各自为政，互不协调。这不仅造成商业内部的行业分割、盲目发展，而且带来市场管理的混乱。而商业行政主管部门同与市场商业活动关系密切的工商行政、物价等部门的分离，则使得任何消除市场管理混乱和推动统一市场形成的努力都难以实现。

第四，政府对企业的直接控制与市场机制运行的矛盾。商品流通有赖于一个完善灵活的市场机制，商业企业行为是对市场机制作用的积极反映和自主选择。但是，旧的商业行政管理体制，以对企业直接下达指令性计划指标和进行直接的行政干预为主要管理方式，实行诸如统一财务收支、统一商品调拨、统一作价标准、统一工资等级等一整套高度集中的管理制度，用对企业的直接管理代替了宏观上的间接控制，用行政力量的推动代替了市场机制的作用，用政府行政部门的选择代替了企业的自主选择。因此，商品经济的市场机制难以建立，更谈不上发挥调节企业行为和推动商品流通的作用了。

3. 近几年商业改革，采取下放企业、撤销行政性公司、扩大企业经营自主权、改革计划体制、放开一些计划品种和商品价格，以及推动横向经济联合等措施，在一定程度上缓解了旧的商业行政管理体制同商品经济的矛盾，取得了成效，但是并没有从根本上解决这些矛盾，并且在新的形势下，又产生了一些新的矛盾。主要是：

（1）中央和省属企业下放到市和一些商业行业划归其他部门管理，只是换了一个“婆婆”，企业作为行政部门附属物的地位并没有根本改变。向企业扩权由于受到其他改革不配套的限制和行政部门层层截留权力，政策难以落实。所以，总的说来，国营商业企业和相当数量的集体商业企业，远没有成为独立的商品经

营者。

(2) 财政分灶吃饭和扩大地方政府权限，加重了地方政府的财政责任和市场责任，但在新的经济秩序没有建立起来和商品短缺没有根本改变的条件下，不可避免地加剧了市场的地方分割和封锁，当地商品“多了调不进，少了调不出”，设关立卡到处可见，有的甚至不惜动用民兵堵截，使原来被条条分割的市场又被块块更严重地分割了。

(3) 多种经济成分商业和多种流通渠道的发展，给市场带来了生机和活力，同时也带来了市场商品经营者结构的多元化和市场行为的复杂化。但是商业行政管理体制却没有随之进行相应的改变，出现了管理上的真空和混乱。如商业法规不健全，违法现象严重；政策不统一，企业难以平等竞争；规划不统一，各业不能协调发展；统计不全，信息不灵，宏观控制难以奏效；部门所有，政企不分，企业权小活力弱；培训教育跟不上，商业职工队伍素质差；等等。整个市场缺少统一的组织和领导，处于一定的盲目自发状态。

4. 上述旧的商业行政管理体制同商品流通的新旧矛盾，既反映了传统计划经济体制与商品经济的矛盾，也反映了上层建筑不适应经济基础的矛盾，不解决这些矛盾，商品经济就难以迅速发展。这是因为，商业行政管理机构，不仅是商品流通的组织者和领导者，而且在当前的改革中，也是商业体制改革的组织者和领导者，只有商业行政管理部门本身的改革搞得比较好，才能有力地推动整个商业体制改革的进程，否则就会成为改革的阻力。所以，商业行政管理体制改革，既是经济体制改革的一部分，也是政治体制改革的内容之一，在一定意义上说，商业行政管理体制改革的进展，关系着整个商业体制改革的成败。

二、商业行政管理体制改革的依据和原则

1. 要坚持四项基本原则。改革要以马克思主义为指导，在党的领导下有组织、有计划、有步骤地进行，改革的根本目的是发展社会主义经济，巩固和完善社会主义制度。因此，改革要根据中共中央关于经济体制改革决定的要求，向建立一个充满生机和活力的社会主义商品流通体制的方向推进，既不能脱离社会主义的轨道，也不能在旧体制的基础上修修补补，更不能从维护某个部门或地方的狭隘利益出发。

2. 要符合社会主义商品经济发展的要求。新的商业行政管理体制，首先应该是一个社会主义商品经济的商业行政管理体制，要按照商品流通规律的要求来管理商业活动。为此至少要做到以下三点：第一，要坚持统一管理，能够提供并维护一个自愿让渡、等价交换、平等竞争的商品流通的经济环境；第二，要坚持政企职责分开，保证商业企业独立的商品经营者的地位和权力，有利于增强企业的活力、动力和压力；第三，要坚持间接控制为主，有利于建立一个完善灵活的

市场机制并发挥其作用。

3. 要符合转变职能、精简、统一、高效的要求。①职能的转变是商业行政管理体制改革的核心。改革要将过去对企业实行直接管理为主转变为间接控制为主，即由政府部门直接管企业的人财物和购销调存，转变为宏观行业管理和对企业提供各种服务。②同类管理机构要合并，层次要减少，人员要精简，权力要下放。③要管理统一，政出一门，分工明确，职责清楚，以责定权，责权统一，协调工作。④要加强研究和信息部门，提高决策的民主化和科学化水平，制度严明，克服官僚主义，提高工作效率。

4. 要符合当前改革时期的具体情况，处理好各方面的关系。首先，要处理好改革与经济发展的关系。一是要充分估计到我国短缺经济状况的长期性；二是要充分估计到我国商品经济发展的阶段性，在改革商业行政管理体制时，既要目标明确、构想彻底，又要步骤稳妥，分阶段行动。其次，要处理好改革与现实商业活动的关系。充分认识到在新旧体制转换阶段商业活动的复杂性，要使商业行政体制改革促进商品流通的发展，保持商业工作的连续进行，不要引起大的市场波动，不要影响人民生活和生产发展，有利于维护发展安定团结的局面。再次，要处理好长远改革与近期改革的关系。要使近期改革成为长远改革目标的一个组成部分，至少要在大方向上一致，有利于将来改革的进一步深化，而不能使阶段性的改革成为长远改革的新障碍。最后，要处理好统一与差异的关系。要充分看到我国经济发展不平衡对不同地区商业的影响，在坚持总的目标模式一致的前提下，允许各地从实际出发选择不同的具体形式。

三、改革的目标模式

（一）总的目标模式

将目前政企不分、直接控制、层次重叠和分散管理的商业行政管理体制，改革为政企分开、实行宏观间接控制、层次精简并统一管理全社会商业的商业行政管理体制。

（二）长期目标

1. 在实现总目标模式要求的同时，建立一个行业管理同市场管理分离的单一性商业行政管理体制。即：

（1）把商业作为一个包括不同所有制和不同部门隶属关系的全社会所有商品（生活资料和生产资料）经营、饮食、服务等专业的大的行业进行管理。据此职责建立商业行业行政管理机构，具体职能是掌握商业行业的方针政策、统筹规划、行业发展、主要商品流通计划、组织协调、提供服务、监督检查、运用一定的经济调节手段等。其中计划和服务是其主要的职能特征。

(2)在建立商业行业行政管理机构的同时，另建立一个综合性的市场管理机构，把商业作为商品经济条件下进行的广泛的市场商业活动进行管理。其主要职责是提供并维护一个正常的市场商业活动环境和秩序。其主要职能特征是商业立法和执法监督。该机构比现在的工商行政管理部门的职能更加广泛，特别是要将物价职能转移过来。

2. 实现长期目标的好处。一是可以较彻底地实现政企分开、减少层次、间接控制和统管社会商业的改革总目标；二是有利于加强商业大行业管理，体现社会主义商品流通和商业发展的计划性；三是有利于加强对整个市场的集中统一管理。

3. 实现长期目标的条件。①商品经济比较发达，非商品经济因素对商品流通的影响减弱；②商品生产者、商品经营者，以及社会管理部门树立了商品经济的观念，能按商品经济要求办事；③市场机制比较成熟，足以担负起市场调节的功能；④商业法制比较完备，执法、守法、依法的能力和观念初步建立起来；⑤经济杠杆完善，可以较灵活地运用；⑥经济综合管理部门经过改革适应商品经济的管理方式；⑦国营商业的调整重组基本完成；⑧市场秩序走上正轨；⑨经济比较发展，商品供应大大改善，最好是初步形成一个供略大于求的买方市场环境。

（三）近期目标

1. 在实现长期目标的基本条件形成之前，近期只能建立一个商业行业管理与市场管理相结合的综合性商业行政管理体制。一方面进行商业行业管理，另一方面同时进行市场商业活动管理。

2. 在机构上：①将能够合并的各独立商业行政管理部门，如一商、二商、服务，粮食、供销、物资、旅游、药材、烟草、劳动服务公司等部门，精简合并，组成新的商业大行业管理系统；②将工商、物价等市场管理部门合并，组成市场商业活动管理系统；③将上述两个系统合并，成立新的商业行政管理机构。上述三个合并可以同时进行，也可以分两步进行。

（四）近期改革的步骤

1. 学习理论政策，统一思想，转变观念，调查研究，总结前一段改革经验，明确目标，设计方案。

2. 分解转移职能。将原商业行政部门的现有实际职能进行分解并转移到相应部门去。如将经营职能交给企业，将财务职能交给财政部门，将统计职能交给统计部门，将劳动工资职能交给劳动人事部门，将保卫、计划生育、植树绿化、爱国卫生等社会职能交给地方主管部门，将党、团、工、妇、青等工作职能交给相应党、团、工、妇、青部门。只将行业管理和市场管理的职能留在新的商业行政管理机构。职能的转移可以伴随有关人员的流动，也可以成建制地移交。

3. 调整机构。①在职能分解转移的基础上，“拆庙送神”，撤掉多余机构，合并同类机构，精简人员。人员安置至少有五个出路：一是选留在新机构工作；二是下放基层，充实企业；三是开办新的经营或服务机构；四是自谋出路，向外系统流动；五是组织培训进修。②建立替代机构。对一些应该转移而一时又无处转移的职能，要建立一些新的替代机构暂时代管，以保持工作的连续性。③建立新的职能机构。适应职能转变进行大行业管理的需要，建立研究、咨询、信息、培训等行业服务机构；适应统管社会商业的需要，加强立法监督检查机构，必要时增设派出单位和派驻代表。

4. 进行国营商业管理体制的改革。①在商业部门内设国营商业财产管理机构，在条件成熟时移交财政部门。②中央、省成立国营商业控股公司或商业投资公司，由商业行政部门聘任董事会、任命董事长，确定经营方向，其他由董事会全权负责，董事会聘任总经理负责企业经营管理。市、县可成立国营商业独资的或合资的股份公司。③改造市、区公司，将其行政性职能移交到新的商业行政部门和地方政府部门，自身成为独立的经营实体，撤销基层店，逐渐用新的商业企业集团和各种联合体组织，代替原来的国营商业经营管理系统。

5. 成立民间组织。在全社会范围内，按行业组织企业自愿参加、自我服务、自我管理的行业协会（或同业公会）；也可按经营环节组织如批发商协会或零售商协会；还可以按行业和环节组织如百货业零售商协会等。各类协会要独立开展工作，为会员服务，如沟通信息、培训职工、对外联系、交流经验、向政府反映意见等，也可以受政府委托协助做一些如报估税收、协调价格、组织货源、开拓市场等工作。协会上面可成立分商会和总商会。经费要坚持自理，政府也可以将某类有经济收益的工作委托给协会代办。收入归协会使用，但不宜采取直接补贴办法。组织人员要精干，不能成为变相的退休人员安置部门。

6. 建立社会会计审核制度。在社会上成立一批企业化的会计事务所，事务所的会计师要经国家专门机构考核，取得法定资格。大中型企业或有限公司，每年要按国家规定内容，向商业行政管理部门呈报财务报表。此类报表事前要经过会计事务所按政府规定内容对企业进行财务审核，然后在企业的报表上签字方为有效。会计师审核费用由企业支付，会计师的行为对法律负责。

7. 实现近期改革目标，需要社会有关方面改革的配合。在整个社会改革不能同时配套的情况下，商业内部可先进行力所能及的职能转变，如进行社会商业调查、统计，开展信息、咨询、培训等服务工作，进一步简政放权等，逐步强化行业管理，弱化经营管理。在处理商业行政部门同综合部门的职能关系上，可以采取一些过渡性措施。如合署办公、上下代管、委托代行、共同参与、特别授权等。

8. 改革动作的先后，可有三种选择：

(1) 先改上后改下。先将中央和省两级商业行政管理部门合并调整，转变职能，然后再改革市、县两级。这样做的好处一是中央和省两级比较超脱，动起来对市场影响不直接；二是上级领导机关先改革就绪，可以更顺当地指导推动下边的改革，减少阻力和盲目性。问题是上边先动影响大，要周密筹划，不能试来试去、反复不定。

(2) 先改下后改上。先在全国选一些市、县进行试点，取得经验之后全面推开，然后根据下边改革效果，再进行中央和省两级改革。这样做的好处是可摸索多种形式，也不至于一错全错。问题是试点后证明不当的，还要再改回来，并且各试点地方一旦确定一种方案后，必然千方百计在各方面配套，这样等再改回来时反复大、阻力大，对市场也不利。另外下动上不动，上下级关系不好处理。

(3) 上下一齐改。对前一段已经进行改革的地方，认真地总结经验，对改革方案进行全面论证，广泛听取意见，然后下决心上下一齐改。这样做的好处是可以缩短新旧体制交叉并行的时间，减少改革“阵痛”的持续，阻力也会小，上下一致工作会更顺当。问题是工作量大，准备时间要拖长，一旦决策有误影响太大。

(五) 由近期目标向长期目标的过渡

随着整个经济体制改革的深入和政治体制改革的推进，以及前述实现长期目标的诸项条件逐渐成熟，近期目标的商业行政管理机构，也将逐渐缩小行业管理职能，扩大对市场商业活动的管理职能，最后将行业管理职能和机构移交综合计划部门。

商业行政管理体制改革模式选择①

一、改革旧的商业管理体制是深化商业改革的关键

商业改革历时八年，取得了具有阶段性意义的进展，目前正面临着一个新的更加深入的发展阶段。改革旧的商业行政管理体制，从全社会的范围来考虑建立商品流通的管理系统，组织、培育和调控市场，既是商业改革面临的新任务，也是深化商业改革的关键。

八年来，商业有了显著的发展。1986 年同 1978 年相比，社会商业、饮食业、服务业机构由 151.7 万个，发展到 1149.5 万个，增加 997.8 万人；从业人

①发表于 1987 年 10 月 3 日长春市商业经济学会《领导参阅》，又见 1988 年《安徽财贸学院学报》第 1 期。

员由 937.8 万人，发展到 3243.2 万人，增加 2305.5 万人；社会商品零售总额由 1558.6 亿元增加到 4950 亿元，增长 3391.4 亿元。

随着商业的发展，商业的所有制结构发生了重大的变化。1986 年同 1978 年相比，国营、集体、个体商业在社会零售商业、饮食业、服务业中所占比重变化：在网点上分别由占 41%、55%、4%变为 2.8%、14.6%、82.6%，在人员上分别由占 63%、36%、1%变为 16.1%、33.8%、49.7%，零售额上分别由占 90.5%、7.4%、13%变为 39.4%、26.4%、16.3%、其他占 8%。

在彻底打破了国营和供销社商业独家经营的同时，国营和集体商业内部的结构也发生了很大的变化，市场上的商业经营者结构由单一化转为多元化，出现了“百家经商”的新局面：①工业部门普遍设立了局、公司、厂三级销售机构，建立了独立的销售体系，有的大城市仅轻纺系统就有六百多个销售机构，7300 多人。②各单位和街道为安排待业青年办的新集体商业，由临时性变成一种长期稳定的商业成份，如天津市 1985 年有此类网点 2527 个，从业人员 41595 人。③个体商业迅速发展，1986 年全国有 908.2 万个网点，1294.7 万人。④乡、村办商业和农民个人、集体经商队伍日渐壮大，并由农村进入城市，1986 年全国有集贸市场 63000 个，其中城市 8400 个，农村 54600 个。⑤各部门办的国营商业各立门户，除一商、二商、粮食外，烟草、水产、医药、石油、纺织、丝绸等国营商业相继独立为总公司系统，其他如交通、外贸、农垦、军队、学校等各部门也自办商业，并跨行业进行综合经营。⑥商业部系统的国营和集体商业，由于实行改、转、租等改革，日趋分散化。⑦各类打破所有制、地区和部门界限的新型联合商业方兴未艾，到 1986 年年底全国已有 5647 个，人员 130566 人。⑧各地方市场都有大批外地商业涌入，行商、流动商户增多。

上述发展变化，极大地促进了市场的繁荣和兴旺，给商业流通领域带来了活力和生机。但是，由于商业行政管理体制的改革没有相应跟上，在管理上出现了分散弱化的倾向，主要表现在：

（1）原来的商业行政管理部门管理范围相对缩小，手段削弱。由于社会商业的全面发展和结构性变化，至 1986 年年底，商业部系统所管的商业，网点仅占社会商业网点的 8.9%，人员仅占 25.9%。在省、市、县各级，商业、粮食、供销社机构分设，每个商业行政管理部门的管理范围比重就更小了。对于归口管的商业，经过企业下放、政企分开、公司转轨变型、利改税、横向联合以及承包和租赁等改革，商业行政管理部门原来的行政、经济管理手段削弱或完全失去了，而新的手段又未建立起来，对企业和市场的调控能力大大减弱了。

（2）新的商业管理机构膨胀、部门林立、政出多门。由于各部门各行业都在办商业，使得这些部门和行业管理机构实际上都成了本部门、本行业所办商业的管理机构，加上近年来各级政府机构膨胀，政府和行业中商业管理部门也大量增

加。据调查，有的省仅省一级管商业的厅、局、社、委、办就有 43 个，省级管商业的公司达 113 个。全国的商业企业管理机构，由 1978 年的 7 万个增加到 1986 年的 12.5 万个，年平均增加 6800 多个。这些商业管理部门，往往从各自的立场和利益出发，独自发号施令，互相扯皮矛盾，使得统一的社会主义市场不能形成统一的法规、统一的政策、统一的管理和统一的监督。

（3）商业行政管理部门的职能和管理方式未能及时转变。一是没有从对本部门本系统的条条管理转向对社会商业的大行业管理；二是没有从对社会活动（如党、团、工、青、妇、绿化、环卫、计划生育等）的管理转向单一的商业经济活动管理；三是没有从对企业经营的直接管理转为间接管理。

由于商业行政管理体制的改革严重滞后于商业经营方式的变革，在市场放开搞活的同时，出现了相当程度的混乱局面。主要是：

第一，商法不严明，违法现象严重。如投机诈骗、偷税漏税、无照经营、销售伪劣商品、欺行霸市、抢购套购、哄抬物价等十分普遍。

第二，政策不统一，企业难于平等竞争。一般说来，在货源上国营商业优于其他商业；在价格上，国营商业缺少集体和个体商业那样的灵性活；在财政、税收、信贷上缺少统一筹划，使各类商业机会不均等。

第三，规划不统一，各业不能协调发展。商业部门的发展规划，只管得了本系统，管不了社会商业，结果是“国营商业让干什么干什么，新集体商业有什么门路办什么，个体商业什么来钱卖什么”。商业的盲目发展造成社会效益的下降和人民生活的不便。

第四，统计不全，信息分散，宏观控制难以奏效。没有一个政府部门能全面掌握全社会商业的情况，有的大城市为安排节日市场竟要找 18 个部门临时汇总。市场透明度太低，企业经营得不到指导，政府安定市场缺少科学根据，都增加了盲目性。

第五，部门所有，政企难分，企业权小活力弱。国营商业管理层次多，层层截权，部门办的商业更成了主管单位的小金库，随支滥用，企业仍未摆脱行政部门附属物的地位。

第二，培训教育跟不上，商业队伍素质差。全社会自 1978 年以来，每年增加 288 万商业从业人员，其中绝大部分未经培训就上岗，造成经营管理水平和服务质量的下降。

总之，事实说明，市场的放开搞活，必须与市场的有组织培育、管理相结合，只有建立一个符合商品经济市场运行要求的、集中统一又有权威的商业行政管理新体制，才能推动改革活而有序地深入发展。近年来从武汉市成立商委开始的改革试点工作在全国扩大，目前各地已有商委五十多个，取得了有益的经验，在政治体制改革出台的新形势下，全面改革商业行政管理体制的时机已经成熟。

二、改革的目标模式

改革总的原则，应是将目前政企不分、层次重叠、分散直接管理企业经营的商业行政管理体制，改革为政企分开、层次精简、集中统一对全社会商业进行宏观间接管理的商业行政管理体制。

有三种具体目标模式可供选择：

（1）建立一个大工商、大市场、大流通的商务管理体制。其管理对象是整个社会主义市场体系及其运行。包括：全社会的生产资料和消费资料商品市场、国际贸易市场、金融市场、劳务市场、技术信息市场、商品流通和货币流通。其机构可以现有的工商管理部门为主体，将商业、粮食、供销、外贸、物资、金融、物价等有关市场活动的行政管理职能和部门相应合并精简，成立类似美国商务部和日本流通产业省那样的市场商务活动管理部门。同时，将原来的商业局、粮食局、供销社、外贸局、物资局、旅游局、银行等各自改建成公司之类的企业化经济实体。企业外部的市场商务活动，归商务行政管理部门负责管理，国营公司内部的企业管理职能归公司管理。根据经营特点，有的公司可以组织成全国性总公司，有的可以组织地方性总公司。商业行业管理职责则并入政府计经委承担，并由各类行业协会来协助实现管理，不另设专门的行政管理机构。

这个新的商务管理部门主要是运用法律、行政手段，对市场商务活动进行监督管理，提供并维护一个公平交易和平等竞争的市场活动环境秩序，不负责行业的统筹、协调和指导职责。这是一个比较成熟的市场经济条件下的市场商务管理体制模式，其机构名称可叫商务管理委员会或市场管理委员会。

（2）建立一个管理商品流通的商业行政管理体制。这是一个“中流通”的设想。其管理对象是社会一切从事国内商品交易活动企业、法人和商品经营者、劳务服务者。管理的范围包括生产资料商品流通、生活资料商品流通和劳务服务业，而将其他各要素市场和对外贸易排除在外。其管理机构可以目前的商业、物资部门为主体，将粮食、供销、工商、物价等有关部门合并，成立商品流通管理委员会。国营的物资系统和商业系统，按商品分别成立全国性或地区性公司，实行企业化，进入市场平等竞争交易。新的商品流通管理委员会，兼有商品流通的市场交易活动管理和商业大行业管理的双重职能，即负责制定市场商品流通的法规、政策，并负责监督执行；同时负责社会商品流通的统筹、规划、协调、监督、指导和计划调剂。其性质大体如我国20世纪50年代中央贸易部的内贸部分职责。

（3）建立一个生活资料商品流通和劳务服务的商业管理委员会。这是一个“小流通”的模式。其管理对象是社会上一切从事生活资料商品流通和劳务服务的企业、法人和经营者。管理范围是整个消费品市场和劳务市场。其机构可以商

业部门为主体，将粮食、供销、烟草、纺织、水产、服装及民用煤、石油、丝绸、食盐、医药、药材以及各部门办的商业行政管理机构精简合并，同企业经营管理机构分离，并同工商、物价部门一起，合并产生新的商业管理委员会。合并后，各公司、企业仍独立经营，成为全国性或地区性经济实体，只是将其行政管理权归到商委来。同时商委还要将集体和个体商业管起来。新的商业委员会兼有市场交易活动管理和商业大行业管理的双重职能。在机构上可上粗下细，即中央、省两级大合并，管得宽而粗，市县两级可保留一些局，管得具体细一些。

上述三种模式各有利弊。第一种大流通、大市场、大工商的模式，好处有三：一是只管市场不管行业，可以彻底实现政企分开，对各种所有制商业一视同仁，有利于创造出一个真正平等竞争的市场环境和秩序；二是把行业管理归到计经委，可以加强国家计划的整体性，统一集中使用调控手段，避免部门和行业碰车扯皮，有利于生产、流通、消费的协调；三是统一管理各要素市场，有利于消除市场分割及不连贯的现象，便于制定和执行统一的社会主义市场运行规则，有利于统一市场的组织和培育。

问题是实现这一目标要求较高的外部条件，如商品经济比较发达，经济发展水平较高，各种商品经济因素对流通的影响减弱；商业法规比较健全，市场秩序走上了正轨；国家行政管理权与资产所有权完全分离，部门所有制基本破除，企业完全独立；各要素市场发育成熟，市场完备，市场机制运行灵活；宏观控制系统完备有效。总之，市场经济基本确定起来，体制转换基本完成。所以，在近期内，这个目标模式怕难以完全实现，必须有若干过渡阶段，但我们认为其仍不失为一个长远的改革目标。当然，实现这样一个目标，将会大大削弱商业行业管理的作用，这会在多大程度影响到社会主义商品经济的计划性，尤其对当前供求失衡条件下市场稳定会带来什么样的影响，还有待在实践中认识。

第二种“中流通”的目标模式，其好处：一是实现了生产资料商品化，并将生产资料商品流通与生活资料商品流通统一起来，有利于沟通产销衔接和两大部类生产安排；二是有利于促进统一的商品市场的形成，制定统一的商品市场运行规则；三是将市场管理与商品流通行业管理结合起来，使市场管理具体化，使行业管理得以落实。但是，由于目前生产资料商品化进程运行落后于生活资料商品化的程度，其改革起步晚、难度大，同先行的商业改革存在一个“时差”，近期还难以用一个统一的步调和方式把两种商品流通改革统一起来。所以，如一下子合到一起，会在事实上存在“两张皮”的现象，不如将这作为一个中期改革目标，目前还是暂时将生产资料商品流通改革与生活资料流通改革分开进行，待两方面趋同后再水到渠成地合并。

第三种“小流通”的目标模式，其好处一是有利于打破消费品商品市场的分割局面，便于统筹协调稳定市场，促进产销衔接，有利供求平衡；二是将市场管理与行业管理相结合，两者互相协调，既有利于规范市场行为，又有利于落实行业发展规划，使各行业协调发展；三是有利于消除各部门办商业带来的政企不分，把企业从政府附属物的地位中解放出来，主管部门无亲疏之嫌，更有利于创造一个平等竞争的市场环境；四是便于商品流通中法规、政策的统一制定，统一监督和执行；五是改革阻力小，操作方便，近期有更大的可行性。

问题在于实行此项方案，要解决一个认识问题，即工商、物价部门是否应合并到一起来，亦即商业行业管理同市场活动管理有无必要和可能结合起来。我们的看法是肯定的，因为：

第一，商业本身并不是一个单纯的行业问题，它是生产、流通、消费中的一个环节，是社会再生产的一个横切面，而不仅仅是一个纵切面，因此具有强烈的综合性。商品流通要在市场上进行，商品流通本身就是市场活动，对商品流通的管理首先是市场管理，二者不可分开，不管商品流通就谈不到管市场，不管市场无所谓管商品流通。那种把商品流通与市场割裂开来，把对商品流通的管理与市场管理割裂开来的观点，仍是旧产品经济的观点，是违背商品经济发展规律的。

第二，从现实来看，离开了市场管理，商业的行业发展、统筹、规划、协调、服务等各项任务，都将无法落实。如果把商委办成一个大的国营商业局，仍管不了集体和个体商业，市场就仍将是分割的，市场的规划就仍将是混乱的，公平交易和平等竞争都难以实现，国营商业政企分开也不能真正实现。而工商、物价部门如果离开了对商业行业的管理，在目前阶段，只能是一种盲目性的管理，是一种失去了发展目标的为管理而管理。由于不熟悉商业行业内情，管理的针对性、科学性和有效性就会打折扣，市场管理的任务也难以很好地完成。

第三，当前改革的发展和经济环境，要求商业行业管理与市场管理的结合。我们是在供求失衡、市场比较紧张的经济环境下进行改革的，维持一个稳定繁荣的市场既是改革的目标之一，又是改革得以顺利进行的前提条件。在改革的过程中，既要放开搞活，又要组织培育市场，规范市场行为，以维护国家、经营者和消费者的合法利益；既要逐步放开价格，又要保证市场供应稳定，不出大的乱子。这就需要将行业管理与市场管理结合起来，运用两个管理、两套手段来实现，分开来哪一个部门单独搞，也难以保持市场的秩序、稳定和繁荣。

第四，将工商、物价部门合并到商委中来，在基层仍要保持其机构的独立性，并不是取消工商和物价管理机构和职能，只是在高一级的政府机构中将其集中统一，以利于工商、物价的市场管理工作与商业行业管理工作的统一协调。在工商、物价部门进行实际监督管理的基层市场，则要从商业部门大量充实力量，加强工商、物价监督管理工作。至于工商、物价部门现有的一些市场管理以外的工作，可以保留一个时期，也可以转移到其他更适合的政府管理部门中去。

综上所述，我们认为，商业行政管理体制改革，以选择第三种模式起步较为

有利。

三、新的商业管理委员会的职责、管理手段和应处理好的几个关系

根据第三种目标模式的设想，新的商业管理委员会，应是政府的商业行政管理机构，它兼有商业行业管理和市场管理的双重性质和职能，并根据责权统一的原则拥有相应的必要权限和手段。

其具体职责应是：

（一）行业管理职责

（1）根据国家法律和中央的方针政策，制定商业行业的具体法规、方针、政策。

（2）根据国家的经济发展总体的战略，制定商业行业发展战略规划，并组织实施。

（3）制订主要商品流通计划，统筹协调全国市场或地方市场。

（4）运用各种必要的手段，保证市场商品供求平衡，平抑市场物价。

（5）组织各种经济成分和经营渠道的商业协调发展，分工协作，合理流通。

（6）负责国家战略物资的储备。

（7）代表国家掌握国营商业资产所有权，并负责重点商业设施项目的投资，监督企业使用。

（8）负责社会商业的统计信息工作，提供各类高层次的商业流通服务。

（9）负责商业网点和重要设施的规划建设。

（10）发展商业科技教育事业，提高职工队伍素质和企业管理水平。

（11）组织并指导商业行业协会、商会活动，使这些民间组织协助政府进行自我管理和自我服务。

（12）进行商业企业的会计审核监督。

（13）其他必要的商业行业管理职责。

（二）市场管理职责：

（1）根据国家的法律和中央的方针政策，制定市场交易活动法规并监督实施。

（2）维护依法公平交易、自由贸易、平等竞争的市场环境和秩序，限制非法垄断。

（3）负责企业和经营者管理，对经商者进行资格审查和登记，进行“营业执照”管理，取缔无照经营。

（4）负责经济合同管理，审查经济合同的合法性，维护合同双方的正当权益，监督合同执行，受理并进行合同仲裁。

(5) 负责商标和广告管理，进行商标注册，打击假冒商标，惩办欺骗性广告宣传。

(6) 进行商品管理，审查上市商品的合法性、合格性，打击非法、伪劣商品的经营。

(7) 进行计量管理，对市场使用的计量器具进行监督检查，监督国家计量制度的执行。

(8) 食品卫生管理，协助卫生部门监督食品卫生法的执行，维护人民健康和市容卫生。

(9) 负责物价管理，制定并监督物价法规和政策的执行，打击哄抬物价和各类违反物价规定的经营行为。

(10) 规划经营场所，规范经营方式，打击投机倒把、欺行霸市、抢购套购、强买强卖等非法行为。

(11) 指导消费者协会的工作，维护国家、经营者、消费者的正当利益。

(12) 其他必要的市场管理工作。

在管理方式上，可采取直接管理、委托管理和组织经营者自我管理等多种灵活形式。

在确定了商委职责的同时，要根据责权统一的原则，赋予相应的管理手段。

首先是法律手段。商委要有权根据国家法律规定，制定各项经商法规和条例，按照立法程序经有关部门批准后实施，逐步建立起一套有中国特色的社会主义商业法规，以法治商。近期应抓紧确立的商法大体有三大类：一是调整和处理国家同企业关系及企业之间关系的法规，如国有商业企业资产保管使用法、国有商业企业承包、租赁法、股份公司法、反垄断法、合理竞争法等。二是调整企业同职工关系的法规，包括国营、集体商业企业法规和私营企业法规。三是各项保障社会利益的法规，如消费者安全法规、销售法等，以及其他一些地区性商业法规。

其次是行政手段。根据国家法律、政策方针，颁布必要的商业行政命令，如对关系国计民生的重要商品，根据需要制定国家集中统一调配商品目录和调配方式，对重要的稀缺和供不应求商品宣布定量供求及供应方式，为整个国民经济的发展，确保国家重点项目生产的正常进行和国防需求，为国家储备任务的完成，对有关商品实行强制性供货措施，有权在市场的工商管理、物价管理、商品检验审查等方向实行必要的行政监督处罚。

再次是经济手段。应有权参与国家关于商业方面的财政、税收、金融政策的制定，有权利用价格手段调节市场供求保证市场稳定，应掌握一定额度的商业发展扶持专项资金，控制一定额度的低息商业贷款的分配使用，掌握一定数量的国家战略储备商品基金，掌握一定数量的市场使用外汇，有一定的商品进出口权，

利用其他必要的经济手段。

最后是计划手段。有权参与国家经济发展计划的制订，将商品流通纳入到国家经济计划中去以保证总供给与总需求的平衡，制定商业发展战略规划，有权制定重要商品的流转计划并组织实施，确定不同时期的指令性、指导性和非计划性商品的品种范围及其管理方式，其他必要的计划手段。

在确定新的商业管理委员会的职责和权限手段时，要注意处理好几个关系：

(1) 国家商委同地方商委的关系。应本着“集中决策，分级管理”统分结合的原则，对于不同层次的商委，赋予不同的职责和权限。如中央的国家商委主要是面对全国的商业活动全局，制定全国统一的商业法规、政策方针和发展战略规划，掌握全国市场供求平衡和战略储备，掌握关系国计民生的重要商品的计划管理和经营方式，控制全国物价总水平指数，掌握国家商业设施重点建设资金，掌握全国国营商业资产的所有权，管理商业银行和国家商业投资公司，汇集和发布全国市情信息等。省一级商委主要负责全省范围的商业宏观管理职责和市场。中央和省两级相对说来职责要“虚”一些，管得要粗一些，主要是宏观间接调控市场和商品流通。而市、县地方商委，其职责则要相对“实”一些，管得要细一些。要根据当地情况，制定地方区域性市场法规和监督国家商业法规的执行，进行商业行业管理和市场管理，确定当地商业发展规划并组织实施。要具体代表国家管理国有商业资产，组织协调好地方市场。上下级商委要职权明确，各地区要根据本地实际确实具体的职责和权限，不要“一刀切”。

(2) 统管社会商业和主管国营商业的关系。新的商业管理委员会应是面向全社会商业和市场的政府商业管理部门，而不是原来的国营商业或其他部门商业管理机构，但对国营商业又不能放弃管理职责。这就要求在转向“统管”社会商业的同时，又要改善对国营商业的“主管”，把两个管理统一起来。这里，“统管”的职责是主要的，是新任务，应放在首位。在“统管”中要坚持对不同所有制商业、不同部门办的商业、不同行业、不同企业一律平等，要把社会商业作为一个统一体规划协调，树立起大流通、大市场的观念。在“主管”中要根据改革的要求，来一个根本性的改变，实行政企职责分开，把企业推向市场，在两权分离的基础上让企业自主经营、自负盈亏。商委只是作为国家资产所有权的代表者管理国有商业资产的使用和增值并监护其不受损失。在目前市场上某些商品供求不平衡的状况下，商委要运用各种手段通过对国营商业的“主管”来调剂余缺，平抑物价。

(3) 正确处理各种调控手段的配合关系。新的商委要由过去直接管理企业内部经营为主，转变为用法律手段、经济手段、行政手段、计划手段等，管理企业行为，调控市场运行。这里法律手段是行业管理和市场管理的共同基础，其中行业管理要以经济手段为主，计划手段和行政手段为辅；市场管理要以行政手段为主，经济手段和计划手段为辅。在不同的条件下运用不同的手段，或几种手段并用，避免手段的滥用。

（4）条条和块块之间的关系。随着商品经济的统一市场的发展，要逐步打破地区界限，以市场为中心组织区域经济，发展企业间横向联合。这样块块的管理将有越来越大的局限性，所以要适当加强条条的纵向管理和协调，对必要的大区域活动，上级要进行适当统筹指导，不能排斥组织必要的全国性商品经营总公司，也不能放弃重要商品（如粮、肉、棉、麻等）的全国性集中。另外，地方市场活动和行业协调则要更多地依靠块块商业行政机构来实现。

（5）商业行政管理部门和其他部门的关系。对于商业行政和市场来说，商委是主管部门。但仅靠商委还不能完全管好商业行政和市场，还要有赖于其他有关部门的协调配合。所以商委要处理好同计划、财税、金融、交通、环卫、卫生、统计、劳资、公安以及生产部门等有关机构的配合。要对有主管部门管的事，尊重主管部门行使职权，商委积极配合协助；对无人管又需要管的事，商委主动承担起来；对商委主管但需要其他部门配合的事，商委担负起主要责任，又主动征得其他部门的协助。

为了提高管理效率，保证职责的履行和手段的正确运用，商委内部要建立一套科学的管理系统，调整内部机构设置，提高人员素质。

四、改革的步骤

在统一思想、转变观念的前提下，调查研究拟订出改革方案，有领导、有计划地进行改革。

（一）分解转移职能

这是改革的关键。将原商业行政管理部门和市场管理部门现有的职能，逐一分解排队，只将真正的商业行政管理职能和市场管理职能保留在商委，其余均转移出去。如将经营职能交给企业，将党、政、团、工、妇等职能移交相应的地方党、政、团、工、妇部门，将爱国卫生、计划生育、绿化植树、安全保卫等社会性职能移交到相应的社会主管部门。为加强地方和社会有关部门的力量，职能的转移可伴随着有关人员的同时流动，也可以成建制地移交。

（二）调整机构

①在职能分解转移的基础上，“拆庙送神”，撤掉多余机构，合并同类机构，精简人员。为保持工作的连续性和过渡的平稳，市一级可暂时保留必要的商业局，专门管理国营商业，待条件成熟时再行撤销。人员出路可以考虑：一是选留在新机构中工作；二是充实基层和企业；三是办新的经营性或服务性机构，办新的事业单位；四是组织培训进修；五是向外系统流动；六是自谋出路；七是离退

体。②建立替代性机构。对一些应转移而一时又无处转移的职能，要建立一些新的替代机构暂时代管，以保持工作的连续性。③建立新的职能机构。适应新的行业管理职能的需要，要建立研究、信息、咨询、培训等商业行业的参谋和服务机构；适应统管社会商业和市场的需要，要加强商业立法、执法和监督检查机构，必要时增设派出机构，充实基层人员力量。在整个机构调整中要同时发扬民主、上下结合选用调整好各级干部任用。

（三）理顺国营商业内部的管理体制

①将归各条条管理的商业公司统一划归商委集中管理，然后实行政企分开。②在商委内设国营资产管理机构，负责国有商业资产的管理监护，可考虑成立国营商业企业租赁公司、国营商业企业承包公司和股份管理公司，代表国家发包、出租企业和进行股份制管理。在商委内部实行所有权、经营权和行政管理权的三权分立。③在中央和省成立国营商业控股公司或投资公司，由商委聘任董事会任命董事长，确定经营方向，其他由董事会全权负责，由董事会聘任总经理负责企业经营管理。国营商业控股公司或投资公司负责国营商业的发展。市、县可以成立国营商业独资或股份公司。④建立商业专业银行、商业金融公司或国营商业信托公司、负责商业信贷；建立商业储备基金和市场专项安定基金，由商委统一掌握使用。⑤改造市、区公司，重建国营商业企业的行政管理系统。将公司行政管理职能进行区分，一类是属于政府性质的行政管理职能，上交给商委和地方有关部门；另一类是企业内部的行政性质的管理职能，则要留在公司。不能将两种不同性质的行政管理职能混为一谈，后者是任何大规模经营企业都必须有的职能。在改造公司、转轨变型中不能搞“一刀切”，不能把国营商业企业拆散了，要逐步通过发展新型企业集团、横向联合其他联合体组织来改造和取代原来的公司。公司作为企业，都要成为独立自主经营、自负盈亏的经济实体。

（四）成立民间组织

在全社会范围内，打破所有制和部门界限，按行业组织企业和经营者自愿参加、自我管理、自我服务的行业协会和商会；也可以按经营环节组织如批发商协会、零售商协会；还可以按环节和行业组织如百货业零售商协会等。各类协会要独立开展工作，为会员服务，如沟通信息、培训职工、对外联系、交流经验、开展竞赛、互相监督、向政府反映意见等；也可以受政府委托做些如报估税收、协调价格、组织货源、开拓市场等工作。协会和商会要实行经费自理，政府可将某类有经济收益的工作，如签发产品许可证等委托给协会代办，收入归协会使用，但不宜采用政府直接补贴或向企业集资赞助之类办法，会员所交会费不宜高。协会组织要精干、人员要十分精简、不能变成变相退休人员安置部门。

（五）建立社会商业会计审核制度

在社会上成立一批企业化的会计事务所，会计师要经国家专门机构考核，取得法定资格。大中型企业或有限公司，每年要按国家规定内容向商委呈报财务报表，报表事前要经过会计事务所按政府规定内容对企业进行财会审核，然后由会计事务所的会计师在企业报表上签字方为有效。会计师的审核费由企业支付，会计师的行为对法律负责。

（六）改革动作顺序

一是先改中央、省两级，然后再动市县；二是先动下后动上；三是上下一齐动。我们倾向先动上后动下。这样做好处是：①中央和省级比较超脱，动起来对市场影响不大；②上级领导机关先改革就绪，可以更顺当地指导和推动下边的改革，减少阻力和盲目性；③避免下动上不动的条条阻碍，也可以减少上下一齐动那样大的工作量和动荡。

商业为什么要实行政企职责分开①

党的十二届三中全会提出要建立充满生机的社会主义经济体制，并把增强企业活力作为经济体制改革的中心环节，因此，在商品流通领域实行政企分开对搞活商品流通至关重要。国务院的第 92 号文件明确指出："要把商业的经营权力交给企业，改变政企不分的状况。商业部和各级商业厅、局要把直属的日用工业品批发企业下放到市，组成企业经营体系，按照发挥中心城市作用的要求，组织商品流通。""要相应调整商业行政机构，加强对商业活动的管理、监督和调节，领导国内社会主义统一市场。"深刻地理解和领会商业体制改革中政企分开的重大意义，并在总结经验、调查研究的基础上，对一些问题提出比较系统的说明，是当前推动商业政企分开的一项重要工作。这里仅就商业政企分开的必要性问题，谈一点粗浅的看法。

政企分开，是针对商业管理体制中政企合一的现状提出来的。它大体包括两层意思：一是说作为国家政府机构的商业行政部门，同作为经济实体的商业企业，在组织机构上要分开来；二是说作为国家政府机构的行政商业部门的管理职能，同作为经济实体的商业企业的经营职能，在职责上要分开来，合理分工。为什么要这样政企分开呢？

第一，从我国三十多年在这方面的经验教训来看。新中国成立初期，为了加强市场领导，调剂物资供求，打击投机倒把，稳定物价，争取财政经济状况的根

①发表于 1984 年《商品流通论坛》第 6 期。

本好转，当时的中央人民政府贸易部及其所属的各个专业总公司系统，依靠行政力量和企业经营，胜利地完成了国民经济恢复时期的商业工作任务。1953年通过建站核资，推行经济核算制，使总公司和各级分公司一般都是独立开展业务经营的经济实体，在人财物、购销调存业务活动上，都有相当大的自主权，基本上是政企分开的。这样，一方面调动了企业经营的积极性，繁荣了市场，提高了国营企业的经济效益和服务质量；另一方面也使得从中央到地方的商业行政部门，比较能够集中精力抓方针政策、计划和监督检查等大事，总的来说效果是比较好的。

但是，1958年以后，由于错误地搞了政企合一，把各专业总公司和省（区）公司分别改组为商业部和省（区）商业厅的专业局（处）。取消了专业公司系统的上下领导或指导关系。从此，各级商业企业逐渐失去了作为经济实体的独立地位和经营权，成了政府部门的附属物。后来，虽然恢复了总公司、省公司，但政企合一的实质并没有根本性的改变。这种政企合一的体制带来了一系列弊病，主要是：①限制和压抑了企业的积极性和创造性，把国营商业办成了官商，忽视经济规律，常常从主观意志出发搞经营；②助长了国营商业独家经营，加剧了部门之间、地区之间、城乡之间的封锁和分割，阻碍了社会主义统一市场的发展；③被迫按行政层次、行政区划组织商品流通，增加了流通环节，造成了损失浪费；④增加了商业行政部门的业务性、事务性工作，影响从长远战略抓大事；等等。上述种种弊端，在近年来工农业生产发展、市场商品供应充裕的新形势下，显得更加突出了。政企不分的旧体制同逐步建立一个以城市为中心的开放式、多渠道、少环节的批发体制，同实行责、权、利相结合的高经济效益、高服务质量的企业管理办法，同形成城乡畅通、地区交流的流通网络都是背道而驰的。所以，从历史的经验教训和政企合一的现实弊端来看，实行政企分开势在必行。

第二，从国际的范围来说，政企分开、合理分工，也是社会主义国家经济改革的一种趋势。虽然社会主义各国进行改革的理论依据不尽相同，进程做法也不一样，但是都普遍感到政企合一、高度集中的经济管理体制，同经济发展的客观要求不相适应，因此都不同程度地把调整政企关系作为改革的一项重要内容。这方面大体有三种情况：一是南斯拉夫模式，实行政企彻底分开。他们根据社会所有制的理论，企业实行自治，一切经济决策权均下放到企业管理，根据社会主义国家经济职能消亡的理论，政府主要靠法律约束企业，放弃行政干预手段。经济调节手段也较少运用。这一方面充分调动了企业和职工的积极性，市场机制作用得到充分利用，但另一方面也带来宏观经济失控和某种无政府状态，近年来正采取措施加以弥补。二是匈牙利模式。匈牙利在理论上坚持全民所有制的国家所有制形式，在原则上国家对企业拥有无限支配权，所以不放弃必要的行政干预手段；但同时承认企业是相对独立的商品生产者和商品经营者，拥有独立自主经营权，国家主要用经济手段调节企业的经济活动。匈牙利商业部虽有直属企业，但不向企业下达指令性计划，只是通过干部任免、监督检查、经济手段来影响企业的经营方向。宏观经济决策由国家控制，微观经济活动由企业自主决策，取得了较好的改革效果。三是苏联的模式。苏联在改革中，仍然坚持国家对企业经营活动的直接干预，强调指令性计划的决定性作用，改革的步子不大，经济体制中的一些弊病没有得到根本解决。近年来，也逐渐强调要扩大企业自主权，减少指令性指示，通过组织联合公司来减少行政管理层次，注意运用经济手段。

上述三种模式的改革说明：①不改变政企合一的框框，改革就很难前进，要想根本改变原来经济管理体制过分集中的弊病，必须政企分开；②政企分开之后，还要政企合理分工，否则，仍然达不到改革的目的。

第三，从理论上看，实行政企分开、合理分工是符合马克思主义的基本原理的。这方面我们初步有三点理解：

1. 社会主义社会的企业，仍然是社会经济活动的基本单位，要有独立经营的自主权。马克思和恩格斯曾经设想社会主义社会实行了生产资料公有制，将不再存在商品和货币关系，国家将对全社会的经济活动实行统一领导和管理。列宁根据这一点，进一步提出社会主义社会将用产品生产代替商品生产，并据此在苏联十月革命后推行了战时共产主义。但是，经济现实马上使列宁意识到，“用简捷、迅速、直接的办法实行社会主义生产和分配的原则的尝试已经失败了”。[①]于是及时地肯定了商品货币关系存在的必要性，并且相应地采取了新经济政策，实行了国营企业的经济核算制。对此，列宁指出：“在允许和发展自由贸易的情况下，这实际上等于国营企业在相当程度上实行商业原则”。[②] 又说：“各个托拉斯和企业建立在经济核算制基础上，正是为了要他们自己负责，而且是完全负责，使自己的企业不亏本”。[③] 所谓“商业原则”和“完全负责”，就是要求企业要以商品生产者的身份出现在市场上，独立自主地按等价原则进行商品交换，就是要企业摆脱国家的直接控制自主地进行经营。今天，我国的经济状况虽然同列宁领导的新经济政策时期的苏联有很大的不同，但是同样存在多种经济成分，存在着商品生产和商品交换，存在一定范围和程度的自由贸易，“商业原则”还普遍地发生作用。所以，列宁的上述思想和实践，有着比我们过去所理解的深远得多的普遍性意义。它告诉我们：在社会主义社会必须承认国营企业相对独立的商品生产者的地位，并赋予企业独立经营权。

2. 政企分开是所有权和经营权的部分分离，并不改变生产资料社会主义全

---

①《列宁选集》第4卷，第661页。

②《列宁全集》第33卷，第156页。

③《列宁全集》第35卷，第549页。

民所有制的性质。从广义上讲，所有制是生产关系的总和，所有制的性质也可以说是生产关系的性质；从狭义上讲，所有制就是生产资料的所有权。实行政企分开，只是生产关系的局部调整，并不是从根本上改变社会主义全民所有制的生产关系。因为，决定生产关系和所有制性质的基础是生产资料的所有权，政企分开只是组织机构和经济职责的划分，而不是所有权的分割。政企分开之后，国家仍然对全民所有制的生产资料拥有充分的所有权。①国家有对生产资料的最后处置权，在必要时可以决定对企业关停并转；②国家对企业经营成果拥有占有权，并且占有多少由国家规定，③国家对企业的经理有任免权；④国家对企业收入的资金使用有监督控制权；⑤国家对企业经营方向有监督检查权，并拥有必要的经济手段和行政手段实行必要的制约和干预。而企业拥有的只是经营权及相应的经济责任和经济利益，并且经营权的大小和责任、利益的多少，也是由国家规定的。从经济发展的历史看，所有权与经营权的分离，是伴随着经济发展产生的，起过积极的作用。在资本主义社会，随着股份公司的发展，资本所有者和使用者的分离，使“实际执行职能的资本家转化为单纯的经理，即别人的资本的管理人，而资本所有者则转化为单纯的所有者，即单纯的货币资本家”。[①] 它一方面加快了资本的集中，可以兴办投资大的事业，另一方面培养造就出一个专业化的经理人员阶层，提高了企业的管理水平。社会主义社会根据生产力的发展水平，将全民所有制生产资料的所有权和经营权适当分离，同样会有利于调动企业和职工的积极性，有利于经济的发展。

3. 政企分开，合理分工是完善社会主义国家的经济管理职能、更好地实行计划经济的要求。社会主义社会，由于实现了生产资料的公有制，国家政权拥有比资本主义国家更广泛、更重大的经济管理职能。但是，长期以来，社会主义国家应当拥有哪些经济管理职能和怎样来行使这些职能，无论在理论和实践上都没有解决好。人们受苏联模式的影响，习惯地认为既然全民所有制采取国家所有的形式，那么国家就应该对国营企业的产供销、人财物全部管起来。这种观点混淆了国家的经济管理权同企业的经营权这两个不同的概念，把经济管理直接等同于企业经营。这样做，表面上看国家的权力很大，但实际上把国家管理经济工作的各个部门降低到国营企业经理的地位，不仅放弃了对其他经济成分企业的管理，也严重影响了对整个国民经济的宏观决策和控制，结果，国家并不能很好地行使自己的经济管理职能。同时，在管理的方式上，又把行政办法和下达指令性计划当成主要的，甚至是唯一的手段，带来大量官僚主义、瞎指挥等弊病。政企分开，就是要使国家各部门摆脱所属企业日常经营活动的牵累，真正代表国家从宏观上管理全国的经济，而把企业的经营权放给企业。这样做也有利于减少指令性

①《马克思恩格斯全集》第 25 卷，第 493 页。

计划，多采用比较灵活的指导性计划，把社会主义经济建立在更加科学的计划体制之上。

商业行政管理体制改革研讨会综述①

1987年6月上旬，商业部商业经济研究所同武汉市商委在武汉联合召开了商业行政管理体制改革研讨会，来自全国十几个省市的理论工作者和实际工作者，就有关问题进行了热烈的探讨。现将主要观点，综述如下：

一、改革旧的商业行政管理体制，是深化商业改革的必然趋势

大家一致认为，旧的商业行政管理体制，是在国营、供销社商业独家经营的条件下，适应产品经济分配式的商业的需要建立起来的，已经不适应社会主义商品经济的商业发展的需要，必须进行改革。

有的同志进一步指出，从社会商业的发展来看，一个“开放式、三多一少”的新商业格局正在形成，商品经营者结构日趋多元化，市场行为日趋复杂化。但是，原来按产品、按部门、按所有制建立的多头分散的商业行政管理系统，政出多门，不能制定出统一的商业法规政策，不能对市场商品交易活动实行统一有效的监督管理，也不可能对社会商业发展进行统筹规划和协调服务。所以，必须建立一个集中、统一、高效、有权威的商业行政管理系统，对社会商业进行统一管理，以便有领导、有组织地培育市场，有计划、协调地发展商业，有效地规范市场交易行为，提供平等竞争和公平交易的环境条件，同时也更有力地维护国家和消费者的利益。

有的同志还指出，从国营商业的改革来看，改革已经从原来的放权让利和改变购销经营方式，进一步深入到以两权分离为特征，建立自主经营的企业机制阶段。当前，无论是实行承包经营还是租赁经营，都强烈要求国营商业主管部门，进一步实行政企分开、简政放权、转变职能，改变旧的一套行政管理方式。所以，只有改革商业行政管理体制，才能推动建立自主经营、自负盈亏的商业企业经营机制，深化国营商业的改革。

大家认为，商业改革正面临着一个新的发展阶段，改革旧的商业行政管理体制，既是商业改革新阶段的一项重要任务，又是完成其他各项商业改革的关键和条件。

---

①发表于1987年《中国行政管理》第10期。

二、从实际出发选择正确的目标模式，是商业行政管理体制改革的首要任务

大家一致认为，实现职能的转变是这次商业行政管理体制改革不同于以往改革的根本之处，只有抓住这个核心，真正将过去对企业实行直接管理为主转变为间接控制为主，即由政府部门直接管企业的人财物和购销调存，转变为宏观行业管理和对企业提供各种服务，才能避免历史上在机构的分分合合上打圈子的教训。

大家强调，商业行政管理体制改革，是改动商业的指挥系统，必须有个明确的改革目标，才能避免给整个商业工作带来动荡和不安。改革的目标模式，一要适合现在中国的实际，二要有可行性，三要远近目标结合，远处着眼，近处着手，四要给地方以选择的可能性，不要“一刀切”。

改革的具体目标模式选择，大体有两种意见：第一种意见主张，要树立大工商、大市场、大流通的观念，建立一个包括目前商委、工商局、物价局的职能在内的商务委员会，管理全社会的商品市场、金融市场、技术信息市场、国际市场、商品流通和货币流通。同时将原来的商业局、物资局、外贸局、旅游局等改建成经济实体型总公司。企业外部管理职能归商务委员会，内部管理职能归各总公司。这个目标可作为20世纪末的方向，近期先将商委、工商、物价管理统一起来。因为商品经济是一个整体，大市场、大流通融为一体、密不可分，所以管理也必须是立足大工商，管理整个社会商务活动，而不应局限于商品交易活动。

第二种意见认为，管理的范围应限于商品流通，管理的对象应是社会一切从事商品交易活动的企业、法人和经营者。因为，商品市场和商品流通是一个统一体，国家对其交易不能按所有制、按部门、按商品来分别管理，那样势必带来商品市场的分割和混乱。又因为商品市场不同于其他要素市场，商品流通也不同于货币流通，所以在管理方式上不宜混在一起。

对于商品流通的管理范围，又分三种观点：一种主张应包括生活消费资料商品流通和物资商品流通，理由是物资改革方向是商品化，将来可以融为一体，统一管理。另一种主张是只管生活消费资料商品流通，因为物资商品化还需要一个相当长的时间，即使将来商品化了，也还不同于生活消费资料的流通，还是分开管理好。还有人主张，目前还是维持商业局管理范围的商品流通，因为其他部门管的商品流通各有特殊性，如医药、烟草等，不宜都归到一起。

对新的商业行政管理机构的性质，也有三种不同意见：有的同志主张，新机构应是一个综合性商品流通的管理部门，理由有三：一是商业不仅是个行业，而且是处于生产、流通、消费中的一个环节，具有综合性；二是商业活动要在市场进行，要伴随市场上的一系列综合性活动才能完成，管商业就要管市场，管市场就是综合性管理；三是离开综合性管理，商业统筹、规划、协调、服务等行业性

管理任务难以落实。持反对意见的同志认为，商业是一个行业，在商品经济条件下，各行各业都在市场上活动，不能都说成是综合性的；把商业管理部门办成综合性经济管理机构，势必削弱工商、物价等综合部门对其他行业的监督管理，不能只站在商业管理的局部上看待行业管理与综合管理问题。还有的同志认为，商业行政管理具有行业管理与综合管理二重性，行业性管理是社会主义计划经济的要求，综合性的市场管理是商品经济的要求，必须二者兼顾，问题在于找出一个兼顾的办法来。也有的同志主张，近期因为市场发育不完全，一些商品又短缺，可以搞成一个兼顾行业管理和市场管理的机构，将来再把两个管理分开，把行业管理任务归于计委一类综合计划部门。

三、职责明确、责权统一，是提高管理效率，克服官僚主义的必要条件

大家一致认为，新的商业行政管理机构，必须职责明确，以责定权、责权统一。不然有责无权，管理任务难以完成；有权无责，必然带来官僚主义。总的职责应是：对社会一切商品交易活动进行统筹、协调、监督、服务。具体职责应根据不同层次和地区，从实际出发来确定。

在职责问题上争议大的有两个问题：①职责的虚实。一种意见认为，新的商业行政管理部门应是高层次的决策性机构，职责主要应是管政策、方向、战略性大事，宜虚不宜实，不要把工商等监督部门的具体职责承担过来；另一种意见认为，职责要虚实结合，理由是当前供求不平衡，市场不成熟，为了保证市场的稳定，商业行政管理部门必须担负起市场调控的实责并拥有相应的实权。②主管与统管。一种意见认为，新的商业行政管理部门，主要职责是对全社会商业进行统一管理，“统管”是其主要职责，因此不应再承担国营商业主管部门的职责，否则必然有亲疏之嫌，同时也再难履行统管的职责，所以应逐渐弱化主管的职责，强化统管的职能。另一种意见则认为，近期内主管的职责不能丢。理由是：目前的供求状况不平衡，改革中又产生一些动荡，经济关系尚没理顺，成立什么样的商业行政管理机构，都不能不抓市场，抓市场就不能放弃主管职责，因为只有国营商业才能起到稳定市场的作用。至于“亲疏”之分是客观实际，不必回避，并且随着政企分开和企业独立经营的实现，影响不会很大。所以应既强化统管职能，又强化主管职能。

大家认为，为了保证职责的履行，新的商业行政管理机构必须拥有与职责相符的权限和手段。至少应拥有①法律手段。有权制定商品流通的法规，经有关部门批准后，商业行政部门有权监督其实施。②行政手段。有权制定有关商品流通及商业发展政策，颁布政令，并负责实施；对与商品流通关系密切的商业企业登记审批、物价管理、统计和监督检查处罚等，也要有一定权限。③经济手段。现阶段要掌握国营商业资产管理权和一定的投资权，要掌握必要的国家商品战略储

备金和地方市场安定基金，控制一定的商业发展信贷额度，参与商业企业税收政策的制定。④其他必要的调控手段。由于我国供求不稳定，市场大而不平衡，商业情况十分复杂，所以，对商业和市场的调控手段，不宜过多集中到综合性主管机构，对上述权限不应是从商业部门分解出去，而应是再分一些给商业行政管理部门掌握，这样才能从实际出发，用之有效。

反对上述观点的同志则认为，改革的总趋势是国家相对集中调控手段的掌握，加强各综合监督部门的职责权限，商业部门要从综合部门分一部分权力必然造成调控手段分散，这同改革方向相背，既无必要也无可能。商业部门应将上述权限分解给综合部门统一掌握，本身应在综合部门权限之外去寻求行业管理的新途径，特别要从服务入手转变职能。

四、先内后外，先国营商业后社会商业，先易后难，逐步进行，才能保证改革的平稳过渡

有的同志主张，商业行政管理体制改革，应采取一揽子办法，“一次到位”，即由中央制订出一套方案，上下一起动，同时配套，这样才能避免盲目撞击，减少新体制诞生的阵痛时间，有利于新体制早日全面运转，避免市场长时间混乱动荡。

多数同志认为，目前没有这种可能性，一是上级的方案不可能面面俱到，方案搞得过细也不一定适应各地的具体情况，所以上级只能定原则，定大框架，具体形式还要靠各地从实际出发逐步摸索。大家提了五条意见：

1. 从分解原商业局的职能入手，将非保留职能陆续转移到有关部门去。如将企业经营职能下放给企业；将党、团、工、妇、青等职能转交区、街有关部门，并相应从商业部门中充实干部；将计划生育、维持治安、绿化等职能转移到政府相应专门机构中去。

2. 要从转变现有的职能入手，先把原商业局内部职能、机构理顺，然后再逐步解决与其他部门职能分工关系问题。当前可做的事有：对社会商业进行调查研究，有条件地承担统计职能，为统管做好准备，制定社会商业发展规划、战略；拟定商业管理法规条条交有关部门审议批准；开展信息收集、分析和公布、通报；进行行业教育培训，搞好其他有关服务等。同时，对内部机构先做调整，如加强国营商业资产管理，增加调研、信息、咨询，服务部门，增设社会商业专门管理机构。

3. 理顺国营商业管理系统。一是要建立国营商业资产管理机构，负责评估企业资产，代表国家发包招标，签署承包租赁合同；二是调整好企业管理系统，主要是市、区公司的转轨变型和完善职能，当前要注意从商业实际出发，不要盲目给公司扣上“行政性”帽子随意撤销；三是促进国营商业企业在自愿有利的原

则下，进行企业组织改组，开展横向联合，建立企业集团和开办各种形式的联营方式。

4. 对社会商业管理，可先采取以下做法：有部门管的事，我不管；无人管的事，需要管才去管；别的部门管不过来的事，我协助管。有条件的可逐步加强管理的深度和广度，并建立相应的管理机构。管理范围可先从归口外的国营商业、新集体商业、个体商业逐步扩大到生产单位的销售活动和外贸部门的内销活动。可逐步组织行业协会和商会，作为政府的助手。

5. 改革的起点，各地应从自己的实际出发选择决定，如已经组建商委的地区，应抓紧深化，防止停滞僵住；新起步的地区要选择好最易突破的方面，取得上级支持打开局面；起步后发现有失误的地区要及早下决心纠正，以免成为新的障碍。

会议代表还一致认为，商业管理体制改革的理论研究，还需要进一步加强。商业行政管理体制改革，要走理论部门与实际部门相结合，商业行政部门与其他有关部门相结合的路子，才能减少盲目性和片面性，提出较为科学合理的方案来。

化肥、农药、农膜流通体制改革的目标模式①

化肥、农药、农膜流通体制是整个商品流通体制的一个重要组成部分，因此，化肥、农药、农膜流通体制改革的目标，必须与我国商品流通体制改革的大目标相一致，与整体经济体制改革总目标相协调，同时又要体现出农资商品流通的特点。

农资改革的大方向，总的说来，就是要变旧的产品经济的、封闭的、分配式的流通体制，为有计划商品经济的、开放的、经营服务式的流通体制。有鉴于旧体制的要害是排斥市场机制的作用，所以新体制改革的根本在于宏观调控下的市场取向。

同其他一些方面的经济体制改革相比，农资流通体制改革的一个重要特点是受工农业生产发展的制约更大。这是因为，农资改革的最终目的，是更好地为农业服务，促进农业生产的发展；农资改革的物质基础是农资资源的生产供给状况。因此，农资流通改革，必须与农业生产发展对农资商品消费需求相适应，必须与农资产品的生产供应相协调。同时，又因为我国农资流通与粮食、棉花、油料和蔬菜等农产品购销方式极为密切，所以，农资流通改革还必须与主要农产品购销政策和方式的调整同步进行。此外，与农资流通相关的其他方面（如财政）

①本文是 1992 年 1 月 28 日写的一个课题研究报告。

经济体制改革也都是重要的制约因素。因此，农资流通体制改革，只能是随着制约因素的变化逐步渐进的，在改革目标模式的选择上呈现出阶段性，在改革的程度上相应具有层次性。

具体来说，大体可分为三个阶段：（大改）

一、改革的长期目标

农资流通体制改革的长期目标，应是建立一个国家宏观调控下的、计划经济与市场调节相结合的、以流通合作组织为主体的、有组织的开放、畅通、高效的、经营服务相结合的农资流通体制。

1. 建立国家对农资流通的宏观调控体系。农业生产资料的生产、流通和消费有着很强的特殊性：一是常年生产季节消费；二是集中生产全国消费；三是市场随灾而动灾情难测；四是时效性强，不耐久储；五是技术性强，服务重要；六是全国各地生产和消费不平衡。农资产品的这些特点，带来了经营流通中的风险性、储备性、技术性和平衡性。这就要求国家对农资流通要建立一套有效的宏观调控系统，来承担风险，保证储备、推广技术、协调平衡。为此，要建立农资流通的国家宏观调控法规制度；设立调控机构和明确执行承担者；建立调控手段，主要是储备基金和风险基金。这个调控体系可分为中央和省两级。调控资金以中央政府、地方政府、生产和经营企业、消费者共同合理出资为宜。

2. 建立计划经济与市场调节相结合的运行机制。这不仅是我国经济体制改革整体的新的运行机制所要求的，也是农资流通特殊性的需要。没有计划性，就不能保证农资生产、流通和消费的协调平衡，不能保证市场的秩序和渠道的畅通。同样，没有市场调节，就没有农资市场的活跃，就不会形成公正合理的价格，也不会有效地调整农资生产、流通和消费结构，提高生产和经营企业的效益和农资使用效率。实现农资计划经济与市场调节相结合的运行机制，一要改革计划。把流通计划建立在市场需求基础上，以销定购，以销定产；计划通过市场去实现；除保留极少数商品的指令性计划外，多数商品实行以合同购销为主要形式的指导性计划。二要完善市场。建立有组织的农资批发市场体系，培育独立的市场主体，放开价格，公开竞争，强化秩序。

3. 建立以流通合作组织为主体的企业经营集团。农资部门是农资流通的主渠道，农资企业是农资流通的主要承担者。但目前农资企业有两大问题：第一，不是真正的农民合作组织；第二，内部组织和运行散而死。为此，首先要把农资企业真正办成农民在农资流通领域的合作组织，一是要扩大吸收农民入股，二是变目前同农民的买卖关系为代理制关系，变经营中的利益对立为利益一致，其次是组织多层次结构的农资企业集团，做到大而活，提高效益，增强竞争力。

4. 建立开放统一的市场。开放性是商品经济的天性，封闭性是产品经济的基本特征。旧的农资流通体制的封闭性在于：管理过分集中，经营垄断呆板，渠道固定单一，价格扭曲僵死，市场狭小分割。改革以来虽然有了很大变化，但离商品经济的要求还相去甚远。从长远看，农资市场必须具有充分的开放性，要做到：管理统一而灵活，经营相对集中又不垄断，企业组织和经营方式多样化，渠道有主有从展开竞争，价格放开不失管理，国内市场统一，国内外市场沟通。

5. 建立一个高效率、高效益和企业运营机制。长期以来，农资企业不是作为一个商品经济的企业去经营，而是当成一个社会“福利”性机构去管理，只重社会效益不讲企业经济效益，长期是一个保本微利的支农行业。国家补贴逐年增加，企业效益每况愈下，农民不满日增。改革以来这种状况并无根本改变。因此，改革必须把农资行业真正当成商品经济的行业，把农资企业真正当成商品经济的企业，从根本上提高农资流通的效率和效益。为此，一要将政府行为与企业行为分开；二要取消对农资流通环节的补贴，政府对农民的直接补贴；三要改变用农资换购农产品的政策；四要使农资企业真正成为“自主经营、自负盈亏、自我发展、自我约束”的独立企业；五要使农资企业和经营效益与企业利益挂钩，职工的劳动成果与个人利益挂钩；六要由单一经营型转变到经营服务型的轨道，以经营带服务，以服务促经营，企业有了动力和活力，在必要的外部条件下，就会自己探求如何才能以最快的时间、最短的路线、最低的费用、最佳的服务、最好的效益和最高的效率组织农资流通。

为了实现上述农资流通体制改革的长期目标，需要有一系列必要的经济发展条件和体制改革条件，要有必要的政策措施。

第一，要实现农业生产资料供应平衡。不仅要实现总量平衡，还要实现品种、质量上的结构平衡。没有全面供求平衡，供应处于短缺状态，放开渠道、放开价格只能带来市场混乱和价格暴涨。鉴于我国是个农业大国，农业生产资料需求量大，完全依靠进口不行，所以农资的供求平衡应是立足于国内化肥、农药、农膜生产的基础上。供求平衡是以不断满足农业生产对农资生产的日益增长的需求变化为前提的，是发展中的平衡，同时还应包括对农资使用的合理性和高效率。

第二，要实现农产品收购价格完全放开。农业生产资料是最重要的农业生产投放，没有合理的产出比，农民就不会积极使用化肥、农药和农膜。投入产出比的合理，不仅在于使用效率提高增加产量，最终还要看收益效益，这一方面靠农资价格合理，另一方面靠农产品价格合理。所以，投入产出两头价格都要同步放开才行。这需要农产品流通达到宏观计划调控下的市场化，取消农资的换购职能。

第三，要一定的财力支持。农业生产的有机构成低于工业领域，带来农业生产率和农业部门利润率低，这是世界性的普遍规律。解决的办法一是要提高农业

生产率（科学化、集约化等），二是要有政府对农业的财力支持。过去我国在农资方面的财政补贴方式，并不真正有利于工业生产、农资流通和农资的合理有效使用，需要加以改变。今后应对农民补于明处，同提高农资使用效率挂钩，对农资生产用于扶优汰劣，对农资流通用于宏观调控。

第四，实现供销社改革的根本性变化。农资经营系统是供销社的一部分，不可能从供销社分离出去。要使农资部门真正成为农民在农资流通中的合作经济组织，搞代理制、股份化；必须有赖于整个供销社真正改革成农民在流通领域的合作经济组织。同时农资系统实行企业集团化，也最终有待供销社真正企业化，摆脱目前不官不民的状态。

第五，实现国家宏观管理体制，尤其计划体制的改革。在政企不分的情况下，农资经营企业不可能成为“四自”的市场主体；在财政分灶包干的体制下，农资无法真正形成统一市场；在农资生产要素仍实行双轨制的条件下，农资市场行为不会完全合理化、规范化；在目前的外贸体制下，农资企业没有直接外贸权，也不可能沟通国内外两个农资市场；在整个经济运行未能实现宏观间接管理为主时，农资一个部门间接的指导性计划为主亦难行通。所以，实现农资流通体制改革的长远目标，需要整个经济体制改革高深化程度的配合。

农资流通改革的长期目标虽然实现条件比较高，但这些条件是符合我国国民经济和社会发展十年规划的，也是与经济体制改革大目标相一致的，因此是可以逐步达到的，改革的目标经过努力就有实现的可行性。

二、农资流通体制改革的中期目标（中改）

中期目标也是长期目标的阶段性改革目标，因此在改革的方向和框架上应与长期目标一致，只是由于条件成熟度不同，而在改革的程度上和相关的具体内容、方式上有所不同。

这主要表现在：

(1) 建立了比较完备的农资流通风险基金和储备基金制，间接调控成为农资流通主要管理方式；

(2) 少量商品是指令性计划，多数商品是指导性计划，农资商品流通通过市场进行；

(3) 多数农资商品价格放开，价格补贴取消，放开的商品价格由市场供求形成；

(4) 建立一批农资批发市场，放开商品的大宗交易在批发市场进行，市场规范有序；

(5) 农资经营部门是流通主渠道，专营仍是唯一经营形式，但建立经过特许的严格管理的其他专营支渠道；

(6) 农资经营企业集团化，企业成为“四自”经济实体，政企基本分开；

(7) 农资经营企业向农民扩股增加到相当比重，农资经营的代理制与经营买卖方式相结合；

(8) 农资流通统一的国内市场基本形成，全国性农资企业集团有直接外贸权，国内外市场初步沟通；

(9) 农资服务网络健全，服务规范化制度化；

(10) 农资部门与工业生产部门、农业技术部门建立了广泛的联合形式。

实现农资流通改革中期目标，需要我国农资供求总量基本平衡；指导性计划成为国家计划的主要方式，合同购销成为商品流通普遍形式；市场法规和秩序初步形成；与农资有关的农产品价格大部分放开，并通过市场流通；财政包干体制改变，供销社改革有了根本性突破，农村综合服务体系初具规模；外贸体制改革有较大变化；财政状况比较好，可以对农业有更大投入，农业生产有更大发展，农民对农资流通改革有较大的承受能力。

三、农资流通体制改革的近期目标（小改）

近期目标应是长期目标和中期目标的改革起点。在三五年内，近期改革目标应主要是：建立农资流通调节基金，政府行为与企业行为职责分开；减少指令性计划范围，扩大指导性计划范围，增强市场调节作用；试办农资批发市场，逐步增加进入市场的商品交易品种和数量；逐步放开一些农资商品价格，同时改进农资商品价格方式，逐步由双轨向单轨过渡；试办农资经营企业集团，特别是组建全国性农资集团；完善专营制度，理顺农资流通渠道；规范农资市场流通行为和秩序；协调农资生产企业、经营企业和农技部门的关系，建立多种合作形式；逐步缩小农资商品对农产品的换购职能，缩减挂钩品种和数量；推广发展农资科技服务系统。

农资流通体制改革近期内容，是在农资供求矛盾有所缓和，农业生产持续发展，农产品价格和流通逐步改革，农资生产结构有所调整，经济体制改革不断有所前进条件下，但各方面外部制约因素尚未发生根本性变化时期，所能采取的改革措施。这些改革目标在程度上虽不深入，但在方向上应是明确坚定的，应是中远期改革的基础，而不能成为后续改革新的障碍。一旦制约条件进一步成熟，改革就应及时推进一步。

需要指出的是，外部制约因素固然是农资流通体制改革不可忽视的条件，但农资流通自身的改革也是促进外部条件变化的推动力量，应该充分利用已有条件进行内部改革，再用内部改革去逐步突破推动新的外部条件的产生和形成。不顾条件的改革是行不通的，坐等条件成熟也是不可能的。

目前对农资流通体制改革的几种不同看法①

自1988年9月国务院《关于化肥、农药、农膜实行专营的决定》颁布以来，经过三年多的实践，各方面对专营问题产生了一些共识：一是都认为专营政策是正确的，是治理经济环境、整顿经济秩序的一项重大措施；二是农资专营的效果是明显的，对于制止对化肥、农药、农膜的多头插手倒卖，解决市场、价格混乱的状况，维护农民利益，促进农村经济的发展起了重要作用；三是大家都赞同专营的目的和宗旨是更好地为农业生产服务，专营应该围绕这一目的和宗旨进行；四是专营的性质是国家委托有关部门对化肥、农药、农膜实行专门经营，是一种政府委托的经济行为，要有政府的支持；五是农资专营的主渠道是中国农业生产资料公司和各级供销社的农业生产资料经营单位，但专营不是专卖，不是独家经营，在坚持主渠道的前提下，允许国家特别批准的单位在政策指定范围内从事有关的化肥、农药、农膜的业务活动；六是专营办法要随着变化着的情况不断继续完善。

这些共识来之不易，它是当前坚持和完善农资专营制度的基础，是前一段专营取得明显效果的重要原因，也是今后进一步改革化肥、农药、农膜流通体制的认识起点。另外，由于对我国化肥、农药、农膜的生产和消费国情认识不同，对农资流通改革所依据的理论不同，以及各自考虑问题的立场、角度和所反映的利益不同，因此，无论是对当前的农资专营，还是对未来我国农资流通体制的改革方向、目标和模式，都存在一些不同的看法。这些看法大体是以部门形式反映出来，内部又有所不同，并互有交叉。

商业部门有人认为，农资专营在相当长的时期内，应是我国化肥、农药、农膜流通的基本形式，而不是权宜之计。这是因为：①我国化肥、农药的供需矛盾将长期存在，无论是总量不足，还是品种质量不适应，都不是短期可解决的，在供不应求的大环境下，放开经营只能带来市场的混乱；②工商分工、农商分工，是社会化大生产发展的结果，是社会经济的进步，工业和农技部门如果再另起炉灶搞一套销售经营体系，不仅是分工的倒退，也会带来社会经济效益的巨大损失，造成资源的浪费；③经过长期的积累，商业农资部门已经形成了强大的农资经营体系，有能力担负起农资流通主渠道的职责，近年来的实践证明，通过改革农资系统可以把化肥、农药、农膜的供应工作搞得更好，不断适应农业生产发展的需要。

因此，商业部门有人主张，国家专营的政策不应动摇，专营的措施制度应该

①发表于1992年《商业经济与管理》第5期。

强化，完善专营首先是加强农资主渠道作用，经营渠道不宜再开口子，工厂自销要销到农资部门，农技部门的有偿转让不能变成经营，生产和农技部门更不能另搞一套经营系统，农民也无必要另建农资经营组织，农村的系列化服务体系应将农资部门纳入其中发挥作用。对于工厂和农技部门的困难，主要应是通过国家调整宏观政策来解决，而不应主要用挖一块商业利润人为制造多渠道竞争的矛盾来解决。工商之间应走协商合作之路，农（技）商之间要走联合之路，商业部门也要体谅工业、农技部门的难处，在坚持专营主渠道的大原则下适当让利变通。

从更长远的改革目标来看，商业部门也认为“专营不能万岁”。随着供求状况的改善、农产品价格逐步放开和收购政策的改变，农资专营可以取消。但是就是到那时，也要坚持农资流通的主渠道作用。因此，农资流通体制改革的最终目标是要建立一个计划经济与市场调节相结合的运行机制，更多地运用市场机制。区别不同形势下的不同产品、不同品种和不同地区，分别实行指令性计划、指导性计划和市场调节，建立农资批发市场，组建农资企业集团，改革农资企业内部经营机制，建立农资流通的国家和省两级宏观调控手段，特别是风险基金和储备基金。为了增强农资市场的活力和对企业改善经营的压力，要有组织有规则地开展正当竞争，但主要是在农资经营企业间的竞争，而不能搞乱农资经营渠道。国家对农资经营的管理逐步法制化、制度化，实行政企职能分开和政企行为分开，使企业成为“四自”的经济实体。

工业部门有人认为，专营是特殊情况下的权宜之计，从长远来看要走“产销一体化”的路子。因为：①从战后经济发达国家的发展看，化工生产产销一体化是个大趋势，工商分工不一定体现在两个部门，也可以在一个部门内部分为两个系统，世界上大的化肥、农药生产企业都有自己的销售系统；②我国产销分家是产品经济体制的产物，也是生产不发达时期的产物，随着经济体制转向商品经济轨道和生产的发展，也要走产销一体化的路子；③随着供求改善，化肥、农药、农膜市场也要由生产导向转为市场需求导向，工厂要以消费定产，工业自销有利于市场信息的直接反馈，比通过商业更直接、更快、更准；④从目前实际状况看，商业对工业产品实际是不能全包下来，工业自销比重逐年加大，有的地方对有的产品实际是“专而不营”，工业自销反而有销路；⑤工业目前的销售能力确实不如商业，但只要给政策就会发展起来，工业企业普遍人员过剩，组织队伍没问题，储备基金、风险基金，国家给商业和给工业都一样，给了工业企业就同样有了财力；⑥我国应该走发展国产化肥、农药、农膜的路子，一要靠国家直接投入，二要靠减少进口用于化工生产，三要靠挖一块流通利润，四要靠企业内部挖潜，目前商业环节多利大，农民并没得到多少实惠。

工业部门有人认为，专营解决了市场的混乱，但没有解决农资价格的不合理，农资流通体制改革首先要解决价格问题，目前的双轨制价格既不利于生产发

展，又往往造成市场混乱，非改不可。在目前情况下，专营不等于商业独家经营，要给工厂自销权，并逐渐扩大自销比重，以消化原材料涨价，积累技改资金和调动职工积极性。同时工业部门也主张，工厂自销不否定商业主渠道作用，自销也应是销到商业专营部门、直接卖给农民和国家允许经营的单位，不应造成市场混乱，并且主张要加强工商协调，也可发展工商联合、工农联合和工商农联合。

农业部门有人认为，从近期看专营渠道应包括农业部门，从长远看以技物结合为基础建立农村服务体系，更要发展农业系统的化肥、农药，农膜经营体系。农业部门提出要“立足服务搞好经营，搞好经营促进服务”，“以经营促进技术推广”。农业部门要建立本部门的农资经营公司，从事化肥、农药、农膜的有偿转让和经营，要从上到下建立经营机构领取经营执照，县和县以下的农技推广部门要紧密结合本部门业务，开展农资有偿转让和经营活动，并要求在税收、资金和运输等方面与生产企业和农资部门享受同等待遇；要求农业部门建立自己的农资专营领导机构，加强专营管理；建立本部门农资经营的购、销、调、存信息系统和制度；要求农技部门与生产企业开展横向联合、协作，与农资部门开展专业化、系列化联合服务；农业部门要有农用化肥、农药、农膜和技术监测权；农业部门要参与救灾农药的储备决策和动用决定。

有的农业部门提出上述要求的理由，一是认为从国外经验和国内发展趋势看，科技兴农必须技物结合，农业部门在农技第一线，技术强、信息快，要将科技转化为生产力，手中要有物资；二是农技部门站在农业科技前头，承担试验和推广新技术的工作，一些新的试验推广用的新品种，农技部门使用在先，农资部门经营在后，有时农资部门缺货不经营，应该让农技部门有权自主经营；三是既然允许工厂自销，就应允许农技部门经营，工业往往找到农技部门推销新产品，并在价格上大大优惠于从商业进货；四是农技部门经费严重不足，国家近期内无力增加拨款，而商业流通利润大，农技部门通过参与经营分享商业利润，有利于农技事业发展，有利于调动农技人员积极性，最后也有利于推广农业技术发展农业生产，从长远看开展技物结合的有偿经营服务，也是解决农技经费的一条路子。同时，农业部门也赞同农资专营，但是专营单位要包括农技部门在内，农技部门经营农资也要严格执行各项专营政策。农业部门还主张要与农资部门在专营上和服务上，进行多种形式的合作和协商。

此外，有的县、乡政府主张，在建立农村综合服务体系时，另搞一套农民的农资经营组织体系，或将农资系统和供销社划归乡政府转为农民组织。

世界银行认为，随着中国粮食放开，“有必要放开生产资料价格，创造一个名副其实的生产资料市场”。经国务院批准，1989 财政年度世界银行与我国农业部合作组织了中国粮食政策调研，1990 年 11 月世界银行完成调研报告；另于

1991年世界银行与商业部、财政部进行会谈，就改进中国粮食流通效益援助项目，提出了备忘录。在这两份文件中，世界银行在对我国粮食流通、粮食政策调整和改革提出建议的同时，对我国农业生产资料流通改革提出了下述意见。

世界银行认为，化肥市场是化肥生产、进口与化肥使用者——农民之间的纽带。这种联系涉及农业经济和农业生态等许多方面。到目前为止，中国的化肥市场营运情况不错，但也出现了许多问题。化肥消费量预计将从1988年的8900万成品吨增长到2000年的13000万成品吨。为了能应付如此之大的增长量，必须进一步发展市场机制，提高它的效率，以及各种市场信息的流动量。为此应采取以下几个步骤：①改善并加强化肥质量控制机制；②明确化肥需求量，安排相应的供应；③提高国供产化肥的品位以减轻运输的负担；④提高化肥库存能力，增加运输设施；⑤向农民及化肥经销者提供及时的贷款和技术扶持；⑥逐步在化肥贸易中引进竞争机制，让非国营企业参与此项业务。作为一项长期原则，国家不应该参与销售化肥业务。

世界银行还认为，必须简化化肥定价体制。应逐步消除由于政策原因造成的价格扭曲，以及由此造成的化肥分配的扭曲，使许多化肥用在了不该用的地区和作物上了。化肥补贴应该取消，因为大部分补贴实际上用来支付化肥生产及销售效率低的损失。有一部分补贴的确转移到了农业方面，来补偿间接农业税（低价收购公粮）给农民带来的负担，但这是一种效率极低、效果不佳的补偿方式。但是似乎有必要对边远地区的化肥供应提供运输补贴，因为这些地区化肥使用率很低，而肥效增产率却很高。如有必要，这种补贴可限定化肥的用途、使用的时间和最高补贴限额。“三挂钩”的政策应该废除，因为这项政策除了强迫农民种植低产低收益的作物外别无他用。化肥政策的改革必须与农产品价格改革结合进行。但是，政府过于强调氮肥的生产而不顾其他肥料成分，因而决定让那些效益很差的化肥厂继续生产。政府还采取将化肥供应与粮食收购挂钩的做法（而不是与生产力的提高挂钩），这些政策恐怕比化肥补贴政策更有碍于化肥工业效率的提高。

世界银行还对我国化肥生产发展战略，产业结构调整，化肥进口与粮食进口关系，化肥、农药生产和使用结构及效率等，提出了建议看法。

世界银行概括指出：化肥的使用是1978年中国农业生产好转的重要原因。任何旨在提高化肥使用水平及经济效益的战略应包括以下内容：①在农村保证足够的化肥供应；②实施正确有效的技术政策，改善化肥的肥效；③减少化肥使用的风险，比如通过技术和市场政策减少产量及价格的风险；④及时提供足够的，但不一定是具有补贴性质的购肥贷款。

上述观点大体反映了在农业生产流通体制改革方面国内外的主要看法。对于这些看法，首先应给予足够的重视，认真对待。因为这些看法是有关部门经过自

己的调查研究，特别是从本部门实际中得出的结论，虽然有的难免偏颇，但它毕竟反映了我国农资生产、流通和使用中一个方面的问题和要求，是我国农资国情的一部分。另一方面，我们在设计确定我国农资流通体制目标时，又不能拘囿和迁就部门的看法和利益，而要出乎其中，超乎其上，才能做到高瞻远瞩，不失方向。对于世界银行的意见，也应既重视，又不受其束缚，要结合我们对中国国情的了解，从中国实际出发，吸收其意见的合理化成分，例如农资流通体制改革的市场取向意见。

第五章　期货市场、股份制和集体商业改革

第一节　期货市场的改革探讨与建议

期货交易的有关知识①

一、期货交易所

（一）概念

期货交易所是期货市场的重要组成部分，是有组织地进行期货交易的场所或市场。期货交易所是由交易所发展而来的。交易所是进行大宗商品和证券交易的场所或市场交易所。按交易对象不同，分为证券交易所和商品交易所。证券交易所是以股票、公司债券、公债券等有价证券为交易对象的交易所，是长期的金融市场。商品交易所则是以大宗商品，主要是耐储农产品和矿产、能源产品等为交易对象的交易所，亦称物品交易所，它是有组织的长期商品交易市场。

交易所中的交易按性质划分，又可分为现货交易或实货交易，即包括一手钱一手货的即期交易和远期合同交易，再就是进行标准化期的期货合约买卖的期货交易。专门进行期货合约买卖交易的交易所，就是期货交易所。但在许多情况下，也有在同一个商品交易所或证券交易所内，同时有现货交易厅和期货交易厅，是现货与期货合二为一的交易所。判断是否期货交易所，不能仅从交易所的名称上看，而要看是否进行期货交易。有的期货交易所名称上表示明确，如芝加哥期货交易所，但多数从名字上看不出来，如芝加哥商业交易所。日本法律规定商品交易所就是“进行一种或数种商品的期货交易所必须开设的市场”。商品交易所内并不进行现货（实货）商品交易。有的期货交易所是进行商品期货、金融期货和期权期货等多种期货交易的综合期货交易所，有的是专门进行某几种或几种商品期货交易的专门期货交易所，也有的是专门进行一种或几种金融期货交易的专门期货交易所。

---

①发表于1993年5月3日《调研资料》第35期。

（二）期货交易所的形成和发展

现代的期货交易是伴随着商品经济的发展，由现货交易到远期合同交易，再到规范化的标准期货合约交易，逐渐发展而来的。现代的期货交易所，则是由现货交易市场到现货交易所，再由现货交易所经过几十年的发展，逐渐产生并发展起来的。它的产生和发展，大体经历了三个历史时期。

商品交易所产生期。早在古希腊和古罗马时期，就出现了中央交易场所、易货交易、货币制度，形成了按既定时间和场所开展的正式交易活动，以及签订远期交易合同的做法。当时的罗马议会大厦广场就曾经是这样一个中心交易场所。到 12 世纪，这种交易方式在英国、法国发展规模已相当大、专业化更强。到 13 世纪开始在普遍采用现货合同的基础上，出现了根据样品签订远期交货合同的做法。公元 1215 年英国大宪章正式允许外国商人到英国参加季节性交易会，后来在贸易中对在途货物，提前签署文件，列明商品品种、数量、价格，预交按金购买，进而买卖文件（合同），并产生了几国商人组成的公会，为文件买卖担保，并使文件逐渐规范化，这就是期货交易的雏形。交易场所由广场、大街移到茶馆、客栈等室内。到了 1570 年英国皇家交易所正式成立，这是世界第一个商品交易所，其后，荷兰的阿姆斯特丹建立了第一家谷物交易所。比利时的安特卫普开设了咖啡期货市场。在日本，于 1650 年在大阪出现了大米交易所，1730 年政府正式批准大阪堂岛米交易所可以进行“账面结算米”的交易，同年在江户开设了叫“米切手”的“大米延缓销售票据”（期货合同）的交易的交易所。1893 年颁布《交易所法》。在中国，现货市场交易发展很早，但商品交易所产生却很晚，从光绪年间梁启超首议，到 1916 年孙中山和虞洽卿等人再次建议，到了 1918 年才成立北平证券交易所，这是我国第一个交易所。

期货交易所产生发展期。美国的期货贸易和商品交易所的产生和发展，远远晚于欧洲和日本，但真正的成熟的期货交易所却产生发展于美国。1848 年，为解决谷物交易不便和风险，在芝加哥，由 82 位商人发起并成立了美国第一家中心交易场所——芝加哥期货交易所，又称芝加哥谷物交易所。开始也是采用普通远期合同方式，对商品质量和交易期末做统一规定，违约时有发生。在 1865 年交易所做出新规定。推出了作为期货合约的标准化合同，取代原来的远期合同。新的标准化期货合约对商品的质量、数量、交货时间和地点等都做了统一规定，唯一变化的是价格。同年又实行了保证金制度，到 19 世纪末，期货交易所的规章制度相继建立完善，交易商品范围扩大，市场参与者增多，特别是投机者加入成为合法，期货交易所成熟发展起来。

期货交易所现代化时期。20 世纪 70 年代，金融工具期货开始推出，1972 年芝加哥商业交易所首创外汇期货合约交易，1975 年芝加哥期货交易所推出证券期货合约，随后美国政府长期国库券、股票指数、市政债券指数等期货上市。1982年又正式推出期权交易。期货交易对经济影响也越来越大，1984年芝加哥商业交易所首次与新加坡国际货币交易所联网，从而推动期货市场的国际化和延长了交易时间。同时，电子计算机等现代技术设施引入传统的期货交易所，推动了期货交易所管理和交易方式的现代化。目前世界有79个期货交易所（美国20个），上市品种150多个。

（三）期货交易所的组织结构

期货交易所的组织原则，分两大类：一类是非营利性的会员制协会组织；另一类是营利性的股份公司制组织。世界上绝大多数的期货交易所采用会员制，如美国；少数采用股份制，如旧中国。日本的商品交易所原来无股份制形式，证券交易近年开始有了股份制形式。

从旧中国的股份制期货交易所来看，股份制形式有以下特点：集资创办费用由股东承担；交易所承担交易双方违约责任，交易所要向国库交营业保证金；以赢利为目的，收手续费；上市交易者仅限于本交易所经纪人；容易产生串通故意违约；内部组织机构及管理也遵循股份公司基本原则。

会员制在各国和一国内的各期货交易所，基本形式相同，具体做法又有所区别。下面以美国为主加以简介：

美国实行联邦制，各州独立性很大，所以美国的交易所大都是与所在州紧密结合的、非营利性会员制协会组织。成立交易所，必须有法定数额的会员发起，依法登记。会员必须是个人，这是美国的一个特点。有些交易所规定允许会员拥有多种席位，席位仅限私人拥有，但也有的交易所开始允许企业、公司等机构申请拥有某些会员资格。个人会员的席位一般都可以买卖转让，所以会员是个人，席位却可以是公司、企业等机构，这些买了席位的公司、企业等机构也就可以参与期货市场交易。

一般来说，美国期货交易所会员分三种：一是“全席会员”，可以参加任何一种买卖交易；二是“联合会员”，只可以做其中某一种买卖交易；三是“结算会员”，除可以做任何一种买卖外，还可以有资格参加结算。“全席会员”数量固定，退一个补一个。“结算会员”必须首先是“全席会员”，并有2个“全席会员”介绍担保，同时还需购买结算的股票并开设账户。会员在场内交易结束必须通过“结算会员”与结算所结算，所以要成为“结算会员”必须财力雄厚，信誉卓著。成为会员除要申请外，还必须经过财产、信誉等严格审查，并交纳“入门费”，数额因市场和交易所而易。芝加哥期货交易所的“全席会员”是50万美元，“联合会员”是23万美元，目前该交易所共有会员3490个，其中“全席会员”1402个，“联合会员”716个，此外还有专门进行政府债券期货的会员257

个，进行有关指数、债券、股票指数和贵金属期货交易的会员 547 个，进行各种期权交易的会员 568 个。不能取得会员资格的人，只能委托会员进行交易，会员也可起到经纪人作用。但市场部门把受托交易也一律视同会员本人的交易，由会员负责。会员要兼做经纪人，需经考试登记。不同的会员享有不同的手续费率优惠。

交易所的最高权力机构是董事会或理事会，董事会由交易所会员大会选举产生。交易所下设各类专门委员会，委员会由董事会或会员大会选举的交易所成员组成。委员会有权对董事会提出建议，协助董事会负责处理有关业务事项，主要包括：提出董事会成员、董事长及各委员会成员的候选人；管理交易所；监督财务；监督调查交易所会员的业务活动；仲裁纠纷；上述委员会做出的仲裁决议；审查会员资格申请人；监督交易场所业务活动；监督市场价格报告制度的实施；管理交易所的不动产设施；修正交易条例和规则；监督商品合约变动；处理公共关系；负责销售教育；管理衡器；管理仓库；检验根据期货合约规定而交割的商品。

此外，交易所还有行政工作人员和行政部门，负责执行董事会和各专门委员会做出的决策，一般说行政部门与专门委员会对口设置，并对一名执行总裁或高级官员负责。芝加哥期货交易所设有 50 多个专门委员会。

美国的期货交易所内还设有结算所，英国等欧洲的交易所结算是由国际商品结算所进行。

二、期货交易的参与者

（一）期货交易与期货市场

期货交易是买卖期货合约的交易。期货合约虽由远期合同发展而来，但与远期合同已有很大不同，它是对商品的品质、数量和交割日期，都有严格统一规定的标准化和规格化的契约。期货交易是按规定的制度、程序和方式，在期货市场上进行的。

期货市场是进行期货合约买卖的市场。由于买卖的期货合约的种类不同，又可划分为商品期货市场和金融期货市场。

期货市场一般由四部分组成：商品交易所（或期货交易所）；经纪行；结算与保证公司；交易人士，即期货交易的参与者。

（二）期货交易参与者定义

凡是参与期货买卖的成员，都可称为交易人士。

由于期货交易的特点有两个：一是回避价格波动风险，做到套期保值；二是利用价格风险，投机获利。所以，期货交易的参与者，按参与目的划分，基本上也是两大类：一类是套期保值者；另一类是投机者。

套期保值：是买进（或卖出）与现货市场数量相当，但交易方向相反的商品期货合约，以期在未来某一时间通过卖出（或买进）期货合约而补偿因现货市场价格变动所带来的实际价格风险。

在现实的经济生活中，受经济、自然、社会、政治、军事等重大环境条件变化的影响，风险无时无刻不存在。例如，在农业生产中，气候的变化，会造成减产，影响种植者的收益；也会抬高农产品的价格，影响经营者的利益；提高从农产品为原料的生产加工者的成本，影响生产加工者收益；最终导致市场价格上升，影响消费者利益。再比如，在金融业中，利率的上升势必会影响金融机构的存、贷款利息率水平。因此，包括农业、制造业、商业和金融业在内的各经济部门都会不同程度地面对价格风险的威胁。为了回避这些风险，就在期货交易中出现了套期保值者。

套期保值者。简言之，就是通过期货交易来获得价格的保险，使自己的经营业务不受价格波动的影响达到预期的效益。商品期货的套期保值者，一般都是实际的生产者、经营者和实用户，如农场主、制造商、生产加工商、谷物储藏商、贸易商等；金融期货的套期保值者一般是银行家、债券经销商、保险公司、货币资金经理、年金基金会、州及地方政府、公司财务人员、储蓄所、信托机构人员等。事实上，具备一定条件的任何想寻找回避现货市场价格不利变化的个人或公司、单位，都可以利用期货市场为其现货交易活动进行套期保值，按制度经过一定程序和方式，成为套期保值者。

期货投机者。期货交易的投机者是那些甘愿承受价格风险，并利用价格波动风险，预测价格走势，利用自己的资金不断地买进卖出期货合约，希望从价格的变动中获取利润的个人或企业、单位。投机者与保值者不同，他没有什么商品、资产等需要保值，他之所以买进期货，是因为预期价格要上涨，之所以卖期货，是预期价格会下跌。投机者对实际商品毫无兴趣，他们总是在合约到期前通过做一个相反的交易，对冲其在手合约，以免去交割实际商品的责任。

投机者通过买空或卖空一种期货合约进入市场，根据各自对市场的预测而做出买进或卖出的决定，其获利的潜在可能性与其对价格预测的水平技巧成正比。像拥有实际商品一样，投机者在期货市场进行期货交易时，同时面临获利和亏损两种可能性，据有的交易所统计，约 85％的投机者最终是亏损，只有 15％的投机者最终是赢利，但由于存在赢利的可能性，总有投机者参加交易。

投机者的种类。按交易部位区分：在交易中买进期货投机者叫多头投机者；卖出期货投机者叫空头投机者，两者并不始终固定，而是经常变换的。按交易量大小区分：当投机者拥有的空盘合约达到一定数量时，被称为大手部位持有者，大手部位持有者要定期向期货交易委员会报告其所交易的期货和期权部位，以防

止操纵市场；另一类是交易量小的大众投机者，则不需报告其交易部位。按投机者采取的投机技巧划分，有基本性分析派和技术性分析派等。按不同投机方式划分，一是部位交易者，买进或卖出期货合约后，通常持有数日、数周或数月以上，再伺机对冲，专业交易者和大众交易者大多如此；二是当日交易者，只进行某一当日或某一交易节的交易，很少拖到次日对冲，多为交易所内为自身交易的会员；三是“抢帽子”者，是利用微小的价格波动，赚取每张合约的微利，但每次买卖的合约数量很大，这些逐小利者不会等到第二天才平仓，此类投机者都是为自身交易的专业人员；四是套期图利交易投机者，亦称差价交易者或期货间跨利交易者，是利用同一商品不同交割月份间差别，同种商品在不同交易所间差别，不同商品但相互有关联的合约间差，以及同一商品的现货与期货间变化价格差的关系，进行投机获利。

（三）套期保值者与投机者的关系

在期货市场上，套期保值者和投机者是相辅相成、缺一不可的。投机与赌博不同，赌博是没有风险，人为地制造风险，掀起波浪；投机则是已经客观上存在了风险，去预测风险，驾驭利用风险，并承担、分化和转移风险，从而使套期保值者有处转移风险，保值成为可能；二是投机者提供了交易资金，扩大了交易量，增加了大宗交易成功的机会；三是投机者的频繁大量买卖活动，促进了市场的流通性，有利于公正价格的形成；四是投机者的低价买进和高价卖出，调整期货市场供求，平抑价格波动幅度，有利保证市场在波动变化中的稳定。所以，投机和投机者，是期货市场的润滑剂，没有他们就没有期货市场和套期保值。另外，投机又必须与套期保值者相协调。如果投机成分过浓，投机者数量过大，大大超过了套期保值者转移价格风险所需要的量，期货市场的流通性就会大大降低，甚至导致期货市场失败，特别当出现投机垄断时更是如此。所以，期货市场上的投机要为套期保值服务。

除上述套期保值者和投机者外，期货交易的参与者中，还有少量贸易商，为的是买卖大宗商品时获得比现货市场合算的期货价格，因为其有能力将期货合约转为现货交割。但由于利息水平提高，在期货市场上进行实货买卖的贸易商较少。

需要说明一点，除特殊情况外，无论是套期保值者，或是投机者，并不是自己直接进到期货市场进行交易，而是通过期货市场的经纪行代为进行交易。

三、经纪行和期货公司

（一）概念

经纪行是代客户进行期货交易的公司，即期货公司，也叫经纪人事务所和期货佣金商。因为只有期货交易所的会员才有资格在期货交易所进行期货交易，所以社会上的非会员个人和机构要想做期货交易，必须通过会员进行。同样，经纪行要代客进行期货交易，自己必须首先是期货交易所的会员。在期货交易所的会员中，有少数是只为自身从事期货交易，是自营会员；有的是既自营又代客经营，具有双重身份（也有的国家法律规定不准有双重身份）；有的是专门代客经营而本身并不经营。专门代客经营的会员按法律规定注册登记，就是经纪行。兼营代客经营业务的，也要按法律程序登记，或取得经纪行身份，或取得经纪人身份。

在美国，经纪人必须在商品期货交易委员会注册登记，并具有国家期货协会会员资格。商品期货交易委员会、国家期货协会和各交易所对经纪行的注册登记都有严格的规定。如申请者必须提交本公司的资历和规章制度，要拥有法定的资产数额，本公司的法人代表不得有犯罪经历，以及合乎其他规定条件。经纪行中具体负责某一商品期货代理业务的人员，包括部门主管、董事成员和拥有本公司10％以上股份的股东，也都必须呈交个人申请书。其中业务人员还需经过规定的考试取得资格。经纪行以法人注册，注册后如变成不合法定资格者，要接受审查、处罚。

经纪行的规模有大有小，业务各有不同，资格身份也有区别。资本雄厚、信誉卓著的经纪行，业务多元化，十分庞大，联系的客户多，生意大，除做商品期货外，还做证券、房地产、金融期货等业务；有的经纪行专代做商品或某一两种商品期货业务；有的经纪行专代做金融期货业务；也有的专代做套期保值业务；多数则代做大众的投机业务。有的经纪行规模很小，只是由几个人合伙组织的。经纪行用各种办法提高信誉和服务水平，用来招揽客户，同业间竞争十分激烈。

（二）经纪行的职能和组织

经纪行不论规模大小，经营范围和名称如何，其基本职能是一样的，主要有：①代客户办理期货交易手续；②向客户介绍和解释期货合约的内容和交易规则；③经常向客户报告市场信息，并在可能的情况下提出有利的交易机会；④报告合约的执行情况和盈亏结果；⑤充当客户顾问和对客户进行期货交易及制订交易战略培训；⑥向客户征收履约保证金，并按规定单独立账；⑦提供基本的会计记录。

大的经纪行设有专门机构来履行上述职责，一般设有：①结算部：负责核对客户每宗交易与未平仓合约与结算所的记录是否一致，监管每一客户的盈亏账目；②按金（保证金）部：监察每一客户的买卖活动，确保客户有足够的按金去支付手上未平仓合约，及时提供客户的财政情况，核查客户做过的买卖；③信贷部：经常核查新旧客户的财力情况，根据客户收入来源，规定客户交易期货合约

数量限额，向客户索取财政资料，评估每个期货市场的价格波动程度，确定出每种期货的按金水平；④落盘部：负责将客户的期货买卖单送到市场经纪人手中，再按市场成交情况转告客户；⑤现货交割部：主要负责未平仓合约的实物商品的银货交割，处理有关交收文件和货款往来。

经纪行雇用经纪人派到期货市场内，穿上“号衣”，代表经纪行代客户交易，称场内经纪人。有的经纪行还雇用场外经纪人招揽客户，也有的经纪行并不另雇用场外的经纪人，而是与专门从事客户与经纪行间介绍工作的中间介绍经纪人建立联系，通过介绍经纪人招揽客户。经纪行的市场经纪人要有专门知识，符合法律章程规定条件，经过考试注册方能取得进场资格。

（三）经纪行与期货交易所

经纪行作为会员，代表客户在交易所进行期货交易，交易所则把全部交易都视为作为会员的经纪行自身的交易，要由经纪行对其全部交易负全部责任。经纪行除作为会员交纳会费外，还必须作为经纪行拥有规定的资本份额，数额多少视其承揽客户业务所应由资金大小而定。

作为会员的经纪行，可能是结算会员，也可能是非结算会员，但交易所的结算所只对结算会员结算。作为结算会员的经纪行要向结算所交纳规定的保证金，并收取本身客户的保证金，作为非结算会员的经纪行，则只能代客户进行交易，而不能直接同结算所结算，其结算必须通过结算会员进行。所以，非结算会员一方面要向客户收保证金，为其要本经纪行中立账，与之结算收取佣金；另一方面，又必须以本经纪行的身份向结算会员（经纪行）交保证金、开立账户，由结算会员代为结账，并向结算会员交手续费。

结算会员（经纪行）间的保证金是一个连环保制度，即有一个结算会员破产，其保证金不足补空时，要由交易所其他结算会员的保证金补足。

（四）经纪行与客户

除上面已经谈到的关系外，这里还要进一步说明以下几点：

(1) 接收新客户。由于经纪行代客户在交易所进行的期货交易，是被视为自身交易，要负全责。所以接受新客户要十分慎重，要全面了解客户的资历和财产、信誉情况，对老客户也要随时把握其变化情况。在接受新客户时，还必须依法向其宣传有关期货交易的文件，并要求客户在规定的文件上签字，对于合乎期货交易条件并具备规定资本额的客户，经纪行可为其进行登记立账，收取保证金。

(2) 接受并转达客户指令，代为交易。经纪行最重要的职责是代表客户利益，为此必须明了客户意图，妥善地转达客户下达的交易指令，并准确无误地代表客户下单。以确保客户指令在交易所内妥善处理，如有稍微的疏忽即会招致交易上的巨大损失。

（3）代客户结算。

（4）收取佣金。经纪行从客户的盈亏中扣除佣金。佣金多少各国和各交易所规定不同。美国一般是按照每张期货合约收取若干佣金，由于每种商品期货合约所代表的交易金额不同，每种商品收取的金额也不同。各交易所、经纪行对不同客户收佣金标准也不同，对稳定的大客户有折扣优惠。结算会员对其他会员收费要低于非会员客户。当口平仓交易佣金低于长时间平仓交易。日本对手续费由交易所统一规定，每一笔买卖收双程手续费。美国则是委托者与受托者双方协议。

关于试办郑州小麦中央批发市场和粮食交易所的建议①

一、建立粮食批发市场和交易所，是深化粮食流通体制改革的关键

改革以来，粮食流通体制发生了重大变化，目前已形成了一个计划调节与市场调节双轨运行的格局。每年在大约 2000 亿斤的商品粮总量中，60％左右依靠计划调拨，40％左右依靠市场调节流通。粮食市场在保证基本供给稳定的前提下，出现了生机活跃的势头。

但是，由于一方面，农业生产出现了持续停滞的局面，粮食产量没有显著增加，而需求却不断扩大，供求矛盾日益突出；另一方面，粮食的双轨流通体制，未能及时完善；反而时常自乱阵脚，不能更有效地组织流通，所以，粮食市场处于“一管就死，一放就乱”的恶性循环之中。解决这一问题的根本出路，除了大力发展粮食生产，适当控制需求之外，还要下决心继续深化粮食流通体制改革，整顿粮食流通秩序，提高在短缺条件下的粮食供给效率。

我国是一个有 11 亿人口的大国，粮食在国计民生中有着极端的重要性，粮食市场必须是一个稳定的市场；我国又是一个粮食生产落后的农业大国，并且国家财力有限，所以，我国的粮食市场又必须是一个能够有利于刺激粮食生产，减少国家财政补贴负担，能够按价值规律办事的充满生机和活力的市场。建立一个稳定而活跃的粮食市场，应该是粮食流通体制改革的基本出发点和目标。

鉴于在近期内，我国的粮食生产不可能有重大突破，进口能力也不会有显著增加，而粮食需求仍将持续增长，所以，粮食供求的紧张状况不会有根本性改变。粮食流通体制的改革，只能在这一大背景的制约下进行。新中国成立 30 多年来的经验和改革 10 年来的实践证明，过去那种单一的计划管理体制，虽然能

①本文是 1989 年 2 月在集体研究讨论的基础上，为商业部提交的一个内部报告，其中部分内容为后来办郑州粮交所采纳。

一时求得粮食市场的稳定，但是以扼制粮食生产和不断增加国家财政负担为代价的，最后会导致粮食市场的大动荡；而单一无组织的市场调节，虽然能一时刺激粮食生产，但会引起粮食市场的混乱，并最终挫伤农民粮食生产的积极性。因此，粮食流通体制的改革，既不能回到旧的单一计划轨道上去，也不能向盲目的自由市场调节单轨方向发展，在近期内，只能走完善计划调节与市场调节相结合的双轨制的路子。

当前，粮食流通中出现的困境，除供求因素外，就流通本身而言，并不是粮食双轨制思路的失误，而恰恰是粮食流通双轨制不深化不完善的结果。这主要表现在：①计划一轨没有根本性改革，名义上虽将统购改为合同订购，但在实际执行中还是老一套，同时国营粮食公司在管理体制和经营方式上也基本无大变化；②市场调节一轨活而无序，把市场调节等同于撒手不管，处于无法律制度和无组织管理的自由化状况；③没有协调好计划调节与市场调节两轨之间的关系，相互冲击和摩擦日渐严重。完善流通的双轨制，就要针对上述问题，改革计划管理方式，加强市场组织管理，协调计划与市场调节关系，使双轨运行并行不悖互相促进。当务之急，首先要抓好市场调节这一轨的改革，以深化市场组织，强化市场功能，来整顿粮食市场秩序，促进粮食计划管理的改革，带动整个粮食流通体制改革的深化发展。

深化粮食流通中市场调节的改革，当前，应当从试办有组织的粮食批发市场和粮食交易所入手。因为，第一，粮食流通的关键是批发环节。抓批发有两个途径：一是在独家垄断经营的条件下，抓国营批发公司。过去和现在正是这样做的，将来也不可能完全放弃。但是仅靠这个办法容易产生僵死和停滞，扼制市场作用；另一条途径是抓批发市场。通过政府办批发市场、管批发市场，将众多无序的批发交易，纳入到政府有组织的批发市场内进行，置于政府的直接管理监督之下。这在多渠道流通的条件下，是一个“管而不死，活而不乱”的办法。办粮食批发市场和交易所，是这一途径的基本形式，也是前一段改革中未曾做过的。

第二，办批发市场和交易所，是建立粮食市场体系的重要基础。从长远看，粮食流通体制，最终也要建立一个“国家调节市场，市场引导企业”的有计划的商品经济的目标模式，建立粮食市场体系是势所必然。粮食市场体系，从环节来看，是由批发市场和零售市场构成；从辐射范围来看，批发市场又可分为面向全国的中央批发市场和面向一定区域的地方批发市场；从交易内容和方式来看，又可分为现货市场和期货市场。我们主张办的有组织的批发市场和交易所，从广义上讲都是批发市场的组织形式，前者是初级的批发组织形式，后者是高级的批发组织形式，但都是粮食市场体系的重要组成部分。

第三，办批发市场和交易所，可为整治粮食市场，提供一个政府作用的支点。粮食市场问题，一是渠道混乱，二是价格波动。建立批发市场和交易所，可以将众多的买方和卖方集中起来，便于建立稳定经常性的商流关系、疏通渠道。同时，公开的竞卖竞买，有利于形成公正合理的价格，避免私下交易中价格的暴涨暴落。此外，提高了粮食市场的透明度，确定了法律制度，可以更有效地规范政府和企业行为，有利于中央政府的宏观调控。

第四，现已初步具备了试点的基本条件。全国每年2000亿斤商品粮中，平价供应的1000亿斤仍维持计划调拨，由国营公司经营，实行平价供应，这样全国粮食市场基本需求有所保证，市场不会大乱，粮价也不至于暴涨。另外近1000亿斤议价部分，可以进入批发市场和交易所流通，数量还是相当可观，批发市场和交易所是有生意可做的。特别像河南小麦，不仅生产集中，商品量大，每年可提供60亿斤上市量，而且本省不存在议转平的供应问题，加上每年进口的约200亿斤小麦和全国其他产区的上市小麦，全国可有近400亿斤小麦用来进行市场交易。只要中央在政策上下大的决心，在实施办法中处理好各种重要利益关系，精心组织，是可以搞起来的。

二、试点的具体设想

（一）批发市场和交易所同时试点

粮食批发市场和粮食交易所，一个是现货市场，另一个是期货市场，代表着商品经济粮食市场发育的不同阶段，各有不同的功能。在我国这样一个商品经济很不发达的大国，不经过集中有组织的现货批发市场，粮食市场的组织化规范化将无从抓起；如果没有期货市场，现货交易中存在的风险和价格形成等问题也难以解决。所以，既要搞集中有组织的现货批发市场，又要搞期货市场。要在批发市场的基础上发育产生期货市场，但又不能等待批发市场完全发育成熟再试办期货市场，只应是批发市场与期货市场同时试办。要让期货市场依托于批发市场，并将期货市场的某些机制引入批发市场，促使期货市场的发育成熟，完善丰富批发市场的功能。作为试点的第一步，建议先试办郑州小麦中央批发市场和郑州粮食交易所，在一个建筑物内，分设批发市场交易厅和期货市场交易厅，两个机制两个系统分别设计同时试验，上边统一协调。

（二）批发市场系统

1. 在全国逐步建立包括中央批发市场、地方批发市场和集市贸易市场的粮食现货市场体系。中央批发市场是经国务院批准，由商业部和地方政府合办，共同管理，设在主产区的面向全国的大批发市场，全国设办若干个即可。地方批发市场是经商业部批准，由省和地县政府合办，共同管理，设在有相当商品量的产区的面向一定区域的批发市场，全国可以办上百个。集贸市场是自由的零售市场，常年开放，但不得经营批发业务。批发市场是非营利的服务性机构。

2. 批发市场内部组织。包括三部分：一是开办管理者。其主要职能是：监督市场交易，维护正常经营；制定本市场的规章制度，并负责实行；监督指导经营，审查交易者资格、资金状况和经营范围；负责设施修建和维护；负责警卫和卫生；从事有关批发市场业务的宣传普及工作等。中央市场的开办管理者可由商业部和省政府共同派员组成管理机构，也可由省政府派人组成管理机构，商业部派员监督。为了协调工作，可在省一级组成包括各有关部门负责人参加的批发市场协调委员会，作为非常设机构。

二是进场交易者。合乎法定资格的粮食批发公司、粮食代理商、粮食加工厂、大的粮食用户，经过申请经由批发市场开办管理者的批准，方可进场交易。交易者的资格应包括没有违法记录，拥有法定资金数额，具备一定年限的粮食批发业务经验等。进场交易者要是独立的法人，有自主经营的权责，不应受所有制和行政级别的限制，只按本市场资格标准衡量。为保证批发市场的适度竞争，进场交易者必须保证足够的数量，取得资格后不得随意停业。对于违反市场交易制度者，开办管理者可实行适当处罚，直至取消交易者资格。

三是交易服务机构。包括结算中心，负责成交合同的鉴定、认可和合同保证金的收取，以及交易金额结算转账；信息中心，负责统计和公布成交数量和价格；仲裁委员会，负责交易纠纷的仲裁调解，违章交易的审查处理；其他相关联的金融、运输、通信、会计、法律、食宿、商店、卫生和警卫等进驻机构。

3. 批发市场的交易内容和交易方式。①指定交易品种。批发市场一律进行指定上市粮食品种的现货交易。地方批发市场上市品种可以适当放宽，多一些；中央批发市场上市品种要严格限制，每个市场以一两个品种为宜。非经准许的品种一律不得上市。②合同转让。中央批发市场除进行近期现货交易外，也开展远期合同的现货交易，并准许合同到期前的转卖；地方批发市场只进行近期现货交易，不准许合同买卖。合同一律实行标准合同。③批发市场实行看样交易。④公开拍卖形成价格。可以从高到低，也可以从低到高叫价拍卖，公开竞争，只有在特许情况下方可实行相对议价成交。⑤登记销售。卖方当日要出售的粮食或合同，必须事先申请登记，一经登记，必须参加拍卖销售，价格随行就市，不得因拍卖成交价低而拒售。⑥平等竞争。凡取得进场交易资格者，身份地位一律平等，买卖双方均不得歧视和区别对待。⑦保证金制度。进场交易者除按规定向批发市场拨存仍归己有的一次性定额交易保证金外，每成交一笔生意都要按一定比例交纳保证金，保证金比率可以是固定的，也可以是积进的，由批发市场明文规定，遇有特殊情况，批发市场可临时规定追加保证金。保证金不得拖欠，不按规定交纳者合同无效。违约方的保证金本息，均由结算中心划拨给交易对方。⑧价幅限制。为防止价格暴涨暴落，批发市场条例要规定当日市场成交价，不得高于或低于前日市场收盘价的一定幅度，超过一定界限则自动闭市，所签合同无效。

⑨配额限制。为防止大公司抢购垄断和地区间供求失衡，由商业部制定各省在批发市场购入粮食实际交割总量和每一交割期的实际累计交割量，逐级落实到每一个进场交易者。凡全年和每一交割期购入的实际粮食超过限定配额部分，该部分合同无效，并必须立即拍卖。在交割期前进行的合同买卖数量不受限制。⑩兼业限制。进场交易者必须是经营粮食的专营批发公司或消费粮食的加工生产用户，他们在场外不得兼营非粮食经营业务或与粮食无直接关系的业务。

（三）粮食交易所系统

1. 组织形式机构。粮食交易所是专门进行粮食期货交易的市场，是事业性的非营利的服务机构。根据国际经验和我国经验，可考虑采取如下组织形式和设置机构：

（1）经国务院批准，委托商业部和当地省政府联合开办，组织同一班子共同管理。

（2）商品交易所实行会员制。是由会员组织的非营利性法人，其最高决策机构是会员大会，日常业务由执行机构——理事会处理，理事会由理事和理事长构成，经会员大会选举产生。作为理事长或理事会的咨询机构，设有若干常设委员会和专门的特别委员会。这些委员会的委员从理事、会员和学识经验丰富的社会名流中选拔，经理事会审定后由理事长聘任。常设委员会包括：总务委员会、财务委员会、市场管理委员会、会员资格审查委员会、商品规格鉴定委员会、交割处理委员会和纠纷仲裁委员会等。

（3）会员。合乎法定会员资格，拥有一定资产条件，在交易所中进行上市商品买卖者或中介买卖者。会员的法定资格应包括守法记录、商业信誉。成为会员要出股金购买会员席位，会员股金由交易所规定。会员财产额不得低于交易所规定的纯资产最低限额，经营每种商品亦不得拥有低于规定的财产限额。会员席位可以买卖，价格随行就市。试办之初可仅审查资格和财产额，暂免交会员股金，以后视交易发展再定。从长远看，会员可由商品生产者、经营者、消费者、投机者构成，在初期暂不宜吸收专门的投机者，也不吸收私人企业和个人参加。每个会员一律平等，拥有相同的权责。会员是法人。只要不违章，资格长期有效。

（4）经纪行（或商品交易员）。从长远看，交易行必须有经纪行参加，经纪行是会员中根据一定标准，经商业部批准的会员，经纪行除进行本身的买卖交易外，还可从事接受他人委托的买卖业务交易。非会员不得进场买卖，其买卖业务必须委托会员中的经纪行进行。经纪行受理买卖委托业务，根据成交笔数或成交额收取法定比率的手续费。经纪行可向场内派入经纪人。经纪行资格可若干年重新审核一次，重新登记批准。经纪行的标准应包括：拥有足以进行正常受托业务的财产，且受托业务收支前景良好；具有公正、可靠地进行受托业务的知识和经

验，且有充分的社会信用；经纪行在申请开业地区有必要的足够业务可做。经纪行雇佣外勤登记员，直接随委托业务，外勤登记员要经过政府主管部门考试，合格者发给业务证书，两年重新登记审核一次。其他人员不得接受委托业务。

（5）设置各种职能机构，主要是：负责处理总务行政事务的行政部；主持确认成交的交易部；收集分析处理信息的信息部；负责交易结算、交易所财务业务和保证金处理的结算保证金部；主持实物交割的交收部；仲裁监督部。

2. 交易内容和交易方式。

（1）上市商品。为经过批准上市的市场调节部分的粮食。可首开小麦、玉米、大豆。

（2）交易对象。为标准期票，每笔交易数量预先确定。如大豆可定为每笔15000千克（60千克一袋，一笔250袋），作为一个买卖单位。

（3）买卖方法。按单一期票价格竞争买卖，即参加买卖者互相竞争买报价和卖报价，当买卖数量一致时价格为成交价，不一致时则反复竞买竞卖。

（4）定时交易。每周开市若干天，每天若干次，每次规定若干时间，到时开市闭市。

（5）限月交易。期货交易采用限月制，即在规定期限之月交割，到期之前进行期票交易。

（6）差价限制。规定当日成交价不得超过或低于前收盘价的一定幅度，超过界限即自动闭市。但对于当月到期的期票，在当月15日以后，可不受价格限制。

（7）委托保证金制度。经纪行根据委托合同准则规定，必须就买卖交易的受托，从委托者处收取委托保证金，金额比率依法规定，在一方违约时交付给对方。

（8）成交额和交易额、剩余额。一定时期内签订的买卖合同数量叫成交额，一组买卖成交额为一笔。买卖数量合计为交易额，完成一组买卖、交易额为两笔。买卖数量余额为剩余额留下一组买卖，剩余额为一笔。

（9）交割。在期票规定交接日，买方向交易所递交买货款，卖方向交易所递交商品交易所指定仓库发行的库存品证券，进行银货交割。

（10）委托者债权。为防止经纪行破产带来委托者保证金损失，经纪行要在交易所寄存一定数量受托业务保证金。

（11）经纪行赔偿金基金会。以经纪行为会员，向商品市场的每笔交易征收一定数量负担金，作为基金汇总起来。当某一经纪行破产不能赔偿委托人保证金时，由该基金会代为赔偿。

三、需要国家制定的重大政策和措施

试办批发市场和交易所，不能孤军突进，必须采取相应的小配套政策措施。

主要有：

1. 关闭批发市场和交易所以外的所有粮食场外批发交易，同时常年开放零售集贸市场。

2. 在完成合同订购任务前，禁止任何组织机构到产地非法收购粮食，同时关闭粮食批发市场和交易所。

3. 产地县经批准每县可组建五个左右粮食批发公司，依法登记注册经营批发业务，其他机构均不得到当地收购粮食，县一级粮食公司亦不得跨县收购，也不准在当地完成合同订购粮收购前收购。开放市场收购时，各公司一律平等。国营粮食企业独立经营，平价和议价、批发和零售、购销和储运都各自独立，业务上同粮食局脱钩。

4. 实行商流与物流挂钩。批发市场和交易所成交的粮食，由驻市场和交易所的运输、仓储机构签发准运证，安排火车车皮到指定购买交货地仓库起运，公路设卡检查，无准运证的大批量粮食运输一律为非法，除没收粮食外，追究法律责任。

5. 逐步取消“议转平”。产地议转平任务，由各省（市）粮食局委托粮食公司到批发市场来购，批发市场给予优先购买权，购到指定数量为止。所增加的差价款，由接受使用这部分粮食的县市财政局负担，特别困难者由中央和省级财政给予适当补助。对此中央财政和省财政要单独列出户头划拨预算。这样做可以利于打破封锁，扭转粮食调出吃亏调入占便宜的反常现象，鼓励当地粮食生产。

6. 保证地方政府既得收入、收取交易费。由批发市场和交易所，征收一定比率的交易费，交给产地地方政府财政，地方批发市场交市县，中央批发市场交省。数额可按现在历年当地地方政府议价粮经营收入倒算。所有被批准的粮食批发商，除照章纳税外，也要向当地政府交一定经营费。

7. 各级地方政府不得再封锁粮食流通，也不得违法干预粮食正当经营，全面实行市场流通部分粮食的有组织的自由流通。

8. 放开市场调节粮食的价格。批发市场和交易所的粮价全部放开，依章自由浮动，市场收购价随行就市。物价部门不再干涉，亦可不将批发市场和交易所成交价统计到物价指数中去。

9. 批发市场和交易所是服务性非营利的事业单位，税务部门要免予征税。

10. 地方政府要拨出专款投资兴办批发市场和商品交易所，增设扩建储运设施。开始可以土法上马，尽量利用现有设施，有条件的也可搞得略为标准化一些，但不可贪大求洋，盲目追求现代化。还可以经过严格组织，有效利用国际金融机构等组织的支持。

11. 中央建立粮食市场调剂安定基金，掌有包括一定数量外汇的吞吐能力，以备不测。

12. 工商管理部门承认批发市场和交易所合同买卖为合法，交易所正当投机活动为合法。

13. 其他必要的政策和措施。

四、实施办法

1. 建立法律规章制度。由国务院委托商业部负责起草《批发市场法》和《粮食交易所法》及实行细则，报请人大常委会审议通过，颁布实行。在此之前可作为暂行条例试行，具有法令效力。由试点地区省政府起草当地试点的批发市场和交易所的组织条例，经省人大常委会通过，作为地方法规执行。地方政府制定的条例要以中央颁布的上述法律、法令为根据，基本原则不得抵触。法律、法令和条例要明确具体、准确。一经颁布就要严格执行。

2. 建立试点工作的组织领导机构。国务院可责成商业部成立由一名副部长主持的专门机构，负责设计试点方案，起草有关法令制度，提出政策建议，确定试点地点和品种，协调有关部门的政策和行动，审查地方政府的试点办法和制定的有关规章制度，并具体指导各项试点工作。试点地区的省政府，也要由一名副省长主持，抽调各有关部门的人员，组成批发市场和交易所工作协调小组，下设专门的办事机构，负责相应的试点组织工作。

3. 开展研究咨询工作。在中央，由中央农研室流通组、国家体改委流通司、国务院经研中心市场流通局、商业部商业经济研究所，协同组织人员开展批发市场和交易所的研究，并及时向中央领导部门和试点地区政府部门以及试点的批发市场和交易所提供咨询服务，组织社会力量对试点方案进行论证，协助试点工作领导机构设计方案，起草法令制度。地方的研究机构也要开展类似的工作。在可能的条件下，邀请外国专家学者来华咨询，也可派人出国进行必要的考察。

4. 开展培训宣传工作。由中央有关研究咨询机构，组织力量编写教材，组织一支人员相对稳定的讲师团，对同粮食批发市场和交易所的工作和业务有关的各级政府工作人员和企业经营者，进行轮训。有条件也可请外国专家学者来华讲学。在适当时机，也可选拔少数精干人员，到国外粮食交易所进行实际交易实践。报刊等新闻单位也要进行必要的配合宣传。

建立商品期货市场的初步设想①

一、商品期货市场是商品经济发展的产物

商品期货市场，是买卖商品远期交货合同的一种市场。现代商品期货市场，通常同一个有组织的商品交易所合在一起，由这个商品交易所提供一个可以从事期货买卖的持续和稳定的市场（交易场所）。

期货市场是随着商品经济的发展，交易方式和内容的变化，而逐步产生并发展起来的。最初，商品交易只是单一的现货交易，即成交后立即或在极短期限内履行银货交割。这种交易方式不能完全适应错综复杂的商品交换，特别是不能适应大宗的、产销关系相对稳定的并能避免或减少风险的商品交换要求，于是产生了期货交易。初期的期货交易，是约定一定日期再按规定条件进行银货交割，与现货交易都是一种实货交易。作为一种实货交易的期货交易，虽然是一个进步，但仍有自身的局限性：①分散交易，不能反映市场供求的真实情况，因而形不成真正的市场价格；②虽能在正常供求条件下保护产销双方的一定利益，但仍然不能解决供求大波动时期给产销双方带来的价格风险和可能得到的最大利益；③在买卖一方不能履行合约时，会造成经济的连锁混乱；④生产者只能根据上一个生产周期结束时的价格，确定下一个周期的生产，盲目性仍然很大。期货市场就是为了解决这些矛盾应运而生的。

最初的期货市场，只是一种俱乐部式的交易活动，人们利用远期合同到期前的时间，转让和买卖远期合同，用来取得差价或保证履行自己的合同，避免风险。交易没有固定的场所、统一的商品标准、严密的组织和严格的制度，政府甚至一再明令这种买卖合同的交易为非法。后来，于 1531 年在比利时的安特卫普创办了世界上第一个交易所。（流行资料认为第一个交易所是 1571 年创立的英国皇家交易所，是不准确的），期货交易逐渐有了固定的场所，并慢慢建立起一套规章制度，买卖的期货也由非标准化的商品合同，变为标准化的商品期票。交易也由实货交易为主变为期货合同买卖为主，投机成为期货市场的主要活动。到了 1848 年美国芝加哥期货交易所成立，经过 17 年的制度完善，标志着期货市场发展进入了现代的成熟时期。目前全世界约有六七十个商品期货市场，交易品种达 100 多种，世界贸易量的 15％是通过商品交易所成交的，世界农产品价格约 85％是根据相应的商品交易所的成交价确定的，其中全世界约 90％以上的谷物期货交易量是在芝加哥交易所进行的。

---

①内部报告。

期货市场所以成为现代商品经济的重要组成部分，成为现代商品市场的重要形式之一，除了投机利益的刺激之外，是因为它在商品经济发展中有着实在的积极作用：①保值作用。一是商品生产者和经营者，按自己认为合适的价格，在期货市场上卖出或买进期货，可以预期保值；二是通过作套头买卖（对冲）进行套期保值，达到价格波动时不损失利益。②转移和分散风险。利用期货投机可能得到的利益，吸引游资投机者来承担价格风险，转移生产者和经营者的风险，分散风险。③集中的信息和市场，增加了市场供求透明度，减少生产和经营的盲目性，并使极大宗交易成为可能，增加了市场的稳定性。

当然，期货市场在具有发展商品经济的积极功能的同时，也有助长投机和制造经济混乱的可能性，这在资本主义商品经济条件下是客观存在的。但利弊权衡，仍不失为一种可供借鉴的商品经济组织形式。只要我们密切结合中国的经济实际，有可能利用其积极作用，限制其消极作用，为发展我国的社会主义商品经济服务。

二、我国目前试办期货市场的意义和可能性

在旧中国，商品经济虽然还不够发达，但曾经先后创立了上海华商纱布交易所、中国机制面粉交易所、上海油饼杂粮交易所和宁波棉业交易所等商品期货市场，只是后来由于抗日战争爆发才被迫关闭。

近年来，随着改革的不断深入发展，我国的商品经济在社会主义的条件下有了新的迅速发展，同时旧的经济体制和结构受到有力冲击，原来的交易方式已经不能完全适应商品经济发展的需要，原来的经济管理方式也不能继续沿用下去了，实践要求我们必须创办符合中国实际的商品期货市场，以适应商品经济发展和经济体制改革两方面的需要。

当前，在我国创办商品期货市场，其主要作用是：

1. 有利于打破封锁，建立统一的国内市场。期货市场是一个全方位开放型市场，可以真正贯彻“人不分公私、货不分南北”。买卖双方均通过期货市场进行交易，由于交易数量大、卖者买者众多，能够将地区性小市场发展成全国性大市场。

2. 有利于平等竞争，促进商品化、市场化进程。期货市场把双边交易变为多边交易、临时交易变为长期交易、分散交易变为集中交易、背地交易变为公开交易、价格僵死的交易变为开放的交易、行政干预的交易变为企业自主的交易，有利于建立一个真正的商品经济机制。

3. 有利于保护生产者和经营者利益，稳定经济。期货市场的预期保值和套期保值，使生产者和经营者可以减少价格风险负担，也可以将目前由生产者和经营者、国家直接承担的损失，转由社会分散承担，使生产者和经营者安于经营。

同时，由于信息集中，可以提供比较可靠的供求情况，更科学地引导生产和经营，减少产销的大起大落。

4. 有利于运用宏观间接调控手段，转变政府的经济管理方式。期货市场提供了一个政府根据供求变化调动财力物力支持对市场负有责任的企业，买进卖出进行吞吐，来间接左右市场的场所和机会，减少指令性直接干预。

5. 有利于国际大循环与国内大循环的结合，保证沿海发展战略的实施。期货市场发展到完善阶段，必然要求国内市场与国际市场的统一，这将推动财政、金融、外贸、外汇、商品等一系列经济体制向国际经济运行规则靠拢，从而促进我国经济管理体制的现代化，促进社会经济的发展。

6. 有利于商品经济观念的进一步更新，推动经济法制建设。伴随着期货市场的建立，人们必须重新看待所谓“投机”、“经纪人”、“买空卖空”、“风险利益”等商品经济概念，必须强化商业信誉和商业道德，也必须强化商业法制观念，从而为改革的更加深入发展提供思想条件。近年来的经济发展和改革，为试办商品期货市场提供了初步条件：一是期货市场是商品经济发展的产物，改革就是要大力发展商品经济，期货市场同改革有着内在一致性，改革的不断深化会为办好期货市场创造越来越好的环境；二是社会普遍认识到旧的交易方式和管理方式，已不能完全适应新形势的需要，都在寻求可以解决面临问题的出路，期货市场具备有利于解决问题的功能，容易被人们接受；三是近年来在改革中已经出现了某些期货市场的萌芽形态，如不顾合同法旧的规定转让合同已非鲜见，“经纪人”大批出现，有的贸易中心、批发市场已具有某些期货市场的类似功能，证券交易市场已经出现；四是商品生产发展了，出现了商品供应短中有长，价格死中有活，市场动中有稳，提供了创办某些商品期货市场的物质条件；五是生产者和经营者自主权扩大了，经济责任强化了，旧的供货会、合同订购等交易方式，有可能引入期货市场机制加以改造；六是中央决心大，一些地方政府积极性很高，有的已经提出了办期货市场的初步方案；七是有了过去改革的经验教训，这次可以更好地进行指导少走弯路。

三、试办商品期货市场的目标模式

1. 试办的原则

办商品期货市场的原则应该是，既坚持期货市场的基本特征和功能，又结合中国的实际情况。使办起来的期货市场名副其实，又切实可行发挥作用。

2. 可选择的模式

大体有三种：

（1）比较接近现代型的期货市场。即以标准商品期票交易为主，以经纪人交易为主，以买空卖空为主，以转移风险为主。

（2）萌芽型的期货市场。即只进行非标准化的远期合同转让和买卖，只有生产者和经营者参加排斥经纪人或只有少数经纪人，以预期保值和实现合同为目的。实际上是把期货市场机制引进目前的供货会和期货交易，加以改造。

（3）复合型的期货市场。即兼有初期期货市场和现代期货市场的部分功能，如以非标准化的远期合同转让买卖为主，以少量标准化期票交易为辅；以生产者和经营者市场交易为主，以少数经纪人交易为辅，以最终实货交割为主，以买空卖空投机为辅，以保护生产者和经营者利益为主，以取得风险收益为辅，以提高合同兑现率为主，以转移风险为辅。

第一种模式如能实现，对旧体制冲击大，对经济发展影响大，但要求具备的条件比较高，试办风险也大。如果确定试办，必须周密设计精心指导，选择各方面条件都更完备的地方试点。这种类型的期货市场在经过充分准备后全国办一个就不少了，并且交易的商品也要选择一种既有实际意义又无大风险的。

第二种模式比较稳妥易行，对某些现有的贸易中心和批发市场、供货会等进行改造就可以试办起来，也是一个交易方式的进步。但步子太小对改革的冲击不大，对经济起的作用也有限。中央可以抓一个典型，其余由地方自行试办。

第三种模式的可行性更大一些，既比较稳妥又迈出了根本性改革的一步，对经济活动也可望起到更大的实际作用，同时也可逐步积累经验向现代型期货市场过渡。我们认为在近期，可以以第三种复合型期货市场为主，第一、第二种类型期货市场为辅。

3. 期货市场组织形式

可试办两种形式：一是同业会员式组织，参加者以会员为限，由会员出资经营，二是股份公司式组织，由股东出资，董事会经营管理，参加者以经纪人和特许成员为限。

4. 试点的商品品种

不是任何商品都可以搞期货，也不是任何商品都可以进入期货市场。根据我国的实际情况，拟先选择粮食、麻、生猪、蔬菜四类商品的少数品种进行试点。因为，粮食虽然大部分管住，但每年总有大约近一千亿斤议购议销，让这一块进入期货市场，整个粮食市场不会出现大的乱子，搞得好又可以解决许多难题，并且随着粮食市场调节这一部分的逐渐加大，建立粮食期货市场是大有前途的。麻已全部放开经营，但由于缺少必要的市场机制，近年来波动很大，开办期货市场具备了条件，也有意义。生猪市场波动大，急需探求一个解决问题的新路子，目前供应虽然偏紧，但可望经过政策调整后逐步使生产回升，出现一个相对平衡的供求状况，为了促成并稳定一个基本供求平衡的生猪市场，是有必要和可能建立生猪或冻肉期货市场的。蔬菜中的土豆、葱头、蒜薹等品种，商品量很大，生产集中，可储存，亦可以试办期货市场用来调剂和稳定蔬菜市场的供求。

5. 试点地点

经过初步调查研究，可考虑先在四川办一个生猪（或冻肉）期货市场，在武汉或河南办一个麻类期货市场，在河南办一个小麦和杂粮期货市场，如有可能在广东办一个比较接近现代型的期货市场。

6. 试点的组织领导工作及商业部门的作用

期货市场应由地方政府组织，中央有关部门进行指导试办，不宜由地方商业行政部门单独承办，因为在目前商业政企尚未彻底分开的情况下，商业行政部门实际上难以统管全社会商业，也难以做到对各类社会商业一视同仁。另外试办期货市场要求多方面的配套改革，这也是商业行政部门力所不及的。商业行政部门的责任是积极参与期货市场的试点组织工作，提供情况，帮助制订方案，参与指导并组织所属商业企业积极参与期货市场交易活动，培训系统内外的有关人员，提供必要可能的物质支持。从中央到地方，都应建立期货市场工作领导机构，在中央确定试办的地方，要调查研究，制订方案，组织指导试点，在非试办地方，也要调查研究，宣传培训有关人员，为进入期货市场进行交易做好准备。

试点工作应本着“积极探索”的方针，低标准起步，土法上马，土洋结合，由土到洋。要严格防止一哄而起，赶浪头，搞形式。试点只能按规定的品种在选定的地点进行。

四、试办期货市场需要解决的几个问题

在我国试办期货市场，虽然初步具备了一定条件。但也有一些不利因素，需要在工作中不断加以克服解决。主要是：

第一，加强宣传工作，克服思想障碍。长期的片面宣传，使期货市场和商品交易所、投机、买空卖空、经纪人、风险收益等成了资本主义经济腐朽的象征，名誉扫地，现在要办期货市场把这一套恢复起来，人们一时不容易完全转过弯来，需要进行有说服力的宣传。不能用旧观念看待期货市场，也不能把期货市场混同旧的经济方式。

第二，加强理论探讨，减少盲目性。在社会主义条件下，特别是在短缺条件下办期货市场能否成功，亦需加以探讨论证。我们是在缺少理论指导的情况下上马的，要减少决策的盲目性，并给实践以科学指导，必须加紧社会主义期货市场的理论追踪研究，回答解决试办中会出现的各种问题。

第三，不断总结经验，随时加以完善。我们是在既无办资本主义期货市场的经验，更无办社会主义期货市场的经验下起步的，走弯路付出代价是难以避免的，因此必须珍惜每一点成功和失败的经验教训，加以总结提高，在实践中逐步探索中国式期货市场的路子。

第四，要加快配套措施，减少试点阻力。现在两种体制交替，互相矛盾。期

货市场的基本特征上更加商品经济化、市场化，因此同旧体制的冲突也必然更尖锐，所以试办期货市场要搞体制、政策、法规等一系列配套，不然是难以办下去的。

第五，要加强法制、完善管理，最大限度地限制其消极作用。期货市场是一把双刃剑，在促进商品经济发展的同时，也有可能破坏经济的正常秩序，所以必须先立法度后开张，“先戴笼头后上马”，免得一开始就出现混乱。

此外，要明确期货市场只是商品经济的一种市场组织形式，期货市场交易只是一种交易方式，试办包括将来推广期货市场，都不排斥经营实货的现货市场和现货交易等其他市场形式和交易方式，也不应期望用期货市场来包医经济百病。总之，对期货市场也要持实事求是的态度。

建立有中国特色的期货市场①

建立期货市场是我国商品经济发展的客观要求。期货市场是商品经济发展的产物，它的存在已有几百年的历史了，但是，在社会主义经济制度下，按照有计划的商品经济的要求，创办有中国特色的期货市场，还完全是一个崭新的课题。它不仅需要理论上的充分论证，更有赖于实践的不断探索。

一、建立我国期货市场的客观必要性

建立期货市场是发育完善我国的市场体系，发展社会主义商品经济的需要。中共中央关于经济体制改革的决定指出：“社会主义经济是公有制基础上的有计划的商品经济”。商品经济的充分发展，是社会经济发展不可逾越的阶段，是实现生产社会化、现代化不可少的基本条件。商品经济也是市场经济，商品生产和商品交换的发展产生了市场，并促进市场的不断发育完善；反过来，市场的不断发育和完善，又是商品经济进一步发展的必要条件。发展我国的社会主义商品经济，也同样离不开市场的发育和完善。

现货市场是出售商品收取现金并即期交货的市场，它由拥有现货并准备马上交割的卖者和想立刻得到商品的买者组成，是一种有形的承担着商品流通中实货买卖转移功能的市场。现货市场在商品经济发展的初期就产生了。在目前仍是商品交易的一般市场形式。期货市场则是从现货市场中的期货贸易产生发展起来，以专门进行标准化的期货合约的买卖为内容，承担着形成公正预期价格，保值和分散风险等特殊的功能，是一种更高层次的市场组织形式。现货市场和期货市场，反映着商品经济发展对市场形式的不同需要。两者相辅相成，缺一不可。没

①本文是 1989 年 6 月改革出版社出版的《期货市场》一书的部分内容。

有现货市场，大量的实货交易将无法完成，期货市场也将失去存在的基础；没有期货市场，现货交易中的一些困难也将难以解决，市场也只能是一个不完全不成熟的半截子市场。所以，我国要建立一个社会主义商品经济的市场体系，不仅要发育完善现货市场，还必须建立和发展期货市场。

商品经济的发展，提出了建立我国期货市场的现实要求。改革以来，我国的商品经济有了迅速的发展，这不仅表现在向市场提供的商品数量大幅度增加，更表现在传统的计划体制开始改变，市场机制开始发挥作用。尤其农产品取消了统购统销，市场对生产、流通和消费的调节作用越来越大，出现了前所未有的生机和活力。

但是，随着市场调节的增强，也出现了一些令人十分困扰的难题。主要是：①市场价格大起大落，例如：1986 年生猪收购价下跌到每千克 0.3 元，调拨价每吨 2300 元，到 1987 年年底收购价涨到每千克 0.6 元，调拨价每吨 4400 元，差价近 1 倍；苎麻收购价，1584 年每千克 3.4 元，1985 年 9.8 元，1986 年暴涨到 18 元，而 1987 年又一下子跌到 2 元以下；玉米价格虽有国家保护措施，但也是几起几落，价格幅度大于 50%以上。②生产在周期波动中徘徊。如粮食产量自 1984 年突破 4000 亿千克大关后，连续 4 年下降，棉花 1984 年达 625.8 亿千克，1986 年减到 354 亿千克；生猪几乎一年半一个周期，重复“卖猪难——买肉难——卖猪难——买肉难”的恶性循环。③生产者和消费者利益受到严重损害。农民被暴起暴落的市场价格忽而托起大发其财，忽而摔下大亏其本，搞得如同押宝一般，不知所措。④国家财政负担日益加重。为维护生产者和消费者的利益，国家每年都要从紧张的财政中拨巨款进行补贴。仅价格补贴一项，1986 年就由 1978 年的 93.36 亿元增加到 257.48 亿元，1979—1986 年的 8 年中累计补贴 2337.47 亿元，相当于同期财政收入的 20.7%。⑤市场混乱，改革受阻。变化莫测的供求波动，为各类大大小小的“官倒”、“私倒”提供了大发横财之机，农产品收购中的各种“大战”连绵不断，防不胜防。

产生上述问题的原因是多方面的，市场发育不足，机制功能不完善是一个重要原因。前一段改革引入的市场机制，仅仅是现货市场机制。而现货市场功能有自身的局限性：①现货市场反映的是即期供求关系和即期价格。生产者根据即期价格做出生产决策，必然产生所谓蛛网效应，即价高—扩大生产—增加供给—价格下跌—缩小生产—减少供给—价格上升……如此反复循环，带来价格、生产、市场供求的周期波动。②现货市场缺少分散风险和保值的机制。商品经济是风险经济。现货市场上价高价低，盈亏赔赚都由生产者、经营者和消费者直接承担而无处转移。国家如果要维护三者的利益，就必须自己背起风险的十字架。③现货市场进行的是短期交易，缺少预测性、长期性，加大了同计划调节的矛盾。而我国目前现货市场本身的无组织、无规则，使现货市场功能的缺欠在双轨制中更加

突出。解决问题的出路，除了一方面要加快现货市场的组织化、规范化之外，另一方面就是要引入期货市场，用期货市场的预期价格功能、保值功能、分散转移风险功能和长期交易功能等，来弥补现货市场的不足。把半个市场调节机制，发展为一个完整的市场调节机制，减少市场调节的盲目性、破坏性，增强其计划性、建设性。

整顿流通环境，建立市场秩序，需要一个规范的期货市场。商品经济发展的过程，就是一个不断整治市场秩序，规范交易行为的过程。当前我国经济秩序的混乱，集中反映在流通领域，流通领域的混乱重点表现在批发环节。人们深恶痛绝的所谓“官倒”和“私倒”，主要是在批发环节钻价格的空子搞投机。所以，整顿流通，首先要抓好批发环节。过去抓批发，主要是抓批发公司。在国营商业独家经营的情况下，抓住了国营批发公司，市场也安定了，秩序也井然了。但是，在现在多种经济成分、多条流通渠道经营的新形势下，仅仅抓国营公司不仅解决不了其他批发企业的问题，而且容易陷入“一管就死，一放就乱”的境地。所以，应该从根本上转变抓批发的观念，由过去抓国营批发公司，逐步转到政府办批发市场、管批发市场的路子上来。

办期货市场可以对整顿流通、建立市场秩序起到以下重要作用：①期货市场有严格的交易参加者资格审查和行为监督制度，可使市场活动主体行为规范化；②期货市场提供了集中、公开、平等、竞争的交易场所和机会，提高了市场的透明度，变双边交易为多边交易，背地交易为公开交易，限制黑市活动和垄断操纵，也有利于形成公正价格；③期货市场的保证金制度、结算制度，以及合约自由转让制度，保证了合同的兑现，有利于减少交易纠纷和混乱；④期货市场内按法律制度自由交易，杜绝行政部门的乱加干涉，有利于打破封锁，实现企业自主经营，限制“官倒”和“私倒”；⑤期货市场承认正当场内投机的合法性，为有意投机者提供了一个合法的投机场所和机会，并可利用投机转移风险；⑥期货市场实行商品的标准化、规格化交易，可有效地防止伪劣假冒等欺诈行为；⑦期货市场的保值和分散风险等功能，有利于促进市场供求的稳定。总之，期货市场将期货批发交易纳入政府的管理监督之下进行，使期货贸易走上法制化和规范化的轨道，为政府的宏观管理和调控提供了一个作用的支点。

二、在我国试办期货市场的可能性

期货市场是商品经济发展的产物，它随着商品经济的发展自身也经历了一个从初级到高级的过程。目前世界上的期货市场，已发展成包括商品期货、金融期货、黄金期货和期权期货等广泛的交易内容，拥有最现代化的计算机通信设备和仓储运输条件，交易遍布世界。建立一批这样高度现代化的期货市场，近期在中国显然是不具备条件的。

但是，在期货市场产生的初期，并不一定要有这样高级现代化的设施，而只需要一些初级的基本条件。主要包括：①相对发展的现货市场和交易自由、价格放开的期货贸易；②相当数量可供进行交易的商品；③相当数量的期货交易者，包括投机者；④足够的仓储运输能力；⑤必要的金融和会计系统；⑥必要的通信设备；⑦相应的法律制度；⑧政府和期货市场内部的有效管理；⑨行政力量对期货正常交易不得干涉等。应当看到，上述的绝大部分条件，在现在的中国，同400多年前的比利时和英国，同200多年前的日本和100多年前的美国创办期货交易所时相比，无疑要好得多。

具体来说，目前在我国试办期货市场，具备以下可能条件：

1. 现货市场条件。期货市场要以现货市场为基础，改革以来，市场调节逐步扩大，有形的现货市场得到发展。1987年，全国有各类集市69683个，成交额1157.9亿元。这些集市促使传统的自给半自给经济向商品经济发展；农民自产自销产品的比重下降，专业贩运比重上升，在大城市达到80%以上；由零售市场向批发市场发展，1983年还只有200个农副产品批发市场，1987年已发展到1300个；由综合市场向专业市场发展，1987年年底全国已有专业市场5000多个；由地方性市场向全国性市场发展，如广州市清平农副产品市场，已同全国20多个省、市、自治区有业务往来；由小规模简陋型向大规模规范型发展，如河北辛集市一集市场，占地70亩，拥有建筑面积3.6万平方米的楼群，内设业务洽谈室、商品展销厅和银行、邮电、税务、信息、寄存、文化等机构，有1500多家商号，经营品种达500多种；由临时性向常年开放发展。此外，传统计划经济的供货会、物资交流会也在向市场化方向转变。全国3000多家贸易中心、一批生产资料市场和贸易货栈也发展起来了。特别是在沈阳、上海等地开始出现了证券市场和外汇市场。所有这些，都将成为期货市场产生发展的土壤。

2. 上市商品条件。糖、麻、茶等农产品已基本放开价格实行市场调节，进入期货市场应无问题。生猪如果排除人为的疑虑，解决好冷藏运输问题，上市交易也不太难。作为主要经营品种的粮食，只要采取适当政策，也是可以成为上市品种的。目前在每年1000多亿千克的商品粮总量中，50%左右依靠计划调节，另外50%左右依靠市场调节。只要解决三个问题，这500亿千克左右的议价粮中的相当部分，是可以进入期货市场的。一是在计划定购任务完成前关闭一切议价粮批发市场，包括期货市场，就可以保证计划收购，不会产生平价和议价的摩擦；二是下决心禁止一切市场外批发交易，特别是销区到产区收购，可以把议价粮逼到市场上来；三是采取政策承认产区既得的议价粮经营利益，如可用向产区政府上交适当交易特别费等，换取产医取消封锁支持粮食上市。在此基础上，政府同时举办有组织的粮食现货批发市场，作为粮食期货市场的依托，是有可能获得成功的。

3. 市场交易者条件。1987年年底，全国有工业企业747.4万个，商业经营机构920万个，其中工业品批发机构6.7万个，农副产品采购机构26.3万个。从中选出一批可进期货市场进行交易者，可谓不乏其量。问题在于期货市场的交易参加者必须是独立的商品生产者和经营者，有相当的财产数额和自主的支配权。改革以来，国营企业正在走自主经营、自负盈亏的路子。随着改革的深入，国营企业的产权也将越来越明晰，其中一部分企业可以成为市场交易者；集体企业只要真正按集体经济办，便可以同大型私人企业和专业大户一样，以独立的财产所有者身份参与期货市场交易。至于经纪行，可以先试办一批全民所有制、集体所有制或混合的股份制形式的新型经济组织，从事经纪行业务，填补我国商品经济这个行业组织空白。目前一些地区已经出现的经纪人和经纪人组织，说明发展起来也不难。有了经纪行，就可以接受更广泛的社会组织和个人委托，进行期货交易，包括开展投机业务，投机者也会自然产生。

4. 设施条件。目前我国的交通运输、仓储通信等设施，虽然比较紧张，但不办期货市场也已经在负担着现货交易的物流功能。办了期货市场，除了要相应增加通信设施和修建一些交易场所外，对仓储运输一般说来并不会马上有大的新增需求。1987年年底，全国有商业储运机构2.5万个，国营和供销社商业共有通用仓1.31亿平方米，冷库容量240万吨，铁路专用线719条，长576千米，大小船只3000多艘，专用码头860个，2吨以上货运汽车13.8万辆，储运企业4000多家。粮食储运近年也大有发展，1983年以来新增粮库仓容达2870万吨，1987年粮食系统完成全国粮食运输总量14852万吨。这些储运设施经过管理体制改革，还可以挖掘出很大潜力，成为期货市场的物质基础。国家只需在试办地区投资增建一些通信设施，扩建改建一些交易大楼，就可以将期货市场扶上马。

5. 法律制度条件。期货市场所必需的法律制度，是根据需要制定出来并逐渐完善的。目前世界期货市场已形成一套成熟完整的法律制度，我国作为后来者可以拿来参考借鉴。并且西欧、美国、中国香港和日本的期货市场，以及新中国成立前中国的期货市场，在法律制度、组织管理形式方面，有各自特点，我们尽可以加以比较选择，然后结合我国现状制定出中国的期货市场法律和制度。

三、我国期货市场的特色

在我国只要试办的是期货市场，就应该办得名副其实，即应该具备作为一般期货市场的共性和基本功能，也应该大体按照一般期货市场的方式进行组织、管理和运行。否则就称不上期货市场。这里最主要的内容是：第一，进行期货交易；第二，价格放开，公开竞争形成市价；第三，合约标准化并自由转让；第四，准许投机；第五，要有经纪行、经纪人；第六，交易者资格要严格审查，经过批准；第七，建立保证金制度；第八，建立结算制度；第九，上市品种严格审查批准，第十，交易所为非盈利法人组织，无行政性职能；第十一，政府对正常交易不得干涉。

另外，由于我国的具体情况同西方发达资本主义国家大不相同，受各种主客观因素制约很大，我国试办的期货市场又必须带有中国的特色，与中国的经济融为一体，为社会主义商品经济发展服务，并能为社会所接受。同拒绝期货市场是不明智的一样，完全照搬外国的期货市场也是行不通的。我们只能从中国的实际出发，办有中国特色的期货市场。

那么，中国试办的期货市场将受哪些社会因素的制约，从而产生什么样的特点呢?

第一，受社会制度的制约，将是一个以公有制经济为基础的，为社会主义经济发展服务的期货市场。资本主义的期货市场，是建立在资本主义私有经济制度的基础上，交易参加者和市场经营者，主要是私人资本。我国的期货市场，是建立在社会主义公有制经济基础上的，交易参加者和经营者主要将是各种形式的公有制企业，少数个人也是社会主义的劳动者，私人资本参加者将是极少数。期货市场在社会主义的法律体系下活动，政府按社会主义经济发展的要求进行监督管理，使之有利于公有制经济的发展。交易所内虽然也要有投机、买空卖空等活动，但在今后相当长一段时间内还只能是少数行为，并将受到严格的监督控制。

第二，受经济发展水平的制约，将是一个少品种、少数量、小规模的期货市场。我国还是一个发展中国家，1983 年人均国民生产总值，在 154 个国家和地区中排列第 136 位，1987 年人均国民收入仅 220 多美元。一些主要工农业产品产量虽然居世界前列，但按人口平均却排在后边，在相当长的时期内供给不足的情况不会有根本改变。将作为首批上市的品种粮食，目前人均只有 400 千克，并且 20 年后由于人口的增长，即使粮食生产不断增加，也还是人均占有 400 千克。所以，可用来上市的商品品种和数量，在近期内都将是有限的。同时，我国资金短缺，游资有限，多数企业的流动资金用来维持生产尚感不足，不会有多少余款搞投机；居民收入是刚足温饱的低水平，加上 30 多年在传统的社会主义经济制度下生活，人们不习惯也无多少财力用于到交易所进行投机。所以，当前我国期货市场只能是一个“两少一小”（少品种、少数量、小规模）的期货市场。

第三，受商品经济发展程度制约，将是一个初级水平的期货市场。期货市场产生和发展的基础是商品经济，它的发展与商品经济的发展相同步。商品经济发展是一个漫长的过程，大体要经历简单商品经济、自由竞争商品经济和垄断商品经济几个阶段。16 世纪世界第一个期货市场出现时，正是欧洲封建主义经济向资本主义经济过渡的时期，也是自然经济、简单商品经济向自由竞争的商品经济过渡的时期；世界上现代期货市场发展的标志是 19 世纪中期建立并完善的美国芝加哥期货交易所，这正是自由竞争的商品经济向垄断的商品经济过渡的时期。

可以说期货市场制度是产生于自由竞争的商品经济，完善于垄断商品经济。目前我国农业尚处于自然经济、半自然经济和简单商品经济向自由竞争商品经济过渡时期，粮食的商品率只有30%左右，只有达到50%以上才可能进入初级商品经济阶段，达到75%以上才可进入发达商品经济时期，专家们估计至少还需15年时间。至于工业由传统计划经济完全转变到商品经济轨道上来，也不是短时期可以实现的。另外，作为商品经济市场重要标志的商业，我国发展水平也很低。如商业从业人员占人口的比例，美国为7%，日本为9%，中国只有3%；批发机构美国有38.3万多个，日本42.9万多个，中国只有5.6万个；企业规模、设施和营业额相差更加悬殊，商品经济的金融、信贷行业我国也很落后。所以，我国短期内只能办初级的期货市场，这个初级期货市场表现为：商品标准化程度低；保值多于投机；实货交割比重大；交易频率小；直接依托于现货批发市场；限于国内市场和国内交易参加者。

第四，受经济体制的制约，将是一个不很完整的过渡性的期货市场。我国经济体制改革正在进行，并将是一项长时期的任务。期货市场不可能等到体制改革基本完成以后再试办，只能在双重体制的交织中开张。而在一个相当长的时期内，传统的计划分配渠道和管理方式还将起重要的作用，对于某些本来适合搞期货的生产资料品种甚至还会起主要作用，这就限制了生产资料进入期货市场的品种和数量。对于适合于期货市场交易的商品，只能按放开的先后顺序和放开的程度，决定先上市什么，后上市什么，先上市多少，后上市多少。因为金融市场需要商品经济更高的发展水平，并且金融改革关系重大，所以金融改革会滞后于商品流通体制改革，由此带来的金融证券期货市场也将会迟于商品期货市场。这样，我国期货市场的建立顺序将是：先农产品期货市场，再生产资料期货市场，然后是金融证券期货市场。这个顺序同西方国家期货市场发展顺序正相反。至于外汇期货市场和期权期货市场，可能还要放到以后办。由于各项改革不可能完全同步，我国的期货市场也将面临一个不完全协调的体制。期货市场的组织、管理和运行，有时也不得不采取一些变通的过渡性措施，看来有些方面会显得不伦不类。例如，粮食在完成合同计划定购收购任务前，期货市场就要不得不进行关闭，否则就会冲击计划收购，同时为保证议价粮食供应的地区间平衡，恐怕对各地在期货市场的购买数额，也不得不进行某种形式的限制，自由度不会像西方期货市场那样大。

第五，受物质条件的制约，将是一个土洋结合的期货市场。现代西方的期货市场，已进入电子计算机控制阶段，世界一些主要交易所进行了联网化业务，一些交易所的交易参加者利用电视、电话、计算机等现代化通信工具，有的坐在家中就可以进行期货交易。高度发达的通信设备，短时间提供大量完整的全世界的经济信息，准确、高效，快捷。在期货交易所内，金融结算手段也十分先进。而我国近期内这些条件不可能具备，国家不可能拿出更多的钱办商品交易所，所以，试办交易所只能在现有条件下因陋就简、量力而为，重要的是先建立一个期货市场机制，而不是设施。

我国期货市场可能具有的上述特点，不是一成不变的，在试办初期、发展时期和完善时期都会各有不同。在实际试办过程中，也很可能办出新的特点，甚至不同的期货市场有不同的特点，我们要因地因事制宜。

四、我国试办期货市场的预期效应

在我国建立期货市场的预期效应，应区别试办期预期效应、发展期预期效应和完善期的预期效应。如果把发展期和完善期的期货市场预期效应，当作试办期的期货市场的预期效应，就会脱离实际，期望过高，一旦达不到过高的期望，就会反过来否定试办的成果和意义，动摇试办的决心。反过来，如果仅仅把试办期的预期效应，当成发展期和完善期的预期效应，也会过低要求期货市场的作用，或导致办期货市场无多大意义的结论，不利于期货市场的发展。

对于发展期和完善期的期货市场的作用，我们可以从目前世界期货市场的作用，以及从前面论述到的我国试办期货市场的必要性、可能性和特色中看到，这里不再赘述。需要进一步说明的是对试办期的期货市场，应抱有一种什么样的预期效应。

第一，试办期货市场，是流通改革进入新阶段的一个推动力。当前，经济体制改革面临着一个关键时期。其关键性不仅仅在于困难大，矛盾集中，而更在于是迎着困难在既定方向上前进一步，还是在困难面前倒退到老路上去。试办期货市场，就是要在流通领域坚持把改革推进一步。前一时期的流通领域改革，重点是放在放开搞活方面，实行的是多种经济成分，多条流通渠道和多种经营方式，减少流通环节的所谓“三多一少”方针。现在改革进入新阶段，要进一步组织市场，培育市场。试办期货市场可以进一步推动流通领域改革的进程。

第二，试办期货市场，将会为我国市场体系填补一个空白。前面谈到，完整的商品经济市场，应当包括现货市场和期货市场，现货市场必然发展出期货市场，但我国目前只有现货市场，没有期货市场，不仅市场不完整，也妨碍了现货市场的发展。试办期货市场可望弥补市场体系的这一不足，也为市场体系的完善开拓了一个新领域。

第三，试办期货市场，提供一个局部改革小配套的尝试。前一时期改革的实践说明，改革需要配套。但现状又使得改革难以配套。试办期货市场，要求在期货市场这个局部范围内，实现法律、制度、价格、交易者资格、交易方式、运输、金融、仓库、会计制度、工商管理、企业独立性、行政管理等多方面的综合性小配套。这在以往的改革措施中尚无先例，如果取得经验，对其他方面的改革

无疑是宝贵的。

第四，试办期货市场，可能为改革与治理相结合，提供经验。推进改革有可能带来经济环境和经济秩序的混乱，进行整顿治理又可能使改革停止下来。最好的选择是能将二者结合起来，办期货市场提供了这样一个机会。它一方面是把无组织的市场、无序的期货贸易，引入有组织的市场，变为有秩序的期货贸易，是市场流通的整治；另一方面又是推进市场流通改革的崭新内容，是开拓性的试验。

第五，试办期货市场，探索解决农产品生产和流通中老大难问题的新途径。农产品生产和流通中“一管就死，一放就乱”的困扰，搞得全国上上下下不得安生，苦于寻找解决的办法。办期货市场是走一条同过去完全不同的新路子。从西方期货市场的作用来看，在完全市场经济的条件下，是确实有效的。

第六，试办期货市场，可以促进现货市场和期货贸易的发展，实现“一个发展，两个改造”。即大力发展有保障的远期合同，衔接产需，保护双方利益；引入期货交易机制，一方面改造远期合同，使合同逐步规范化、标准化，可以转让；另一方面改造部分批发市场、贸易中心，建立有组织的现货批发市场或办成服务型的商品交易所。

试办有中国特色的期货市场①

期货市场是商品经济发展的产物，在商品经济的运行中有着特殊的功能和作用。当前，应不失时机地试办若干有中国特色的商品期货市场，以适应商品经济发展和商业改革的需要。

在我国试办商品期货市场有以下几点好处：

1. 有利于保护生产者和经营者的利益，稳定经济。期货市场特有的预期保值和套期保值功能，为生产者和经营者提供了一个转移和分散风险、减少和避免因市场价格波动带来利益损失的机制。同时，期货市场以未来市场供求的预期价格成交，又为生产者和经营者在决策前进行利益比较，提供了可靠的超前的市场信息依据，减少了生产和经营选择的盲目性，有利于供求的相对稳定，减少大起大落。

2. 有利于打破封锁，建立统一的国内市场。期货市场交易要求真正的自由贸易，排斥行政干预，并由于交易数量大，参加者众多。可将地区性小市场发展成全国性大市场。

3. 有利于平等竞争，促进商品化，市场化进程。期货市场把双边交易变为

①发表于 1988 年 7 月 23 日《中国商报》，作者张其泮、赵尔烈。

多边交易，临时偶然交易变为长期交易，分散个别交易变为集中交易，背地交易变为公开交易，死价交易变为活价交易，行政干预的交易变为企业自主交易，有利于加快建立真正商品经济的机制。

4. 有利于运用宏观间接调控手段，实现国家调节市场、市场引导企业。期货市场提供了一个政府根据供求变化，调动财力物力支持对市场负有责任的企业，买进抛出进行吞吐，来间接左右市场的场所和机会，减少指令性的直接干预，转变政府的流通管理方式。

5. 有利于国际大循环与国内大循环的结合，保证沿海发展战略的实施。期货市场发展到完善阶段，必然要求国内市场与国际市场的统一，这将推动内外贸的结合，从而促进经济管理的现代化，促进社会经济的发展。

6. 有利于商品经济观念的进一步更新，推动商品经济新秩序的建立。伴随着期货市场的建立，人们必须重新看待所谓“投机”、“经纪人”、“买空卖空”、“风险利益”等商品经济概念，更新观念，同时，期货市场交易将强化依法经商、恪守商业信誉、遵守商业道德等商品经济意识，促进商业的法制化，规则化。

试办期货市场有三种可供选择的模式：

一是现代型的期货市场。即以标准商品期票交易为主，以经纪人交易为主，以买空卖空为主，以转移风险为主，国内外市场融为一体的期货市场。

二是萌芽型的期货市场。即只进行非标准化的远期合同转让和买卖，只有生产者和经营者参加或只有少数经纪人参加，以预期保值和实现合同为目的。实际上是把期货市场机制引进目前的供货会和合同交易，加以改造。

三是复合型的期货市场。即兼有初期期货市场和现代期货市场的部分功能。如以非标准化的远期合同转让和买卖为主，以少量标准化期票交易为辅；生产者和经营者进场交易为主，以少数经纪人交易为辅；以最终实货交割为主，以买空卖空投机为辅；以保护生产者和经营者利益为主，以取得风险利益为辅；以提高合同兑现率为主，以转移风险为辅。

第一种模式如能实现，对经济发展影响大，但要求具备的条件比较高，试办风险也大。目前尚不具备必要的条件。

第二种模式比较稳妥易行，对某些现有的贸易中心和批发市场、供货会等进行改造就可以试办起来。但步子似嫌太小，改革的冲击力不大，对经济起的作用也有限，可以不作为国家的期货试点典型，由各地自行试办，名称也不宜叫期货市场之类。

办第三种复合型的期货市场。其可行性更大一些，比较稳妥，又迈出了根本性改革的一步，对经济活动也可望起到更大的实际作用，同时也可以逐步积累经验向现代型期货市场过渡。

总之，在试办模式选择上，应本着“一个发展、两个改造”的原则，即大力

发展有保障的远期合同，衔接产需，保护双方利益；引入期货交易机制，改造远期合同，使合同逐步规范化、标准化，便于转让；改造批发市场、贸易中心，办成服务型的商品交易所。

各地试办的期货市场，其组织形式可采取世界通行的股份制或同业会员制，交易所本身不得参加交易而只提供交易服务条件。试办品种可由少到多、数量由小到大，开始可选择那些既有较大市场波动、迫切要求探索新交易形式，又能将价格放开或至少进场交易部分价格放开的品种，如生猪、黄红麻、芝麻、议购议销部分的小麦、杂粮等。试办地点应选择交通方便、通信发达的主产区和集散地。

期货市场只是商品经济的一种市场组织形式，期货交易也只是一种交易方式，试办和将来推广期货市场，都不排斥现货市场和现货交易等其他市场和交易形式。同时还要看到期货市场本身也有消极作用，试点要本着积极探索的精神，有组织、有领导地进行，防止一哄而起。

第二节　商业股份制改革

商业企业股份制形式选择①

在资本主义国家和地区，股份制的形式主要有两种：一是有限责任公司。一般是指股东人数较少，不公开发行股票，股东责任有限的一种公司企业。主要特征是：股东人数有最高限额，多数国家规定不得超过 50 人；不得公开发行股票，有的规定只能发行股权证书，有的规定可在规定数量股东内部发行股票；股票不得自由转让，更不得上市，如需转让，需经股东一致同意；股东可作为公司职员直接参与企业管理；公司账目不向社会公开；股东只按所持股份承担有限责任。二是股份有限公司。是指通过法定程序，向社会公众发行股票筹集资本的一种公司企业。其特征是：股东人数没有最高限额，向社会公开发行股票，股票可以自由转让，在交易所挂牌上市，大多数公司所有者与管理者分离；公司账目须向社会公开；股东只按所持股份承担有限责任。

有限责任公司和股份有限公司，作为股份制两种主要的成熟的企业组织形式，对我国的商业股份制有重要借鉴意义。有限责任公司组建简单管理方便，所需的外部条件也较低，所以更适合中小型商业企业实行股份制的选择形式。股份有限公司规模大，要求有完备、高级的外部经济条件，开办和管理较复杂，所以

①发表于 1991 年 5 月 2 日《中国商报》。

有待于我国体制改革进一步完善，条件成熟时，供少数大型商业企业集团实行股份制选择的形式。目前由于我国还没有公司法，试行股份制的商业企业在公司名称和组建运行上较混乱，这有待于依法规范整顿。

资本主义国家的股份制是建立在私有制基础上的，我国实行股份制则要以社会主义公有制为主体。所以股金从何而来，股票向谁发行，由谁持股当股东，关系到企业性质问题。从总体上讲，在股份制企业中，由国家和集体所持有的公有股份应占主体。在近期的商业股份制试点中，大体可区别三种情况分别对待：

（一）公有制经济参股持股

国营商业企业间，集体商业企业间，国产商业和集体商业企业间，以及国营、集体商业企业和其他国有经济、集体经济单位之间，进行集资持股参股，从大的方面讲，不会改变企业社会主义公有制的性质，可以大力提倡。为保证原有商业企业的国营或集体经济占主体，可在持股份额上加以规定。

（二）本企业职工持股

国营商业企业向本企业职工集股，带有浓厚的合作制性质。只要保证国有股份占主体和职工间持股份额公正合理，不会改变企业的性质，也不会带来剥削，可在适当范围内有组织地试行，目前还不宜大规模推行。

（三）股票向社会公开发行并上市

这种形式要求的经济条件高，操作复杂，近期还不具备条件，极个别企业经过批准试点，可向社会公开发行股票，但股票上市则应按国家规定，经过批准在指定的交易所进行。

我国股份制经济性质探讨①

实行股份制是国营大中型商业企业改革的一条根本出路。当前，妨碍商业股份制改革的主要障碍，不在于旧体制的束缚，也不在于操作上的困难，而在于理论认识上的模糊，即仍然存在一种对股份制会改变社会主义商业性质的担心。所以，进一步探讨我国股份制经济的性质，解除对股份制的疑虑，对深化商业企业改革是十分重要的。

一、两层次所有制结构与股份制

在社会主义初级阶段，生产资料的全民（或国家）所有、集体（或集团）所有和私人所有，是生产资料所有制的三种终极的元素性的所有形式。这三种生产

①发表于 1991 年。

资料元素性的所有形式，在社会经济的不同层次范围的存在比重，构成社会经济不同层次范围的所有制结构。从总体上看，我国目前社会经济的所有制结构，可分为宏观所有制结构和微观所有制结构两大层次。所谓宏观所有制结构，是指在一定的社会范围内的全部生产资料中，全民所有、集体所有和私人所有，这三种所有形式各占多大比重。宏观所有制结构是以国家、地区、产业、部门和行业为单位来进行考察。所谓微观所有制结构，是指在一个具体的企业中，生产资料的全民所有、集体所有和私人所有各占多大比重。微观所有制结构是以企业为单位进行考察。

宏观所有制结构决定着所考察的宏观经济范围的社会经济性质。就国家来说，只要全国的社会宏观所有制结构中是以公有制为主体，我国的经济就是社会主义经济。就商业部门来说，只要全国商业的宏观所有制结构中是以公有制为主体，则我国的商业也就是社会主义商业。微观所有制结构决定着一个个具体企业的经济性质。企业微观的所有制结构，可以是由全民所有、集体所有和私人所有这三种元素性所有形式中的某一种形式单独构成，也可以是由其中的两种或全部三种所有形式结合构成。前者为单一的微观所有制结构。后者为混合的微观所有制结构。单一的微观所有制结构的企业性质是一目了然的；混合的微观所有制结构的企业的性质，则由其中全民、集体和私人所有形式所占的比重决定，哪一种比重大，为主体，企业就是什么性质的。即所谓事物的性质是由主要矛盾的矛盾主要方面所决定。

股份制是企业微观所有制结构的一种形式。根据上述分析，单一的公有制结构的股份企业的社会主义性质是毫无疑问的，在公私混合的所有制结构中，只要公有股份占主体，企业也应该是社会主义性质的企业。要保证一个股份制商业企业的社会主义性质，一是要在开创认股时，做到公有股份占大头，私有股份占小头；二是要做到资产增量中仍保持公有资产占主体，私有资产占次要比重。对于现有国营商业企业转为公私混合所有的股份制企业，我认为一般不宜采取“卖公为私”的途径，而应采取“以公吸私”的途径，在保证国有资产股份占主体的前提下，吸收一部分私人股份，主要是本企业职工的私人股份。这种以公有为主体的公私混合所有制结构的社会主义商业股份企业，较之单一公有制企业，一是更有利于政企分开，二是可以扩大资金来源，三是能把私人资金纳入国营企业的使用轨道，四是可以强化职工对公有资产的使用监督。当然，为了达到上述效果，职工所有股份金额，应占到职工全部资产的相当比重。

综上所述，为了保证我国商业的社会主义性质，只要国家保证宏观所有制结构中是以公有制成分为主体，而不必要求每一个商业微观所有制结构都是单一的公有制结构，或都以公有制为主体。因此，只要国家法律政策得当，商业企业实行股份制，既不会改变国营商业企业所有制的社会主义性质，也不会改变我国商业的社会主义性质。

二、两种按劳分配方式与股份制

除生产资料公有制外，按劳分配是社会主义经济的另一个基本特征。但是，马克思主义经典作家所说的按劳分配，是设想在生产力相当发达，生产资料归全社会单一所有和不存在商品经济的社会里实行的，因此社会可以按每个人的劳动直接进行计算分配。目前我国初级阶段的社会主义社会，与上述条件有很大差异，生产力还不够发达，生产资料虽然以公有制为主体，但不是全社会单一全民所有，商品经济不仅存在，还要大力发展。因此，我们只能实行一种社会主义初级阶段的有中国特色的按劳分配。

这种按劳分配至少有两个特点：一是不能以全社会为单位来计算劳动实行分配，而只能以独立的商品生产者和经营者为单位来计算劳动实行分配；二是按劳分配必须与商品经济相结合，受商品经济规律的作用，采取新的形式。对于前一个特点无须多言，这里想结合股份制，对后一个特点谈一点不成熟的看法，供讨论。

我认为，在商品经济条件下，企业内部实行按劳分配，需要解决两个问题：一是职工的劳动，首先必须作为一个整体，通过商品交换转化为社会所承认的社会必要劳动，才能作为分配的依据；二是分配的对象是企业的经营成果，所以按劳分配必须与影响经营成果的各种生产经营要素和经营活动结合起来进行。这样，企业的按劳分配就可以采取两种方式：一种是直接按劳分配，即按可以换算成社会必要劳动的职工劳动直接进行分配，目的在于调动职工的劳动积极性；另一种是间接按劳分配，即把职工的劳动和企业经营所必需的重要因素和活动结合起来，间接进行分配，目的在于保证企业经营成果的不断增长。

在本企业职工入股的公私混合股份制企业中，职工工资和奖金是一种直接按劳分配，职工“按股分红”则是一种间接按劳分配。这是因为：第一，分红者是本企业的劳动职工，而非食利者；第二，所分之红是本企业职工劳动的成果，而非剥削所得。所不同的是这种按劳分配与职工所认股份多少结合起来进行。这是一种带有合作经济性质的股份分红。为了保证认股的公平性和与劳动贡献联系的紧密性，可采取“按劳认股，按股分红”的方式。所谓按劳认股，有两层意思：一是认股者必须是本企业劳动职工并参加本企业劳动，不是本企业劳动者或不参加本企业劳动不得从股；二是认股数量可根据职工劳动的贡献来确定，如按岗位、职务、工龄等来区别限定。这样，一方面把分红建立在“劳”的前提下，强化了按劳分配的性质；另一方面有利于避免按股分红的平均主义和不合理的多认多分。至于分红的数量，对企业来说应避免分光分净，对职工来说应达到占其收入总量的相当比重，足以影响其生活水平。

所以，按一定法律制度建立的科学的本企业职工按股分红，不仅不违背社会主义的按劳分配原则，而且是在商品经济条件下，对按劳分配方式的发展，有利于调动职工劳动的积极性，也有利于促进企业经营条件的改善和成果的提高。

三、社会主义初级阶段与股份制

社会主义初级阶段理论的提出，是我们党对马克思主义科学共产主义理论的重大发展。在实践中深入理解运用这一理论，是摆在改革面前的一项战略性任务。所谓社会主义初级阶段的“初”，主要表现在哪里？我理解，一是生产力还不发达，二是生产关系还不那么成熟完善。在具备了社会主义生产关系的基本前提下，在所有制上虽然以公有制为主体，但还存在私人所有；在分配上虽然以按劳分配为主，也还有非劳动所得存在。现在人们对这两方面特征的认识没有什么异议，但还是仅仅停留在全社会宏观经济的范围上，这是不够的。社会主义初级阶段生产关系上的上述两方面特点，不能仅仅停留在社会整体上，还应该深入到一定范围的国营和集体企业微观经济中去，体现到国营和集体职工的身上。

以公有制为主体的股份制企业，吸收一定数量的私人股份，组成以公有制为主体的多种经济成分混合结构的股份企业，正是社会主义初级阶段理论，在企业制度上的实践运用。在20世纪50年代对私营资本主义企业改造中，通过国家参股占主体来改造私营企业，组成公私合营企业，我们称这是社会主义的胜利，为什么在今天，在保留原有国营企业公股占主体的前提下，再吸收一定的私人股份，并且主要是劳动人民而不是资本家的股份，反要看作是像资本主义呢？同样，对国营职工的分配，也应该允许在按劳分配为主的前提下，获得一部分合法正当的非劳动所得，例如购买股票分得红利。既然我们把储蓄和购买国库券称为爱国之举，就理应把购买股票看作正当行为。所以，股份制企业，不仅可以面向本企业职工发行股票，还应该创造条件向社会发行股票。国家在通过法律政策保证公有制为主体和按劳分配为主的前提下，没有必要担心股份制会改变社会主义的性质，应该加强的倒是如何保护人民购买股票的正当合法利益不受损害，以及股票交易的正常进行。

总之，在股份制问题上，我们如果从中国现阶段经济发展的实际出发，从社会主义初级阶段理论的高度来认识，就应该如实地把在我国实行股份制看作是一种社会主义的进步，反之，如果从脱离实际的空想出发，用“左”的教条主义的理论来判断，就会把在我国实行股份制扭曲地当作是一种资本主义的倒退。

商业职工持股问题探讨①

职工持股是企业职工直接拥有本企业发行的股票，从而成为本企业的股东。职工持股是在20世纪70年代出现的现代股份制的一种重要形式。目前世界上已有56个国家实行或拟实行职工持股计划。在美国，为了推动职工持股，国会和一半以上的州，专门通过立法来支持实行职工持股计划，并在税收上给予优惠，参与职工持股计划的职工达1200万人，占美国劳工的10%，职工持股计划拥有的资产约为1000亿美元。

在我国，改革开放以来，在股份制的试点中，出现了一批职工持股的股份制企业。这是股份制在社会主义制度下的新发展。同资本主义制度下的职工持股相比，我国的职工持股有两个显著特点：一是以公有制为基础，职工持股的企业是社会主义的全民企业或集体企业，是为了更好地巩固、发展完善社会主义公有财产制度；二是持股的职工是企业的劳动者，他们具有企业中国有资产主人和职工个人股份主人的双重身份，作为国家财产主人的身份是主要的，双重身份是对立统一的。这种职工持股具有劳动者合作制的性质，无疑是社会主义的。

公有制商业企业实行职工持股，它具有社会主义商业企业的特殊适应作用。

第一，适应商业经营的风险性，有利于更好地保护和利用公有资产。商业经营直接以市场为舞台，市场供求瞬息万变，千金得失在于一念之中。随着市场变化的推进，市场的风险性越来越大，如果企业的经营者对商业资金使用缺少强烈的责任心和失去有力的监督，商业经营中不必要的风险损失就会加大。职工持股后，一方面经营管理者和普通职工都把自己的股份财产与国家财产捆到了一起，形成财产命运共同体，盈亏共担，这就促使经营者和职工更加关心企业资金的使用，另一方面职工作为股东参与决策也能增强企业经营的科学性。

第二，适应商业劳动的独立性，有利于更好地调动职工的积极性。商业职工的劳动由于很少受机器工艺流程及整体性程序化的制约，目前只是一手钱一手货的手工操作，采购和推销工作也在很大程度上要依赖购销人员独立进行。所以，商业劳动比工业劳动更具有独立性，即在更大程度上是靠劳动者个人的积极性。职工持股，把职工的利益同职工的资产保管与使用，即增产的增值更直接地联系起来，这比仅仅把职工利益同工资奖金挂钩，就更多了一个激励因素。

第三，适应商业劳动的服务性，更有利于改善服务态度，提高商业工作质量。商业劳动是伴随着服务或直接表现为服务的劳动。商业服务质量的好坏，直

①发表于1992年《商业经济研究》。

接受商业职工的自身素质影响，其服务质量又直接影响商业经营效果。职工持股可以使职工的每一次服务及其产生的每一分效益，都同其自身的财产状况挂上钩，服务得好就可以使其股本增值，反之就降值。这样，就更有利于推动商业职工改善服务态度，提高服务质量，增加经营效益。

第四，适应商业人才流动的竞争性，增强企业的凝聚力。同工业企业更多地依靠科技和资金相比，商业企业则更多地依靠经营管理人才，依赖他们经商的经验和长期建立的“商路”。所以，商业企业的竞争更表现为人才的竞争。改革开放以来，出现了百家经商的格局，同时也出现了百家竞争人才的局面，商业人才市场竞争日益激烈。由于多种原因，近年来国营商业大量人才带着他们的“商路”流向其他社会商业企业，成为国营商业企业大伤元气的一个因素。实行职工持股，可以更好地提高企业的凝聚力，保住人才，网罗人才，进而为自己培养人才。

第五，适应商业流动资金的借贷性，有利于筹集资金扩大经营。我国国营商业企业自有资金一般仅占全部流动资金的15%左右，企业做生意主要是靠银行贷款。在银根紧缩时，商业企业的贷款就发生困难，并且银行贷款有许多附加条件，有一些企业往往因资金不足而无力经营。职工持股可以开辟新的资金渠道，充实自有资金，而且，这一部分资金在使用上企业有更大的自主权。职工将消费资金转化为生产资金，从整个国家来说，也有利于调节消费和积累。

商业企业职工持股，是商业改革产生的新事物，各地在试点中创造许多好的形式，收到了较好的效果。但是，由于缺少经验和必要的法规制度，也存在不少问题，需要逐步规范完善，使之制度化。当前需要解决的问题主要是：

进一步解放思想，胆子更大一些，步子更快一些。职工持股仅限于小范围的试点是不行的。应进一步打消对职工持股的疑虑，在更大范围推开。对于在我国实行股份制和职工持股的社会主义性质，理论界的论述已经很充分，现在是决策层拿出胆识和魄力的时候了。至于试行中可能出现的问题，是会通过实践逐步解决的。

建立职工持股法规。职工持股是企业所有制结构的重要调整，是更深层次的改革；它牵扯到国有资产和整个社会商业的所有制问题，也影响到国家、企业、职工的利益。因此，必须立法规范。国家应当作一项系统工程来抓，要有配套的财政、税收、金融等政策。

职工持股要保证国有资产不受损害。我们主张，在现阶段，职工所持股份应是从职工个人时产集资而来，可以是现金购买，或有条件地贷款预购。而不能侵占企业的国有资产，不能化公为私。一般应保持国有股占50%以上，并按比例扩增新的股份，始终保证国有资产在企业占主体。

职工持股分配要公正合理。股份分配可采取机会均等的平均分配，也可以采取有限差别分配，即为了调动各类人员积极性和鼓励职工长期留企业工作，对不同岗位、不同工龄职工分别规定不同认股数额，把职工认股数同劳动贡献挂钩。

要建立职工股东组织机构。职工持股即成为企业股东，就获得了企业的管理权。职工作为股东参与管理，要有一定组织和必要的章程。还要处理好股东大会与职代会、党委的关系。

第三节　集体商业的改革

集体商业改革的初步设想①

集体商业是社会主义公有制商业的重要组成部分，大力发展集体商业是商业改革的一项战略性任务。这里仅就历史形成的归国营商业和供销社商业管理的集体商业的改革，谈一点看法。

一、明确资产关系，建立两级集体所有的所有制结构

企业资产归企业劳动职工集体所有，是集体商业的本质特征。三十多年来，依靠职工的辛勤劳动，集体商业积累了相当数量的固定资产和自有资金。这是集体商业进一步发展的物质基础。但目前这笔资产的占用和使用存在两方面问题：一是有一部分固定资产和资金，被一些单位无偿占用和平调了；二是由于老职工大部分退休，新职工进店使得目前企业职工同企业资产很少有直接的关系，出现了集体商业内部资产使用上的“大锅饭”。这两种现象都促成了集体商业企业在资产归属和使用上的模糊不清，失去了集体所有制经济的特征。所以，集体商业改革的当务之急，就是要明确资产关系。

首先，要厘清同外部的资产关系，即集体商业同国营、供销社商业及其他各有关部门的资产关系。凡是各部门各单位无偿占用或平调集体商业的固定资产和资金，都应一律退还集体商业，马上全部退还有困难的，也要先认账立据，协商分步退还，今后一律不得再无偿占用和平调。

其次，要厘清集体商业内部的资产关系。在企业内部，应先划清哪些是企业现有职工的股金形成部分，然后再根据一个比较合理的时限，划清企业原有积累及联合公积金投资部分，划清企业现有职工创造的新增积累部分。明确企业内部资产来源及形成的结构。对于集体企业间、行业间的资产旧账，应本着宜粗不宜细，大体合理的原则来处理。

在实现上述资产清理之后，重新建立集体商业的所有制形式，一般可建立两级集体所有结构：

（1）市、县一级集体商业所有。其资产来源一是集体商业历年提留的联合公积金，二是历史形成并留给企业的旧有资产。这两部分资产是集体商业的老职工创造的，不应归企业现有职工无偿使用，因为那样做既不合理又容易造成企业之

①发表于1988年3月6日《调研资料》第22期，作者赵尔烈、闫学志。

间的苦乐不均，同时这两部分资产更不应给职工和企业分掉。比较合适的办法是集中起来，留在市、县一级，或由集体商业行业专业公司分别掌握，或由集体商业综合公司统一掌握，也可以成立市、县集体商业金融机构或投资公司，将这笔资产用于集体商业的开发事业。现存企业内的原有资产，根据合理时限划归市县掌握部分，将所有权收归市县，资产可仍由企业有偿使用，或逐步转卖给企业。对于上交市县掌握的集体商业资产，要成立有基层企业参加的资产管理委员会，监督其使用。这部分资产使用要企业化，并与商业行政管理部门脱钩。原有企业以后不再提交联合公积金，新办企业要享受市县集体商业资金使用的好处，应先交一定数量的资金入股。

（2）基层本企业职工集体所有。在理清企业同市县一级集体商业资产关系后，企业内部资产应是完全归本企业职工集体所有。一部分由职工股金构成，凡进店职工一律要交一定数量的入股基金，在店时分红离店时可带走。另一部分是本店职工创造的新增积累，这一部分有四种处理方式：一是作为企业集体积累，不分到人头，作为企业集体所有，职工个人不能拿走，不能继承，不能据以分红；二是实际归企业集体所有，同样不能由个人拿走和继承，但名义上划归到个人名下，作为职工个人分红依据之一；三是全部积累划分到人头，实际归个人所有，参加分红，可拿走和继承；四是将一部分积累划归个人，另一部分归企业集体所有。四种形式各有利弊，可因企业不同由职工集体协商决定选择，不必搞“一刀切”。我们认为，一般以第三种办法更能强化企业资产同职工个人利益的关系，对于加强资产的使用效率和监督管理，调动职工积极性，更为有效，并可以避免其他三种办法在若干年后，又会出现的一块同本企业职工无直接关系的“无主”资产的现象。为防止职工随意抽走资金影响企业经营发展，可效法西方有限公司的组织办法，明确规定职工个人名下的资产可以按一定制度手续，在本企业职工内部有偿转让，而不能随意抽走。

二、明确组织关系，建立三套集体商业管理和组织系统

随着改革的深入，集体商业必将有一个更大的发展，加强和完善对集体商业的组织和管理，是保证集体商业健康发展的必要条件。

历史上多次出现的对集体商业的资产剥夺和权益侵害，除了在指导思想上受“左”的影响，对集体商业实际上采取了对私人商业的“限制、利用、改造”等错误做法外，集体商业没有一个独立的行政管理系统和企业组织体系，一直依附于国营商业和供销社商业，也是一个重要的原因。因为没有一个独立的集体商业行政管理系统，使得集体商业管理工作在商业行政部门那里排不上队，问题得不到专门研究，政策不能单独制定，工作不能专门去抓，人称商业行政部门只是国营商业或供销社商业的行政部门，并不为过。当前的改革之季，各方面的关系一

时难以完全理顺，集体商业要发展，必须有主管行政部门去为其一个一个打通关节，去“扯皮”，否则靠企业自身过关斩将是很难行得通的。同时，集体商业自身的发展，也需要及时加以引导和规范，需要制定明确的法规和政策。因此，应该尽快建立一个独立的集体商业行政管理系统。

具体可有三种选择模式：

（1）内设机构。在商业行政管理部门内增设专门的集体商业管理机构，如在商业部内设集体商业管理司，在省、地、市、县商业厅（局）和供销社内设集体商业管理处（科）等。其职能是对集体商业进行按所有制的行业管理。

（2）外设机构。在各级政府内设独立的集体经济管理机构，打破行业界限，对各行各业集体经济进行统一管理，如目前一些地方设立的集体经济办公室一类。在集体经济管理部门内再细分集体商业管理机构。

（3）内外同设机构。在商业行政部门内设集体商业管理机构，同时各级政府也设集体经济管理机构。

第一种模式，长处是对商业行业可以管理得更细，针对性更强一些，短处是从整个集体经济全局角度制定法规政策时高度和层次不够。第二种模式，长处是有利于在更高层次上制定集体经济的大政方针，发言权也更大，不足是对行业管理难于具体细致。我们倾向选择第三种模式，可以取长补短。问题是要逐步摸索两个机构的职能分工，避免产生大的摩擦。不论如何设置机构，都要坚持政企分开，转变管理职能，改变过去的直接干预方式，实行宏观间接管理，给集体企业以真正的、完全的自主权。另外，管理的范围也要由单一管理归口集体商业，逐步转向管理全社会的集体商业。

在建立独立的集体商业行政管理系统的同时，要建立集体商业的独立企业组织系统。首先要下决心将集体商业企业从国营和供销社的公司中独立出来，改变附属地位。不应再以资金少、管理经验不足、人才缺乏、经营水平低等理由，把集体企业强留在国营和供销社公司内。因为那样不仅容易造成资产混淆资金平调，更重要的是不利于集体企业的发展和素质的提高。集体企业只有早一天独立到商品经济的竞争中去，才会早一天成长发展起来。个体户都能在市场上独立经营求得生存，为什么集体商业企业就不能呢？实践证明，凡是独立出来的集体商业企业，绝大多数都搞得比较好，即使个别出了问题，商业管理部门或国营、供销社公司帮一下就是了，让他们从失败中站起来，而不应继续捆在国营、供销社公司身上避风雨。至于为了侵占集体商业的利益而抓住不放，则更是错误的了。

鉴于集体商业目前多数规模小、网点分散，管理水平不高，渠道不多，对独立出来的集体商业企业，有必要建立统一的公司组织起来。在大城市或集体商业比较发达的中等城市，可以按行业建立专业性集体商业公司；在小城市、县或集体商业目前还不够发达的地方，也可以先成立综合性的集体商业公司。随着集体商业的发展，专业性公司将会增多。在集体商业有很大的发展以后，也可以以个别企业为骨干，组成集体商业企业集团，与各类公司并存。

目前，从公司的性质来看，可以多种形式探索，不必忙于固定到一种模式上去。各地的做法大体有：①经营管理型。公司自办批发并为基层企业服务，或依靠到一个大企业上自营，对其他企业给予管理服务。好处是不收管理费企业负担小，缺点是工作往往放在自营业务上，忽略其他企业，另外同自办企业职工也有利益上的矛盾，职工认为吃一家的饭办大家的事。②管理服务型。公司不经营，只为企业服务，进行统筹协调，收管理费，是所谓行政性公司。这类公司只要人员精简，企业独立经营，管理费收得又少，并能真正为企业办事，目前也还是有其存在的必要性的，不应一律取消。③集中经营管理型。由公司统一经营核算，企业半独立，两权分离。对于某些个别商品的经营可能比较合适，对多数企业不利于调动基层企业和职工积极性。④股份经营型。各基层企业出股，合办一个公司，公司为基层企业经营服务，本身又独立核算，基层企业是公司的股东，公司盈利企业分红，亏损企业作为股东承受损失。公司对基层企业给予业务指导和经营合作、资金融通。从实践看，这类公司多数效果较好，很有发展前途。

不论建立哪种类型的公司，都要给企业独立的经营自主权，不要重蹈国营公司经营权过分集中的覆辙。另外，集体商业公司独立出来后，国营和供销社公司不宜再直接委派国营或供销社商业干部去集体商业公司任职，确有必要的，也要经集体商业职工的同意，采取招聘的形式，签订合同，应聘者要同集体企业风险与共、利益相关。

为了协助集体商业行政管理部门和企业组织系统的管理工作，应成立集体企业自愿参加、自我组织、自我服务、自我管理、自我监督的各类民间协会，如综合性的集体商业协会或专业性的集体商业行业协会。协会作为联系企业与政府的桥梁，可反映企业意见，承办政府委托事务。

三、改革内部管理，建立多元的集体商业企业经营机制

经营管理的灵活性，是集体商业有别于国营商业的一大优势。但是过去硬把国营商业的一套管理办法强加给集体商业，造成了企业缺乏活力和职工积极性不高。改革就要突破旧的国营商业管理模式对集体商业的束缚，探求适合集体商业特点的新路子。同时还应该看到，社会主义初级阶段的集体商业到底应当建立一套什么样的企业经营机制，是一个需要通过大量实践来探索的崭新的问题，目前无论从理论上或是实践工作上，都还远不到下断论或制定划一模式的时候。所以，那种从过去给集体经济下的定义或概念出发，来推断或认定集体商业应该采取什么经营方式或不应该采取什么经营方式，都是不慎重的。我们应该鼓励企业在实践中进行各种探索，从中总结经验，比较利弊，决定取舍，不断完善。在这

方面，检验的唯一标准仍然只能是对集体商业生产力解放的实践效果。

基于上述认识，我们认为，在近期，集体商业企业经营机制的改革，要经历一个多元并存的探索过程。主要表现在：

（1）两权统一与两权分离并存。企业的资产关系，是企业经营机制的基础，集体商业企业的资产归职工集体所有，这是集体商业同国营商业和个体商业的最重要的不同之处。所以，从理论上讲，集体商业的企业经营机制，可能既不同于国营商业的两权分离经营方式，也不同于个体商业两权完全统一的经营方式。或者反过来讲，集体商业的企业经营机制，应该既能容纳国营商业两权分离的经营方式，又能容纳个体商业两权统一的经营方式。

从实践来看，有的集体商业企业坚持所有权与经营权的统一，在合股经营的基础上，在完善内部责任制和分配制度，改善经营管理上下功夫，取得了明显的效果。也有的企业，采取所有权与经营权分离的方式，将一些门点，尤其微小、边远、亏损或严重经营不善的门点，承包或租赁给职工经营，收到了迅速扭亏增盈和方便群众的效益。这都说明，在近期，不论两权统一或两权分离，都是集体商业可以选择的经营方式，而不必拘于旧理论或新教条用一种模式把集体企业再框死。从长远来看，经过实践的探索和发展，集体企业是可以逐渐形成具有自身特色的企业经营机制的，即由兼容走向独创。

（2）民主管理与经理负责制结合。集体企业由于资产归职工所有，民主管理特别重要。这不仅因为只有实行民主管理，才能体现企业职工对资产的所有权，体现其主人翁的地位，而且只有坚持民主管理，才能保证资产的有效使用，调动职工的积极性。为此必须建立一套企业民主管理的制度，主要内容应该包括：健全的职工大会或职工代表大会制，明确职代会的权限并保证其行使；严格的资产管理监督制度，保证资产的完整和不断增殖；对干部的聘用、监督和解聘制度；对企业经营方针的参与审查制度；对职工权利的维护制度；其他必要的制度。

集体商业企业在改革和发展中，要经受商品经济规则的考验，不断向现代化的商业企业迈进。所以，集体商业企业的管理，也必须不断现代化，这首先就要推行经理负责制。不能把企业的集体所有制性质和职工的主人翁地位同实行经理负责制对立起来。相反，只有完善经理负责制，才能更有效地保证企业的集体所有制和维护职工的根本权益。集体商业企业实行经理负责制，要坚持职工民主选举或公开聘用经理，也要引进竞争机制。经理要与职代会签订任职目标协议，并由职代会监督执行。经理人员一经聘任，就应按协议授予企业经营管理的必要权限，职代会或职工有监督权但不能随意干涉经理行使正当职权。

（3）按劳分配与股金分红并用。集体商业企业，是劳动职工的集体所有制，是社会主义公有制的一种经济形式，必须实行按劳分配的原则。集体商业企业的按劳分配形式，可以比国营商业更加灵活多样，如定额包干、联销联利计酬、计件工资、职务工资、工龄工资、浮动工资、各种奖励工资等。集体商业的工资制度应该逐步打破国营八级工资制和固定工资的旧框子，与企业经营成果和个人劳动成果更紧密地挂起钩来。要以企业为单位自主确定工资奖金的分配形式，经营好的企业可以高工资，经营差的企业就要低工资，国家只是用经济手段加以控制，而不必直接干涉。

按股分红，是集体企业不同于国营企业的一个重要的分配方式，应该理直气壮地坚持，并在实践中不断完善。按股分红，首先应该明确，所分之红，是企业全体职工的劳动成果，就总体而言，仍是一种劳动收入，而不是剥削。从当前巩固和发展集体商业来看，扩大分红有利于调动职工的劳动积极性，增加职工同企业资产的利益关系程度，有利于增强企业的向心力与凝聚力。从多数企业分红的实践来看，广大职工并不主张分光吃净，只要政策稳定，职工看得到企业扩大经营的前途，加上市场竞争压力的加大，多数职工和企业是能够正确处理分红比例的。所以，一提分红，就怕职工把企业分光吃垮，不是杞人忧天，也是不相信群众觉悟的想当然说法。对于个别不适当扩大分红比例的企业，只要加以引导和经过一些企业兴衰的教训，是不难纠正的。当前，主要问题是应该扩大分红比例，增加红利在职工收入中的比重，并帮助企业摸索一套合适的分红办法来。

集体商业改革探讨①

集体商业是社会主义公有制商业的重要组成部分，深入探讨集体商业的改革，促进集体商业的发展，对于搞活商品流通，有着重要的意义。

一、要重新认识集体商业的地位和作用

长期以来，在商业的所有制问题上，存在着根深蒂固的“左”的偏见，这不仅表现在对个体商业和私营商业的根本否定，而且表现在对集体商业的歧视和排斥。

首先，认为集体商业是“二等”社会主义商业。过去，虽然也承认集体商业是社会主义商业，但由于用“一大二公”作为判断社会主义发展水平的标准，人为地把社会主义公有制商业分为高级形式和低级形式。认为只有全民所有制的国营商业才是高级的社会主义商业，而集体商业只能是一种低级的社会主义商业，两者不是平等关系，而是主辅关系。

其次，认为集体商业是“过渡”性的社会主义商业。不是把集体商业看成与社会主义社会共存的公有制商业形式，而只是当成由私有制商业向全民所有制商

①发表于1989年《商业经济研究》第4期，作者赵尔烈、李秀玲、于美芝。

业过渡的一种手段，一种中间形式。

最后，认为集体商业是低水平的商业。一方面人为地抑制集体商业的发展，另一方面又把这种抑制的后果作为根据，反过来“证明”集体商业只能代表商业生产力发展低水平的生产关系，只能适应低层次商业生产力的发展要求。

上述理论认识上的失误，不仅导致商业政策的长期偏差，带来严重的实际后果，而且至今仍然是商业改革和集体商业发展的严重束缚，有必要认真加以清理。

我们认为，在社会主义初级阶段，集体商业不仅应该是社会主义公有制商业的重要组成部分，而且应该成为社会主义商业的主体。这是由集体商业自身的特点和我国的国情所决定的。因为：

第一，集体商业比国营商业有更高的资源利用效率。商业经营的最大特点是风险性大、机会性强。它要求经营者对资产使用必须高度负责。由于集体商业的资产是归企业职工直接所有，其使用好坏直接关系职工切身利益，所以集体商业企业资产的利用效率同职工利益的内在关切度要高于国营商业，也高于租赁、承包经营下的国营商业。

第二，集体商业比国营商业有更强的内在动力。集体商业企业具有双重分配机制，即按劳分配和按股分红。而国营商业只是按劳分配。在集体商业企业职工按股分红收入比重不断增大的情况下，职工的积极性自然要大于国营企业的职工。

第三，集体商业比国营商业有更大的经营灵活性。集体商业由于资产自有，经营自主，可以随时根据市场需要，及时决策，调整经营方向和经营方式。

第四，集体商业在实行民主管理方面比国营商业有更大的优越性。集体商业由于实行人员自愿组合、资产共同占有、劳动共同进行、风险共同承担，这就为集体商业企业的民主管理提供了良好的物质条件和精神条件，从而使企业内部高度集中、统一的管理有了坚实的基础。

第五，集体商业一般比国营商业有更快的资金增长速度。作为一种所有制商业整体，国营商业的资金增长，一是靠国家财政投资，二是靠自身资金积聚。由于我国财力紧张，今后对国营商业的直接投资将逐渐减少；国营商业的自身积累又要将其中很大一部分作为利润上缴国库。集体商业的资金虽无财政投资，但它一方面自身的积累无利润上缴的义务，只要有稳定的政策和必要的市场竞争压力，利润中转入积累部分就会不断增大，不会分光吃净；另一方面可以通过不断向社会招股吸收游资。这样它从积累和集中两个渠道来增加自身的资金力量，就会快于国营商业资金增长速度。

第六，集体商业同样可以担负起商业流通的主要职能。目前实际存在的国营商业在流通中的主体、主导和主渠道等作用，是过去消灭个体私营商业和抑制集体商业的结果。将来虽然不能让个体、私营商业占主导，但完全没有必要限制集体商业发挥主导和主渠道作用。

上述集体商业的特点和优势，是由其所有制的内在性质所决定的。在社会主义初级阶段，虽然仍然要发展国营商业，但总的来说，发展的战略选择应该是集体商业，应该使集体商业在平等竞争中成为社会主义商业的主体。

二、改革集体商业势在必行

由于多年来“左”的影响，集体商业不仅没有获得上述应有的地位和发挥应有的作用，而且直到今天仍然没有从根本上摆脱困境和束缚。主要表现在：

(1) 政治地位低。在中央和省级的政府部门，对集体商业的管理力量十分薄弱，在基层，很多集体企业看不到文件，有的县 30 多年没在集体商业系统发展一个党员，评模范先进无份，随便调走或调入干部职工，仍视集体商业企业为二等企业。

(2) 资产无保障。1978 年以前，全国被各级政府和国营商业、供销社平调的集体商业的资金有账可查的有 3.4 亿元，网点近 100 万个，近年来虽然有的地方予以返还，但多数地方想不了了之。还有一些城市旧城改建，低价拆毁了大批市口好的集体商业网点，然后让企业用高出几倍、十几倍的价格租购回市口不好的网点，使企业陷于负债破产的境地。

(3) 经营受限制。历史上曾经形成了国营商业对大批发环节和主要商品流通渠道的垄断，现在虽然在名义上改革放开了，但实际上集体商业还是很难涉足其间。国家计划供应商品、财政有补贴的商品及贵重的大件商品，集体商业或得不到货源不能经营，或虽能经营但不能享受国营商业的同等价格和财政补贴。银行对集体商业计划内货款指标比例低，计划外货款不仅利息高，数额控制也严；同时由于对集体商业使用不同于国营商业的银行账号序列，使企业在采购中对方往往要求预付货款，这都限制了集体商业企业的经营。

(4) 管理无自主权。城市集体商业归国营商业公司管理，农村集体商业归供销社管理。国营商业公司和供销社按管理本系统商业的办法来管集体商业的人、财、物和购、销、调、存，这就使这些集体商业变成了国营商业和供销社的附庸，失去了自主管理的独立性，把集体商业办成了“二国营”。

(5) 企业负担重。目前，全国有集体商业退休职工约 64 万人，占在职职工的 1/3。这些老职工 30 多年来，同国营职工一样把所创利润的大部分上缴了国家，而退休后的劳保待遇却仍由原企业承受。企业由于多年来的“过渡”和平调等折腾，元气大伤，无力承受老职工的负担，往往是活着养不起，病了治不起，死后对其遗属照顾不起。至于其他各项名目繁多的社会摊派，更是难以招架。

(6) 职工收入低。目前集体商业企业大多数网点规模小、资金短缺、设备陈

旧、管理和职工队伍素质差，造成效益不高；另外，国家又用管国营商业的办法（如征收奖金税）限制企业内部收入分配，使多数地方集体商业职工收入普遍低于同类国营商业企业。有相当的企业不仅调资、奖金得不到，甚至连基本工资和退休金也保证不了，使职工队伍人心浮动，形成了一个“低效益—低收入—低素质—低效益”的恶性循环。

近年来的改革，虽然使一些地方的集体商业企业开始恢复了生机，但就全国来看，改革进展不快，老集体商业的发展仍然缓慢。到1986年，全国商业部系统集体商业拥有职工198万人，网点28万个，仅是1957年284.4万名职工的69.6%，142.8万个网点的19.6%，离30年前的历史最好水平相差尚如此之大，更不要说适应现在经济发展的需要了。

三、对当前改革集体商业的几点设想

改革集体商业，需要从三方面入手：一是处理好历史遗留问题，改善集体商业整体的外部环境；二是改革集体商业内部的组织管理体制；三是改革集体商业企业内部的经营机制，具体包括以下几项主要内容：

（1）清理资产，偿还平调。各地政府和商业部门应成立集体商业资产清查领导小组，吸收集体商业干部参加，领导清查历年对集体商业平调、侵占的资金、网点及其他固定资产。凡是账目、证据确凿的，侵占、平调的各部门各单位都应一律归还集体商业，马上全部归还有困难的，也要先认账立据，协商分步归还，并明确规定以后一律不得无偿侵占和平调。所清资产原来是谁的，还谁，原来的集体企业不存在的，要归还当地集体商业主管部门统一掌握，用于集体商业事业。

（2）解决统筹，老有所养，集体商业老职工退休，近年来一些地方采取不同形式的退休金统筹，但从全国来看，最好能制定一个统一政策全面解决。有关部门建议对合作时期入店的老职工每年约4.2亿元的退休费，国家可采取每年减收1%营业税（全年约300亿多元）的办法解决，我们认为是可行的。新职工将来的退休金，可采用逐年预提保险金的办法，不再欠账。

（3）企业独立，自我管理。目前全国尚有一半多集体商业企业，仍在国营商业公司或供销社公司内归口管理，应当尽快地使这些集体企业独立出来。独立之后，根据各地实际情况，可以组建地区性不分行业的集体商业综合公司，也可以组建分行业的专业性集体商业公司，还可以以个别大企业为骨干，组织集体商业企业集团。公司的性质可以：一是经营管理型，公司可自办批发并为基层企业服务，同时兼行业管理；二是管理服务型，公司本身不经营，只是为基层服务，统筹协调，收少量管理费；三是集中经营管理型，由全公司统一经营核算，企业半独立，两权分离；四是股份经营型，各基层企业出股合办一个公司，公司为基层企业在经营上服务，但本身又独立核算。

（4）成立集体商业协会。根据自愿参加、自我组织、自我服务、自我管理的原则，成立综合性或行业性集体商业协会。协会作为联系集体企业同政府的桥梁，反映企业意见要求，维护企业利益，承办政府委托事务，宣传方针政策。协会一定要坚持民办性质。

（5）成立专门行政管理机构。可有三种选择：一是在商业行政部门内，逐级设立集体商业管理机构，按所有制进行行业管理；二是各级政府设立专门的集体经济管理机构，按所有制不分行业，管理全社会集体经济；三是上两种机构同时设立。只有有了专门的行政机构，才能及时制定出专门政策，为集体商业排忧解难，加强领导，保证集体商业健康发展。

（6）推行合股经营。集体商业的特点之一就是资金共有，职工进店一定要带股入店，并随着企业的发展和职工工作年限的增长，逐步增加个人拥有的股金数额。股金要准许职工离店时带走，可以继承，任何单位个人不得平调侵占。

（7）坚持共同劳动、民主管理。这是集体经济不同于合伙经济和股份经济的重要区别。集体商业职工一定要参加本企业的共同劳动。企业经理要经过职工选举或招聘产生。当选经理按协议全权负责指挥企业经营，对职工负责。企业职工大会或职工代表大会，有权罢免、解聘不称职的干部，维护企业和职工利益，并对违纪职工经经理提名决定处罚直至开除。

（8）实行多种灵活的经营方式。集体商业企业，根据经营需要有权自行选择承包、租赁、股份制等不同经营方式，上级部门不能加以限制，要让集体商业企业自己探索新的经营方式。

（9）建立企业分配制度。要彻底打破分配上的“大锅饭”和“铁饭碗”。企业可根据本企业经营收益和职工劳动贡献，自行决定工资奖金分配办法。建议取消对集体商业的奖金税，改按国家规定征收个人所得税。企业收入的使用，如公积金、公益金、分红基金、工资奖金等的分配使用，应由企业根据职工意见自行决定，行政部门不必干涉。

（10）要制定集体商业法规。

集体商业改革与发展研讨会综述①

六月下旬，商业部商业经济研究所同天津市商委，在天津联合召开了集体商业改革与发展研讨会。全国部分理论与实际工作者出席了会议。商业部副部长张世尧同志到会看望了代表。现将会议讨论情况简述如下。

---

①发表于1988年7月30日《调研资料》第60期。

一、改革集体商业势在必行

代表们列举了大量的事实，分析了集体商业的历史与现状，一致认为，由于受“左”的路线的长期影响，集体商业，尤其老集体商业，备受摧残，主要表现在：①政治地位低下，社会歧视；②资产没有保障，任意平调；③管理失去主权，形同附庸；④经营受到排挤，多方限制；⑤企业负担沉重，难以维持；⑥职工收入微薄，生活困难。近几年虽然有些变化，但发展极不平衡，多数的状况没有根本改变。值得注意的是，老集体商业痼疾未除，新集体商业正在步其后尘。所以，必须从根本上改革集体商业，建立社会主义初级阶段集体商业的新体制。

大家深入地分析了造成集体商业陷入困境的原因。一些同志认为，根源在于所有制理论上的失误。长期以来，人为地把社会主义公有制经济，分为高级和低级两种形式，认为集体商业是低级的社会主义公有制，是“过渡”性的，是只能适于低生产力水平的，因此，在政策上采取了不断将集体商业向国营商业升级过渡的办法，最后办成了“二国营”，失去了集体商业的本质特点，实际上是毁灭了集体商业。

有的同志认为，集体商业内部产权模糊是症结所在。老集体商业多年的公共积累形成了一块与本企业职工无直接关系的资产，外部可以任意平调，内部不关心其增损，导致了集体商业最终的名不副实，为向国营商业过渡提供了所有制基础。新集体商业职工不带股金入店，从一开始也是先天不足。

也有的同志认为，集体商业的病根在于管理体制不顺。老集体商业或归国营商业代管，或归供销社代管，新集体商业则是谁办归谁管，就是企业不能自己来管自己，这样就使集体商业不仅政企不分，而且成了行政部门的附属物，经营管理毫无自主权，无力维护自身的利益。这种状况不改变，财产关系再明确也会被不断平调侵占。

还有同志认为，分配机制僵化，动力不足，使集体商业失去了发展的生机。目前，集体商业仍沿用国营商业的八级工资制，照纳奖金税，比照国营商业的办法进行税后利润分配，不仅职工多劳不多得，并且在集体商业企业包袱沉重的情况下，职工付出同等甚至更多劳动，却要比国营职工收入少，严重挫伤了积极性。

大家一致认为，“左”的理论所产生的左的政策，不仅伤了集体商业的元气，而且至今仍是束缚集体商业发展的绳索，不从根本上改变对集体商业的认识，纠正实际上仍然普遍存在的对集体商业的歧视和排挤，不采取果断措施卸下集体商业的沉重历史包袱，给集体商业一个重振的机会，集体商业的发展难以起步。

二、要重新认识集体商业的地位和作用

充分评价集体商业在社会主义初级阶段商业中的地位和作用，是改革和发展集体商业的基础。对此，代表们各抒己见。有的同志指出，老集体商业虽然处于逆境，但在历史上仍起过重要作用：①组织了商品流通和生活服务，特别是在饮食、服务等网点小、经营分散的行业作用尤为突出；②安排了大量城镇闲散人员就业；③提供了可供借鉴的集体商业发展的经验教训。有的同志进一步指出，近年来发展的新集体商业，在安排就业、组织商品流通、方便人民生活、活跃市场等方面，已经成为一支不可忽视的商业大军，方兴未艾。

对于在今后，集体商业应在商品流通中处于何种地位，起何种作用，存在三种主要观点：

一种观点认为，应以集体商业为主体。理由是，集体商业与国营商业同为社会主义公有制商业，不存在高低之分，但从发展商业来说，集体商业比国营商业有五大优势：①集体商业资产直接归企业劳动者所有，使用责任心强；②集体商业采用按劳分配与按股分红相结合，双重动力机制比国营商业动力大；③集体商业完全独立经营，比国营商业相对独立，灵活性大；④集体商业管理的民主性高于国营；⑤集体商业一面集资，一面积累，资金增长是双重机制，快于国营只靠积累的单一机制。而目前国营商业的资金雄厚、设备先进、渠道广泛等优势，都是在政府特殊政策下形成的，只要给集体商业同等条件，平等竞争，集体商业也完全可以做得到。持这一观点的同志进一步指出，从国家经济宏观效益来看，发展集体商业既可不用国家投资，又可将一部分消费资金转为生产资金，一举两得，比发展国营商业有利。而集体商业也可有比个体商业更大的规模效益和群体优势。所以，应以集体商业为主体。

一种观点认为，应该是国营商业与集体商业共同为主体。因为，既然国营与集体商业不分高低，就应视为“两个轮子”，并行发展，发挥各自的优势。过去抑集体扬国营不对，现在反过来抑国营扬集体也不对。让两种公有制商业平等竞争，自由发展，不必要再人为分优劣搞政策差别。

还有一种观点认为，国营商业的优势是历史形成的，只要平等发展下去，优势就必将继续保持下去，所以国营商业仍然是社会主义商业的主体，在商品流通中成为主导，起着主渠道的作用。而集体商业就是发展了，也仍然只能是处于辅助、补充的地位，不能与国营商业平起平坐，更不能越过国营商业成为主体。

也有的同志认为，应该区别不同行业、不同环节来谈集体商业的地位和作用。在批发环节应以国营商业为主体，集体商业为辅助；而在零售环节，在副食、食品、鲜活、饮食、服务等行业，可以集体商业为主体，发挥主渠道作用。

有的同志提出，应从流通中不同结构功能的角度来看不同所有制商业的作用，

国营商业应承担的主要是流通中的基础设施、开拓新的风险性大的行业、经营低赢利行业和平抑市场等功能，而流通中的一般性功能，则应由集体商业为主来承担。持不同意见的同志认为，将来在流通中起主导作用的应是大企业集团，这些企业集团可以是单一全民或集体所有制，也可以是包括不同所有制的股份企业，哪些企业的市场占有率高，就是哪些企业在主导市场；而不取决于企业所有制的性质。

三、必须科学地确定集体商业的性质和特点

大家一致认为，过去的失误，首先在于把集体商业混同于国营商业，使集体商业失去了自身的特点。改革就要从给集体商业“正名”开始。

什么是集体商业应有的性质和特点？多数同志认为，集体商业应是“企业资产归职工劳动群众共同所有，企业资产的所有者集体共同劳动”的商业，即“共同所有，集体劳动”或“合资合劳”，两者缺一不可。大家进一步区分，只是合资而不合劳，企业可能是合伙企业；只是合劳而不合资，企业可能是全民所有制企业。只有合资又合劳才是集体企业。对于合资的理解，有两种意见：一种观点认为只要开始带股金入店就可以了，以后的公共积累不能划到人头，而应由职工在企业内共同占有；另一种观点认为，不仅要带股入店，而且后来的公共积累也要不断量化到人头，只是不得随意抽走。

有的同志提出，集体商业的特点还应加上：民主管理、自负盈亏、按股分红、自愿组合、自主分配、自成体系等内容。因为这都是办好集体商业必不可少的条件。持反对意见的同志认为，民主管理、自负盈亏将来国营商业企业也要这么办；按股分红、自愿组合、自主分配都是派生性特点，并且股份制企业和合伙企业也按股分红；自成体系没有必要，改革的方向是要使企业完全独立。所以集体商业的特点还应突出“合资合劳”。

对于如何看待集体商业和合作商业两个概念，存在较大分歧。一种观点认为，集体商业同合作商业是一回事，只是叫法不同，在资本主义社会叫合作商业，在社会主义社会可以叫合作商业，也可以叫集体商业，供销社本身就是一种集体商业组织。持反对意见的认为，集体商业与合作商业是有区别的。具体又分四种意见：第一种意见认为，合作商业是初级的公有制商业，集体商业是由合作商业发展而来的较高级的形式，前者合资合劳，但没有一块公共积累归企业职工集体占有，后者有了公共积累不归任何个人。第二种意见认为，合作商业是以非赢利为目的，合作者以利用合作商业组织的比例多少分享利益，是一种以服务为目的的公有制商业组织；而集体商业已不是原来意义的合作商业，它是以赢利为目的的经营商业组织。第三种意见认为，集体商业是个大概念，其中包含合作商业这种组织形式。第四种意见则相反，认为合作商业是个大概念，集体商业才是其中一个组织形式。

还有的同志认为，集体商业是从斯大林模式的集体农庄经济演化来的，一开始就搞错了，应该抛弃集体商业这个含糊的概念，代之以合作商业的准确概念。

也有的同志提出，历史已造成了“二国营”式的老集体商业，并正在产生一批同样的新集体商业，可以把这类商业称为集体商业，或改称集团所有制商业，而把资产明确到人头的商业叫合作商业，或定为真正的集体商业。总之不能把两种不同的资产占有方式的商业都统称为集体商业。

四、要确立集体商业改革的新模式，采取新措施

多数同志认为，集体商业的模式应是共同所有，集体劳动的独立经营的商业企业。改革的关键是明确资产关系。首先要明确集体商业企业同外部的资产关系，解决历史平调；其次是明确企业内部资产关系。明确集体商业内部资产关系，有四种不同意见：第一种，主张把全部资产量化到人头，除每个职工都要入股外，还要根据贡献大小，将原有公共积累分给或卖给职工，作为个人股份；第二种，主张只入股金不分积累，适当扩大股金数量；第三种，主张主要是入股，但可以把积累在名义上划到人头，作为分红计算依据，但不实际分给个人；第四种，主张原有积累逐步有偿转让给企业现有职工，然后把原积累集中起来，或是成立专为集体商业企业服务的金融信贷机构，或开办新企业，以其收入用来解决老职工退休金问题。

有的同志提出，要建立集体商业的联合体，具体形式有四种：①自下而上的联合，基层企业出资联办股份公司，公司既独立核算自成法人，又为基层小企业（股东）服务；②成立以个别大企业为骨干的集体商业企业集团；③成立地区性综合集体商业公司；④分别组建地区性的若干行业专业公司。公司性质，多数主张要以经营型为主，兼搞服务管理，但一定不要搞行政性公司。但也有人主张，草创之初，搞行政性公司不是绝对不可，只要人员精简就行。此外，也有的人认为，改革的方向是企业独立，独立后如何联合是企业自身的事，不应人为地按集体所有制去搞统一公司之类组织，否则又是一个新框框。

有的同志主张，要成立专门的集体商业管理机构，这在双重体制并存，集体商业企业自身难保的情况下，尤为重要。反对的同志认为，没有必要按所有制另立行政管理机构，只要给予企业真正独立的地位就行了，不然集体企业又会成为新的行政机构的附属物。

大家一致认为，为了促进集体商业的发展，保护自身的利益，有必要组织企业自愿参加、自我服务、自我管理、自筹经费的民间集体商业协会。协会可以按行业组建，也可以按地区组建。协会要成为联系政府和企业的桥梁，也可受政府委托做一些必要的工作。

大家还一致认为，必须改革集体商业内部的经营机制。一些同志主张，集体

商业企业也可以租赁、拍卖。搞租赁要突破集体商业是两权统一，不能租赁的观念，只要有利于发展生产力，租赁有效就可以租。拍卖要选择微利、边远、点小的企业，要经过职工的同意，处理好善后事宜，不要产生新矛盾和后遗症。另一些同志不赞成租赁和拍卖，认为这不合乎集体商业的性质，还是以搞内部承包为好。也有的同志认为，集体商业内部机制改革，不要仅限走国营商业已有的路子，要大胆突破闯出适合集体商业特点的新路子。

集体经济没有法律制度，集体商业发展无法可依，大家强烈呼吁要尽快给集体经济、集体商业立法，从法制入手建立集体商业经营管理的新秩序。有的同志指出，目前一下子拿出一个成熟法律如果有困难，可以先制定一些条例，各地方也可以先行制定一些地方性的集体商业法规。

大家特别指出，集体商业发展极不平衡，各地历史条件各异，在改革的具体形式上不应强求一律，应允许进行各种探索。

租赁经营性质的探讨①

租赁是我国目前进行的企业经营机制改革的一种重要形式，但是人们对租赁经营的性质，仍有一些不同的看法，因此有必要进一步探讨。

租赁作为一种商品交易方式，本身并不具有阶级的或社会制度的属性。租赁经营的性质，是指与不同社会经济制度相联系的具体租赁方式所反映的社会经济关系的性质。例如，地主把土地租给了农民，反映了封建剥削关系；一个资本家把生产资料租赁给另一个资本家，反映了资本家之间瓜分剩余价值和共同剥削雇用劳动者的资本主义生产关系；苏维埃俄国在新经济政策时期实行租赁制，则反映了社会主义的国家资本主义性质。因此探讨我国改革中出现的租赁经营的性质，必须联系社会经济制度，联系实际实行的具体租赁方式，来进行分析。

我认为，从总体上讲，我国目前实行的租赁经营改革，是同社会主义经济制度相联系，为社会主义经济发展服务的，反映的是社会主义的生产关系。表现在三个方面：

（一）从租赁企业生产资料所有制来看

一个企业生产资料所有制的性质，是决定企业性质的基础。那么，租赁企业生产资料是什么性质的呢？回答是社会主义性质的。因为，国家将国营企业出租给承租人，只是将企业作为一种特殊商品，把其使用价值（经营权），按照严格的条件，在一定时期内转让给承租者，国家并没有放弃对企业生产资料的所有

①发表于1989年《商业经济研究》第11期，作者赵尔烈、杨立夫。

权。相反，所有权还是掌握在国家手中，这主要表现在：①在法律上企业资产仍归国家所有；②承租者必须保证企业生产资料的完好性，不得随意损坏，在租期结束时，要完好地交还国家；③国家按合同规定收取足数合理的租金，以保证所有权在企业出租期的实现；④国家按合同规定有权监督企业的经营方式，保证生产资料的正当使用；⑤国家将不断追加对企业扩大再生产的投资，以保证在企业资产的增强发展中，国家仍是企业全部（或大部分）生产资料的占有者；⑥国家为保证企业中国有资产的比重，可以限制或部分限制承租人进行追加投资。在上述条件下，租赁经营都没有改变企业生产资料的社会主义性质，也就不改变企业社会主义性质的基础。

但也会有另外一种情况，即在租赁期间国家停止向企业追加扩大再生产的投资，任凭企业吃老本，拼损耗，或只让承租人尽力投资，或国家再投资比例少于承租人投资比例，这样一直发展下去，经过一段时期，是有可能出现在企业资产中，国家所占比例小于承租人私人投资形成的资产比例的，那这个企业所有制的性质就会发生变化，成为私人占主体的公私合营企业，或完全成为私人企业。但出现这种情况，并不是租赁经营本身带来的必然结果，因为这是可以由国家控制的。所以，一旦真的出现这种企业所有制性质的转化，如果不是工作的严重失误，就是国家有意识利用租赁这种形式，出让一部分国有企业。不论是哪种原因，都不是租赁本身的性质的结果。

（二）从承租者与职工的关系来看

在租赁企业中承租者与职工的关系是什么性质的呢？首先，社会主义国营企业的承租者和职工，都是企业生产资料所有者的一部分，即都是企业主人的一部分。企业租赁后，这种关系并没有改变，所以，承租者同职工在根本利益上是一致的，目标是一致的。这同私有制条件下的租赁关系，以及同苏维埃俄国实行的租让制中把企业租给资本家的租赁关系，都是有着本质的不同的。其次，在租赁企业中，职工作为生产资料的主人翁的地位，集中地反映在政府主管部门代表国家和职工同承租者签署的合同之中，合同内容要事先征得职工的同意，体现职工作为主人翁的意志。现在许多地方实行的民意测验、公开招标，则更给出租企业的职工以选择权和决定权。再次，在租赁企业中，职工通过职工代表大会，有权监督承租者的行为，维护职工的利益，并参加企业的民主管理，承租人虽然有较大的管理决定权，但首先要遵守合同规定和接受职工监督。最后，职工的权利、利益都通过合同公证，得到法律的保护，至于工作岗位的调动和收入同劳动成果挂钩等，正是改革的需要，是从根本上维护国家即绝大多数职工的根本利益，并且职工受到处罚、开除等，也要经职工代表大会审查监督，不能凭承租者一人好恶去做。

（三）从收入分配来看

租赁经营中的收入分配，是一个最为敏感的问题，也是人们议论租赁经营性质的一个主要的原因。对于租赁企业中职工的收入，人们意见不大，认为更体现了多劳多得的按劳分配原则。争议较大的是承租者的收入。我认为，首先应当肯定，承租者的正当收入，是经过合同规定了的，是国家允许的合法收入。其收入的多少，同其个人租赁出的抵押金额多少无关系，不是多出抵押金就收入多，承租人不是凭借生产资料来取得收入，也不是用非法经营来得到收入，因此其收入不是剥削收入。

目前争议的焦点是一些承租者收入过高，应该如何看待的问题。首先，从理论上讲承租者从事的租赁经营，是一种复杂劳动，按马克思的观点，应该得到简单劳动收入加倍的收入。但是承租者的收入应该是职工收入的多少倍？这不是一个简单计算的问题，是一个经验的过程，即马克思所讲的复杂劳动同简单劳动的核算，要靠实践经验来确定。目前出现的部分承租者收入偏高，其中一部分原因就属于缺少这种经验，是一种经验不足性收入偏高。其次，存在一种改革中的机会收入。在首先实行租赁的企业中，较早较好地实现了两权分离，企业有了更大的经营自主权，同时企业内部也实行了更完善的承包制，并使整个企业的经济效益明显提高。这在大多数企业改革滞后的情况下，租赁企业就会先得改革之利，这是改革开始阶段不可避免的现象。所以，因租赁搞得早、企业动力大、活力大、效益高带来的收入高不能说是剥削收入。这种情况将会带动其他企业也加快改革步伐，随着社会其他企业改革的深入发展，先期租赁企业的这一部分改革机会收入会相应减少。再次，存在历史原因带来的收入。多数出租企业过去的经营状况不佳，主管部门对企业潜力的底数不清，所以在确定招标基数和租金时，难以掌握适当，往往偏低。这在一个具体企业的第一轮租赁时，往往是难免的，在这种情况下，承租人是有可能一下取得很高的收入的，但经过几次租赁之后，企业效益上来了，底数也摸清了，租金也就会相应提高，承租者的这一部分收入也会降下来。最后，市场波动收入。在商品经济条件下，尤其是在我国市场供求变化大、经济管理体制转换的时期，有很多因素都会引起市场供求的大波动，这对于商业企业更为明显。而这些变化因素，很多是事先难以预料的，因此会出现在租赁后突然市场变化，使承租人获了大利但也可能赔了大本的情况。出现这种情况，应该通过协商适当修改合同，进行调整。

综上所述，在我国实行租赁经营反映的是社会主义生产关系，它有利于我国生产力的发展，无论从坚持社会主义原则的角度，还是从生产力标准的角度看，都是应该坚持推行下去的。对于租赁经营工作中的失误，只要在实践中善于总结经验教训，不断加以改进完善，是可以解决的。

第六章 商业改革的回顾与展望

对近几年来商业体制改革的反思[①]

我国原来的商业体制，是在战争年代萌芽，在国民经济恢复时期和对私营商业改造中产生，在传统的计划经济理论基础上发展完善起来的。其基本特征是：政企不分、国营商业和供销社商业垄断经营、多环节和分配式。在过去商品严重匮乏的经济条件下，这种商业体制曾经起过积极的作用。但是，随着经济的发展，其不足和弊端日益显露出来。到了党的十一届三中全会以后，由于国家经济的发展出现了战略性的转变，经济体制改革在农村和城市展开，改革旧的商业体制就势在必行了。

一、商业体制改革的进程

商业改革的推动力首先来自生产领域的重大变化。三中全会以后，中央在农村推行联产承包责任制并采取一系列措施大力发展农业。在工业上调整轻、重工业比重，优先发展轻纺工业，并扩大企业自主权。这些决策的直接结果，给商业带来两大变化：①商品可供量迅速大幅度增加。农业总产值“六五”期间平均每年增长8.1%（不含村办工业），远远高于1953—1980年28年间平均每年增长3.5%的速度；轻工业总产值，“六五”期间平均每年增长12%，高于1950年至1978年间平均每年增长11%的速度。与此同时，粮食、棉花、油料、猪牛羊肉等主要农副产品大幅度增加，日用工业消费品成倍增长，花色品种大量增加。全国凭票供应的商品由1978年的73种，到1985年基本取消。②对商业的生产供应单位迅速增加。农村实行联产承包责任制后，商业收购由面对500多万个生产队，变为面对19000万个农户；村办工业企业由1978年的16.4万个增加到1985年的21.7万个。全国轻工企业也由1978年的20.4万个增加到1985年的26.7万个，还有大批的重工、军工企业转产民用产品。

商业改革的第二个推动力，来自消费领域的重大变化。由于国家调整了积累和消费的比重，采取大力改善人民生活的政策，人民生活消费水平大幅度提高。“六五”期间，农民人均收入平均每年增长13.7%，城市居民人均生活费收入平

①发表于1987年《经济纵横》第5期。

均每年增长6.9%（均扣除物价因素)。农民消费水平平均每年增长速度，由1978年前26年的1.8%提高到“六五”期间的10.1%，非农业居民消费水平平均每年增长速度由3%提高到5.6%。同时消费结构发生了重大变化，选择性大大增强。吃的比过去好了，衣着向多样化发展，争购优质名牌商品，耐用消费品销量激增。1978年同1985年相比，年销售洗衣机由0.2万台增加到1097.9万台；电冰箱由2万台增加到220万台；电视机由55.1万台增加到2156.9万台；收录机由8万台增加到1324.3万台。

由于上述经济发展中的“两多一高”（商品增多、商品生产者增多、消费水平提高)，是在1978年人均国民收入突破300元，即按当时汇率折算略高于世界低收入国家人均收入平均数的基础上持续出现的。因此，在我国社会收入平均的国情下，这标志着一个十亿人口大国的经济，从过去长期“求温饱”阶段向“求小康”阶段的转变，这是一个重大的历史性的转变。这个转变不仅将使生产和消费进一步发生根本性的变化，也必将使商业流通领域发生根本性的变化。

但是，当时由于这个转变来得如此之快，如此之猛，竟将长期习惯于在商品严重匮乏条件下，依靠垄断收购分配来维持国人温饱的商业一下子冲得不知所措。全国到处是一片“卖难买难”的呼声。在农村，农民销售粮、棉、油要带着行李和炊具排上几天几夜，成千上万千克的水果、羊毛、药材等坏掉已非鲜见，村办工业产品无人收购，而农民需要的生产资料和日用工业品又难以买到。在城市，一些地方农副产品供应仍感不足，工厂新投产的洗衣机、彩电、冰箱商业不敢收购。二十多年来一直依靠“统购派购”和“统购包销”过日子的国营和供销社商业，第一次处于“统不了”和“包不起”的境地。整个商业流通深深地陷入了困惑与矛盾之中。这是新的经济发展时期生产、消费同旧的商业体制的矛盾，同时也预示着社会主义商品经济体制同传统计划经济的商业的矛盾。

正是为了解决前一个矛盾，商业改革进入了它的第一个阶段。这是一个被动的、不自觉的阶段，即“摸着石头过河”的阶段。从时间上划分，大体是1979年年底至1985年。

改革第一阶段的中心任务是解决渠道不畅，为刚刚发展起来的农业和轻工业开拓市场，保证其商品价值的实现；同时也尽量满足新增长的消费的需要，以改善人民生活。为此，提出要建立一个“开放式的，多种经济形式、多条流通渠道、多种经营方式和少环节的商业体制”这样一个近期的改革目标。这个目标包含两条主线：一条是通过调整政策，放开流通，发展社会商业来搞活市场，以弥补原有国营、供销社商业的不足；另一条是通过对国营和供销社商业的改革，搞活企业，促使原有商业适应新的经济发展的需要。为此，商业进行了七个方面的改革：

(1) 调整商业所有制结构。大力发展个体、集体商业，将1978年转为全民所有制的供销社改回集体所有制；把一批小型国营零售企业、饮食服务业企业转为集体所有制；试将不适于国营经营的边远偏僻小门点卖给集体和个人；举办新的不同经济成分的合营商业进行股份制企业试点；开办中外合资企业。

（2）改革购销制度，逐步放开价格。逐步减少了国家计划直接管理，按条块分配调拨商品的品种和数量，取消了对农副产品的统购派购和对工业消费品的统购包销制度，实行订购、选购和议购议销，鼓励支持生产者自销。同时放开日用工业品小商品的价格，农副产品除几个品种外，其余全部放开，在大中城市放开主要副食品价格。

（3）改革农村商品流通体制。一是上述的各项改革农副产品购销政策，二是改革供销社体制。除恢复集体所有制外，突出官办改民办，增强三性（群众性、民主性、灵活性），实现在吸收农民入股、扩大经营、灵活作价及财务和劳动工资方面的"五突破"，开展系列化服务；大力发展各种农民商业，恢复发展传统市场交易方式。

（4）改革批发体制，建立贸易中心。将商业部属企业和省属二级站下放到所在市，实行站和公司合并，撤销省公司；批发机构专业划细，组建不分层次的多头批发网，打破经营上的"三固定"（固定供应对象、固定供应区域、固定作价办法），实行批量作价；支持工业和工商、农商联合经营批发；建立各种贸易中心和农副产品批发市场。

（5）扩大企业经营自主权，改革分配制度。一是扩大企业在计划财务、物价、劳动人事、奖罚等方面的自主权，试行经理负责制；二是大中型企业实行经营承包责任制；三是试行小企业租赁；四是实行"国家所有、集体经营"。

（6）进行粮食企业的改革。逐步试行将统购公配式的粮食企业，改革为经营型。如城市粮店实行批零差价试点，粮油加工企业实行利改税和调拨加工，仓储企业试行栈租制，小型粮食企业进行集体经营试点，粮店加工经营熟食等。

（7）实行政企职责分开，探索统管社会商业。除前边提到的有关诸项政企分开的改革外，主要是试点进行商业行政管理体制的改革，内容包括职能的转变，机构的调整和宏观控制手段的运用等。全国大体有五种组织形式：一是武汉式，撤掉商业局，成立商委；二是天津式，保留商业局，成立商委；三是沈阳式，不成立商委，扩大局的职责；四是郑州式，将财办变商委，扩大管理范围；五是河南省式，撤掉商业厅，并将粮食局降半级合并成商委。

二、改革的效果和问题

第一阶段的改革，总的来说，"三多一少"的目标初步实现，搞活市场、疏通渠道效果显著，国、合营商业改革有所突破，旧商业体制开始动摇并出现若干缺口，某些新体制的因素开始产生。主要表现在五个新的变化上：

第一，打破了单一所有制，新的经济形式的商业得到发展。在国营商业继续得到较大的发展的同时，国营、集体、个体商业在社会商业中比重发生重大变化，1978年同1985年相比，在网点中所占比重，分别由41%、55%和4%，变为3%、20%和77%；人员分别由63%、36%和1%，变为17%、40%和43%；社会商品零售分别由90.5%、9.4%和0.1%，变为40.5%、36.7%和15.7%；其他商业占7.1%。

第二，打破了单一分配渠道，实行新的多渠道流通。一是保留计划渠道，减少计划商品。商业部管的计划品种由188种减少到21种。其中11种仍走指令性计划分配渠道。二是保留合理的原渠道，开辟新渠道进货。据典型调查，大型零售企业有30%～50%的商品仍由原渠道进货，其余从新渠道进货。三是开展"产销直挂"，工厂、农民等生产者直接向商店供货。四是开展"产消直挂"，生产单位直接向机关、部队、企事业等消费单位直接供货。五是工厂、农民等自行开店或上市自销。

第三，打破了单调的组织形式，发展新的市场商业组织。1985年年底，全国商业部系统共办工业品贸易中心1001个，农副产品贸易中心629个；恢复发展了1965年被取消的信托贸易货栈6052个；全国城乡集市贸易点由1978年的33000多个增加到61000多个；全国各类专业市场发展到3300多个，1986年又将各类新型商业联合体发展到5700多个。

第四，打破了呆板的官商买卖方式，开展新的灵活商品交易。不同的商业企业，根据不同的情况，采取不同的形式开展计划购销、议购议销、合同订购选购、代购代销、代储代运、代包装加工、委托租赁、期现货交易、预售赊销、分期付款、送货邮购、试用退换、销售服务、加工订货、引厂进店、厂店联营等。

第五，打破了国营商业僵化的管理制度，试行新的管理经营方式。到1986年年底，商业"改、转、租、卖"的小企业共57395个，占小企业总数的60.44%，其中实行国家所有、集体经营的42261个，占放开小企业的73.63%；转为集体所有制的4540个，占7.91%：租赁的10436个，占18.18%；出卖的95个，占0.16%。大中型企业普遍实行责、权、利相结合的内部经营承包责任制，并有少数股份制试点企业。

上述改革成效，不仅有力地冲击了旧的体制，缓解了新的经济发展时期生产、消费同旧的商业体制的矛盾，更重要的是孕育着新的商业体制的萌芽，揭示着改革的方向，为进一步深化商业体制改革打下了有力的基础。

另外，通过第一阶段的改革，也暴露和产生了许多新的问题，概括起来有四个方面：

一是市场活而无序。流通搞活以后，市场上的商品经营者结构多元化，经营行为复杂化。由于政府对市场的组织和管理没有相应跟上，出现了相当程度的市场行为失去约束的混乱局面。主要是：①商业法规不健全，违法现象严重。如无照经营、偷税漏税、投机行骗、销售伪劣商品、欺行霸市、哄抬物价等。②政策不统一，企业难于平等竞争。如在监督检查上对国营商业严，对集体、个体商业松；在商品供应上国营优先，集体、个体商业受歧视。③规划不统一，各业不能协调发展，商业部门的发展规划，只管得了本系统，管不了社会商业。结果是“国营商业让干什么干什么，新集体商业有什么门路办什么，个体商业什么来钱卖什么”。④统计不全，信息分散，宏观控制难以奏效。对社会商业的统计没有制度规定。没有统一部门掌握，有的大城市为安排节日市场竟要召集 18 个部门凑情况。⑤培训教育跟不上，商业队伍素质差。1985 年比 1980 年社会商业职工增加 1600 万人，翻了一番还多，绝大多数未经培训就上岗，引起服务质量的空前下降。

二是渠道通而不畅。虽然在政策和体制上初步疏通了商品流通渠道，但不时被各种因素截断。因为，第一，地方封锁严重。企业下放到市以后，地方政府从当地财政收入和经济发展的眼前利益出发，或为安排当地市场一时需要，设关立卡，强迫毁约，干预正常流通，全国统一市场尚未真正形成。第二，渠道本身脆弱。旧的、稳定的购销网络已被打乱，而新的、稳定的、以中心城市和集散地为依托的流通网络尚未形成，加之农业生产转为小型分散经营，工业生产在扩权后波动较大，滞销增加，以及商业发展存在着批发缓慢、规模缩小和行业不协调等结构性问题，都加大了交易的偶然性、不稳定性和小批量的倾向。同时，商业设施陈旧，资金不足，经营管理方式落后，尤其是国营商业活力远没有发挥出来，也都影响着商品流通渠道的进一步开拓。第三，价格没有理顺。由于社会收入过于平均，消费水平缺少层次，消费选择十分集中，在生产供应能力有限的条件下，使地区、质量和季节等差价的调整，远没有达到预期的目的。同时，中央已经放开的小商品价格，多数又被地方控制住了。另外作价办法仍有许多不合理之处。这些都使价格落差还没有达到推动商品快速流通的高度，有的还带来了新的不合理流通。

三是企业放而不开。国营商业长期实行部门所有，主管部门的利益已同企业的利益紧紧捆在一起，没有新的利益替代，主管部门就不愿放那些对自己利益大的企业和权力，而接收企业的部门也是得利不撒手。有些权力主管部门放了，又被其他部门收了。如无端罚款、随意摊派等已经成灾。企业由于长期在政府怀抱中长大，被软预算等酿成了“软骨病”，加上改革中行政推动的旧的经济运行机制尚起主导作用，所以企业不愿也不敢完全摆脱政府而独立。在改革中一些行之有效的形式，或因理论问题未解决，或因政策反复，或因各方不配套，或因本身技术问题未解决，往往出现观望、反复或欲进又停，不能深入广泛推开。整个商业企业经营机制改革目标尚不清晰。

四是宏观控制调而不应。为了控制和纠正企业行为的不规则运动，近年来曾采取一系列措施，但收效不大，有的还出现许多怪现象。例如：法律手段禁不住违法经商。管理中忽视商法的制定和运用，仍习惯于用讲话、开会、发文件来对付违法行为，监督不严，打击不力。像晋江假药余波未过，晋江假蜜饯又充斥市场。行政手段管不住违法行为。群众反映最大的商品随意涨价和销售搭配，屡禁屡犯，人称“不准涨价月月涨，反对搭配处处搭”。经济手段带不来经济效益。调整工资之前，企业和职工都劲头十足，调完之后反而积极性低落，效益下降；许多改革让利让税优惠照顾，增加收入国家却得不到“大头”。有一些宏观管理措施缺少全面考虑，脱离商业特点，执行中有片面性，结果顾此失彼。

产生上述问题的原因是多方面的，如供求不平衡，产品结构同需求结构不协调，消费资金过于膨胀，商业改革缺少一个适当的经济环境，经济体制改革不配套，商业难以孤军推进，政治体制改革尚未展开，商业改革缺少政治体制方面的配合和支持等。但是，从商业体制改革自身来讲，前一段仅仅是一种外围战和游击战，还没有下决心对旧的商业体制进行根本性的彻底改造，因而也没有对新的商业体制进行战略性的整体构造，只是试图用修补和局部替代来解决问题。而实践证明，新旧商业体制是两种根本不同的体制，在它们之间不存在可以通用的原则，必须重建一个新型商业。中共中央关于经济体制改革的决定和关于“七五”计划的建议，提高了人们对这一问题的认识，指导商业体制改革逐步进入了第二阶段，即建立一个社会主义商品经济的新商业阶段。

三、进一步改革的思路

在改革的第二阶段，加强理论探讨，确立改革的原则，对提高改革的自觉性，选择出比较适当的模式，是十分重要的。近两年来这方面的工作比较活跃，这里也试图提出三点，供讨论。

第一，社会主义的原则。马列主义认为，社会主义经济有三个基本特征，即公有制、计划性和按劳分配。商业体制改革无疑也要坚持这三条。问题在于，人们在要求坚持这三条时，往往忽视了我国现阶段社会主义处于初级阶段这样一个基本事实。混淆了社会主义同资本主义的区别，改革必然要走到邪路上去；混淆了社会主义初级阶段同高级阶段的区别，改革也不会取得成功。那么社会主义初级阶段同高级阶段的区别究竟在哪里呢？我以为，就在于初级阶段不那么纯。鉴于我国商业的生产力水平普遍低于工业，所以，社会主义初级阶段的商业改革，在坚持公有制、计划性和按劳分配时，要比工业领域的层次更低一些，在商业内部不同行业也要有所不同。例如，股份制形式，在某些大型工业企业中可能不适合，而在商业大企业却可能是一种普遍适用的形式；指令性计划在工业生产中不能完全取消，在商业流通领域却可能在适当时机不要；按劳分配从商业劳动特点出发，交给企业决定可能更为合适。

第二，经济发展的原则。改革的目的是解放社会生产力。商业改革必须讲究经济效益。但是目前对企业改革经济效益的评价，存在许多问题，一是不能结合商业企业经营的特点，区别企业主观努力带来的经济效益同客观条件影响带来的经济效益。二是把社会经济效益作为评价企业改革的标准，事实上牵制了企业经济效益的提高，掩盖了企业经营的不善和政府宏观管理机制的无力。同经济发展相关的另一个问题是商业改革形式要同我国经济发展水平相适应。要充分认识我国目前还处于不发达时期，生产供给虽然会不断增长，但在一个较长时期内，短缺仍将是笼罩商业运行的驱不散的阴影。同时也要充分看到全国经济发展的严重不平衡，改革模式要给不同经济条件以更多的选择机会，而不要“一刀切”。

第三，商品经济的原则。社会主义经济既然是一种商品经济，商业体制就必须体现商品经济的原则。例如，商品经济首先是一种法制的经济，完备的商业法规体系是商业正常运行的必要条件；商品经济是利益平等的经济，坚持等价交换、自愿让渡是商品经济商业的原则；商品经济是市场经济，完整的商品市场及其他市场体系和拥有独立自主经营权的商品经营者，是其活动的舞台和主体；商品经济又是竞争的经济，竞争是其活力的源泉，优胜劣汰是其运动的必然结果，也是其进步性的标志。所以商业体制改革不能忽视这些要求。另外，从历史的角度看，商品经济又是一个漫长的发展过程，在其不同的历史阶段，商品经济又有其不同的特点。商品经济反映的是一种社会生产关系，所以严格说来，不适于用量的标准，如发达或不发达之类标准来划分其历史阶段（当然不排斥在某些场合用来笼统描述其发展程度）。划分商品经济阶段性的标准，应该是反映生产关系特点的质。根据列宁对商品经济和资本主义发展的历史分析的启发，可否将商品经济一般划分为：简单商品经济、自由商品经济和垄断商品经济三个历史阶段，并在社会主义的前提下结合我国不同地区、不同行业所处的不同商品经济的阶段特点，构造商品经济商业的新体制，这是一个可以探讨的问题。

改革的第二阶段要着重解决的问题，应是大力发展商品经济同旧的传统计划经济（或产品经济）的矛盾。改革的目标是要初步构造起社会主义商品经济商业体制的框架。实现两个战略性转变，即由改革第一阶段的对社会商业放开、搞活市场，转入同时组织和领导市场；由对国营商业的扩权让利，转入实现所有权与经营权的分离。改革的任务包括三方面内容：一是改革商业行政体制，建立流通的宏观控制系统；二是改革旧的商品分配体系，组织建立新的社会主义商品市场体系；三是改革旧的商业企业体系，建立独立的商品经营者的商业企业机制。具体任务有三方面：

(1) 宏观控制系统改革。总的目标是：将目前政企不分、直接控制、层次重叠和分散管理的商业行政管理体制，改革为政企分开、实行宏观间接控制、层次

精简并统一管理全社会商业的商业行政管理体制。在近期，建立一个商业行业管理与市场商业活动管理相结合的综合性商业行政管理体制。其职责一方面是掌握商业的方针政策、统筹规划、行业发展、主要商品流通计划、组织协调、提供服务、运用一定的经济调节手段；另一方面负责市场商业活动的管理，进行商业立法监督检查，提供并维护一个正常的市场商业活动环境和秩序。将来，可以逐步将行业管理归并入计委一类部门。在机构上，将能够合并的各类商业行政部门合并，并同工商、物价部门合并，精简人员，转变职能。改革步骤：一是分解、转移和确立职能；二是调整机构，在分解转移职能的基础上“拆庙送神”，建立过渡性替代机构，重组内部职能机构；最后是调整国营商业财产管理方式和重组国营商业企业组织；四是成立同业公会（或行业协会）和商会等民间组织。

（2）商品市场体系的改革。将旧的、按行政区划分配商品的商品流通体系，改革成为以中心城市和商品集散地为依托、商业组织配套、门类齐全、层次有致、功能完备、四通八达、纵横交错的社会主义商品经济的统一市场体系。第一，建立商品批发市场体系。它将由大中城市的贸易中心构成商流枢纽，由信息中心联络起信息网络，由批发市场作为交易场所基础，由众多各类批发企业作为交易主体所共同形成。第二，建立零售市场体系。随着经济的发展，逐步建立若干销售、生产和金融三结合的零售企业集团，全国试办两三个大购物中心，发展不同层次的大型百货公司、超级市场、联销商店、联营店及邮购商店等多种企业形式形成大型零售企业群。同时大力发展区域性中型商场和众多的集体、个体和国营租赁的小零售店，形成一个多层次的零售网络。第三，建立以劳务经营为主的各类服务市场体系。此外，还要适当发展代理商、经纪人、风险业务、社会会计事务所、培训研究机构等相关的商品经济机构。这个商品市场体系，按经营商品划分，应包括日用消费品市场、生产资料市场、农产品市场和劳务市场，按经济活动区域划分，包括全国性市场、地区性市场，同时要逐步沟通国内外市场。从运行原则来看，将是一个宏观间接控制下平等竞争、自由流通的商品市场。

（3）建立企业经营机制。主要是国营商业的企业经营机制。首先，深化所有权与经营权的分离，割断政府主管部门同企业的直接经济利益关系。大型企业可采取多种形式的股份制，中型企业可以各种承包为主，小型企业可以租赁为主。其次，在经营上将企业行为同国家政府行为严格区分开。规定企业的行为目标就是经济效益，保持市场的安定和活跃是政府的责任，政府用各种间接手段诱导控制企业行为达到市场期望目标。再次，管理制度，以企业为单位自行决定采用何种方式。当前要逐步推行企业工资奖金制，国家则通过工资税和个人所得税加以间接控制；实行企业自由用工制，择优录用和自主辞退，同时建立相应的社会保障措施；逐步实行企业定价制，国家只控制价格总指数和粮食等极个别商品的价格。最后，完善企业内部领导制度，实行经理负责制，大企业简化党委系统，中小企业实行党的干部兼职制，健全工会的监督作用，维护职工利益。整个企业机制改革的关键是实现责、权、利的统一。

商业改革的回顾与展望①

一、商业改革的历史进程

1978年以来的商业改革，主要是围绕着调整所有制结构、调整购销政策、转换企业经营机制和改革商业管理体制四个方面，逐步展开深化的。

（一）调整所有制结构，发展集体商业、个体商业和其他非公有制商业

（1）大力发展集体商业。1979年以来，有关部门发布了一系列文件发展集体商业，特别是1983年国务院颁布的《关于城镇集体所有制经济若干政策问题的暂行规定》，1991年颁布《中华人民共和国城镇集体所有制企业条例》，1992年商业部发布了该条例《商业企业实施细则》，不断明确了集体商业的性质、地位、作用，制定了集体商业发展的方针政策，有力地推动了集体商业的发展。首先是把老集体商业（即合作商店）从国有商业中独立出来，理顺产权，转换机制；其次是将安置就业的城镇新集体商业，逐步纳入法制化的长期稳定发展的轨道；最后是恢复供销社集体商业性质，同时鼓励发展农村其他集体商业。

（2）放手发展个体商业。1980年，中央在有关文件中就指出，个体经济是社会主义公有制不可缺少的补充，应当适当发展。1981年和1984年，先后制定了发展城、乡个体经济的具体政策，个体商业出现了第一次发展高潮，特别是广大农民涌入流通领域。1987年国务院颁布《城乡个体工商户管理暂行条例》，个体商业的发展进入了法制化阶段，1988年个体商业出现了第二次发展高潮。1989—1991年的治理整顿期间，个体商业发展一度减慢和下降。1992年2月小平同志南巡之后，又有了新的大发展。

（3）发展私营商业和引进外资商业。个体商业的发展，必然产生私营商业。改革头几年，对私营商业采取观察政策。1987年1月中央5号文件中明确提出对私人企业的方针："允许存在，加强管理，兴利抑弊，逐步引导"。后来在十三大报告和1988年《中华人民共和国宪法修正案》中，进一步明确了私营企业的性质、地位和作用，1938年颁布了《中华人民共和国私营企业暂行条例》，私营商业有了很大发展。1992年又发布政策，允许外资在我国开办零售商业，外资独资、合资商业企业相继出现。

---

①发表于1993年5月《经济研究参考》第78期。

(4) 试行国有商业转制。1984年起，将部分小型国有商业企业转为集体所有制，1986年沈阳出现首次把国有商业小门店拍卖给个人。1992年福建出现把国有商业企业拍卖给外商。但总体上国有改制范围很小。

（二）调整购销政策，放开渠道，放开商品和价格

(1) 调整购销政策。对工业品，1979年起，商业部门对三类工业品试行订购和选购，选订购余下产品工业可以自销。1981年起，取消包销，改为四种购销形式：一是对11种商品仍实行统购统销；二是对24种商品计划收购；三是对58种商品实行订购；四是选购。同时为工业自销开口子。到1985年，实际已无统购包销了。对农产品，从1979年起逐渐减少和缩小统派购商品品种的范围和数量，1985年中央和国务院决定“除个别品种外，国家不向农民下达农产品统购派购的任务”。

(2) 放开渠道，改革批发。随着多种所有制商业的发展，流通渠道也逐步增多，并且在每种所有制商业内部也出现了多渠道流通、工业自销、农民经商、产供销一体化、外贸内销和集市贸易等多渠道放开发展。同时，自1979年以来，逐步打破了旧的“三固定”批发体制，即固定供应区域、固定供应对象、固定倒扣作价率的体制，搞活批发。1984年起，试办贸易中心和批发市场，使批发进一步走向开放式，特别是批发市场发展迅速，并向多形式、多层次、组织化的市场体系发展。

(3) 逐步放开计划商品和价格。1985年首次突破单一指令性计划管理，规定商业部所管商品分为指令性、指导性和市场调节三部分，随后市场调节部分逐步扩大，到1990年，指令性计划品种减为9种，1982年国务院颁布《物价管理暂行条例》，1987年颁布《中华人民共和国价格管理条例》，实行国家定价、国家指导价和市场价三种形式，其后在逐步调价的同时，放开商品价格。商业工业品把长期实行的“倒扣”作价，设为批量顺加作价。1982年起连续三年放开小商品价格，1984年放开城市肉、菜等副食品价格，1986年放开7种工业品价格，各种差价相继拉开，到1992年，日用消费品价格已基本放开。

（三）转换国有商业企业经营机制，实行包、改、转、租、股等经营方式，推行“四放开”

(1) 实行包、改、转、租。1979年商业开始试行扩大企业自主权改革，1980年在中小企业试行盈亏包干的经营责任制。1983年十二大以后，中央决定进行城市经济体制改革，商业作为首批试点行业，引进农村改革经验，实行责权利相结合的经营承包责任制。1984年国务院批转商业部《关于当前城市商业体制改革若干问题的报告》，提出在大中型零售商业和饮食服务业搞承包制，在小企业转集体经营和租赁给个人经营，后来承包扩大到批发企业，由企业内部承包

发展到内外双层承包，坚持“包死基数，确保上交，超收多留，欠收自留”的原则。小企业一部分改为国家所有，集体经营，照章纳税，自负盈亏；一部分实行企业直接转为集体所有；还有一部分租赁给集体或经营者个人经营、范围由饮食服务业扩大到零售业。

（2）试行股份制。1984 年 7 月，北京市天桥百货商场改为北京市天桥百货股份有限公司，试行股份制。这是全国各行业的第二家，是商业系统的第一家股份制企业。后来商业股份制试点谨慎进行，到 1991 年全国有十几家。1988 年上海豫园商场的股票首家正式上市。1992 年，商业股份制试点迅速铺开，武汉商场股份有限公司（集团）首开异地上市发行。上海第一百货商店与日商开办了商业第一家合资股份制企业。

（3）实行“四放开”经营。1991 年 11 月，国家体改委和商业部联合在重庆召开会议，推广重庆“四放开”经验，即在国营商业企业进一步实行经营范围放开，商品价格放开，分配放开和劳动用工放开。在“国家放宽，企业管严，放而有度，活而有序”的原则下，还权于企业，把企业推向市场，“四放开”在全国商业系统迅速推开。

（四）调整商业管理体制，转变职能，重建组织

（1）政企分开、简政放权。1982 年 3 月，原商业部、粮食部、全国供销合作总社合并，组成新商业部，规定 10 项职能，成立 18 个公司挂局、公司两块牌子，两种职能。1984 年，根据国务院批转商业部《关于城市商业体制改革若干问题的报告》，实行政企分开，扩大企业权力，商业部撤掉 17 个公司，并和各级商业厅、局把直属日用工业品批发企业下放到市，依托中心城市组织商品流通。绝大多数原一级站、二级站陆续下放。

（2）转变商业行政管理职能。1988 年商业部“三定”方案，规定商业部的职能由部门管理转向全社会的行业管理；由微观管理转向宏观管理；由直接管理转向间接管理，同时改革管理方式和建立宏观调控体系。在此之前，地方上也探索商业行政管理新形式，1984 年武汉市撤商业局组建商委，探索统管社会商业，各地陆续成立一批商委，1986 年沈阳改商业局为商业管理局面向社会。深圳、海南等特区则撤局成立总公司和集团公司。1992 年，根据“小政府、大服务”的机构改革精神，许多县市和个别省，把商业局变为公司或集团，成为经营实体，把商业行政管理职能移交市县政府经贸委等机构。

（3）企业重新组建。企业下放后，根据经济发展和扩大商品流通的需要，1986 年商业部提出要广泛发展横向经济联合，成立各种联合体。1984 年上海饮食服务公司转轨变型，改造组建成上海新亚集团，开商业企业集团之先，后来北京东安集团、大连食品集团等商业企业集团迅速发展，商业企业进行着新的改组

重建。

二、商业改革取得的成就

（一）促进了商业的发展，解放了流通生产力

改革前，商业萎缩，市场萧条，商业机构少人员缺，网点严重不足。改革以来，不仅解放了国营商业和供销社商业的生产力，而且极大地解放了全社会的商业生产力。从根本上改变着我国商业的局面。

1978—1991年，社会商业机构，由151.7万个增加到1312.8万个，增长7.6倍；从业人员由937.8万人增加到3814.3万人，增长4倍；其中企业经营机构由122.1万个增加到1296万个，增长9.6倍，人员由608万人增加到2484.3万人，增长3.1倍；仓储运输机构由1.9万个增加到2.6万个，增长0.4倍，人员由51.1万人增加到74.9万人，增长0.5倍。社会零售商业、饮食业和服务业迅速发展，1978—1991年，机构由125.5万个增加到1260.5万个，增长9倍，人员由607.8万人增加到3063.5万人，增长4倍。

（二）商业的发展，促进了经济的发展和市场的繁荣，不断满足生产和人民生活的需要

1979—1991年，我国农业总产值年平均增长5.9%，工业总产值年平均增长12.2%，居民消费水平年平均增长6.5%。一个社会化大生产和多层次的消费大市场，正在迅速生成。旧的商业流通体制，无法承受适应生产发展和消费增长的需要。正是商业改革带来的流通生产力的解放，做到了这一点。

1979—1991年，社会商业商品购进总额，年平均增长13.8%，1991年达9347.9亿元，是1978年的5.4倍；社会商业商品销售总额，年平均增长19%。1991年达18180.7亿元，是1978年的9.7倍。商业流通渠道的拓宽，交易方式的改善，为工农业生产发展不断开辟新的市场，促进了工农业生产的发展和生产结构的调整。

另外，1979—1991年，社会商品零售总额年平均增长8.3%，1991年达9415.6亿元，是1978年的6倍。其中消费品零售额，年平均增长15.5%，1991年达8245.7亿元，是1978年的6.5倍。满足了人民消费生活改善的需要。随着商业网点和从业人员的增加，商业服务状况极大改善。1978年同1991年相比，社会零售商业、饮食业和服务业，全国每万人拥有网点数，由13个增加到109个，每万人拥有服务人员，由63人增加到264人。每一机构服务人口，零售业由914人减到125人，饮食业由8189人减到722人，服务业由10645人减到658人；每一商业人员服务人口，零售业由214人减到52人，饮食业由918人减到264人，服务业由1711人减到272人。长期困扰人民生活的“买难”、“住难”、

“吃难”、“修理难”等问题，得到了根本性的解决。多层次的商业组织、商业设施和市场网络，多种灵活的经营方式，大大方便了人民的生活。

（三）实现了社会商业结构的调整，流通不断适应我国现阶段生产力和消费水平的实际

在社会主义初级阶段，我国生产力呈现多种层次性，改革以来，这种层次性更加扩大；在消费领域，随着收入层次的日渐拉开，消费层次也逐步扩大。旧的商业体制下，商业所有制单一、流通渠道单一、企业结构和经营方式也单一，不适应生产和消费的层次性。商业改革以来，以调整商业所有制为基础，全面调整了商业结构。到1991年年底，我国社会商业企业经营机构中，全民所有制商业占4.7%，集体商业占14.1%，个体商业占81%，还有中外合营和私营商业；社会商业企业经营机构从业人员中，全民所有制占25.3%，集体商业占31.1%，个体商业占43.4%。在社会商品零售总额中，全民所有制商业占40.2%，集体商业占30%，个体商业占19.6%，合营商业占0.5%，农民对非农业居民直接零售占9.7%。初步建立了以公有制为主体的多种所有制并存的商业所有制新格局。同时一批大型现代化的商业企业形成，与众多的中小商业企业并存，综合商店与专业店并存，与经营高、中、低不同档次商品的商店并存，商业企业集团、商店街、购物中心、连锁店、超级市场、邮购商店等相继产生发展起来，商业企业组织结构发生了重大变化。

（四）扩大了市场机制的作用，促进了商品流通领域新运行机制的形成

排斥市场的过分高度集中的单一指令性计划，是旧商业体制运行的基本方式，也是它的一个重大弊端。改革以来，以打破“三固定”为突破口，逐步调整购销政策，缩小指令计划范围，扩大市场调节作用，培育完善商品市场体系，建立了计划与市场相结合的商品流通运行框架。一是变单一的指令性计划为指令性、指导性和市场调节三种形式，到1991年年底，商业部管的计划商品品种，由1978年的391种减到23种，其中指令性计划9种，并且这9种也大多是只管其中的一部分商品。二是变单一固定价为国家定价、指导价和市场价三种形式，已有55%工业品和210多种农产品价格全部放开。三是商品市场体系正在形成，1991年全国有各类集贸市场74600多个，其中农副产品批发市场1340多个，专业市场5000多个，特别是一批组织化、规范化的批发市场已经产生，市场分布扩大，规模提高，作用增强。四是商业建立市场调控系统取得进展，重要商品建立了中央、省两级调节基金。五是作为市场主体的企业自主权进一步扩大，企业逐步进入市场。

（五）新的商业企业经营机制在转换中成长

旧的体制下，商业企业是政府行政部门的附属物，缺少经营自主权，企业吃

国家的“大锅饭”，职工吃企业的“大锅饭”，企业经营好坏一个样，职工干好干坏一个样，企业缺少内在的动力和活力，远远不适应商品经济条件下市场的变化和竞争。改革以来，国有商业企业通过政企分开、扩权让利到多种形式的承包制、租赁制和试行股份制，实行“四放开”，逐步强化企业经营成果与企业利益挂钩，职工劳动成果与职工个人利益挂钩，实现责、权、利的统一。到1991年，商业国有大中型企业实行承包制的占94%，小企业放开经营的占90%以上。国有商业企业实行国家所有集体经营的：零售业23700多家，饮食业121500多家，服务业108300多家；租赁给经营者经营的：零售业9100多家，饮食业44000多家，服务业8300多家。商业企业经营机制的转换，虽然尚有待进一步深化，但这些年的改革，已给企业注入了生机和活力，使企业向着“自主经营、自负盈亏、自我发展、自我约束”的方向，迈出了很大的步伐。

（六）促进了商业新的发展战略的展开

改革以来，我国社会商业的发展战略逐步明晰，即向着商业流通社会化、市场化、集团化和现代化方向推进。国营商业在改革中面临着一次又一次挑战，为了重振国营商业雄风，在挑战面前国营商业的发展战略也产生了重大变化，逐步产生了“城乡兼顾、内外交流、贸工并举、全面开拓、大小结合、双向推进、科技先导、繁荣经济”的新战略。如商办工业发展迅速，1991年有企业5.2万个，产值达1500多亿元；外向型商业从无到有，商业部系统已有“三资”企业700多家，吸引外资12亿美元，一批商业企业走出国门开店办厂，边贸易货也十分活跃；以商流、物流、信息流为主要内容的商业现代化流通技术的研究与应用有新的发展，全国商业信息网络和计算机联网已经初步形成。

三、商业改革的主要经验与教训

（一）商业改革必须坚持解放思想，不断清除“左”的和陈旧观念的影响

商业改革是前所未有的事业，要建立的商业体制是前所未有的新体制。因此，改革要想取得成功，就必须首先解放思想，没有商业流通领域的思想解放，就没有商业改革的实践。十多年的商业改革之所以取得巨大进展和成绩，就是因为不断清除商业流通领域“左”的和陈旧的观念。首先是摆脱姓“社”还是姓“资”的束缚，树立生产力标准，以是否有利于社会生产力的发展，有利于综合国力的提高，有利于人民生活的改善，作为商业改革的目的和唯一评价标准，把发展社会主义商业生产力与坚持社会主义商业道路正确地统一起来。其次是破除政企不分、独家经营、分配式、封闭式的产品经济商业观，树立政企分开、多家竞争、自由流通、开放式的商品经济和市场经济的商业观。再次是破除市场恐惧症，正确地认识市场、了解市场、培育市场、利用市场，以市场为基础构造新的

商业流通体制。最后是破除求稳怕乱和因循守旧的思想，勇于探索大胆试验，不在空洞的理论上争论纠缠，而是抓紧实干，对了就坚持，不足就完善，错了就纠正，不清的就再看一看。

（二）商业改革必须坚持"三多一少"的方向

20 世纪 80 年代商业改革提出并实行的"多种经济成分、多条流通渠道、多种经营方式和少环节、开放式"的改革，是切中旧体制弊端，适应新形势的。过去单一的全民所有制商业结构，是左的所有制思想在商业的产物，它不符合社会主义初级阶段我国商业生产力的实际，而调整商业所有制结构，实行多种经济成分，适合商业生产力的多层次特点。同样，国营商业独家经营的单一流通渠道，排斥竞争，必然带来停滞不畅和腐朽，只有多渠道的商业才能促进货畅其流和繁荣进步。多种经营方式则是多种经济成分和多渠道流通的必然伴生物。而少环节，不仅是从根本上打破旧商业分配式体制的突破口，是提高社会商业流通效率和效益的重要途径，而且也反映了世界商业发展的历史潮流。所以，从根本上说，对"三多一少"的责难，都是对维护旧体制的借口，至于"三多"多到多少合适，"一少"要少到多少为佳，这只能由实践来回答，由生产力标准来判断，而不应也不可能事先设计出一个理论数据。

（三）商业改革必须实行改革与发展相结合

商业改革的根本目的是为了解放流通生产力和发展流通生产力，所以发展是改革的出发点和落脚点，改革则是发展的根本途径。这就要始终把改革与发展统一起来，结合起来，做到在改革中求发展，为发展搞改革。这里有两种倾向要加以克服：一种倾向是离开发展搞改革，为改革而改革。在选择一种改革措施时，没有首先考虑到对商业发展是否有利，对经济发展是否有利，对人民生活改善是否有利，只是片面求新立异，轰轰烈烈，而到头来事与愿违，收场了事。另一种倾向是离开改革讲发展，不是从改革中探求商业生产力的解放动力和出路，总想从老办法中找出路，还是寄希望于政策优惠，国家政府补贴和限制别人来发展自己，结果是贻误时机，不仅得不到发展而且连生存都成了问题。改革与发展结合还有一点，就是要及时把改革解放了的商业生产力，引导落实到商业发展上来，政府要支持改革搞得好的地区和企业，进行商业基础设施建设，扩大网点，提高档次水平，促进商业现代化水平的提高；企业应该在改革中强化发展机制，实现自我发展，而不仅仅是把改革与职工收入分配挂钩，尽管这是十分重要的。因此，要以改革促发展，要以发展来检验和巩固商业改革成果。

（四）商业改革必须坚持对国有商业整体再造

国有商业是社会主义商业的基础，改革好国有商业不仅有利于解放国有商业潜在的巨大生产力，而且也有利于社会主义经济制度的巩固与发展。旧的国有商

业的一整套体制、管理、组织、运行和内部机制，都是完全适应产品经济的旧体制的，从根本上与商品经济、市场经济体制是格格不入的。所以，要真正爱护国有商业，就必须对国有商业从整体上进行根本性改革，按商品经济、市场经济原则再造一个新的国有商业，使国有商业与整个国家的新经济体制相吻合，并成为其一个有机的组成部分。否则，试图在维持旧国有商业体制框架的基础上，头痛医头、脚痛医脚的修修补补，或试图偷运一点市场经济的零部件在旧国有商业体制上组装，都是不能成功的，到头来只能是使国有商业成为改革大潮的弃儿。党的十四大之后，改革将进入一个新的历史阶段，这是国有商业彻底改革以求生存和发展的最后机会，不能再徘徊和观望。

（五）商业改革必须坚持把社会主义初级阶段的理论落实到国有商业企业内部

社会主义初级阶段的理论，是我国经济体制改革的一个重要理论基础，也是商业改革的指导思想。随着改革实践的发展，我们应该更深刻地理解社会主义初级阶段理论的含义，更彻底地贯彻这一理论于国有商业企业中去，在国有商业内部实现公有制为主体，吸收职工个人和社会私人入股，实行职工按劳分配与按股分红相结合。

（六）商业改革必须坚持政企分开的原则

政企分开是建立社会主义市场经济商业体制的前提，政企不分，企业就无法成为市场的主体，就不能自主经营。商业经营风险性大，灵活性大，千金得失在于瞬间，要求商业企业拥有比其他行业企业更大的经营自主权和对经营后果自我负责。另外，随着多种经济成分和多渠道流通的发展，随着企业利益动力的强化和竞争的激烈，规范市场秩序和交易规则，维护消费者利益必然日益突出。这就要求商业行政管理调整机构，转变职能，强化市场管理。前一阶段商业改革，在这方面缺少实质性进展，存在四个突出问题：一是政企未分开，下放企业只是换了个“婆婆”；二是职能未转变，对企业内部管的多，对市场管不住；三是也有的地方撤了原商业行政部门，而没有由新的政府部门承担起相应职能，是放弃职能而不是转变职能；四是综合部门对商业的管理随意性很大，缺少科学性和法制化，企业有未解开粗绳又加细绳的感觉。所以，商业政企分开的改革，必须与政府行政改革统筹规划，作为系统工程来解决。

（七）商业改革必须坚持与社会经济大环境相协调

商业是国民经济一个重要的组成部分，商业体制是整个经济体制的一个有机组成部分，商业改革必须时刻把握住这两点。从政府来说，商业固然是为生产和消费服务的部门，但它本身也是一个重要的产业，并且随着社会经济的发展，商业作为第三产业支柱行业的地位和作用，也将越来越突出。这就要求政府在考虑经济体制改革时，不能仅仅把商业作为生产从属服务地位的角度来设计，更不能为了生产一时之便，采取牺牲商业发展的“改革”措施，如强迫商业收购滞销商品还称之为“宏观调控”。从商业来说，要审时度势，顺应整个经济发展和改革的潮流，不要寄希望于走回头路，不要搞背时之举，如在多渠道流通趋势面前要求独家经营，在竞争环境下祈求行政保护，在买方市场条件下强调安排市场的职责等。另外，商业改革在大胆试验的前提下，也要注意与其他改革协调配套，不可过于孤军突进；要与经济发展相适应，不可滞后或过于超前。

（八）商业改革必须坚持向法制化发展

商业改革已经有了十几年的经验，许多问题已经看得比较清楚了，许多做法已经比较成熟了，有条件有必要通过立法形式加以规范，这样才能使政府行为和企业行为有所遵循，使国家利益、生产者利益、商业企业利益、职工利益和消费者利益得到保护。改革越深化，市场越放开，企业越搞活，竞争越激烈，流通秩序就越要明确规范。改革以来，商业流通方面有了一些法规条例，但缺少根本性的“商法”，缺少“批发市场法”、“公平交易法”和“消费者利益保护法”等关键性大法。

四、建立社会主义市场经济的商业新体制

今后十年的商业改革，要在社会主义市场经济理论的指导下，建立一个有组织的、规范化的、全面的市场经济商业的整体框架。主要应包括以下八个方面：

（一）以产权明晰为基础，建立商业企业经营机制，培育市场主体，调整所有制结构

市场经济是企业拥有自己的财产权为基础的经济，从根本上讲，商业企业表面上经营的是商品，实际上是经营企业所拥有的商业资本，即财产。企业没有自己的财产权，就不能真正成为市场活动的主体，这也是前期国有商业改革长期走不出困境的根本原因。改革国有商业企业的产权制度，途径有三个：①大中型国有商业企业实行股份制。组建一批实力强影响大的商业企业股份有限公司，股票公开上市；多数大型商业企业和一部分中型商业企业，办有限责任公司，大力发展职工入股。通过股份制实行商业资本社会化。②中型商业企业实行集体化。逐步通过职工入股，把中型商业企业转为集体所有，撤出国有股资产。集体商业也要办得名副其实，办成合作性质的商业企业，而不要走“二国营”、大集体之路。③一部分中型商业企业和小型商业企业卖给个人，转为私营企业。同时进一步发展个体、私营和外资商业，发展社会各种集体、合作商业。在企业机制转换的基础上，建立新的商业组织形式，调整商业组织结构。

（二）以契约合同为纽带，建立企业间、企业与政府间的新型关系

市场经济是契约经济，传统的企业间的行政联结纽带，企业与政府间的行政

性联结纽带，应被契约纽带所代替。这一方面要培养契约观念代替行政观念，使企业和政府都重合同讲信誉，尊重双方的自由选择权，把商品交换关系真正建立在当事人自愿的互利基础上。另一方面要建立商品交换的契约制度，包括契约标准、契约体系、契约法规，契约监督仲裁机构，契约管理办法。要严肃契约的责任，做到签必履，违必纠，使契约成为商品交换关系的基本联系形式和运行的基础。特别是国家在企业的财产权及相应的利益，企业对国家的责任义务，企业的责、权、利，以及政府对企业的间接调控，也都要在法律的基础上，通过契约形式来实现。

（三）以公平竞争为动力，建立市场的进步和选择机制

建立市场经济公平竞争制度，第一，要普及竞争观念，鼓励竞争，投入竞争，维护竞争，接受竞争的结果。第二，要创造公平竞争的环境条件。反对地方保护主义，打破地区封锁，建立统一市场，使货畅其流；打破行业垄断，保持必要的竞争企业和竞争程度；排除不必要的行政干预，使企业间平等竞争。第三，建立公平竞争的规则，限制非正当交易行为，如倾销、假冒、侵权、欺骗等。第四，防止过度竞争。

（四）以自由价格制度为手段，建立市场供求的平衡机制

市场经济的价格必须是自由价格。建立自由价格制度，一是要放开市场价格，将目前的三种定价方式，过渡到单一或基本上是单一的市场自由定价制度。二是开放资本、劳动力、技术和商品自由流通转移的市场，否则价格无法合理配置资源，也无法调节市场供求的平衡，市场就会失去繁荣与稳定。三是保持公平竞争，以利合理市场价格的实现。四是在正常情况下，政府对价格的干预只能是间接的，只有在极其非常的条件下才实行直接干预。五是建立必要的价格法规。

（五）以商品市场体系为依托，建立市场经济商品流通的枢纽

从一定意义上讲，市场经济就是市场体系的运行。市场经济的商业，就是商品市场体系运行的商业。商品市场体系的建设，包括两个方面：一是宏观的商品市场体系。有按市场经营客体即商品划分的体系；有按空间地域划分的全国性市场、区域性市场、地方性市场；有按发育程度和功能划分的市场，如集贸市场、批发市场、期货市场；等等。二是微观的市场的要素系统。即每一个具体的商品市场，都应建立起：①市场主体系统；②市场客体系统；③市场组织系统；④市场运行规则系统；⑤市场管理调控系统。商品市场体系的建设，要有统筹规划，多种形式，调动各方积极性，可以中央政府办、地方政府办、企业办、民间办，也可以联合办。但不论谁办，都要办成开放的市场，而不是新的地方封锁和部门割据的市场。要把目前众多的低层次的市场，逐步引导一批到规范化、组织化的层次上来，形成多层次。

（六）以信息和金融为重点，建立市场经济商业的服务系统

现代市场经济是信息经济、信贷经济。建立市场经济商业离不开这两大服务系统。目前商业的信息系统，一是覆盖面窄，仅限于商业部系统的国有商业的一部分企业；二是利用率低，无论是政府还是企业，利用信息尚处于原始阶段；三是信息的系统不健全；四是商业信息与社会其他信息系统联网不普遍；五是手段参差不齐。为此必须建立一个覆盖面广阔，内部系统完备，联网广泛，手段先进，利用效率高的信息系统体系。把商品流通和商业管理，建立在信息科学的基础上。同样，要建立起一个完备有效的商业信贷金融系统，开办商业银行，广开商业信贷资金渠道，实现各专业银行的通汇，建立大型商业企业集团内部的金融公司，推行信用卡制度，实行银行与企业信贷的双向选择，鼓励商业银行的正当竞争，改革信贷方式。

（七）以转变政府职能为主要内容，建立市场经济商业的行政管理和宏观调控体系

①调整商业行政管理机构。把目前按社会再生产环节设置的生产和流通分离管理的政府职能机构，改革为按产品的生产、流通和消费一条龙管理体制，农产品生产流通划归农口，日用工业品流通划归经贸委系统。②转变政府职能。由管企业经营，转为管市场交易规则和行为，这种市场行为管理必须是依法进行的直接管理，而不能是间接管理。而对企业的经营行为则是通过调控手段，主要是间接管理。③建立宏观调控体系，包括制度、手段、办法和执行系统。④大力发展和充分发挥商会、行业协会、同业公会等民间组织作用。作为沟通政府和企业的桥梁，成为企业自我管理和服务的组织。

（八）以商业法规为保证，建立市场经济商业运行的制度

当前迫切应当建立的法律是：商法、公司法、批发市场法、公平交易法或禁止非正当交易法、反垄断法、维护消费者利益法、有关的商业企业组织法（如百货店法、连锁店法等）、市场安定基金法、商业行政管理法等。

把商业改革引向新的发展阶段①

商业改革历时八年，已经取得了具有阶段性意义的进展，目前正面临着一个新的更加深入的发展阶段。

一、改革的成果

商业改革，是在党的十一届三中全会以后，生产领域和消费领域发生的重大

①本文是为 1987 年 7 月全国中青年流通理论讨论会提交的论文。

变化的双重推动下起步的。当时面临的主要问题是：一方面，由于农业实行联产承包责任制和工业调整产业政策优先发展轻工业，带来了农副产品和日用工业品迅速大幅度增加，同时商品生产供应者单位数量也猛增；另一方面，由于调整积累和消费比重，并采取一系列重大措施增加人民收入，改善人民生活，带来社会购买力迅速大幅度提高，消费结构发生了重大变化。这两方面的变化，使我国经济从过去长期“求温饱”阶段，转向“求小康”阶段，从而进入一个新的发展时期，这是一个历史性的转变。

但是，在商业流通领域，却仍然是在商品严重匮乏条件下建立起来的、依靠垄断收购分配来维持经营的、旧的僵化半僵化的产品经济的商业体制。这就不可避免地产生新的生产和消费发展同旧的流通方式的严重冲突。当时全国一片“卖难买难”的呼声，就是这种冲突的集中反映。

为了解决这个矛盾，商业沿着两条主线着手改革：一条是放开政策，发展多种经济成分和多条流通渠道商业，搞活市场和流通；另一条是通过简政放权，减少不必要的流通环节，改变经营方式，推行经营责任制，以及恢复供销社的民办性质等，改革国营和供销社商业。经过八年改革，初步形成了一个“开放式、三多一少”的商业新格局。具体表现在：

(1) 打破了单一所有制，新经济形式商业得到发展。国营、集体、个体商业在社会商业中所占比重，1978 年同 1985 年相比，网点分别由 41%、55%、4%变为 3%、20%、77%，从业人员由占 63%、36%、1%变为 17%、40%、43%，社会商品零售额分别由占 90.5%、7.4%、0.1%变为 40.5%、36.7%、15.7%，其他商业占 7.1%。

(2) 打破了单一的分配渠道，实行新的多渠道流通。一是保留计划渠道，减少计划商品。商业部管的计划品种由 188 种减少到 21 种，其中 11 种指令性计划渠道。二是保留合理的原渠道，开辟新渠道进货。据典型调查，大型零售企业有 30%～50%的商品仍由原渠道进货，其余从新渠道进货。三是开展“产销直挂”，工厂、农民等生产单位直接向商店供货。四是开展“产消直挂”，生产单位直接向消费单位供货。五是工厂、农民等生产单位自行开店或上市自销。

(3) 打破了单调的组织形式，发展新的市场商业组织。到 1985 年年底，商业部系统共办工业品贸易中心 1001 个，农副产品贸易中心 689 个；恢复发展信托贸易货栈 6052 个；全国城乡集市贸易点由 1978 年的 33000 多个增加到 61000 多个；各类专业市场发展到 3300 多个；1986 年又将工商、农商、农工商、商商等各种类型商业联合体发展到 5700 多个。

(4) 打破了呆板的官商买卖方式，开展新的灵活的商品交易。不同的商业企业，根据不同的情况，采取不同的形式开展计划购销、议购议销、合同订购选购、代购代销、代储代运、代包装加工、委托租赁、期货现货交易、预售赊销、分期付款、送货邮购、试用退换、售后服务、加工订货、引厂进店、厂店联营等，尤其是农产品取消了实行30年的统派购方式，意义十分深远。

（5）打破了国营商业僵化的管理制度，试行新的管理经营方式。至1986年年底，国营商业“改、转、租、卖”的小企业共57395个，占小企业总数的60.44％。大中型企业普遍实行各种责权利结合的承包制，并有少数企业试行股份制。

上述改革成效，冲击了旧的商业体制，缓解了新的经济发展时期生产、消费同旧的流通方式的矛盾，促进了生产的发展和市场的繁荣。

二、存在的问题

前一段的改革，虽然取得了重大成果，但由于改革之初，整个国家的经济体制改革大目标尚未明确，改革也缺乏经验，所以，商业改革只能是采取“摸着石头过河”的局部突破方式。这样，就不可避免地缺少整体构想和配套行动，加之新旧体制转换过程中出现的一些新问题，给商业改革带来新的矛盾和困难。主要是：

第一，市场上“百家经商”，管理上却“政出多门”，宏观控制乏力，市场活而无序。①商业法规不健全，违法现象严重。如无照经营、偷税漏税、投机行骗、欺行霸市、哄抬物价、销售伪劣商品直到窝赃宿娼等均为三十多年来所罕见。②政策不统一，企业难于平等竞争。如在监督检查上对国营商业严，对集体、个体商业松；在货源供应上国营优先，集体、个体受冷遇。③规划不统一，各业不能协调发展。商业部门的发展规划，只管得了本系统，管不了社会商业，结果是“国营商业让干什么干什么，集体商业有什么门路办什么，个体商业什么来钱卖什么”。④统计不全，信息分散，宏观控制难以奏效。对社会商业的统计没有制度规定，没有统一部门掌握，有的大城市为安排节日市场竟要召集18个部门了解情况。⑤培训教育跟不上，商业职工队伍素质差。1985年比1980年社会商业职工增加1600万，翻了一番还多，绝大多数未经培训就上岗，引起服务质量空前下降。

第二，地方封锁，部门分割，统一市场尚未真正形成。中央和省属商业企业下放到市以后，在财政“分灶吃饭”和发展地方经济的推动下，地方政府往往从眼前利益出发，强行干预商品流通，指令收购滞销地产品，限制外采，企业订的购销合同时又被政府撕毁。有的地方为安排地方市场，不惜动用民兵设关立卡，所谓当地商品“多了调不进，少了调不出”的现象到处皆是。

第三，商品市场组织体系不成熟，市场运行机制不灵活，渠道通而不畅。旧的分配式购销网络已被打乱，而新的以中心城市和集散地为依托的商品流通网络尚未组织起来，加上农业生产转为小型分散，工业生产在扩权后生产波动大、自销增加，使生产与流通的衔接时断时续，交易的偶然性、不稳定性增加。就商业组织结构来看，出现了企业规模小型化，交易小批量化和经营非专业化倾向，批发业发展缓慢甚至萎缩，行业发展不协调，加上商业设施陈旧、资金不足、经营管理方式落后，都使得已经开拓出来的渠道十分脆弱，商流物流缓慢，不适应生产和消费发展的需要。此外，由于我国收入过于平均，消费水平缺少层次，消费选择又过于集中，在生产供应能力有限的条件下，已进行的地区、质量和季节差价的调整，远未达到预期目的。而中央已决定放开的小商品价格，多数或被地方政府控制住了，或因价格制度未改革企业不敢放开。价格不顺，使价格落差还不足以推动商品快速流动，有的甚至出现迂回倒流。

第四，国营商业企业活力不足，竞争无力，远未成为自负盈亏、自主经营的商品经营者。前一段放权让利的改革，是在维持原管理体制和利益关系基础上的局部调整，带有自身的局限性，所以放权往往难以落实，让利也近乎极限，而企业的自主权、压力、动力和活力却增加有限。政府行为同企业行为的混淆，在“国营商业要对市场负责”的托辞下，往往又掩盖着行政的盲目干预和企业经营的不善，在某些方面持续甚至强化着政企不分。另外，用“一刀切”的办法强令各级公司转轨变型后，国营商业企业原有的组织系统被打乱了，众多的小型企业面临着一盘散沙、无人统筹协调的局面，规模效益下降，迫切需要重组新的管理协调系统，等等。

总之，商业流通领域的新情况、新问题，要求改革必须深化，改革必须迈入一个新的发展阶段。

三、进一步改革的思路

概括来说，商业改革的新阶段，应实现三个战略性转变：从对社会商业放开搞活，转入同时组织、领导、培育市场；从对国营商业企业放权让利，转入建立以所有权与经营权分离为主要特征的责权利紧密结合的企业经营机制；从局部性改革，转入在整体上构造社会主义商品经济的商业体制框架，建设有中国特色的社会主义商业。

改革的具体内容，可大体分为三部分：

（1）建立集中、统一、高效的商业流通宏观控制系统。将目前政企不分、直接控制、层次重叠和分散管理的商业行政管理体制，改革为政企分开、实行宏观间接控制、层次精简、集中统一管理全社会商业活动的商业行政管理体制。为此，首先，要将同类商业行政管理机构合并精简，转变职能，建立新的商业行政管理部门，运用法律、经济和行政手段，组织培育和监督市场，统筹协调商业发展，维护国家、企业和消费者利益。其次，要理顺国营商业本身的企业行政管理关系和资产关系，建立独立的国营商业行政管理系统和资产管理系统，实现所有权、管理权与企业经营权的三权分离。最后，以自愿参加、自我服务和自我管理为原则，组织社会的行业协会、商会，作为商业企业和经营者的民间组织，发挥政府与企业之间的桥梁作用。

（2）建立新的商品市场体系。将旧的按行政区划分配商品的商业组织体系，改革为以中心城市和商品集散地为依托，组建商业组织配套、门类齐全、形式多样、层次有致、功能完备、四通八达、纵横交错的商品经济统一市场网络。一是由大中城市的贸易中心构成商流枢纽，批发市场作为交易场所基地，开放的仓储运输企业组成物流中心，由众多的各类批发企业作为批发交易主体，共同形成批发市场体系。二是以大型零售企业集团和综合商社为骨干，建立不同层次和规模的百货公司、超级市场、连锁商店、联营商店，试办若干购物中心和邮购商店等，形成大型零售企业网络；大力发展地区性中型商场和专业商店，辅以众多的集体和个体商业企业摊群，构成新的多层次的零售市场体系。三是建立以劳务经营为主的各类服务市场体系。由各信息中心联络起全国商业信息网络，开办各类培训中心，发展商情研究和咨询机构，发展代理商业务、经纪业务、风险业务，举办社会会计事务所等，提供商品流通的高层次系列化专门服务。

（3）建立自主经营、自负盈亏的国营商业企业经营机制。首先，要深化所有权与经营权的分离，改变投资方式，变“软预算”为“硬预算”，强化企业经济责任。可在大中型企业试行股份制和承包经营，在中、小企业实行承包和租赁经营。其次，在经营上要将政府行为同企业行为严格区分开来，建立战略储备和市场安定基金，作为政府负责市场的经济手段基础，辅以其他手段来间接调控诱导企业行为达到期望市场目标，而企业的责任就是合法赢利。再次，以企业为主体确立独立自主的经营管理方式。要逐步用企业工资制代替目前的奖金动力机制；用企业自由用工制代替劳动力的统一分配制，把就业保障和社会保险责任交给社会；用企业定价制代替统一定价办法，国家只控制个别商品和价格幅度。最后，完善企业内部管理制度，落实经理负责制，改善党在企业中的作用，健全职代会，加强岗位经济责任制等。

总之，在第二阶段的商业改革中，要充分考虑到我国社会主义初级阶段的特点，从商品经济发展的不同水平和经济发展的不同状况出发，因地制宜采取多层次、多结构、多种形式的推进方式，防止“一刀切”。

改革以来中国的流通政策①

一、中国流通政策的依据

“流通政策”这一概念，是在20世纪80年代从日本介绍到中国的，它与中国普遍使用的“商业政策”概念相比，含义更加广泛。中国商业政策概念，是指党和政府根据基本路线所制定的国家社会商业活动的行为准则，一般不包括强制性的商业法律，也不完全等同于具体的商业计划。日本的流通政策则是产业政策的一部分，是泛指政府公共权力对流通的介入或干预，它包括与流通相关的法律法规、对策、规划、计划，以及政府对流通行为的直接指导等。本文为了研究的方便，在这里借用上述具有较广泛含义的日本的流通政策概念。

过去，在实行计划经济体制的中国，由于政企不分，排斥市场机制的作用，所以“流通政策”的存在不仅是必要的，而且是流通活动唯一的或基本的推动力。改革开放以来，向社会主义市场经济体制过渡的中国还要不要流通政策？或者说，在新形势下，中国流通政策存在的根据是什么？针对这个问题的不同的回答，总的来说，有两大派观点。一种观点认为，搞市场经济下的流通，就不应再强调流通政策的作用，特别是在中国向市场经济过渡的改革过程中，只能是让市场自由发育形成，即“由市场造市场”，而不能靠政府干预来“培植”市场，在市场成长健全以后，更没有必要进行政府干预，所以流通政策存在的根据是越来越小，作用越来越弱。另一种（主流派）观点则认为，中国发展市场经济下的流通，仍需要流通政策，其根据是：

1. 由社会主义制度所决定。中国是社会主义国家，要建立的流通体制是社会主义市场经济下的流通体制，它的基础是社会主义公有制。对于国有流通企业来说，国家（政府）是企业资产的最终所有者。作为所有者，对国有流通企业进行政府干预是必然的，尽管其干预的方式和范围与计划经济时代有所不同。

2. 由中国的国情所决定。中国是人口众多、幅员辽阔、经济发展很不平衡的发展中大国，资源不足，市场需求大，必须靠政府的协调规划，才能更有效地组织流通，取得较理想的资源配置效果，避免市场盲目性造成的浪费，当然这种政府规划协调要以市场为基础，通过市场来实现。

3. 由经济发展水平所决定。中国正处于经济高速增长期，从中国和世界的经验来看，高速度往往伴随着高通货膨胀，导致市场的不稳定，影响经济的持续、健康的发展，甚至影响社会的安定，为此需要政府对流通进行适当的干预，

①本文是1996年中国社会科学出版社出版的《中日流通比较》一书的部分内容。

以抑制通货膨胀，保证经济持续、快速、健康的发展。

4. 由体制改革所决定。从长远目标看，中国要建立的社会主义市场经济下的流通体制，是一个政府宏观调控（干预）下的市场自由流通的体制，是市场与计划双重作用相结合的体制。从改革过程看，在中国这样一个经济落后、市场极不发育的国家，不能只靠市场自由发展自然成长来营造市场，而必须由政府来培育市场，即使将来新体制建立起来了，需要的也是一个健康有序的市场。所以，政府对市场的形成和有效运行的干预是必不可少的，这就离不开流通政策。

当然，新体制下的流通政策，应该不同于计划经济的流通政策，它应该是一个以市场为基础的、科学有效的政策体系。经过 15 年改革探索，这样一个流通政策体系，正逐步形成雏形。

二、中国流通政策的主要内容

流通政策是为流通实践服务的，中国正在迎接一场深刻的流通革命的到来，一方面，是由计划经济下的流通体制，向市场经济下的流通体制的转变；另一方面，是由传统商业，向现代化的流通产业的转变。中国的流通政策体系，正是在走向这场双重流通革命的过程中产生，并为之服务的。所以，实现市场经济的改革和流通产业现代化，是中国流通政策的主要内容。两者相辅相成，有“破”有“立”，有机结合，构成了当前中国流通政策体系的重要特点。这里介绍一下中国流通政策的具体内容。

（一）改革旧的计划经济下的流通体制

1. 调整所有制结构的政策。单一的全民所有制商业结构，是计划经济体制的基础。新的流通政策首先在所有制上进行突破。从 1979 年起，中央相继颁布了一系列文件，要求发展集体经济，1983 年国务院颁布了《关于城镇集体所有制经济若干政策问题的暂行规定》，1991 年颁布了《中华人民共和国城镇集体所有制企业条例》，1992 年商业部发布了该条例的《商业企业实施细则》，明确了集体商业企业的性质、地位和作用。同时，1980 年以来，国家又颁布了一系列法规政策，确定发展个体私营商业，1987 年国务院颁布《城乡个体工商户管理暂行条例》，1988 年《中华人民共和国宪法修正案》中，以国家根本大法的形式，明确了私营经济的合法地位和作用，1988 年又颁布了《中华人民共和国私营企业暂行条例》，1993 年国家工商局颁布了《关于促进个体私营经济发展的若干意见》。上述法律政策的实施，从根本上改变了中国流通业的所有制结构，确立了以公有制为主体、多种经济成分共同发展的方针。

2. 改革流通方式的政策。按照国家的单一指令性计划组织商品流通，是旧的流通体制的主要特征，1979 年以来，为改革这种旧的流通方式而制定了大量

的政策，逐步打破了高度集中统一的指令性流通计划，缩小计划流通商品的品种、数量和范围，扩大市场自由流通商品的比重。1984 年通过的《中共中央关于经济体制改革的决定》，提出建立指令性计划、指导性计划与市场调节相结合的经济运行方式，这也是商品流通的 3 种方式。1991 年，《中共中央关于进一步加强农业和农村工作的决定》中规定："除了对国家规定的少数重要农产品实行国家统一收购经营或部分统一收购经营外，其余全部放开，实行市场调节。"这里说的少数重要农产品，主要是指粮食、棉花、烟草、黄红麻等。到 1991 年年底，商业部主管的商品中，指令性计划品种仅剩下 9 种。1993 年《中共中央关于建立社会主义市场经济体制若干问题的决定》中又进一步明确："国家计划要以市场为基础，总体上应是指导性的计划"。通过一系列政策的制定与实施，确立了中国商品流通的市场经济方式原则。

3. 国有流通企业转换经营机制的政策。政企不分，国有流通企业没有经营自主权而成为政府的附属物，这是旧的流通体制的最大弊端。所以，建立现代流通企业制度的政策，成为中国流通政策的关键性内容。自 1979 年始，在国有企业实行放权让利，扩大企业经营自主权。1984 年开始推行经营承包制，并发展成为承包制、租赁经营、国有转为集体经营，试行股份制"多管齐下"的局面。1992 年经国务院批准，商业部等部门颁布了《全民所有制商业企业转换经营机制实施办法》，进一步明确国有商业企业要实行政企分开，自主经营、自负盈亏、自我发展、自我约束。1993 年《中共中央关于建立社会主义市场经济体制若干问题的决定》又把扩大企业自主权的改革推进到建立现代企业制度的新阶段，促使国有流通企业改革向着"产权清晰、权责明确、政企分开、科学管理"的目标迈进。1993 年颁布了《公司法》，又为企业现代化改革提供了法律依据。

此外，围绕商业行政改革、流通组织改革、市场管理改革、价格改革、专项商品流通改革、企业的用工、分配和财务等，都颁布了一系列政策。

（二）推进流通现代化

1. 流通科学技术政策。用现代科学技术，改造和装备流通产业，提高流通效率，是流通科学技术政策的目的和出发点。为此，首先是推行标准化。1988 年，颁布了《中华人民共和国标准化法》，1990 年颁布了《中华人民共和国标准化法实施条例》、《国家标准管理办法》、《行业标准化管理办法》、《企业标准管理办法》等一整套标准化法规。这些法规对标准的分类、范围、制定、实施、责任、管理等内容，都做出了严格规定。商业部根据国家技术监督局的要求，制定商业行业标准系统，前一时期主要是制定与流通相关的生产加工、仓储运输和服务方面的标准，目前着重制定商品流通过程的标准。同时，在此基础上编制流通系统商品编码和条码工作，已收集编码商品 2.8 万多种。中国的流通标准化刚刚处于起步阶段，政府为推动这项工作，正增加人员和机构、加大资金力度、制定规划计划，并经过试点推广实施。

其次是推行信息化。1981 年商业部制定了《关于商业部门加强市场信息预测工作的意见》，要求各地建立信息机构并开展信息工作。1984 年商业部又发布了《市场信息预测工作条例》，具体规定了市场信息工作的机构设置、管理体制、业务内容和方式。1988 年成立了商业部直属的商业信息中心。根据商业信息政策的要求，全国先后建立起全国商业统计系统、全国商情信息系统、消费品市场预警预报系统、粮油和饲料信息系统、蔬菜信息系统、肉食品信息系统、食糖信息系统、批发市场信息系统等覆盖全国消费品流通的商业信息网络。同时加强了信息工作的基础，包括编制商品分类和代码，建立了 56 个数据库。

最后是推行计算机化。1994 年，国内贸易部制定了《关于加强流通领域电子计算机及电子技术推广应用的实施意见》，对流通领域推广电子计算机信息技术做出了详细规定，包括：指导思想、信息管理系统开发、网点中的利用、重点项目的利用、资金来源、设备选用、信用卡应用、EDI 技术应用和 EOS 运用、条码应用、电子计量设备应用、人才培养和领导工作等。改革以来，计算机在流通领域的运用，由单机到多机联网，由孤立的企业内部网到形成全国网络，由少功能到多功能，由地面联网到卫星联网，由零售业到批发市场和仓储运输，由现货交易到期货交易，虽然普及率还很低，但发展势头相当快。

此外，对与流通紧密相关的商办工业领域，也制定了许多科技现代化的政策。

2. 流通基础设施建设政策。建设现代化的流通基础设施，是实现流通现代化，提高流通效率的物质基础，这方面的政策集中在以下 4 点：

（1）城市商业网点建设。1981 年国务院发布第 103 号文件，从 8 个方面规定商业网点发展建设的原则，其中规定“城市兴建居民住宅，应当坚持拨出了 7%左右的面积作为商业用房，或者拨出相应的投资、材料，修建商业网点”。1991 年，商业部发布《城市商业网点建设管理暂行规定》，对商业网点建设的原则、主管机关、规划编制、建设资金和方式、管理及法律责任，做出了明确规定。这个文件，是中国商业网点建设的最重要法规。由于商业网点建设是地方政府的重要职责，所以各地政府又结合本地情况制定了具体的地方性法规。

（2）商品市场建设。商品市场建设的政策，大体可分 3 个阶段，1979—1984 年以制定恢复农副产品集贸市场的政策为主；1985—1991 年以发展城乡集贸市场和批发市场的政策为主；1992 年以来重点制定和规划提高商品市场体系的政策。1994 年国内贸易部发布了《全国商品市场规划纲要》（以下简称《纲要》），《纲要》规定了发展商品市场的基本思路、原则和目标：要在 2000 年前建成包括全国性商品批发市场、地方批发市场和集贸市场的 3 级市场体系；要建设合理分

布在产区和销区的农副产品批发市场体系，其中包括蔬菜等7类专业市场；日用工业品批发市场体系，其中包括综合批发市场和专业批发市场；建立生产资料市场体系。《纲要》强调大型批发市场要提高水平，强化集散、配送、加工、信息和数据处理功能，提高交易组织化水平。《纲要》还对市场建设的规划、资金、管理、培训等方面提出了要求。

(3) 储运设施建设。中国的流通储运设施，多是20世纪五六十年代建设的，严重不适应发展的需要。1992年商业部发布《关于加速商业物流发展建设的意见》、《关于建立健全商品配送中心的意见》和《关于加强物流科技工作的意见》，指出商业物流要实现"社会化、现代化、合理化"，要在"商品主产地、集散地和交通枢纽地，主要以现有的大中型储运企业为基础，进行改造、配套与完善，使之成为辐射全国的商品物流中心"。要求建设一个"高效、畅通、网络化的物流体系"。1993年全国开始了8家物流配送中心的试点工作。1990年，国务院决定加强粮食储运设施建设，决定1991年至1995年，新建250亿千克的粮仓，其中包括：国家粮食储备库、地方周转库和简易粮库，又决定从1992年起建设160亿千克仓容的现代化水平粮库。1995年内贸部发布《关于深化流通体制改革、促进流通产业发展的若干意见》，提出"逐步建立与生产和流通协调发展的，具有专业化、社会化、现代化水平的储运体制"，并制订了近期具体发展目标。

(4) 连锁店发展规划。1994年国务院把发展连锁店作为流通改革的一项重要内容。1995年内贸部发布《全国连锁经营发展规划》(以下简称《规划》)。《规划》提出了中国当前发展连锁经营的原则、规划和任务、发展措施。提出，1995年、1996年在35个大中城市进行试点，1996年至2000年连锁公司发展到1500家，店铺60000个，销售达1200亿元，占到社会商品零售总额5%。要把超级市场和便民店作为主要形式。同时发展快餐、洗染等服务业。《规划》提出8项措施：加强规范化管理、发展配送中心、加快硬件和软件开发利用、加强人才培训、完善经营法规、转换企业经营机制和建立现代企业制度、给予政策扶持。同时，国家拨出专项资金，用于连锁店的发展。

3. 规范流通行为，建立流通秩序。在改革的过程中，旧的计划经济的流通秩序逐步被破除，市场经济的流通秩序必须尽快建立起来，为此，国家颁布了大量的有关法规、政策。

(1) 市场准入政策。主要有：1988年颁布了《中华人民共和国企业法人登记管理条例》及其《实施细则》，规定了应办理法人登记的企业，要按规定和条件办理企业法人登记，领取《企业法人营业执照》，方可进行经营。1993年颁布了《公司法》，1994年相应公布了《中华人民共和国公司登记管理条例》。该条例对《公司法》所规定的有限责任公司和股份有限公司的设立、变更、终止等有关事项做出了规定。1987年颁布了《城乡个体工商管理暂行条例》及其《细则》，对不具备企业法人条件的个体工商户须办理《营业执照》方可进行经营做出了规定。1988年发布的《私营企业暂行条例》及其《施行办法》和1991年颁布的《私营企业登记程序》，对私营企业资格条件及登记开业，做出了规定。此外，对烟草、药品、酒类、棉花、粮油、黄金、化肥农药、小汽车、食盐、音像制品及其他专项商品的经营者资格审批登记等都发布了专门法规政策。对外商在华经营商品流通，也做出了法律规定。

4. 流通行为政策。这是改革以来发布最多的政策。其中主要的有：1982年发布的《关于打击经济领域中严重犯罪活动的决定》，1987年《投机倒把行政处罚暂行条例》，1993年《关于惩治生产、销售伪劣商品犯罪的决定》等打击经济犯罪的法规政策。另一类是规范交易行为，维护平等公正竞争的政策，主要有1993年颁布的《中华人民共和国经济合同法》和《中华人民共和国反不正当竞争法》，尤其是《反不正当竞争法》，它是规范流通行为的基本法律，共5章33条，明确规定了“经营者在市场交易中，应当遵循自愿、平等、公平、诚实信用的原则，遵守公认的商业道德”。法律占用11个条款明确界定了“不正当竞争行为”，规定了监督检查和处罚。1993年，国家工商局先后颁布了《关于禁止有奖销售中不正当竞争行为的若干规定》、《关于禁止公用企业限制竞争行为的若干规定》，都是对不正当竞争行为的具体规范。此外，国家还先后颁布了《商标法》（1982年）、《计量法》（1985年）、《专利法》（1992年）、《烟草专卖法》（1991年）、《产品质量法》（1993年）、《广告法》（1994年），以及其他相关法规，初步形成了规范流通行为的法律政策体系。

5. 保护消费者利益政策。1993年颁布了《中华人民共和国消费者权益保护法》，这是此类政策中最重要的法律。该法宣布：“消费者为生活消费需要购买、使用商品或者接受服务，其权益受本法保护；本法未作规定的，受其他有关法律法规保护。”该法律包括：总则、消费者的权利、经营者的义务、国家对消费者合法权益的保护、消费者组织、争议的解决、法律责任、附则，共8章55条。其中第2章消费者的权利中，明确规定了消费者应拥有的安全权、商品和服务信息知情权、自主选择权、公平交易权、损害赔偿权、获得受保护知识权、受尊重权、监督权。法律用14个条款详细规定了损害消费者权益的法律责任。

与《消费者权益保护法》相呼应，1993年全国人大常委会颁布了《关于惩治生产、销售伪劣商品犯罪的决定》（以下简称《决定》），该决定作为刑法的补充颁布实行，具有更大的严厉性。《决定》严格规定了对生产、销售伪劣商品给消费者造成危害的处罚，从罚款直至判处死刑。

6. 物价政策。在放开价格、发挥市场作用的同时，加强物价管理，抑制通货膨胀，保护消费者利益，是中国改革期间流通政策的一项重要内容和特点。这方面政策从改革开始就不断发布，最具有代表性的有以下法规政策：1987年国

务院颁布了《中华人民共和国价格管理条例》，规定了物价管理部门的职责、企业的价格权利和义务。1994 年国家计委颁布了《关于商品和服务实行明码标价的规定》（以下简称《规定》）及其《实施细则》。《规定》对标价的范围、内容、形式、检查监督、处罚等做了规定。规定使价格公开化，有利于公开、公平竞争，有利于保护消费者利益，也有利于政府的调控。同年，国务院发出了《关于加强对居民基本生活必需品和服务价格监审的通知》（以下简称《通知》），规定对 20 种商品和服务价格进行监审，即生产、经营企业在对规定价格种类进行调价时，要提前向物价主管部门备案。《通知》还规定，要同时加强和完善对基本生活必需品和服务价格的调控手段，建立重要商品储备制度；对少数商品制定指导性进销差率、批零差率、加工费率及利润率，供企业定价时参考，必要时强制执行；在价格出现大波动时，可采取临时限价措施；对蔬菜等鲜活商品，可定期发布销售参考价。此外，还发布了一些具体政策，抑制物价过快过高上涨，进行物价检查监督，限制政府、企业的乱提价。1995 年，国家计委颁布《制止牟取暴利的暂行规定》，对非法牟利行为做出界定和处罚规定。

7. 调节和储备政策。为对市场进行宏观调控，国家通过一系列政策，建立调节基金和重要商品的储备制度。1988 年商业部颁布了《市场调节基金管理办法》，1990 年国务院颁布了《关于建立国家专项粮食储备制度的决定》，1991 年商业部发布了《国家储备糖管理试行办法》，1995 年内贸部发布文件，规定要继续建立和完善粮食、棉花、食油、猪肉、食糖、纸张等重要消费品储备制度。其中战略储备由国家掌握；市场储备由流通部门管理，用以平抑价格、稳定市场。同时相应建立市场风险调节基金制度。商品储备和风险基金，分为中央和地方两级，由中央和地方政府管理。

三、中国流通业的对外开放政策

（一）外商投资的一般法律依据

1978 年中共中央第十一届三中全会确定了改革开放的路线，并将对外开放作为一项基本国策。根据这个路线，15 年来制定了一系列对外开放的法规政策。其中吸引外商投资企业法律法规的主要法律依据是《中华人民共和国宪法》（以下简称《宪法》）和《中华人民共和国民法通则》（以下简称《民法通则》）。《宪法》第 18 条规定："中华人民共和国允许外国的企业和其他经济组织或者个人依照中华人民共和国法律的规定在中国投资，同中国的企业或者其他经济组织进行各种形式的经济合作。在中国境内的外国企业和其他外国经济组织以及中外合资经营企业，都必须遵守中华人民共和国的法律。它们的合法的权利和利益受中华人民共和国法律的保护。"《民法通则》第 41 条规定："在中华人民共和国领域内

设立的中外合资经营企业、中外合作经营企业和外资企业，具备法人条件的，依法经工商行政管理机关核准登记，取得中国法人资格。”

根据这两个基本法律，又先后制定了外商投资的专门法律法规，其中主要的有：《中华人民共和国合资经营企业法》、《中华人民共和国中外合作经营企业法》、《中华人民共和国外资企业法》、《中华人民共和国中外合资企业法实施条例》以及《中华人民共和国外资企业法实施细则》。上述3部法律及两部实施条例和细则，是外商投资的基本法律。外商投资的有限责任公司，适用《中华人民共和国公司法》，但上述《合资法》、《合作法》、《外资法》另有规定的，则适用其规定。

除上述3个基本外商投资法之外，还制定了一套专门法律，如《涉外经济合同法》、《中华人民共和国台湾同胞投资保护法》、《国务院关于鼓励外商投资的规定》、《国务院关于鼓励台湾同胞投资的规定》、《国务院关于鼓励华侨和香港澳门同胞投资的规定》。在外商投资企业注册登记、税收、外汇、土地使用、劳动管理和专门领域投资等方面，也制定了专门的法律。在商标、广告、专利、技术合同等方面适用中国有关法律。中国还同许多国家签订了投资保护协定、税收协定等多边或双边协定，参加了有关国际公约。改革15年来，中国制定了900多部各类经济法律法规，以及更多的部门行政规章政策和地方性法律法规，其中有很多是适用外商投资的。

上述法律、法规形成一个初步的体系，是吸引外商投资和保护外商投资权益的法律保障，也是流通业外商投资的法律依据和保障。

（二）流通领域的对外开放

与其他行业相比，流通领域的对外开放起步较晚。1991年商业部提出“发展外向型商业”以后，开放速度加快，规模扩大，领域拓宽，政策也有所突破。

1. 关于开放范围的政策。1995年国家计委发布《指导外商投资方向暂行规定》及其《指导目录》。根据这个文件规定，流通业开放领域分3类：①鼓励外商投资的产业，如蔬菜、水果、肉食品、水产品储藏、保鲜、加工新技术、新设备。②限制外商投资产业，包括：商业零售、批发，物资供销，对外贸易，国家级旅游区建设、经营，高档宾馆、别墅、高级写字楼，旅行社，高尔夫球场，会计、审计、法律咨询服务，经纪人公司，代理业务（船舶、货运、期货、销售、广告等），教育、翻译服务。③禁止外商投资的产业，如期货贸易。此外，没有列入上述鼓励、限制和禁止类别的项目，为允许外商投资项目。这样，实际上一共有4类。

对于鼓励外商投资的产业，除依照法律法规的规定享有优惠待遇外，对投资大、回收期长的，还可以经批准扩大与项目相关的经营范围。投资和注册登记，

要按规定程序和办法审批、备案。对于限制类项目，不准外商独资经营。对“属于国务院规定的审批限额以下的，项目建议书由国务院行业归口管理部门审批；项目可行性研究报告按照项目建设性质，分别由省、自治区、直辖市以及计划单列市的计划部门或主管企业技术改造的部门审批，并报国家计划委员会或者国家经济贸易委员会备案”。对其他审批有关事项，也各有明确规定。

至1994年，全国内贸部系统“三资”企业达4400家，协议外商投资约42亿美元，投资的领域包括：粮油加工、饲料加工、饲养、肉类加工、食品加工、饮食业、服务业、一些生产资料生产加工、装饰装修材料、电子、计算机组装、玩具、服装、鞋类、针纺织品、塑料制品、水果、蔬菜、花卉、美容美发、娱乐、健身、彩色扩印、汽车配件、旅游服务、包装、储运、信息咨询、房地产业和商业零售业。此外，从1992年起，还利用世界银行等国际金融组织的贷款，加强流通基本设施的建设，包括粮食收购库、中转库，专用码头以及散装运输设施，利用此类资金的其他项目正在洽谈。

2. 零售业外商投资政策。1992年国务院批准“先在北京、上海、天津、广州、大连、青岛和5个经济特区（深圳、珠海、汕头、厦门、海南省）各试办1～2个中外合资或合作经营的商业零售企业”，又规定“目前暂不举办外商独资经营的商业零售企业”。这是第一个正式准许开办中外合资商业零售企业的政策，是流通业对外开放的重大举措。

外商投资商业企业的经营范围是百货零售业务、进出口商品业务，主要经营商品应为国产名优产品，也可经营一定数量的进口商品。政策同时规定，不得经营商业批发业务和代理进出口业务。

外商投资企业享有进出口经营权。总的原则是出口大于进口，实现外汇自行平衡。进口商品品种限于本企业零售的百货类商品，年度进口总量不超过本企业当年零售总额的30%。进口额度由外经贸部核定，海关监督执行。其中规定，进口家电产品、烟、酒、饮料、化妆品要按国家有关规定办理进口审批手续。出口商品种类也有所限制和规定。

对外商投资商业企业的中、外双方合营行，需由国内贸易部首先进行资格审查，要求应是具有较强经营能力、有良好信誉和丰富管理经验的企业。资格审查通过后报国家计委审查立项，再报外经贸部进行进出口权审批，最后报国务院批准。

外商投资商业企业税收按国家对其所在地外商投贤企业税收政策执行。对其经营的商品采购、营销价格，除国家、地方物价部门另有规定者外，可以自主定价，自主经营。

到1993年年底，国务院已经批准11家中外合资、合作经营的商业零售企业，具体情况如下：

（1）由北京友谊商业总公司与新加坡新城集团有限公司合资经营的北京燕莎友谊商城，总投资1.5亿元，注册资本6000万元；

（2）由上海第一百货商店股份有限公司与香港八佰伴国际集团有限公司、日本八佰伴株式会社合资经营的上海第一八佰伴有限公司，总投资1.2亿美元，注册资本4000万美元；

（3）由天津华联商厦股份有限公司、和平区建设开发公司与香港信德集团公司合资经营的天津华信商厦有限公司，总投资7亿元，注册资本2.3亿元；

（4）由天津立达（集团）公司、祥和综合开发公司与泰国正大集团合资经营的天津正大国际商业大厦有限公司，总投资7亿元，注册资本2.3亿元；

（5）由上海华联商厦（集团）公司与香港华润（集团）有限公司合资经营的上海润华有限公司，总投资1亿美元，注册资本3333万美元；

（6）由青岛第一百货商店与马来西亚金狮集团合资经营的青岛第一百盛有限公司，总投资6806万美元，注册资本2269万美元；

（7）由大连商场股份有限公司与日本尼齐宜株式会社合资经营的大连国际商贸大厦有限公司，总投资6.6亿元，注册资本2.2亿元；

（8）由上海商业开发公司与香港上海实业有限公司合资经营的上海东方商厦有限公司，总投资7191万元，注册资本3734万元；

（9）由广东省糖烟酒集团公司与香港国际百老汇发展有限公司合资经营的广州华联百老汇有限公司，总投资1.5亿元，注册资本8000万元；

（10）由北京东安集团公司与香港新鸿基有限公司合资经营的新东安有限公司，总投资3亿美元；

（11）由上海中华实业有限公司、华越商业有限公司与日本佳世客有限公司、中信（香港）集团有限公司等合资经营的上海佳世客有限公司，总投资9452万元，注册资本4000万元。

除国家关于外商投资商业的政策外。一些地方政府，如上海、广州也制定了地方性政策，对外商到当地投资零售业做出进一步开放的规定，但地方政府批准的中外合资零售企业，不享有进出口权。

另外，对于外商在华开办零售商业，还有一些其他形式，为政策所允许：①在华开办的外资生产企业，可以在华开办经营本企业产品的专业店；②可以通过特许经营方式，办特许连锁店，由中方企业加盟经营；③可以在大型商场设商品专柜经营；④在中外合资、外商独资的物业项目内如宾馆饭店等，按一定建筑比例开办配套性商场；⑤以外商承包中资商业企业方式经营零售业；⑥成立外商投资的物业管理公司，采取商业零售物业管理方式经营中资商业企业；⑦外商在华投资的生产企业，以中国法人身份经营的合资零售企业。上述方式，在国家政策上没有明确限制，经地方政府批准即可合法经营。目前，中国中外合资、合作

的零售企业中，采取上述方式的数量远远超过国家正式批准试点企业的数量。

目前，国家尚未批准中外合资的连锁公司，批准的试点企业，只能在注册地开一家店，但采取由地方政府批准方式合资的企业，在当地开办连锁店的已经有几家公司。国家正在考虑进一步放开零售业的中外合资范围，一是扩大试点地区和城市，二是增加试点数量，三是试办连锁合资公司。同时，也正在准备开放批发领域的中外合资经营，尤其是通过建立合资的物流、配送企业来开办批发业务。

四、中日流通政策的比较与启示

（一）流通政策是必要的

第二次世界大战后日本政府通过制定流通政策，借鉴先进国家经验，结合本国实际推进流通现代化，取得了显著成绩，为后发展国家赶超发达国家提供了经验，创造了政府干预下的市场经济体制模式。中国更是一个后发展国家，为了赶超世界先进水平，同样要通过政府的政策干预，更有效地借鉴国外先进经验，结合中国实际，促使流通现代化过程成为一个自觉的有组织的进程，少走弯路，避免跟在别人后边爬行，加快现代化进程。另外，中国的改革，是有组织、有计划的改革，不是一个市场经济的自发生长过程，为了达到预期改革目标，要尽可能地减少改革中的震荡，就必须有流通政策。

（二）流通政策必须是科学的

日本经过几十年的摸索，逐步建立起一套基本适合本国国情的流通政策体系，它有4个特点：一是科学性，经过充分的事前调查，严密的论证；二是系统性，经过不断地发展完善，形成了一个体系，并注意使流通政策与相关部门的政策相协调；三是实践性，政策具体严密，可操作，实现政策的目标、措施、步骤、要求等，都具体落实；四是严肃性，政府本身对流通政策的制定就非常严肃，不仅态度严肃，方法严肃，而且执行严肃，不是朝令夕改，而是保持一种连续性。凡此4点，都是值得中国认真借鉴的。中国在流通政策的制定和落实上，目前尚缺少科学论证和严密规划，零打碎敲，头痛医头、脚痛医脚者多；在落实上，缺少强有力的措施，尤其是资金跟不上，有待于加以改善。

（三）流通政策要从本国实际出发

日本的流通政策是从日本实际出发制定的，如商品标准，就是根据日本消费者口味划分；中小企业系统化也是从日本小零售店众多的特点出发制定。中国是社会主义国家，国有商业企业的发展，是一个突出的问题，所以中国的流通政策就必须对此有明确的措施；再比如，中国幅员辽阔，在物流配送和批发市场的发展上，要与日本有很大的不同，政策上也应有特殊性，等等。所以中国的流通政策，一定要从中国的国情出发，从中国经济发展的阶段和水平出发，从中国商业传统特点出发，从中国改革的实践出发。同样，各地方的流通政策，也要与当地流通实际相结合。

（四）流通政策要逐步体系化

日本经过几十年完善，流通政策已经成体系，互相呼应配合，相辅相成。中国流通政策还有待进一步体系化，近期需要制定的流通政策是：①反垄断政策。市场经济的本质特征是竞争，竞争的前提是公开、公正、公平、有序。所以，市场经济流通秩序的核心，是维护平等的竞争。计划经济的本质特征之一是垄断，排斥市场和竞争。中国从计划经济流通体制向市场经济流通体制过渡，就要特别解决反垄断与平等竞争问题。目前，中国仅有一个《反不正当竞争法》是不够的，还要制定一个更高层次的《反垄断法》，并制定相应的配套政策。②现代化政策。中国目前的流通现代化政策大多比较零散，缺少长远明确的目标体系，缺少整体规划，缺少有力措施。结合我国实际，借鉴日本经验，中国的流通现代化政策体系应该包括：流通设施现代化政策、流通组织结构现代化政策、流通方式和手段现代化政策，流通企业经营管理现代化政策、流通相关基础部门的现代化政策等。③宏观调控政策。市场波动是市场经济的伴生物，物价上涨是高速发展的孪生兄弟。但是，过度剧烈的市场波动和物价上涨必然带来严重后果。因此，市场经济也必须建立对流通的宏观调控政策，并且要系统化，对每一个需要调控的商品都应有调控目标、调控条件、调控手段、调控责任者、调控承担者以及调控的不同方式。

参考文献：

1.《国务院公报》，1979—1995 年。

2.《全国人大常委会公报》，1979—1995 年。

3.《工商行政管理法规汇编》，1988—1994 年，工商出版社。

4.《中国商业年鉴》，1988—1993 年。

5.《中国国内贸易年鉴》，1994 年。

1990 年商业理论研究概述①

1990 年我国商业是在前所未有的市场疲软和效益滑坡的困境中苦斗。实践急切地呼唤着理论的回答。广大商业理论工作者和实际工作者，就商业面临的一系列重大问题进行了广泛的探讨，提出了一些有价值的新见解、新思路和新对

①发表于 1991 年 5 月 17 日《调研资料》第 30 期。

策。鲜明的实践性则是这一年来商业理论研究的最大特点。在此，仅就其中几个主要问题的理论进展，做一简要介绍。

一、面对市场疲软，探讨我国消费品市场波动的规律

1989 年下半年开始，持续到 1990 年的市场疲软，其程度之烈，影响之大，为新中国成立四十年来所未有。科学地探讨这次市场疲软的特点、性质、原因、影响和趋势，进而探求我国商品市场供求波动的规律，是 1990 年商业理论界面对的第一大课题。在众说纷纭的观点中，产生了一些创见性的理论见解。

（一）市场波动周期说

商业部商业信息中心的研究人员首先提出："以社会商品零售额为基准指标的我国市场，存在着周期性波动规律。"波动的周期大体每四年一次，零售额波动中谷底出现的时间，取决于从上一个峰顶下降的速度，两峰顶之间波形的上升与下降存在着相反的变化，市场波动的峰顶和谷底出现都有先兆。市场周期变化的原因是社会化大生产本身周期性收缩和扩张的反映，市场需求和供给从相适应到不适应再到新的适应的矛盾运动，构成市场周期变化的基础。市场波动周期论的提出，在理论界引起了广泛的讨论。持否定观点的人认为，由于我国经济生活的不规则性，周期是不存在的，还认为周期论容易混淆社会主义经济波动同资本主义经济危机的区别，也没有区别商品经济与产品经济、过剩经济与短缺经济条件下周期的不同性质和特点；也有的人认为周期论掩盖了社会经济工作的失误。但无论持什么观点，周期论的提出，确实为市场理论研究提出了新的高度和视角。此外，依此理论为基础之一，商业信息中心建立的"中国消费品零售市场预警预报系统"，对于我国消费市场预测和宏观调控，在理论和实践结合上做出了贡献。

（二）发展阶段说

商业部商业经济研究中心的研究人员和其他一些学者，则从经济发展阶段、改革发展阶段和消费发展阶段的角度，来探讨市场疲软的性质和成因。指出十年的发展和改革可分前半期和后半期，前期经济高速发展，改革普遍推开；后期发展转向稳定协调，改革进入规范深化。与之相适应，人民收入也由前期的爆发性骤增，转入后期的常规性递增。这种收入上的阶段性变化，反映在消费水平的发展阶段上，则是前期由饥饿型转入温饱型，后期由温饱型开始向小康型过渡。上述两个阶段变化的市场表现就是由过旺转为平稳。后期的市场与前期的市场相比，必然呈现出相对疲软。而治理整顿和 1989 年下半年的特殊社会因素，则促成相对疲软转化为低于正常市场销售的绝对疲软。

（三）多因素说

另外一些学者则认为，这次市场疲软是整个经济发展失调所引起的综合反映。其成因是多方面的，主要是：①治理整顿的结果。紧缩政策压缩了社会需求；抽紧银根抑制了过热经济，同时也减少了消费收入；提高利率吸引了居民储蓄；整顿经济秩序减少了非正当收入；控制货币和物价抑制了通货膨胀，控制了抢购心理；压缩基建减少了消费基金；压缩了集团购买力等。②1988 年抢购风的滞后效应。③消费心理和消费行为变化的结果。④购买力分流的结果。⑤货不对路的结果。⑥流通不畅的结果。⑦收入降低的结果。

对于如何走出疲软，提出了多种选择：一是适当放宽紧缩力度；二是加大改革分量；三是适度提高发展速度；四是增加居民收入；五是疏通流通渠道；六是调整产品结构。特别是“用新产品启动市场”的观点，在社会上引起了广泛的注意，普遍认为，这一看法为从根本上走出市场疲软提供了新思路。

二、面对新形势，探讨发挥国营商业和供销社主渠道作用的新途径

经过几次市场波动，1990 年在商业理论界和实际工作部门，对于在新时期也必须坚持发挥国营商业和供销社主渠道作用问题上，取得了广泛的共识，并对其必要性、内涵、方式、条件和意义等，进行了深入的探讨。研究的重点和争论的焦点，则在于新形势下如何发挥国合商业的主渠道作用。从大的理论倾向来说，一派观点以社会主义公有制和计划经济为根据，主张用保护支持国合商业，加强计划性，限制多渠道，节制市场调节，来保证国合商业主渠道作用的发挥。另一派观点则以社会主义商品经济和初级阶段理论为根据，主张用改造国合商业，加速市场培育，在多渠道竞争中发挥国合商业主渠道作用。前一种观点虽被反对者讥为“走回头路”，但对于国合商业近年来内外部条件恶化状况的分析等，却是十分深刻透彻的。后一种观点虽时有被批评者议为“自由化”之嫌，但对于在新形势下发挥国合商业主渠道作用，却可提供一些新思路。正是两派观点的论争，促进了研究的深入，并从中提炼出新形势下发挥国合商业主渠道作用的新途径。

这些新途径概括起来主要有三个方面：

（一）要有新的主渠道观念

多数人认为，改革十年多，我国的生产领域、流通领域和消费领域都发生了重大变化，国家的整个经济体制和运行机制也发生了根本性变化，这些变化是不可逆转的。因此，国合商业作为商品流通的主渠道，在观念上也要来一个根本性的转变。①要变产品经济分配式的主渠道，为商品经济经营型的主渠道；②变短缺经济下安排市场的主渠道，为商品日益丰富的调控市场的主渠道；③变独家垄

断的主渠道，为多家竞争的主渠道；④变高度集中的指令性计划主渠道，为计划经济与市场调节相结合的主渠道；⑤变只讲社会效益的主渠道，为社会效益与商业企业经济效益相结合的主渠道；⑥变政企不分和政企行为不分的主渠道，为政企分开和政企行为分开的主渠道；⑦变单纯依靠政府支持的主渠道，为在政府支持下企业开拓经营争得的主渠道；⑧变不分行业、商品、企业、环节、地区、市场和时间的全方位主渠道，为区别行业、商品、企业、环节、地区、市场和时间的选择性主渠道。

（二）要有新的主渠道外部条件

大家一致认为，在新形势下国合商业发挥主渠道作用，与过去有重大的不同：一是经济发展，商品供应量大了；二是消费水平提高，购买选择性强了；三是多渠道流通，竞争越来越激烈了；四是计划管理变化，市场机制作用强了；五是企业机制改革，企业经济效益和物质利益突出了。因此，过去独家垄断经营，安排市场的那种主渠道条件，已远远不适应新形势的需要，加上改革以来出现的新问题，都需要从根本上改变国合商业主渠道的外部条件。①要促进市场发育，建立市场流通新秩序，保证各渠道公平竞争；②要适当减轻国合商业负担，使其轻装前进；③要加速政企分开，扩大企业经营自主权，使企业放开手脚经营参与竞争；④要充实国合商业资金和改善设施，增强物质实力；⑤要实现政府行为与企业行为分开，承认企业自身经济效益和利益；⑥要保证国合商业企业对少数重要商品的批发权和原料供应；⑦要改善计划管理，加强计划的严肃性，增大指导性计划的实际作用；⑧要建立健全国家和省两级宏观调控关系，建立风险基金，提高间接调控能力；⑨要加强政府对流通的统一管理，打破封锁，建立统一有序的商品流通市场；⑩要提高社会商业的行业组织化程度，发挥国合商业在民间商业组织中的作用。总之，国家应向国合商业提供一个新的多渠道竞争，调控市场的主渠道作用条件。

（三）要有新的主渠道内部能力

我国改革和发展的大趋势不可逆转，国营商业和供销社要在新形势下发挥主渠道作用，既需要一定的外部环境，更需要从自己内部深化改革，进行一场流通革命，从内部获得发挥主渠道作用的能力。当务之急：一要办市场，进入市场。理论界认为，市场是新的商品经济条件下流通的集中场所，特别是批发市场，更是流通的枢纽。国合商业只有办好批发市场吸引各条渠道的众多经营者，并参与到市场交易之中去，才能形成众星捧月之势，发挥主渠道作用。前几年把市场的组织权和市场竞争权放弃了，满足于原系统内部做买卖，阵地越来越小，这是一个教训。二要展开两翼，向生产和零售延伸。社会化大生产要求专业化批发必须与生产和零售密切结合，在一些行业和部门，实行产销一体化是必然趋势，批发

商业自己不主动向生产和零售领域延伸，就会被生产和零售排挤掉自己。三要打通两个市场，扩大回旋余地。国内市场和国际市场互相渗透日趋密切，已成为定局。国合商业要充分利用自己的优势，把国内和国外两个市场结合起来，发展外向型商业。四要加强联合，发展企业集团。改革十年国合商业规模划小，企业下放，逐渐失去了群体优势和规模效益，是一个教训，今后要组织起来，发展连锁、集团、商社等新的企业组织形式，依靠大的商业组织，组织起大流通，适应大生产和大市场的需要。五要改进管理，培育新的企业经营机制。在完善承包和租赁制的同时，要继续进行商业股份制的试点，把供销社真正办成集体经济组织，强化企业资产、经营成果与企业职工利益的联系。六要建立新的商业企业经营方式，造就新的经营人才，提高国合商业企业和人员的整体素质，用新的商业文化去重新占领阵地夺回市场。供销社更要通过系列化服务体系，成为农村商品流通的主渠道。

三、探索在商品流通领域建立计划经济与市场调节相结合的运行机制

建立一个计划经济与市场调节相结合的运行机制，是我国整个经济体制改革的战略目标，也是商业改革的战略目标。1990 年商品流通领域遇到了严重的困难，如何解决面临的困难？当时有人主张加强计划管理又统又收，另外也有个别观点主张，主要应是靠市场调节进一步放开。两种观点都不怎么强调计划与市场的结合。多数人虽然讲应该实行计划与市场的结合，但对于如何实现结合不甚清楚。针对这种情况，商业部部长胡平给《经济日报》写信，倡议开展在新时期如何实现计划经济与市场调节相结合的讨论，引起广泛响应。

一年来对这一问题讨论的新进展主要是：

第一，再一次明确目标，解放思想。随着讨论的深入，越来越多的人赞同：计划和市场只是资源配置的两种手段和形式，而不是划分社会主义与资本主义的标志。认为，资本主义有计划，社会主义有市场，从而对社会主义商品经济的认识又来一次重大的思想解放，防止新的思想僵滞。这一认识突破了传统的理论把计划经济等同于社会主义经济，把市场经济等同于资本主义，认为在市场调节背后必然有资本主义的旧观念。坚定了把计划经济与市场调节相结合作为改革目标的信念。虽然，在讨论中也还有人主张以计划与市场为标准，给社会主义和资本主义划线，但“结合论”是明显的主流。

针对我国过去长期实行计划经济的历史和改革的任务。学者们更多地强调了在我国商品流通领域坚持改革的市场取向，发育市场，利用市场调节的必要性。指出，社会主义不搞市场，商品经济不发达，经济就很难繁荣，人民的物质文化生活得不到满足，就只能处于落后状态，社会主义就得不到巩固发展。另外，针对近几年流通领域的混乱无序现象，也强调了加强改善计划管理的必要性。

第二，由争名词概念，深入到探讨结合的形式。这是一年来讨论的一个重要特点。首先，研究指出，结合的基础是商品经济，因此结合的形式只能是建立在商品经济规律的基础上。指出，计划和市场都是社会化大生产和商品经济发展的内在要求。这里的计划，不是以行政手段为主的排斥市场机制作用的计划，而是符合商品经济发展要求和尊重价值规律的计划；这里的市场，也不是自由放任的无政府状态的市场，而是受国家计划指导和宏观调控的有序有组织的市场。其次，结合的形式，有一个从“板块结合”到“有机结合”的过程。总的进程是，指令性计划的范围和比重逐步缩小，指导性计划和市场调节的范围和比重不断扩大。发展结果是计划和市场相结合，覆盖社会再生产过程，也覆盖商品流通全过程。有人提出商品流通中的指令性计划、指导性计划和市场调节，就是结合的三种基本形式。反对意见则指出，这三种调节方式是三种独立的元素形式，每一单独形态并不会成为“结合”的一种形式。最后，结合的形式是具体的、动态的。以往总想在流通领域找“通用”的固定的结合形式，所以适此背彼。今后应在一个个具体的结合形式上下功夫，要做到 9 个区别：①区别不同的经济发展时期；②区别商品经济的不同发展阶段；③区别不同所有制性质的商业：④区别不同的商业行业；⑤区别不同的地区；⑥区别不同的商品；⑦区别不同的流通环节；⑧区别不同的企业；⑨区别不同的市场。

第三，探讨商品流通领域计划与市场结合的点和度。对于结合点，有人认为是市场，有人认为是企业，有人认为是商品，有人认为这三者都是，有人认为是价值规律和供求规律，有人认为是价格，有人认为是整个流通领域，有人认为是经济杠杆，还有人认为是上层机关和下层企业，可谓众说纷纭。但另外也有人根本反对结合点的提法，认为计划与市场不是两个车皮挂钩有个结合点，而是两个运行机制合二为一的全面有机结合，不是只在点上结合。对于结合“度”。有人认为“度”是数量、比例，有人认为是调控力度，有人认为是互相渗透程度。理论界有的人还进而研究如何把握结合的度的问题，反对者则认为，“结合度”的提法仍是一种非有机结合的提法，是不科学的。作为有机结合，如果说有“度”的话，只能是“有机”的程度，而有机的结合程度，无疑是由低到高发展。程度越来越高，因此探讨结合度既无意义，也说不清。

第四，探讨商品流通领域实现计划与市场结合应采取的行动对策。指出：①结合方式多样化。②计划管理科学化，把计划建立在市场和价值规律的基础上。③市场发育成熟化。把市场纳入计划指导的轨道。④两个结合有机化。计划融入市场因素，市场纳入计划之中，两者运用要协调呼应。⑤市场主体独立化。⑥环境协调化。经济环境要宽松，改革要配套，研究要融洽。⑦管理正规化。要政出一门，调控有方。

第五，提出一系列具体行业和部门实行计划经济与市场调节相结合的改革方案，有的已被国家采用并付诸实践。

四、创建商业文化学，从新的层次提供了商业改革与发展的理论依据

1990 年对商业文化学的研究取得了新的进展。

首先，对商业文化学的战略意义更加明晰。专家们指出，社会主义经历了学说、运动、制度和文化四个阶段。在建设社会主义文化时期，作为以前阶段的学说、运动、制度依然在发展，然而建设社会主义文化的历史内容标志着这个新时期的特点。商业文化学的建设既是整个社会主义新时期文化建设的一个重要组成部分，又是社会主义商业发展新时期的内容标志。从前十年商业改革的实践和后十年商业发展面临的任务来看，更加清楚地认识到建设商业文化是发展社会主义有计划的商品经济，实现商业现代化的历史要求，它有力地冲击了旧的轻商抑商的腐朽观念，又调整、革新了产品经济模式下孕育的旧经商观念，从而为造就一个吸收内外文化精华和优秀商业遗产，并具有鲜明时代特征的有中国特色的社会主义新商业昭示一条新途径。大家进一步指出，商业文化的建设，必将有力地推动商业社会形象的改善、商业改革的深化、商业管理和经营水平的提高、商业政治思想工作的改善、商业新企业的产生和一代商业新人的成长。

其次，进一步探讨商业文化的概念、商业文化学的对象，对于商业文化的定义，主要有以下几种表述：①商业与文化的结合。②商业文化是一门边缘科学，它融商业与文化于一体，存在于商品经济的全过程。③商业文化是商业领域产生的文化现象。④商业文化是商业领域的物质财富与精神财富的总和。⑤商业文化是商业的思想观念。⑥商业文化是指特定社会从商品流通领域方面反映人们生活方式和生产方式特征的事物。⑦商业文化是指商业领域人和自然界、社会的关系的特殊表现。⑧商业文化是商业的文化化和文化的商业化。对于商业文化学的研究对象，一种意见认为是商业中的文化现象及其规律。一种意见认为是从文化意识的角度，以商品为载体，用历史观点研究影响商业价值的因素和实现商业价值条件的整个运动过程商业行为规范及其规律。还有一种观点认为商业文化学是不同于商业文化的，超脱于商业各学科的关于商业价值观和方法论的学问。也有人主张商业文化学对象具有多重性，包括商业传统文化、商业一般形式和商业文化个性。有的同志则认为，商业文化学应该研究商业文化的价值观念和存在方式，商业文化学的对象不能囫囵吞枣、简单拼凑，不能无所不包、无所不能，不能将各类商业经济方面的行为学科简单相加。而应以诸多行为学科为基础，从商业文化实践的每一个具体问题入手，但又必须“入乎其内，出乎其外”，逐步形成自己独立的科学体系。

再次，更加明确了商业文化的研究范围、方法。对于商业文化研究范围，一种观点认为，商业文化本身的范围就十分广泛，它存在于流通领域的各个行业，

它伴随着商品经济的产生而产生，发展而发展，包括商业物质文化、商业制度文化和商业精神文化，这都应是商业文化学的研究对象。也有人主张要把研究范围扩展到与流通有关的生产和消费领域的文化现象。对于商业文化研究的方法，一致认为，要以马克思主义为指导，扎根于中国的优秀传统文化，适当借鉴外来的先进文化，从社会主义商业实际出发，进而抓住并解决商业文化学的核心问题，然后再繁衍、生发，建立起一门科学完整的商业文化学。

最后，丰富了商业文化的研究内容，一种观点认为，商业文化内容主要包括四个方面：①商品文化。商品作为一个载体，凝聚着多方面的丰富文化内涵，展示着一个民族一定发展阶段的文明水平、思维方式和审美情趣。②营销文化。包括两个层次，一是指橱窗、牌匾、幌子、广告、柜台及其他各种促销艺术；二是指经商意识、经营哲学，如竞争意识、服务意识、审美意识、名牌意识等。③商业伦理文化。这是商业文化的核心，包括：德，指商人的品格道德修养；智，指灵活、理智、科学、规范的决策、行为；美，指美好的仪表风范、襟怀和情操；情，指和谐友善的人际关系。④商业环境文化。包括与商品流通相关的有形物质环境文化和建筑、店堂布置、商品陈列、配套设施等；还包括无形的精神文化环境，如社会心理环境、人的文化素质等。也有的人从另一角度提出商业文化研究内容应包括流通各层次、行业、商品和行为中反映出的文化现象。有人进一步从商业物质、制度和精神三种文化出发，提出应研究商业观念文化、商业文化活动文化、商品文化、营销文化、制度文化、消费文化、商业科技文化、管理文化等。还有的人主张应突出商业民主、商业目标、商业信念、商业精神、商业价值和商业伦理等商业精神方面的文化研究。

此外，一些学者开始探讨商业文化学的学科体系构建并取得一定的成果。

第七章　商业改革实践的调查研究

坚持城乡通开，疏通工业品下乡渠道①

——河南省临颍县城乡渠道问题调查

一、成绩

临颍县是河南省许昌地区的一个老烤烟产区。全县有耕地79万亩，人口52万。1980年实行农业生产责任制以来，农业生产迅速发展，农民收入大幅度提高。1981年社会购买力由1978年的6613万元增加到9328万元，提高40%，预计1982年年底可达1亿元。农村形势的变化，使得疏通城乡商品流通渠道，成为十分紧迫的问题。临颍县县委、人民政府和财贸部门，在贯彻国务院1982年91号文件中，坚持城乡通开，工业品下乡工作取得了较好成绩。

他们的做法是：

（一）坚持把疏通商品流通放在第一位

城乡通开，扩大工业品下乡，国合两家在利益分配上每每争执不下。对此，县政府提出，“要先通商品，后通思想，在通商品的实践中逐步打通思想”。联营点先开张营业，三个月以后根据经营实际，由双方协商，本着国合互利和国营稍让利的原则，再拟定分配方案签订协议。县政府领导多次会同各有关方面负责人，深入现场，及时解决房舍等实际问题。同时县财政给联营点拨款4万元增建库房门市部、购置办公用品，贷款35万元补充流动资金，规定联营点头三个月的利润全部留作自身发展基金。使全县四个联营点头三个月的利润全部留作自身发展基金，使全县四个联营点全部于9月上旬农村市场旺季到来之前开业。

（二）按经济区域统筹规划、合理布局

首先，他们从该县面积小（东西长80里，南北宽70里）、县城居中的实际出发，在地区统一规划指导下，把四个联营点分设在西北角、东北角、正南和正东的两县或三县交界处的地方。距县城近的35里，远的50里。每个联营点供应

①发表于1983年2月19日《调研资料》第37期，作者万典武、赵尔烈、张丽娜。

半径一般为 15～20 里，基本疏密得当。其次，联营点设置与小经济中心建设相结合。四个联营点中的三个，所在地都是历史形成的商品集散地。如繁城联营点所在地，自汉末以来，虽几经盛衰，目前仍是县城以外最大的集镇。镇内有 8000 人口，影剧院、浴池、饮食、理发、照相、旅馆等行业一应俱全，平时周围三县八个公社，700 多个体户与这个小经济中心相联系，逢集赶会更是购销兴旺。

（三）因事制宜，形式多样，不搞“一刀切”

①国合联营。县百货公司、糖烟酒公司与基层供销社，建立国合联营点，批零兼营，独立核算。人员由双方派出，房舍由基层供销社提供；资金除县财政拨贷款指标 35 万元外，两个公司共拨 30 万元贷款指标，利息由联营点负担。②国营商业下伸。县百货公司和糖烟酒公司，在三家店租赁公社 21 间房子，每年付租金 1 万元，建立批零兼营的下伸点。③建立个体批发部。县百货公司和糖烟酒公司，在县城建立对个体商户的专门批发部。④基层社开展转批业务。在没有联营点、下伸点，而又有条件和需要的王曲、商桥两处，国营公司拟委托基层社建立转批业务。⑤建立专业门市部和专柜。基层供销社把专业划细，建立 7 个五金交电专业门市部，办了 6 个五金交电专柜。国营公司派人在业务上给予指导。⑥建立行商队。商业系统在原有送货服务小的基础上，建立 22 个行商队，组织固定，人员一月一轮换。此外，还通过展销会、改进批发为零售服务、实行赊销、延期付款等灵活方式，扩大销售。

开展上述工作虽然只有两三个月，但已初见成效。

（一）扩大了销售，进一步满足群众需要

当 9 月、10 月采取一系列措施扩大工业品下乡之后，9 月销售开始回升，10 月比去年同期有了较大的增长。其中糖烟酒公司增长 39.7 万元，提高 46.7%；百货公司增长 21.1 万元，提高 13.7%；五金交电公司增长 18.2 万元，提高 65%。一些过去在城里积压、滞销的商品，在农村受到欢迎。据初步统计，有 110 多种“死商品”变成了“活商品”，金额达 30 多万元。

（二）城乡分割的局面开始打破

9 月、10 两个月，四个联营点和一个下伸点，共销售商品 99.3 万元，获纯利 1.4 万元。有了联营和下伸点以后，基层社可以就近从联营、下伸点进货，便于掌握货源；国营公司根据基层社、集体和个体商户要求调拨商品，便于按商品分工统一安排市场，双方都减少了盲目性。

（三）巩固和发展了农村商业的多种经济成分

批发下伸以后，个体户交口称便，说好处有三条：一是进货近了。普遍缩短进货往返路程30～40里。一位经商的妇女对我们说："我过去进一次货得用一天时间，有时候因为没有货，还空跑一趟。今天我这是在地里锄完红薯来的，可方便了。"二是占用的本钱可以少一些了。过去一个商贩进一次货要带200～300元钱，一个月进一次货。现在一般带20～30元就可以了，一个月进四次货，生意好做了。三是经营品种增多了。像玻璃瓶装的罐头一类易碎商品，过去农村的个体户基本不经营。批发下伸以后，仅两个月时间，个体户就销售各种罐头13163瓶。因此，大批停业的个体户又开业了，全县新增加个体户110多户，提出申请的还有近千户。

（四）促使国营、供销社商业改变官商作风

过去批发是国营独家经营，农村零售是基层社独家经营，官商作风严重。现在全县农村一下子增加了七个批发点，相互之间有了一定的竞争。农村零售也是有基层社、国营、联营、集体、个体，彼此也有了竞争。一些国营和基层社长期做惯了独家买卖的同志，有的开始认真研究"生意经"了。

二、建议

临颍县在实行城乡通开，扩大工业品下乡中取得了一些成绩，同时也反映出一些问题，对此，我们有以下初步看法。

（一）实行城乡通开，还是形式多样好

从临颍的实践来看，城乡通开，各种形式各有短长，关键是要切合实际。

国合联营的特点是可以发挥两方面的优势，调动两个积极性。临颍在搞国合联营中，国营公司拿出30万元贷款指标，派出十来名懂业务又家住当地安心工作的干部和职工，发挥了自己掌握货源，精于批发业务和资金、人员上的优势。而基层社方面，则提供仓库门市部40多间，仅此一项就节省开支10多万元。同时基层供销社从联营点进货，既减少库存资金占用，有利于改变库存结构，加速资金周转，又有利于扩大联营业务，巩固和发展联营点。

国营下伸点的特点是单线领导，便于管理。条件是一要有现成可用的房舍，二要与当地基层社搞好关系。这个县三家店的国营下伸点，从公社租用21间房子，派去9名职工两个月销售21万元，除去各项费用开支，尚有利可图，经营上能够维持。但因为基层社不欢迎国营下伸点兼营零售，所以不与下伸点积极配合，不向下伸点提供自己的用货计划，使下伸点业务开展受到一定限制。同时由于租用公社房舍租金太高，经营稍有不善，就容易亏损。

基层社搞转批是老办法，基层社普遍欢迎。在没有联营、下伸点，又有一定批发业务的地方，可以搞一些。问题是回扣比例要使双方有利可图。

五金交电商品与百货、烟酒不同，大多消费周期长，或购买次数少，比较适于专业门市部和专柜这种形式。全县 7 个专业门市部和 6 个专柜，1 月到 10 月共销售 86 万多元，基本满足了群众需要，目前一般还不需要大规模的批发下伸点。

（二）城乡通开，要靠多种经济成分的商业并存

临颍县目前经营纯商业的有证个体户 2338 户。如何看待个体户，分歧很大。据国营商业糖烟酒公司和县供销社两个批发部提供的数字统计，1982 年 1 月至 10 月与上年同期相比，集体户和个体户销售增加大约 238.6 万元，其中集体户增加 65.1 万元，个体户增加 173.5 万元。同期国营和供销社系统零售减少大约 168.9 万元。从这个数字可以看出：第一，群众购买烟酒方便了，扩大了销售。1982 年增加了集体和个体烟酒的经营额，群众购买烟酒比较方便，因而比去年多卖了 238.6 万元商品。减去国营、供销社少销的 168.9 万元，仍然多销 70 万元。第二，从利益分配上看。国家多卖出 70 万元的烟酒，按工商税利率 60%计算，应获利 42 万多元。从中扣除集体和个体拿去的那部分批零差大约 9 万元，再扣除国营和供销社减少 168.9 万零售额所损失的 22 万元工商税利，国家在这笔烟酒销售中仍得净利 11 万元。在扩大的全部销售中，集体户获利 8.4 万元，个体户获利 22.6 万元。第三，从国营和供销增设网点的可能来看，用增加国营和基层供销社网点、人员，取代集体和个体户的办法来满足群众需要，也是做不到的。临颍县基层供销社职工人均占有固定资产和流动资金（包括货款）8200 元（国营糖烟酒公司人均占有 2 万元），全县专营和兼营烟酒的个体商户 2338 户，按一户一人计算即 2338 人。基层社如果增加这么多职工，最少需要固定资产和流动资金 1917 万元，而这个县 1981 年财贸系统全部财政收入才 2336 万元，显然还没有这个力量。而且，国营和基层供销社的网点无论如何增加，也不能像个体户那样分散。在经营时间上也不会像个体户那样不分早晚随来随卖。烟酒经营的情况如此，其他如小百货、小商品、饮食、服务、修理等行业，也适于让个体户拾缺补遗进行经营。

（三）城乡通开，必须调整不合理的价格体系

要货畅其流，商品必须有合理差价，如同水要有落差才能流动一样。从临颍县情况来看，当前迫切需要调整的价格是：

（1）扩大小商品的批零差价。目前小商品下不了乡，仍然是普遍存在的问题。如衣服扣子，县三级站有 112 种，县城门市部多的有 59 种，基层供销社多的有 20 种，少的只有 6 种。许多基层供销社没有别针、小刀、钥匙圈、拉链、辫绳、领钩、顶针和学生用的木格尺、橡皮等。多数门市部缝衣服的针只有两种，农民想买根做被子用的针也困难。出现这种情况，价格不合理是主要因素。像白兰牌缝衣针，零售一根 1 分钱，利润 4 厘钱，临颍县每年每人平均用针 2.5

根，一个供应五万人口的基层供销社，一年卖10万根针赚400元。每个消费者平均每次最多买针10根，10万根针要卖1万人次。就是说这个基层供销社一年卖针赚400元要营业员付出劳动1万人次。并且群众买针挑剔大、麻烦。与卖布相比，蓝的确良布零售一尺1.36元，卖1尺赚1角8分，群众做一件上衣用布7尺，卖一次赚1.26元。卖这种布赚400元，付出劳动317人次。赚同样的钱，卖针与卖布付出的劳动是33比1。解决这个问题的办法，就是要适当扩大一部分小商品的批零差价和零售利润率。这一方面可以对一些商品批发让利，另一方面可以对一些小商品适当提高零售价格。部分小商品提价，意见会有一些，但比买不到来说，要小得多。

(2) 要扩大名牌产品和非名牌产品的差价。临颍县城以外最大的繁城供销社，两年来只得到一辆凤凰牌自行车实物，还叫公社一位干部弄去了。农民称名牌自行车为“官车”、“门路车”。另外，杂牌自行车、缝纫机却大量积压。这里面质量差价不合理是个大问题。如凤凰牌加重26型自行车，当地售价157元，而当地群众最不欢迎的春燕牌自行车售价154元，相差仅3元，这就难怪人们要抢名牌了。这里自由市场上，一辆凤凰车卖价285元，还是有人买。五金公司将150辆春燕车削价为100元到80元，最后只剩4辆。可见扩大质量差价的办法是有效的。

(四) 商业部门必须有生产观点，目前特别要积极扶持多种经营的发展

临颍县多种经营占农业收入的34.4%。实行农业生产责任制以后，全县农村有50%左右的剩余劳动力。广大农民积极要求发展多种经营。但是，县供销社农副产品购销额却逐年下降。1980年比1979年下降24.9%，1981年比1980年下降8.6%，1982年1月到10月又比上年同期下降29.4%。土产公司收购推销本地产品，从每年占购销额的60%左右，下降到8%。这里面虽然有一些农副产品改归其他部门收购，一些农副产品生产减少等因素，但下降幅度仍然很大。产生这种情况的原因，首先，是商业部门的思想、工作跟不上农村生产的新形势、新特点。过去临颍县供销社在扶持农村多种经营方面，曾经是全地区的先进单位，有过成套经验，但那时工作对象，是以大队集体经营为基础的113个各类多种经营基地。供销社的购销机构设置、工作方式是适应公对公。现在包产以后，这些原有的基地或包给个人，或分散为一家一户经营，供销社现在要面对分散的专业户和社员个体生产方式，一下子手足无措。这个县过去从县到公社有82人的多种经营专门机构，现在只剩7人。过去每年派出50多人采购原料，请40多人来传授技术，现在也全停止了。其次，是部门之间扯皮，严重影响生产。全县生猪存栏由每年平均10万头，下降到82年的7万头。最严重的时候，生猪死亡率高达40%，鸡的死亡率高达70%。社员养猪养鸡发展不起来，一个重要

原因是农业部门和商业部门因为防疫费问题扯皮，谁也不认真抓防疫工作。最后，供销社的同志反映，从前全国每年都要开几次农副产品的交流会议，为各地提供洽谈合同的机会，效果很好。但近年来这种会名义上是农副产品交流，实际上是工业品交流，会上真正签订的农副产品购销合同不多。全国和省地都缺少提供市场信息的机构，基层供销社信息有限，不敢大量收购。由于以上原因，农民现在发展多种经营，一缺原料，二少技术，三无市场信息，四难找到销路，出现生产难、卖难的问题。

（五）农村基层供销社的体制改革要加快步伐

农村供销社由农民自己的集体商业组织变成了全民所有制商业以后，严重地脱离了农民群众，矛盾有时达到激化的程度。近两年，全县 15 个基层供销社曾有 8 个被农民封门上锁，门前挖沟。原因有的是要求追加多进占地工，追加占地费；有的是纠缠供销社房权归属；有的是索取各种社会开支摊派费用等。农民的这些做法虽然是错误的，要求有的也不尽合理，甚至有的是无理取闹。但事情本身说明了农民和供销社矛盾的程度。这同 20 世纪 50 年代农民和供销社亲如一家的气氛，形成了鲜明的对照。这里最根本的一条，就是过去的供销社农民是主人，现在是国营官办，脱离了农民，一家人变成了两家人。所以，从一定意义上讲，改革农村供销社体制，改善农村商业工作，已经成为农村经济的主要矛盾，势在必行。

（六）批发要为零售服务，上级商业机构要为下级服务

过去商品供应长期不足，形成了消费者求零售部门，零售部门求批发部门，批发部门求工厂，下级求上级。现在商品生产发展了，卖方市场变成了买方市场，过去颠倒了的关系，应该再调整过来。提倡扩大工业品下乡以来，临颍县批发部门工作开始有了一些变化。例如：通过联营、下伸点，使批发接近零售；建立个体批发部，为个体商户服务；降低一些商品的批发起点；调整营业时间；试行对部分商品的退货制；组织批发行商队赶集赶会；等等。这些初步的改革，受到零售部门和个体户的普遍欢迎，应该坚持下去。但是零售部门和个体户感觉，仅有这些还不够，有许多重大问题还没有从根本上解决。首先，要进一步明确树立批发为零售服务的思想。目前，一些批发单位把批发为零售服务，仍然当成是一种解决当前困难，推销积压货的权宜之计，缺少长远打算和根本性措施。临颍县繁城基层社与县糖烟酒公司联营批发以后，按流向应该从许昌二级站进货，可是他们到许昌跑了八次，用了两个月时间，就是不同意。其次，要打破按行政区划设立批发机构。河南省是按地区设二级站，商品迂回倒流，紧缺商品层层扣留，滞销商品搭配下拨。零售单位的同志反映，希望让他们选点进货，批发也搞点竞争，使下边有更大的回旋余地。

饮食业实行离店承包是个好办法①

——通化市饮食行业经营责任制的调查

吉林省通化市饮食服务公司所属的国营饮食行业（不包括离店承包），现有16个独立核算单位，41个门点，999名职工。近年来由于各种原因，连续亏损。从1982年11月起，全行业实行了多种形式的经营责任制，发生了较大的变化。其中尤以职工离店承包效果更为显著。1983年上半年，全行业扭亏为盈，一举跨入吉林省饮食系统的先进行列。我们对该公司饮食业离店承包的情况进行了初步的调查，现简述如下；

一、取得的效果

1. 提高了经济效益。1983年1—6月，全行业按可比口径计算，店内销售207.7万元，离店承包销售13.8万元以上，两项共销售221.5万元，比上年同期约增加5万多元；费用率为27.08%，比上年同期下降0.64%。其中119名离店承包职工的3.57万元工资自负，影响降低费用率1.25%；利润4.08万元，比上年同期的亏损2.9万元，增加6.98万元。其中，离店承包职工交回利润2.41万元，平均每人每月提供利润33.8元，按相同口径计算，承包职工提供的利润是店内职工的1.6倍。另外，由于一些人离店，也使店内职工劳动效率比上年同期提高16.5%。

2. 有利于提高职工队伍素质。全市饮食业离店承包的职工共119人，占全行业职工总数的12%。离店职工过去都是普通工人，现在投入到激烈竞争的饮食市场，独立开业。又当“经理”，又当购销员，又上灶，又当服务员，还要管钱理账，形势逼得大家要学经营管理，又要学操作技术，出了一批人才。通化饭店曲树义，是个21岁的学徒工，承包后与退休的母亲合开一个羊肉馆。雇了四名社会闲散人员，每天营业额160元左右。每月获纯利1300来元，生意十分兴旺，他本人不仅学会了许多种烹饪技术，而且也学会了管理，谈起生意来俨然是一个经验丰富的小经理。有的职工说：“承包后发现自己工作这么多就是瞎混了。现在不学不行了。”有的职工花十来元钱买书学技术，有的宁可影响营业少赚钱也坚持参加学习班。离店经营承包不仅为提高职工素质带来了推动力，本身也是提高职工素质的学校和实习饭店。

3. 改进社会服务，方便消费者。离店承包增加国营固定网点25个，比原来

①写于1983年8月，发表于1985年《经济研究参考资料》第4期。

增加61%；增加流动售货43个。网点分布更加合理；同时营业时间比原国营门点一般延长4个小时左右，大大方便了顾客。有的承包职工办起了狗肉馆、羊肉馆，有的经营涮羊肉、虎头样尾鱼、芝麻鱼排、鸳鸯蛋卷等新品种，很受群众欢迎。通化饭店的三级厨师杨进忠，承包后经营长春市名馆“真不同”风味的熏酱食品，供不应求。市委书记、市长也经常光顾。离店承包职工服务热情周到，经营灵活，一扫过去在店内时的“官商”架子。为了多拉主顾，大多数都能做到保质保量，短斤少两克扣顾客的现象反而比在店内时减少。

4. 经营正常的职工收入增加。离店承包职工中有一半以上比在店内收入增加；一般每月平均可多收入一二十元，增加30%左右。其中有15%的职工收入大幅度增加，最高的月平均收入可达150元左右，是原基本工资的三四倍。收入增加的原因，除门点条件好、经营有方外，主要是职工起早贪黑增加劳动量，并且几乎所有承包职工都有亲属帮忙。前边提到的杨进忠，原工资50元，五口之家。爱人长期有病，欠公款1400多元，月付利息8元，欠私款300多元，生活十分困难。承包后全家动手，在原料不足的情况下，九个月除每月交单位40元利润外，现已还债600多元，生活也得到改善。

5. 挖掘社会资金，安置社会就业，承包门点中80%是用私人住房，20%的公家门点又有一部分是售货亭。开业资金公家贷款很少，多数是靠职工个人积蓄和私人借款。如通化饭店吕美兰等五名职工开的“锅烙部”，所用流动资金500元都是由职工凑的，承包店的炊具设备也大多是职工从家中带来的，只有少量是饭店提供的。流动售货的职工都是在家中加工，出去卖。由于调动了社会资金，节省了国家的投资。另外，承包店雇用了29名帮工，大多数是待业青年，少数是有技术的退休职工，既有利于安排就业，又发挥了社会上闲置技术人才的作用。

总之，离店承包出效益，出人才，出网点，出资金设备，出优质服务。

二、形式和做法

通化市离店承包刚刚开始，一些做法还正在继续摸索，有待于进一步完善。

1. 承包形式。①集体离店承包。有本店职工集体承包；有本店职工和系统内其他店职工集体承包；有系统内的母子、夫妻职工以家庭为单位的集体承包；有系统内职工集体承包又雇用社会闲散人员的；还有系统内职工集体承包并与系统外单位合营带知青入伙的。②个人离店承包。有个人承包个人经营的；有个人承包与亲属一起经营的；有个人承包雇用社会闲散人员的；有个人承包与社会人员合伙经营的；等等。

2. 承包职工与原店关系。离店承包职工仍隶属原企业，由原企业向离店职工平价供应一定数量的粮、油、豆等原料，有的还提供门点、资金、设备并收取相应费用（也有的设备不收费），企业根据提供的上述条件情况和在店职工的其他负担（如退休金提成等），按月向承包职工收取一定承包费。企业不再负责职工的任何费用（如工资、奖金、独生子女费、副食补贴、粮煤补贴、医药费、交通费、洗理费等）。职工上交承包费和税金之后，其余收入全部归己，不足原料到市场自采，不足资金设备职工自筹。

3. 职工承包门点和个人经营的性质。集体承包门点大多数按原企业独立核算的分支机构对待，营业执照上企业性质为全民所有制，也有的登记成集体所有制，个人承包的大多数登记为个体性质，有的登记为全民性质或集体性质，登记什么性质，工商、税务部门就按什么性质进行管理，纳税收费。

4. 承包门点内部分配。集体承包和个人承包合伙（或又雇人）经营的门点，有的纯收入职工平均分配，有的根据原工资和现在担负的工作分别开工资；有的开基本工资后余数再分红；有的比照原国营企业的待遇发给副食、独生子女费、药费等补贴，对于这些，上级和原企业都不加干涉。

三、存在的主要问题

通化市国营饮食业的离店承包在取得显著效果的同时，也存在一些问题，需要认真研究加以解决。

1. 离店职工思想上有“三怕”。一怕长期干下去国营企业不要了，丢了工作成了个体户，老无所养，基层个别干部又讲“今年承包的明年还要继续包，基本不准回店”，更加重了职工的担心。二怕涨不上工资。由于在政策上离店承包和停薪留职划分得不明确。这次调资文件又规定停薪留职的一律不涨，使得承包职工人心浮动。纷纷要回店涨工资。三怕政策变，赚钱多的怕将来政策变了，自己成了新剥削分子；赚钱少的怕政策变了税收加重，亏本栽进去。因为觉得前途未卜，所以都是“干着看，挣点、分点、花点就行了”，缺少长远打算。

2. 承包企业经营上有“四难”。①受人歧视办事难，社会上把承包职工当成国营企业不要的人，名声不好。有关部门把他们按个体户对待，又因为缺少有关政策规定，公安、工商、税收、城建、水电、卫生等部门的个别工作人员都时有刁难。承包职工办事主要靠个人关系，请人吃喝。前一时期地痞流氓更是经常来店闹事，打人砸店多次发生。承包职工在国营企业干惯了觉得出来受不了这个窝囊气。②无章可循纳税难。同样是国营承包职工，有的按全民企业对待，只交3%营业税；有的按集体和个体企业对待，还要增交工商管理费、所得税、环境保护费、卫生费、烟酒经营税等。由于纳税渠道不一，还出现许多重复纳税的现象。有一名个人承包职工，最多一个月交了41元的税费，加上交原店利润和房租共负担136元之多，难以维持。③条件不好改善难，流动售货的职工都是在家里加工，居住条件差，十分困难。有门点的职工，大多数地方窄，无库房，灶间

挤，无上下水道，卫生不好。有的租用铁皮售货亭，冬天职工手脚都冻坏了。由于资金少，一时改善不了工作条件。另外动土木手续繁杂，“新路馆”在自家仓房旧地扒倒扶起，有关部门也不批准，最后请出三位市长、书记出头，才勉强答应。④原材料不足发展难。对承包职工一般只供应粮、豆，油、粮食多数只给面不给米，油只能满足20%的需要，猪肉按批发价供应一次买少了不行，买多了无法保存，羊、牛下货、鱼、蛋、禽、菜等全靠自采，有时没有保证；自采价高，销售又不准提价，毛利受影响。另外供应原料要到原店买，买多了无钱，买少了店里嫌麻烦，不够方便。

3. 个别领导撒手不管，部分职工经营不善。由于有的企业领导认为搞承包就是单纯为了赚钱。有的是为了甩包袱图清静因此出现了不顾职工是否具备承包条件，硬“动员”出去的现象，职工出去以后，企业只要钱，不管人，个别领导不闻不问，不帮助解决困难，党团等社会活动也不通知参加。五道江饭店除留少数财会人员外，其余20多名职工，每人每月供530斤粮，17斤油，23斤豆，交店23.85元利润，一律回家“承包”，饭店本身倒关了门，把门点租给工程队住用。有的职工回去后无力承包经营，只好倒卖原材料，多次集体上访告状。

在全行业承包职工中，约有半数经营较差，他们或是无房舍缺资金，或是没有技术不会管理，虽然付出劳动很大，但收入与在店内时持平或降低。个别职工破产负债，内外交困，甚至有寻短见的念头。团结饭店一名职工与人合伙承包旅店兼营饭店，由于旅店条件差住客少，饭店又长期没能开业，把平日积蓄的500元全投进去了还欠债1000元，生活困难造成家庭纠纷。

上述问题已经引起通化市有关领导部门的重视。有的已经着手解决，其余的正在进行全面调查，准备在总结经验的基础上，制定办法统筹解决把离店承包不断完善起来。

四、体会和建议

1. 国营饮食行业职工离店承包，实行国有集体经营和国有个体经营，是商业经营管理体制改革的重要内容。从通化市的经验来看，方向是对头的，办法是成功的，效果是显著的。它有助于解决饮食业长期存在的许多“老大难”问题。为国营饮食业带来了生气，开辟了一条新路，应该坚持下去，并且要像农业扶持专业户那样去加以支持。对于实行过程中出现的问题，要认真对待加以解决，但不能因为这些问题而否定离店承包的改革。

2. 中央的商业、工商、财税、劳动、司法等部门要协调配合，同步改革，尽快制定出有关国营职工离店承包的有关法律、政策、制度、办法来，改变目前政出多门又无章可循的局面。

3. 当前急需明确：

（1）离店承包职工仍是国家正式职工，仍属于原企业，要坚持对这些人在调资、工龄、退休、劳保、入党、入团、评先进等方面的“六不变”。同时也要把他们与停薪留职的职工区分开来。因为承包职工在经营、社会活动等各方面都与原企业有密切联系，并没有完全脱钩。

（2）离店承包的企业要视为原企业的分支机构。在工商、财税、进销等方面的管理上还是以等同或近于原国营企业的办法为好，而不要完全混同于集体性质和个体性质的企业。要逐步摸索出一套适合离店承包企业的管理办法来。

（3）在工作上要加强领导和坚持试点，不断总结经验，不要搞“一刀切”。动员职工出去承包要讲明道理，实行典型示范引导。坚持自愿为主说服为辅的原则，不要哄、骗、逼。对于经营好的职工要加强管理，防止走歪门邪道；对于有困难的职工要积极帮助解决，使之得到发展；对于目前确实无力继续承包的职工要准许回店，不要用合同卡死。将来有了条件，又要求出去承包，还要准许再出去；对于前一段亏损大的职工，要帮助创造条件改善经营，使他们通过正当劳动还清债。

（4）离店承包不是经营责任制的唯一形式，要注意同时抓好留店承包。目前饮食业网点仍然不足，原有门点不应因为搞离店承包关门停业。原店问题大的要进行整顿，整顿好了可以实行店内经营责任制或整店包给职工经营。凡国家财产包给职工使用的都应该合理收费，并保证国家财产不受损失。

确保国家增收　维护消费者利益①

——常州市商业经营责任制调查

全国一批商业、服务业企业实行经营责任制以来，取得了明显效果。但是，一些地方和企业，在如何保证国家增收和维护消费者利益方面，在如何层层落实企业内部的责任制度，严格进行考核等方面，都存在一些问题，引起了各方面的关注。我们带着这些问题，最近对常州市商业经营责任制的情况，进行了初步的调查。总的印象是，他们把责任放在第一位，而且层层落到班组和个人，取得了确保国家增收，维护消费者利益等良好效果。现将常州市如何处理这些问题的有关情况，简述如下：

---

①发表于 1983 年 12 月 12 日《经济研究参考资料》第 5 期，又见《商业工作》1983 年第 9 期，作者万典武、赵尔烈。

一、把国家利益放在首位，确保国家多得

常州市的商业经营责任制是从 1981 年 7 月开始，分期分批实行的。总的说来，实行经营责任制的企业做到了：提高经济效益，国家多收，企业多留，职工多得；在利益分配上，无论是利润总额，还是增长利润部分，都做到了国家得大头，企业得中头，职工个人得小头。据统计：

第一批实行经营责任制的 124 个企业（占该市商业网点总数的 25%），自 1981 年 7 月至 1982 年 6 月的一年时间里，营业额此上年同期上升 18.1%，实现利润增长 23.8%，上交国家税利增长 18.4%。全市国营零售企业实行经营责任制以前的 1979 年、1980 年、1981 年三年，每年上交税利平均递增 5.1%，企业积累增长 43.8%，职工收入增长 14.9%。在增长的 55.12 万利润中，国家得 36.78 万元，占 66.7%；企业得 15.87 万元，占 28.8%；职工个人得 2.47 万元，占 4.5%。

1982 年 10—12 月，试行利改税的 21 个企业，按规定改变上交国家税利的比例，原测算将减少国家财政收入 4.5 万元。但由于实行了经营责任制，企业营业额比上年同期增长 9.4%，利润增长 8.17%，所以实际上交国家税利比预测增加 1.53 万元，国家财政收入实际上只减少了 2.97 万元，比预测数减少 1.53 万元，占预测减少额的 34%。这 21 个企业三个月实现的 12.05 万元利润中，国家得 6.12 万元，占 50.78%；企业得 5.68 万元，占 47.14%；职工个人得 0.25 万元，占 2.08%。

实行经营责任制的企业的经济效益远远高于没有实行经营责任制的企业。据对百货公司的调查，1982 年第四季度，实行企业内部承包和利改税的 16 个商店，销售额比上年同期增长 29.3%，利润增长 48.19%；没有实行经营责任制的 21 个商店，销售额比上年同期下降 1.09%，利润下降 4.22%。

从 1983 年 1 月起，国营 169 个企业全部实行经营责任制（其中包括实行利改税的企业 150 个），1—3 月，营业额为 5740 万元，比上年同期的 4975 万元，增长 15.38%；实现利润为 413.7 万元，比上年同期的 352.3 万元，增长 17.44%。其中纯商业行业，实现利润 287 万元，比上年同期增长 19.7%，金额 47.3 万元；在这增加的 47.3 万元中，国家所得占 52.76%，企业所得占 39.74%，职工所得占 7.5%。

常州市商业系统在实行经营责任制过程中，所以能够正确处理国家、企业和职工个人三者利益关系，是因为在一开始就提出要把国家利益放在首位，确保增收部分国家得大头。为了实现这一点，他们在经营责任制的利益分配上，划清了三个层次，在每一个层次上都确保国家收入。

第一层，国家和企业的关系。有两种形式：

1. 利改税。在一些小型国营商业零售企业试行“国家所有，集体经营，资金付费，交所得犹，自负盈亏”的办法。将企业上缴利润改为按集体企业八级超额累进税率征收所得税。税后利润交人防经费4%，城市维护费5%，再交流动资金和固定资产净值总额4%的资金占用费。各主管公司对实行利改税的企业，根据上述规定，按企业实现利润总额，将应征收税费如数上交国家财政。

2. 上缴利润。没有实行利改税的试行经营责任制的一部分大中型零售商业企业、饮食服务企业，与国家的经济关系不变，仍按照国家财政部门原来规定，实行利润留成办法，即国营饮食服务企业净利润上交国家财政20%，企业留成80%；国营零售商业，常州市财政规定上交国家85.5%，企业留成14.5%（即相当于全国留19.3%的口径）。主管公司按企业实现利润总额，根据上述规定将应提取利润如数上交国家财政。

在上述两种形式中，企业对国家财政都不实行利润定额包干，这样就保证对企业的增收部分，国家财政可按原规定比例，收交税费或提取利润，得到大头。

第二层，企业和主管公司的关系。原来企业的纯利润在上交国家之后的剩余部分，要全数上交主管公司统收统支。实行经营责任制改变了这种做法，规定：利改税的企业在上交税费后的利润余额中上交主管公司20%左右；非利改税的企业上交国家财政后的利润留成，在企业和公司之间按一定比例进行分配。这两种形式中企业和公司的利润分配办法是：企业根据上年（或前三年平均数，或前三年中经营正常的年份）的利润实绩和增减因素，确定一个对公司的最低利润完成基数，这个基数必须要能够保证国家财政收入不少于上年。达到这个基数，企业按比例提留利润，但对职工不奖不罚；超过这个基数，企业按比例多提留，职工提奖，多超多留多奖；达不到这个基数，缺额部分由职工浮动工资或基本工资赔补。这就是企业对主管公司的经营承包。其特点是：企业对公司承包的基数是根据利润全额计算，而企业和公司分配的利润却仅仅控制在国家规定的企业留利部分之内。这样，企业要想在留成部分内多得，必须在利润总额上多超，并且多超部分还要使国家多得。通过这种企业对公司的利润承包，确保国家收入的实现和增加。

第三层，企业与职工的关系。把职工基本工资的一部分拿出来，作为浮动工资，同企业超过定额利润提取的分配奖金部分一起，作为提成工资。固定工资不浮动的部分作为基本工资。提成工资和基本工资加在一起，即是实际发给职工的工资。除此之外，再没有单独的奖金。企业提成工资的提成率是根据不同行业情况、本企业的职工人数、上年奖金数和企业对公司承包的利润数计算出来的。其特点是不仅提成工资率（包含通常讲的提奖率）与企业利润挂钩，而且严格控制了提奖率。职工个人提成工资的计算采取活分活值的办法，通过对各项责任完成情况的考核结果，进行分配。企业内部在职工收入分配上的改革，实行责利挂

钩，多劳多得，调动职工的积极性，企业增收，保证国家收入不断增加。

常州市商业系统的经营责任制，就是这样在利益分配的各个环节上，层层把关，确保国家收入增加的。

二、提高服务质量，维护消费者利益

为了了解常州市商业实行经营责任制以来，在提高服务质量，维护消费者利益方面的真实情况，我们在翻阅了大量书面材料和听取商业局、公司、商店有关同志汇报之外，先后请市总工会协助召开了有 11 个工厂、机关、学校代表参加的消费者座谈会，请街道协助召开了街道妇女座谈会，还召开了有市财政局、工商行政管理局、卫生防疫站同志参加的座谈会，广泛地听取和征求了各方面的意见。参加消费者座谈会的同志，事前多数都征求了所在单位群众的意见，做了认真的准备。总的说来，虽然大家对常州市的商业工作仍有许多不满意的地方，但一致认为，实行经营责任制以来，常州市的商业工作有了较大的起色，服务质量有所提高，消费者利益也逐步得到尊重和维护。我们在听取了这些反映之后，又亲自查看了几十家商店、饮食店，翻阅了一些商店柜台上的顾客意见簿和一些商店奖罚原始登记簿，并多次有意作为一个普通顾客购买商品，观察营业员服务情况。在以上调查研究的基础上，我们认为，常州市商业企业实行经营责任制以来，不仅经济效益大大提高，店容店貌、商品陈列、清洁卫生比 1981 年上半年我们去调查时有了明显改进，服务质量也确实有较大改善，消费者利益基本得到维护，注意了把提高经济效益与提高社会服务效益结合起来，实现两个效益的统一。这主要表现在：

（一）增加花色品种，努力保证供应齐全

经营责任制刚开始实行，个别企业和柜组会一度出现争快货、卖大件、重大轻小等现象。商业局和各公司发现后，及时进行了批评教育，并帮助企业有针对性地予以纠正。同时，随着市场供应情况的变化和竞争压力的加大，企业也逐渐认识到：要做好生意只凭卖快货大件是不能持久的，必须增加花色品种规格，以全取胜。各店纷纷制定措施扩大品种，以小引大，以大带小。百货系统的杂品类商品，利小价低，1982 年全年全行业销售额只有 4.43 万元，但到了 1983 年仅 1—5 月，就提高到 8.43 万元，比同期上升 90.2%。第四百货商店，把一个小百货柜扩大成三个小百货柜，花色品种由 400 种增加到 1000 多种，营业额翻了一番；全店经营品种由 3640 种，增加到 4100 种。专营小商品的群众小百货商店，坚持“小”字当头不转向，经营品种由原来的 1670 种，增加到 1826 种，多了 256 种，增加 15%以上；全店 0.1 元以下的商品有 350 种，0.01 元以下的有 82 种。

饮食行业在增加高档酒菜，承包宴席的同时，保留并扩大便饭便菜的花色品种，恢复了一些中断多年的风味特色，如拉面、咸粥团子、水磨米粉汤团等。便农面店根据不同季节和顾客要求翻新增加品种，如卤菜夏季以素为主，供应排骨、熏鱼等，冬季以荤为主，还增加了多年不见的兔肉、狗肉等野味，品种由承包前的四五个增加到十至十五个。劳动饭店坚持不贪大丢小，楼下堂口供应便饭便菜从 0.05 元的红烧鱼、三鲜汤到 0.15 元一碗的豆腐汤，0.05 元一盘的青炒菜，每市都有十多个品种。

（二）改变经营方式，尽量方便顾客

调查中群众一致反映，商业实行经营责任制以来，最为满意的是吃饭、买东西方便了。主要有三条：

1. 时间方便。过去是职工上班了，商店还没开门；职工下班了，商店、饭馆也关门了。实行经营责任制以后，许多商店、饭店主动延长营业时间。仅饮食行业就有 43 个店延长营业时间，有的饭店夏季增加夜市，供应冷面、啤酒、盘菜，营业到晚上 11 点半，附近工厂下中班的工人也可以吃上饭。绿杨饭店晚上供应卤菜、面条到 11 点钟，每晚销售 200 元左右。位于郊区的勤业副食品商店，过去早上 7 点半开门，现在根据农民赶集早的特点，5 点半就开门，既方便农民，又多做生意。

2. 网点方便。实行经营责任制以来，国营商店、饭店大批出摊赶集，走街串巷，增加了一大批供应网点，仅饮食行业就有 50 多家店铺，每天出 90 多副摊床在外流动售货。职工早上在家门口就可以吃上早点。工厂的同志讲："每逢开工资那天，工厂门口摆满了各种摊床，商品琳琅满目，工人下班在厂门口就可以买到需要的日用百货，可方便了。"

3. 买卖方式方便。许多商店恢复了缺货登记、电话购货、邮购、代购、送货上门、拆零销售等购销形式。兰陵百货商店，全店 63 名职工，1982 年共出人送货 1167 人次，平均每人送货 19 次，金额达 43.65 万元。春节前夕，他们给周围八个居民委员会的 150 户烈属，送去当时紧俏的热水瓶胆和价格便宜的零次布，深受好评。新中文化用品商店，12 名职工一年送货 1200 多次，每人平均送货 100 次，送货总金额占商店全年销售额的 80%。群众小百货商店拆整卖零商品达 169 种，其中像鞋带可以买单根，裤钩可以买半付。他们将上海、无锡大量滞销的专供理发店用的 43.1 元一箱的软皂，切成 0.26 元一块的小块卖，共销出去 100 多箱，既增加了赢利，又受到顾客欢迎。

许多饭店开展预约饭菜，送饭送菜上门、上车站、上码头，上门炒菜等业务。兴隆园菜馆为附近幼儿园做馒头，常春饭店、劳动饭店为双职工的子女承包午饭，每餐 0.3 元，变着花样给孩子做菜，小顾客吃得满意，家长也安心工作。

有的饭店将名菜点拆零供应，如地方名肴网油卷，一盒 3 元，一般群众很难吃上，拆零之后卖 0.1 元 1 只，谁都可以尝上一口了。

（三）努力改善服务态度，提高服务质量

实行经营责任制以来，各商店、饭店、旅馆等单位，都注意文明经商，热情接待顾客，增加服务项目。兰陵百货商店提出“创办信誉商店”的口号，全店职工热情服务。1982 年一年为顾客调换、修理各种针棉织品、手表、电熨斗、缝纫机等 300 多次。郊区有位农民缝纫机坏了两年不能用，店里职工利用休息时间登门修理。有位顾客买了块布料做成衣服后，发现布料上多处有小洞，来找商店，营业员收下衣服去生产布料的工厂联系，为顾客追来损失赔偿，又教顾客如何修补，顾客十分感谢。第四百货商店为顾客到工厂定做畸形脚穿的鞋 20 多双（只），顾客连连称赞。据统计，五交化行业各商店增加便民措施 129 条，服务项目 50 多个。

饮食公司有 30 多个饭店增加了服务项目。发海参、蹄筋技术难度大，一般人家很难发好，有的饭店就代顾客发好，有的饭店干脆发好了出售，很受群众欢迎。有的饭店开设雅座，实行接待时毛巾、牙签、餐具、调料等八到桌，而在普通堂口为进城农民热菜、免费供应鲜汤，各类顾客都很满意。兴隆园菜馆长年坚持为两位八十多岁儿女不在身边的老人送饭送菜，老人称赞他们“比儿女还亲”。浴池行业服务面貌也有了很大改变，增加了括脚、捏脚服务，代客泡茶，还利用业余时间预约出包，为老弱病残妇女服务，工作量比以前翻了一番，像帮助老弱病残沐浴时出水现已成了习惯。

在常州商店的顾客意见簿上，我们见到许多顾客表扬营业员为自己代付粮票或零星缺款，职工拾金不昧已成风气。有一名过去受过劳动教养的青年营业员，现在表现积极，一次他拾到顾客一个钱包，打电话通知失主，没找见人。他发现钱包中有一张当日的电影票，为了不使顾客受损失，马上去电影院退了电影票。当顾客第二天拿到钱包和退回的电影票款时，连连称谢，十分激动。由于职工服务态度的改善，服务质量的提高，每个商店都收到大量表扬信和得到顾客在意见簿上的书面称赞。兴隆园菜馆 1982 年收到表扬意见 395 条，群众小百货店 1983 年 3 月，一个月就收到表扬意见 44 条，全店上柜台的营业员全都受了表扬。

（四）执行物价政策，重视克服短斤少两的现象

随意涨价，克扣消费者是商业经营中容易发生的老问题。实行经营责任制以来，常州市的个别企业和职工，也出现过这类事情，商业局和公司对此十分重视，积极采取措施予以纠正，经过一段时间的工作，现在情况已经大为好转。据市工商行政管理局的同志反映，实行责任制以前，短斤少两一般占检查笔数的 40%～50%，而 1982 年 4 月底对全市饮食行业检查结果是：检查国营和集体企

业 71 户，412 笔，规格不足短斤少两的 146 笔，占 35.4%，比过去减少 5%～15%。对没有实行经营责任制的区街、社队企业检查 86 户，355 笔，不合规格短斤少两的占 71.8%，高于国营和集体企业 36.4%。饮食公司 1982 年 1—8 月，检查 2346 笔，短少率占 22.18%；1983 年 1—3 月，检查 1880 笔，短少率占 16.4%，比上年下降 5.78%；1983 年 1—5 月检查 4409 笔，短少率占 17.8%，此上年下降 4.68%；1983 年 6 月份检查了 13 个店，131 笔，全部合乎要求，无一短斤少两。

西仓桥菜场 1982 年 12 月至 1983 年 6 月，复秤 689 笔，差错率占 15%，其中 5 月和 6 月份都在 11%以下，比 1982 年 12 月份的 14%低 3%。百货系统 1983 年 6 月，对 37 个商店进行全面物价检查，未发现商品核价错误，凡上级调价通知单上规定的调价商品，全部按规定调价，检查衡器 16 台全部准确，复尺 14 笔无差错，各店均无提等提价现象。

此外，随着经营责任制的实行，许多商店、饭店、旅店的卫生面貌有了明显的改观。有些多年陈旧的老门脸整修一新，有的饭店挤出办公室开设雅座，卫生消毒等工作有了专人专职负责。1983 年 1—2 月，饮食公司对 49 个饭店的餐具消毒情况，抽查了 85 店次，其中得 100 分的 18 店次，90～99 分的 30 店次，80～89 分的 15 店次，60～79 分的 7 店次，60 分以下的 15 店次，比从前大有改进。许多饭店注意饮食卫生，对于不合卫生要求的食品原料，宁可处理掉影响职工的奖金，也不出售损害消费者的健康。

三、领导上指导思想明确，企业内责任落实，考核严格

常州市商业系统实行经营责任制，所以能够做到确保国家多得，较好地维护消费者利益，主要是由于领导上指导思想明确，企业内部责任落实，考核严格。

（一）领导上指导思想明确

1. 要求明确。在市委市政府的领导下，常州市商业局在试行经营责任制一开始，就明确提出：实行经营责任制总的要求是：“明确两个责任，考核两个效果，处理好两个关系。”明确两个责任，一是政治责任，二是经济责任；考核两个效果，一是社会服务效果（包括服务态度、经营作风、执行政策、安全卫生、店容店貌五个方面），二是经济效果（包括营业额、利润额、费用率、资金周转天数、责任事故损失五个方面）；处理好两个关系，一是正确处理好国家与企业的关系，明确企业对国家的责任，解决吃“大锅饭”的问题；二是正确处理企业和职工的关系，明确职工对企业的责任，克服分配上平均主义的弊端。

2. 形式得当。在选择经营责任制的形式上，体现出把国家利益放在首位的原则，采取了利改税和继续实行全额利润按原规定比例上交的办法，而没有采取

有可能影响国家收入比例的利润包干形式。

3. 教育深入。局、公司编写了《经营责任制宣讲提纲》和《学习问答》等材料，组织专门宣讲人员，对门市部主任、会计、营业员进行宣讲或举办学习班、培训班，学习和讨论实行经营责任制的目的、意义、内容、办法和要求。百货公司组织职工集中上课 6～12 个学时，然后对 19 个商店的 918 名职工进行考试，因故缺席者一律补考。1982 年和 1983 年先后轮训两次，后一次考试平均分数达到 91.5 分。

4. 分批试点。从 1981 年 7 月开始，在饮食服务行业、零售商业试行经营责任制，大体经历了三个阶段。第一阶段，从 1981 年 7 月至 1982 年 8 月。主要是选择不同行业、不同企业，在小范围内进行试点，约占全部网点数的 25%，重点放在以劳务为主的饮食、服务行业和部分小烟糖、小百货企业。经过摸索之后，第二阶段，从 1982 年 9 月至 1982 年 12 月，扩大试点范围，逐步向面上推开，到年底试点面达 55%。第三阶段，从 1983 年 1 月开始到现在，除少数菜场未实行外，其他行业已全部实行了各种形式的经营责任制。在推行的过程中，随时总结经验，举行各种形式和内容的经验交流会，特别是分行业举办维护消费利益的典型经验介绍，工作中注意对不同行业、企业的分类指导，不搞“一刀切”，注意抓好企业对公司承包基数和职工提奖率的测定，抓好企业内部责任的落实和监督考核工作。

（二）企业内层层落实岗位责任，实行严格考核

1. 责任落实。常州市商业实行经营责任制，特别强调要以责任为核心，在责任中尤其注意政治责任的落实。要求干部职工做到“人人有岗位，个个有职责，以人定岗，以岗定责，以职定分，以分计酬”。如兴隆园菜馆，全店 42 名职工，19 个工种，共定岗位责任 154 条，人手一册，三天 考核，一月一总评。岗位责任中关于服务态度、服务质量、物价管理、卫生制度等维护消费者利益方面的责任，就有 29 条。兰陵百货商店围绕：店容店貌“新”，服务态度“热”，服务项目“便”，花色品种“多”，业务技术“精”，柜台纪律“严”，记分考核“好”这七个项目，对柜组、营业员定了 51 条责任，进行考核评比。

2. 考核严格。

第一，经济效果和社会服务效果并重。规定对企业经济效果和社会服务效果考核各占 50%，即对企业每月先按经济效果的考核项目和要求，考核计算企业提成工资，然后一分为二，50%为经济效果考核所得，另外 50%按社会服务效果项目的要求，考核后再定所得，奖优罚劣。

第二，实行三级考核，层层把关。局考核公司，公司考核企业，企业考核柜组和职工。特别注意公司对企业、企业对柜组和职工的两级考核。考核中都设立

了专职和兼职考核人员，建立台账，登记造册按时记录，到期汇总。

第三，提高考核效果，做到四个结合。一是领导与群众结合。注意发挥企业民主管理小组的作用，重大问题除了上级领导部门要把好关外，还要提交民主管理小组或职工大会讨论。二是店内与店外结合。在柜台设立顾客意见簿，有的商店还设立了简便易行的顾客评选投票箱，并经常下街道、工厂、学校等单位开座谈会，听取消费者意见。三是定期检查与不定期抽查结合。检查抽查采取多种形式，有商业部门和工商、物价、卫生防疫等部门的联检，有商业系统内的联检，企业互检、自查，有多项全面检查或单项检查等。四是经济奖罚与思想教育结合。特别是在执行经济惩罚时注意做好受处罚者的思想工作，使本人服气，群众认为得当，做到处罚一个教育一片，处罚一次影响长远。

第四，考核与企业、职工的经济利益挂钩，赏罚严明。饮食服务公司，1981年10月至1982年10月，因社会服务效果方面问题，处罚了54店次，罚款431元。从1982年11月至1983年3月，又处罚28店次，罚款210元；奖励25店次，奖金125元。许多企业对短斤少两，实行缺一罚十。西仓桥菜场，设置专职复秤员，工作十分认真，1982年12月至1983年6月初，查出差错在一二分钱以内的300多笔（其中有些商品是允许限度内的误差）。兰陵百货商场，因社会服务效果方面问题，1982年扣罚职工奖金74.64元，69人次；奖励192元，263人次。1983年1—5月，又扣罚29.55元，48人次；奖励86.5元，102人次。有一次经理外出时，店内违反物价政策，经理回来后主动要求承担失职责任，扣罚自己半月奖金。

四、存在的几个问题

1. 个别公司的企业对公司承包基数确定不当，提奖率确定不合理，出现奖金挤占企业流动资金和生产发展基金的现象。副食公司按承包定额核算，1983年奖金将占实现利润12.7%，加上6.35%的福利基金，两项共占实现利润19.05%，超过了企业留利比例的14.5%，这样，不足部分势必挤企业其他基金。现在正在调整基数，压缩奖金，予以纠正。

2. 在维护消费者利益方面，各公司、企业之间仍不平衡，特别是1983年新实行经营责任制的一批企业，比先期试点单位，有不小的差距。如蔬菜行业实行责任制较晚，一些菜场制度办法不够健全，出现了一些卖大号、留好卖次、优亲厚友等现象，群众反映较大。目前商业局在市的领导下，会同工商部门，正集中力量抓菜场整顿，帮助这批企业完善经营责任制工作。

3. 在饮食卫生方面，有的企业只注重抓好不用花钱或花钱少的卫生工作，不愿添置卫生消毒设备，怕增加费用开支影响奖金。餐具煮沸，多数饭店做不到，新增加的流动摊床大多不合卫生要求，个别企业销售不合卫生要求的食品。

同时多渠道进原料，也给卫生防疫部门的检疫工作带来新的课题。

总之，常州市在推行商业经营责任制的过程中，由于方向明，路子正，措施得力，在上保国家利益，下维护消费者利益方面，取得了较好的效果，在正确处理国家、企业、职工和消费者利益的基础上，提高经济效益，使商业工作出现了新气象。但由于实行经营责任制的时间较短，缺少经验，各方面仍存在许多不完善的地方。目前，他们正在认真总结前一段工作的经验教训，分行业交流经验，制订完善措施，把经营责任制这一项重大改革推向前进。

中心城市的商业体制改革问题①

——武汉市商业体制改革的调查研究

一、实行政企分开，组建商委会

在城市经济体制改革中，武汉市委、市政府从流通入手，以商业先行，按照政企分开、简政放权的原则，于1984年8月组建武汉市商业管理委员会（以下简称商委会），作为全市商业的行政管理机构。武汉市商委会的建立，标志着大城市商业体制改革迈出了重要的一步。半年多来，商委会在实行政企职责分开，增强企业活力，统管社会商业等方面做了不少工作，并且取得了明显的效果。

精简机构，明确政企职责。武汉市商业行政机构原来有财贸办公室，市一、二商业局，粮食局。市政府对商业工作的领导，一般要经过市财办—各市局—市公司—区公司—中心店—基层店等层次，机构重叠，行政人员多。而且，原市一、二商业局，粮食局，既是市政府的商业、粮食的行政管理机构，又是计划、业务、财务等方面的一个口，政企不分，事务繁杂。因此，在实际工作中，这些行政机构难以进行有效的行政管理，务实多，务政少。市商委会成立后，撤销了原市财力一个管理层次，合并了原一、二商业局、粮食局，行政管理人员从300多人减到130人。这样，就从组织上为政企分开提供了条件，同时也有利于市政府对商业工作的领导，提高了办事效率。

武汉市商委会成立以后，不但精简了机构和人员，还明确规定了职责范围，初步解决了哪些该管、哪些不该管的问题。过去商业行政机构政企职责不分，简单地搬用行政管理方式领导企业，既削弱了管理全市商业的行政职能，又限制了企业经营管理自主权的发挥。现在，商委会一改过去政企不分的状况，明确了“政”的职责范围：贯彻执行党和国家关于商业工作的方针、政策；拟定全市商

①发表于1986年4月23日《经济研究参考资料》第63期，作者万典武、余厚康、赵尔烈、杨敏、李少华。

业发展战略和商品经营战略；负责组织城乡市场供应；对企业的经营活动进行管理、监督和调节；组织文明经商；培训社会商业人员；等等。这样，就使自己从繁杂的具体事务中解脱出来，集中精力进行宏观控制，充分发挥行政机构应有的作用。

下放权限，增强企业活力。长期以来，武汉市商业行政管理部门由于政企职责不分，权力过分集中，企业的商品流转、业务措施、经营管理、财务开支、利润分配、人员任用等都是由上级主管行政部门直接管理，企业失去了相对独立性，也助长了主管行政部门的官僚主义作风。武汉市商委成立后，首先切断了商委同企业的经济联系，将企业的折旧基金、福利基金、利润分成等全部放给企业。其次，研究制定并经市政府批准扩大了县级国营商业企业的自主权，对原市一、二商业局和粮食局管理的人事、劳动、财务、计划、物价、基建、安全保卫等十二个方面的工作权限，除所属单位的主要领导班子仍由商委会任免外，一律下放到县团级的市公司和大企业，由这些单位直接同市政府有关职能局对口办理。同时，进一步扩大了国营商业基层企业自主权，制定了四十二条细则，把人、财、物、购、销、调、存等经营管理权下放给基层企业，使基层企业在干部管理、职工调配、计划安排、业务经营、财务管理、工资奖金使用、物价管理、机构设置等方面，享有更大的自主权。

行使职能，统管社会商业。随着多种经济形式，多种经营方式和多渠道、少环节、开放式流通体制的逐步形成，武汉市商业有了很大发展。特别是集体商业、个体商业发展更快，所占比重日益增大。但是，原来的商业行政机构只习惯于管国营商业，考虑问题往往容易从本部门利益出发，不利于贯彻全民、集体、个体一起上的方针。同时，工业、农业、街道、学校办的一些社会商业分属各主管部门和各条街道自行管理，一万多个个体户由工商行政管理部门发证和管理，往往造成政出多门，一些全市性的商业活动无人统筹、协调和监督。武汉市商委会成立后，开始由单纯管理国营商业，转到统一管理全市社会商业。这不仅是改革商业体制的内容之一，也是商委会不同于原主管局的突出特点。在这方面，他们主要做了四件事。

其一，商委会组织力量对全市社会商业、饮食、服务、修理业的网点和从业人员进行了分类统计，为管理好社会商业提供了数据。其二，研究制定了管理社会商业的办法，分区召开了社会商业工作会议，建立了统计报表制度和工作联系。其三，提出了筹建百货、副食、粮油、饮食服务四个行业协会的建议，目前百货行业协会已经成立并开展工作。其四，从政策上、工作上促进多种经济形式商业的发展，鼓励街道和企事业单位腾出铺面办商店，鼓励乡镇社队办商业，提倡发展有门面的个体户和专业运销户，使全市（包括郊县）社会零售商业、饮食、服务网点大大增加。例如，江汉路一条街，动员临街的铺面打开经商，使商

业服务点由原来的84户扩展到137户。汉正街小商品批发市场在国营、集体、个体一起上的方针指导下，由原来的三华里延长到五华里，并成为沟通城乡小商品交流的重要枢纽。

武汉市商委会成立以来，虽然取得了不少成绩，但目前还没有完全担负起管理社会商业的职能，或多或少还残存一个大商业局的形象。因此，要使商委会真正成为市政府管理全市社会商业的行政职能部门，必须解决好以下几个问题。

要综合改革经济管理体制。商业改革需要有关部门大力支持，同步改革。目前情况是，武汉市商委会成立以后，虽然扩大了企业自主权，但许多问题很难落实。特别是牵涉到计划、物价、财政等有关综合部门，商委会放权给企业，这些部门有的不承认，有事还得找商委。这样，使得商委会成了“汇总部”、“中转站”，难以摆脱日常事务，企业的自主权也难以发挥。当然，武汉市委、市政府在前段时间的配套改革中，做了不少工作。比如银行、税务部门改为直接与商业企业挂钩，不再只抓商委一个头，为商业改革开了绿灯。但是，计划、统计、物资、基建、财政、物价、劳动、人事等部门的紧密配合还很不够。武汉是综合改革的试点单位。市委、市政府应进一步加强领导，精心研究，组织有关部门同步改革。同时，商委会也应进一步研究对有关全市商业计划、劳动、物价等进行宏观控制的具体措施。只有这样，才能有效地统筹规划和协调发展全市社会商业。

要完善管理社会商业的手段。武汉市商委会作为市政府管理全市社会商业的行政机构，目前尚处在刚接触社会商业的阶段，没有真正有效行使管理职能。这里除了商委会本身的工作方法外，主要是管理社会商业的手段尚不完备。因此，为了充分发挥商委会的职能作用，必须完善经济的、行政的、法律的手段，以便对企业进行必要的管理、检查、指导和调节。

（1）经济手段。运用经济手段是进行现代商业管理的重要方法，也是商业行政部门的主要责任。为了统一管理好城乡市场，商业行政机构应当拥有一定的经济手段运用权。最近，武汉市商委会通过总结前段工作，向市政府提出了要求赋予一定的经济调节手段的建议。主要内容是：要有计划管理调节权；要有一定的物价制定调整权；要有适当的储备物资的贴息权；要有一定的政策性亏损补贴权；要有部分减、免税收的建议权；要有一定的奖惩权；等等。我们认为，武汉市商委提出的以上经济手段的运用权是必要的。

（2）行政手段。运用经济手段时，往往是通过政策的形式来贯彻的，并且有时还要考虑到政治因素的影响。所以，经济手段与行政手段应当配合运用，不能截然分开。目前，武汉市商委尚未真正有效地行使管理职能的重要原因之一，就是缺乏行政手段。比如，市工商行政管理局是归口商委会代管的，但遇有市场管理方面的具体业务处理，双方矛盾较多。之所以产生矛盾，重要原因是商委会没有对市场行政管理方面的权力，结果代管成为空管。因此，为了更有效地指导、管理全市社会商业，必须明确商委会具有制订商业活动和市场管理规定的行政措施权，诸如市场管理、计划干预、信息反馈、监督惩罚等，以达到保障合法经营、取缔非法活动、维护消费者利益和社会主义市场秩序的目的。

（3）法律手段。制订并监督执行商业法规是新的商业行政部门的重要职能之一。商业同各方面的关系错综复杂，单纯依靠领导人发指示、开会，既难以组织调度成千上万的商业企业，也很难协调商业同各方面的经济关系。因此，商业必须实行法治，健全商业法规。要用法律的形式，将商业方面的方针、政策和要求条文化、规范化，促使企业认真贯彻执行。通过商业法规来划分行政管理部门与处于法人地位的各商业企业和消费者的经济权利与义务，以保证管理上的统一性和稳定性。半年多来，武汉市商委会根据国家和地方政府有关法令政策，初步拟定了《武汉市社会商业管理办法》、《一条街管理办法》、《贸易中心管理条例》等，对于武汉市社会商业的正常发展起了良好作用。但这还不够，还应进一步研究草拟出全市性的地方法规提请市人大常委讨论审查，经批准颁布后，负责组织实施。

要调整和健全商委会内部机构。商委会作为统管全市社会商业的行政部门，它的内部机构合理与否，直接关系到能否真正有效地行使管理职能。武汉市商委会成立时，内部设有“十处一室”。但是，半年多来，随着对整个武汉市场供应工作的加强和市场物价检查管理工作的开展，逐步暴露出了几个业务处的工作范围交叉，职责不清。而且有关统计、财务以及商办工业管理等方面的经常性工作很多，现有处室的设置不太适应工作的开展。因此，为了充分体现政企职责分开的特点和新形势的要求，需要进一步调整和健全商委内部的机构设置。新调整的内部机构，应当加强商业政策、宏观预测、宏观管理的研究，要面向全社会商业。同时，除了抓好区、县商委会，重点商业街和批发市场、集贸市场以及行业协会的建设外，还应抓好各街道设立的商业管理所，使管理社会商业的工作落到实处。

要处理好市公司与商委会的关系。武汉市商委会下属 38 个公司一级单位，商委会对全市商业的行政领导主要通过市公司向下贯彻执行。现在的问题是，市公司转为经营管理型以后，出现了偏重抓经营而削弱行政管理的倾向，致使商委会对全市商业的行政管理，与市公司衔接不上，甚至连商业企业的统计、财会报表，商委会有时也要直接向基层企业索取。为了解决这个矛盾，我们认为，首先要提高市公司一级的思想认识，要明确市公司既是经营单位，又是一级管理层次。它仍然代表国家管理所属的全民所有制企业，在全市商业领导体制中，起着承上启下的作用。特别是市公司通过行政管理职能的发挥，可以直接了解市场需要，从而有利于指导生产、分配货源和提高经营管理水平。其次要明确市公司搞经营，究竟要搞到什么程度？采取什么模式？它的行政管理范围是什么？当然，

对于市公司的性质、功能，要根据各类公司的不同情况，区别对待。比如：化工、医药等公司，经营规模较小，专业技术性较强，就可以办成经营型，由公司直接经营业务，但不能放弃对行业的行政管理；文化用品等公司，可以把公司与主要批发站联在一起，办成经营管理型；下属单位比较多，经营品种又较杂的百货等公司，可以基本维持管理型，进行简政放权。

要逐步建立行业协会。政企职责分开后，只靠商委会对全市商业进行宏观控制与管理是不够的，还迫切需要一种行业性的组织，成为商委会与企业之间的桥梁，对企业进行行业管理。武汉市商委会成立后，原计划成立百货、副食品、饮食服务、粮油四个行业协会，各区也相应成立协会分会，街道成立小组。这种设想，方向是正确的，有利于按行业把社会商业组织起来。但在实践中，成立行业协会困难很多：一是没有经费来源，如果收会费，有的就不愿参加；二是协会干部的编制、工资待遇不好解决，没人愿干；三是企业认为有公司存在，协会是多余的“婆婆”。因此，目前商委会只组织起来百货行业协会。但是，这个协会的行业范围太广泛，实际上是日用工业品协会，体现不出自然行业的特点。我们认为，武汉市当前全面铺开行业协会的条件还不成熟，不宜操之过急，可采取以下几种形式，逐步建立。①有的行业协会可以同市公司并存，但市公司一定要参加行业协会，明确国营公司参加行业协会本身就是起主导作用的表现。②有的行业协会可以设在公司，以公司为挂靠单位，一个机构，两块牌子，逐步由行业协会代替市公司。③饮食、服务公司本身原来就是协调、服务机构，因此，可以由行业协会取代，着手组建完善。这样，通过不同的途径，按自然行业建立协会，逐步把这项工作开展起来。

二、批发网络的改革和建设

目前，武汉是长江中游地区的一个主要经济中心，应该进一步成为服务全省、沟通华中、面向全国的商品流通中心。武汉市经济体制改革的目标是：打破分割和封锁，把武汉市逐步建成具有强大的辐射力、吸引力和综合服务能力的经济中心，逐步形成以武汉为依托的、开放式、网络型的经济区。为此，武汉市大力抓了批发网络的改革和建设，取得了显著的成效。目前，已经初步形成了以贸易中心和国营批发为第一层次；以批发市场（如汉正街小商品市场）为第二层次；以各种行栈、货栈为第三层次；以工业部门批发销售为第四层次的批发网络结构。目前，全市有经过整顿、重新登记发证的各类贸易中心 50 家。有各具特色的贸易行栈 193 家、农副产品批发市场 17 个、工业小商品市场 10 个。武汉市的商品流通中心的功能主要的就是通过这种多层次的批发网络在实现。

贸易中心和批发企业的改革。

1. 成效。武汉市的贸易中心，酝酿较早，1984 年 4 月在学习重庆经验以后开始兴办，发展很快。武汉市贸易中心，是以国营商业为主导，以专业贸易中心为主体，以大型综合贸易中心为骨干，专业贸易中心和综合贸易中心相结合的模式。目前，武汉市各类贸易中心已同全国除台湾以外的二十九个省、直辖市、自治区的近二万个公司、供销社、工厂、乡镇企业、个体户建立了业务联系。

据化工、小商品、服装、文化、副产品五个贸易中心的不完全统计，在购进总额中，从市外购进占34%；在销售总额中，市外销售占41%。1984年建立贸易中心后的8—12月与上年同期此，国营商业总购进增长18.7%；总销售增长19%。1985年一季度比上年同期购、销额分别增长28%和49%。据40家贸易中心的初步统计，全市共建有洽谈室147个，为外地设专柜332个，设“窗口”53个，出租货架、平柜164个，出租场地2560平方米，陈列样品11200种。事实证明，贸易中心是实现城市商业中心功能的先驱。武汉市政府1984年6月向外界宣布：“欢迎全国各地各业到武汉办厂办店，敞开三镇大门，开放市场”。贸易中心以开放式经营、多功能服务、深购远销等为特征开展业务活动，在开放市场，发展横向联系，沟通地区、城乡之间商品流通方面发挥了积极作用。

2. 几点看法。贸易中心与批发站相比较，最关键的是价格要能真正活起来。武汉建立最早的武昌农副产品贸易中心。始终突出作价的灵活性。在这方面，他们有三种做法，一是按不同倒扣率作价。分商品品种采取不同倒扣率的灵活作法。二是按批量作价。分成若干档次，视适销程度，批量优惠率各不相同。三是协商作价。交易额越大，所收手续费率越小。对高来高走的商品，一般是就低不就高。因此，企业的效益和社会的效果比较好。

贸易中心发展中的另一个问题是：必须进一步研究贸易中心的后盾是国营批发公司还是直接的商品生产者。以前我们曾经强调国营批发是贸易中心的后盾，经过一年多的实践，证明这种看法不够全面。产销直接见面就意味着多家卖对多家买。我们不宜单纯强调批发公司是贸易中心的主体和后盾，生产者同样是贸易中心的后盾。二轻产品武汉贸易中心的情况很能说明这一问题。这家贸易中心是工业部门办的，其宗旨是为武汉和全国的二轻系统服务，既有自营业务，也有通过代购代销等形式的组织业务；1985年一季度自营业务利润446万元，组织业务利润462.6万元（因为是系统内服务，有些服务是无偿的），是以服务为主的。这个贸易中心提出一主一辅（组织业务为主、自营为辅）、两服务（为二轻生产和销售服务）的方针。他们引线搭桥为工厂展示样品等也都按低标准收费或免费。这样，贸易中心得到了工厂的支持，发挥了二轻产品窗口的作用，促进了二轻产品的发展，工厂成了工业品贸易中心的后盾。

武汉市对贸易中心进行整顿的经验是值得借鉴的。由于对贸易中心的性质认识不清，以及在筹建时的工作方法不当，很多贸易中心徒有其名，造成了人们思想上的和实际工作中的混乱和困难。经市政府批准由商委牵头会同工商等有关部

门按照四条标准（有一定规模的营业场地；在购销对象、经营范围、经营方式、作价办法等方面实行开放式经营；具有大购大销、深购远销的吸引力和辐射力；具有适应批发交易的多功能服务的设施和条件）对全市各部门办的100多家贸易中心进行发表、申报、审核、批准、重新注册登记、发照。结果半数以上的不符合贸易中心条件的未获批准，50家符合条件的获准领取了贸易中心的营业执照。这对指导贸易中心的发展十分必要。

建立贸易中心是批发体制改革的突破口。武汉市各商业公司在贸易中心的促进下也正在改革中。有的公司（如医药）和贸易中心合一，一套人马，两个牌子。有的公司的部分商品部参加到贸易中心里去（如百货），公司与贸易中心交叉经营。也有的贸易中心与批发站分设。不论哪种情况，各专业公司的体制改革都深入了一步。当前，市公司的改革以实行开放式经营为重点。1984年，武汉市参加了23小城市的流通合作洽谈会，签署了22份意向书，内容包括“互设窗口、交流商品、交流信息、技术培训”等内容。1984年9月召开的秋季商品交易会，参加人数达11000多人，成交额为28000多万元（其中地产品占60%）是前所未有的。1985年以来，各公司的横向联系又有了进一步发展。比如服装开始时搞信息交流，以后发展到商品交流。化工已发展为各地投资入股，组成实际上的联合公司，准备搞进出口业务。五金公司1985年搞了14个城市的商品交易会，成交3000万元。纺织站最近搞了五站（重庆、武汉、襄樊、宜昌、沙市）、二司（武汉市纺织品公司、黄石市纺织品公司）的商品交易会，市纺织公司成交3000万元，武汉纺织站（相当于批发部，不是三级站）成交2000万元。百货仅三月份就开了好几次商品交流会，成交额占购销额的一半以上。

为了开拓外地产品市场，各公司派业务人员参加并组织武汉市商业驻外地购销处，设在省内的有孝感、黄石、宜昌等八地，省外的有郑州、长沙、沈阳、西安、贵阳、昆明、重庆、南宁、南昌九个城市。这些购销处，不仅推销武汉产品，而且引进外地名优产品和适销对路的产品，并且搜集、反馈市场信息，一举数得。

武汉市批发体制的改革，由于二级站下放工作尚未完成而受到影响，站司合并后市公司的组织、业务的开展等还很难进行。当机立断地解决好二级站下放问题是武汉市批发体制改革进一步发展的刻不容缓的工作。

批发市场和贸易货栈。汉正街是闻名全国的小商品批发市场，是武汉市个体商户的一个窗口，在武汉商业中占有特殊的地位。它在武汉市的多层次的批发网络中起着积极的作用，是社会主义统一市场的有益补充。

汉正街之所以名气大，首先在于它恢复得早，发展得快。汉正街是一条有四百年历史的老街道，作为一条以经营小商品为主的商业街，已经有五十多年的历史。但是由于20世纪50年代中期实行公私合营时采取了不适当的办法，发展受到了阻碍，十年动乱期间陷于停闭。党的十一届三中全会以后，汉正街小商品市场才迅速发展。目前，五华里长的汉正街小商品市场上，鳞次栉比地摆满了货摊，现已有个体商户1500多个。其中外地的有300多户。在汉正街小商品市场上，不仅个体户显示了活力，国营、集体商业也逐步发挥了各自的优势。1985年5月止，国营集体商业门点已达330家，大部分是经营百货行业的，生意十分兴隆。一些工厂为了了解商品信息，指导生产，也纷纷在汉正街开设门点。现在这条街上几乎没有一个门面是住家的。整条街是以个体商户为主，经营形式以批发为主，以小商品为主，销售对象以农村为主的小商品批发市场。当前经营的商品已不限于小商品，一些个体户也开始经营服装、鞋帽等大商品了。汉正街名气大的第二个原因是商品流向广，购销额大。目前，汉正街与全国二十六个省、直辖市、自治区的250个县，数以千计的企业商户有经济联系，1983年成交额超过1.4亿元，1984年成交额达2.8亿元，成为全国最大的小商品批发市场。汉正街小商品批发市场商品品种多，规格全，经营活，其产品绝大部分是计划外的小商品，其中有不少是国营商业不便经营或不愿经营的，它开辟了一条国营大商业代替不了的商品流通渠道，吸引力大，辐射面广，有旺盛的生命力。

在调查中我们了解到，汉正街小商品市场当前需要解决的主要问题是偷漏税问题。税务人员少，对大量的个体户的购销额难以掌握，很多个体户又缺乏依法纳税观念，更有些商户偷税、漏税，据有的同志估计，国家只能收到应收税款的十分之二三。从1983年和1984年的情况看，每年收的税款仅略多于管理费。我们建议在汉正街增加税务人员编制，成立有效能的机构，可参照市场管理的分段负责制度，把税收工作落实，做细，这将有助于增加国家财政收入，也有利于加强宏观的计划管理。

我们在调查中感到武汉市办汉正街小商品批发市场的指导思想、政策和管理原则可供许多城市参考。其一，他们的指导思想开明，有远见，有魄力。他们说到做到，采取了许多相应的政策和措施，而且审批程序简便、迅速。我们曾了解到洪湖县卫星工农贸易汉口商店（位于汉正街）办店的过程。他们持县工商局开的证明到汉正街所在的硚口区由工商局帮助很快就办好了营业执照，第二天就凭执照到汉正街工商银行开了户。蒲圻县一个企业到武汉开店从办执照到解决店铺正式开业共用了21天。其二，对小商品市场的管理，武汉的同志坚定地按照经济规律办事。他们认为小商品是计划外商品，市场价格应该允许随行就市。事实证明，汉正街之所以能兴旺发达最关键的一点就在于价格活。价格活，经营就活，市场就活。

武汉市的批发市场主要的是农产品批发市场。武汉市区内现有17个农副产品批发市场。农副产品批发市场都是服务型的。这些批发市场吸引了大量农副产品进城，既为专业户、贩运户出售农副产品提供了方便，又为城区小商店提供了

货源，而且使城区集贸市场商品丰富，群众购买方便。这些批发市场绝大多数是按照“四沿”（沿江、沿河、沿铁路线和公路车站），“一靠”（靠近产区）的原则设立的，适应了农副产品鲜活、不易保存、不便运输，因而要流转快环节少等的要求。这些批发市场的商品，既向武汉市内批销，又向市外转销。武汉历史上就是农副产品的集散地，漕粮、淮盐都经由武汉运、销，茶、棉、麻、果，集中在这里贸易。今天，农副产品批发市场又承担了这一传统任务。现在随着粮、棉、油等大量农副产品的放开，农副产品批发市场的作用越来越大。

武汉市的批发网络中，货栈是一个重要的组成部分。贸易货栈耳灵腿长、联系面广、信息灵敏、经营灵活，是一条不可缺少的流通渠道。武汉市的贸易货栈在经营范围上，由过去的经营农副土特产品为主，发展到经营国家规定允许进入市场调节的工农业产品；在经营方式上由四代发展到同时开展自营、联营等；有的贸易货栈还由过去的单一经营发展到提供膳宿。武汉市的信托贸易已初步形成了一个规模较大、行业齐全、大中小结合的网络。贸易货栈是适应我国商品交换不甚发达的组织形式，还应该有一个大的发展。

三、食、宿、购等有所改善，为万商云集创造条件

武汉敞开三镇大门以后，每天流动人口由过去的 10 万左右，猛增到 30 多万。为了保证来汉人员住得下、吃得好、买得全，武汉采取一系列措施，大力发展零售、饮食、服务、修理等行业。1984 年年底，全市共有网点 55686 个，比 1983 年增长 54.6%；从业人员 261700 人，比 1983 年增长 27.9%。其中城区每千人拥有网点 9 个，拥有从业人员 69 人。这些行业的迅速发展，不仅为当地居民改善了服务，同时也为外地来汉人员提供了方便。

旅店业有了较大发展。首先是网点迅速增加。到 1984 年年底，仅城区就有国营和集体办的旅店 575 家，此 1978 年增长 4 倍，同时又发展居民办的家庭旅店 2400 多家。全市平均每万流动人口拥有旅店网点 99.2 个（北京是 12.5 个）。这些旅店遍布大街小巷，投店住宿十分方便。其次是旅店结构有所改善。由过去的单一的普通的旅店，逐渐向多层次转变。在通过改善设施，提高服务质量，改善一般旅店，以接待国内普通客商，同时兴建一批设备比较现代化的高级旅店，接待外宾，另外还大力发挥家庭旅店在位置、价格、经营灵活等方面的优势，解决个体商贩的住宿。

饮食业兴旺发达。1984 年年底，武汉市区已有饮食网点 7937 个，比 1978 年增长 8.4 倍；平均每千城市人口拥有网点，由 1978 年的 0.35 个增加到 2.4 个，是北京的 3.8 倍。这些分布全城的网点，具有三个特点：一是菜系美味荟萃。既有京、川、苏、粤、鲁、皖、湘、浙、鄂等十多个地方菜的名馔佳肴，又有南北面点、滋补药膳、风味小吃等特色饭食，汇东酸、西辣、南甜、北咸于三

镇。二是档次错落。有设雅座、聘名厨、烹名菜的高级酒楼；有雅俗咸宜的中等餐厅；有独具一格的风味小吃馆；有经济实惠的普通饭馆；还有大量街头饮食商亭和摊床小吃。全市饮食市场一千多种菜肴，三百多种名菜，四百多种风味菜，二百多种早点和二百多种小吃，满足着各个层次各类饮食者的不同需要。三是经营灵活。早四五点钟到晚十点多钟，街上吃食不断，各家餐馆争相改进服务，如包办酒席、电话预订、送餐上门、学生包伙、顾客点名厨烹炒、带料指料下锅等，深受顾客欢迎。

零售市场十分繁荣。敞开城门以后，四面八方的商品蜂拥而至，商店和工业品市场里全国各地名特优产品琳琅满目，农贸市场各地土货特产、活鸡活鱼应有尽有，蔬菜、猪肉十分新鲜。1984 年，仅市区社会商品零售额就达 36.2 亿多元，成为中南最大的零售市场。1984 年市区有零售网点约 17466 个，从业人员 137572 人，比 1983 年分别增长 56％和 59％。每千居民拥有零售网点 5.2 个，拥有从业人员 41.2 人，比 1983 年增加 1.83 个网点，14.84 个人员。

在整个商业网中，给人印象最深的是商业街的建设。全市共有八条商业街，其特点是：①网点密集，销售量大。八条街共有网点 1159 个。其中江汉路一条街 1984 年扩建后网点由 68 个发展到 144 个，平均 10 米远一个。八条街的营业额占全市零售额的 40％左右。②行业配套，经营有特色。除恢复一批老字号外，新开了一批专业店，仅江汉路就有 90 多个专业店，门类较齐全。③改造门面，美化店容街貌。八条商业街上 2/3 的铺面更新了招牌，粉刷了店堂，更换了设施，过去几十年陈旧不堪的老样子，现已大为改观。④加强优质服务管理，方便顾客。商业街的管理委员会，以“创第一流服务”为内容，组织竞赛评比。八条街获“文明店”称号的已有 140 多家，服务质量普遍有所提高。商业街的建设，大大加强了武汉作为中心城市零售市场的吸引力、销售力和示范作用。

此外，如扬子街夜市等一批有特色的各类市场，也以其经营上的全、多、新、快等特点，受到人们的欢迎，为武汉市场增添了光彩。

武汉市的零售、饮食和服务业等，所以能在短时间，特别是 1984 年以来，得到迅速的发展，主要是由于解放思想，实行了四个“一齐上”：

国营、集体、个体一齐上。对已有的国营企业，通过政企分开，简政放权，实行经营承包责任制，以及对小企业实行“国家所有，集体经营”、租赁、转制等办法，挖掘企业内部潜力，加强活力，调动企业和职工积极性。1984 年，在市场竞争激烈的条件下，全市大中型国营商业企业，销售额仍比上年增长 10％，利润增长 13％。同时市里还有计划地改建、扩建、新建一批大型国营企业。如投资 1508 万元，建成一座主楼高 7 层 46 米，营业面积 19000 平方米的中南商业大楼等。

在继续发挥国营商业作用的同时，武汉市下大力气发展集体和个体商业。他

们主要采取七方面的措施：①政治上一视同仁，经济上平等对待。如已在全市集体企业中逐步健全了党、团组织，在个体户中发展了 334 名党员，540 名团员。1981 年以来，集体、个体企业中先后有 42 人当选为区、县、市、省及全国的人民代表，在政治上提高了集体、个体劳动者的地位。在经济上明确政策，保护他们的合法经营和利益，对所需计划供应的原材料和商品货源，纳入计划供应，对其经营自主权不得侵犯。②放宽集体企业和个体户申请登记营业的对象。凡城镇待业青年、社会闲散人员、有一技之长或经验的退休职工、长期居住城市的农村户口闲散人员，都可申请领取个体经营的营业执照或组织集体企业。同时准许农民进城自盖、自找铺面经商，欢迎外地来汉办商业。仅 1984 年，轻工商部门批准新开业的商业、饮食、服务、修理等行业的集体和个体企业就达 5900 多户，平均每天开业 16 户。③放宽经营范围。在国家政策范围内，允许集体、个体商业经营日用工业品和农副产品；经过批准，集体企业可以经营批发业务，个体商业可以从事批量销售；边远地区和网点少的居民区，准许一业为主兼营其他；等等。④放宽金融、税收政策。在银行开户、结算方式、资金贷款及税收等方面，分别不同企业情况，对集体、个体商业采取一系列灵活变通的政策措施，予以扶持。⑤依靠社会力量兴建集体网点。根据国务院指示精神，市里确定：所有单位兴建住宅，要拿出投资或建筑面积的 7%，安排商业、服务业用房，并相应成立“武汉市商业网点集资办公室”专门负责此项工作。1981 年以来，共集资安排网点 1050 个，其中 40%用于安排集体商业。各单位办的知青等集体商业，则充分利用临街铺面、人防工事、围墙等适合地点，改建成网点。⑥为个体户建摊群、开辟市场。市政府组织各城区统一规划，在主要街道选出地段修建摊棚，在闹市区附近通过“封路”，在街道两旁修商亭建摊棚，发展起一片片专业化摊群和一条条街的个体户市场，在商业网点密集的地方为个体户提供经营场所。⑦组建成立个体劳动者协会。1983 年以来，市、区、县都先后建立起个体劳动者协会，并拥有 144 个分会。这些协会本着“自我教育、自我管理、自我服务”的原则，成为个体劳动者自己的组织，也是沟通与政府联系的桥梁，起到很好的作用。由于采取了上述一系列措施，武汉集体和个体商业有了很大的发展。据统计，1984 年年底，仅城区的零售、饮食、服务、修理行业，就有集体网点 6046 个，从业人员 100336 人；有个体商户 15309 户，从业人员 20513 人；集体和个体商业，占城区网点总数 88.4%，占从业人员总数 84.1%；在全社会商品零售额中，所占比重也由 1983 年的 24.1%，上升到 1984 年的 29.4%（不包括供销社集体商业）。正是这支庞大的集体和个体商业队伍，作为国营商业的强大助手和补充力量，在武汉零售市场的放开搞活中，起了很大的作用。

商办和非商办一齐上。除了个体商业的发展，在国营和集体商业的发展中，武汉市彻底打破只准商业部门一家办商业的旧观念和做法，明确规定：“可以打破行业分工的界限，允许各个经济部门办商业”，并可“根据业务活动的需要，一个工商企业可以挂两块牌子，扩大经营范围，开展连带性的跨行业经营”，大大地调动了全社会办商业的积极性。如在江汉路商业一条街的建设中，各系统、各行业争相打开门面，把办公室、仓库、车库、维修车间、托儿所、食堂、卫生所等，都先后搬迁改造成商业门点。1984 年年底，零售、饮食、服务、修理行业，全市非商办网点有 7961 个，从业人员 105308 人。其中仅在城区就有非商办网点 5167 个，占城区网点总数 21.4％；从业人员 87614 人，占城区从业人员总数 46.5％；非商办旅店有 430 家，占城区个体办以外旅店总数 74.8％。

本市办与外市办一齐上。武汉的同志认为，作为中心城市的零售市场，不仅要挖掘本市潜力，大力发展，还必须创造条件吸引外地客商来武汉开业经营。因为这不仅可以弥补本市财力物力的不足，加快发展速度，更重要的是通过零售市场的开放，可以做到“汇百货于一市，聚百味于一城”，真正把武汉办成反映经济区乃至全国经济面貌的大中心零售市场，也有利于竞争搞活，促进本市商业的发展。所以，当市政府公布开放，并对外地在汉经商在土地、基建、服务、利益分配、税收、法律保障、经营方式等一系列方面给予优惠和协作之后，已有十几个省、市和省内四十多市、县在汉开店经商 336 户，平均每天就有二三户外地在汉办的商店开业。过去历年累计外地在汉企业 127 户，1984 年半年时间就发展到 463 户。像山东扒鸡店、河南烧鸡店、安徽酱菜店、四川特产店、山西杏花村酒店等，都相继开张，很受欢迎。现在武汉市场上销售的农副产品中外地产品已占 50％左右。外地在汉的商店，既是外地在汉的窗口，又是外地观察武汉的瞭望口，为武汉经济的向外辐射提供了信息和条件。

国内办与国外办一齐上。过去武汉商业部门同外商没有合资经营。开放以后，为了吸收外资和提高经营管理水平，引进国外和港澳的先进设备，武汉先后同日本、美国、瑞士、联邦德国、新加坡、中国香港等国家和地区的外商，洽谈了二十多项合资联营业务，已有六个项目签订了意向书，如航空路饭店扩建，武汉国际酒楼已经动工，待这些项目全部完成，武汉市的对外接待能力将大大提高，将进一步发挥其对外开放的内地港口的作用。

四、体改的思想理论准备比较充分

武汉市的商业体制改革，虽然时间不长，但在一些重要方面取得了明显成绩。其原因除中央的正确决策以及省委、省政府的领导，国家体改委和国务院有关部委的指导外，重要的一条是全市人民群众和各级干部对经济体制改革有较充分的思想理论准备和市委、市政府正确地确定了社会经济发展战略目标和战略方针。

对武汉市的社会经济发展战略，市里群众和各级干部进行了三年多内部的和

公开的讨论。1983年《长江日报》曾辟专栏进行公开讨论。1984年10月武汉大学继6月由《世界经济导报》和武汉市人民政府咨询委员会主办的武汉发展战略大型讨论会之后，又举行了一次“武汉市经济发展战略和经济体制改革讨论会”。同时从1983年10月至1985年3月先后在武汉召开了三次全国城市经济体制改革讨论会，这对武汉市社会经济发展战略的深入探讨和正确抉择也有很大帮助。

社会经济发展战略的深入讨论，教育和发动了群众，并使认识逐步趋于统一，从而为城市的综合体制改革的顺利进行打下了思想基础。

由于市委、市政府的领导同志深知正确的决策来源于科学的依据，因此十分重视“智囊”的作用。市里组成了一个32人的咨询委员会和八个专业咨询组，下面还有200多个咨询单位，共同形成了一个智囊网络。就是这个“智囊团”与群众的讨论结合在一起，为武汉市的社会经济发展战略等重大决策提供了科学依据。

武汉市的社会经济发展战略目标是什么？一开始有相当多的同志认为应是在不断提高经济效益的基础上，实现武汉市的工农业总产值翻两番，理由是翻两番是我国到2000年的战略目标，因而也应是武汉市的战略目标。

随着讨论的深入，越来越多的同志认为，一个城市或一个地区的战略目标的确定，不应采取逻辑推理的简单办法，而应进行具体分析。就是说对武汉这样的大城市，在实现我国“四化”的过程中它能起的、应起的作用是什么要进行分析，从而准确、恰当地确定其战略目标，既不能好高骛远，也不能大材小用。同志们认为，城市是商品生产和商品交换的产物，城市要为发展商品生产和商品交换服务。商品生产所需服务的多面性决定着城市功能的多样性。城市不单是工业生产的基地，而且应当同时是贸易中心、金融中心、交通枢纽、信息中心，有些城市还是科学、教育的中心。贸易中心、交通枢纽则是中心城市共同具有的功能，也可以说是城市作为经济中心所应具备的基本条件。城市所服务的范围，绝不限于本城市，而应是它所辐射和吸引范围的经济区，否则城市的作用就没有充分发挥出来，从而影响商品生产和商品交换的发展。因此，就武汉市所处的地位及其功能来讲，它应是华中地区的经济中心。把武汉市建设成华中地区的经济中心就是武汉市的战略目标。

由于战略目标的选择不同，从而引起了战略重点（或者说战略方针）、实现战略目标的突破口的选择的不同。

对于这个问题，在讨论的过程中，曾经有过这样几种观点：

一种观点认为，应实行“以工业为主，带动商业和交通”的方针。认为没有工业生产，商品流通就没有物质基础，商品流通是由商品生产决定的。“四化”的基础是工业，没有现代化的工业，其他“三化”不可能实现，到20世纪末工农业总产值也不可能翻两番。同时，武汉市要有吸引力、辐射力、竞争力，首先要有自己的实力，要能拿出一批有竞争力的“拳头”产品，因此，只有以工业为主体才能“强身固本”。

另一种观点，主张“技术立市”。即先开发智力以带动全面建设。理由是，工业的发展，经济效益的提高，都要靠技术，技术是进步的标志，产品的竞争，归根结底是技术的竞争。

还有一种观点认为，发展农业“应成为开发湖北、建设武汉经济区的战略起点”，因为农业是国民经济的基础，武汉地处江汉平原，历来是我国发展农业的重要地区。同时，按照马克思主义的理论，城乡、工农业融合发展是社会主义经济发展的道路，因此，工业要为农业生产的发展服务，城市工业要向农村扩散，也只有这样才能避免工业过于集中，城市人口过于膨胀。

经过各方面人士的深入探讨、调查研究、反复论证，越来越多的人认为，武汉市的社会经济发展战略方针或者说实现战略目标的突破口，应该是“两通”（流通和交通）起飞。他们的主要根据是三条：

根据之一，这是由武汉市的战略目标决定的。如果明确了武汉市的战略目标是建成华中的经济中心，那就不能单从武汉市本身考虑问题，只从武汉市的600万人（包括所辖4县）出发考虑问题，更重要的应以华中经济区来考虑问题，从华中经济区的两三亿人出发。这就不能不考虑中心城市同它所辐射的经济区之间的相互依存关系。显然一个经济区如果没有中心城市，这个经济区就像一盘散沙，经济发展的速度不可能快；然而城市如果没有所联系的经济区，也不能发挥出中心城市应有的作用。而这种联系主要就靠“两通”。就一个经济区来说，中心城市好比是人的心脏，经济区是肢体，心脏的作用主要是掌管全身的血液循环，肢体的作用主要是人凭借其功能进行活动。心脏和肢体之间要血管联系，这就是交通，商品流通则是血液。如果“两通”不通，有了“拳头”名牌产品也销不出去，社会经济发展所需的物资也进不来，那么，中心城市和整个经济区的发展就会受到限制。

“两通”起飞，并不是不发展工业和农业，而是凭借两翼带动整个经济起飞，如果把“两通”看成是两翼，工农业生产则是主体，一只鸟儿，如果两翼飞起，主体自会跟着飞起来。因此，“两通”起飞并不阻碍，而会促进工农业生产和科学技术的发展。

这里涉及一个理论问题，长期以来，人们只注意生产决定流通的方面，而忽视商品生产与商品流通之间互相依存、互为条件的方面。必须看到，商品生产必须以商品流通为前提，产品价值又必须靠流通来实现。任何轻视流通的观点，只会给生产发展带来不良后果。按生产与流通的相互依存关系，作为经济中心的城市，其商业设施、组织规模，自然要超本市工农业生产发展之前发展，以适应多功能的需要。

根据之二是武汉市的优势及其特点。

1. 武汉地处南北铁路大动脉（京广线）和东西水路大动脉（长江）的交叉点，水陆空运四通八达，是我国内地最大的交通运输中心。

水运方面，武汉地处长江中游和汉水的入江口。以长江、汉水为主的航运水系，连接我国中部的江河湖泊，构成一个庞大的水运网。

铁路方面，京广线北可通华北、东北各省，南可通广东、香港。通过汉丹线与焦枝、襄渝和阳安线相接，可达川、陕、云、贵各省。省内武（汉）大（冶）线的延长与湘赣路和鹰厦路相连，可直抵我国东南隅的福州和厦门。

公路方面，在省内已形成以武汉为中心的公路网。出入武汉的主要干道有五条，可通向豫、皖、赣、川、湘等省。

空运方面，现在每周有五十多个航次由武汉飞往全国各大中心城市。

由于武汉交通四通八达，故在历史上就有“九省通衢”之称。新中国成立后，由于航道的疏通，铁路、公路的建设以及空运的开辟，交通更加发达，内地交通枢纽的地位进一步加强。

2. 武汉历史上就是内地最大的农副产品集散地和贸易中心。

武汉依托江汉平原，邻接洞庭、鄱阳湖平原，处于举世闻名的“黄金流域”，“得中独厚”，“得水独优”，物产丰富，素称“两湖熟天下足”。这一地区占全国耕地面积的1/5，全国五大稻谷产区占其三，自古以来这里就是商品粮的基地。加之武汉交通方便，历来是内地最大的农副产品集散地和贸易中心。据历史记载，武汉三镇商业的辐射面曾东及江浙，南至湘黔广，西经川滇达西藏，北接晋豫至冀鲁。武汉是万商云集之地，历史上湖南、云南、贵州、四川、陕西、河南、江西、安徽、江苏等省的土特产多从水路运到武汉集散。

武汉很早就是我国贸易重地。远在三国时代，汉口和汉阳就见经传。明末清初，汉口与朱仙镇、景德镇和佛山镇并称天下四大名镇。是有名的“十里帆樯依市立，万家灯火彻夜明”的闹市。19世纪中叶汉口成为对外通商口岸，商业更趋发达。20世纪初，汉口贸易额曾一度超过天津、广州，仅次于上海。20世纪30年代，武汉对内贸易仍居第二位，内外贸总额居第三位。当时不仅内地各省大宗土特产品先集中到武汉再转销其他各地，而且大量出口农副产品也是通过武汉转口运销出去。1934年，武汉三镇仅贸易行栈就有2075家。

抗日战争爆发以后至新中国成立前，武汉百业凋敝，商业也不例外，但仍不失为华中的贸易中心。据1949年统计，新中国成立前，全市有私营商业企业61409家，饮食业8500家，服务业1670家，新中国成立后，武汉的工商业得到了恢复和发展，新中国成立初期，武汉市贸易中心的作用得到了发挥。

既然武汉是内地的交通枢纽，历史上就是一个大的贸易中心，在社会主义经济建设时期，在大力发展商品经济的条件下，我们没有理由不继续发挥武汉市交通枢纽的作用，恢复和强化它贸易中心的地位。

根据之三是，整个国家大力发展商品生产和国民经济的要求。党的十一届三中全会以后，华中地区和全国一样，农业生产和社队企业迅速增长，农、林、牧、副、渔全面发展，城市工业生产突飞猛进。武汉市工业生产不仅从十年动乱的破坏中恢复过来，而且又有新的提高。工农业生产的发展，迫切要求“两通”起飞。

由于受“自然经济思想”的影响，不懂得交换对再生产的重要作用，长期忽视流通，加之条块分割的经济管理体制，以及商业上的封闭型、分配式的体制，使武汉市商业的发展受到很大限制。特别是在“文化大革命”期间，“左”的思想危害更为严重，贸易货栈、集市贸易、个体经济被当作资本主义尾巴割掉，到1976年，集体、个体商业饮食服务所剩无几。商业网点大量减少，只剩下4415个，比1957年减少75%。批发网点仅100多户，不及抗战前的1/10。党的十一届三中全会以后，由于实行了对外开放对内搞活的方针，城乡商业、饮食服务业有了一些恢复和发展，然而仍不能适应工农业生产发展和人民生活的需要。到1983年商业网点也未恢复到1957年的水平。1957年城区人口为187万，商业网点29633个，每千人就有15.8个网点，1983年人口增加到280万，商业网点仅有20399个，每千人仅7.6个；饮食业1957年网点8014个，每一网点服务233人，1983年网点仅有7640个，每一网点服务的人数增到349名。

武汉虽然素称我国内地交通枢纽，但要使武汉发挥中心城市的功能，目前的交通运输能力也还是不能适应客观的需要。乘车、船、飞机难的问题有增无减，物资积压待运问题严重，水、陆、空运以及机场、铁路、公路和仓库等配套设施的建设都需要加强。据1984年统计，武汉长江轮船公司管辖的干线运输量占长江全线总运量的45%左右。而现在长江的总运量仅为5000万吨，与一百年前比较仅增加一倍多一点，只相当于长江可利用水运的1/20。与世界上其他河流相比有较大距离。水深和航宽比长江差得多的密西西比河、莱茵河、伏尔加河的运量已分别达到四亿、三亿、两亿吨的水平。

以上说明，“两翼”起飞的战略方针的确定是有充分根据的，同时，初步的实践也证明了它的正确性。由于商业的发展，沟通了市内外、省内外的物资交流，从而促进了武汉地区工农业生产的发展。

事实并不像某些同志当初所担忧的那样：武汉工业品的质量本来就不高，敞开三镇大门，搞活流通以后，工业会被外地产品挤垮。其实，武汉自贯彻“两通”起飞的战略方针以来，工业不仅未被外地产品挤垮，反而增强了竞争力，压力变成了动力。1984年，武汉市有15种产品荣获国家质量奖，47种产品被评为部优产品，146种产品被评为省优产品，100种产品被评为市优产品，年计划开发新产品、新品种800种，实际完成846种。个别产品如手表，也曾因外地产品的涌进而一时受困，但经过努力经营和研制了新产品、新品种，提高了竞争力，从而又夺回了市场并进而扩大了市场。

沈阳市商业体制改革情况①

一、二级站下放到市，站司合并，重新组合市公司

沈阳市商业局系统于 1984 年 7 月接收了省下放的百货、纺织、五金三个工业品二级站，通过实行站司合一，二级、三级批发业务合一，打破了二级、三级批发分设，分层次供应的批发体制。经过初步调整和改革，沈阳的工业品批发机构由原来的省属三个二级站，市属五个三级站，改为由市直接领导的六个市公司（五金、交电、化工、纺织、文化、百货）。他们重新组合市公司的基本做法是：减少层次（变三级经营为两级），坐店经营（变管理型公司为经营管理型），统一核算（公司在银行开户，商品经营科半独立核算），经理直接领导各经营科。从改革的效果看，市五金公司比较好。

沈阳市五金公司的体制改革，大体分为三步：一是 1984 年 7 月在站司合一的基础上，实行专业适当划细，把五金公司分成了五金、交电两个市公司；二是接收省站以后，通过对批发坐店的办法，把纯管理型的公司改为经营管理型；三是 1985 年年初，进一步改革企业内部的管理体制，将原有的 22 个科室改为“五办”、“七部”、“一所”、“一中心”。“五办”是经理办（办公室）、管理办、业务办、后勤办、集体企业办；“七部”是五金、水暖、工具、机交批发部和供应、原材料部；“一所”是商品检验所；“一中心”是职工教育培训中心。这种机构设置，对企业的经营管理由三个层次组成，即决策层，由公司经理、副经理、总会计师负责；管理层，由各办公室负责；经营层，由各部负责。这种改革取得了较好的效果。

第一，有利于发展生产，密切了工商关系。过去站司分设时，分头联系生产企业，你有你的小刀厂，我有我的小刀厂，造成了重复设厂，加剧了工商矛盾。现在站司合为一体，小刀厂也进行了合并，从而促进了按需生产，密切了工商关系。

第二，有利于克服官僚主义、分散主义和人浮于事等弊端，提高了工作效率和企业管理水平。经理摆脱了日常的琐碎事务，腾出时间抓大事，提高了决策能力；各办公室主任分别由副经理和总会计师兼任，对分散的工作任务，实行面对面领导，增强了责任感，协调了企业内部，部门与部门之间和各环节间的横向关

①发表于 1986 年 4 月 23 日《经济研究参考资料》，作者万典武、赵尔烈、蒋惠英。

系，减少了工作中的互相推诿、扯皮、不负责任的现象，提高了工作效率。

第三，调动了企业开发经营的积极性，提高了经济效益。他们坚持一业为主，兼营其他，积极进行新的开发。一是开发新的经营领域，增设了机交批发部和原材料批发部，预计 1985 年实现营业额 1200 万元，创利 60 万元。二是开发新的商品品种，扩大有连带性、配套性的商品经营。1984 年，全公司增加经营品种 277 个，规格 1295 个，1985 年又在此基础上，扩大经营品种 540 个，增加营业额 800 万元左右。三是开发新的进销渠道。在进货上，从外地工厂直接进货的比重由过去的 6.9%扩大到 25%左右。在销货上，立足于经济区和省内的供应，同时大力向吉林、黑龙江、内蒙古、华北地区、西北地区扩大辐射面。四是积极开发装潢五金商品的经营，同时为用户提供室内装饰服务业务，由过去的单纯经营型转为经营服务型。

经过上述改革，沈阳市五金公司取得了较好的经济效益。1985 年上半年与 1984 年同期相比，商品纯购进上升 50.6%，商品纯销售上升 23.5%，利润增长 48.2%，费用水平下降 0.42%。

二、创建小型专业贸易中心，不断增强中心城市的辐射功能

目前，沈阳市除设有规模较大的工业品、副食品和物资三个大型综合贸易中心以外，还设有一些小型的专业贸易中心（是否叫“贸易中心”尚可探讨）。我们重点调查了炊具机械贸易中心。

沈阳炊具机械贸易中心，是 1984 年 7 月在日杂公司日杂批发站炊具机械批发部的基础上成立的。现在的经营范围是炊具机械、副食机械、烘烤机械、制冷机械、厨房设备、酒楼设备、卫生器具、家用电器等 600 余种。由于经营方向对头，经营方式灵活，企业规模不断扩大（现已建起 3700 平方米的营业大楼），经济辐射范围越来越广，取得了较好的经济效益。1984 年销售额 1672 万元，比 1983 年增长 1.3 倍，比 1982 年增长 5 倍；利润额 90.8 万元，此 1983 年增长 8.5 倍，比 1982 年增长 59 倍。这个专业贸易中心搞活经营的做法是：

（1）变“封闭型”为“开放型”，不断开拓新的经营领域。

随着商品经济的发展和人民生活水平的提高，日用杂品逐步升级换代，新的产品日益增多，如洗衣机、馒头机、饺子机、面条机、切菜机、绞肉机、肉片机等都已生产。这些炊具机械是新兴的工业品，生产者多是新发展起来的小企业，需要者多是饮食业、服务业和集体伙食单位。由于没有形成正常的流通渠道，生产者不知到哪里去卖，需要者不知到哪里去买。在这种情况下，炊具机械贸易中心积极主动地承担起为新产品引线搭桥的任务。自 1984 年以来，他们先后举办了全国百家炊具机械、食品机械工商联合展销订货会和全国获奖炊具机械、食品机械、制冷机械、家用电器商品展销会，收到了明显效果。现在，这个贸易中心

已同全国200多家生产、经营炊具机械的厂商（占全国80%以上）建立了业务关系，为疏通商品流通渠道做出了积极贡献。

（2）采取多种购销形式和灵活的作价办法，不断增强中心城市的辐射功能。

沈阳是东北的经济中心，沈阳炊具机械贸易中心充分利用这个优势，积极开展经销代销和逐步建立分中心等多种购销形式和经营方式，积极采取薄利多销、让利以及按销售对象的不同，按购货数量的大小，实行多种灵活的作价办法，从而不断扩大辐射面。现在这个贸易中心经营的商品除销往东北三省外，还扩展到了内蒙古、湖南、新疆、江西等地区。

（3）建立维修中心，做好售后服务，解除用户后顾之忧。

沈阳炊具机械贸易中心通过招聘技术人员的办法，建立了维修中心。现在这个维修中心除有10名从人才服务公司招聘来的技术人员外，还邀请了全国36家重点厂的厂长、工程师、技术科长做顾问，初步形成了一支有技术、服务周到、讲信誉的维修队伍。1984年以来，维修中心先后为近千个单位维修各种机械达1400台次，为80个单位安装调试各种机械90多台次，赢得了信誉，吸引了顾客。

三、适应新形势，进一步完善经营承包责任制，发挥国营商业主导作用

为了在新形势下更好地发挥国营商业的主导作用，沈阳市着重从完善经营承包责任制入手，调动广大商业职工的积极性，增强企业活力。他们有两点比较好的做法：

（1）大中型零售商业企业，通过指标分解承包，层层落实责任，调动了职工的积极性。

新建的联营公司是个大型百货零售商店，营业面积14800平方米，经营商品25000多种，日销售额50多万元，职工2203人。在完善经营承包责任制中，采取了多层次、多形式的经济指标同职工利益挂钩的办法，取得了较好的效果。

首先，公司对商品部以联利计酬为主。有两种形式，一种是商品部对公司包利润，实行工资奖金浮动，百元利润分成；另一种是商品部对公司包毛利，实行奖金浮动百元毛利分成。

其次，商品部对营业组以联销计酬为主。实行包销售，工资奖金浮动，百元销售提奖。商品部根据营业组的经营品种、售货方式，确定销售定额提奖率。

最后，营业组对个人以联劳动成果计酬为主。主要是根据不同情况，分别采取定额销售计奖、按销售商品件数计奖、按商品摊实行百元销售提奖、收款员按百元收款计奖等承包形式，并同时实行工资浮动；还有的（如装自行车）实行计件工资。此外，公司还设有特殊贡献奖和技术升级奖等。

通过把经济指标层层分解落实，并同职工的利益密切挂钩，使企业的经济效

益显著提高。1984 年同 1983 年相比，销售增长 36.1%，利润增长 68.9%，资金周转加快 13 天，费用水平下降 1.31 人，人均日劳效提高 82 元。1985 年上半年比 1984 年同期又有较大提高。联营公司在新建大楼开业两年来，共实现利税 3144 万元，收回相当于两个半联营大楼的投资，在激烈的市场竞争中得到发展，为国家做出了新贡献。

（2）肉、菜经营承包到小组、个人，增强了国营商业参与市场调节的能力。

沈阳市在 1985 年 4 月 15 日和 5 月 1 日，先后放开肉、菜价格。放开之初，猪肉销量大幅度下降，随后又出现国营销售下降，而农贸市场销售增加的趋势；蔬菜经营则出现价格上升过高，群众意见很大。除了其他因素之外，从国营商业经营上找原因，就是企业和职工缺少参与市场调节的积极性和开展竞争的动力。

针对这种情况，在市畜牧副食局的指导下，食品、蔬菜行业全面推行了经营承包到组到人的责任制。基本做法是：在上年销售额和利润的基础上，增加一定的增长额，分别采取多种形式的经营承包。如实行百元销售工资含量；双百分联销计奖；定销售额包利润，超额归己；定销售额包毛利，超毛利归己；定销售额包利润，超利润分成；等等。

猪肉经营承包后，职工起早贪黑延长营业时间，出摊赶早市。全市国营（即归口管理的集体商业）商店的肉摊，经常保持在 200 多个。和平区东风副食店生肉组 5 月承包后，销售额比去年同期增长 15%，国家、企业增收，营业员人均得奖金 78 元。大零售店直接组织从外省市进肉，降低了成本。由于国营商业系统积极扩大经营，加上其他因素的影响，到 6 月下旬，全市国营商店日销售由 4 月下旬的 12 万斤，上升到 20 万斤。

在蔬菜经营中，全市 417 个卖菜门点，有 370 个承包到部组，其中 138 个包到摊组和个人。职工承包后积极组织货源，增加品种，扩大经营。在五六月份的淡季，商店保持 20～30 个品种，改变了国营商店过去只卖大路货、农贸市场细菜多的局面。蔬菜质量提高，整齐鲜嫩，夹泥带土现象基本消除，可食率提高 10%左右，烂菜现象明显减少。由于国营菜店积极经营，增加了市场蔬菜供应量，菜价逐渐回降，混合菜价与去年同期相比，5 月份上升 39.5%，6 月上升 33%，1985 年 6 月比 5 月有较大幅度下降，到了 7 月份旺季基本与上月持平，群众比较满意。

四、研究探讨进一步改革商业管理机构、统管社会商业的路子

目前的商业管理机构，极不适应商业发展的需要，非抓紧改革不可。沈阳市有了一些初步的做法和设想。

（1）已将原来农口的一部分同二商局合并，成立了畜牧副食品局，主管食品、蔬菜、副食、烟糖四大公司，并代管种子公司和畜牧兽医站，使生产和销售

经营环节的管理统一起来，以利于在市场开放形势下的计划管理，使市场活而不乱，减少盲目性。从实践看，效果比较好。

（2）原来的粮食局已经改名为粮食食品局。目的是想根据粮食商品经营的特点，逐步把原粮食局的行政权上交，把粮食局变成企业，进行粮食收购、销售、储运、加工和食品生产加工的经营。

（3）设想把商业局改为商业管理局，作为市政府的一个职能部门，管理全市从事日用工业品经营的单位和个人。

（4）设想将服务局改为服务业管理局，也是作为市政府的一个经济管理机构，统管社会服务行业。同时在区设服务管理局，撤销区饮食服务公司，在中心店的基础上按行业组成总店，归区领导。

（5）为了使各管理局能统管起社会商业，要相应给予下列权限和手段：企业登记、关、停、并、转等处置权；网点规划布局增减批准权；一部分价格调整权和对市场物价的监督、检查、处分权；配合银行、税务部门，参与核定商业不同行业或企业的信贷指标、利率和税率的权限；有一定贷款和外汇分配权；统计权；等等。

（6）拟先试点筹建市区服务行业协会。其主要任务是：在政府机构的指导下，协助政府制定行业发展规划，督促方针、政策、法规的执行，对成员进行职业道德教育，组织信息、技术交流和经济协作，以及维护成员的合法权益等。还可以承担政府所指定的某些工作。

上述设想，有的已经形成方案上报沈阳市政府研究待批，有的还在进一步讨论中。

五、沈阳市商业改革存在的问题

沈阳市商业体制改革取得了较好的成绩，但也存在一定的问题。现就几个具体问题谈谈我们的粗浅看法：

1. 关于贸易中心的性质问题

对贸易中心问题，沈阳的最初考虑是比较对路的，想设置工业品、农副产品、物资三个规模比较大的贸易中心。但是实际情况突破了这个设想。目前，全市城区大大小小的贸易中心共有 15 家，这些中心不论工业品还是农产品基本是一种形式，即经营性的批发企业实体，基本上没有体现贸易中心的性质和应有特征。

贸易中心是中心城市多层次的批发网络中的一种特殊组织形式，它同批发机构相比，应当具有一定的特征：

一是开放性。主要是众多的卖方同众多的买方公开的直接交易。但目前沈阳的贸易中心里，一种商品只是一家卖方对多家买方，和普通的批发企业没多大区别。

二是服务性。具体表现为提供食宿、通信、信息、运输、保管等多种服务功能，还要有一批精明强干的“经纪人”，为购销双方搭桥挂钩，开展各种代理业务。现在的贸易中心普遍存在着服务功能差的问题，难以为万商云集提供良好的条件。根据我国试办贸易中心的实际情况，中心本身可以搞一些自营业务，但自营的目的是为了使羽毛丰满，逐步完善服务功能。因此，服务型应当作为贸易中心的发展方向。

三是灵活性。灵活性的核心是价格要灵活。即充分运用价格杠杆来调节供求，随行就市，有涨有落。现在农产品搞得比较好，价格基本是活的。工业品由于条件不具备，许多商品还没有真正放开。鉴于这种情况，可以先让那些价格允许自由升降的商品进入贸易中心，也就是说，只要进入贸易中心的商品，其价格就是活的。

四是集聚性。贸易中心是做大买卖的，是批发成交量大的场所，具有较大的吸引力和辐射面，它是中心城市实现商品集散功能的主要场所，也是商品的总橱窗。因此，贸易中心只应在中心城市办，不能遍地开花。

2. 关于“改造市公司”的问题

现在，沈阳提出一个口号，叫“改造市公司”，省政府 1985 年 18 号文件还规定“从 1985 年 7 月 1 日起，公司不得再代行政府机构的职能，也不得向企业收取管理费”。根据这个精神，沈阳的大多数商业公司都通过“坐店”的办法，改变了纯管理的性质，改为经济实体。从实践来看，这个办法对有的市公司可行，但是，不能“一刀切”。因为：

(1) 从市公司的起源来看，商业与工业不同。新中国成立以来，工业是先有工厂，近几年才有市公司，有些是市工业局被撤销以后改成了市公司。商业不是这样。商业市公司是新中国成立初建立的，商业是先有市公司，后发展起众多的企业。三十多年来，各个自然行业的批发零售企业都是在各自的市公司领导指导下开展业务活动的。因此，不能套用处理工业公司的办法来对待商业公司。

(2) 从市公司的职能和作用来看，它和基层企业不尽相同。商业市公司的基本职能是对所属企业实行行业管理，即管企业的经营方向和发展规划、资金调配和利润指标，主要领导的选拔、配套和任免，干部和职工的培训，企业之间经济关系的协调等。现在进行经济体制改革，中央和省的企业和职权大量放到市，市里更需要健全市公司来加强行业管理。否定市公司的管理职能，否定管理型的市公司，是不适宜的，不利于提高经营专业化程度和管理水平。

(3) 从商业本身看，它具有行业多、点多、分散等特点，如果没有专业市公司对众多的企业实行行业管理，势必出现“抓不着辫子抓头发”的散漫局面。有人提出，用行业协会代替市公司。我们认为，成立行业协会是条路子，但不能代

替市公司。因为，行业协会是群众组织，各种经济成分的商业企业都可自愿参加。国营商业企业需要有个市公司统一领导，行业协会有一个市公司作为挂靠单位也有利于工作的开展。

3. 关于商业企业在改革中如何做到“信誉第一，顾客至上”的问题

沈阳市的国营商业企业承包后，经济效益一般都提高较大，搞得好的那些企业在维护消费者利益方面也比较注意，并有许多好的做法。但是，就总体而言，真正做到“信誉第一，顾客至上”，还要做许多切实的工作。目前我们初步觉得至少有下列措施应该采取：

（1）完善考核指标，把改善服务态度，提高服务质量作为主要指标进行考核，引导职工向这个方向下功夫。如沈阳市许多商店没有解决退货问题，原因就是在考核中只鼓励多卖，不鼓励热情接待退货。如果把接待退货也给记分计奖，就会收到方便顾客的效果。

（2）商品经营要从顾客需要出发。沈阳作为东北最大的中心城市，理应面向整个经济区的顾客需要，组织商品供应，为全经济区消费服务。但有的大企业没有认识到这一点，单纯把推销地方产品、扶持地方工业，作为头等任务来对待。这实际还是一种狭隘的地方观念。必须按商品经济和商品流通的原则加以改进。

（3）商店要把好进货关。鉴于目前有的生产单位见利忘义不仅产品粗制滥造，甚至假冒名牌，以次充好，国营商店必须严格进货制度，大商店应设专职检验员、化验员，对于那些冒牌的商品，对于没有产地、商标和生产单位的商品，都要拒绝采购销售。应公开宣布凡由本店购买的不合质量标准的商品，概由本店负责，而不应把顾客推到生产单位了事。

（4）要主动邀请卫生、环保部门派人经常来店检查监测，大商场也可派员长驻，欢迎这些部门协助搞好卫生检疫工作。对商店存在的超过规定的含尘、含菌等问题，如属设备不好需要改善的，要及时向上级反映争取改善。要认识到商店内的环境污染不仅是商业职工的劳保问题，还直接危害成千上万的人民群众（一个联营公司一天的客流量等于沈阳火车站一天的客流量），是必须治理的公害。

（5）要经常邀请消费者协会代表监督检查服务态度和质量，大店要有固定联系人员，要坚持推行经理现场值班制，随时听取顾客意见，解决顾客提出的问题。

4. 关于市场的统一领导管理问题

在市场开放搞活的情况下，在政企分开，“三多一少”的新形势下，组织好对市场的统一管理是一个科学性很高的“系统工程”，涉及许多理论上和实际上的问题，需要认真研究摸索。

沈阳市采取取消财办、加强局、改造市公司的办法。从实践看，好处是避免在改革中出现权力职责真空带来的混乱，但问题是：

(1) 委办的作用削弱太大，计经委一名副主任管商业、管农业、又管财税，人称“一仆三主”，忙不过来。而如果不从政府一级加强对商业的领导，是很难由局来担负起统管社会商业的责任的。

(2) 目前的状况下，各局仍没有摆脱国营商业局的地位，要统管社会商业缺少权限和手段，难以实现。如果确定由局来统管社会商业，必须解决权限和手段问题，这又涉及同综合职能部门的分工问题，难以一下子解决。但可以由市政府出面，经过协商赋予这些局部分权限和手段，能管的先管起来，以逐步过渡到全面统管。

(3) 有必要在区一级和区以下加强商业管理部门，统管社会商业。

统管社会商业势在必行①

——天津市社会商业管理问题的调查

党的十一届三中全会以来，天津市的商业有了较大的发展，1985 年，社会商品零售总额达 68.95 亿元，是 1978 年的 2.4 倍，商业网点恢复发展到 59700 多个，比 1957 年增加 2500 多个。商业的发展促进了经济的繁荣，但同时也提出了统一管理社会商业的新课题。

一、商业经营者结构多元化

商业改革和社会商业的发展，完全改变了过去那种城市市场由国营商业，农村市场由供销社独家经营的局面，单一的商业经营者结构，已被多元化的商业经营者结构所取代。

(1) 工业自销已成体系。工业部门普遍设立了局、公司、厂三级销售机构，自辟渠道，自成网络。据统计，仅一轻、二轻、纺织三个系统，已有工业销售批发机构 643 个，销售人员 7360 多人，销售额达 77.9 亿元。其中一轻、二轻系统的纯自销额占其总销售额的比重分别达 30%和 52%。

(2) 新集体商业举足轻重。这几年各单位和街道为安排待业青年办的新集体商业，由过去的临时安置性变为一种长期稳定的商业形式。目前，全市已有网点 2527 个，从业人员 41595 人，年销售额 12.7 亿元，占全市社会商品零售总额的 18.5%。

(3) 个体商业迅猛发展。1985 年，全市个体商户，已由 1978 年的 1600 多户，发展到 80136 户，占全市各种经济成分商户的 78%；个体商业从业人员也

①发表于 1986 年 8 月 5 日《调研资料》第 121 期。

由1978年的2000人，发展到107891人，占全市商业从业人员的22%。经营范围几乎遍及零售、饮食、服务、修理等各行各业，经营规模最大的年营业额达十万多元。在一些行业，个体商业已不仅是拾遗补缺，而成为人民生活不可缺少的供应渠道。

（4）农民商业方兴未艾。由于乡、村办商业和农民经商的发展，1985年，全市集贸市场已由上年的162个增加到227个，全年集市贸易成交额比上年增长59.7%，达3.83亿元。随着农村产业结构的调整和农民在流通领域联合的发展，农民商业的前景会更加广阔。

（5）部门商业各立门户。由于历史因袭和隶属关系的变动，除一商、二商、粮食、供销社系统的商业外，还有烟酒、水产、医药、丝绸、纺织等系统的国营商业，以及各口办的商业，都归本部门条条管理独立经营，并日趋打破行业界限跨业综合经营，成为社会商业的重要组成部分。

（6）国营商业化整为零。商业部系统的国营商业，在改革中日趋分散化。目前，天津市商业、粮食、饮食服务业，已有2812个小企业由原来按基层店统一核算、统负盈亏，改为按自然门点独立核算、自负盈亏。同时，有1200个零售商业、饮食服务业小企业改为“国家所有、集体经营”。随着国营小企业“改转租”的深入推行和大中型企业进一步扩大自主权，在新的商业联合组织形式普遍形成之前，国营商业在组织上的分散化和管理上的松散化，将进一步发展。

（7）县供销社向经济实体转化。天津市郊县供销社同时挂着商业局的牌子。近年来供销社通过恢复“三性”和实行“五突破”（农民入股、扩大经营、价格管理、财务和劳动工资制度）等改革，加快向综合服务型发展。与此同时，一方面将公司改组为“小而专”的经营服务机构，另一方面将县联社逐渐转变为经济实体，削弱作为政府商业行政管理部门的职能，待这个转变完成之后，天津郊县原来的商业行政管理机构将不复存在了。

（8）外地商业涌入津门。随着天津市城门的逐渐打开和横向经济联系的发展，外地到天津办的商业企业和流动客商日益增多，而各类贸易中心、批发市场和贸易货栈的发展，也吸引着各地客户来津交易。如1986年春季，仅百货大楼、劝业场和中原公司三大商场召开的交易会上，就有全国36个地区的工厂、商业企业参加展销。天津作为我国北方最大的商品集散地和商埠，恢复历史上万商云集的盛况已指日可待。

（9）新型商业初露端倪。近年来，在发展横向经济联合中，天津也出现了跨地区、跨部门、跨所有制、跨行业的商工、商农、商商、商工农等新的商业组织形式的萌芽。如有跨地区城乡合资，共建商品基地；有农产品与主产区搞农商、商商联营联销；有工业品实行产地批发与销地批发和零售，搞辐射型商商联营联销；有跨地区、跨行业组织集散型工商之间和商工之间联营联销；有组织以产品扩散和技术扩散为内容的产销联合；有大中型零售企业间联购分销和与工厂联营联销；还有跨地区、跨部门联合建商业设施为社会服务；等等。

上述商业经营者结构的多元化趋势，就总体而言，正是商品经济发展和经济体制改革的要求，因此必将进一步发展。适应这个趋势，过去根据单元商业经营者结构建立的商业行政管理体制，必须做出相应的改革。

二、市场行为复杂化

商业经营者结构的多元化，在新旧经济体制转变的过程中，使整个市场行为出现了复杂的现象。一方面，增强了商业经营者这个市场细胞的活力，带来了市场的活跃，推动了市场机制的运行；另一方面，也出现了一些消极的因素和问题，不利于社会主义商品市场的完善，妨碍市场机制的正常运行，影响改革的进一步发展。

这些消极因素和问题主要是：

（1）商法不严明，违法现象严重。有的国营单位借改革之名，走私倒卖；有的工厂乘自销之便，行贿受贿；个体户偷税漏税严重，个别社会办的小旅店窝赃宿娼；至于无照经营、皮包公司、投机诈骗、哄抬物价、欺行霸市、以假充真等更是严重发生。有的个体户竟然出高酬雇五个人，为其投机倒卖帮忙。1985 年，仅一个和平区就有五人因严重违法经营判刑，拘留收审更多。

（2）政策不统一，企业难于平等竞争。例如，在货源上，对国营、集体、个体、批发公司、贸易中心等不能一视同仁，区街商业、个体商业不仅得不到快货，有时连进平销商品也要搭滞货。炮台街食品店一年搭进的劣质酒就有 2000 多瓶全部积压，红桥区街办副食店主要因原料供应困难而关门。在价格上，则是只管国营，不管或管不了社会商业，国营商店商品不仅不能随行就市，连削价处理也受限制，而个体户则可以从国营零售店套购倒卖，大发其财。在企业负担上，名目繁多，据市服务公司调查，1984 年社会摊派即有 12 项，13 万元之多，并且各项收费罚款无一定标准，同一项目的罚款少的要 15 元，多的可要到 1500 元。在财政、税收、信贷上也缺少统一筹划，使各类商业企业机会不均等。像工厂自销后吃了批发环节差价，但又不承担这部分税利任务，因此有较好的竞争条件，而国营商业只好退避三舍。

（3）规划不统一，各业不能协调发展。商业部门的发展规划，只管得了本系统，管不了社会商业。结果是："国营商业让干什么干什么，新集体商业有什么门路办什么，个体商业什么来钱卖什么"。由于行业发展不平衡，一些人民生活急需的事无人干，和平区一年就有 50 多个体修理户转营百货。在网点建设和布局上也缺少统筹，集体网点纳不进规划，国营网点建好了有的却无力开业，只好闲置。

(4) 培训教育跟不上，商业队伍素质差。在国营商业职工中，青年职工已达70%左右，他们大都未经培训就上柜台，思想和业务素质都跟不上要求。各类社会商业人员则更差。在全市近49万商业人员中，新集体和个体商业人员就有15万。这部分人多半是升学和国营招工后留下来的，个体户中还有相当一部分是解除劳教或有劣迹者，在经商前没受过任何培训，企业中又缺少老师傅带，人称是“不知法律，不明政策，不会算账，不懂经营”的“四不商业工作者”。而各类商校归部门所有，只向本系统招生，社会商业人员学习无门，政府的商业文件也无处看。新集体商店的负责人，有的是街道、本单位干部，不懂经商，有的是临时聘用的国营商业退休人员扎不下根，往往人一走企业就处于风雨飘摇之中，本店的年轻人业务稍一熟，就又被国营招工招走了。所以，企业经营管理和服务水平很难提高。

(5) 统计不全信息分散，宏观间接控制难以奏效。对社会商业的统计，没有法律制度规定，全市没有一个部门单位掌握全社会商业的完整资料。1985年为安排春节市场，市政府只得召集十八个有关部门汇总情况，其中商业归口系统只有四个单位，其余十四单位平时参加市场活动，但不负责市场。各类国营大商业企业受部门分割和业务往来范围的限制，信息来源有限，新集体、个体商业和工业销售部门则更少商情来源。由于缺少系统的商业信息，市场透明度低。这一方面带来各类商业的盲目经营，降低了社会经济效益，经常造成人为的市场动荡；另一方面使政策的宏观控制缺乏客观根据，各种控制杠杆或是无从使用或是盲目使用，有时为保市场不出乱子，只好盲目增加补贴多调入商品，国营商业也难以负责市场。

(6) 部门所有政企不分，企业权小活力弱。一是国营商业扩权放开不落实，除了公司、基层店截权之外，市、区行政部门干预太多。如鸡蛋收购价格经公司、商业局长、市商委主任点头还不行，还要经管农业、商业和财政的三位副市长协商才可定。二是新集体商业有的成了兴办单位和街道的小金库，随意侵占。三是工商关系受各自主管部门干涉，横向联合受到阻碍。如一轻系统的牙膏化妆品公司同商业联合效果很好，后来出了点矛盾，主管部门就“棒打鸳鸯”给拆散了，使生产经营都受到很大损失。

三、出路在于统管社会商业

为了适应市场上商业经营者多元化的趋势，为把改革中出现的市场复杂化的行为，引导到有计划的商品经济的市场运行轨道上来，当务之急是将目前政企不分、多层次、实行直接控制，并只管一部分国营和集体商业的商业行政管理体制，改革为政企分开、少层次，实行间接控制，统管全社会商业活动的商业行政管理体制。

现在，天津市已经开始着手进行这一改革，成立了市商业委员会，明确“市商业委员会是在市人民政府领导下，统一管理全市商业的职能部门”，并具体规定了市商委的任务和职责。进一步的改革工作正在逐步摸索之中。

我们在广泛地听取了各方面的意见之后，觉得要统管好社会商业，当前至少要解决以下几个问题。

第一，思想观念上要有一个根本的转变。首先是整个经济工作的出发点，要从过去的以生产为中心，转到以市场为中心的轨道上来。因为商品经济在本质上就是以市场为中心，生产要素需从市场取得，生产的产品在市场得到实现，消费由市场得到满足，市场是生产的出发点和归宿。所以，只有以市场为中心，整个经济才能协调发展良性循环；同样，也只有以市场为推动力，才能催促企业不断更新改造、提高效益、灵活经营。其次，要树立大流通的思想。要从过去的部门商业、所有制商业、地方商业和维持温饱的保护性商业中走出来，从整个社会再生产的角度，从生产资料流通与生活资料流通的结合，从各种不同所有制形式商业的合理配置，从全国统一的社会主义市场的要求，从国内贸易和国际贸易的联系，以及从主动引导消费开拓市场的全局，来重新认识商业，思考商业的发展战略，制订全面的规划政策。

第二，要坚决地实行政企职责分开。商品交换的前提是市场统一，商业活动的关键是经营的灵活。而政企不分，必然带来市场的地区性和部门间的分割，限制企业的自主经营。商业实现政企分开的第一步，就是要割断企业同主管部门经济利益上的直接联系，企业直接对财政税收和金融部门。没有利益上的关系，主管部门对企业的干预就会大大减少。第二步要大力促进各类股份联合商业企业集团的形成，对原有的商业公司等组织进行根本性改革，对商业主管部门进行釜底抽薪，使之不再直接插手企业经营。第三步要加快通过“改转租”收缩国营商业的小企业。还要把国营商业承担国家特殊的指令性任务活动，同企业正常的商品经营业务活动严格区分开来，并尽量减少国家特殊指令性任务的承担者范围和项目。

第三，要建立统一管理社会商业的政府机构。新的机构的主要职责是：对全社会的商业，搞好统筹规划、制定法规、掌握政策、组织协调、提供服务、运用经济调节手段和加强监督检查。改变目前“百家经商，无人管理；政出多门，无所适从”的局面。实现统一法令，维护国家和消费者利益；统一政策，创造平等竞争环境；统一规划，求得协调发展；统一服务，以利提高经营服务水平；统一监督，完善社会主义统一市场。

第四，协调运用各种杠杆手段，实行对市场的间接控制。市场的运行，只宜接受间接的宏观控制，而不宜甚至排斥直接的宏观控制。这是由商品交换的规律和消费活动的特点所决定的。要使众多的商业经营者的行为，在复杂的市场波动

中，奏出一支我们所喜欢的协调的商品流通进行曲，必须统一协调地运用各种控制经济活动的杠杆。要改变目前对市场“四处插杠杆，八方用力量”的混乱局面。在从总体上加强综合性经济管理部门和经济检查监督机构力量的同时，要根据对新的商业行政管理部门职责要求的需要，按照责权统一的原则，赋予相应的权力。当前主要应明确的是：①法律手段。商业主管部门要会同有关部门，拟定《商业管理条例》等各项经商法规，以法治商。②行政手段。要与有关部门协同掌握商业经营的注册登记及处罚，掌握一定范围的市场物价管理权，要有社会商业统计权。③经济手段。要掌握一定数量的商业专项基金（如补贴、储备等）；筹办并直接管理商业银行或商业金融公司，掌握一定额度低息商业贷款的分配；向财税部门建议对商业某些行业税收的调整。

第五，组织行业协会（或同业公会）。行业协会是企业自愿参加，实行自我管理自我服务的民间组织。协会要按自然行业划细，行业协会上边可成立商会和总商会。协会可受政府委托做一些组织货源、协调价格、报估税收、监督违法之类的工作，反映企业对政府的要求和意见。历史证明，在政企分开的条件下，行业协会是政府管理商业的重要助手和组织形式。

当前商业政企职责分开的几个问题①

——江苏省南京、镇江、扬州的调查

1984 年 10 月，我们到江苏省的南京、镇江、扬州等地，就政企职责分开问题，先后向省商业厅、粮食厅、供销社、省公司和三个市的商业局、公司、商店，做了一些调查。总的说来，各级干部是赞同商业实行政企职责分开的，尤其是基层企业的同志更深感必要。但对于究竟什么是政企职责分开和如何分开，有的认识还不十分清楚。作为政企职责分开重要内容的“简政放权”工作，各地各部门都程度不同地采取了一些“放权”措施，但还只是初步的，同时也遇到一些新问题亟待解决；至于“简政”和机构调整，大都未动，等待着上级的决定和想看看商业部、外地外单位怎么办再说。

这里仅就省、市两级在政企职责分开中遇到的几个主要问题，简述如下，供参考。

一、省一级商业行政机构的职责和设置问题

对这个问题，省商业厅、粮食厅和省供销社的同志虽然都有所考虑，但尚未

①发表于 1985 年《商业经济研究》第 1 期，作者万典武、赵尔烈。

形成系统的意见和方案。座谈中大家提到：

（1）必须调整省级商业行政机构，适当集中管理权限。按国务院文件要求，新的商业厅今后要统管社会商业。但目前江苏省级管理商业的厅（局）、公司有34个之多，其中执行商品流转统计报表的有14个单位，尚有20个单位虽然经商、管商，但无统一的商品流转统计资料。这种情况使商业厅不仅无力统管社会商业，连掌握市场全面情况也难以做到。大家建议，在多家经商的条件下，不能搞多头管商，而必须适当合并商业管理部门，集中社会商业的行政管理权。

在机构调整之前，要做好统管社会商业的准备工作。江苏省政府正式发文“指定商业厅负责掌握市场全面情况，设立社会商业调研室专司其责”。该室有编制20人，直属省政府，在商业厅办公，到目前为止已取得了一些有价值的调研成果，为统管社会商业积累了资料。

（2）省供销社实行政企职责分开，首先要明确省社的性质。如果省社同市、县供销社一样办成经济实体，就要发展成综合性的公司；如果办成民间协会组织，就与商业厅是政府机构不同了，上述两种情况都不存在政企职责分开问题。如办成政府机构，似又同供销社的性质相左。所以可以设想将其行政管理职能并入政府机构，另设民间性的供销合作协会或联合社。

（3）省粮食厅的同志提出，粮食部门政企职责分开，关键在于解决粮食价格倒挂。不解决粮价倒挂，政企分开了，企业也放不下去，因为谁接了谁要亏损。可以考虑将粮食补贴由粮食厅掌握改为直接由财政补给企业，把补贴的“大锅饭”划小。

（4）要有一个管国营商业的机构。政企职责分开之后，国营商业由谁代表国家行使所有权，是个问题。行业协会是社会各种经济成分商业的协会，不能单独管国营商业，并且协会也只能管经营，不能管所有权。没有一个管国营商业的机构恐怕不行。江苏省根据国务院92号文件中“商业行政部门通过贸易中心，实现对多种经济成分的批发商业的领导和管理”这句话，普遍打算由贸易中心来管理国营商业。有的同志担心，这样做容易把贸易中心办成第二商业局，重走政企不分的老路。

二、省公司和省属企业的问题

（1）省公司和省属企业的存废。江苏省的二级站已经全部下放到市，这为解决省公司问题提供了良好的基础。目前商、粮、供三家共有19个省公司（含石油公司），1300多人。这些公司大体可分为三类情况：

第一类，本来就是行政机构。江苏省在定编时，给商、粮、供系统的行政编制减少太多，工作忙不过来，为了增加机关工作人员，成立了一些名为公司而实为行政机构的单位，如粮食厅的多数公司、商业厅的储运公司等。这些公司一无

直属企业，二不直接经营业务，人员吃企业编制饭，干厅里的行政工作。这类公司可以根据需要，或是直接转为行政机构，或是撤并精简。

第二类，因二级站下放或企业独立，由原来的行政管理和经营的双重职能，变为单纯的行政管理机构。多数的商业公司属于这一类情况。这些公司本来也可以经过调整转为行政机构或撤并，但江苏省政府的意思是要把这些省公司保留一个时期。由于在过渡阶段，使得目前这些公司处于旧事干不了，新事不会干的状态。值得注意的是，为了解决公司吃饭问题，有的公司办了一些新的直属企业，如饮食服务公司办了一个彩色摄影服务公司，试图把公司办成经济实体。用这种办法安置一部分公司撤销后的多余人员是可以的，但不能作为公司继续存在的根据，也不是政企职责分开的方向，并且时间长了，新办的企业照样要独立出来。

第三类，尚有所属企业无处下放、某些经营权限暂不宜交出的公司。如百货、糖烟酒等三个公司在沪设有办事处，负责商品中转业务，在镇江设有中转站；这些机构是半行政半企业性质的，为众多企业服务，无处下放。再如供销社的农业生产资料公司的化肥经营业务，目前放给市，条件还不成熟。所以对这类公司和机构的处置要慎重，要找出妥善的替代办法和机构，在此之前，以保留一个过渡时期为好。

(2) 省公司的人员出路。省公司的1300多人，大多数是从事商业工作二三十年的“老商业”，有着丰富的实践经验。上级和人事部门，首先在思想上要把这些人实事求是地看成是一笔宝贵的人才资源，而不能当成包袱，要尽力在商业系统内妥善安置，使得人尽其才，不要因安排不当使人才流失。目前已经发现外系统到这些公司招聘人才，这更促使我们商业部门自己要重视这部分人才。

从江苏情况看，除去一部分到退休年龄要安排退休的人员外（占百分之几），其余公司人员大致可有以下几种出路：

一是从统管社会商业的需要出发，适当扩大行政编制，使公司一部分人员转为行政编制，同时也可以补充一部分原机关行政人员退休的空额。

二是开办新的服务领域。如办信息中心、技术培训中心、经营咨询服务部等。省食品公司就设想搞一个开发型公司，搞技术引进、信息服务、良种推广等。百货公司已经组织人员编教材、办培训班，取得了良好的效果。当然，这些新的事业单位，要实行企业化管理，讲究经济效益，争取经济自给或半自给。

三是举办行会和学会。通过行会协调政企职责分开后的企业经营活动，是一种有效形式，公司人员可以参加到行业协会中工作，但不宜把公司原封不动地换牌子变成行会。另外办各种学会，也可以使一部分人员用其所长。江苏省饮食服务公司准备办烹饪学会、摄影学会，受到职工的欢迎。

四是把一部分文化程度较高的人，适当转入各类商业学校和研究部门工作。

五是办一些独立的经济实体。

六是少数年纪轻、文化又低的人员，可送到各类学校学习提高。近一两年新分配的大中专学生，可临时下放到基层企业锻炼，以后逐年调回充实省级单位。

三、市商业局和市公司放权的问题

从调查中看，少数市商业局和市公司思想比较解放，放权步子大一些。如南京市一商局，从经营、物价、资金使用、劳动人事和企业内部分配、奖惩五个方面，放了25条权。据市局所属的新街口百货商店反映，这些权放下以后，企业感到松开绑了，经营有了自主权，有了活力，企业的经济效益和服务质量都有显著提高。再如镇江市饮食服务公司，对下边企业放权的同时，公司内部进行简政，科室由11个减为5个，人员由77人减为39人，公司干部实行了聘用制和岗位津贴，收到了较好效果。

但多数市商业局和市公司对放权的思想准备不足，步子不大，尤其是市公司一边向上要权，一边对下揽权，企业反映是“放开了粗麻绳，捆上了细麻绳”。如南京市今年实行市、区两级财政制度，市商业局管不了区属企业，市一商局的放权25条对区属企业无效，而绝大部分零售企业在区管。区商业局下设行政性区公司，层次多，层层抓权不放，企业普遍反映权限同过去没多大变化。南京、镇江、扬州许多企业反映，现在多数企业仍然是要进人无权调入，要开除更是不可能，南京一家企业对贪污了4000元的职工也无权开除。企业的自有生产资金、奖励基金仍无权自主使用，还要层层报批。应放给企业的一部分价格权仍未交给企业，不仅像服装花色拉不开差价，有的连小商品价格也要专业公司批了才算数。企业的同志讲：“扩权，扩权，企业还是无权。”这种状况不根本改变，企业的活力就无从谈起，搞活流通提高服务质量，也难以奏效。

四、企业对所扩权限的使用问题

目前，直接扩到企业的权限固然不多，而仅就这些权限的使用，也存在许多问题：

（1）企业不会用权。如镇江五交化站，有18万元奖励资金，只用了8万，其余10万想搞企业自费浮动工资，但不知如何搞好，钱只好存在银行里。

（2）企业不敢用权。过去企业被管惯了，办事要处处请示报告，现在让企业自己说了算，有的反而不敢做主。如扬州市准许公司办理职工退休手续和进行个别招工，但企业总觉得没经过层层报批盖章，办了不算数，还是要请示送批。对职工处分、干部撤职这些得罪人的权，企业更是不敢用。

（3）企业不能用权。由于政策不配套，商业部门放的权，其他主管部门不放，还是行不通。如扬州市猪肉分部位定价，省里已有文件准许，但市物价局不准许。卷烟实行专卖以后，各地商业企业的卷烟经营自主权也没有了，进不了外

地烟，南京市白下区烟酒公司经营的品种少了70%，1—9月利润下降65%。特别是有关部门规定："实行国家所有、集体经营的小型企业，执行国营企业的财务会计制度"，同国务院92号文件有矛盾，许多小型企业都不敢转为集体经营了。

五、要摆脱旧观念，采取措施解决一些遗留问题

长期以来，在原来的经济体制下，形成了一些陈规陋习，成为沉重的包袱压在企业的身上，妨碍企业扩大自主权。例如：

（1）企业经济和社会事务负担过重。由于退休职工仍采取企业、公司负责的办法，如果一些行政性公司撤销后，这些职工的福利统筹将无人管，同时企业（特别是饮食服务行业）退休人员多，在岗职工负担太重。如扬州市饮食行业职工讲："烧饼出来，第一锅是国家的，第二锅是老爷（指退休职工）的，第三锅才是自己的"，所以无人敢搞个人商店承包。社会上四面八方向企业摊派、集资，苛捐杂税名目繁多，小企业留下一点钱都给分光了。另外，企业办社会，政府有什么机构，企业就得安排相应机构和人员来应付，镇江市政府局级机构增加了十几个，都管着企业，企业有一半科室不是搞经营的，企业经理少了连开会都忙不过来。放权不简政，是不行的。

（2）干部能上不能下。改革前任命的干部，改革中撤不得，一动就告状，一告上边就有人出来替他说话。南京市有的公司搞经理负责制，提了新的副经理、科长，老的副经理、科长无法安排，设了许多经理、科长助理，官反而比过去多了。

（3）职工能进不能出。长期以来劳动部门搞硬性分配，老企业都有一批不适合本职工作的职工。企业扩权后要求减少人员，提高经济效益，这些人员成了企业的负担，想调出、辞退，实际难办到。一些新成立的企业，采取改革招工办法，效果能好一些。如扬州市五金公司办一个家用电器商店，镇江市成立五金批发部，都在系统内自愿报名，统一考核，择优录用，保证了所招职工的素质，也杜绝了走后门。

（4）价格能降不能升。过去那种一直把冻结物价当成维护群众利益的旧观念，还严重地束缚着一些干部，特别是政府领导干部的头脑。这些观念成了今天改革的一大障碍。如扬州市的开水，新中国成立初就是一分钱一壶，现在三十多年，煤价涨了，可开水不准提价，结果因为亏损，开水灶由20世纪50年代的228个，减为21个，群众说"跑一里路，等一点钟，花一分钱，冲一壶水"。其他如豆浆、油条、糯米团、有名的黄桥烧饼，也都是原料涨价，成品不准涨价，搞得企业只好不经营，少经营，或降低质量。现在有的政府首长还是热衷于为保证节日供应半斤平价蛋、一斤平价鱼而奋斗。认为这是关心群众生活，结果把许

多行业管死了，把东西管没了。

通过调查，我们感到，政企职责分开是个新问题，各级干部思想准备还不充分，许多认识问题和实际问题还没有解决，除了应该利用报纸、刊物、会议等形式，发动各方面力量适当宣传之外，建议各级商业领导部门在搞好本身政企职责分开工作的同时，也要组织人力调查研究下边各级的情况，抓好典型，指导商业战线的政企职责分开工作。同时，也只有掌握了下边的情况，才能使商业各级领导部门本身的政企职责分开工作，处理得更适于统管全社会商业，职责分工和机构设置也会更合理一些。

解放思想　深化改革　开拓经营①

——对浙江省国营商业的调查

近年来，浙江国营商业同全国一样，面临着恶劣的外部环境和激烈的市场竞争，但他们振奋精神，深化改革，开拓经营，闯出了新的生存发展之路，取得较好的效果。1991 年全省国营商业商品国内购进总额 101.6 亿元，比上年增长 14%；商品社会销售总额 99 亿元，增长 16.6%；利润总额 2.1 亿元，增长 79%，居全国第三位；费用率 5.1%，在全国倒数第二。

一、面对大流通，开展社会化经营

改革十年，浙江省商品经济日益发达，流通规模不断扩大，首先商品流通量猛升。1990 年全省社会商业商品零售总额达 409 亿元，按可比价格计算较 1981 年 103.8 亿元翻了一番；农业总产值 7662 亿元，商品率达 52%，比全国平均水平高 4%。其次是流通机构剧增。1990 年全省社会商业机构 57 万个，名列全国第四。其中国营商业机构 1.6 万个，较 1986 年增加 45%。在这种大流通的环境下，国营商业重新认识和确定自身的地位和作用，改变经营战略，实行五个突破：

1. 突破国营商业的系统限制，面向社会经营。浙江国营商业根据自身经营状况和市场形势，打破厂子长年沿袭的以系统内纵同渠道为主的批发网络，实行全方位经营。主要形式有：①货进源头。改革以来许多原三级站及零售企业打破了过去由工厂→二级站→三级站→零售商店的批发程序，直接从工厂进货。如杭州百货大楼直挂工厂近百家，1990 年直接从工厂进货占总购进的 80%。②直接对社会商业供货。国营批发商业不仅打破本系统的批发顺序，而且冲破系统限

①发表于 1992 年 4 月《中国商论》第 4 期，作者赵尔烈、谢洁萍、李殿平、赵素丽。

制，直接对社会商业提供货源，谁来进货都是“上帝”。1991年上半年，杭州市商业局系统售给系统外的商品总额同比增长68.7%；余杭县商业局系统直接向农村供货7452万元，同比增长10%。③与工厂联销。国营商业还采取商业搭台，工厂唱戏的形式，与工厂联合销售。1990年杭州百货大楼以展销会、博览会、评销会等形式，与工厂联销400余次，销售额累计1112万元。

2. 突破区域市场限制，面向全国经营。近年来，乡镇企业已成为当地工业的主要力量，但其产品大多属中等偏低档次；而该省城乡居民收入和消费属中高水平，且消费层次鲜明。该省东部地区如萧山、温州等地以及部分城市居民已越过小康线。这样，产品供给与消费需求发生错位。根据这一特点，浙江国营商业调整长年以地产品为绝大比重的经营结构，侧重于引进外地名优商品。满足该省发达地区的消费需求，地产品经营由于下伸农村困难重重，则主要辐射“三北”地区。如杭州百货批发公司1991年上半年省外购进同比增长76%；1991年售给省外商品总额，浙江省国营商业仅9月一个月就达1.9亿元，同比增长43%。杭州服装公司以“三北”和西南地区为重点销地，1—11月创利同比增长58.2%，在全国服装经营行业中居领先地位。

3. 突破行业分工限制，向生产实业发展。这些年该省工业自销突飞猛进，自销品种和数量的比重越来越大，国营商业尤其是批发企业往往难以采购到适销或紧俏商品。这种情况下要保证货源的最有效途径之一，就是开发生产基地，投资办实业。一方面，原有商办工业扩大内涵的再生产。全省现有商办工业企业551家，他们着力于挖掘潜力，以市场为导向，调整产品结构，以生产名优适销商品为主，增加新品种。1991年1—9月，全省商办工业赢利1785万元，同比提高2倍多。另一方面，现有商业企业向生产延伸。杭州纺丝批发公司于1991年年初投资参股深圳明都时装公司。杭州百货公司也与台湾达成协议，签订意向书，合资企业在筹备中。

4. 突破环节限制，实行批零结合。为了及时反馈市场信息，以利于批发企业组织适销商品，减少库存积压，同时也为了分担批发效益下降的危机，增强整体实力，浙江国营商业实行批发与零售结合。主要有两种：一种是外部联合。即批发企业与零售企业合并或联营。如岱山县商业局将38个独立核算的批发企业与零售企业合并成11个，1991年上半年销售总额9034万元，同比增长33%；实现利润282万元，增长120%。富阳县五交化公司1991年年初与五金零售店联营，在该店设小家电柜、灯具柜，品种多达200种，两个月后就增销6万元。另一种是内部派生。即批发企业自设零售机构。如杭州交家电批发公司自己筹建交家电零售商场，1991年10月开张营业后生意红火。杭州“小商品”批发公司在富阳等16个县市，开设“思美”零售分店，经营日化商品。

5. 突破经营范围限制，向多角化、专业化、特色化发展。面对激烈的市场竞争，国营商业要提高市场占有率，掌握主动权，就必须实行多角化经营，分散风险。如余姚市五交化公司不仅经营五交化商品，而且经营工业品原辅材料、副食品等，1991 年就增加效益 2 万元。在竞争中，国营中小零售企业要在大企业林立的夹缝里求生存和发展，就非要改变经营方式不可，打破“小而全”的传统经营模式，走专业化、特色化经营的路子。杭州小吕宋百货商店是个营业面积仅 650 平方米的中型零售企业，1989 年以来营业额连年下降，1991 年改变过去从日化到百货、纺织商品等样样齐全的经营格局，在一楼营业厅只设妇女健美用品、化妆品和皮鞋三个专柜，在二楼只搞中高档时装开架销售。其商品摆设具有整齐大方、新颖别致、专一独特的特点，给人耳目一新的感觉，其结果适销率高达 95%。1—9 月销售利润 69 万元，同比增长 9%，仅妇女用品专柜最高日营业额就突破万元。

二、面对大市场，组织市场化流通

当前我国日益加速全国性统一市场形成的趋势，反映在浙江省主要有三个通开：一是城乡市场通开。随着城乡居民生活费收入的提高，交通的发达，农村工业品市场日显狭窄，农民进城购买所需用品的渴望越来越强烈；同样，城市居民为改善生活需求结构，也频赴乡村购买农副产品；其结果是城乡商品市场日益连成一片。二是地域市场通开。目前该省产品已越来越满足不了省内发达地区消费者的需求，唯有“打开城门”，引进省外名优商品，联结省内外市场，互通有无。三是国内外市场通开。在国内市场的基础上，开拓国际市场。在这三个市场迅速扩大的同时，市场层次鲜明，并且日益连为一体，形成统一大市场。

截至 1990 年年底，浙江省共有市场 3797 个，其中集贸市场 3616 个，批发市场 181 个，市场成交额 162 亿元，居全国第二位。国营商业不甘失去市场阵地，为重振主渠道雄风，他们首先挤进非本系统主办的集贸市场和批发市场，参与竞争。如杭州市、义乌市纺丝批发公司在工商系统主办的、闻名全国的大型杭州丝绸批发市场内设经营部，经营丝绸面料、真丝织物等，品种多达上百种。

浙江国营商业不仅进市场，还力求自办市场，占领和巩固市场阵地。目前业已兴办了一批批发市场，其中以农副产品批发市场居多，仅蔬菜批发市场就办了 10 个，总面积 5.8 万平方米，年交易量 2 亿千克。此外，还主办了一批肉禽蛋和工业品批发市场。如余杭县菜羊批发市场，宁海禽蛋市场，嘉善苗猪市场，温州、金华、余姚等地的工业品批发市场。

在立足国内市场的基础上，积极开拓国际市场。一方面，从事外贸业务的商业企业继续发展。全省国营商业现有涉外企业如友谊、华侨、外轮供应公司 60 多家，1991 年上半年销售额 2 亿元，同比增长 70%。另一方面，内贸商业企业开展外贸业务。如杭州市服装公司 1989 年与省服装进出口公司联营，开展服装

出口业务；1990年又与香港、深圳联办金辉时装纺织股份有限公司，到1991年上半年创汇200多万美元。

从市场运行方式看，日益扩大和加重市场调节的范围。浙江国营商业加快放开计划商品的步伐，将计划品种占经营比重由1988年的9.7%，降到1991年的4%。目前实行计划管理的还有肥皂、洗衣粉等21个品种，拟继续缩小计划品种，为国营商业企业松绑，并创造参与市场竞争的宽松环境。

三、面对大商业，组建集团化企业

近几年浙江省社会商业发展迅速，百家经商，各种经济形式的社会商业自成体系，日见规模。具体如：工业自销形成机构完善、队伍庞大的销售体系和网络，并逐步实现产销一体化，供销社基本“垄断”了农村市场，又进军城市。他们在城市办公司，搞工业品购分销，兴建现代化大型零售商场，向集团化发展；集体商业企业由原来意义上的为安排待业青年而设置的小型服务性网点，发展为今日稳固的商业组织形式，即基本能自负盈亏的商业企业，并且不断扩大经营规模；个体商业也由过去的从事小商品零售经营的经济补充成分，跃为当今占有相当市场份额的生力军，除国家有规定限制的外，几乎无所不经营，由零售到批发与零售兼营，深购远销，不断扩大经营实力。在这种大商业情况下，国营商业感觉到了严重威胁。由于前十年国营商业机构分分合合、合合分分，割断了纵向联系，变成散兵游勇，势单力薄。唯有提高组织化程度，重组“集团军”，才能适应大商业规模化的要求。

首先是推进横向经济联合。主要形式是厂商联营。如嘉兴五交化批发公司与该市海鸥电扇总厂合组联营公司，年销电扇近20万台，占该厂总销售的30%。近年又发展了一种新型的工商联营，谓之为特约经销。即由工厂委托指定唯一能代表地区的商业企业，推销该厂产品，厂方在品种、价格、费用上给予优惠，并保证货源。这种形式使工商关系更加密切。目前国营商业努力与名优产品厂家发展特约经销关系。如余姚市商业局系统到1991年6月底，与23个厂家建立了特约经销关系，在横联的基础上，积极探索和尝试走集团化道路。该省以批发集团为主要形式，以上联生产，下联零售，跨地区、部门和行业为主要特点。如宁波市五交化（集团）公司，以其前身五交化批发公司为基础组建，作为集团核心层；原公司下属5个采购站以及市华联商厦、华联宾馆为集团紧密层；该市凤凰电器制冷工业公司、宁波洗衣机总厂等4家工厂，还有台州、舟山等地16家批发企业为集团半紧密层和松散层成员，集团实行资产经营一体化。还有一种是集团性质的总公司形式。如嘉善县商业局系统各公司筹建统一的商业总公司，与商业局一套班子两块牌子，负有总公司经营管理和商业行政管理双重职责，总公司实行资产经营一体化，一个头对外，内设内部银行，发挥融资职能。此外，国营商业还通过合并、兼并、办连锁店等形式，实行规模化经营。目前湖州市等地正在试点。

四、面对消费新阶段，加快商业现代化进程

与全国比较，浙江省人民生活水平较早地越过了温饱线，跨入小康阶段，部分经济发达地区如萧山、温州等地已由小康向富裕水平过渡。据统计 1989 年全省城乡居民人均消费 860 元，居全国第六位，其中城镇居民 1421 元，农民 741 元，后者排列第四。收入和消费层次日渐分明。消费阶段出现了新特点，即新一代的消费主体成为消费的主力军，他们的消费观念和消费方式不保守，追求面广，现代意识强烈包括对购物环境、经营设施、售货方式、服务项目和服务质量等方面。面对消费阶段的新变化，浙江国营商业加快商业设施现代化的步伐，提高经营管理的现代化水平。

1. 设施现代化。一方面，开发现代规模新网点。实践证明，凡是具有一定规模、配有现代化装备的大型综合性零售商场，往往是最吸引消费者、最有条件获取规模经济效益的市场竞争的强手。如新建的杭州百货大楼营业面积 10007 平方米，装潢豪华，并配有滚动电梯、中央空调、储蓄所，娱乐中心和餐厅也在筹建中，部分商品实行开架销售。其日客流量平均在 6 万人次。1990 年该商场在全国商品市场疲软的大环境下，年销售额 2 亿元、人均劳效位居全国第四名。另一方面，更新改造，注重装潢。如杭州小吕宋百货店 1990 年 8 月对店堂做彻底的整修和装潢，使整个商店由表及里显得辉煌、宽敞、醒目。装修后仅十天，营业额就较上年同期增长 128%。

2. 管理现代化，首先是采用先进的管理手段。杭州百货大楼运用计算机装置对 1200 个供货厂家进行有关产品质量的信息储存，为这些厂家建立档案，经过查询，及时发现并清退了 80 家有质量问题的商品，树立了良好信誉。其次是加强广告宣传。“杭百”1990 年广告费就高达 130 万元。小型零售店——庆春百货商店，无财力做电视广告，就通过电台、报纸媒介，宣传商品和本店经营特色。再次是强化售后服务。它以方便和保险为主要特征，让顾客买时省力省钱，买后放心。如“杭百”免费提供大件商品送货上门，免费提供保险和维修，免费存车。杭州解放百货商店对购买皮鞋的顾客，免费提供修鞋服务，结果名闻方圆百里，顾客纷至沓来。

为农服务求生存　开拓经营求发展①

——浙江省供销社的调查

浙江省供销社系统现辖92个市、地、县联合社，293个基层社，2.75万个经营网点，22.5万多名职工，1990年，全系统购销总额达422.7亿元，与1980年相比，年均递增12%；工业总产值15.1亿元，与1980年相比，年均增长10%以上；自营出口创汇近1.6亿美元，为1980年的3.5倍，实现利润1.68亿元。到1990年年底，全系统已拥有自有资金37.8亿元，约为1980年的4倍。

几年来，浙江省供销社系统深化改革中勇于探索，坚持正确办社宗旨，走“为农服务求生存，开拓经营求发展”的路子，取得了成效。他们的一些做法和经验是值得学习和借鉴的。

一、树立大农业观念，围绕发展农村商品经济开展系列化服务

为适应农村商品经济发展的需要，把供销社真正办成农民的合作商业组织，扎根农村、服务农业、服务农民，浙江省供销社提出了“农业兴旺我兴旺，我与农业共兴衰”的口号，并在经营观念上实行两个转变：一是由单纯的一购一销小服务，转变为多功能、全方位的大服务，坚持“农民需要什么就经营什么，农民需要什么服务就提供什么服务”的方针；二是由服务于传统小农业，转变为为大农业（包括种植业、养殖业、工业、商业、运输业等）服务。在实践中，他们围绕发展农村商品经济，开展了多形式、多功能的系列化服务。

1. 不断完善农资供应服务体系。为农业生产服务是供销社的优良传统。浙江省供销社以强化农资系列化服务为手段，建立并不断完善“管卖、管用、管效果、管安全”的农资服务体系，收到较好效果，具体做法是：①建立农资供应保障体系，满足需求。本着不违农时、方便购买、满足需要的原则，省供销社系统建立了县、乡、村三级农资供应网络，1984—1990年农业生产资料销售额达129.6亿元，供应化肥2641万吨，农药31万吨，保证了在农资较紧缺情况下农业生产的需求。②开展技物结合、农商联合的农资科技服务。各级供销社结合本省“吨粮田工程”建设和科技兴农活动，联合农技部门，广泛开展植保、技术指导、咨询服务、肥药应用试验等活动。目前，全省供销社配有农资辅导员2000多名，建立农资服务站、配药站1.1万个，为农民解决生产中的疑难问题。1990年，全省供销社参与“吨粮田”建设面积102.5万亩，建立科技示范点（村）

①发表于1992年《财贸经济》第4期，作者赵尔烈、赵素丽、李殿平、谢洁萍。

191个，示范面积5.6万亩。③积极创办“庄稼医院”，不断完善农资系列化服务。截至1991年5月，全省办起“庄稼医院”330所，“庄稼诊所”86所，配备“庄稼医生”1000多名。“庄稼医院”实行“诊断、开方、咨询、宣传、辅导”一条龙服务，测土施肥、为农作物防病治病，深受农民欢迎。④组建村级综合服务站，下伸服务网点，巩固农资专营成果。目前全省已有22个县共建立村级综合服务站166个。这些服务站以供应农资和开展农资应用技术宣传咨询为主，较好地解决了农资服务“断层”问题。富阳县临江村综合服务站组建不足3个月，农资销售额达12.4万元，方便了农民购买；据匡算，仅买化肥、农药一项，每年就给农民节约1000多个劳动日。服务站及时公布农作物疫情及防治方法，使农资系列化服务深入到农户，为农民办了实事。总之，浙江省供销社农资系列化服务体系的建立，有力地支援了以粮食为主的农业生产，为农民增产增收做出了贡献。

2. 建立多层次的农副产品专业化服务体系，为农村商品经济发展服务。在发展商品经济中，处于分散状态的农民面临着自然灾害和市场风险的困扰。尤其是近几年农副产品交替出现的买难卖难，更加剧了农民生产的风险。浙江省供销社牢记办社宗旨，把为农副产品生产提供产前、产中、产后综合服务当作自己的主要职责，建立了多层次的服务体系。①以基层社为依托，通过合同制、联营制、代理制等形式，为农民提供信息、技术、资金、物资、衔接产销等多项服务，并本着互利互惠、利益共享、风险共担的原则，逐步使基层社与农民结成经济利益共同体。②以县为单位，以骨干产品为龙头，建立县级农副产品一条龙全程服务体系。嵊县、富阳、常山、桐乡等地在这方面取得了成功的经验。如嵊县供销社抓住全县骨干产品茶叶、长毛兔、果菜，联合科技、农业等有关部门，建立了生产、加工、销售一条龙的全程服务体系。现已初步形成“乌”（茶叶）、“白”（长毛兔）、“花”（果菜）三条龙，使得生产得以稳定、协调发展。以长毛兔生产为例，县供销社兴办了良种繁育场，长毛兔研究所、饲料厂、毛纺织厂和兔毛衫厂，建立了15个服务社和由30多人组成的科技辅导队伍，形成了良种、饲料、技术、加工、销售一条龙全程服务体系。③以省公司为龙头，以出口为导向，建立科工农贸一体化服务体系。省供销社以所属几家内外贸合一的进出口公司为龙头，成立了浙江茶叶集团、浙江兔毛有限公司和浙江省食用菌联合公司，利用集团经营机制，以科技为先导，出口为导向，为全省茶叶、长毛兔和食用菌生产提供生产、科研、信息、购销、加工、出口等综合配套服务，增强这些产品参与国际市场竞争的能力，收到较好效果。

目前，全省以供销社为依托的专业服务体系已发展到十多个品种，服务内容扩大到生产、加工、销售全过程。全省供销社系统共成立各种专业服务组织348个，建立参与生产联系点1000多个，有农产品生产辅导员5000多名。5年内投

入扶持资金1亿多元，建立了一批商品生产基地。由于建立了农副产品专业服务体系，在近几年全省茶叶、长毛兔、蘑菇市场先后出现卖难的情况下，供销社仍坚持收购，最大限度地保护了农民的利益，稳定了生产，带动了农村经济的发展。同时增强了供销社自身实力，使供销社在服务中不断发展和壮大。如嵊县供销社在为农服务中，自身也取得了较好效益，1990年国内纯购进达1.87亿元，连续6年实现利润和上交税金超过千万元，并晋升为国家二级企业。

3. 建立工业生产供销服务体系，为乡镇企业服务。随着农村改革深入，乡镇企业异军突起，已成为农村经济的重要支柱。浙江省供销社把为乡镇企业服务看作是为大农业服务的重要内容，明确了“为乡镇企业服务就是为农业服务，为发展农村商品经济服务”的指导思想，发挥自身多年经营积累的基础和较强的资金、购销渠道、网络等优势，积极主动为乡镇企业提供信息、组织业务、采购原料、开拓销售市场、推销产品。7年来，全省供销社为乡镇企业服务购销额达63.9亿元。绍兴县乡镇企业十分发达，县供销社为乡镇企业服务自觉性强，措施得力。他们与全国各地百家涤丝厂建立稳定进货关系，为乡镇企业组织所需的原辅材料。1990年共供应涤丝20671吨，涤棉纱3403吨。在产品销售上，他们采取开辟展销门市部，派人带样推销、举办看样订货会等多种形式为乡镇企业产品拓宽销售渠道。同时，他们为乡镇企业提供资金、技术、信息服务，帮助其调整产品结构。几年来，绍兴县社为乡镇企业服务购销额连年增长，现已占全系统商品购销额50%，形成供销社的“半壁江山”。总之，浙江省供销社通过为乡镇企业服务，既促进了农村产业结构的调整，同时也开拓了供销社新的服务领域，增强了自身实力。

二、树立大市场观念，改革经营体制，开创供销社经营新局面

改革开放以来，浙江省经济得以巨大发展，城乡人民收入迅速提高。1990年全省农民人均收入1099元，居全国第四位，并形成了多层次的消费市场。与此同时，流通领域改革已形成“三多一少”的流通新格局。面对国内多层次的消费大市场和对外开放的新形势，浙江省供销社干部和职工积极转变观念，强化市场竞争意识，通过改革经营体制和调整经营结构，在激烈竞争的市场中打开了新的局面。

1. 工业品批发：发挥系统群体优势，开展联购分销。针对过去全省供销社系统基层企业在经营日用工业品中存在的资金短缺、进货量小、库存大、费用高等困难，省社于年初在全系统实行工业品联购分销。联购分销以开拓农村市场，促进工业品下乡为宗旨，由省工业品公司牵头，同工厂直接挂钩，统一进货和结算，然后向县供销社发货，分销到基层社。联购分销的商品以重点开发农村市场常销商品为主，并追踪农民的多层次消费需求，目前全省已有12种商品实行了

联购分销。省公司本着服务基层、微利保本经营的原则，把10%的利润让给基层社，并为基层社承担价格变化和库存积压的风险。实行联购分销后，带来三方面明显效果：一是由于环节减少、费用降低、商品价格回落，农民得到了实惠。联购分销组织农民急需的黑白电视机和小规格冰箱下乡，满足了农民需求。二是通过外引内联，形成批发网络，推动了工业品下乡。三是注重系统内联合，调动了基层企业积极性，提高了供销社整体竞争力和经济效益。截至9月底，联购分销额已超过1亿元，是上年全年销售额的5倍。

2. 零售市场：调整经营策略，扩大经营阵地。浙江省供销社顺应城乡市场消费变化趋势，确立了“农村保市场，城市挤市场”的经营策略，调整零售企业的经营布局和经营结构。在农村主要是加强集镇综合商场建设和基层商业网点改造，优化组织，将主要力量充实到购买力较集中地形成吸引力和竞争力。近几年，全省在集镇建了720个综合商场；在城市，根据农村购买力向城市特别是大店、名店流向的势头，修建了一批规模较大、设备现代化的商场。目前，全省供销社大中型场已达86个，这些商场1991年上半年商品销售额全省供销社生活资料销售额的40%。其中杭州供销大厦、萧山江南大厦、绍兴供销大厦等，都已成知名度很高的商场，在当地消费品市场上占有举足轻重的地位。如绍兴供销大厦于1990年12月在绍兴市开业，仅开业12天零售额就达458.7万元，最高一天达70万元，刷新了绍兴市零售商场的日销纪录。该大厦的现代化装潢，以及提供名优新特产品和优质服务，在当地引起了“轰动效应”。

3. 培育、建立农副产品批发市场，促进农副产品流通。浙江省供销社对农副产品批发市场的建设十分重视，有紧迫感。几年来，已在农产品集散地建立了85个各类交易（批发）市场，近年又有金华、黄岩、萧山、富阳、上虞5个规模较大、功能较全的批发交易市场建成投入使用，初步形成了形式多样、开放经营的批发市场网络。在批发市场建设中，浙江省供销社坚持既办市场，又进市场、管市场的原则，取得了较好的效果，批发市场的建立，打破了过去农副产品封闭式经营，突破了部门、地域、行业、所有制的限制，形成了农产品流通的大市场，大量商品被吸引过来，又辐射出去，从而实现了农产品的大流通。批发市场作为流通的枢纽，在接农产品产销、协调供求、抑制农产品市场波动，降低流通费用等方面发挥了重要作用。如金华婺城区供销社办的果品交易市场自1990年8月试营业以来，已有全国各地50多种水果上市。1990年市果品公司以交易市场为依托，为当地推销柑橘69个车皮，计1900多吨。1991年1—9月，交易市场额达4760万元，其中自营及代理成交460万元。浙江省供销社已把批发市场建设纳入省社深化改革规划中，加强组织和领导，计划在“八五”期间再建15个批发市场，以利于提高农副产品疏通组织化程度，更好地发挥供销社主渠道作用。

4. 实行内外贸结合，开拓国外市场。在对外开放中，浙江省供销社把眼光紧紧盯住国际市场，抓住本省茶叶、长毛兔、食用菌等出口创汇产品，以所属几家外贸企业为依托，积极参与国际市场竞争，开拓国外大市场。经过几年努力，现已初步建立了具有供销社特点的内外贸结合、工贸结合的对外贸易经济。省供销社直属 3 个省级外贸公司 7 年累计自营出口创汇 7.94 亿美元，其中 1990 年出口创汇达到 1.6 亿美元。提供的出口货源不断增加，7 年全省供销社累计供应出口货源 33.8 亿元，1990 年比 1983 年增长 73.9%。同时，省社积极开展对外合作，已引进中外合资、合作项目 13 个，为供销社经济走向国际市场打下良好基础。

三、树立大供销观念，向生产领域发展，开拓供销社发展新天地

在农村商品经济向纵深发展和市场竞争日趋激烈的条件下，供销社墨守成规，囿于做小买卖是不行的，必须树立起大供销观念，开拓新的经营领域。浙江省供销社系统走出传统经营小圈子，本着“围绕服务办实体，办好实体促服务”的精神，大力发展供销社工业，取得了突破性进展。到 1990 年年底，全省供销社工业企业已发展到 1345 家，固定资产净值达到 5.15 亿元；已拥有茶叶、食品、建材、纺织等 30 多个行业，工业生产总值达 15.06 亿元，比 1983 年增长 1.5 倍。全省社办工业产值超过千万元的企业已有 26 家，超过百万元的企业 261 家；有 166 个产品分获国优、部优和省优称号，4 个产品荣获国际金质奖。1990 年年底，全系统生产出口创汇企业已达 149 家；1986—1990 年累计出口商品 5.83 亿美元，出口产品 1000 多种，在全国处于领先地位。嵊县供销社办工业起步早、发展快，1990 年年底已有工业企业 68 家，工业产值达 1.2 亿元，比 1983 年增长 2.35 倍。1989 年工业利润 670 多万元，已占全县供销社利润总额的 50% 以上，为增强供销社实力打下基础。

目前，省社办工业已形成多层次体系，主要包括农副产品加工企业、利用当地资源开发新产品的新兴工业、外向型企业和市场需要的其他工业。供销社工业的发展，缓解了农副产品卖难问题，实现了农副产品加工增值，增加了农民收入，促进了农村产业结构的调整，消化了一部分农村剩余劳动力，为发展农村商品经济做出了贡献；通过深加工，发挥了当地资源优势，扩大了国内外市场占有率，促进了外向型经济的发展。同时，它大大增强了供销社自身实力，实现了以工补商、以工补服务。社办工业已成为供销社事业的重要组成部分，具有广阔的发展前途。

四、几点启示

几年来，浙江省供销社在坚持正确办社宗旨、按合作经济原则办社、加强服

务、扩大购销等方面取得了比较好的效果，这同他们实行经营责任制、强化企业内部管理密切相关。在深化改革中，全省供销社在普遍实行任期目标责任制的基础上，推行和不断完善了承包责任制，在企业内部引入竞争机制，优化劳动组合，推行工效挂钩，建立和健全企业自我激励、自我发展、自我约束的机制，有效地促进了企业素质提高。到 1990 年年底，全省供销社系统有 4 家企业升为国家二级企业，47 家企业被评为省级先进企业。省社还通过健全企业内部各项管理制度，强化了资金、费用、进货和人员管理，收到较好的效果。如通过推行资金目标管理制。1991 年 1—8 月，全系统流动资金周转加快 5 天，节约利息支出 1500 万元，资金结构趋于合理。1—9 月，全系统商品总购进、总销售和实现利润分别比上年同期增长 21.4%、24.4%和 12.84%，亏损企业减少 14.98%，亏损额减少 18.9%，呈现出良好的发展势头。浙江省供销社的经验带来以下几点启示：

1. 只有牢固树立以农业为基础的思想，坚持正确办社宗旨，供销社才能生存。供销社是农民自己的合作经济组织，离开了农业和农民，供销社就失去了存在的价值。浙江省供销社以为农服务为本，为农村经济的全面发展提供了全方位服务。同时，他们正确处理服务与效益的关系，以服务促效益，以效益保服务，在搞好服务中扩大了自身业务，增强了实力。

2. 只有转变观念，开拓经营，不断调整经营结构，才能使供销社在竞争中不断发展。在商品经济条件下，供销社要提高应变能力，必须转变经营观念，处理好传统业务和开拓经营的关系。浙江省供销社在保持传统服务内容和方式的同时，根据农村改革的变化，不断开拓和创新，扩大经营范围和服务领域，形成了适应农村经济发展的经营新格局，使企业在激烈的市场竞争中不断发展和壮大。

3. 只有发挥系统联合的规模优势，形成一个整体，才能显示出强大的生命力和竞争力，浙江省工业品联购分销的成功经验已说明这点，在这方面要注意处理好省公司、市（县）社和基层社的关系，发挥省公司“龙头”作用，提高供销社商业的组织化程度和规模效益。

4. 供销社搞综合服务和开拓经营，离不开党政领导的支持和有关部门的配合，各级党政领导和有关部门应充分认识供销社在完善农业社会化服务体系中的重要地位，按照计划经济和市场调节相结合经济运行机制的要求，支持供销社开展综合服务和综合经营，采取适当的优惠政策，减轻供销社负担，取消不合理摊派，提高供销社的综合实力，为供销社企业参与市场竞争创造公平的环境。浙江省各级政府对供销社工作比较重视，省政府发布的 1990 年 10 号、19 号文件，对供销社扩大经营范围、开拓服务领域以及各项财税、信贷优惠政策做出规定，对发挥供销社主渠道作用，起到了很好的作用。

应当指出，由于受一些外部条件的制约以及内部经营机制的不完善，浙江省供销社的改革和发展也是不平衡的，部分地区的供销社尚未摆脱困境。目前，浙江省供销系统上下正在总结经验教训，采取改进措施，力争在供销社改革的道路上走得更快、更稳。

廊坊地区蔬菜生产和流通的调查报告①

河北的廊坊地区有农业人口 269 万，耕地 563 万亩。近年蔬菜发展很快。1985 年蔬菜面积 32.4 万亩，总产量 12 亿斤，其中商品菜 8.47 亿斤，有 30%供应北京，40%供应天津。1986 年蔬菜面积扩大到 40 万亩，预计可产蔬菜 18 亿斤。庭院大棚种菜又是廊坊地区蔬菜生产发展的一个特点。近年已出现一批种菜大户和庭院种菜的乡、村起了示范作用。庭院种菜 1983 年只有 39 个村，1985 年发展到 450 个村，庭院种菜面积 5179 亩，产量达到 2000 万斤，主要是芹菜、韭菜等细菜。廊坊北昌南队是一个有种植蔬菜历史的村，全村 1100 亩地，50%种植蔬菜，80%的农户都有庭院大棚菜，主要以种植芹菜为主，年产芹菜 400 万～500 万斤，占全村蔬菜产量的 40%～50%。廊坊西冯服村，从 1982 年由李风民养蘑菇 30 平方米开始，现已发展到 60 户，3000 多个平方米。廊坊董村从 1980 年开始搞庭院棚菜，开始只有两户，现在已有 300 来户，占全村户数 80%左右，500 个大棚，83 亩。这个地区的三河县大白菜、芹菜、菠菜面积 3 万亩，产菜量 2 亿多斤，商品量 7000 万～8000 万斤，主要是销往北京。

廊坊地区种菜，成本低、收益高，农民种菜积极性很大。一亩大棚菜的投资只要 1700 多元。现在廊坊市芹菜一斤三角多，韭菜一斤一元多，种庭院棚菜的农民说芹菜一斤一角多钱，韭菜一斤四角多钱就有利可图，可以生产。所以，廊坊地区蔬菜适应性比较强，价格弹性比较大，由于成本低、菜价高，种菜收益很好。这里一亩粮田收入 140～150 元，一亩大田菜收入 700 元，一亩大棚菜收入 1500 多元。廊坊董村 1985 年 83 亩庭院棚菜的收入相当于 2300 亩大田的收入(34 万元)。廊坊北昌南队一农户经营三分地的庭院棚菜，一年内种三茬芹菜，一季黄瓜净收入达到 700～800 元。北昌刘各庄一农户经营 1.4 分地青韭大棚菜，一冬可以割四茬，净收入达 1000～1100 元，西冯服村养蘑菇每平方米可获净收入达 15 元，奶字房村王德玲有 25 平方米黄韭棚菜，一冬三茬，可获净收入 1200 元左右。“种菜致富”已经越来越成为当地农民和乡干部安排经济活动的目标。一些准备发展蔬菜生产的乡、村准备拿出一部分原来生产队公共积累搞基本建设投资：水电设施配套、建大棚菜。这里靠近京、津，交通运输方便。现在大

①本文是 1986 年 1 月写的一个内部调查报告，参加调查者有段应碧、吴硕、赵尔烈、杨敏、孟黎加。

批量蔬菜进城靠汽车，小批量还是靠自行车运进城。供销社系统经营蔬菜近2亿斤（其中大白菜1.76亿斤，细菜900万斤）占商品菜总量的四分之一。供销社对农民发展蔬菜生产起了很大作用，一是提供信息和市场指导，特别是提供京津蔬菜行情和供求规律。提出廊坊种菜主要是解决京津淡季蔬菜、节日细菜、越冬储藏菜，如发展冬春两季大棚菜（韭菜、芹菜、韭黄、黄瓜、西红柿等），储藏大白菜春节后上市等拾遗补缺，而不是同京津郊区菜农争市场；二是提供技术服务；三是发放蔬菜生产扶持资金262万元；四是供应化肥、农药以及其他种菜的生产资料；五是用供销社汽车为农民运菜进城；六是为种菜生产队和菜农搭桥，一方面同北京城区蔬菜公司签订供应合同，另一方面同生产队、农户签订生产合同，把农民种菜生产同京津市场需求联系起来。三河县商品菜7000万～8000万斤中，通过签订上述合同的有4000多万斤，占一半以上。

在同供销社和乡村干部、种菜户座谈或交谈中，他们认为进一步发展廊坊地区蔬菜生产要解决这样一些问题。

1. 要建立稳定的产销关系。目前生产规模和商品数量还不大，一家一户一次出售二三百斤菜靠自行车拉进城，在农贸市场出售或沿街叫卖给小贩还可以，但是大规模生产、大批量出售，靠汽车一次几千斤、几万斤，就得有固定的买主，而且还在品种质量、数量、出售时间和价格等方面都要求适应市场需要，尽量避免盲目生产、盲目推销。1985年三河县两个乡的农民，种植5000亩大白菜，4000亩冬瓜，商品量3200万斤，但由于渠道不畅和货不对路，除1200万斤由供销社帮助卖出外，其余2000万斤只好在当地廉价抛售，损失很大。农民希望生产大规模发展后，能同北京等销地建立稳定产销关系，提供市场需求信息和销售渠道，避免盲目性，也防止城里销售单位在供应不足时下乡抢购造成蔬菜竞相提价，把市场搞乱。

2. 要有价格方面的保护措施。在正常生产情况下，蔬菜价格可以也应该随行就市，双方协商确定。但丰收之年，北京郊区蔬菜的上市量也会大量增加，在市场供给量增加或过剩的时候，他们担心北京对河北省进城蔬菜拒收或大杀价。如出现这种情况，对于已转入大规模蔬菜生产的农民，损失将难以承受。所以希望有一个保护最低收益的蔬菜保护价，有颗“定心丸”。各级干部也反映，有了这样一条规定农民就能放心，放手发展生产。现在国家财政对蔬菜的价格补贴，一方面用于对消费者的补贴，另一方面也用于对生产者的补贴。

3. 希望北京对廊坊这样同北京郊区土地相连、市场相通的地方，在蔬菜政策上要一视同仁。1985年北京对郊区县同廊坊地区的大白菜收购价不一样，对郊区菜收购价比廊坊高。三河县的菜卖给了北京市的平谷县，平谷县再转销到北京市区。如在价格上一视同仁，只按质论价，而不按地论价，不仅廊坊蔬菜生产会迅速发展，北京蔬菜供应不但有保证，而且可以吃到比北京郊区更为便宜的

蔬菜。

看来，北京市要使自己蔬菜货源充裕，菜价趋向正常并相对稳定下来，只靠京郊十七万亩菜田是远远不够的，要在河北省发展一些像廊坊地区这样的商品菜生产基地或供应地。这样，就要对北京现行蔬菜体制进行改革。

1. 蔬菜真正放开，就应当靠市场机制主要是价格机制来调节蔬菜供求，从而促进生产，指导消费。大城市的蔬菜价格应以批发价格为核心，向上推是生产者价格，向下推是消费者价格。批发价格应不分进菜地区。进北京的菜都要按批发价格（在批发市场或蔬菜批发公司都一样）成交。比如说，北京蔬菜批发市场大白菜的批发价格每斤三分，郊区菜农和外省菜农都应一样，不能郊区菜农给一个价，河北菜农给另一个价。

2. 国家财政对蔬菜的价格补贴，应补在批发环节上。比如大白菜批发价格涨到一斤五分，而居民承担能力只能一斤四分，那么国家就对进批发市场或到蔬菜批发公司进菜的零售商按一斤三分批发大白菜（假设零售利润和费用为一分钱），每斤补贴二分。不在批发市场或蔬菜批发公司进菜的零售商就不享受价格补贴。如果蔬菜大丰收，蔬菜批发市场的批发价格下跌到大白菜一斤二分，打击了蔬菜生产者，国家就可以对蔬菜生产者实行价外补贴，一斤一分（假设蔬菜成本价格是一斤三分）。所以，要用现在国家财政对蔬菜价格补贴这笔款项建立蔬菜稳定基金，成立一个基金会来掌握，把钱花在刀刃上。基金会由市政府、妇联、工会、消费者协会、生产协会、供销合作社和国营蔬菜公司等单位组成。

3. 要在区级国营蔬菜公司的基础上，建立若干个不按行政区设置的有经营自主权的国营蔬菜批发公司（经济实体），直接同产地的蔬菜生产单位或供销合作社签订进货合同，也可以搞联合公司。同时，也同各零售单位（包括菜贩）和集体消费单位签订供货合同。批发公司既有固定货源，又有固定零售市场，也便于把零售市场的需求即消费者的需求同蔬菜生产联系起来，使生产适应消费需要。与此同时，还要建立若干蔬菜批发市场和改善现在的农贸市场。也就是说，组织大城市蔬菜运销，一条是靠直线运销；一条是靠有组织的市场形式，双管齐下。

4. 建立蔬菜协会和国营蔬菜公司董事会，作为政府间接控制生产和流通的组织。

辽宁苹果问题的经验教训①

辽宁是我国苹果的主要产区，产量约占全国产量的四分之一。1983 年辽宁

①发表于 1984 年 6 月 4 日《调研资料》第 76 期。

省苹果获得大丰收，产量达75万吨，接近历史上产量最高的1979年的75.39万吨。这是一件大好事，然而没有想到，苹果的这场丰收却带来相反的效果。正如有人指出的：甜果变成了“苦果”。

一、现状

（一）苹果上市初期，质次价高，消费者不满

辽宁省1983年秋苹果收购初期，质量普遍要降低一个到一个半等级，在所谓的一等苹果中，小个果、病虫果、残次果、落地果占到30%左右，盖县发到上海的苹果中，三等和等外果竟占59%。零售部门为了减少损失，又普遍提等销售，有的从二等果中选好的当一等果卖，有的干脆把二等果中烂的一拣，余下的全部当一等果卖。按规定一等果的直径不得小于65毫米，实际上多数连50毫米也不到。

在苹果质量严重下降的同时，零售价格却大幅度上升。1983年9月，沈阳市一等国光苹果，每斤零售价格，平价四角，比1982年同期提高七分，提价21%；议价五角一分，比1982年同期提高一角，提价24.4%。如果按市场销售的一等国光实际具有的二等质量来折算，每斤平价又高出七分，议价又高出九分。这样依质折价，实际等于平价提高一角四分，提高42%；议价提高一角九分，提价46%以上。如果不考虑质量因素和后来的降价因素，按粗略匡算，苹果提价将使辽宁全省的消费者购买国家经营的秋苹果，多支出2000多万元。

（二）短短几个月，苹果迅速转为滞销

多年来，苹果一直是市场上供不应求的紧俏商品，从未出现过大范围的滞销现象，但是，从1983年11月起，辽宁全省各地市场上，苹果销售量却大幅度减少。据统计，11月和12月，全省销售数量较1982年同期下降15%，1984年新年期间比上年同期下降56%，沈阳、鞍山等地春节期间比上年同期下降61.7%。如果考虑到1983年新年和春节期间是因为货源不足，控制销售，而1984年新年和春节期间是敞开供应，那么销售量下降的实际幅度还要大，苹果严重滞销引起非正常库存加大，截至1984年1月末，在春节供应高峰已过的情况下，全省库存达11.63万吨，较1983年1月（春节前）的4.13万吨，多7.5万吨，增加1.8倍。沈阳市春节过后还有库存苹果14415吨，即使按春节期间日销售量57吨计算，也要到9月底才能全部卖完，而沈阳市的气候到5月份就储存不住苹果了。随着天气的转暖大批的苹果腐烂变质。与此同时，在全国其他地区的市场上，苹果销售也出现了少有的呆滞局面，增加了辽宁库存苹果外调的困难。

（三）国家受到重大损失

为了防止大量苹果烂掉，1984年2月中旬，从沈阳市开始，辽宁全省大多

数地区苹果相继大幅度削价。不仅库存的 6 万多吨议价苹果要全部转为平价销售，并且还要同平价苹果一起再降价销售。如沈阳市，一等国光苹果，按规定零售每斤议价五角六分，平价四角七分，现在都被迫降到三角三分，议价苹果降了 41%，平价苹果降了 30%。辽宁市场上 3 月的零售价格只相当于秋天的议购收购价。商业部门辛辛苦苦忙了半年，不仅分文不得，还白搭上人工、费用和损耗。由于 1983 年的秋苹果质量特别差，损耗率要加大一倍以上。预计辽宁全省在苹果购销上，仅削价和损耗这两项要损失 2000 万元。此外，1983 年辽宁调往外地的苹果 22.6 万吨，也因为质量不好，使调入省同样不得不大量削价处理，仅上海市一次处理辽宁调入苹果 1500 吨，就损失 24 万元。

（四）农民留存苹果找不到销路

由于出现滞销，春节后在苹果主产地果农手中，还有四五万吨苹果找不到销路，也被迫削价处理。这些苹果都是农民留下的个大、色鲜、型美的优质果。按往年这个时候的价钱，国营商店议价零售也要五角多钱一斤，可 1984 年在产区的农贸市场上，大连四角一斤，盖县三角五分一斤，复县只有二角三分一斤。农民卖一斤苹果比去年少得一角到三角多钱。由于农民手中存果量大，靠集市零售解决不了问题，主要靠国家收购。在严重滞销的情况下，为了减少损失，商业部门只能以比秋天议购还低五六分钱的价格收购。这样，农民手中的四五万吨苹果要损失五六百万元。更严重的是，由于商业部门仓库满胀，就是按这个价格也收购不了多少。有的农民手中有五千多斤苹果，卖二角一斤尚无人问津。农民的苹果正面临着烂掉或进一步削价的命运。

二、问题

为什么苹果大丰收，反而使国家蒙受了重大的经济损失，消费者承受了意外的负担，农民又没有得到预期的好处呢？

（一）农民在生产和交售上的问题

1983 年是辽宁省苹果生产大规模地实行经营承包的第一年，主产区绝大多数的果树承包到户。这一方面调动了果农的积极性，加强了除草、施肥、灌溉等树下管理，但是另一方面，由于没有经验，也出现许多问题。一是各地承包年限普遍太短，一般是一至三年，长的也不过五年，农民在“当年捞一把”思想的支配下，普遍不肯认真疏花疏果，许多地方树上结满了“蒜辫子果”。据有的县估计，靠掠夺性生产增加的劣质果，能占增加产量的 20%。

二是承包到户后，果树分得过散，有的农民不懂技术，有的虽懂技术但不了解承包的果树的历年管理状况，有的资金和劳力不足，有的农民另有生产门路根本不重视所包果树的生产管理，等等，都带来果树技术管理上的混乱。据复县反映，往年波尔多液要喷打六七次，1983年许多树只打了一两次。由于打药不力，病虫果比往年增加10%。以上，据收购抽验，在不合格果中，小个果占15%，虫眼果占17%，炭疽病、轮纹病果占19.1%，三项共占不合格率的52%。在大批货源中实际情况比这还要严重。另外，采摘时农民为了抢卖高价和防止丢失，又纷纷提早下树，苹果成熟不足，不耐储存，腐烂率提高。

三是不少农民留好卖次，有的把病虫果、雹伤果、落地果甚至往年喂猪造酒的小果，都充当好果装在筐的下边。据沈阳市果品公司反映，1983年购进的苹果因装量不足增加的损耗比往年多一倍。

（二）商业部门在收购和经营上的问题

（1）收购办法不适应。1983年辽宁多数地区的苹果收购，还是沿用历年“四自一查”的老办法，即自采、自选、自包、自送，由果品公司（或代购单位）在检验台和卸货场抽查。过去在集体生产的条件下，“四自”的“自”，实际上是生产队集体。承包以后，“四自”的“自”，就变成了一家一户，由于生产队的监督控制作用没有了，采选、包、送各凭自由，商业部门只靠“一查”把关，事实上管不过来。

（2）收购网点和人员不适应。承包后生产分散，交售户头猛增，如大连市区1983年与1982年相比，交售户头由7400个增加到20万个，增加27倍。而同期网点只由33个增加到155个，增加4倍；人员由3000多人增加到6000多人，增加一倍。加以苹果收购时间性强，收购期不能延长，导致收购质量降低。同时，新增加的收购人员中，据复县统计，基层供销社的代购人员和从社会雇用的临时工又占95%以上。他们不仅经验不足，业务技术不熟，并且与当地农民沾亲带故，收“人情果”的现象相当严重。1983年复县和新金两县调往外地的苹果因质量不合格，而被对方拒付款就达370万元。

（3）经营思想、方法和作风不适应。由于苹果生产长期供不应求，1983年产销两地的商业部门，不顾苹果产量增加，质量下降，不问市场销售水平，苹果刚一下树就急急忙忙以最高议购价格抢购。致使全省1983年议购苹果比1982年多购10万吨，增加了一倍：议购量占全部收购量的比重由1982年的26%上升到41%，使苹果市场价格在提价的基础上又进一步抬高。另外，在发现问题后，企业的应变能力很差。产地批发部门虽然发现销路不畅，但不肯降低调拨价；销地批发部门知道由于质量次、损耗大，零售部门经营无利不愿进货，但不肯及时扩大批零差率让利于零售；零售部门眼看着苹果滞销腐烂，还是照样卖议价。总之，商业部门做惯了苹果少、市场畅销、供求正常情况下的官商买卖，而不适应苹果稍多一点、市场滞销、供求发生突然变化的新情况。

（三）行政干预和经营决策上的问题

（1）盲目提价。从辽宁省1979年至1982年四年的情况看，种植苹果比粮食

等其他作物收益都高（详见下表）。

几种作物收益表　　单位：元

种植品种	每亩地纯收入	每个劳动日纯收入
苹果	188.7	4.19
棉花	74.2	2.6
水稻	70.0	3.08
花生	31.0	2.48
玉米	21.5	2.04
大豆	17.4	2.14

本来，不须用提高收购价格来刺激苹果生产数量的发展。可是，这次不但提了价，而且提价的幅度过大，提价的时机也不适宜。提价幅度大有两方面原因：一是中央有关部门决定平价苹果收购价总水平提25%过高。从辽宁省执行的实际来看，一等国光苹果收购价提高四分二，提价幅度为22.3%；零售价格提高七分，提价幅度为21.2%。而辽宁省城市职工家庭工资收入，1983年比1982年增长5.1%，用于副食品的支出增长8.2%。显然，平价提价幅度已经大大超过了消费水平的增长幅度。二是辽宁省规定的议价提价幅度也太高。1983年中央主管部门将苹果议价管理权下放到省，辽宁省提出要在平价提高25%的基础上，议价再提高25%～30%，具体由各省市、地决定。各地收购初期都按30%的幅度执行，后经中央主管部门制止又降到按25%执行，但仍然过高。辽宁全省1983年议价苹果大量转为平价销售，沈阳市1984年1月一等国光每斤卖四角七分时，月销量只有4300吨，而2月降为三角三分时，月销量就增至9500吨，增加了1.2倍这都说明议、平价提价幅度都太大了。

另外，中央有关部门在扩大苹果等级差价中规定，国光苹果一等与二等相差五分钱，二等与三等相差六分五，一等与三等相差一角一分五。这本来是应该能够刺激农民重视苹果生产和交售中的质量的。但是，一方面由于提价决定是7月才下达，当时树上苹果已经定型，质量差价对当年生产好苹果已起不到促进作用；另一方面由于宣传不够和收购环节跟不上去，使得质量差价对收购好苹果也起不到应有的调节作用。结果事与愿违，国家和消费者多花了钱，买到的反而是比往年更次的苹果。

（2）预测错误，措施失当。1983年辽宁苹果产区局部受灾，一些地方政府为了减少派购任务，趁机夸大灾情。如复县实产20万吨，报产14万吨；新金县实产13万吨，报产1万吨，全省汇总预产不到60万吨，比实产低20万吨，把大丰收年说成了一个大灾之年。在具体措施上，一是压低派购计划。1983 年辽宁苹果比 1982 年增产 31%，而当年派购计划却由 40 万吨减少到 30 万吨，减少 25%，以致议购量比上年增加一倍，达 20 万吨。在派购计划中，又取消了早秋果与晚秋果的比例，产地把大量早秋果顶任务调往销地。1983 年辽宁省省内销地调入的早秋果占调入苹果总量，由 1982 年的 30%增加到 70%，且改变了早秋果不收议价的规定，收了大量议价早秋果。由于早秋果一般价格要高于晚秋果，又不耐储存，无形中进一步提高了市场销售价格水平，增加经营损耗，仅此一项全省损失达 200 多万元。二是控制销售。往年苹果少，为了保证完成国家收购任务，各地在完成收购任务前都层层设卡，不准多渠道经营。但是 1983 年已经发现苹果销售困难，还是照样设卡限制，不能及时开放鼓励多渠道经营，加重了产地苹果积压。一些销地的行政部门也不分析市场供求的新情况，在较长的一段时间内仍然下令控制销售。如沈阳市 1983 年 9 月末已发现库存比上年同期增加 30%，如果当时能敞开供应，还是可以扩大一些销售的，但市里有关领导部门，却要求留足 9000 吨（后改为 7000 吨）苹果，以保证新年和春节市场供应，结果只卖出去 4300 吨，余下的 2700 吨只好削价处理。

三、教训

从辽宁的这场苹果灾难中应该得出什么样的教训呢？大家觉得，最根本的一条就是要真正承认苹果生产是商品生产，要按商品生产和商品交换的规律办事。

（一）苹果生产是商品生产，在交换中要遵守等价交换的原则

在经营中必须兼顾生产者、经营者和消费者的利益，使三方面都能接受。当前，要特别注意教育农民和干部，要有市场观念，懂得要靠发展适合市场需要的优质苹果增加收入，而不能靠随意提价和变相提价致富。因为那样做必然要抑制消费、窒息市场，使苹果的价值得不到实现，到头来农民不仅不能够增加收入，还要受到损失。

（二）要完善联产承包责任制，促进联合，提高苹果质量

在当前，一方面，可以通过调整集体提留比例，实行代包和转让承包等形式，鼓励生产集中；另一方面，要抓紧苹果生产技术管理中“统”的一面，如可采取组织技术职务，提供技术咨询，开展技术交流和技术培训，用多种形式筹集和发放技术发展资金，等等，以保证苹果生产质量的不断提高。

（三）改革派购等收购制度

例如：①帮助农民在自愿互利的基础上，组织各种形式的集体交售组织机构，可以是农民自办，也可以吸收村民委员会干部和农、商部门的技术人员参加，明确责任和利益报酬。②建立健全交售收购责任制，严明奖罚。如实行交售

和收购苹果要标签登记等。③建立产销之间相对固定的供货关系，鼓励质量信誉。④取消派购，变果品公司独家收购为果品公司、基层供销社、代购点等多渠道收购。增加收购网点和人员，加强对收购人员的技术培训，并保持收购队伍的相对稳定。⑤实行收购合同制，排开上市，次序交售，避免交售过于集中。

（四）变两个价格为一个价格

苹果在我国人民生活中虽然重要但也不是必不可少的，消费数量伸缩性很大，而苹果又有易腐烂不易储存的特性，应当更多地发挥市场的调节作用。建议取消苹果经营中平、议价之分，国家可根据生产丰歉，规定收购的最低限价和销售的最高限价，而具体价格由产销双方协议和经营部门随行就市。这样做既有利于收购计划的完成，又有利于鼓励农民向国家交售好苹果。这样做，即使在一个时期内价格有所提高，但会从质量提高得到部分补偿，并会随着生产的发展再慢慢地降下来。不然，像目前这样牌市价并存，并相差悬殊，不仅收购计划难以完成，即使扩大了等级差价也还是难于收上好苹果。

（五）扩大苹果经营单位的企业自主权

苹果鲜嫩易腐，季节性强，需要经营者有很高的灵活性和责任心。目前企业经营上缺少自主权，职工经营好坏与个人利益不挂钩，调动不了企业和职工对苹果经营的积极性。应该随着体制改革的深入，减少苹果经营中的行政干预，在企业内部实行经营承包责任制，在苹果购、销、调、存各个环节中，都使经营效果与职工利益挂起钩。

后 记

编完这本书稿，心情久久不能平静，那些曾经领导并指导过我的亦师亦友的老同志，如肖帆、陈大鹄、万典武、张其泮、吴硕、张采庆、黄海等同志的亲切关怀和谆谆教诲又在耳边回响；那些或长或幼一起共事的同志，如樊景辉、余厚康、宋英郁、丁声俊、李少华、蒋惠英、杨敏、张丽娜、王一兵、蒋闻芳、姚力鸣、董黎明、郑陆英、付教志、张新壮、王晓丽、于淑华、赵素丽、谢洁萍、罗桔芬、李翠芳、李殿平和凌红玉等同志，与他们并肩工作的画面又不断地浮现在眼前。

大家在那商业改革"激情燃烧的岁月"，一起学习，一起调研，一起争论，一起写作，一起谈天说地，一起"侃大山"，充满了真诚和友爱，其情其景，今天仍是那么令人心神向往。这里收集的文稿中，有些文章和调研报告，就是和他们共同完成的，但因多年的音讯难觅，我只好未经他们的同意，一并发表在这里了，算作一个纪念，想来大家不会见怪吧。在这里，还要特别感谢我尊敬的老领导和师长、我商业研究的领路人万典武同志对我多年的培养，并为本书作序。感谢中国财富出版社寇俊玲、宋宪玲编辑的辛勤劳动，使本书得以顺利出版。

2014年10月